AtV

Doris Leupold, Juni 04

Theodor Fontane wurde am 30. Dezember 1819 in Neuruppin geboren. Nach Lehre und Staatsexamen Approbation als »Apotheker erster Klasse«. 1849 gab Fontane den Beruf auf und arbeitete als Journalist und freier Schriftsteller. 1850 Heirat mit Emilie Rouanet-Kummer. Mitglied der Berliner Schriftstellervereinigungen »Tunnel über der Spree«, »Rütli« und Ellora«. 1855–1858 London-Aufenthalt im Dienst der preußischen Regierung; Aufbau und Leitung einer »Deutsch-englischen Korrespondenz«; erste Erwähnung eines geplanten Standardwerkes über die Mark Brandenburg. Neben seiner umfangreichen publizistischen Tätigkeit und der Veröffentlichung von Gedichtbänden, Kriegsbüchern und Reisefeuilletons war Fontane nahezu zwei Jahrzehnte Theaterkritiker der »Vossischen Zeitung«; seine letzten Besprechungen galten Gerhart Hauptmann. Zwischen 1862 und 1882 erschienen die vier Teile der »Wanderungen durch die Mark Brandenburg«, der Band »Fünf Schlösser« folgte 1889. In seinem 60. Lebensjahr schloß Fontane seinen ersten Roman ab; »Vor dem Sturm« erschien 1878 und eröffnete die Reihe seiner großen Romane und Erzählungen: »Schach von Wuthenow«, »Irrungen, Wirrungen«, »Stine«, »Frau Jenny Treibel«, »Effi Briest«, »Der Stechlin«. Fontane starb am 20. September 1898 in Berlin.

Die Bände 6 und 7 der »Wanderungen« gibt es nur in der von Gotthard Erler herausgegebenen Aufbau-Ausgabe. Sie enthalten erstmals alle Texte, die in den Umkreis der »Wanderungen« gehören: Kapitel, die Fontane im Laufe der vielfältigen Überarbeitungen ausgesondert hat, ungedruckte Entwürfe und umfangreiche Materialsammlungen aus dem Nachlaß sowie eine Fülle von Arbeiten zum Thema Mark Brandenburg/Berlin. Ob Fontane-Freunde oder Literaturwissenschaftler, ob Historiker oder Lokalenthusiasten, alle kommen auf ihre Kosten. Reisefeuilletons und Lokalbeschreibungen, Porträtskizzen und Geschichten über das »alte romantische Land« der Mark Brandenburg sind eine wahre Fundgrube für Fans und Forscher. Für sie dürfte das hier komplett abgedruckte Buch über den Landwirtschaftsreformer Albrecht von Thaer ebenso von Interesse sein wie die »Vaterländischen Reiterbilder aus drei Jahrhunderten«.

Theodor Fontane

Wanderungen durch die Mark Brandenburg

Dörfer und Flecken im Lande Ruppin

Unbekannte und vergessene Geschichten
aus der Mark Brandenburg
I

Herausgegeben von Gotthard Erler
unter Mitarbeit von Therese Erler

Aufbau Taschenbuch Verlag

Mit 8 Abbildungen

ISBN 3-7466-5256-1

1. Auflage 1994
Aufbau Taschenbuch Verlag Berlin

Umschlaggestaltung Torsten Lemme,
Foto (Komturei Lietzen-Nord) Beate Schubert
Satz Graphischer Großbetrieb Pößneck. Ein Mohndruck-Betrieb
Druck Clausen & Bosse, Leck
Printed in Germany

NACHLESE:

Ausgeschiedenes, Vorbereitendes, Vorgesehenes

Zu Lebzeiten Fontanes gedruckte Texte

IN DEN SPREEWALD

Vier Reisekapitel

I

Von Berlin bis Lübben. Lübbenau. Die Wenden. Wendischer Gottesdienst und wendische Kostüme

Der Ruf einer alten Firma hat etwas Langlebiges und Unverwüstliches, er sei nun gut oder schlecht. Die österreichische Landwehr könnte noch so rasch marschieren, sie hieße doch »langsam voran«. Diese Unverwüstlichkeit eines Renommees hat auch unsere arme Spree zur Genüge an sich erfahren müssen. Vergeblich fließt sie in blauer Stattlichkeit am Stralauer Kirchturm vorüber, vergeblich reiht sie – ähnlich wie ihre glücklichere Schwester, die Havel – See um See an ihrem Bande auf, sie bleibt, was sie war, ein Gegenstand des Spottes, und wenig deutsche Dichter, vor und nach Rückert, hat es gegeben, die nicht schwach genug gewesen wären, an der ohnehin gedrückten Existenz der Armen ihr Mütchen zu kühlen. Sie hat oft die Streiche auffangen müssen, die dem Berlinertum galten, und Berlin, wie sich von selbst versteht, hat ihr's nicht gedankt. Unter ihren Spöttern und Verächtern steht der Spree-Athener obenan. Vielleicht, daß er in sich ginge, wenn er sich entschließen könnte, öfter zu »den Quellen und der Jugend seines Stromes« emporzusteigen. *Eine Reise in den Spreewald*, das ist's, was wir meinen. Ein einziger Sommertag genügt, um alte Vorurteile zu beseitigen.

Eine Tag- und eine Nachtpost fährt zwischen hier und *Lübbenau*, der Haupt- und Residenzstadt des Spreewaldes. Es liegt auf der Hand, daß es geraten ist, sich der Nachtpost zu bedienen. Denn aller Lokalpatriotismus darf nicht verschweigen, daß der Weg über Lichtenrade und Zossen, über Baruth und Golßen führt, Namen, die auf einen Schlag jene »Streusandbüchse des Heiligen Römischen Reiches« vor uns hinrufen, die bis diese Stunde nicht bloß als Witzwort, sondern in aller sandigster Wirklichkeit fortexistiert.

Wir verlassen also Berlin am Abend. Mit der Sonne sind wir in Lübben, und der Postwechsel gibt uns Gelegenheit, uns in dem freundlichen Städchen, einem Vorläufer des Spreewalds, umzusehen. Alles hier ist *grün* und *rot*, nicht bloß die Lübbener Jäger, die eben zu einem Appell zusammentreten, sondern die Stadt selber. Jedes Haus nämlich versteckt sich hinter blühenden Oleanderbäumen, die hier in einer Pracht und Fülle sich durch die Straßen ziehen, daß die Berliner Kugelakazie in der Rückerinnerung fast noch steifer und häßlicher wird, als sie ohnehin schon ist. Unsere Bauherren und Baumeister, unsere städtischen Behörden und Straßenverschönerer par excellence (und, wie wir es hatten – par force dazu) könnten sich an solcher Lübbener Straße ein Muster nehmen; sie könnten erkennen lernen, *worauf es ankommt* und daß mit Säulen, die nichts zu tragen, und Karyatiden, die nichts zu stützen haben, die höhere Baukunst auch noch nicht landesüblich wird. Es fehlt bei all unseren Anlagen der Sinn für das Malerische, und wenn ein geschätzter Mitarbeiter dieser Zeitung an ebendieser Stelle hervorhob, daß man in Berlin einfach und selbst nüchtern zu bauen habe, weil die Bodenanlage so nüchtern sei, so ließe sich die Sache vielleicht umkehren und der Kunst die Aufgabe zuweisen, eben da zu helfen und zu lindern, wo die Natur allerdings einen Notstand etabliert hat.

Von Lübben bis Lübbenau ist noch eine gute Meile. Der Weg führt am Rande des Spreewalds hin, der zur Linken wie eine weite üppige Wiese sich dehnt, dicht mit Heuschobern und hier und da mit Erlengebüsch bestanden. Den Lübbenauer Kirchturm glauben wir dicht vor uns zu haben, aber er spielt Verstecken mit uns, und immer, wenn wir ihm am nächsten sind, verbirgt er sich wieder, um scheinbar eine halbe Meile seitwärts wieder zum Vorschein zu kommen. Aber nun haben wir ihn wirklich und fahren durch den hochgewölbten Torweg eines Hauses, das nebenbei die Dienste eines Stadttors verrichtet, in Lübbenau hinein. Es ist Sonntag und die Stadt noch stiller als gewöhnlich. Trotzdem ist sie eine Hauptstadt, die unbestrittene Spreewaldresidenz, am Südrande desselben gelegen. An Erscheinung bleibt sie hinter Lübben zurück; die Jäger fehlen ganz, und der Oleander tritt nur sporadisch auf. Es ist eine Garten- und Gärtnerstadt, ähnlich wie *Erfurt* oder *Bamberg*, bei deren Nennung nur dem Politiker sich Kongresse und Konferenzen aufdrängen, während das stille Bild der Backpflaume vor die Phantasie des gewöhnlichen Sterblichen tritt. Bei Lübbenau findet keine itio in partes statt, und die Gedanken von hoch und niedrig nehmen dieselbe Richtung. Die Produkte des Spreewaldes haben hier ihren ersten Markt und Stapelplatz und gehen von hier aus in die Welt. In einer Zeit, die diesem dankenswerten Produkt ihren Namen verdankt, ist es vielleicht angebracht, daran zu erinnern, daß Lübbenau das Vaterland der *sauren Gurken* ist. Die Gurkenzucht blüht im Spreewald, und mehrere Händler und Kaufleute leben von dem An- und Verkauf eines Artikels, den man ohne Frage mit zu den Attributen Berlins oder der Spreegöttin zählen kann. Im vorigen Jahre verkaufte ein einziger Händler 800 Schock pro Woche. Das würde nichts sagen in Hamburg oder Liverpool, wo man gewohnt ist, nach Schiffsladungen zu rechnen, aber »jeder fahrt nach seiner Art«, und »jede Stelle hat ihre Elle«. Dies erwogen, sind die 800 Schock aller Ehren wert. Aber Lübbenau verweilt nicht einseitig bei dem Verkauf eines Artikels, der am Ende den Spott herausfordern könnte; *Kürbis* kommt hinzu, über dessen allgemeine Verdienstlichkeit die Meinungen freilich geteilt sind, dann aber Meerrettich und vor allem *Sellerie*, über dessen Reiz und Vorzüge nicht leicht zwei Ansichten auseinandergehen. Die Gelegenheit erscheint mir günstig, überhaupt die Bemerkung zu machen, daß unsere verschrieene Mark ein wahres Eldorado für Feinschmecker ist. Ich verweile nicht bei der mehligen, geplatzten Kartoffel, die in der ganzen Welt nur einmal in ihrer Vollendung vorkommt — das ist auf den Sandbergen der Mark; ich will nicht ein überhebliches Lächeln durch die bloße Nennung eines so trivialen Namens hervorgerufen haben; aber da gibt es viel andere Dinge noch: die Morchel, die Teltower Rübe, die Sellerie. Goethe, der so wenig von den Musen und Grazien in der Mark hielt, war über den Wert der Teltower Rübe mit Pastor Schmidt in Werneuchen durchaus einverstanden.

Wir halten nun vor dem Gasthof »Zum braunen Hirsch« und erhalten unsre Zimmer angewiesen. Das Amt eines großstädtischen Kellners mit kurzer Jacke und langer Serviette war durch eine Spreewald-Schönheit vertreten. Nachdem wir Toilette gemacht, wie sie den Anforderungen Lübbenaus entspricht, und einen Imbiß genommen haben, brechen wir auf, um keine der spärlich zugemessenen Stunden zu verlieren. Ein Leichenzug kommt über den Platz; acht Träger tragen den Sarg, die schwarze Sammetdecke mit dem Kreuz darauf hängt zu beiden Seiten tief herunter, und dem stillen schwarzen Zuge nachblickend, sehen wir ihn durch den Rundbogen jenes Hauses, das halb Haus, halb Tor ist, verschwinden. Solch Anblick ist gerade Dämpfer genug, um den Reiseübermut zu einer Kirchgangsstimmung herabzudrücken. Wir treten (es ist etwa halb neun Uhr) in die Lübbenauer Kirche, um eine *wendische* Predigt zu hören und eine wendische Gemeinde versammelt zu sehen, lauter Bauern und Kätner aus dem Spreewalde. Allsonntäglich zwischen 7 und 9 findet in der Lübbenauer Pfarrkirche ein solcher *wendischer* Gottesdienst statt; die städtische Gemeinde versammelt sich zu einer späteren Stunde. Es war ein Reisemalheur, daß wir von dieser Zeiteinteilung nichts gewußt hatten und deshalb eine Stunde später in Lübbenau eintrafen, als es mit Rücksicht auf unsere Reisezwecke wünschenswert gewesen wäre. Der reizendste Anblick nämlich, den man haben kann (ein Anblick, der allein schon eine Reise in den Spreewald lohnen würde), ist *der*, wenn in aller Sonntagsfrühe die Kirchgänger und Kirchgängerinnen des Spreewalds auf 50 und 100 Böten die verschiedenen Spreearme herunterkommen und, im vollen Sonntagsschmucke vor- und nebeneinander herfahrend, endlich am Parkufer anlegen und unter den Laubengängen des Lynarschen Schlosses hin still und bedächtig der Stadt und Kirche zuschreiten. Diesen prächtigen Korso, bunter, charakteristischer, reizvoller vielleicht als irgendeiner, den man sehen kann, hatten wir versäumt, und wir mußten uns mit dem begnügen, was noch die Kirche und der Ausgang aus derselben bot.

Ich nahm meinen Platz neben der Orgel. Männer und Frauen waren getrennt; die Frauen, etwa 70 an der Zahl, saßen unten im Schiff der Kirche; die Männer, kaum 40 oder 50, auf den Bänken des Chors. Die Tracht der Männer unterschied sich in nichts von dem, was im allgemeinen die Tracht des märkischen Bauern ausmacht. Mütze oder Hut und langer blauer Rock mit besponnenen Knöpfen. Die Ottermützen, die mal eine Rolle gespielt haben mögen, existieren nicht mehr oder sind Staats- und Extrakleid geworden. Für die tägliche häusliche Verrichtung, namentlich zur Winterzeit, existiert allerdings noch eine Art nationales Arbeitskostüm. Die Frauen, überall konservativer als die Männer (nur die kranken machen eine Ausnahme), sind auch hier sich selber treu geblieben und haben der Nivellierkunst unserer Zeit und großen Städte siegreich widerstanden. Sie haben noch ihr altes Spreewaldskostüm und halten es in Ehren. Genau anzugeben, worin die Eigentümlichkeiten dieses Kostüms bestehen, bin ich weder Schneider noch Professor Weiß genug. Der kurze, aber faltenreiche Friesrock, das knappe Mieder, das Busentuch, die Schnallenschuhe, selbst die bunten seidenen Bänder, die über die Brust fallen und mit denen ein großer Luxus getrieben wird, sind Dinge, denen man von gleichem Stoff und Schnitt auch an anderen Orten begegnet, und nur die Haube und Halskrause sind mir als abweichend von dem gewöhnlichen erschienen. Die Halskrause wird nicht allgemein getragen, wo sie aber vorkommt, erinnert sie lebhaft an den Maria-Stuart-Kragen; steife Chabots, die stolz und aufgeblasen wie ein Puterhahn ihr Rad schlagen. Das eigentlich Charakteri[sti]sche aber bleibt die Haube. Es ist eine Mischung von Haube, Hut und Kopftuch und erinnert ebensosehr an die holländischen Tüllkappen wie an die Kopftücher Schlesiens oder des Oderbruchs. Den letzteren stehen sie an Geschmack bei weitem nach; so wie denn selbst der moderne breitkrempige Strohhut (hübsch wie er ist) an Kleidsamkeit mit jenem schwarzen Seidentuch nicht wetteifern kann, das die Oderbrücherin mit Hülfe eines wunderbaren Faltenknotens zu Hut und Haube graziös zusammenschürzt. Es bleibt das Ideal aller Kopfbekleidungen. Ich mag mich für die Richtigkeit meiner Angabe nicht völlig verbürgen, wenn ich folgende Beschreibung der Spreewaldshaube versuche. Eine Art Papier- oder Papphülse von etwas konischer Form bildet das Gestell; über dies Gestell legen sich Tüll und Gaze, Kanten und Bänder und stellen eine Art Spitzhaube her. Ist die Trägerin eine Jungfrau, so hat die Kopfbekleidung hiermit ein Ende; ist sie aber verheiratet, so schlingt sich um diese Haube noch ein Tuch, das je nach

Neigung und Vermögen die Haube halb oder völlig verdeckt. Diese Kopftücher sind von der verschiedensten Farbe wie von verschiedenstem Werte. Junge und reiche Frauen schienen schwarze Seide zu tragen; die alten aber schlossen mit rotem Fernambuk-Kattun und selbst mit Ockerfarbe ab. Um nichts zu vergessen, sei noch bemerkt, daß der traditionelle Friesrock nur noch mit Mühe das Feld behauptet; der weltbeherrschende Kattun dringt siegreich vor. Ein alter Spreewäldler, den wir kennenlernten, knüpfte daran die üblichen Betrachtungen über Sittenverderbnis und unausbleiblichen Verfall.

»Kleider machen Leute« auch noch in anderem Sinn als dem gewöhnlichen, so sei Ihrem Berichterstatter das lange Verweilen bei diesem Gegenstande verziehen. Die *wendische* Predigt (wie mancher kirchenvisitatorisch geängstigte Geistliche mag auf den Spreewald wie auf eine Insel ungestörten Friedens blicken) entzieht sich natürlich unserer Kontrolle, und wir glauben ehrlich an die Vollberechtigung jener vereinzelten Schluchze, die im Kirchenschiff laut werden. Die Gemeinde liebt und verehrt ihren Geistlichen, und wo dies Band der Liebe waltet, da ist leicht das Wort gesprochen, das eine Mutter, die gestern ihren Sohn begrub, oder eine arme Witwe zu ehrlichen Tränen hinreißt. Die Predigt ist aus, und der Geistliche spricht das wendische Vaterunser; wir erkennen es an dem abwechselnden Rhythmus der kurzen und langen Sätze. Die Gemeinde folgt halb kniend, mit vorgebeugtem Kopf. Das Amen ist gesprochen, und eine kurze Pause tritt ein. Der Geistliche blättert in seinen Papieren, dann beginnt er die *Aufgebote*, die *Geburts-* und *Todesanzeigen in deutscher Sprache zu lesen.* Das ist sehr charakteristisch. Man sieht deutlich, daß das Wendische nur noch wie was Überkommenes gepflegt und *geschont* wird. Warum sollte man's ihnen nehmen? Sie lieben es (und mit Recht) und halten fest daran wie an ihren Hauben und Halskrausen. Aber sowie es sich um praktische Dinge handelt, die aufhören, speziell spreewäldisch zu sein, sowie festgestellt werden muß, was im Spreewald lebt und stirbt, was drin heiratet und was getauft wird, so geht es mit dem Wendischen nicht länger. Der Staat, der bloß mit *deutschen* Ohren hört und nicht Zeit hat, in aller Eile noch wendisch zu lernen, tritt mit der nüchternsten Polizeimiene dazwischen und verlangt *deutsche* Aufgebote und *deutsche* Entbindungsanzeigen. Und er hat *auch* recht. Bei diesen Begegnungen respektive Konflikten zwischen Staat und Spreewald spielt der »Herr Oberpfarrer«, der eben mit milden, freundlichen Worten von dem Tode eines jüngst Dahingeschiedenen spricht, die allerwichtigste Rolle. Er ist nicht bloß der Seelsorger der Spreewäldler, sondern ihr »Sorger« überhaupt. Er ist ihr Dolmetsch, ihr Vermittler mit der draußenliegenden deutschen Welt. Bei Gerichtsverhandlungen ist er so unerläßlich wie bei einer Taufe oder Trauung, und wo sich's um die Entzifferung alter Dokumente, wendischer Freibriefe und Privilegien handelt, muß er zugegen sein, wenn die Verhandlung nicht Schiffbruch leiden soll. Der Oberpfarrer ist ein hoher Sechziger. Wenn Gott ihn abruft, früher oder später, wird Not und Sorge sein, den Mann, den alle kennen und dem alle vertrauen, zu ersetzen. In der Oberlausitz (namentlich in dem sächsischen Teil) wird das Wendische zwar noch gepflegt und Lehrstühle existieren, um diejenigen, die später zum Volke sprechen sollen, auch mit der Sprache des Volks vertraut zu machen; aber der Kreis, aus dem eine Wahl sich nur ermöglicht, ist notwendig ein kleiner und beschränkter, und die Befürchtung mag gerechtfertigt sein, die nicht leicht an einen Ersatzmann für den Oberpfarrer glaubt.

Der Gottesdienst ist aus. Steif und stattlich gehen Männer und Frauen an uns vorüber. Das beste Teil ihrer Erscheinung ist eine feste und würdevolle Haltung. Die Köpfe sind charaktervoll, aber nicht hübsch; einzelne fielen mir auf durch eine vornehme Herbigkeit ihrer Züge. Ein männlicher Ausdruck ist vorherrschend, auch bei den Frauen. Mager, streng, lederfarben, in Ausdruck und Haltung voll Würde, erinnerten sie mich an die Unkas und Chingachgooks, womit die Cooperschen Romane vor fast 30 Jahren unsere Phantasie bevölkerten.

Wir kehrten nun in unseren Gasthof zurück, wo uns Kantor C., der mit dem Oberpfarrer die Liebe und Achtung der Gemeinde teilt, empfing. Wer den Spreewald bereisen will (und es ist Zweck dieser Darstellung, dazu aufzufordern), der suche sich zuvor eine Empfehlung an den Herrn Kantor zu verschaffen. Scheitert er damit, so wird ein Besuch ex abrupto auch zum Ziele führen, wenn nur der Reisende ein aufrichtiges Herz für den Spreewald mitbringt und nicht zufällig Hochzeit oder Begräbnis im Städtchen ist. Ist *das* der Fall, so kann ihn der Kantor nicht retten, und alle Gastlichkeit und Humanität desselben scheitert an seinem Amt und der unerbittlichen Gesangslust der Wenden. *Gesungen muß werden.* Sterben und geboren werden sind nur Erscheinungen innerhalb des Zeitlichen, Musik aber ist das Ewige und umfängt wie ein Zirkel jenen Wechsel der Dinge, den wir Leben nennen. Wo die Musik eine solche Rolle spielt, muß es mit einem Kantor natürlich etwas auf sich haben; er ist das Salz der Speise, die Würze jedes Festes, und sein Name und seine Lieder sind Haushaltworte in jedem Wendendorf.

Im Spreewald mußt du springen können,
Von Boot zu Boot dich schwingen können
Und singen können, *singen* können
Mußt du vor allen Dingen können.

Und soll ein Glück gelingen können,
Muß deine Seele *klingen* können,
Ja singen können, singen können
Mußt du vor allen Dingen können.

Wir wurden dem Herrn Kantor (durch den Mentor und Alterspräsidenten unseres Kreises) vorgestellt, gaben ihm sofort unser Vertrauensvotum, ernannten ihn zum Diktator des Tages und folgten von nun ab seiner Führung. »Spreewald« Losung und Feldgeschrei.

II

DIE SPREEWALDSFAHRT. LEHDE, EIN DORF-VENEDIG. DER KANAL. DER UR-SPREEWALD. FRAU SCHENKER UND DAS WIRTSHAUS »ZUR EICHE«

Zunächst durch die Stadt, dann durch den Lynarschen Park hindurch, gelangten wir in fünf Minuten an den Hauptspreearm, wo unsre Gondel im Schatten eines Buchenganges, der seine Zweige weit über das Ufer hinaus erstreckte, bereitlag.

Es war schwer zu sagen, was mehr einlud, die Landschaft oder die Gondel. Drei Bänke mit Polster und Rückenlehne versprachen möglichste Bequemlichkeit, und ein Tragekorb von bemerkenswertem Umfang, aus dem rotgesiegelte Flaschen hervorlugten, wenn der Wind die Serviette ein wenig zur Seite wehte, deutete unverkennbar an, daß sich allerhand Luxusanfänge mit im Gefolge des Komfort befanden. Am Stern des Boots, das lange Ruder in der Hand, stand Bootführer Birkig, seines Zeichens ein Nachtwächter, heut aber engagiert, über Wohl und Weh dieses Tages zu wachen.

Wir stiegen ein, und die Fahrt begann. Gleich die erste halbe Meile, einschließlich des Dorfes Lehde, das wir bald erreichen werden, ist ein landschaftliches Kabinettsstück und übertrifft insofern alle andern Bilder, die der Tag uns bringen wird, als es die Eigentümlichkeiten der Spreewaldlandschaft am klarsten und übersichtlichsten zeigt. Der Spreewald ist nämlich ein Wassernetz, das aus unzähligen Spreearmen und Spreekanälen geflochten wird, und diejenigen Stellen desselben, die diesen Netz- und Inselcharakter am deutlichsten zeigen, müssen, wenigstens landschaftlich, das Hauptinteresse in Anspruch nehmen. Denn man würde sich irren, wenn man glauben wollte, daß dieser Inselcharakter einem überall unverkennbar entgegenträte; nur derjenige, der in einem Luftballon über dieses vieldurchschnittene Terrain hinwegflöge, würde die blauen Fäden des Netzes und die unzähligen Inselmaschen in aller Deutlichkeit zu Füßen haben. Wer aber im Kahn diese Wasserlinien hinauf- und hinunterfährt, wird nur an wenigen Stellen dieser Vieldurchschnittenheit gewahr und findet die Eigentümlichkeiten des Spreewalds nicht überall so musterkartenartig vor sich ausgebreitet wie auf dem Wege, den wir jetzt passieren.

Das Inselland zu beiden Seiten verrät ebensosehr die Fruchtbarkeit des Bodens wie die Hand der Kultur. Zwischen den Heuschobern und Wiesenflächen, die sich wie zwei einander drängende Generationen den Rang streitig zu machen scheinen, dehnen sich weite Gurkenfelder, auch in einem Drängen von Blüte und Frucht. Der Boden dieser Felder ist kultiviert wie Gartenerde. Der reiche Viehstand der Dörfer schafft eine Düngererde, die über Meilen hin das Fundament, den goldnen Unterbau dieses Bodens bildet.

Nun folgen die Mischungen und Verdünnungen, aus denen sich dann die verschiedenen Erdreiche ergeben, wie dieses oder jenes Produkt des Spreewalds sie erheischt.

Die Wassergewächse, die uns stromauf begleiten, bleiben dieselben; Butomus und Sagittaria lösen sich untereinander ab, nur hier und da gesellt sich ein Vergißmeinnicht hinzu. Es ist Sonntag, die Arbeit ruht, und die große Fahrstraße ist verhältnismäßig leer; nur selten treibt ein Kahn an uns vorüber, mit frischem Heu beladen oder mit Fischnetzen umstellt. Bursche und Mädchen handhaben das Ruder mit gleichem Geschick. Sie sitzen nicht auf der Ruderbank oder schlagen taktmäßig ins Wasser, sondern nach Art der Gondoliere stehen sie aufrecht am Hinterteil des Boots und treiben es vorwärts, nicht durch Schlag, sondern durch *Stoß*. Dies Aufrechtstehen, gepaart mit einer beständigen Anstrengung aller Kräfte, hat dem ganzen Volksstamm eine Haltung und Straffheit gegeben, die man bei unseren Dorfbewohnern nur allzuoft vermißt. Der Knecht, der vornüber im Sattel hängt oder, den Schwamm seiner Pfeife anpinkend, mit einem schläfrigen Hoi die Pferde antreibt, kommt nicht in die Lage, seine Schulterblätter zusammenzuziehen und sein halb krummgebogenes Rückgrat wie eine Weidenrute wieder geradezubiegen; der Spreewäldler aber, dem nicht Pferd, nicht Wagen die Arbeit seiner Füße abnimmt, steht immer auf dem Quivive, tätig, angespannt, und hat nur die Wahl zwischen Anstrengung oder zu Hause bleiben. Die halbwache Halbarbeit kennt er nicht.

Wenn es schon ein reizender Anblick ist, diese schlanken und stattlichen Leute in ihren Booten vorüberfahren zu sehen, so steigert sich dieser Reiz im Winter, wo jeder Bootfahrer ein Schlittschuhläufer wird. Das ist dann die eigentliche Schaustellung ihrer Kraft und Geschicklichkeit. Dann sind Fluß und Inseln eine gemeinschaftliche Eisfläche, und ein paar Bretter unter den Füßen, die halb Schlitten, halb Schlittschuh sind, dazu eine sieben Fuß lange Eisstange in der Hand, schleudert sich jetzt der Spreewäldler mit mächtigen Stößen weit über die blinkende Fläche hin. Dann tragen sie auch ihr nationales Kostüm: kurzen Leinwandrock und leinene Hose, beide mit dickem Fries gefüttert, und Spreewaldstiefel, die fast bis an die Hüfte reichen.

Noch einmal, es ist Sonntag, und die Arbeit ruht. Aber an Wochentagen ist diese Straße, die wir jetzt still hinauffahren, von früh bis spät belebt, und alles nur Denkbare, was sonst auf Landstraßen geht und läuft und fährt und kreucht, das gleitet dann auf dieser Wasserstraße hinab und hinauf. Selbst die reichen Herden dieser Gegenden wirbeln keinen Staub auf, sondern werden ins Boot getrieben und machen die Wasserreise. So ist der tägliche Verkehr auf diesem Wasserstraßennetz; nur unterbrochen, wenn auf blumengeschmücktem Kahn, Musik vorauf, die Braut zur Kirche fährt oder wenn still und einsam, von Leidtragenden gefolgt, ein schwarzverhangenes Boot stromabwärts gleitet. Der Glanz- und Ehrentag dieser Gegenden aber war, als König Friedrich Wilhelm IV. (1842) auch diesen Landesteil besuchte und die Spreewaldboote, bunt und zahlreich wie die Fische, hinter der königlichen Gondel her schwammen.

Einzelne Häuser werden sichtbar; wir haben Lehde, das erste Spreewalddorf, erreicht. Es ist ein bäuerliches Venedig, die Lagunenstadt in Taschenformat; ein Venedig, wie es vor 1500 Jahren gewesen sein mag, als die ersten Fischerfamilien auf seinen Inseln Schutz suchten. Man kann nichts Lieblicheres sehen als dieses Inseldorf, das aus ebenso vielen Eilanden besteht, als es Häuser hat. Die Spree bildet die große Dorfstraße, allerhand Arme und Kanäle die Gassen. Wo sonst ein Heckenzaun sich zieht, um die Stelle zu markieren, wo ein Grundstück aufhört und das andere anfängt, ziehen sich hier Kanäle und Kanälchen, und jedes Bauernhaus ist ein abgeschlossenes Ganzes, das in der Umzäunung seiner Gräben daliegt wie eine Friedensburg. Die einzelnen Höfe, untereinander in kleinen Zügen verschieden, sind in der Grundanlage alle gleich. Dicht an der Spreestraße steht das Wohnhaus, ziemlich nah daran die Stallgebäude, und klafterweis aufgeschichtetes Erlenholz umzirkelt mehr oder weniger den Kreis des Inselchens. Obstbäume und Düngerhaufen, Blumenbeete und Fischkasten teilen im übrigen das Terrain und geben in ihrer Gedrängtheit die reizendsten Bilder. Jedes wie fertig, um gemalt zu werden. Das Wohnhaus selbst ist ein Blockhaus. Spreewaldeichen, horizontal übereinandergelegt, werden zusammengefugt und geben das alte, traditionelle Haus. Die Fugen werden mit Lehm verschmiert, dazu kleine Fenster und dem Ganzen ein tüchtiges Schilfdach aufgesetzt, so ist das Haus fertig. Seine Schönheit besteht in seiner Ornamentik. Fischnetze und Gurkenblüte legen den Grund, und Geißblatt und Convolvulus schlingen sich mit allen Farben hindurch. Zwischen Haus und Fluß liegt ein Grasplatz, dessen letzter Ausläufer ein Holzsteg ist. Um ihn herum gruppieren sich die Kähne, klein und groß, immer dienstbereit, sei es nun, um einen Heuschober in den Stall zu schaffen oder einem Liebespaar bei seinem Stelldichein behülflich zu sein.

Die letzten Häuser von Lehde liegen hinter uns, und wieder dehnen sich Wiesen zu beiden Seiten, nur hier und da durch Erlengruppen oder eine einzelne alte Eiche unterbrochen. In südöstlicher Richtung geht es stroman, jetzt eine Biegung, eine zweite noch, und unser Kahn gleitet in einen geradlinigen Kanal hinein, der die Hauptverbindungsstraße zwischen den zwei Hauptarmen der Spree bildet. Dieser Kanal, mindestens eine halbe Meile lang, zählt mit zu den Schönheiten und Sehenswürdigkeiten des Spreewaldes. Im allgemeinen darf man wohl mit einigem Recht behaupten, daß es nichts Langweiligeres gibt als einen langen, geradlinigen Kanal. Zieht er sich durch Wiesen und Niederungen, so wird die Sache noch schlimmer; nur ein norddeutscher Schienenweg, der daliegt, als sollte man direkt von Berlin bis Hamburg sehen, geht noch darüber.

Jede Regel aber hat ihre Ausnahme, und der Kanal, in den wir eben einbiegen, ist eine solche. Ein Vergleich mag ihn beschreiben. Jeder kennt die geradlinigen, langgestreckten Laubengänge, die sich unter dem Namen der Poeten- und Philosophensteige in allen Le Nôtreschen Parkanlagen vorfinden. Auch unser Tiergarten hat dergleichen. Ein solcher Poetensteig ist der Kanal, der jetzt in seiner ganzen Länge vor uns liegt. Statt des Fußpfades ein Wasserstreifen, das gewölbte Laubdach über uns, so gleiten wir die Straße hinauf, die, wie eine Düte sich zuspitzend, an ihrem äußersten Ende ein phantastisch verkleinertes, halb erkennbares, halb verschwommenes Pflanzenleben zeigt, als begänne dort unten das Reich der Feen und Geister.

Wir erreichen endlich diese äußerste Spitze, statt aber ins Reich der Geister einzufahren, biegen wir nur in einen breiten, zu beiden Seiten mit Erlenwald umstandenen Spreearm ein, der uns in etwa einer Stunde nach »Der Eiche«, einem mitten im Spreewald gelegenen Wirtshaus, führt. Diese Partie des Spreewaldes, die wir nun teils durchfahren, teils durchwandern, ist der *eigentliche* Spreewald, der Spreewald, wie er *war*, der Ur-Spreewald. Die Forst zur linken Seite des Wassers ist königlich, die zur rechten gräflich Lynarsches Eigentum, beide Besitzer aber sind übereingekommen, hier im Herzen des Spreewaldes eine Strecke von etwa einer halben Quadratmeile intakt zu erhalten, um Kind und Kindeskindern wenigstens eine Probe davon zu geben, was der Spreewald in seinen guten, alten Tagen war. Daß diese Musterstelle, hinsichtlich ihres Alters und ihrer Echtheit, ein gut gewähltes Spezimen ist, habe ich kein Recht zu bezweifeln; daß es aber mit der Schönheit und selbst der Apartheit dieser Stelle etwas Besonderes auf sich habe, darf ich entschieden in Abrede stellen. Es ist ein voll- und dichtbestandener Erlenwald, wie es ihrer in sumpfigen Niederungen allerorten gibt. Auch der Flußarm, der sich in ziemlicher Breite hindurchwindet, bietet nichts Besonderes. Überhaupt stehe hier die Bemerkung, daß der Spreewald nur dort reizend und eigentümlich ist, wo sich Leben und Kultur ihm zugesellt. Die Dörfer und ihre Felder, die Menschen und ihre Trachten sind sein Reiz, *nicht* jene Wiesen und Waldflächen, die, so wohl sie dem Auge des Städters tun mögen, doch nichts bieten, was über das Gewöhnliche weit hinausginge. Eines sei freilich nicht vergessen. Wir machten unsere Reise um zwei Monate zu spät. Der Herbst weht früh über den Spreewald hin und nimmt ihm die Attribute des Frühlings: die Blumen und die Vögel. Das Grün der Wiesen und des Laubholzes hält sich bis tief in den Oktober hinein, aber alle anderen Farben verblassen früh. Fast noch früher stirbt der Klang. Ende Juni singt kein Vogel mehr. Es mag zugegeben sein, daß es im Ur-Spreewald anders aussieht, wenn die Pfingstsonne im Wasser tanzt und Klang und Farbe diese grünen Büsche beleben und durchziehen.

Eine Stunde sind wir gefahren (dann und wann ans Ufer springend und uns durchschlagend durch allerhand *Schlangen*kraut, das hier seinen Namen mit doppeltem Rechte führt), und »Die Eiche« ist endlich erreicht. Das Gasthaus, das uns aufnimmt, ist ein Haus in echtem Spreewaldsstil und unterscheidet sich in nichts von den Blockhäusern des Dorfes Lehde. Deutsche indes und nicht Wenden scheinen von alten Zeiten her hier heimisch gewesen zu sein, denn nicht nur daß die »Schenkers« (ein unverkennbar deutscher Name) schon in der dritten Generation hier haushalten, auch ein alter, mühsam zu entziffernder Spruch über der Haustür läßt über die deutsche Abstammung keinen Zweifel. Dieser Spruch lautet:

Wir bauen oftmals feste
Und sind nur fremde Gäste;
Wo wir sollten ewig sein,
Da bauen wir ja wenig ein.

Das sind nicht nur deutsche *Worte*, es ist deutsch im Innersten.

Frau Schenker ist eine freundliche Frau und eine stattliche Großmutter. Ob deutsch oder wendisch, gleichviel, sie hängt am Spreewald und liebt alles, was zu ihm gehört. Besonders die Spree und ihr Wasser. Wenn man im Geiste gegenwärtig hat, was *unsre* Spree auf ihrem kurzen Laufe zwischen Ober- und Unterbaum an Unbilden ertragen muß, so errötet man unwillkürlich, wenn man Frau Schenker über ihre Freundin, die Spree, und ihren Freund, das Spreewasser, sprechen hört. Ich kam in Scham und Verlegenheit, wie wenn man einen unscheinbaren Menschen unwürdig oder rücksichtslos behandelt hat und hinterher erfährt, daß er brav und gut und der Liebling seines Kreises sei. Zum Glück bemerkte Frau Schenker nicht, was in mir vorging, und ich hatte Zeit, den Kampf mit meinem Gewissen durchzukämpfen, während sie ruhig fortfuhr und mir erzählte, daß alle Spreewaldrekruten, die nach Berlin kämen, monatelang krank würden von unserem Brunnenwasser. Es widerstände ihrem Magen, und ihre Haut würde rauh und brüchig, als herrsche die bitterste Kälte.

Inzwischen ist die Tafel gedeckt worden, und unser Spreewaldsmahl beginnt. Kann man reizender dinieren! Der Tisch mit dem weißen Linnen steht unter einer mächtigen Linde, vor uns haben wir das Haus, hinter uns die Spree und den Wald. Neben uns zwischen dem Haus und den Stallgebäuden wölbt sich eine hohe Laube von Pfeifenkraut, und in dem Eingang zur Laube, wie Puck auf einem Pilz, sitzt Frau Schenkers jüngste Enkelin auf einem Erlenstumpf und sieht, das lachende Gesicht unter dem roten Kopftuch halb verborgen, neugierig-verschämt zu uns herüber. Und nun das Mahl selber! Das wäre kein Spreewaldsmahl, wenn kein Hecht auf dem Tische stände, und das wäre kein Hecht, wenn ihn nicht die berühmte Spreewaldssauce begleitete, die mir wichtig genug erscheint, um hier das Rezept in seinen äußersten Umrissen folgen zu lassen. Das Geheimnis dieser Sauce (die im übrigen dem landesüblichen Kochbuch folgt) ruht in der kurzen Formel: wenig Butter, aber viel Sahne. Probatum est.

Der Spreewaldshecht hat eine Leber wie andere ehrliche Hechte, und alsbald beginnen wir mit einem:

Die Leber ist von einem Hecht und nicht von einem
Schleie,
Der Fisch will trinken, gebt ihm was, daß er vor
Durst nicht schreie.

Mit diesem zeitgemäßen Leberreim ging es an die Entpuppung des Korbes, der bereits während der Fahrt mehr als einen interessierten Blick auf sich gezogen hatte. Das erste Glas galt, wie billig, der Wirtin:

Die Leber ist von einem Hecht und nicht von einem
Lachse,
Frau Schenker und ihr ganzes Haus, es lebe und es
wachse.

So ging es weiter und schloß endlich mit dem Jubelhymnus ab:

Die Leber ist von einem Hecht und nicht von einem
Störe,
Herr Kantor C. von Lübbenau ist König der Kantöre.

III

Die Irrfahrt. Nixen im Sonnenschein. Kätner Post. Das Terzett. Dorf Leipe. Rückfahrt nach Lübbenau

Es war inzwischen Nachmittag geworden, und wir schickten uns zur Weiterreise an. Noch viel war zu sehen; die Dörfer Burg und Leipe und in der Nähe des ersteren ein Stück Hügelland, darauf das Schloß des letzten Wendenkönigs gestanden haben *soll*. Dies »soll« stimmte unseren Eifer ein wenig herab, und als uns der Bootführer vertraulich versicherte, daß eigentlich nichts zu sehen sei als ein Grasplatz, waren wir ziemlich entschlossen, die Geister der alten Wendenburg in ihrem Nachmittagsschlaf nicht zu stören.

In diesem Entschluß lag eine Mißachtung; vielleicht, daß sie uns deshalb einen Streich spielten. Die Kanäle vor und neben uns wurden immer flacher und seichter; endlich saßen wir fest wie die Preußen auf dem Marsche nach Waterloo. »Es geht nicht«, murmelte der Bootführer. »Es *muß* gehen«, erwiderte der Kantor, wie Marschall Vorwärts, und sprang ans Ufer. Und siehe da, es ging.

Auf zehn Minuten war nun Rat geschafft, aber andere Nöte kamen. Die seichten Stellen waren glücklich passiert, wir hatten wieder Wasser unterm Kiel, aber die Richtung war uns verlorengegangen. Das ganze Terrain eine Terra incognita. Der Kantor, der eben noch Marschall Vorwärts war, war jetzt Kolumbus, Bootsführer Birkig die meuterische Mannschaft und *wir* – geteilt in unseren Ansichten, wie ein Neutraler, der zwei Zeitungen liest. Der Kantor wies unerschütterlich gen Westen und sah sich in seiner Festigkeit belohnt. Wir kamen an einen Punkt, den ich am besten als einen Kreuzweg bezeichne. Nach vier verschiedenen Seiten hin dehnten sich Flußarme und Kanäle. Dieser Moment äußerster Not und Verwirrung war zugleich der Moment unserer Rettung. Just an der Stelle, wo zwei Arme in spitzem Winkel sich kreuzten, stand ein Bauernhaus, dessen weiße Wände aus Blumen und Fischernetzen freundlich hervorsahen. Und welch Leben um dies Haus her. In der Tür saß eine ältliche Frau mit einem Säugling auf dem Arm, dicht am Ufer aber, den einen Fuß bereits im Kahn, stand ein hoch aufgeschossener Mann von mittleren Jahren und dirigierte seine Kinder, die eben jubelnd und plätschernd ihr Nachmittagsbad im Flusse nahmen. Es waren ihrer sieben, das älteste elf, das jüngste kaum vier Jahr alt. Wäre man allein des Weges gekommen und hätte eine Wolke das Haus hinweggenommen, dessen Lehmwände zu sehr an die Schwere irdischer Dinge erinnerten, so hätte man glauben können, ein Märchen an hellem, lichtem Tage zu erleben. Aus blondem Haar und Sonnenschein, aus Lachen und Kinderunschuld wob sich hier ein Bild, das auf uns alle den tiefsten Eindruck machte und uns auf Minuten sprachlos dastehen ließ, als starrten wir wirklich in eine feenhafte Welt. Und wir störten diese Welt nicht, das war ihr höchster Zauber. Ungeängstigt und von keiner Scham überkommen, die das Bekenntnis unsrer Sünde ist, spielten die Kinder weiter und tauchten unter und prusteten das Wasser in die Höh, wie junge Delphine, die am Ufer spielen. Das älteste Mädchen war wie eine Nixe, die Augen lachten, und das lange aufgelöste Haar schwamm wie Sonnenschein neben ihr her.

Bootführer Birkig rekolliierte sich zuerst. Wer ein Amt hat, ist immer am schußfestesten gegen die Geister. Uns berührte es fast wie Profanation, als er plötzlich in einem Patois von Deutsch und Wendisch zu dem Mann am Ufer hinüberrief: »ob es noch weit sei bis zur Wendenburg«. Der Mann am Ufer, der in unserer Seele gelesen haben mußte, antwortete mit einem Ausdruck, als ob es sich um die Antipoden handelte, »sehr weit«. Wie ein Stein fiel es von uns; auch die letzte Chance des historischen Grasplatzes erlag diesem Schlage. Nachdem der Kantor und der Bootführer ein kurzes Gespräch geführt hatten, dessen Inhalt uns nicht lange ein Geheimnis bleiben sollte, klang jetzt eine zweite Frage über das Wasser hin. Sie hatte, wie wir gleich sehen werden, keinen historischen Hintergrund und lautete, da die Wahrheit nicht länger verschwiegen werden kann, »ob er uns Kaffee kochen wolle«. Das bereitwilligste »Ja« schallte zurück, und nach fünf Minuten schon sprangen wir ans Ufer, hinter dessen Büschen die Kinder noch in allen Stadien der Toilette standen und lagen. Der jüngste Blondkopf war noch immer ein bloßer Delphin, aber ans Land geworfen. Kätner *Post*, so hieß der Besitzer, machte die Honneurs des Hauses und forderte uns auf, einzutreten.

Wir zogen begreiflicherweise einen Platz im Freien vor und machten's uns auf einem Rasenplatz, der schattig zwischen Haus und Garten lag, nach Möglichkeit bequem. Was an Tisch und Bänken im Hause war, stand bald draußen, und auf dem Tische klapperten alsbald die Tassen, die an bessere Zeiten mahnten. Kätner Post war nämlich aus einer alten Spreewälder Kantorenfamilie, selbst Geistliche waren sporadisch in ihr aufgetaucht, und ein unverkennbarer Unmut lag auf dem Gesicht des Mannes über sein Zurückgebliebensein hinter den historischen Rangverhältnissen seiner Familie. Er sprach es auch unumwunden aus und zuckte dabei mit den Lippen. Überhaupt verriet sein ganzes Wesen eine intelligente Nervosität, wie man ihr bei Leuten seines Standes nur selten begegnet.

Es war ein kostbarer Nachmittag, und wir sprachen von Krieg und Frieden. An einer Stelle, wo nur das Dzien dobry zu Haus war, flogen jetzt Magenta und Solferino wie Haushaltworte umher, und der Name Villafranca wurde in fünf Minuten häufiger genannt, als dieses Spreewaldinselchen von Anbeginn der Tage her ihn je gehört hat und vielleicht je wieder hören wird. Wer weiß, welche Zusatzparagraphen zu den Präliminarien wir in aller Eile noch redigiert hätten, wenn nicht plötzlich unsere Sinne von dem Kampf und Streit dieser Welt abgelenkt und in schlichter, aber rührender Weise an den Quell alles Friedens gemahnt worden wären. Neben Kätner Post standen zwei seiner Jungen, und mit jener unwiderstehlichen Innigkeit, die Kinderstimmen eigen ist, klang es jetzt durch die stille Luft:

Jesu, geh voran, auf der Lebensbahn,
Und wir wollen nicht verweilen,
Dir getreulich nachzueilen,
Führ uns an der Hand, bis ins Vaterland.

Hier machte der Alte eine Pause, wie um abzuwarten, ob er uns nicht lästig fiele, dann intonierte er wieder, und die Kinderstimmen fielen ein:

Soll's uns hart ergehn, laß uns feste stehn
Und auch in den schwersten Tagen
Niemals über Lasten klagen,
Denn durch Trübsal hier geht der Weg zu dir.

Rühret eigner Schmerz irgend unser Herz,
Kümmert uns ein fremdes Leiden,
O so gib Geduld zu beiden,
Richte unsern Sinn auf das Ende hin.

Ordne unsern Gang, Jesu, lebenslang.
Führst du uns durch rauhe Wege,
Gib uns auch die nötige Pflege,
Tu uns nach dem Lauf deine Türe auf.

Das Lied hätte zwanzig Strophen haben können, wir wären willig gefolgt. Text und Musik klangen noch in unserer Seele nach, und niemand hatte recht den Mut, mit einem »Sehr hübsch« den Zauber zu unterbrechen oder gar unvermittelt bei Solferino wieder anzuknüpfen. Endlich räusperte sich der Mentor unseres Kreises (dem als dem Anreger und Urheber unserer Spreewaldsfahrt der pflichtschuldigste Dank nicht länger vorenthalten sei) und sprach etwa wie folgt: »Sie sind alle ergriffen, ich bin es doppelt. Daß Ihnen dies Lied hier begegnet, ist – in aller Demut sei es gesagt – zum guten Teile mein Verdienst. Es sind jetzt gerade fünf Jahre, daß ich auf einer ähnlichen Reise, wie die ist, die wir heute machen, in eine Dorfschule trat und das schöne Lied ›Der Seelenbräutigam‹ in jener *rhythmischen Form* singen hörte, in der Sie es eben vernommen haben. In dieser Form, der niemand eine besondere Schönheit absprechen wird, wirkte das längst bekannte Lied wie etwas völlig Neues auf mich und riß mich fort durch Kraft, Innigkeit und Frische. Unmittelbar nach meiner Rückkehr nahm ich Veranlassung, dies Lied in seiner neuen rhythmischen Form zu veröffentlichen, und wählte dazu das *Schulblatt für die Provinz Brandenburg*. Ich weiß, daß es seitdem vielfach Eingang gefunden hat; hier zum ersten Male trat es lebendig an mich heran. Sie sehen, man streue nur gute Körner aus und sorge nicht, was aus ihnen wird; irgendwo gehen sie auf, und wenn es im stillsten Winkel des Spreewalds wäre.«

Die Sonne neigte sich und mahnte zum Aufbruch. Noch reizende Partien kamen, weite Wiesenflächen rundum mit Erlen und Eichen bestanden, aber der Höhenpunkt des Festes lag hinter uns. Bei guter Zeit noch erreichten wir Leipe, ein zweites Dorf-Venedig, das uns den Wunsch auf die Lippen legte, »wenn man nicht Lehde wäre, möchte man Leipe sein«. Die größte Sehenswürdigkeit Leipes ist seine schöne Wirtsfrau, die vor vier oder fünf Jahren auch in Berlin war und, in ihrem wendischen Kostüm den Krollschen Garten besuchend, ein halbes Hundert junge Berliner aus dem Häuschen gebracht haben soll. Wir fanden sie nett und nicht anmaßlich, wie sonst wohl solche Triumphe zu machen pflegen. Auch Gesellschaft fanden wir in Leipe – Landsleute und Maler, die, wie uns, der wachsende Ruf des Spreewalds ins Grüne gelockt hatte. Mit ihnen fuhren wir heim, Boot an Boot. Wort und Lachen klang herüber und hinüber. Ein kalter Grog, der aus Rum und Spreewasser gebraut wurde, hielt die Abendkühle von uns fern. Aber nicht auf lange; die Nebel wurden dichter, und Kleid und Paletot forderten endlich ihr Recht. Die Unterhaltung schwieg, und lautlos glitten die beiden Boote nebeneinanderher. Nichts unterbrach die Stille als der taktmäßige Ruck der Ruderstöße und das leise Plätschern des Wassers. Der Lübbenauer Kirchturm, der schwarz wie eine Feueresse dastand, schlug zehn, als wir im Schatten der Parkbäume wieder anlegten. Der »Braune Hirsch« nahm uns in seinen gastlichen Betten auf, Bootführer Birkig aber (Gott segne es ihm) ging seinem Dienste nach, um mit Horn und Spieß für Lübbenau und seine Spreewaldgäste zu wachen.

IV

Der Lynarsche Park. Warwick Castle und Schloss Lübbenau. Die Prophezeiung. Das Wappen der Lynars und das Märchen vom Schlangenkönig. Schluss

Wir wachten auf, so frisch und gekräftigt, als hätten wir noch im Traume den Kätner Post und seine Blondköpfe singen hören. Keiner von uns konnte sagen, wie oft Bootführer Birkig die Stunde gerufen und die Lübbenauer aufgefordert hatte, »das Feuer und das Licht zu bewahren«. Vielleicht wußt er's selber nicht.

Der nächste Morgen brachte uns noch ein Reisedessert: den *Besuch des Lynarschen Parks*. Er liegt, wenn ich mich recht orientiert habe, auf einer Halbinsel, die durch zwei Spreearme gebildet wird. Schöne Baumpartien ziehen sich an beiden Längsseiten hin und gewähren an einzelnen Stellen, durch das Laub der Bäume hindurch, reizende Blicke in die Wiesenlandschaft hinein. Man übersieht, je nach der Aufstellung, die man nimmt, zwei ganz verschiedene Teile des Spreewalds: nach Norden hin die reichen Felder, die zwischen Lehde und Leipe liegen, nach Westen hin das Wiesenterrain zwischen Lübben und Lübbenau. An dieser seiner nördlichen Lisière ist der Park von ganz besonderer Schönheit, und die Edeltannen und moosbewachsenen Steinbänke, vor allem die Spree selbst, die wie ein tiefer Wallgraben mit Schilf und Schlingkraut und Erlengebüsch uns unmittelbar zu Füßen lag, erinnerten mich an den Park von Warwick Castle, wo sich, wie hier die Spree, so dort der Avon an moosigen Steinbänken vorüberzieht und durch die Erlenbüsche hindurch einen Einblick in die Wiesengründe »des Herzens von England« gestattet.

Freilich, im selben Augenblick, wo wir uns zur Linken wenden und statt der grauen Wände von Warwick Castle die gelbgetünchten Wände eines modernen Schloßbaues erscheinen sehen, schwindet die Möglichkeit eines ferneren Vergleichs, und wir sind wieder in der Lausitz, an der Grenze unserer heimatlichen Mark. Damit aber sei kein Tadel ausgesprochen. Es ist ein mäßiger Vorwurf, nicht so schön zu sein wie die Venus von Milo. Der moderne Bau vor uns ist kaum 30 Jahre alt. Bis dahin stand hier ein altes Schloß, an dessen Niederreißung sich folgende liebliche Sage knüpft: Die Lynars, so heißt es, waren von alten Zeiten her nicht glücklich in ihrer Ehe. Friede wurde Unfriede, Segen wurde Unsegen, man trug es von Geschlecht zu Geschlecht wie einen Fluch. Als der jetzt lebende Graf dem Tage seiner Vermählung nahe war und voll innigster Liebe zu seiner Braut des harten Geschicks gedachte, das auch *ihrer* warten möchte, trat eine Zigeunermutter an ihn heran und sagte: »Begrab das Schloß, so begräbst du euren Fluch.« Der Graf, ein frommer Mann, übersetzte sich das Zigeunerwort in *seine* Sprache. Das Opfer ist Quell alles Segens, so dachte er. Der alte Bau fiel, und das junge Paar zog ein in neue Räume. Da steht das Schloß jetzt, eine Mahnung, daß die Liebe das höchste Gebot sei. »Und hat es geholfen?« Ja, *es hat.* Die Freudigkeit des Opfers ist mächtiger gewesen als die Ungunst des Geschickes. Friede zog ein und Glück und Segen. Die Gräfin ist tot jetzt. »Sie war ein Engel«, sagte mein Erzähler.

Das neue Schloß ist ein stattlicher Bau, der gewinnen wird, wenn er erst seinerseits ein paar hundert Jahre auf dem Rücken trägt. Zwei lange Flügel stoßen beinahe rechtwinklig aufeinander; die Linie, wo sie sich berühren, ist abgestumpft und bildet nun ein schmales Mittelstück (Corps de Logis). Der ganze Bau wird von zwei abgestumpften Türmen überragt, die sich an die Rückenfront des Corps de Logis anlehnen und mit ihren Fundamenten die Einfassung einer Freitreppe bilden. Die Vorderfront, der es an Ornamentik fehlt, zeigt als einzigen Punkt, worauf das Auge ausruhen kann, das *Lynarsche Wappen,* zwei Felder mit blühendem Lein, zwei andere mit einer gewundenen Schlange. Die Schlangen und das Haus Lynar leben seit alter Zeit auf einem guten Fuß. Ob man aus Liebe zu den Schlangen die Schlange ins Wappen aufgenommen oder, umgekehrt, aus Liebe zum Wappen sich mit den Schlangen befreundet hat, laß ich dahingestellt sein; nur das Faktum bleibt, daß die beiden Schlangen im Wappenschilde der Lynars kaum fester und treuer an ihnen hängen als die leibhaftigen Schlangen, die unten im Park herumspazieren. Ich fürchte, daß manche meiner Leserinnen schon beim bloßen Hören dieser Mitteilung von einem ähnlichen Gefühl beschlichen wird wie die Königstochter im Märchen, als der Frosch tapp, tapp die Treppe heraufkam und sich neben ihr auf den Stuhl setzte. Bei dieser kleinen Überrieselung muß es nun freilich sein Bewenden haben, aber ein wirkliches Angstgefühl, das sich etwa mit hineinmischen möchte, bin ich in der glücklichen Lage beseitigen zu können. War doch auch der Frosch ein verwunschener Prinz. Wenn nämlich die Klapperschlange den einen äußersten Flügel bildet, so bildet die Spreewaldsschlange den andern. Alles Gift und alle Schrecken dort, alle Unschuld und Harmlosigkeit hier. Welche bangen Vorstellungen knüpfen wir nicht an den Namen »Alligator«, diesen jüngeren Bruder des Krokodils, und doch ist er Haustier in allen Staaten, die dem Mississippi zunächst gelegen sind. So die Schlange im Spreewald. Bunt und schillernd und – harmlos wie die Lazerten in den Felsschluchten von Sorrent, hat sie noch das eine vor ihnen voraus, daß sie die Nähe des Menschen liebt und ihn aufsucht, statt vor ihm zu fliehen.

Der Lynarsche Park ist noch immer reich an Schlangen, aber er war es einst viel, viel mehr. Das ist die Geschichte vom *Schlangenkönig*, ein Beitrag zur Sagenbildung und Märchenentstehung unserer Zeit.

Vor 70 Jahren (die Lübbenauer wissen es noch von ihren Großeltern her) lebte ein Kaufmann in Lübbenau, den es Tag und Nacht quälte, wie er recht reich werden könnte. – Aber es wollte nicht vorwärts mit ihm. Da hörte er von dem Schlangenkönig sprechen, der täglich im Parkgarten erschiene und auf dem schönen Rasen desselben sich zu sonnen liebe. *Wer dessen Krone habe, der werde unermeßlich reich.* Das ging dem Kaufmann zu Herzen. Er beschloß, die Krone zu rauben, es koste, was es wolle. Oft schlich er sich in den Garten und sah das schöne Tier im Grase liegen; aber der Schlangenkönig, als ahne er die Gefahr, duckte sich in das Grün des Rasens nieder, sooft er des Kaufmanns ansichtig wurde. Da bat dieser um die Erlaubnis, auf dem Schloßrasen ein Stück Leinwand bleichen zu dürfen, und breitete nun das weiße Gespinst auf dem sonnigen Platze aus. Als der Schlangenkönig mit seinem Gefolge wieder erschien, um an alter Stelle seinen Hof zu halten, war auch der Kaufmann da. Er saß auf einem kleinen schwarzen Pferde, verborgen hinter dem Busch- und Baumwerk des Parks. Die Sonne schien hell auf das weiße Linnen, und der König glitzerte darauf in seiner ganzen Pracht. In diesem Augenblick brach der Kaufmann aus seinem Versteck hervor, und den Hals des Pferdes mit seinem linken Arm umklammernd, während seine rechte Hand dicht über den Erdboden hinfuhr, riß er jetzt, wie ein plötzlicher Windstoß, dem Schlangenkönig die Krone ab. Im nächsten Augenblick war er verschwunden. Der Kaufmann wurde reich, aber Lübbenau – wurde arm. Der Schlangenkönig und sein Gefolge kamen nicht mehr in den Park. Sie rächten sich nicht, aber sie blieben aus. Im Schloß fragte man ängstlich hin und her: »Wo sind unsere Schlangen?« Endlich erfuhr man, was geschehen. Seitdem mühen sich die Lynars, wiedergutzumachen, was die Habsucht jenes Kaufmanns verbrochen hat. Man schont den Rasen und pflegt mit Vorliebe jene sonnige Stelle. Und siehe da, die dauernd ausgestreckte Hand scheint endlich zur Versöhnung geführt zu haben. Die Schlangen sind wieder da. Sie sonnen sich auf dem Rasen; besonders aber – als wollten sie zeigen, sie kämen um der Lynars und nicht um der Stadt willen – lagern sie auf den Steintreppen des Schlosses und ringeln sich um seine Türklinken und Klingelgriffe. Eine erste Begegnung der Art mag ihr Mißliches haben; im übrigen aber liegt ein besonderer Zauber darin, mit jenen Tieren auf einem Freundschaftsfuß zu leben, vor deren Berührung von alters her die Menschenhand erschrickt. Man erscheint sich wie gefeit, daß man es wagen darf.

So plauderten wir auf der großen Steinbank, vor uns die Spree und ihre Wiesen, hinter uns die Edeltannen des Parks, die dann und wann, wie eine Mahnung, auch bei der Wahrheit zu bleiben, ein paar große Tannenäpfel auf unsere Köpfe niederschüttelten. Unser Erzähler hob eben mit einem neuen Märchen an, als ein Posthorn, das von der Stadt her zu uns herüberklang, seinem Vortrag ein rasches Ende machte. In Staub und Mittagshitze, wenig verbessert durch den bekannten Lederduft eines preußischen Postwagens, ging es durch die Wüstenei von Golßen und Baruth wieder zurück, um heimgekehrt den Berlinern zu verkünden, daß die Dorf-Venedigs keine Mythe seien. In diesem Sommer freilich ist es zu spät, unserem Beispiel zu folgen. Im nächsten Juni aber, wenn das Wasser wieder hoch ist und die Vögel wieder singen, dann – auf, in den Spreewald!

DAS SCHILDHORN BEI SPANDAU

Meine Götter sind Spott,
Rette du mich, Christengott.

Spandau ist eine der ältesten Städte der Mark, und seine Lokalgeschichte zählt zu den interessanteren. Hier an den Ufern der Havel entschieden sich die Kämpfe zwischen Christen und Wenden, hier faßte die Reformation zuerst festen Fuß in brandenburgischen Landen, und hier war es, wo der junge Friedrich Wilhelm (der spätre »Große Kurfürst«), nach einer Zeit voll Elend und Erniedrigung, siegreich seinen Einzug hielt, in dieselbe Festung, die August Moritz von Rochow vorgab, als *kaiserlicher* Oberst *für* den Kaiser und *gegen* den Kurfürsten und Landesherrn halten zu müssen.

Aber diese Vorgänge, die teils einen Ruhm der Stadt bilden, teils ihr ein historisch-poetisches Interesse leihen, liegen weit zurück und sind erstorben im Bewußtsein der Gegenwart. *Das* Spandau, das wir kennen, an das sich gewisse Schreckensvorstellungen unserer Jugend knüpfen, war, bis in die neueste Zeit hinein, ein höchst unpoetischer Ort. Die Stadt selbst, mit ihren verschnittenen Lindenbäumen und gelbgetünchten Häusern, nahm sich an und für sich um kein Haarbreit unfreundlicher aus als andere märkische Städte, aber die Heiterkeit der Farben konnte an keinem Ort zur Geltung kommen, den man sich gewöhnt hatte, nur mit der Nachtseite menschlicher Dinge in Verbindung zu bringen. Festungsgräben mit Militärstraflingen, Kasematten mit politischen Gefangenen, Korrektionshäuser und Strafanstalten aller Art – daneben verschwand das arme Grün der Lindenbäume, und die Vorstellung des Unheimlichen setzte sich auf viele Jahre hin fest. Zum Überfluß suchte noch die Residenz Berlin die nachbarliche Schwesterstadt zum nicht beneidenswerten Schauplatz für die Vollstreckung letzter Urteile zu machen, und was dem Maß der Schrecken bis dahin gefehlt hatte, war nun erfüllt. Das Haupt Tschechs fiel auf der Spandauer Feldmark, und die Stadtchronik jener Epoche ist mit Blut geschrieben.

Aber auch *dieses* Spandau, das Spandau unserer Jugend, hat sich überlebt und einem neuen Platz gemacht. Der helle Pfiff der Lokomotive hat die dunkeln Wolken, die über der Stadt hingen, wie mit leuchtendem Schwert vertrieben; die Stille, die Stagnation, die so leicht zum Brütwinkel alles Finstern und Unheimlichen werden, sind dem Leben und der Bewegung gewichen, bunte Menschenströme kommen und gehen, und Fabrikgebäude und Sommerhäuser haben in lachenden Farben einen heitern Kranz um den alten Griesgram gezogen. Dampfschiffe beleben den schönen breiten Strom, und der dunkle Hintergrund, der auch jetzt noch dem Bilde geblieben, schreckt nicht mehr ab, sondern steigert nur den Reiz.

Weder Spandau selbst indes noch seine Geschichte haben uns heut in die alte Havelfestung geführt, sondern lediglich der Wunsch, einen Ausflug in seine nächste Umgebung zu machen, flußabwärts jenem malerischen Punkte zu, der den Namen »das Schildhorn« führt. Wir schwanken einen Augenblick, ob wir mit Dampf oder Ruder die Fahrt versuchen sollen, und endlich, das Segelboot als gefälliges Auskunftsmittel wählend, treiben wir jetzt mit Strom und Wind, zunächst an Wiesen und Dörfern, dann aber an prächtigen Waldpartien vorüber, dem Ziel unserer Reise zu. Wie unverdient ist der Spott, der unsere märkische Landschaft zu verfolgen pflegt, wenigstens *hier*! Die breite, blaue Wasserstraße teilt sich und einigt sich wieder und schafft eine ununterbrochene Kette von Inseln und Seen. Die Eilande selbst wechseln in ihrem Charakter; neben dem fruchtbaren Grasland des einen, auf dem die Häuser und Herden den Wohlstand seiner Bewohner verraten, erheben sich die Sandberge einer zweiten und dritten Insel, kahl an ihren Abhängen, aber tannenbedeckt auf ihrer Höhe. Auf- und abwärts gleiten die Elb- und Oderkähne, die noch immer den großen Handel zwischen Ost- und Nordsee vermitteln, und der Wind, plötzlich die Richtung wechselnd, klappt das eben noch vollgebauschte Segel mit dumpfem Schlag an den Mast. Reusen und Netze durchziehen die schmaleren Arme des Stromes und sperren ihn fast; nur vereinzelte Schwäne (die Havel hat deren Tausende) gleiten unaufgehalten ihres Wegs. Die rechts gelegenen Ufer sind ziemlich unmalerisch, zur Linken aber, auf hohem Plateau, das bald sich rundet und buchtet, bald Landzungen weit in den breiten Strom hineinstreckt, erheben sich die prächtigen Tannen des *Grunewalds* und spannen ihre dunkelgrünen Schirme aus. Die Stämme sind hoch und schlank, und alles Unterholz fehlt; so blickt man durch den Rahmen der rotbraunen Stämme bis tief in den Wald hinein und belauscht das Wild, das, gehegt und gepflegt in jenen weiten Jagdrevieren, wie in paradiesischer Sicherheit den Forst durchschreitet und von den vorspringenden Kuppen aus neugierig auf den Fluß und sein Treiben herniederblickt. Sei es die Pflege, die diesem schönen Walde zuteil wird, oder sei es die Nähe des Wassers, das mit feuchter Kühle die Nadeln labt und leise Nebel um seine Kronen spinnt, gleichviel, die Tannen erscheinen schöner und edler hier als irgendwo anders und stehen da, als fühlten sie sich als die eingeborenen Herren dieses Landes. Das heimatliche Volkslied hat diese schönen Havelforsten oft gefeiert, und wer sie jemals wandernd durchzogen hat, der stimmt gern mit ein in die alte Weise:

Blaue Havel, Grunewald,
Grüß mir alle beide,
Grüß und sag, ich käme bald,
Und die Tegler Heide.

Wir sind mit voller Gunst des Windes eine Stunde gefahren, und die letzten Werder- und Inselgruppen liegen hinter uns. Mit halb eingezogenen Segeln biegen wir eben um eine vorspringende Waldecke herum in die volle Stromesbreite hinein, als wir in der Entfernung einer guten Viertelmeile einer Landzunge ansichtig werden, die von der linken Uferseite her weit in den Fluß hineinragt und die Hälfte seines Bettes dämmt und absperrt. Die Landzunge ist nicht flach, sondern ein hoher Sanddamm, ein Molo, der auf seinem Rücken niedrige Tannenbäume, an seiner vordersten Spitze aber ein grauschwarzes, wunderliches Bildwerk trägt, das halb an Telegraphenpfosten, halb an Fabrikschornsteine mahnt und doch durch allerhand Schnörkel und Ornamente keinen Zweifel darüber läßt, daß es keines von beiden sei.

Wir haben uns inzwischen der Landzunge mehr und mehr genähert, und die Formen nehmen bestimmtere Gestalt an. Wir erkennen deutlich eine Säule, die in der Mitte ihres Schaftes einen Schild und auf der Höhe des Ganzen ein Kreuz trägt. Unser Boot legt an, und wir erklimmen den Damm, der nach vornhin ziemlich abschüssig in den Fluß fällt. Dieser Vorsprung, die hohe Sandklippe, auf der wir uns nunmehr befinden, ist das Ziel unserer Reise, »*das Schildhorn*«. Der Vorgang, der ihm diesen Namen gab, ist der folgende.

Brennibor (Brandenburg) war endlich nach langer Belagerung von Albrecht dem Bären erstürmt, und das Wendentum, seit lange von der Elbe zurückgedrängt, schien auch das Havelland nicht länger halten zu können. Aber Jaczko, der Wendenfürst, war wenigstens gewillt, die alten Sitze seiner Väter nicht ohne Schwertstreich aufzugeben, und noch einmal sammelte er die Seinen zum Kampf. Bei Spandau kam es zu einer letzten Schlacht. Jaczko unterlag, und hinfliehend am rechten Havelufer, von den siegestrunkenen Deutschen verfolgt, sah er kein anderes Heil mehr als den Fluß und das jenseitige Ufer. Gegenüber dem jetzigen Schildhorn, wo die weit vorspringende Landzunge die Breite der Havel fast halbiert, gab er seinem Pferd die Sporen und setzte in den Fluß. Aber sein Pferd war matt und müde vom Kampf, und ehe es die rettende Landzunge halb erreicht hatte, empfand sein Reiter die schwindende Kraft des treuen Tiers. Da, angesichts des Todes, warf das Herz des Wendenfürsten die alten Heidengötter von sich, und die Hand, die den Schild hielt, hoch gen Himmel erhebend, rief er den Gott der Christen an, ihm zu helfen in seiner Not. Da war es ihm, als faßte eine Hand den erhobenen Schild und hielte ihn mit leiser, aber sicherer Macht über dem Wasser; dem sinkenden Pferde kehrten die Kräfte zurück, und der Vorsprung war erreicht. Jaczko hielt, was er gelobt, und wurde Christ. Seinen *Schild* aber, den der Finger Gottes berührt, ließ er dem Ort, wo das Wunder sich vollzogen hatte. Der Schild des Heiden war ihm zum Glaubensschild geworden.

Dies sind die Elemente, die man zur Hand hatte, als es sich darum handelte, zur Erinnerung an jenen Tag der Bekehrung und zur Festigung und Neubelebung der alten Tradition auf dem Schauplatz derselben, dem *Schildhorn*, ein Denkmal zu errichten. Man hat bei Ausführung dieses Planes in nicht gutzuheißender Weise auf den malerischen Effekt Verzicht geleistet. Es wäre ausreichend gewesen, auf hoher griechischer Säule einen Schild aufzurichten und diesen Schild mit einem Kreuz von mäßiger Größe zu krönen. Das würde ein weithin erkenntliches Bild in durchaus bestimmten Umrissen gegeben und »den Sieg des Kreuzes über das Heidentum«, diesen selbstverständlichen und durchaus berechtigten Gedanken, in aller Klarheit dargestellt haben. Archäologischer Übereifer aber glaubte ein übriges tun zu müssen und hat seinen Sieg auf Kosten des guten Geschmacks gefeiert. Man hat den Stamm einer alten knorrigen Eiche in Sandstein nachgebildet und dadurch eine ohnehin schwerverständliche Figur geschaffen; der inmitten des Stammes aufgehängte Schild aber, der wie eine Scheibe an einem Pfosten klebt, schafft, aus der Ferne gesehen, vollends eine durchaus unklare und rätselhafte Figur. Ebenso unklar und verworren nimmt das Kreuz sich aus, das den Oberbau der Säule krönt. Etwas *Apartes* ist gewonnen, nichts Schönes, das der eigentümlichen Schönheit der Landschaft entspräche. Möglich, daß jene Apartheit Zweck war; sie sichert allerdings dieser Säule einen Eindruck, dessen sie vielleicht entbehrte, wenn sie schöner und mehr im Einklang mit dem Üblichen wäre.

Der Sagenschatz der Mark ist arm; das mag es erklären, daß sich unsere heimischen Dichter und Künstler mit Vorliebe der Behandlung eines Stoffes zugewandt haben, der, wenn auch keineswegs ohne Reiz überhaupt, doch schon in seiner Entlegenheit allerhand Schwierigkeiten bietet. Unsere Lokalpoeten sind denn auch meist an dieser Schwierigkeit gescheitert, und die einfache, schlichte Überlieferung wird der poetischen Version, deren eigene Zutat schwach ist, gemeinhin und mit vollem Rechte vorgezogen.

Eine glücklichere Hand hatten unsere Maler, besonders Professor von Kloeber, einer der Altmeister unserer Kunst. Er malte den Gegenstand zweimal, als ausgeführte Farbenskizze und später in Lebensgröße. Eins der Bilder befindet sich im Schloß. Am rechten Havelufer erblickt man die Gruppe der Kämpfenden; Jaczko schwimmt bereits inmitten der Havel und hat bittend Haupt und Schild erhoben. Über ihm schwebt die Gestalt eines Engels und deutet auf den aufragenden Vorsprung, der Rettung verspricht. Die Arbeit ist verdienstlich, wenn auch nicht eben mehr.

Aber sind auch Kunst und Dichtung bisher umsonst bemüht gewesen, eine goldene Frucht von dem Baume der alten Tradition zu brechen, die Sage selbst wird fortleben von Mund zu Mund, und jeder, der das *Schildhorn* besucht und den stillen Zauber auf sich wirken läßt, den die immer wechselnden Bilder von Wald und Fluß, die weißen Segel über dem Wasser und die »Segler in den Lüften« hier leise zusammenspinnen, der wird, in aufkeimendem romantischen Bedürfnis, sich das Westufer des Flusses plötzlich mit allerhand Gestalten beleben und den Wendenfürsten selbst, den umleuchteten Schild zu seinen Häupten, auf dem gekräuselten Wasser sehen. Ein Lächeln wird dem Traumbild folgen, aber eine dankbare Erinnerung wird ihm bleiben an das märkische Landschaftsbild, das das *Schildhorn* vor ihm entrollte.

FEHRBELLIN

> Das war ein rasches Reiten vom Rhein bis an den Rhin,
> Das war ein heißes Streiten am Tag von Fehrbellin.
>
> *Julius Minding*

Schon im Havelland, aber unmittelbar an der Grenze der Grafschaft Ruppin (kaum eine Viertelstunde davon entfernt), liegt Fehrbellin und sein berühmtes Schlachtfeld. Es ist fraglich, ob uns unsere Wanderungen so bald wieder in diese Gegenden führen, so sei es denn gestattet, die Nachbarstadt, die schon jenseits der Peripherie des Kreises liegt, an dieser Stelle mit in den Kreis hineinzuziehn.

Wir kommen von Wustrau her, fahren am Nordrande des durch seine Torflager berühmten Rhinluches (an dieser Stelle das Wustrauer Luch geheißen) entlang und erreichen nach kurzer Fahrt einen langen, mit Weiden besetzten Damm, der uns rasch dem Städtchen Fehrbellin, der Hauptstadt des kleinen »Ländchens Bellin«, entgegenführt. Dies Ländchen Bellin, jetzt dem Havellande einverleibt, ist ein schmaler Streifen Land am Rhinfluß entlang, und so glau und sauber, wie der Name »Bellin« ist, so hübsch ist das Ländchen selbst.

Fehrbellin liegt am Ausgange des Dammes, an der Südseite des Rhin. Die Einfahrt in die Stadt ist reizend, besonders der Blick von der Rhinbrücke aus, die wir eben passieren. Zur Linken, im Schmucke hoher Silberpappeln, streckt sich vom jenseitigen Ufer her eine Halbinsel in das schilfige Flüßchen hinein und gibt dem Ganzen den Charakter einer ins Wasser vorgeschobenen Parkanlage. Die Attribute kleinstädtischen Lebens geben dem Bilde mehr, als sie ihm nehmen, und wir entbehren gern das Schwanenhaus und den Vogel Ledas um der Enten und Gänsescharen willen, die das Schlammufer von allen Seiten umspielen und umschnattern. Die Stadt ist, wie kleine märkische Städte zu sein pflegen, schlicht, freundlich, in der Front abgeputzt und zwei Linden vor der Tür, ganz wie die Mädchen, die in diesen Städtchen wohnen. Alles stattlich Damenhafte fehlt; sie stricken, haben Lesekränzchen und kichern verlegen, wenn ein Fremder zu ihnen spricht, aber ihre lachende Freundlichkeit tut wohl.

An den Namen Fehrbellins knüpft sich allerhand Liebes und Gutes. Hier wirkte Friedrich Bolte, einer unserer heimischen Poeten aus der alten märkischen Schule, die nicht voll so schlecht war, wie die Olympier in Weimar es wahrhaben wollten; hier wurde unser Tierbildner Friedrich Wilhelm Wolff geboren, der sich den auszeichnenden Namen der »Tier-Wolff« erworben hat, und hier endlich, um das Beste nicht zu vergessen, wurde die berühmte Schlacht geschlagen, die vor beinahe zwei Jahrhunderten den Grund zu der Selbständigkeit und Größe unserer Monarchie legte.

Diesem Schlachtfelde gilt unser Besuch. Es liegt noch eine halbe Meile jenseits Fehrbellin, dicht an der Straße, die sich wie eine Grenzlinie zwischen dem Luch und der Höhe hinzieht. Zunächst erreicht man das Dorf Tornow, dann das Dorf *Hakenberg*, wo das Höhenterrain beinahe senkrecht in das Luch hinein abfällt. In unmittelbarer Nähe des letztgenannten Dorfes fand das berühmte Reitergefecht statt, das indes, zum Glück für alle preußischen Poeten, statt des Namens »Gefecht bei Hakenberg«, den schönen Namen der *Schlacht von Fehrbellin* erhalten hat. Jeder, der sich in der Welt der Reime umhergetummelt hat, wird sich der Verlegenheiten entsinnen, die ihm die Silben »berg« und »burg« bereitet haben. Vollklang und Reimfülle aber stehen wie lachende Genien neben dem Wort »Fehrbellin«.

Unmittelbar hinter dem Dorf, bereits auf historisch verbürgtem Schlachtengrund, befindet sich die Mühle des Müllers Conrad und dicht daneben das Monument, das, zum Andenken an die Schlacht, im Jahre 1800 errichtet und im Jahre 1857 erneuert worden ist. Das Denkmal, einfach aus Sandstein aufgeführt, ist ein Oblong, auf dessen oberem Teil eine Schale oder Urne steht. Der Hinweis auf diese Schlichtheit soll dem Monument kein Vorwurf sein, im Gegenteil. Es werden jetzt so viele Denkmäler errichtet, bei deren Errichtung man nicht weiß, wer und was eigentlich verherrlicht werden soll, ob der Held, dem das Denkmal gilt, oder die Zeit, die so erleuchtet ist, jenem Helden ein Monument zu setzen, oder endlich der Künstler selbst, der selber wieder zum Helden wird und gleichsam den Lorbeerkranz von der Stirn seiner eigenen Schöpfung nimmt. Solchem Gebaren gegenüber, für das die Beispiele naheliegen, erfreut man sich doppelt beim Anblick jener einfacheren Gedenksteine, die nicht der Mode und der Eitelkeit, sondern der Gesinnung und dem Eifer eines einzelnen ihre Entstehung verdanken. Es kommt nicht immer auf den *Kunstwert* dessen an, was zu uns spricht; der Appell an unser Herz bleibt immer die Hauptsache. Das gekritzelte Briefchen von der Hand unsrer verstorbenen Mutter hat als Erinnerungszeichen denselben Wert für uns wie das Portrait im Rokokorahmen, das über unserem Sofa hängt. Einen künstlerischen Genuß kann das Sandsteinoblong, das neben der Mühle des Müllers Conrad steht, freilich nicht gewähren, aber man liest nicht ohne freudige Bewegung die schlichten Worte, die in dasselbe eingegraben sind, und nimmt eine mangelhafte Akkusativform, anderer Stileigentümlichkeiten zu geschweigen, als ein Zeichen der Echtheit aufrichtig dankbar mit in den Kauf.

Diese Worte sind folgende: »Hier legten die braven Brandenburger den Grund zu Preußens Größe. Das Andenken an den Held und seiner Getreuen erneuert dankbar mit jedem Freunde des Vaterlands Friedrich Eberhard von Rochow auf Rekahn, 1800.« – Die andern Seiten des Monuments zeigen die Namen derjenigen Offiziere, die sich am Schlachttage besonders ausgezeichnet haben. Sie lauten: Dörflinger, von Görtzke, von Lütke, von Götz, von Canofsky, von Mörner, Froben, Friedrich Landgraf von Hessen, von Treffenfeld, von Straus, von Sydow, von Zabeltitz. Ein Eisengitter faßt das Denkmal ein; an den Frontstäben desselben befindet sich ein herzförmiges Täfelchen mit der Inschrift: »Erneuert und bewehrt durch den Kriegerverein zu Fehrbellin 1857.«

Die unmittelbare Umgebung des Denkmals ist wenig poetisch und wird den Erwartungen derer wenig entsprechen, denen das schöne Wort »Fehrbellin« verführerisch im Ohre klingt oder die den »Prinzen von Hessen-Homburg« unseres Heinrich von Kleist begeistert im Herzen tragen. Die Umgebung ist schlicht-märkisch, aber nicht fehrbellinisch. Ein Kartoffelfeld schließt das Denkmal ein, und die einzige Hoffnung, die dem Besucher bleibt, knüpft sich an die Lehre von der Fruchtfolge. Eine liebenswürdige Dame, die als Prinzessin Clotilde im Kleistschen Drama ihren ersten Bühnentriumph gefeiert, hatte mir den Auftrag gegeben, ihr Blumen vom Fehrbelliner Schlachtfeld mitzubringen. Lebhaft und phantasievoll, wie sie war, hatte sie sich die Umgegend von Hakenberg wie einen Rosengarten gedacht. Da stand ich nun und suchte umher; Schafgarbe, Winde und Glockenblume war alles, wozu sich die Natur hier zusammenraffte. Ich gab es auf, einen Strauß an dieser Stelle zu pflücken, und borgte von einem Nachbarfelde drei Haferhalme, die ich später mit folgenden Zeilen überreichte:

Auf der Fehrbelliner Flur
Gab es *Blumen* am Schlachttag nur.

Märkische *Rosse* gewannen die Schlacht,
Haben das Feld berühmt gemacht.

Und dies Feld, es zahlt mit Glück
Alte Schulden in *Hafer* zurück.

An diesem Siegesdenkmal findet alljährlich am 18. Juni, dem Jahrestag der Fehrbelliner Schlacht, eine hübsche Feier statt, die sich ohngefähr aus folgenden Teilen zusammensetzt. Am Morgen des Tages schleppt Müller Conrad sechsunddreißig rostige Kanonenkugeln, die er und seine Väter auf dem Schlachtfelde gefunden haben, an das Denkmal und beginnt die Ausschmückung desselben. Eine Stunde später beleben sich alle Landstraßen, die nach Hakenberg führen, und die Schützengilden von Linum* und Fehrbellin, namentlich

* In Linum, wo man von Grund aus fehrbellinisch-patriotisch ist, werden noch in einzelnen Häusern Erinnerungsstücke an die Fehrbelliner Schlacht gezeigt, zum Beispiel eine schwedische Trommel, einige Lanzen u. dgl. m. Man kann aber, da alle diese Dinge sicherlich *nicht* aus der Schwedenzeit herrühren, nur die oft gemachte Erfahrung daran aufs neue machen, daß ein hervorragendes historisches Ereignis jedesmal zur Domaine, zur *Spezialität* einer bestimmten Örtlichkeit wird, und zwar so, daß diesem einen Ereignis sich alles Spätere anpassen und unterordnen muß. Es ist erwiesen, daß das Bett der Maria Stuart in Holyrood Palace nicht 300 (wie es müßte), sondern höchstens 150 Jahre alt ist, aber es *muß* das Bett der Maria Stuart sein, wenn es überhaupt noch etwas sein will. So ist es in den Dörfern des Ländchens Bellin mit Rücksicht auf die Fehrbelliner Schlacht. Alles ist »fehrbellinisch«, dem klarsten Augenschein zum Trotz. Die Lanzen in Linum sind Landwehrulanen-Piken aus den Tagen von Großbeeren und Dennewitz her (zur Schwedenzeit gab es gar keine Lanzenreiter), und die Trommel trägt auf ihrem Pergament einfach die Inschrift: »Landsturm-Trommel für Linum, 4te Compagnie, 1813.« Aber trotz der Inschrift bleibt es die *Schwedentrommel* von 1675.

aber die Schuljugend aller benachbarten Dörfer, von Brunne, Dechtow und Karwesee, kommen von links und rechts herbei und marschieren dem gemeinschaftlichen Sammelplatze, dem Hakenberger Kirchhofe, zu. Hier begrüßt man sich; Prediger und Magistrate stellen sich an die Spitze, und gegen tausend Mann stark, darunter sechshundert Kinder, geht es mit Sang und Klang nach dem Denkmal hinaus. Vor demselben wird Kreis geschlossen, der Hakenberger Geistliche tritt in die Mitte und hält eine kurze Ansprache an die Kinder, worin er sie auffordert, gute Preußen und gute Brandenburger zu sein und, wenn es not tut, an jedem Tag im Jahre so brav und tapfer zu Land und Thron zu stehen, wie am 18. Juni 1675 ihre Väter hier gestanden haben. Dann gibt es ein Hurra und Mützenschwenken, und Musik vorauf, gemeinhin nach den Klängen des »Alten Dessauers«, marschieren nun alt und jung über das eigentliche Schlachtfeld hinweg, jener Hügelreihe zu, die, nach Südosten hin, den ziemlich schmalen Streifen, auf dem gekämpft wurde, begrenzt. Die höchste dieser Hügelkuppen, kahl und unscheinbar und nur im Hintergrunde von einigen Pappeln überragt, heißt der Kurfürstenberg, weil von ihm aus der Kurfürst den Angriff und die Bewegungen der Schlacht leitete. Auf diesem und dem benachbarten Froben-Hügel macht man halt, und unter allerhand Turnerspielen, mit Ringen und Laufen, Springen und Klettern verbringt die Jugend den Tag, bis spät am Nachmittag der Rückzug in die Städte und Dörfer beginnt.

Das ist ein Volksfest im besten Sinne des Worts, besser als unsere großstädtischen Festzüge, denen jeder geistige Mittelpunkt (wenn sie ihn jemals hatten) längst abhanden gekommen ist. Es gibt nichts Kläglicheres als die Volkslustbarkeiten unserer Residenzen, als der »Stralauer Fischzug« und alles, was ihm ähnlich sieht. In unsern *kleinen* Städten aber steckt noch ein guter und gesunder Rest von Volks- und Kinderfesten, und jeder, der ihnen beiwohnt, wird sich erheitert und gehoben fühlen. Man wirft unserem norddeutschen Leben vor, daß es nüchtern sei und des poetischen Schwunges entbehre. Das ist in gewissem Sinne wahr. Es fehlt uns das Bunte der Kostüme und das Kulissenwerk einer Wald- und Bergnatur, und weil wir dieser Requisiten entbehren, mag bis zu einem gewissen Grade die Lust und die Fähigkeit in uns verkümmert sein, ein Schauspiel im großen Stile aufzuführen. Es fehlt uns außerdem die katholische Kirche, die große Lehrmeisterin der Festzüge und Prozessionen. Zugegeben das. Aber ein neues Volk, wie wir sind, dessen Traditionen über den Tag von Fehrbellin kaum hinausreichen, hat sich hierzulande eben alles abweichend von dem sonst Üblichen gestaltet, und mit einem ganz neuen Lebensinhalt ist eine neue Art von Volkspoesie, mit dieser Poesie aber eine neue Art von Volksfesten geschaffen worden. *Das Soldatische hat sich zum poetischen Inhalt unseres Volkslebens ausgebildet.* Wir feiern Dennewitz und Großbeeren, und wenn wir an malerischem Effekt und an gutem Humor hinter den Volksfesten des Rheins und der Donau zurückbleiben mögen, so haben wir vielleicht einen bestimmteren Inhalt, einen geistigeren Mittelpunkt vor ihnen voraus. Es ist ein Unterschied, ob man in hundert lang bespannten Wagen auf die Theresienwiese fährt, um den König Gambrinus und vor allem sich selber leben zu lassen, oder ob man ernst und schmucklos sich auf den Kunersdorfer Höhen lagert, um den Jahrestag einer unglücklichen Schlacht zu begehen und die Stelle aufzusuchen, wo Prittwitz den schon verlorenen König in die Mitte seiner Husaren nahm. Wir verachten den König Gambrinus und seine Feier nicht, aber man soll auch *unsere* Art und Weise gelten lassen.

Wir verließen nun das Denkmal, beschrieben auf dem Rückwege zunächst einen Bogen, um vom Kurfürstenberge aus nochmals einen Überblick über das Schlachtfeld zu haben, und begaben uns dann nach Dorf Hakenberg, wo unser historischer Forschereifer den Geistlichen, von dessen Freundlichkeit wir allerhand Aufschlüsse und Anekdoten erwarteten, bei Tische unterbrach. Er ließ uns diese Störung nicht entgelten und war sogar freundlich genug, das, was er an historischen »Kosthäppchen« uns beim besten Willen nicht bieten konnte, durch eine freundliche Einladung zum Mittagessen ausgleichen zu wollen. Wir lehnten ab und machten statt dessen einen Spaziergang über den reizend gelegenen Hügelkirchhof, auf dessen höchster Spitze sich der Backsteinbau einer alten gotischen Kirche mit halb eingestürztem Dach erhebt. Diese Kirche, wie wir später vernahmen, geht einem gründlichen Umbau entgegen, der mit besonderer Rücksichtnahme auf den Fehrbelliner Schlachttag geleitet werden soll. Der Turm wird wesentlich erhöht und nach Art alter Kastelltürme mit vier Seitentürmchen geschmückt werden, die wie ebenso viele Ausluge (look-outs) aus der Mauerzinne hervorspringen sollen. Von diesen Türmchen aus wird man dann nach allen Seiten hin einen prächtigen Überblick über das Luch und das Höhenland haben, bis Kremmen und Oranienburg, bis Nauen und Ruppin. Auch das Innere der Kirche wird mit besonderer Rücksicht auf den Schlachttag restauriert und mit Votiv- und Erinnerungstafeln geschmückt werden. Wenn ich nicht irre, sind auf dem Hakenberger Kirchhof einige hervorragende Führer, die bald nach der Schlacht ihren Wunden erlagen, begraben worden, und ein gemeinschaftliches Grabmonument zu Ehren dieser würde vielleicht die beste Gelegenheit zu einer Inschrift und Mahnung bieten. Kommt dieser Plan zur Ausführung, so wird die Kirche zu Hakenberg über kurz oder lang zu einem Wallfahrtsplatz unserer Mark, zu einem Zielpunkt für Turnerfahrten und Schulexkursionen werden. Fehrbellin und das Luch, der alte Friedhof und seine Kirche, der Kurfürstenberg und das Denkmal, daraus baut sich schon ein Stück Interesse auf, und die Marmortafeln, die dann beim Eintritt in die Kirche von Derffling und Froben, von Treffenfeld und dem Prinzen von Hessen-Homburg melden werden, werden aus dem kleinen Sagenkreis einen Zauberkreis für junge Herzen schaffen.

Ich mag nicht schließen, ohne meiner Schilderung eine kurze Legende hinzugefügt zu haben, die, an den Fehrbelliner Schlachttag anknüpfend, zugleich den Hang zum *Legendenhaften* zeigt, der, wie die Freude am Märchen und an der Sage, im Herzen jedes unverbrauchten Volkes lebt.

In alten Zeiten, wo innerhalb der Kirche das ganze geistige Leben des Volkes lag, wuchs auch die Legende nur auf kirchlichem Boden, und der Heiland und seine Jünger, die Heiligen und fromme Mönche hatten das schöne Vorrecht, die Träger einer solchen Legende zu sein. Der märkische Boden hat nicht Zeit gehabt, solche Legenden zu zeitigen, denn die katholische Kirche hat es nie zu einer Glanz- und Blütenzeit auf diesem Boden gebracht. Kaum siegreich über die heidnischen Wenden, kaum fest geworden in ihrem Besitz, sah sie schon die Zeit des Verfalls kommen, die unmöglich Blumen hervorbringen konnte, wie sie immer nur auf dem Boden des Glaubens und eines unerschütterten Vertrauens gewachsen sind. Die Marken, wenn man den Ausdruck gestatten will, wurden um ihre Legendenzeit betrogen, wie manche Kinder um ihre Jugend betrogen werden; aber in derselben Weise, wie Kinder, die nie Kinder sein durften, in späteren Lebensjahren ein rührendes Verlangen zeigen, spielen und »dalbern« zu können, in derselben Weise, scheint es, haben die Brandenburger sich schadlos zu halten gesucht.

Sie haben ihre Lieblingsfürsten unter den Hohenzollern zu halb sagenhaften Gestalten ausgebildet und sie zu Trägern lieblicher Legenden gemacht. Die Geschichte von Froben gehört teilweise hieher; sie ist eine Sage, die nur da entstehen konnte, wo die *»Treue«* wie eine Pflicht und ein Bedürfnis im Herzen des Volks empfunden wurde. Die Geschichte vom Hakenberger Bauernkind aber geht noch einen Schritt weiter und nimmt völlig den Charakter und die Formen einer Legende an.

Der Kurfürst, als er zur Schlacht ritt, so erzählt die Legende, kam durch Hakenberg. Das Dorf war ausgestorben und leer, nur auf der Schwelle eines Hauses saß ein dreijähriger Blondkopf, den die fliehenden Dörfler, in der Hast und Unruhe des Augenblicks, im Dorf zurückgelassen hatten. Er streckte die Händchen nach dem Fürsten aus. Der Kurfürst hielt sein Pferd an, bückte sich tief, hob das Kind auf und setzte es vorn auf seinen Sattel. »Wirst schon jemand finden«, dachte er, »der sich seiner annimmt.« So ritt er aus dem Dorf. Aber da war niemand, der Lust gehabt hätte, sich des Kleinen anzunehmen; die schwedischen Geschütze schickten bereits Kugel auf Kugel herüber, und der Kurfürst selbst vergaß des Kindes, das ruhig und furchtlos auf der Sattelkruppe saß. Das Regiment Mörner kam eben vorüber, und der Kurfürst setzte sich an seine Spitze. Die Brandenburger hieben sich wacker durch das Regiment Dalwigk hindurch, und die Schweden flohen. Als der Kampf vorüber war und Kurfürst Friedrich Wilhelm sich im Sattel hob, um aufatmend dem Gott der Schlachten für diesen Sieg zu danken, sah er den Blondkopf, der, mit beiden Händen am Riemenwerk des Panzers sich festhaltend, furchtlos zu seinem Retter aufblickte. Hier bricht die Legende ab. Der Kurfürst hatte das Kind und das Kind hatte den Kurfürsten gerettet, denn der Blondkopf, der auf der Schwelle des *Bauern*hauses saß, war deutungsreich – der Schutzgeist der Hohenzollern.

FEHRBELLIN IN SAGE, KUNST UND DICHTUNG

> Großes zählt zu den fremden Dingen,
> Kleines steht näher und läßt sich bezwingen;
> Großes drückt wie ein schwerer Stein,
> Aber das Kleine schmeichelt sich ein.

Das Große soll herrschen, und es herrscht auch. Aber, wie paradox es klingen mag, neben dem Großen herrscht gleich das *Kleine*, und in vielen Fällen läuft es dem Großen den Rang ab. Es zieht sich ein gewisses »Davidtum, das den Goliath schlug«, durch die ganze Weltgeschichte. Sagen und Märchen behandeln dies Thema in allen Formen, und die Dänen haben ein Nationallied »Das Lob der Kleinen«. Der Instinkt des Volks (denn wir sehen etwas Tieferes darin als nur Laune oder Zufall) geht seine eignen Wege. Ein Dichter schreibt Dramen und Epopöen, nach fünfzig Jahren sind sie vergessen; – aber ein Wein- oder Wanderlied, das er als Student trällernd improvisierte, als er den Rheingau oder die Bergstraße entlangzog, es kommt auf die Nachwelt. Fürsten regieren ein halb Jahrhundert und darüber, sie erobern eine Provinz, sie schreiben ein Gesetzbuch, und niemand weiß es – nichts lebt fort von ihnen als ein Bonmot oder eine Liebschaft mit einer Bäckerstochter.

So ist es auch mit Schlachten und militärischen Großtaten. Nichts scheint gleichgültiger als Menschenhekatomben. Große dreitägige Massacres, ganze Kriegsabschnitte (ich erinnere nur an unsere Kriege von 1793 bis 95) werden vergessen, und kleine Scharmützel leben fort. Wer in unsrer Mark, Fachleute und die nächsten Anwohner abgerechnet, kennte die blutige Schlacht bei Wittstock (24. September 1636), und wer andrerseits kennte *nicht* den Tag von »Fehrbellin«. Und doch wurden beide Schlachten in demselben Jahrhundert, und fast auf demselben Terrain, geschlagen; Schweden und Deutsche standen sich in beiden Fällen einander gegenüber; Banér war berühmter als Wrangel; das eine war eine große Schlacht, das andre ein bloßes Reitergefecht, und doch ist Wittstock vergessen, und Fehrbellin lebt fort in aller Herz und Mund. Freilich es war ein *erster* Sieg, allein und mit *eignen* Mitteln über einen fast für unüberwindlich gehaltenen Gegner davongetragen; freilich hatte dieser Reiterkampf seine poetischen Momente (abgesehen von allem, was später poetisch *hineingetragen* wurde), aber wie viele Erklärungen sich finden lassen mögen – und wir sind keineswegs gewillt, etwas Unerklärliches darin erblicken zu wollen –, sie ändern nichts an der Tatsache, daß das Kleine, der Liebe nach, die es weckt, das Große oft weit hinter sich zurückläßt und daß der Tag von Fehrbellin unserem märkischen Volke mehr ans *Herz* gewachsen ist als die großen Tage von Prag und Leuthen, vielleicht selbst als die Tage von Leipzig und Waterloo. In der Geschichte füllen diese großen Tage freilich ein größeres Blatt, aber sie müssen zurücktreten gegen Fehrbellin in Sage, Kunst und Dichtung.

Ich stelle nachstehend zusammen, wo überall ich dem Fehrbellin-Stoff, zumal in Liedern und Balladen, begegnet bin.

Sagen

1. Der Sagenzyklus, der an den Landrat *von Briest* auf Bamme und an die Überrumpelung von *Rathenow* anknüpft.

2. Die Sage vom Hakenberger »Bauernkind«, das der Kurfürst vorn auf den Sattel setzte und mit in die Schlacht nahm. (Vgl. das vorige Kapitel.)

3. Die Sage von dem Ungehorsam, der Verurteilung und Begnadigung des Prinzen von *Hessen-Homburg.*

4. Die Froben-Sage (der Pferdetausch in der Schlacht).

Dramatische Arbeiten

1. Blum: Das befreite Rathenau. Schauspiel. (Leipzig, Weygand, 1775.)

2. Fr. Rambach: Der Große Kurfürst von Rathenow. Vaterl. Schauspiel. (Berlin, Maurer, 1795.)

3. E. Mehrmann: Friedrich Wilhelm der Große oder Rathenows Errettung. Vaterl. Schauspiel in vier Akten. (Rathenow, Flick, 1826.)

4. *Heinrich von Kleist:* Prinz Friedrich von Hessen-Homburg.

5. *Leo Goldammer:* Vom Rhein zum Rhin.

6. *Hans Köster:* Der Große Kurfürst. Hist. Schauspiel in fünf Akten.

(Die Zahl der geschriebenen, aber weder aufgeführten noch gedruckten Dramen, die ebenfalls *Fehrbellin* und *Rathenow* zum Gegenstand haben – so bemerkt mein auf dem Felde des Dramas wohlbewanderter Gewährsmann –, ist wahrscheinlich Legion.)

BALLADEN. ERZÄHLENDE GEDICHTE

1. *Balthasar Müller* (Subrektor des Joachimsthaler Gymnasiums): Ehren- und Trauergedicht über Emanuel von Froben. 1675.

2. *König Davids* und seiner Untertanen Kriegs- und Siegeslitanei, von Chr. Gottschalk. Guben 1675.

3. *von Bessers* Verse auf die Schlacht bei Fehrbellin.

4. *Wagner:* Der Große Kurfürst und Stallmeister Froben bei Fehrbellin.

»Elf stehn jetzt wider sieben, zurück ist das Geschütz«,
So warnen die Genrale. Ihn dünkt die Red unnütz.
»Wollt ihr die Feinde zählen, so tut es, wenn sie tot;
Folgt meinem Beispiel, Kinder«; – dies war sein einziges Gebot etc.

5. *Julius Curtius:* Fehrbellin und der Prinz von Hessen-Homburg.

Auch in Brandenburgs Gefilden fließt ein Wasser, *Rhein* genannt,
Schlingt sich durch beblümte Wiesen und durch braunes Heideland etc.

6. Julius Minding: Fehrbellin.

Herr Kurfürst Friedrich Wilhelm, der große Kriegesheld,
Seht, wie er auf dem Schimmel vor den Geschützen hält;
Das war ein rasches Reiten vom Rhein bis an den Rhin,
Das war ein heißes Streiten am Tag von Fehrbellin etc.*

7. Das Lied vom Feldmarschall Derfflinger (Volkslied)

Unterdessen war es den Schweden eingefallen,
In die Mark hereinzufallen,
Streiften schon bis bei Berlin.
Wollten sich auch weiter wagen,
Wurden auf das Haupt geschlagen:
O du schöne Schlacht bei Fehrbellin!

8. G. Hesekiel: Der Große Kurfürst bei Fehrbellin.

Da mit Pauken und Trompeten
Fielen in das Land die Schweden,
Weil der Kurfürst nicht daheim,
Bei dem Heere an den Rhein
  Gegen die Franzosen.

Friedrich Wilhelm störte endlich
Dieses Leben gar zu schändlich,
Eilte mit der Reiterei
Über Magdeburg herbei,
  Gnad euch Gott, ihr Schweden!

»Frisch! getrommelt und gepfiffen,
Kinder«, rief er, »angegriffen,
Daß die Kerle sehen ein,
Daß wir wieder heime sein,
  Ich und meine Reiter!«

Und nun ging es auf die Schweden,
Trotz Kanonen und Musketen
Täten sie wie Schelme fliehn

* Einzelne dieser Lieder geb ich in den Anmerkungen.

Durch den Sand bei Fehrbellin.
  Liefen bis zum Meere.

Dreizehnhundert Schweden lagen
Auf dem blut'gen Sand erschlagen;
Die man auf der Flucht noch fing,
Deren Zahl war nicht gering,
  Auch noch nah an tausend.

Und der Kurfürst stieg vom Pferde,
Kniete nieder auf die Erde,
Dankte Gott für seinen Sieg,
Denn absonderlich im Krieg
  Lernet sich das Beten.

9. G. Hesekiel: Das Kind von Fehrbellin.

Der Kurfürst reitet gewaltig zur Schlacht
Mit seinen Paladinen,
Der Derffling, Görtzke, Hennig, Kracht
Sind allesamt erschienen,
Kurbrandenburg'sche Reiterwacht,
Und Gott im Himmel mit ihnen etc.

10. G. Hesekiel: Emanuel von Froben.

Und an Friedrich Wilhelms Seit
Emanuel von *Froben* reit't,
War ein Diener, treu wie Gold,
Was er heute zeigen sollt etc.

11. G. Hesekiel: Hennig von Treffenfeld.

»Wer so die Feinde treffen kann
Im Feld, der ist ein Edelmann,
Steht auf, mein tapfrer Kriegesheld,
Als *Hennig* Herr von *Treffenfeld!*« etc.

12. Friedrich von Sallet: Der Derfflinger.

Ein Gott den Soldaten, ein Teufel im Streit,
Wie maß er der Schwedischen Heer
Bei Fehrbellin die Läng und die Breit; –
Die eiserne Elle war schwer etc.

13. Eugen Herzog von Württemberg: Fehrbellin.

Es stürmen die Reiter wie Windsbraut daher,
Es schmieden die Schwerter wie Hämmer so schwer,
Und schmettern die Donner des Feindes darein,
Es gilt im Getümmel der Vorderste sein etc.

14. Julius Metz (Landwehrmann aus Luckenwalde): Im Feld bei Fehrbellin.

Im Kriegsgefild bei Fehrbellin, wenn naht die Mitternacht,
Wenn alles ruhig schlummert und kaum ein Sternlein wacht,
Da wird, wenn's zwölf geschlagen, die Nacht zum hellen Tag,
Die Luft erdröhnet mächtig, wie von Geschütze Schlag etc.

Denkmäler, Bilder

1. Denkmal in Rathenow.
2. Denkmal auf dem Fehrbelliner Schlachtfeld.
3. Gobelintapete im Königl. Schloß: Schlacht bei Fehrbellin.
4. *Eybels* Großer Kurfürst bei Fehrbellin (im Königl. Schloß).
5. *Weitsch:* Der Prinz von Hessen-Homburg als Gefangner vor dem Kurfürsten. (Wahrscheinlich im Königl. Schloß; im Stich mannigfach verbreitet.)
6. *Bernhard Rode:* Die Schlacht bei Fehrbellin. (Im Besitz des Geh. Kommerzienrats Fretzdorff in Stettin.)

Diese Aufzählungen – deren gewiß vielfache Lücken ich die Leser meines Buchs ersuche, je nach dem Maß ihres beßren Wissens auf diesem oder jenem Gebiet ausfüllen zu wollen – werden trotz ihrer Unvollständigkeit ausreichen, ein Bild davon zu geben, was »Fehrbellin« zu allen Zeiten dem Gemüt unsres Volkes gewesen ist. Keine Schlacht, von den vielen, die kamen, hat jenen ersten »achtzehnten Juni« zu überflügeln oder zu verdrängen vermocht. Und das *letzte* Bild ist noch nicht gemalt und das *letzte* Lied noch nicht gesungen.

DÖRFER UND FLECKEN* IM LANDE RUPPIN

BARSEKOW. Eine Meile von Neustadt a. D. – Altes Dorf. Das Patronatsrecht der Kirche war bis 1540 beim *Kloster Zehdenick.* Barsekow hat ein altes Kirchenbuch, das mit 1670 beginnt. Darin befindet sich ein von dem Prediger *Michael Stechow* in dem genannten Jahre 1670 geschriebener Aufsatz über die *»Kirchen-Agende zu Barsikow«*. Dieser Aufsatz enthält mancherlei Interessantes, das ich auszugsweise in den Anmerkungen mitteile. Ebendaselbst gebe ich auch Auszüge aus einem langjährigen, die Zeitverhältnisse gut charakterisierenden Prozeß, der, wegen der Wiesen im Rhinluch, von 1567 bis 1598 zwischen den Barsikowern und Reimer von Winterfeldt geführt wurde.

BECHLIN. Ein großes, wohlhabendes Dorf (800 Einw.), etwa eine Drittelmeile von Ruppin. Die alte Feldsteinkirche gilt (verglichen mit andern Dorfkirchen hierlandes) als ein Musterstück romanischen Baustils. Meiner Meinung nach indes zeigen einzelne alte Kirchen im Ober-Barnim, zum Beispiel in *Ringenwalde*, diesen Stil reiner und charakteristischer. Der Altarschrein, groß und in Ansehung der Verhältnisse mit einer gewissen Munifizenz ausgestattet, ist eine säulengeschmückte, zum Teil vergoldete Rokokoarbeit (1713), die

* Dies Kapitel ist ein bloßer *Versuch*; von der Art, wie er aufgenommen wird, werde ich es abhängig machen, ob ich ihn erneure und erweitre oder nicht. Jedes Dorf beinah hat irgend etwas, das einer kurzen Aufzeichnung wohl wert sein möchte, ohne doch andererseits den Stoff für eine ausführlichere Besprechung zu bieten. Auf solche *kleineren* Details hin (Sagen und historische Miszellen, Glocken und Grabsteine, Bilder und Kuriositäten) hab ich nun vorläufig die Ruppiner Landschaft abgesucht, besonders das Terrain am gleichnamigen See. Ob ich dabei immer eine richtige Auswahl getroffen habe, überhaupt in der richtigen Weise verfahren bin, steht freilich sehr dahin. Der Sammler weiß dies in der Regel am wenigsten; er ist zu sehr Partei. Ausschließen, weglassen ist schwer, und alles bringen ist gefährlich. Dazu kommt, daß ich selbst bei *diesen* Dingen glaube bemerkt zu haben, wie das Auge, mit dem man sah, und *die Stimmung, in der man schrieb, vielfach mehr in Betracht kommen als die Sache selbst.* Auch die bloße »Notiz« erhebt noch ihre Ansprüche an Darstellung, und es ist nicht gleichgültig, wie diese ausfällt. Manches sachlich Aufzeichnenswerte ist gescheitert, und manches Gleichgültige ist geglückt. Vielleicht stellt sich das Urteil am günstigsten für mich und diese Art der Einheimsung, wenn der Leser vom Einzelnen absieht und das Ganze auf sich wirken läßt.

sich in dem schmucklos-strengen romanischen Bau etwas überraschend ausnimmt. Und doch kann man nicht sagen, daß diese Überraschung störe; gegenteils, eine strenge Nüchternheit wird beinah wohltuend unterbrochen.

Auf dem Dach der Bechliner Kirche befindet sich das Wahrzeichen des Dorfes, das sogenannte »Knief«. Knief (das englische knife) bedeutet *Messer*, aber doch nur eine bestimmte *Art*, und zwar sichelartig geschweifte. Wort und Sache sind bis diesen Tag in Gebrauch. Am meisten Ähnlichkeit hat das »Knief« mit einem großen Gärtnermesser.

Die Geschichte vom »Knief« aber ist folgende:

Ein Jäger hatte eine Liebschaft mit einem Mädchen. In der Beichte bat er um Absolution, und als ihm diese verweigert oder an allerhand Bedingungen geknüpft wurde, erstach er den Priester. (Aber *nicht* mit dem »Knief«, wie sich die Bechliner irrtümlich erzählen.) Bechlin wurde nun in den Bann getan und mußte selber Wachen ausstellen, die jeden Verkehr mit dem Dorfe zu hindern hatten. Die Stelle (an der Ruppiner Grenze), wo die Wachtposten standen, heißt bis diesen Tag die »Warnung«. Eines Tages erschien der Ruppiner Graf und machte Miene, die Grenze ohne weiteres zu passieren. Der Wachtposten aber sprang vor und zerschnitt mit dem »Knief«, das er, als eine Art Sensenmann, in Händen hatte, die Stränge der Pferde. Dieser Gehorsam gegen die Anordnungen der Kirche söhnte die letztere mit den Bechlinern wieder aus, und der Bann wurde von ihnen genommen. Das »Knief« aber wurde zum ewigen Gedächtnis zwischen den zwei Turmspitzen aufgehängt. Jetzt, nach dem Umbau des Turmes, befindet es sich an der Giebelseite der Kirche.

Ihr Wahrzeichen scheint übrigens den Dorfbewohnern Glück zu bringen. Anno 13, 14 und 15 ist von allen Bechlinern, die ins Feld zogen, nur *einer* gestorben, *keiner* gefallen. – Vor Düppel waren 23; 17 davon machten den Sturm und den nachfolgenden Kampf mit, aber keiner ist geblieben. (Wie es ihnen auf »Alsen« ergangen – wo bekanntlich die Vierundzwanziger und Vierundsechziger die Hauptarbeit hatten –, hab ich nicht in Erfahrung gebracht.)

Binenwalde. War früher (so wird erzählt) ein bloßes Forsthaus im Zühlenschen Forstrevier. Zur Zeit, als Kronprinz Friedrich in Rheinsberg residierte, wohnte hier Förster *Kusig*. Seine schöne Tochter *Sabine* – gewöhnlich Binchen oder »die Bine« geheißen – stand in einem Verhältnis zum Prinzen, der eine Zeitlang nirgends lieber verweilte als im Forsthaus. 1753, also fast zwanzig Jahre später, schenkte er dem Vater der »Bine« einige benachbarte Ländereien und gab diesen den Namen »Binenwalde«. Liegt dieser Erzählung etwas Wahres zum Grunde (und soviel steht fest, daß die Försterstochter Sabine Kusig hieß), so muß der Ort – wie auch viele tun – Binenwalde und nicht Bienenwalde geschrieben werden. Vor dem jetzigen Gutshause steht eine Statue, von der das Volk sagt: »Es ist die Bine.«

Buskow. Eine Viertelmeile von dem Zietenschen Wustrau. Das Buskower Herrenhaus war Zeuge der ersten Kränkung, die unserm *Hans Joachim von Zieten*, gleich an der Schwelle seiner militärischen Laufbahn, widerfuhr. Buskow gehörte 1713 dem General *von Schwendy*, dem Inhaber des Schwendyschen Infanterieregiments, in das der damals erst vierzehnjährige Hans von Zieten eintreten sollte. Er ging von Wustrau nach Buskow hinüber, um sich dem General, der gerade auf seinem Gute anwesend war, vorzustellen. Er ließ sich melden. Der General, ein großer, stattlicher Herr, trat dem vierzehnjährigen, sehr kleinen und sehr häßlichen Junker entgegen, der so verschüchtert war, daß er nur eben noch sagen konnte: »Ich bitte um die Erlaubnis, dem Herrn General aufwarten zu dürfen.« Der General musterte den Junker und sagte nur: »Tu Er das«, drehte sich dann um und legte sich, ohne weitere Notiznahme, zum Fenster hinaus. Zieten hat diese Kränkung nie vergessen können, und er verfärbte sich, noch in späteren Lebensjahren, jedesmal, wenn er davon erzählte.

Die Buskower Kirche ist ein alter, durch die seltsame Schindelkappe, die der Turm trägt, höchst malerischer Bau. Innen ist er desto öder. Nach der Dorfgasse zu lehnt sich ein Erbbegräbnis an die eine Längsseite der Kirche an. In dieser Gruft sind wahrscheinlich, neben verschiedenen Mitgliedern der Familie Kröcher, der General *von Schwendy* (von dem ich oben erzählt) und der Feldmarschall *von Dossow* beigesetzt worden, der unter Friedrich Wilhelm I. sehr angesehen und unter denjenigen Generalen war, die den König in seiner Bitterkeit gegen den Kronprinzen bestärkten. – Die Gruft ist seit kurzem zugemauert worden.

CAMPEHL. Eine Viertelmeile von Neustadt a. D. Gehörte früher der alten Familie von Kahlebutz, die seit etwa Mitte des vorigen Jahrhunderts ausgestorben ist. 1732 gab es noch einen Hauptmann von Kahlebutz, der (vgl. S. xx) eine Compagnie im Regiment Kronprinz kommandierte. – Die Sehenswürdigkeit von Campehl ist die Leiche eines Majors von Kahlebutz, die, völlig mumifiziert, in der alten, mit allerhand Gewaffen ausstaffierten, aber ziemlich wüsten Gruftkammer ruht. Diese »Mumie des Herrn von Kahlebutz« hat eine völlige Geschichte und ist der Gegenstand, an den das Spuk- und Sagenbedürfnis des Volks in dortiger Gegend mit besonderer Vorliebe anknüpft. Es heißt: »Herr von Kahlebutz verwest nicht, weil er seinen Schäfer erschlagen.« Ich weiß nicht, was es damit auf sich hat, aber die Mumie selbst hat die verschiedensten Schicksale erfahren. Übermütige Franzosen, so wird erzählt, schafften (1806 oder 7) die Mumie aus der Gruft in die Kirche und begannen, in höllischer Blasphemie, ihn als Gekreuzigten auf den Altar zu stellen. Einem unter den Übeltätern mochte das Herz schlagen. Als er beschäftigt war, die linke Hand festzunageln, fiel der erhobene Mumienarm zurück und gab dem unten stehenden Franzosen einen Backenstreich. Dieser fiel tot um; Schreck und Gewissen hatten ihn getötet.* Natürlich *spukt* Herr von Kahlebutz auch. Auf dem Wege nach Neustadt und nach Wusterhausen treibt er sein Wesen. Er springt den Leuten auf den Rücken (»er huckt hinten auf«) und wird immer schwerer, je mehr sie sich mühen, ihn abzuschütteln. Nur über die Dosse kann er nicht. »Als ich auf die Brücke kam« – erzählte mir eine alte Frau –, »hörte ich et-

* Ähnliches wird in Bechlin erzählt; – dort sollen es die Schweden (im Dreißigjährigen Krieg) gewesen sein, die einen Geistlichen aus der Gruft holten. Was übrigens die Campehler Geschichte angeht, so muß es sich damit notwendig anders verhalten. Herr von Kahlebutz liegt mit gefalteten Händen da, *die Finger beider Hände wie in eins zusammengewachsen.* Das Sagenbedürfnis des Volks läßt sich indessen durch solche widerstrebenden Tatsachen nicht stören.

was ins Wasser fallen, und im selben Augenblick war ich frei.«

Vor einigen Jahren zog Herr von Kahlebutz aus, das heißt, seine Mumie kam nach Neustadt. Sie wurde einem dortigen Arzt zum Geschenk gemacht, und dieser, um das Geschenk zu ehren, gab Herrn von Kahlebutz einen Platz in seinem Empfangszimmer. Aber es währte nicht lange. Keiner war auf die Dauer befriedigt. Viele Patienten – nachdem sich's ausgesprochen, daß Herr von Kahlebutz beim Doktor in der Zimmerecke stehe – wollten diesen nicht länger besuchen; Frauen, die es nicht wußten, erschraken oder fielen in Ohnmacht. Unbefriedigt waren auch die Handwerksburschen, die Campehl passierten und beim Küster anfragten, »ob sie nicht den Herrn von Kahlebutz sehen könnten«. Am unzufriedensten aber war der Küster, der durch die Translozierung der Mumie eine nicht unwesentliche Einnahmequelle verloren hatte. Die natürliche Folge war, daß der alte Zustand der Dinge wiederhergestellt und zur Freude und Befriedigung aller Beteiligten Herr von Kahlebutz nach Campehl zurückgebracht wurde. Er ruht nun wieder an alter Stelle, und die Handwerksburschen, die zwischen Berlin und Hamburg ziehen, besuchen ihn in seiner Gruft.

Carwe (vgl. S. xx). Carwe, wie mehrere andere Dörfer im Ruppinschen, hat ein ziemlich weit zurückgehendes Kirchenbuch. Die ältesten Notizen sind aus dem Jahre 1611. Die Schrecknisse, die der Dreißigjährige Krieg dem Dorfe Carwe brachte, werden von 1626 an aufgezählt; doch enthalten diese Notizen (Pest, Plünderung, Mißwachs) nichts, was zu dem oft entworfenen Bilde einen neuen Zug hinzufügte. Der Schilfwald im See, den ich in dem Carwe-Kapitel beschrieben, spielte übrigens schon damals (während des Dreißigjährigen Krieges) seine Rolle. Menschen und Vieh versteckten sich darin, wenn die Plünderer anrückten.

Die Carwer Kirche ist alt. Ein mit dem Kreuze geschmücktes Feldsteinportal, vom Feldmarschall von dem Knesebeck 1844 errichtet, führt von der Dorfgasse auf den Kirchhof. Das Portal hat, nach außen und innen zu, eine Inschrift. Die *Außen*inschrift lautet:

Des Menschen Dasein auf der Erde
Ist Sorg und Kampf mit sich und ihr,
Dann kommt der Ruf fort von der Erde,
Zum Richter dort, zur Ruhe hier.

Die Inschrift an der *Innen*seite ist folgende:

Die sanft hier ruhn, die sind verwandelt,
Befreit von Erdensorg und Pein,
Und wer nach Christi Wort gehandelt,
Darf sich der Gnad des Richters freun.

Beide Sprüche tragen die Unterschrift v. d. K.

Links auf dem Friedhof, unter sechs Linden, die eine große Laube bilden, befindet sich die Grabstätte der Knesebecks. Auch Generalmajor von Bojanowski ist hier begraben. Unter einem aufrecht stehenden Granitstein, wie deren auf den Feldmarken von Wustrau und Carwe so prächtige Exemplare gefunden werden, ruht Friedrich Wilhelm Leopold von dem Knesebeck, der Vater des Feldmarschalls. In den Stein ist eingemeißelt: »F. W. L. v. d. K. – gb. 1734, gst. 1803.« Daneben liegt ein zweiter Granitblock, viel größer als der vorige, mit der Inschrift: »Der Knesebecken Grab.« Unter diesem Stein wollte der Feldmarschall begraben sein, *wenn er in Carwe stürbe;* sonst da (so hatte er es angeordnet), wo er sterben würde. Er starb in Berlin und wurde auf dem Garnisonskirchhof beigesetzt. In der Kirche zu Carwe aber wurde ihm eine eiserne Gedächtnistafel errichtet. Die Inschrift derselben lautet: »Carl Friedrich v. d. Knesebeck, geb. zu Carwe 1768, gest. zu Berlin 1848. Königl. Preußischer General-Feldmarschall, focht zur Ehre seines Königs und seiner Nation in siebzehn Schlachten und diente dem Wohl des Vaterlandes von seinem 13. Lebensjahre bis zu seinem Tode. Friede seiner Asche, Ehre seinem Andenken«.

Daneben hängt die Gedächtnistafel für die 1813–15 Gefallenen. Sie trägt die Inschrift:

Und ist unsre Stunde kommen,
So lasset uns ritterlich sterben.

Dann folgen die Namen. Carwe hatte damals nur wenig über 200 Einwohner; davon waren 27 in den Krieg gezogen, neun fielen, zwei kehrten mit dem Eisernen Kreuz heim. (Im letzten Kriege waren 20 Carwenser mit bei Missunde und Düppel.)

Auf dem Altar stehen ein großes gußeisernes Kruzifix und zwei Altarleuchter. Sie sind ein gemeinschaftliches Geschenk Friedrich Wilhelms III. und des Kaisers Alexander. Die Veranlassung war folgende. 1818 besuchte Kaiser Alexander, begleitet vom König und unsrem Knesebeck, die Königl. Eisengießerei. Knesebeck, der kurz vorher die oben erwähnte Gedächtnistafel für die Gefallenen bestellt hatte, fand Gelegenheit, dem Kaiser von der Bravour und Loyalität seiner Carwenser zu erzählen. Als er (Knesebeck) gleichzeitig Kruzifix und Leuchter für seine Kirche erstehen wollte, sagte der König zum Kaiser: »Wir wollen's der Carwer Kirche gemeinschaftlich schenken.« Und so geschah's. Silberplatten, die in das Fußgestell des Kruzifixes eingelegt sind, geben die nötigen Namen und Daten. Eine der Platten trägt die Inschrift:

Gott war mit uns in heißer Wehr,
Allein Gott in der Höh sein Ehr.

Garz. Auf dem großen Wirtschaftshofe, der ein längliches Viereck bildet, stehen zwei alte Türme. Der größere ist viereckig und in drei Stockwerken fast ganz aus Feldstein aufgeführt. Bis vor ohngefähr vierzig Jahren hatte der Turm noch eine Fachwerketage mehr, die aber wegen Baufälligkeit heruntergenommen wurde; nur die alte Wetterfahne kam auch auf das neue Dach. Sie zeigt die Buchstaben G. W. v. Q. (Generalwachtmeister von Quast) 1660. Der Turm, der in Keller, Erdgeschoß und erstem Stock gewölbt ist, ist, höchstwahrscheinlich, aus dem 14. Jahrhundert und war, mutmaßlich bis in die Zeiten *nach* dem Dreißigjährigen Kriege, das *Wohnhaus der Familie*. Der Treppenanbau ist später. Besser als irgendein anderer alter Burg- oder Schloßbau, den ich in der Mark kennengelernt habe (es sind ihrer nur wenige vorhanden), gibt uns dieser Garzer Turm ein Bild davon, wie der märkische Adel vor vier, drei und selbst vor zwei Jahrhunderten wohnte und lebte. Der ganze Bau besteht aus einem Keller und drei Zimmern, alle gleich groß; nur in *Klein-Machenow*, zwei Meilen von Berlin und den Hakes gehörig, bin ich einem viereckigen Turm von ziemlich gleichem Alter und gleicher Gestalt wie der Garzer begegnet.

Dieser Turm stand inmitten einer Grabeneinfassung, die sich ebenfalls sehr lange intakt erhalten hat und erst zu Anfang dieses Jahrhunderts zugeworfen wurde. – Zu der ganzen ehemaligen Befestigungsanlage gehört auch der aus Backstein aufgeführte *Rundturm*, der ebenfalls auf dem Wirtschaftshofe, aber etwa 100 Schritt weiter rückwärts liegt. Sein unteres Geschoß zeigt ein gotisches Polygonen-Kreuzgewölbe von bemerkenswerter Zierlichkeit. In den Mauern steckten bis vor kurzem schwere eiserne Ringe, woraus man, und gewiß mit Recht, geschlossen hat, daß es der Turm für die Gefangenen war. Hier saßen also höchstwahrscheinlich die Jüterboger Bürger »im Turm«, die, in einer Fehde zwischen Magdeburg (Jüterbog war erzbischöflich) und den Quästen, von diesen letztern gefangengenommen wurden. Dies war 1419. *Jetzt dient dieser Turm als Taubenhaus.*

GENTZRODE. Eine erst seit wenigen Jahren bestehende, *in mehr denn einer Beziehung höchst interessante Neuschöpfung der Familie Gentz.* Kaufmann Gentz in Ruppin (derselbe, der den friderizianischen Garten und den »Tempel« besitzt, von dem ich Seite xx ausführlicher gesprochen habe) brachte einen wesentlichen Teil der sogenannten »Kahlenberge« käuflich an sich. Diese Kahlenberge, wie mehrfach erwähnt, sind – ganz nach Art der historisch berühmteren »Rehberge« – bloße Sandkegel, und die Aufgabe, die Kaufmann Gentz sich stellte, war die, das scheinbar absolut Unfruchtbare in Parkland und blühende Felder zu verwandeln. Es war dies ein Unternehmen, das natürlich nur mit bedeutenden Mitteln ins Leben gerufen werden konnte, ein Vorhaben, dessen Rentabilität, ja auch nur dessen Durchführung überhaupt mindestens zweifelhaft blieb. Aber darin lag der Reiz. Ein Pferd, einen Hund dressieren kann jeder; aber einen Fuchs so weit abrichten, daß er die Dienste eines Hofhundes tut, das war eine Aufgabe, die in gewissem Sinne lohnenswert erschien. Etwa nach diesem Prinzip wurde *Gentzrode* auf dem ehemaligen Kahlenberge gegründet. Die Anlage ist erst sieben Jahre alt (seit 1857). Mitten auf einem weiten Sandplateau wurde eine *Brennerei* und eine Anzahl von *Viehställen* gebaut. Sie gaben das Fundament der Wirtschaft. Die Abgänge der Brennerei nährten das Vieh, die Abgänge des Viehs nährten den Boden; – so wurde der Sandscholle nach und nach (wenn man bei sieben Jahren von einem »nach und nach« sprechen kann) eine gewisse Tragfähigkeit gegeben. Eine *Ackerwirtschaft* ist im Gange; weite Strecken sind mit Laubholzschonungen, namentlich mit Eichen, bepflanzt; eine sechzig Morgen große Parkanlage, die das Wohnhaus umgibt, zeigt bereits hohes Gebüsch und leiht Schatten. Die Schwierigkeiten des Unternehmens treten einem am deutlichsten entgegen, wenn man erwägt, daß das ganze Gut *keinen Tropfen Wasser* hat. Ein mächtiger Brunnen schafft erst das Wasser, das Wirtschaft und Brennerei gebrauchen, von tief unten herauf, und das abfließende Brennereiwasser schafft erst den *Tümpel*, ohne den ein Wirtschaftshof nicht bestehen kann.

Ob die Anlage sich jemals als vorteilhaft für den Besitzer herausstellen wird, muß, wie schon angedeutet, dahingestellt bleiben. Jedenfalls aber hat sie ihre *landwirtschaftliche Bedeutung*. Sie wird, und zwar glänzender als irgendeine andere mir bekannt gewordene Anlage, zeigen, was unter Umständen aus der trübseligsten und hartnäckigsten Sandscholle zu machen ist. Sollten dann die *Gesamtresultate* auch wirklich derart sein, daß sie nicht zu *direkter* Nachahmung aufforderten (was wegen des Anlagekapitals immer seine Schwierigkeiten haben wird), so würden doch im einzelnen manche Erfahrungen und unzweifelhaft auch manche *Erfolge* gewonnen sein. Das läßt sich schon jetzt absehn. Werden namentlich kleinere Besitzer auch vielleicht nie dem Beispiel folgen können, das hier gegeben wird, so werden es doch alle diejenigen können, die über große Mittel gebieten, und man darf sagen, die Resultate werden im Verhältnis zu den jedesmaligen Mitteln stehn, die man imstande oder geneigt sein wird, an eine solche kolonisierende Aufgabe zu setzen. *Diese Sandkolonisierungs-Versuche* sind eigentlich das unausbleibliche Seitenstück zu den *Sumpfkolonisierungs-Versuchen*, die vor nunmehr hundert Jahren von unsren Königen in den Lüchern und Brüchern der Provinz begonnen wurden. Man versprach ihnen damals wenig Erfolg; – jetzt weiß man, mit wie großem Unrecht. Vielleicht hat auch noch der Sand eine Zukunft.

Was dieser Anlage Gentzrode noch einen besondren Reiz verleiht, das ist ihr *ausgesprochen bürgerlicher Charakter.* Es tritt dies in einzelnen Zügen mit einer gewissen Ostentation hervor (in der Halle zum Beispiel, in der sich, statt der Ahnenbilder, nicht nur die Portraits der Familie Gentz befinden, sondern auch die Portraits der *Inspektoren, Gärtner* und *Brenner,* die mitgeholfen haben, diese Anlage ins Leben zu rufen), aber es ist dies durchaus ein Ort, wo man die *Pflicht* hat, über manches hinwegzusehn, was einem mißfällt, und wo es sich geziemt, der Kraft und der Unermüdlichkeit Respekt zu bezeugen, die den Mut hatten, große Ziele ins Auge zu fassen. Was an kleiner Menschlichkeit mit drunterläuft, darf uns die Freude daran nicht verderben. Ich spreche es mit Überzeugung und mit besonderem *Nachdruck* aus, daß hier (gern gesehn oder nicht) eine *Kraft* liegt, ein Hinweis, ein Vorbild. – Die Sprüche in der schon erwähnten Bilderhalle entbehren eines romantischen Klanges, es sind keine Schild- und keine Bannersprüche, aber ebendeshalb passen sie *hierher.* Auch mancher andere könnte sie beherzigen. Sie lauten:

Was verkürzt die Zeit?
Tätigkeit.
Was macht gewinnen?
Nicht lange besinnen.
Was bringt zu Ehren?
Sich wehren.

GNEVKOW. Schön gelegenes Dorf am Ostufer des Ruppiner Sees, eine halbe Stunde von Carwe, eine Stunde von Wustrau. Altes Besitztum der Familie von Woldeck (in diesem Zweig erloschen). Interessant sind die beinah nachbarlichen Zerwürfnisse, die in den dreißiger Jahren zwischen dem *letzten* Zieten-Wustrau und dem *letzten* Woldeck-Gnevkow vorkamen. Zieten, damals Landrat, war nicht ohne Schuld; aber doch mehr im Recht als sein Gegner. Ich komme zu andrer Zeit auf diese Vorfälle zurück.

Auf dem Kirchhof liegt der große, schwer zu entziffernde Grabstein eines Rittmeisters Gregor von Woldeck, geboren

1667, gestorben 1735. Interessanter ist, innerhalb der Kirche selbst, ein großes Transparentbild, ein Überbleibsel jener Feier, die hier, bei Gelegenheit seines fünfzigjährigen Dienstjubiläums, zu Ehren des Generallieutenants von Woldeck stattfand. Das Transparent, das fast die Höhe der Kirchenwand hat, stellt einen Obelisken dar, zu dessen Seiten Mars und Minerva stehn, während Posaunenengel in die Tuba blasen und die Muse der Geschichte die Taten von Woldecks mit ehernem Griffel aufzeichnet. Das Ganze – ein papiernes Seitenstück zu den Rheinsberger Festlichkeiten, die damals, mit mehr oder weniger Glück, überall im Lande kopiert wurden. Die Inschrift lautet: »Dem würdigsten Generallieutenant Alexander Friedrich von Woldeck zum Dienst-Jubilaeo. – Geb. 1720. Er focht als Held bei Mollwitz, Hohenfriedberg, Soor, Prag und Collin; empfing Wunden der Ehren bei Breslau, Kunersdorf und Freiberg; war unter Prags Belagerern zu zweien Malen; entging dem nahen Tode bei Malchin; wurde von seinem Könige zum Generallieutenant ernannt den 19. Mai 1789. Gewidmet von dem Corps der Offiziere seines (des Prinz Ferdinandschen) Regiments den 18. Juni 1789.« Das Ganze, wiewohl nicht ohne ein gewisses Geschick entworfen, macht einen so unkirchlichen Eindruck wie nur möglich, und ich möchte wissen, wie sich die Gnevkower mit diesen heidnischen Theaterpuppen abfinden. Eine Bemerkung übrigens, durch welche ich keineswegs um Exmission petitioniert haben möchte.

Gottberg. Die Kirche zu Gottberg besitzt das älteste Kirchenbuch im Lande Ruppin; überhaupt wird es wenige Kirchenbücher in der Mark geben, die älter sind. Es dient vollständig als *historische Quelle* für die Zeiten des Dreißigjährigen Krieges, deren Verwüstungen speziell in der Grafschaft Ruppin (und dieser Landesteil soll mehr gelitten haben als irgendein anderer) darin mit großer Ausführlichkeit von seiten des damaligen Gottberger Predigers erzählt werden. Bratring, in seiner Geschichte Ruppins, hat sich vielfach auf diese Schilderungen gestützt. Sie sind übrigens auch, ausgangs des vorigen Jahrhunderts, im 8. Stück des *Ruppinisch-Prignitzischen* Wochenblatts gedruckt worden, eine Zeitschrift indes, die jetzt wahrscheinlich noch schwerer zu haben ist als das Gottberger Kirchenbuch, das (mit vollem Recht) nicht außer Händen gegeben wird.

KRÄNZLIN. Eine halbe Meile von Ruppin. Eine kurze Strecke vor dem Dorf, rechts am Ruppiner Wege, waren noch zu Anfang dieses Jahrhunderts Wall und Graben und die Auffahrt zu einer Burg sichtbar. Noch jetzt markiert sich die Stelle. Allerhand Sagen knüpfen daran an. Es heißt, von der Kränzliner-Damm-Brücke aus, die man noch jetzt passieren muß, führte in alten Zeiten ein unterirdischer Draht zum Schloß hin. Kamen nun Reisende des Wegs und fuhren über die Brücke, so zerrte der Draht an einer Glocke im Schloß; alles warf sich dann auf die Pferde und griff die Reisenden an. Es heißt weiter, der Kränzliner Schloßherr (dessen Name übrigens nicht genannt wird) habe zwei Brüder gehabt, von denen der eine das alte Seeschloß zu Alten-Ruppin, der andre das Schloß zu Wildberg innehatte. Während eines großen Gastmahls, das der Alt-Ruppiner Schloßherr gab und zu dem auch seine beiden Brüder geladen waren, griffen die Neu-Ruppiner Bürger die Kränzliner Burg an und brannten sie nieder. Man fand noch zu Anfang dieses Jahrhunderts Holzkohlen und angebrannte Balken.

Die Familie Fratz, die übrigens auch schon wieder inzwischen ausgestorben, war schon 1327 in Besitz von Kränzlin. Die alte Feldsteinkirche, mit hohem Schindelturm, besitzt einen sehr schönen Abendmahlskelch, der ein Geschenk dieser alten Familie *von Fratz* ist. Der Kelch hat jene schöne Tulpenform und überhaupt alle jene Ornamente, wie ich sie in Band II dieser »Wanderungen«, in dem Kapitel »Kloster Friedland«, beschrieben habe. Es ist ersichtlich, daß jene Friedländer Kelche und dieser Kränzliner desselben Ursprungs sind. Die Inschrift des letztern lautet: »Diesen Kelch hat Wolf Fratz und seine Hausfrau Maria Riben zu Gottes Ehren geben.« Dazu ein aufgelötetes Kruzifix und die Jahreszahl 1600. Vier Wappenbilder sind eingegraben: Ein Pfau; dazu W. F. (Wolf Fratz); ein Fisch oder eine Otter; dazu M. R. (Maria Riben). Von den zwei andern Wappen scheint eins das Zietensche zu sein.

An einigen Stellen des Kelches ist das Gold abgekratzt. Ich hörte dabei, was mir neu war, daß die Landleute, wenn einer der Ihren schwer krank ist, sich gern an den Prediger wenden und etwas *Gold vom Abendmahlskelch* für ihren Kranken erbitten. Sie mischen es dann in die Medizin und glauben fest, wenn noch etwas helfen kann, so hilft *das.*

(Das Kränzliner Predigerhaus war ein Lieblingsaufenthalt Schinkels. Seine ältere Schwester war daselbst verheiratet. In seinen Knabenjahren hatte er ein ganzes Zimmer des Predigerhauses mit Bildern ausgemalt. Bis Anfang der zwanziger Jahre pflegte er Kränzlin alljährlich, während der Sommermonate, zu besuchen.)

Lögow. Nachbargut von Wildberg und alt-Zietenscher Besitz wie dieses. Die Kirche ist renoviert; die Erbbegräbnisse, links das Zietensche, rechts das Wuthenowsche, sind zugeschüttet. Auf dem Kirchhofe ruht, unter einem mächtigen Sandstein, der Vorbesitzer des Guts. Die Grabschrift ist ansprechend: »Hier ruhet Hans Balthasar von Zieten, weiland Kgl. Preuß. Obristlieutenant und Ritter des Verdienstordens, Erb-, Lehns- und Gerichtsherr auf Lögow. Geboren den 11. März 1753, starb er nach einem *heitren, langen Leben voll reger Kraft und wahrer Ehre,* den 1. April 1833.« (Durch seine Tochter ist er der Großvater des jetzigen Grafen Zieten-Schwerin auf Wustrau.) – In der Kirche befindet sich eine alte Kanzel, an der sich Lucia von Zieten als Künstlerin versucht hat. Sie hat drei Evangelisten gemalt, den vierten aber unterschlagen; ich weiß nicht mehr, wer dieser Bevorzugte ist. Kontroversen über die Urheberschaft sind unmöglich; gewissenhaft verzeichnet finden wir: Lucia von Zieten 1636 pinxit.

Planitz. Eine Viertelmeile von Neustadt. Alter Besitz der Familie *von Rathenow,* die hier seit über vierhundert Jahren angesessen ist. Hier wurde Andreas Fromm, der in den kirchlichen Kämpfen der Paul-Gerhardt-Zeit eine hervorragende Rolle spielte und (später zu den Jesuiten übergetreten) von Schulrat Otto Schulz als der Verfasser der Lehninschen Weissagung angesehen wird, geboren. (Vgl. S. xx.)

Radensleben. In der alten Kirche, deren ursprünglich schmale gotische Spitzbogenfenster neuerdings wiederhergestellt worden sind, befindet sich das Grabdenkmal (zugleich mit seinem Bildnis) des *Hans Georg von Quast*, der bei *Mollwitz* fiel. Das Denkmal wurde ihm von seinen beiden ältren Brüdern errichtet, die bei dem berühmten Kürassierregiment *Ansbach-Bayreuth* standen und mit bei *Hohenfriedberg* waren. Die Inschrift lautet: »Der Hochwohlgeborne Herr, Herr *Hans George von Quast*, Erb- und Gerichtsherr wie auch Kirchenpatron auf Radensleben, ward geboren den 3. Juli 1710. Verstand, Mut und Lebhaftigkeit begleiteten ihn. Er erwarb die Gnade des Königs, die Gewogenheit der Obern, die Liebe beider Regimenter, der Leib-Cürassiers und Leib-Carabiniers. Jedermann wünschte ihm Glück. Dieses zu befördern, ward er von einem Regiment (den Cürassiers) zu diesem (den Carabiniers) versetzt, aber es beförderte seinen Tod. Er blieb den 10. April 1741 in der blutigen Schlacht bei Mollwitz. Der Geist ging zu Gott, der Leib ward von den siegenden Gefährten zu Grüningen bei Brieg beerdigt, und dieses Denkmal setzten ihm seine schmerzlich betrübten Geschwister.« (Er trägt auf dem Bilde den Pour le mérite, den er wahrscheinlich bei Mollwitz erhielt.)

(Radensleben, wenigstens ein Teil des Guts, war seinerzeit in Besitz des berühmten Kanzlers *Distelmeyer*. Ob derselbe sich jemals auf diesem seinem Gute aufgehalten hat, steht nicht fest.)

RUPPIN (ALT-). Schloß Alt-Ruppin war die Residenz der Ruppiner Grafen, wahrscheinlich (es ist nicht genau nachweisbar) von Ausgang des 12. bis zu Anfang des 16. Jahrhunderts. Graf Wichmann, der Enkel der mehrgenannten Gräfin Anna Jacobine, starb hier 1524. – Er war der letzte Graf zu Lindow und Ruppin. (Vgl. S. xx.)

Von da ab, nachdem, wie wir gesehen haben, das Ruppiner Land als Lehn von seiten des Kurfürsten eingezogen worden war, residierten *kurfürstliche Landhauptleute* auf dem Alt-Ruppiner Schlosse. Diese Verwaltung des Landes durch Landhauptleute dauerte fast zweihundert Jahre, und waren es nachweisbar ihrer vierzehn, die von 1524 bis 1723 dies Amt bekleideten. Es waren: Matthias von Oppen, Nikkel von Kotteritz, Hans Posen, Curt von Rohr (ihm war außerdem noch die Grafschaft gegen 20000 Gulden, die er vorgestreckt hatte, verpfändet), Rudolph von Knesebeck, Hunold von Zerbst, Christian von Bellin, Balthasar von Brunn, Curt Bertram von Pfuel, Johann Friedrich von der Loeben, Otto von Schwerin, Otto von Barfus, Geh. Rat von Prinz, Oberst Adam Christian von Flanß. Später wurde die Grafschaft ein kurmärkischer Kreis und erhielt *Landräte* (früher Kreiskommissarien genannt) wie die andern Kreise.

1535 war die ganze Herrrschaft Ruppin durch Kurfürst Joachim II. seiner Gemahlin *Hedwig von Polen* als Leibgedinge ausgesetzt worden, und es ist erwiesen, daß sie 1571, nach Joachims Tode, das Alt-Ruppiner Schloß bezog, auch daselbst verstarb. Nur über das Jahr ihres Todes schwanken die Angaben; nach einigen starb sie 1573, nach andern 1583. Das Schloß selbst blieb noch durch Jahrhunderte hin; jetzt ist jede Spur davon verschwunden. Bratring gibt folgende Beschreibung des Schlosses, wie es im 16. Jahrhundert war:

»Es war ein stattlicher Bau (an der Nordspitze des Sees) und galt als eine der angesehensten Festen des Landes. Der tiefe Graben, der es einfaßte, stand mit dem See in Verbindung, und die 36 Fuß hohe Mauer war durch 20 Rundtürme gekrönt. Eine Zugbrücke und nur ein einziges Tor führte an der Nordseite, wo noch gegenwärtig die Auffahrt zum Amtshofe ist, auf den *Burghof*; dieser war rund und von allen Seiten mit Gebäuden bebaut, die sich an die Mauer lehnten. Dem Eingang gegenüber stand das gräfliche Schloß, welches mit der Schloßkirche und dem rechten Flügel einen kleinen viereckigen Hofraum einschloß. Es war ein massives, zwei Geschoß hohes Gebäude, mit vielen Zimmern und Sälen, deren Decken, der meisterhaften Stukkaturarbeit wegen, sehenswert waren. Groß muß die Anzahl der Zimmer gewesen sein, da im 14. Jahrhundert *vier* regierende Grafen zugleich im Schloß wohnten. Eine vorzüglich schöne Treppe führte zum zweiten Geschoß, in welchem sich über dem Portal eine kleine *Kapelle* befand, mit einem Altar, einer gewölbten Decke und verschiedenen in Stein gehauenen Statuen der Grafen geziert. Sie war der heiligen *Anna* gewidmet und diente der gräflichen Familie zu den täglichen Messen. An einer der Wände las man folgende Inschrift:

Anno millino quingenteno tria lustra
Jungito, dum tauri medium sol cernerit albi,
Dumque duodenum Wichmannus tangerit annum
Nobilis hic Comes, est pictum hoc sic arte sacellum.

Am südlichen Ende des linken Flügels stand die ansehnliche *Schloßkirche.* Diese ist aber mit dem ganzen Flügel im Dreißigjährigen Kriege verwüstet, wahrscheinlich angezündet, weil man, solange noch Rudera davon übrig waren, die deutlichsten Spuren von Brand sah. Alle unsere Zeitgenossen (1799 geschrieben) haben nur noch die Mauern der Kirche und eine einzige Wand des Flügels gesehen. Die übrigen Teile des Schlosses hatten sich mit ihren schönen Kellern bis zum Jahre 1779 so ziemlich erhalten; damals aber stürzte das Dach ein, durchschlug die beiden Decken im ersten und zweiten Geschoß und verwandelte das Innere in einen Schutthaufen. Das Mauerwerk dieser schönen Ruine ward endlich 1787 teils zu dem Neu-Ruppiner Bau, teils zum Bau des neuen massiven Amtshauses abgebrochen. Ein gleiches Schicksal hatten die Nebengebäude, welche den Schloßhof umgaben, so daß gegenwärtig nur noch ein geringer Teil am *Torwege* vorhanden ist (seitdem auch verschwunden), der von der ehemaligen Beschaffenheit der Gebäude eine Idee geben kann. Alles übrige ist nach und nach demoliert, der Schloßgraben verschüttet und dem neuen Amtshofe die Gestalt eines Vierecks gegeben.«

Walsleben. In früherer Zeit ein Klitzingsches Gut. An der alten Kirche daselbst befindet sich ein aufrecht stehender Grabstein, der die geharnischte Reitergestalt eines von Klitzing, und zwar von hervorragend schöner Arbeit, zeigt. Vielleicht derselbe Klitzing, der zu Ausgang des Dreißigjährigen Krieges und in der nächstfolgenden Epoche sich auszeichnete.

Wildberg. Großes Dorf, halbenwegs zwischen Neustadt und Ruppin; früher ein Flecken. In Zeiten, die dem Aussterben der Ruppiner Grafen vorausgingen, besaßen sie teils diese, teils die *Zietens.* Diese letzteren haben sich hier seit 1525 erhalten. Es ist der Mittelpunkt des ansehnlichen Stück Landes, das man als »Zieten-Land« bezeichnen kann und in alter Zeit die Dörfer Wustrau, Wildberg, Langen, Walchow und Buskow (zuzeiten auch Teile von Nakel, Protzen, Kränzlin und Metzelthin) umfaßte. Es ist in der Ordnung, daß der Wildberger Gasthof »Zum Alten Zieten« heißt.

Burg *Wildberg* war, neben der Burg zu Alten-Ruppin, die festeste in der Grafschaft. Wer sie besaß, ist nicht mit Bestimmtheit zu sagen. Es gab im 14. Jahrhundert »Herren zu Wildberg«, und steht es dahin, ob diese oder die Ruppiner Grafen oder die Zietens, letztere vielleicht als erbliche Burghauptleute, die Burg innehatten. Denn die Zietens waren hier höchstwahrscheinlich lange vor 1525 angesessen.

Wann, durch wen und unter welchen Verhältnissen die alte Burg zerstört wurde, ist nicht mehr festzustellen. Der Sage nach wurde sie durch Kurfürst Friedrich I. niedergebrochen; doch würden darüber höchstwahrscheinlich Aufzeichnungen existieren, wie über das Brechen der Quitzow-Schlösser: Friesack, Plaue, Golzow und Beuthen. Soviel ist erwiesen, daß die »Burg« nicht mehr existierte, als die dazugehörigen Ländereien der Gräfin *Anna Jacobine*, der Großmutter des letzten Grafen von Ruppin (vgl. S. xx), im Jahre 1478 als Witwensitz zugeschrieben wurden. Die alte Gräfin soll zwar 1499 eine Zeitlang auf dem »Schlosse zu Wildberg« gewohnt haben, ein Ausdruck, der aber nicht anders zu verstehen ist als zum Beispiel das Wohnen auf dem Nikolai- oder Georgen-Kirchhof. Bezeichnungen der Art überdauern die Sache und haften zuletzt am *Lokal*.

1713 existierte Burg Wildberg, das heißt die bloßen Feldsteinwände, noch ziemlich vollständig, und zu Anfang dieses Jahrhunderts stand das Gemäuer noch übermannshoch. Jetzt ist nur noch der aufgeschüttete Erdhügel da. Aber auch dieser – etwa 20 Fuß hoch und 100 Schritt tief, dabei von einem breiten Schilfgraben eingefaßt, über den eine Art Zugbrücke führt – ist interessant genug, und zwar dadurch, daß er uns ein Musterbeispiel von der Anlage einer alten *Sumpfburg* gibt. Was der alte Garzer Turm (vgl. dies Kapitel unter Garz) nach der *baulichen* Seite hin ist, das ist dieser Überrest von Burg Wildberg nach der Seite *territorialer Anlage* hin. Wir sehen hier, nicht *wie* man baute, sondern *wo*; welches Terrain man aussuchte und wie man es benutzte.

Sumpfland, an manchen Stellen eine halbe Meile breit, hinderte jeden Zugang, und die Ausgedehntheit des Sumpfterrains machte eine Umstellung und Aushungerung fast unmöglich. Wer es dennoch eroberte, bleibt, wie schon angedeutet, unermittelt.

Die Kuppe des Hügels wird jetzt als Ackerland benutzt, nachdem man den »ehemaligen Burghof« nach Schätzen genugsam durchgraben hat. Man hat aber nichts gefunden als ganze Lager hochaufgeschichteter Knochen. »Diese wurden verkauft, und mancher hat einen hübschen Erlös daraus gehabt.« Die Sage ist natürlich geschäftig, an jene Knochenmassen (ich verschweige absichtlich die Zentnerzahl, die man mir sagte) allerhand Schauergeschichten zu knüpfen; doch scheint *das* das einzig Richtige, daß in den Tagen des Dreißigjährigen Krieges, wo immer wiederkehrende Seuchen die Hälfte der Bevölkerung wiederholentlich fortrafften, die Toten auf dem alten Burghof begraben wurden.

Die Kirche in Wildberg hat den höchsten Turm in der ganzen Grafschaft. Seine Höhe ist 229, nach andern 240 Fuß. Man überblickt von ihm aus achtzehn Dörfer, eine prächtige Wiesenlandschaft, und die Städte Neuruppin, Wusterhausen und Fehrbellin schließen den Horizont. Die Kirche selbst, in katholischer Zeit mit Altären reich geschmückt, ist jetzt öde; nur dem Zietenschen Wappen begegnet man noch am Kirchenstuhl und über der zugemauerten Gruft.

WULKOW. Mitte und ausgangs des vorigen Jahrhunderts im Besitz von *von Seel* und *von Teiffel*, beide Offiziere im Zietenschen Husarenregiment. Von Seel fiel als Oberst bei Hochkirch. (Die Portraits der Rittmeister von Seel und von Teiffel befinden sich im Wustrauer Herrenhause, dessen einer Saal – vgl. S. xx und xx – die Portraits von sechzehn Offizieren des Zietenschen Regiments enthält. Wenn, wie mir von anderer Seite gesagt worden ist, die Herren von Seel und von Teiffel auf Wulkow *nicht* Zietensche Offiziere waren, so müssen es notwendig die Söhne der genannten beiden sein. Die Seltenheit beider Namen läßt keine andere Auslegung zu. Übrigens hieß es damals beim Verkauf des Guts: »Seel ist zum Teiffel« gegangen. (Vielleicht ist das Wortspiel auch aus späterer Zeit.) Der letzte Besitzer war

Landrat von Schenkendorff. In der *Wulkower* Heide fand das Duell statt, in dem Lieutenant von Dolffs den Hauptmann Willmer, den Bräutigam der verwitweten Frau von Beeren (vgl. das Kapitel Geist von Beeren), erschoß. Man zeigt noch die Stelle, wo Willmer zusammensank. – Hier in Wulkow, unter einer prächtigen Kirchhofslinde, pflegen alljährlich Kindermissionsfeste gefeiert zu werden, an denen die Schuljugend aus den umliegenden Dörfern, wie an einem Volksfeste, freudig teilnimmt. (Zur Zeit der Ruppiner Grafen, also bis 1524, war der Wulkower Pfarrherr zugleich Schloßkaplan in Alt-Ruppin.)

WUTHENOW. Gegenüber von Ruppin, an der andern Seite des Sees. In einer Art Vorhalle der Kirche hängt ein ziemlich großes Bild, das Ruppin am Schlusse des 17. Jahrhunderts darstellt. Es hat eine lateinische Unterschrift, die da lautet: »Prospectus Rupinensis ac Wuthenoviensis, inventus ab M. Samuele Dietrich, Petri Inspect.; pictus ab Henrico Crügero 1694.« Also: Ansicht von Ruppin und Wuthenow; *erfunden* von Herrn Samuel Dietrich, Superintendent an der St. Petri Kirche; *gemalt* von Heinrich Krüger 1694.

Dies seltsame Bild, das nicht nur »gemalt«, sondern (wie ein echtes Kunstwerk) auch »erfunden« ist, besteht allerdings aus zwei Hälften, aus einer realistischen und einer allegorischen, von denen die *realistische* (pinxit ab Henrico Crügero) sich damit begnügt, Ruppin mit seinen Kirchen, Toren und Mauertürmen zu konterfeien, während die *allegorische* Hälfte (inventus ab Samuele Dietrich) die kirchlichen Beziehungen zwischen dem Ruppiner Superintendenten und seinem Wuthenower Filiale darstellt.

Beide Hälften sind interessant genug. Das alte Ruppin ist 1787 niedergebrannt und *lebt nur in diesem Wuthenower Bilde noch.* Vor dem gotischen Stadttor steht ein Wachtposten mit *Spieß* und *Horn* und der jeden Zweifel über sein eigentliches Amt beseitigenden Umschrift: »Wo der Herr nicht die Stadt behütet, so *wachet der Wächter* umsonst.« (Behüt das Feuer und das Licht etc.)

Pikanter noch ist die allegorische Hälfte, in der die »Erfindung« zutage tritt. Sie besteht darin, daß uns der Ruppiner Geistliche und sein Küster in den verschiedenen Phasen ihrer sonntäglichen Kirchenfahrt gen Wuthenow vorgeführt werden. Verschiedene Szenen, die in Wirklichkeit der *Zeit* nach aufeinanderfolgen, folgen sich hier dem *Raume* nach, und die *zeitlichen* Zwischenräume von fünf oder zehn Minuten werden durch *räumliche* Zwischenräume von fünf bis zehn Zoll Durchmesser ausgedrückt. Sinnreich genug. *Erste* Phase: Pastor und Küster steigen ins Boot; sie bitten aber Christus, der eben erschienen ist, *vor* ihnen einzusteigen. *Zweite* Phase: Sie rudern über den See; Christus führt das Steuer. *Dritte* Phase: Sie landen; Pastor und Küster lassen dem Herrn Christus abermals den Vortritt. *Vierte* Phase: Pastor und Küster, mit Christus untergefaßt, marschieren am jenseitigen Ufer. *Fünfte* Phase: Sie kommen an die Wuthenower Kirche (aus deren Turmluke der Glöckner neugierig herniedersieht), und der Pastor macht abermals jene freundliche Handbewegung gegen Christus, die da sagen soll: bitte, ich bin hier zu Haus.

An Naivetät läßt das Ganze nichts zu wünschen übrig.

EIN PROZESS IM 16. JAHRHUNDERT ZWISCHEN BARSEKOW UND REIMER VON WINTERFELDT

Die Akten auf dem von Zietenschen Rittergute in Barsekow geben Aufschluß über einen von 1567 bis 1598 geführten Streit (in betreff des »Barsekower Luchs«), der dadurch ein gewisses Interesse bietet, daß er einen Einblick gönnt in die Art und Weise, wie damals Rechtsstreite geführt und geschlichtet wurden. Jeder mag selbst entscheiden, inwieweit sich die Dinge seitdem geändert haben. Es handelte sich um dasselbe Luch, dessen schon ein Lehnbrief von 1437 gedenkt. Das Luch hatte seit unvordenklicher Zeit zu Barsekow gehört, wie der genannte Lehnbrief bewies. Dennoch war dasselbe unter Joachim II. um 1567 den Barsekowern streitig gemacht und auf den Bericht eines Neustädtischen Amtsvogts, Simon Rehfeldt, halb dem Amte Neustadt und halb dem Dorfe Köritz zuerkannt. Die Barsekower, welche auf ihrer Feldmark keine Wiesen haben, sahen sich dadurch all ihres Wiesewachses beraubt und boten alles auf, um wieder in den Besitz des Luchs zu kommen. Die sämtlichen hiesigen Gutsherrschaften, alle Gülen, Mesenberge, Baltzer-Schönermark (in Metzelthin) und Heinrich Brunn, vereinigten sich mit der Bauerngemeine zu gemeinschaftlichen Schritten. Man wandte sich zuerst mündlich an den Kurfürstlichen Rat und Kämmerer, auch Hauptmann zu Plaue, Mathias von Saldern, damit er die Sache zu gelegener Zeit beim Kurfürsten zur Sprache bringe. Man wollte sich dann schriftlich Nachricht von ihm erbitten. »Durch sterbliche Läuffte und andre Gefährlichkeiten«, also wohl durch die damals herrschende Pest, wurde die Anfrage verspätet, und man hatte keine Antwort bekommen. Am Ostermontage 1567 endlich schrieb man an von Saldern (Unterschrift: alle von Gülen, Mesenberge und Heinrich Brunnen sampt Schulzen und Paur zu Barsekow), wiederholte die Bitte mit dem Erbieten, jährliches Wisch-(Wiese)geld nach billiger Schätzung für die wiedererlangten Wiesen zu entrichten. Aber von Saldern entzog sich der Sache der Barsekower, wahrscheinlich aus Freundschaft für den eifrigsten Gegner derselben, den damaligen Pfandinhaber des Amtes Neustadt, Reimer von Winterfeldt. Die Barsekower konnten weder schriftlich noch mündlich eine Antwort von ihm erlangen und wandten sich nun in einem schriftlichen Gesuche (ohne Datum und Jahr; Unterschrift wie oben) an den Kurfürsten selbst. Sie erbieten sich nicht bloß zu einem jährlichen Wiesenzins, sondern auch, wenn das vorgezogen würde, zur Zahlung einer einmaligen Kapitalsumme. Zugleich hatten sie sich, unter Leitung des Heinrich Brunn, welcher überhaupt an der Spitze gestanden zu haben scheint, an den kurfürstlichen Sekretär, Joachim Steinbrecher, gewandt und dessen Rat und Vermittelung in Anspruch genommen. Von Steinbrecher hatten sie erfahren, daß ihre Sache beim Kurfürsten gelingen werde, wenn sie 1 000 Gulden aufbringen und dem Kurfürsten zahlen wollten. Sie brachten das Geld mit Not zusammen und schickten, da die Sache sich verzögerte, einen Boten 1568 an Steinbrecher zur Zeit der Gerstenernte (ohne Datum und Unterschrift) mit der Nachricht, daß das Geld bereit liege, und mit der dringenden Bitte um Rat und Beschleunigung. Als der Bote in Berlin eintraf, kam Steinbrecher eben von der Wandelitz zurück, wo die Sache mit dem Kurfürsten abgemacht und bereits vollzogen worden war. Er konnte in seiner umgehenden Antwort (d. d. Berlin, Dienstag nach Laurentii 1568) die Barsekower mit dieser Nachricht erfreuen und beschied dieselben auf den nächsten Sonnabend nach Neuruppin, wo sie gegen Auszahlung der 1 000 Gulden die nötigen Schriften empfangen sollten. Doch riet Steinbrecher, die Sache bis nach erfolgter Einweisung geheimzuhalten. Wie es hierin bestimmt war, so geschah es. Die Barsekower zahlten ihre 1 000 Gulden und empfingen dagegen eine Verschreibung über das Luch, d. d. Cölln an der Spree, Montags nach Kiliani 1568, und außerdem eine Quittung über die gezahlten 1 000 Gulden, d. d. Wandelitz, Mittwoch nach Laurentii 1568. In der Verschreibung ist gesagt, der Kurfürst habe zwar das Barsekowsche Luch auf des verstorbenen Simon Rehfeldts Bericht eines Teils zum Amte Neustadt, anderen Teils zum Dorfe Köritz gelegt, jedoch dies nur einstweilen, bis auf ferneren Bescheid und endliche wahrhaftige Erkundigung getan. Derselbe habe sich jetzt, nicht bloß durch mündliche, sondern auch durch schriftliche Urkunden überzeugt, daß die Einwohner »dasselbe Luch seit unvordenklicher Zeit allewege zu verhinderlichem Gebrauche besessen«. Auch besitze Barsekow keine andern Wiesen, während das Amt Neustadt und das Dorf Köritz sonst noch mit hinreichendem Wiesewachs versehen seien. Deshalb habe der Kurfürst den Einwohnern von Barsekow das Luch wiederum abgetreten, daß sie dasselbe ebenso gebrauchen sollten, wie sie es zur Zeit der Grafen und Herren von Ruppin immer getan hätten. »Und zu mehrerer Bekräftigung desselben haben Uns die Einwohner von Barsekow tausend Gulden Münze bar entrichtet, auch daneben bewilligt und zugesagt, auf ihre Kosten so viel Wiesewachs, als unser Ampt Neustadt in gemeldtem Luche jährlich gebraucht, auf die Neustädtische Feldmark zu schaffen.« Dem Amte Neustadt wird dieselbe Nachricht mit vollständiger Ausführung der Gründe, ebenso wie in der Verschreibung, selbst mitgeteilt, der gezahlten 1000 Gulden wird jedoch nicht gedacht. Die Sache sollte vor dem Amte Neustadt nur als ein Akt der Gerechtigkeit, nicht irgendwie als eine freie Zession oder als ein Kauf erscheinen.

Nunmehr meinten die Barsekower wieder im sicheren Besitz ihres Eigentumes zu sein, aber ihnen stand noch ein langer und harter Kampf bevor. Der Kurfürst hatte in demselben Jahre 1568 das Amt Neustadt an Reimer von Winterfeldt verpfändet, und zwar mit allen Rechten und Nutzungen, so wie vorher Mathias von Saldern und Franz Sparr es besessen hatten. Und allerdings hatten diese in der letzten Zeit das Barsekowsche Luch *mitbesessen* und benutzt. Winterfeldt glaubte also ein volles Recht an dasselbe zu haben. Als die Barsekower, gestützt auf die kurfürstliche Verschreibung, sich das Luch teilten, ließ Winterfeldt wiederum die Grenzhügel einwerfen.

Die Barsekower wandten sich nun an den Kurfürsten und an Steinbrecher und baten um einen neuen geschärften Befehl an Winterfeldt. Aber die Sache verzögerte sich; der Frühling 1569 kam heran, wo, der Gewohnheit gemäß, die Pferde in das Luch gejagt werden sollten. Man richtete unter dem Osterdienstage 1569 (Unterschrift, alle Gülen, Mesenberge, Baltzer-Schönermark und Heinrich Brunne) wieder ein Gesuch an Steinbrecher und bat denselben, umgehend mit dem Boten den neuen kurfürstlichen Befehl an Winterfeldt zu übersenden. *Aber man wartete die Rückkunft des Boten nicht ab.* Gegen Walpurgis wurden die Pferde ins Luch gejagt. Winterfeldt veranlaßte die Köritzer Bauern, die Pferde zu pfänden, ließ sie nach Neustadt bringen, behielt sie fünf Tage dort, ließ sie hungern (so wenigstens sagen die Barsekower), so daß eines starb. Es war in der eiligen Arbeitszeit. Die Pferde konnten nicht lange entbehrt werden. Die Barsekower schickten also Unterhändler an Winterfeldt, um diese wieder zu erhalten. Winterfeldt antwortete: »Sie hätten hinter seinem Rücken heimlich, hinterlistig und betrüglicherweise gehandelt, was keinem Redlichen von Adel wohl anstünde. Und da er ihrethalben einen ungnädigen Herren kräge (kriegte), das wollt er ihnen gedenken.« Er bewilligte endlich die Pferde gegen einen Gulden Pfandgeld und gegen Bezahlung von $\frac{1}{4}$ Tonne Bier, welche die Köritzer Bauern beim Pfänden ausgesoffen. Doch sollten ihm die Pferde zu Johanni wieder eingeliefert werden.

Als die Leute zur Abholung der Pferde nach Neustadt waren, kam der Bote von Berlin mit dem geschärften Befehle an Winterfeldt in Barsekow an. In dem Befehle, d. d. Cölln an der Spree, Montags nach Valentin 1569, sind die Gründe der Abtretung ausführlich und fast wörtlich wie oben wiederholt, der 1000 Gulden wird aber wieder nicht gedacht. Dann heißt es: »Und werden wir etwa doch berichtet, daß Du solchen unsern Befehlen nicht allein nicht nachgekommen bist, sondern auch noch dazu die armen Leute zu Barsekow an dem Brauch des Luches zu hindern Dich unterstehen solltest, so wisse, daß wir dem ein sonderliches Mißfallen entgegentragen, da wir Dir allein unseres Ampts und nicht *anderer* Leuten Gerechtigkeiten verschrieben.« – »Darumb befehlen wir Dir bei Meidung unsrer Strafe und Ungnade nochmals hiermit, Du wollest die von Barsekow das Luch, das zu unserm Amt Neustadt *nie* gehört, ungehindert gebrauchen lassen.« Der Befehl war vom Kurfürsten eigenhändig unterschrieben. Sobald man in Barsekow diesen wichtigen Befehl in Händen hatte, »ließ man sogleich einen auf einen Klepper sitzen«, um den Befehl an Winterfeldt zu überbringen. Das Pfandgeld war bereits bezahlt, und die

Leute mit den Pferden waren schon vor dem Amtshofe. Winterfeldt antwortete nur, »sie sollten ihm aus dem Luch bleiben«. Noch einmal versuchte man die Unterhandlung. Melcher Brunn auf Tornow und Hans Rohr auf Leddin wurden als Unterhändler an Winterfeldt geschickt, ihn zu bitten, daß er den Barsekowern die Wiese gebe. Winterfeldt blieb bei seiner ersten Erklärung und Drohung und versicherte, es sei eine Unwahrheit, daß Mathias von Saldern sich der Sache der Barsekower beim Kurfürsten angenommen. Er selbst habe Saldern danach gefragt, und derselbe habe gesagt, daß er ihnen nicht gedient hätte. Da sie ihn aber nicht unbeschuldigt lassen wollten, so sollten sie, dem ersten Abkommen gemäß, die Pferde auf Johannis wieder einstellen, »oder er wollte *auch* reden und sie sollten erfahren, Sy wären, wer sie wären«. Nach diesen scharfen gegenseitigen Erörterungen hatte sich Winterfeldt unverzüglich und wahrscheinlich persönlich an den Kurprinzen Markgrafen Johann Georg gewandt und diesen für seine Sache gewonnen. Johann Georg veranlaßte (um Pfingsten 1569 durch den Marschall Jürgen Ribbeck) den Albrecht Quast, welcher mit Heinrich Brunn in Barsekow befreundet war, dem letzteren zu sagen, »er und seine Gefährten sollten von ihrem unbilligen Vorhaben abstehen. Wo aber nicht, so könnte dessen ja, zu gelegener Zeit, wenn Seine Fürstl. Gnaden zum Regiment kämen, gedacht werden.« Quast fügte hinzu, »sie möchten sich in acht nehmen; die *Herren* könnten lange denken«. Dies machte die Barsekower besorgt. Sie wandten sich in einer ausführlichen Eingabe an Johann Georg, erzählten demselben, daß und wie sie durch Quast gewarnt seien, und legten ihr Recht weitläuftig dar. Sie beriefen sich auf den Namen »Barsekowisches Luch«, welchen das Luch seit undenklichen Zeiten führe, auf den Lehnbrief der Wuthenower, wonach es schon vor 130 Jahren zu Barsekow gehörte. Simon Rehfeldt habe seinen Söhnen und Vettern, die zu Köritz wohnten, zu eigennützigem Gefallen, so lange praktizieret, bis er ihnen das Luch genommen. Sie hätten 1 000 Gulden dafür bezahlt, könnten auch, da sie andere Wiesen nicht besäßen, ohne das Luch ihre Roßdienste nicht leisten usw. Sie bitten also, der Fürst wolle seine Ungnade und ungünstige Meinung von ihrer Sache fallenlassen. Dies bewirkte bei Johann Georg so viel, daß er nun als Vermittler zwischen die streitenden Parteien trat. Er beschied dieselben auf sein Jagdschloß Letzlingen, es wurden Kommissarien ernannt, Haushofmeister Reiche (?), Georg Rohr und Erasmus Gundermann, und am 2. Dezember 1569 wurde ein Vertrag abgeschlossen und untersiegelt. Das Luch wurde mit Zulegung dessen, was das Amt Neustadt darin besaß, in zwei Teile geteilt. Einen dieser Teile bekamen die Barsekower sogleich und übernahmen dafür die Hälfte des auf dem Luche ruhenden Zinses, welcher mit vier Gulden früher an das Amt Ruppin gezahlt wurde. Die andere Hälfte behielt Winterfeldt und die Köritzer, solange Winterfeldt lebte; nach seinem Tode sollte sie den Barsekowern gleichfalls zufallen. Dagegen sollten die letzteren bei Neustadt so viel raden, als zu dreißig Fuhren Heu nötig ist. Ausdrücklich wurde bemerkt, durch diesen Vertrag sollte der vom Kurfürsten gegebene Kaufbrief nicht aufgehoben werden, er solle kräftig bleiben. Die Barsekower bekamen diejenige Hälfte des Luchs, welche nach Dreetz zu gelegen ist.

Die ganze Angelegenheit hatte bedeutende Kosten verursacht. Außer den 1000 Gulden, welche der Kurfürst erhielt, waren an Joachim Steinbrecher fünfzig Gulden für den Kaufbrief gezahlt und sonst durch Reisen, Schreibgebühren etc. nicht unbedeutende Summen aufgewendet worden. Die Gutsbesitzer hatten alle Kosten nach Hufenzahl getragen. Nach demselben Verhältnis verteilten sie nun auch das Luch.

Hiermit war der Kampf nach *außen* hin beendet; aber es entstanden nun Streitigkeiten zwischen den Barsekowern selbst. *Die innere Fehde begann.* Die *Bauern*, im Gegensatz gegen die oben mehrfach genannten Familien (Gülen, Mese[n]berg, Brunn), erhoben nun ihrerseits alte Rechtsansprüche. Man verglich sich zuletzt. (Aus einem Manuskript des Herrn Prediger Schinkel in Barsekow.)

PASTOR MORITZ ZU FAHRLAND

Ein märkisches Charakterbild

Der Norden Europas, die germanisch-skandinavische Welt: Südschweden, die russischen Ostseeprovinzen, die dänischen Inseln, Jütland, das ganze buchtenreiche Gebiet zwischen dem Limfjord und den schleswig-holsteinschen Förden, diese alte baltische Kulturwelt ist das Land der guten Pfarren. Man könnte sagen, wo die Ostsee anspült, ist die gute Landpfarre zu Hause. Kaum daß der preußische Küstenstrich hier und dort eine Ausnahme bildet. Überall auf diesen weiten Strecken, die oft den fruchtbarsten Boden haben und denen nichts fehlt als ein wenig mehr Frühling und ein wenig mehr Herbst (denn den Sommer haben sie) – überall auf diesen weiten Strecken hat die Pfarre den Charakter eines *Edelsitzes.* Immer geräumig, mitunter schloßartig steht das Gebäude da; das Herdfeuer hat alle Zeit zu tun, Gastzimmer reiht sich an Gastzimmer, und von weither kommen die Wagen und die schellenläutenden Schlitten und halten auf der Rampe des Hauses. Es ist gut sein in solchen Häusern, vielleicht ein wenig *zu* gut. Die kleine Sorge fällt von den Gemütern ab, sie sind frei, selbständig in ihrem Fühlen und Denken, und wenn man eintritt in das Studierzimmer solcher Pfarrer, so ist es kein Birkenmasersofa mit hochstehender Lehne, kein runder Tisch mit niedergedrückter Platte, kein wurmstichiges Real, worauf zuerst das Auge fällt, sondern eine gewisse bibliothekartige Herrlichkeit, Halbfranzbände mit Goldbuchstaben, das ist es, was einem entgegenblitzt.

Aber die Grenze dieser Herrlichkeit ist mit dem Südufer der Ostsee gezogen, und landeinwärts auf den Gebieten zwischen Weichsel und Oder, und vielleicht mehr noch zwischen Oder und Elbe, beginnen nun jene minder bevorzugten Strecken, wo die Landpfarre eine *Sand*pfarre ist, wenigstens in drei Fällen von vier. Damit ist der äußere Charakter so vieler pommersch-märkischen Dorfpfarren gekennzeichnet. Die Fülle hört auf, die Knappheit fängt an; ein schlichtes, kleinbürgerliches Element tritt an die Stelle aristokratischer Repräsentation, und was sich zum Guten ändert, wenn sich's ändert, ist ausschließlich ein *Innerliches*.

Aber wie alles seine Abweichungen und seine Ausnahmen hat, so finden sich denn auch bei uns, wie die fetten Gegenden selbst, so auch die fetten Pfarren in die allgemeine Magerkeit des Daseins eingesprenkelt, und der reichen Niederungsgegenden an den großen Flüssen hin ganz zu schweigen, treffen wir auch vor den Toren Berlin-Potsdams einzelne Pfarreien, die an die Wohlhabenheit der skandinavischen erinnern, freilich – nur erinnern.

Solcher guten Pfarren weist einzelne oder mehrere auch unser *Havelland* auf, Pfarren, die zu erhalten immer ein Glück, oft eine besondere königliche Gnade war. Eine Cabinets-Ordre, die etwa abweichende Stimmen zum Schweigen brachte, gab hier vielfach den Ausschlag, besonders wenn das vorliegende Verdienst ein militärisches war. So erhielt beispielsweise um die Mitte des vorigen Jahrhunderts Pastor Seegebart die treffliche Pfarre zu Etzin, weil er sich in der Schlacht bei Czaslau an die Spitze wankender Kürassierregimenter gestellt und im fliegenden Talar, auf einer kleinen roten Fuchsstute immer vorauf, die unsicher gewordene Schlacht wieder hergestellt und siegreich entschieden hatte. Er selber berichtet darüber: »Ich war so dreist, daß ich mich zum General und Obersten machte und die Zurückgehenden im Namen Gottes und des Königs beschwor, aufs neue zu attaquieren. Ich brauchte allerlei Beredtsamkeit, und man folgte mir in allen Dingen. Ich wundre mich, daß die schweren Pferde meinen kleinen Fuchs nicht zertreten haben, aber es schien, als wenn alles vor mir auswiche und mir Platz machte. Ich tat und redete wie ein Feldmarschall. Mein Gemüt war Gott ergeben, und ich habe in eigener Erfahrung damals gelernet, daß das Christentum resolut und mutig macht auch in den verworrensten Begebenheiten.« So Pastor Seegebart in seinen eigenen Aufzeichnungen. Es sei übrigens gleich hier bemerkt, daß dieser tapfere, aber zugleich feinfühlige und nervös geartete Mann nie über diese Teilnahme an der Czaslauer Aktion sprach, weil er Gewissensbedenken hegte, »ob er nicht doch vielleicht über das *ihm* Geziemende hinausgegangen sei«, und ferner, daß diese innerliche Heldennatur keineswegs von einer Heldenpersönlichkeit getragen wurde. Er starb nämlich zehn Jahre später an der Schwindsucht. Sein sehr anziehendes Bildnis befindet sich bis diesen Augenblick in der Kirche zu Etzin.

Zu diesen guten Havellandspfarren, die gelegentlich direkt von Sanssouci aus besetzt wurden, gehörte denn auch das nur wenige Meilen von Etzin entfernte *Fahrland*, und etwa um dieselbe Zeit, zu der Pastor Seegebart wegen seiner kriegerischen Großtat die *Etziner* Pfarre erhielt, erhielt Pastor Daniel *Schmidt*, weil er mehrere Jahre lang Prediger am Potsdamer Kadettenhause gewesen war (wo er sich insinuieren konnte), die vorgenannte gute Pfarre zu *Fahrland*.

Fahrland ist nur eine Meile von Potsdam. Der Weg dahin, den ich zunächst bitte, eh wir in das Dorf eintreten, Sie führen zu dürfen, ist sehr ungleich an Erscheinung wie an historischen Erinnerungen, und während die erste halbe Meile nur ein steriles Blachfeld bietet, so recht wie geschaffen zu einem Exerzierplatz, der es auch wirklich ist, konzentrieren sich auf der zweiten Hälfte des Weges alle Schönheiten, über die unsre Mark überhaupt Verfügung hat: kiefernbestandene Kuppen, die zwischen stillen Seeflächen aufsteigen, und am Horizonte, im duftigen Blau verschwimmend, die spitzen Kirchtürme der Dörfer – die Zeigefinger, die gen Himmel weisen.

Diese Bilder beginnen bei dem altwendischen Dorfe Nedlitz, wo sich an einer Wasserschmalung drei Seen: die Krampnitz, der Fahrlandsche und der Jungfernsee, ein Rendezvous geben. Über diese Schmalung, die den Charakter eines Flußarms hat, führt ein langer, weit auf beide Ufer hinüberreichender, viaduktartiger Bau mit Brückentoren und Brückenhaus. Alles (wie so vieles an dieser Stelle) eine Prachtschöpfung König Friedrich Wilhelms IV., der hier über das bloß Nötige hinaus seinem künstlerischen Auge ein Genüge tat. Alle Zeit vorher, so lang es überhaupt ein Nedlitz gab, war diese jetzt so bevorzugte Stelle die bescheidne Wirkungsstätte einer *Fähre*.

Fünf Jahrhunderte lang und länger fuhr hier, wo jetzt die Brücke läuft und die Verbindung unterhält, ein schlichter Kahn über die Schmalung, von Vater, Sohn, Enkel, Urenkel geführt – alle desselben Namens. Die Nedlitzer Fährstelle war eine Erbstelle geworden, und schon im vorigen Jahrhundert war die Fährmannsfamilie so angesehen, daß sich ihre Töchter mit höheren Beamten in Sanssouci, mit Amtsräten, Hofgärtnern und Hofbauräten vermählten. Die Fähr-Müllers von Nedlitz waren reiche Leute; in dem benachbarten Bornstedt hatten sie ein Erbbegräbnis, das größte, was der dortige Kirchhof bis diese Stunde noch aufzuweisen hat.

Die Fähre, so sagte ich, ist nicht mehr. An ihre Stelle ist die Prachtbrücke getreten; aber noch im Ausscheiden aus ihrer alten Fährmannsherrlichkeit hielt das Glück bei den Nedlitzer Müllers aus, dasselbe Glück, das sie durch drei Jahrhunderte so treu begleitet hatte. Die *Ablösungssumme*, zu der sich noch Grund und Boden gesellte, entsprach sozusagen der althistorischen Macht des Hauses. Selten wohl hat eine Fährstelle in Leben und Sterben *so* gute Tage gesehen.

Von der Mitte der Nedlitzer Brücke aus hat man einen vorzüglichen Blick auf die beiden kulturgeschichtlich bemerkenswerten Punkte dieser zwischen Potsdam und Fahrland gelegenen Territorien, nach rechts hin auf den sogenannten *Königswall*, nach links hin auf den einer Waldkuppe gleich daliegenden *Kirchberg* – zwei Lieblingspunkte unserer konjekturierenden Spezialhistoriker, die das Jahrhundert an der Grenzscheide zwischen Wendentum und Christentum zu ihrer Domaine gemacht haben; wir aber widerstehen der Versuchung, sei es, Partei zu ergreifen, oder sei es, mit neuen Vermutungen in die Streitfrage einzutreten, und schreiten nunmehr rasch auf das Ziel unserer Wanderung, auf Dorf *Fahrland*, selber zu, dessen Kirchturm eben zwischen den Weiden sichtbar wird. Die Fruchtfelder des Havellandes begleiten uns, und ein Schlängelpfad, den wir verfolgen, führt uns bis vor die Kirche.

Diese bietet wenig, nur der Kirchhof hat seine malerischen Partien und weckt unser Interesse. In Dörfern, in denen die adligen Geschlechter weggestorben sind (Fahrland gehörte den Stechows), treten die Pfarrherren, auch *hier*zulande, in einem gewissen Sinne an die Stelle derselben; *sie* werden die Herren oder doch die Repräsentanten des Dorfs; alle damit zusammenhängenden Pflichten und Ehren fallen *ihnen* zu, und *ihre* Grabsteine fangen an, sei's in der Kirche, sei's auf dem Kirchhof, die bevorzugten Stellen einzunehmen. So auch hier. Zwischen Kirche und Sakristei, wie auf doppelt geweihtem Grunde, liegen die Pfarrherren dicht gesäet.

Einer der Grabsteine, hochaufgemauert, gönnt, wie ein kleines Kastell, einen Überblick über das Ganze, und zwischen dickstämmigen, schrägstehenden Maulbeerbäumen hindurch, über die alte Kirchhofsmauer hinweg, trifft unser Auge auf das still und abgelegen daliegende Predigerhaus. Ein märkisches Haus; so einfach wie möglich, einstöckig, zwei mächtige Linden vor der Tür, die Front von wildem Wein umrankt, die Fensterpfeiler schmal, so schmal, daß das Ganze wie ein Glashaus aussieht oder wie die Predigerhäuser auf den Bildern Hobbemas oder anderer niederländischer Meister. Über der Haustür grüßt uns ein Spruch: »Friede sei mit euch.«

Von dieser *Fahrlander* Pfarre nun, zu einer bestimmten Zeit ihrer Geschichte, werde ich zu erzählen haben.

Es gibt vielleicht kein Pfarrhaus in der ganzen Monarchie, über dessen Erscheinung und Bewohnerschaft wir auf einen Zeitraum von dreißig Jahren hin so gut unterrichtet wären wie über das Pfarrhaus zu Fahrland. Ein Stück Literatur, und zwar persönlich und sachlich, wurde hier geboren, und dieser Umstand ist es, dem wir an dieser Stelle eine Kenntnis kleiner Verhältnisse verdanken, wie sie kleinen Verhältnissen gegenüber so selten ist.

Diese genaue Kenntnis trifft zunächst alles *Äußerliche*, und wer unter Ihnen mit den Lokalpoeten unserer Provinz Brandenburg vertraut ist, weiß auch bereits, wem wir diese detaillierten Aufschlüsse über das Fahrland des vorigen Jahrhunderts, über das Dorf sowohl wie über die Pfarre, verdanken. Am 23. März 1764 wurde dem bereits genannten, vom Potsdamer Kadettenhause hierher versetzten Pastor Daniel Schmidt ein Sohn geboren, Friedrich Wilhelm August Schmidt, der spätere »*Schmidt von Werneuchen*«, der, wenn er in den neunziger Jahren des vorigen Jahrhunderts zum märkischen Poeten par excellence wurde, doch ganz speziell als *havelländischer* Poet exzellierte und vor allem *der* Stätte in seinem Herzen treu verblieb, die ihm das Leben gegeben hatte, seinem geliebten *Fahrland*.

Du, so beginnt er sein schönstes Gedicht, das den *Namen* Fahrlands trägt,

Du, dem die süßesten Freuden der frühen Jugend ich danke,
Das mein romantisch Gefühl in seinen traulichen Winkeln
Früh mir geweckt, *o Dorf*, wie gern mag ich deiner gedenken! …
Wenn ich, von keinem gekannt, in deine Stille mich schleiche,
Find ich des Kirchhofs Mauer, von Wind und Wetter zerbröckelt,
Noch? Die geflochtenen Zäune, mit lila blühenden Disteln
Und Kamillen am Boden umkränzt, das knarrende Heck noch
Und die Schmiede dabei mit dem abends funkelnden Schornstein.

So (zum Teil noch jetzt zutreffend) schildert er das Dorf, und sich dann dem *Pfarrhause selbst*, dann wieder aufs neue vom Pfarrhause aus dem ganzen Dorfe zuwendend, entwirft er von dem Fahrland des vorigen Jahrhunderts folgende überaus anmutige Schilderung:

Ach, ich kenne dich noch, als hätt ich dich gestern verlassen,
Kenne das hangende Pfarrhaus noch mit verwittertem Rohrdach,
Kenne die Balken des Giebels, wo längst der Regen den Kalk schon
Losgewaschen, die Tür mit großen Nägeln beschlagen,
Kenne das Gärtchen vorn mit dem spitzen Staket und die Laube
Schräg mit Latten benagelt und rings vom Samen der dicken
Ulme des Nachbars umstreut, den gierig die Hühner sich pickten.

Und weiter dann:

Oh, wie warst du so schön, wenn die Fliegen der Stub im September

Starben und rot die Ebreschen am Hause des Jägers
sich färbten;
Wenn die Reiher zur Flucht, im einsam schwirrenden
Seerohr
Ahnend den Sturm, sich versammelten – wenn er am
Gitter der Pfarre
Heulend die braunen Kastanien aus platzenden Schalen
zur Erde
Warf und die schüchternen Krammetsvögel vom Felde
zu Busch trieb;
Froher alsdann als der Sperling im Dach, dem von
hinten die Federn
Übers Köpfchen der Sturmwind blies, unterhielt ich so
gerne
In dem roten Kamin die Glut mit knisternden Spänen.

Bei dieser *einen* Schilderung seines geliebten Heimatsdorfes läßt es unser havelländischer Spezialpoet aber nicht bewenden; in zahllosen andern Liedern kommt er vorübergehend oder auch wohl ausschließlich darauf zurück, und in allem treu und wahr und das *wirkliche* Leben abschreibend (oft nur mit *zu* viel Treue), setzen uns diese Schmidtschen, in allen Versformen sich ergehenden Dichtungen in Stand, Alt-Fahrland vor uns aufzubauen und mit märkischen Gestalten, mit Pastoren und Domainenpächtern, mit Amtleuten und ihren tapferen und robusten Frauen zu beleben. Wir blicken in ein *Idyll*, in eine Landschaft mit Staffage, deren Figuren nur leider an der herkömmlichen Staffage-Manier laborieren, eben nur angedeutet zu sein. Es fehlen die Köpfe, oder sie wirken nur als Farbenpunkt.

Aber ein glücklicher Zufall sorgte dafür, daß von anderer Seite her das Fehlende ergänzt wurde, und während der jüngere Schmidt (der spätere Schmidt von Werneuchen) pietätvoll seines Geburtsdorfes gedachte, der Stätte, wo – um noch einmal eine seiner Zeilen zu zitieren – »die treuste der Mütter die erste Nahrung ihm schenkte«, war bereits eine *zweite* Feder geschäftig, die sich *auch* eine Schilderung Fahrlander Lebens angelegen sein ließ und gerade *das* ins Auge faßte, worüber der jüngere Schmidt flüchtig hinweggegangen war: *die Menschen.*

Diese *zweite* Feder sah in jener »treuesten der Mütter« nicht viel was anders als eine verwöhnte, noch ziemlich hübsche Frau, die sich, mit Hilfe einer zweiten Ehe, in den alten, liebgewonnenen Räumen am liebsten behauptet hätte, und war drauf und dran zu erklären, daß die so harmlos vor unserem Auge stehende Fahrlander Pfarre viel mehr ein Intrigenstück als eine Idylle sei. Eben diese *zweite* Feder, die alle poetischen und noch mehr alle schönrednerischen Formen verschmähte, aber einen körnigen und gelegentlich auch wohl einen rücksichtslosen Stil schrieb, diese zweite scharfe Feder war die des Schmidtschen Amtsnachfolgers, des Pastors *Moritz.* Wenn der *ältere* Schmidt, wie ich an andrer Stelle noch zu zeigen gedenke, das Verdienst hatte, ein liebenswürdiger, auf den märkischen Bauerncharakter eingehender Lebemann zu sein, und wenn seinem Sohne, dem *jüngeren* Schmidt, das unleugbare Verdienst zur Seite stand, die märkische Natur *schildern* zu können, so hatte Pastor Moritz das größte Verdienst vor beiden voraus, selber eine märkische Natur zu *sein.*

Das größere Verdienst? Ja!

Alles Herbe, Ablehnende, Schwerzugängliche, alles das, was es unbequem macht, mit einem Märker zu leben, davon hatte er sein gerüttelt und geschüttelt Maß; er war eine Art alter Yorck auf der Kanzel; aber alles Unliebsame an ihm wurde entweder durch seine Vorzüge und Gaben überwogen oder durch die *Lebensschule*, die er durchgemacht hatte, erklärt, entschuldigt. Denn auch in bezug auf diese Lebensschule war er ganz Märker. Es ist hierlandes nicht Sitte, daß es einem bequem gemacht wird, oder, wie der große Staatsmann unsrer Tage sich gelegentlich ausdrückte: »man wird nicht Preuße um Vergnügens willen«. Und was von den Preußen im allgemeinen gilt, gilt von dem Brandenburger noch ganz im besonderen; die Leute von »Sumpf und Sand« führen ein hartes Dasein. Nichts fällt ihnen zu, alles will errungen sein.

So war es auch mit unserem Pastor Moritz. In Dürftigkeit geboren, als Armenschüler erzogen, als Hofmeister und Junkerlehrer umhergeworfen, war ihm endlich die Pfarre zu Alt-Geltow zuteil geworden, wo er mit 300 Th. jährlich die Zeiten des Siebenjährigen Krieges durchgemacht, sein Haus und seinen Acker bestellt und seine halb an den Bettelstab gebrachte Gmeinde aus seiner eignen Armut unterstützt, geholfen, getragen hatte. So traf ihn das Jahr 1773. Er war bereits ein mittlerer Funfziger. Seine Bravheit, sein scharfer Verstand, vor allem auch sein bedeutendes Wissen (er sprach ein gutes Latein) waren inzwischen nicht unbemerkt geblieben, und so wurde er denn, unmittelbar nach dem Ableben des älteren Schmidt, für die vakant gewordene Fahrlander Pfarre in Vorschlag gebracht. Der Geh. Rat Lamprecht erklärte öffentlich: »Moritz allein verdient diese Pfarre«, und nur die Fahrlander selbst, an deren ganzem Verhalten in jener Zeit man überhaupt den märkischen Bauer studieren könnte, kamen von Anfang an nicht über die Erwägung hinaus: »Wie lange werden wir diesen Mann noch haben? er ist ja schon alt; der ist nicht das Herfahren wert.«

Über diesen wichtigen Zeitabschnitt in seinem Leben hat Pastor Moritz eingehender selbst berichtet. Er wußte, daß man *gegen* ihn war, und hatte seine Entschlüsse danach gefaßt. »Nach langem Zögern«, so schreibt er, »wurde die Gastpredigt auf den 6. Februar 1774 angesetzt. Ich ging nach Worms wie Luther. Keine lebendige Seele war, der ich mich anvertrauen konnte. Aber so viel achtete ich mich doch, daß ich dem Superintendenten, der es *auch* mit meinem Widerpart hielt, in der Sakristei freimütig heraussagte: ›Wenn die Bauern mich *unwürdig* zu behandeln gedenken, so entsage ich hiermit der Pfarre.‹ Die Kirche«, so fährt er fort, »war außerordentlich voll Menschen, für mich, gegen Geltow gerechnet, etwas Neues. Aber ich redete ohne Stottern. Ich sprach von der Kraft des göttlichen Worts. Alle Honoratioren waren zufrieden, selbst die Bauern, die es natürlich mit den äußeren Gaben hielten, beschränkten ihren Tadel darauf: ›man habe mich hinten bei den Kiezern nicht verstehen können‹. Das Konsistorium erteilte mir die Vokation. Aber die Gemeinde war von Anfang an gegen mich und blieb es.«

Dieser Gemeinde indes, trotzdem Moritz ihnen den Teufel *nehmen* und dafür später das neue Gesangbuch *geben* wollte (zwei Punkte, auf denen die Fahrlander, wie ich zu ihrer Ehre einräumen muß, ihrem Seelsorger überlegen waren) – dieser Gemeinde, sage ich, wäre Moritz, bei seiner sonstigen geistigen und sittlichen Überlegenheit, trotz alledem Herr geworden, wenn nicht drei unerbittliche, den Widerstand beständig schürende Gewalten dagewesen wären: die schon erwähnte Pastorinwitwe (die Mutter des Werneuchner Schmidt), deren Freundin, die Predigerfrau zu Döbritz, eine Art tonangebende Dame der ganzen Gegend, und drittens und hauptsächlichst der Küster *Kaplitz*, der, wie Moritz erzählt, durch seinen Vorgänger zum *Kantor* präkonisiert worden war, indem Pastor Schmidt, nach abgelegter Singprobe, ohne weiteres zur Gemeinde gesagt hatte: »Seht hier euren *Kantor*.«

Dies waren die drei gegenüberstehenden Gewalten, in deren Bekämpfung Pastor Moritz sein Leben verzehrte. Ein näheres Eingehen auf diese Dinge zeigt einem eine vollständige Tragikomödie, und genau das, was neue Dynastien durchzumachen haben, die aus der Fremde in ein neues Land kommen, genau dieselbe Aufgabe fiel unserm Moritz zu, nämlich: Niederhaltung der vorgefundenen, am Alten hängenden Machtelemente. Die »Fahrlander Kabale« (wie unser Pastor beständig die Anhänger der alten Dynastie nennt) verfolgte anfänglich nichts Geringeres als den Sturz der neuen; als diese Pläne aber nicht verfingen, als schließlich gegen das fait accompli nicht mehr anzukommen war, begnügte man sich damit, der neu installierten Macht das Leben schwerzumachen. Die beiden Damen waren zu vornehm, um selbst auf dem Kampfplatze zu erscheinen; Kaplitz' Aufgabe und Bedeutung wuchs aber immer mehr. Er bediente sich dabei, und zwar erfolgreich, dreier Mittel: des Ungehorsams, der Insolenz und der Aufhetzung. Moritz selbst schildert ihn wie folgt: »Kaplitz ist ein unausstehlicher Mensch. Er ist ein Schwätzer, hört nicht wieder auf, weshalb ich es eingeführt habe, alles schriftlich mit ihm abzumachen. Man sagt, die Seminaristen der Realschule wären lauter solche Herren vom hohen Nagel. Als ich herkam, trug er Manschetten. Ich nicht. Er wäre der vortrefflichste Rabulist geworden. Er ist Parteichef und Memorialschreiber der Bauern.« So Moritz. Auf kleinen Zetteln also ging der Verkehr zwischen dem Pfarrhaus und dem Küsterhause. Einen derselben teilt Pastor Moritz mit. Der Küster schickt am Montag früh folgende Notifikation in die Pfarre:

»*Montag.* Wird Gerste geharkt.
Dienstag. Schule gehalten.
Mittwoch. Habe Besuch.
Donnerstag. Zu Markt.
Freitag. Schule.
Sonnabend. Nach Döbritz; –
weil hiervon nichts abzuändern ist, so werden Sie diese Woche gütigst als Hundstage ansehen.«

Moritz empfand diese Insolenzen sehr bitter, aber er konnte sie nicht abstellen. Hinter dem Küster standen nicht nur die beiden Frauen, hinter ihm stand vor allem, wie schon hervorgehoben, die ganze Gemeinde. Sich dieser durch kleine Mittel zu versichern, ihnen in ihren Schwächen und Eitelkeiten zu Willen zu sein, dazu war Pastor Moritz viel zu ehrlich und viel zu stolz; der Küster konnte alles durchsetzen, *er* nichts. Er blieb ein Fremdling in der Gemeinde; man *beschnitt* seine Ansprüche oder bestritt sie; die Pfarre zerfiel; um seine eignen Worte zu zitieren: »Man ließ ihn schwitzen und frieren.«

Das war nun der geträumte Friedenshafen! Zu dem Leiden selbst kam noch das Leid der Enttäuschung. Vielfach gibt er diesem Gefühle Ausdruck, aber immer schön, zu Herzen gehend, würdig. So schreibt er am 27. Mai 1786: »So hab ich denn den Anfang meines 66. Jahres erlebt, nicht frisch und munter, aber doch nicht eigentlich krank. Mein Gott, an dich sei mein erster Gedanke und mein bester Dank! Aber nun auch noch *eine* Bitte: laß mich, deinen Diener, in Frieden fahren, sobald meine Kräfte nicht mehr hinreichen, meinen ganzen Beruf selbst zu bestreiten. Ich will treu verbleiben, solange ich kann, aber wenn das aufhört, dann gönne mir meine Bitte, und erlöse mich von dem Übel Fahrlands auf einmal.«

Sacrow war sein Filial. Alle vierzehn Tage mußte er hinüber, eine ganze Meile. Aber die Sacrower waren nicht anders als die Fahrlander. So schreibt er am 8. März 1789, also in seinem 69. Jahr: »Schwerer Tag für mich. Bittre Kälte, dabei Ostwind. Ich fuhr *gegen* den Wind und war schon seit acht Uhr in der Arbeit und Kälte gewesen. Fünf Frauen und sechs Männer kamen zur Kirche. Mein Körper fror zusammen; meine Seele war ganz niedergeschlagen. Fand nirgends ein freundlich Gesicht.«

Und etwa um dieselbe Zeit heißt es: »Fünfzehn Jahre stehe ich nun hier im Amt. Mein Gott, du zeichnetest mir eine rauhe Bahn, gabst mir mittelmäßig Brot, verwöhnte Zuhörer, keinen Gönner, unverletzbare Ehrlichkeit, strengen Ton im Vortrag, keinen lauten Beifall. Und doch, mein Vater, diente ich dir treu, meinte es mit jedermann gut. Doch ich stehe ja noch; Hosianna dem Sohne Davids! Und nun nur *eine* Bitte noch: für *mich* – verlaß mich nicht im Alter; für die *Meinigen* – leite sie nach deinem Rat, und nimm sie endlich in Ehren an.«

So klagt er und so bittet er. Endlich im Sommer 1794 wurde sein Gebet erhört. Er ging heim. Noch im Tode scheint man ihn wie einen Fremdling angesehen und seines Grabes *nicht* gewartet zu haben. Unter den vielen Steinen des Fahrlander Kirchhofs nennt keiner seinen Namen. Er ist verschwunden an dieser Stelle. Und doch ist gerade *er* es, der einzige, der sich hier ein Denkmal – und zwar ein solches, das dem Orte selbst verblieb – gestiftet hat, der hier fortlebt, mehr als alle, die *vor* ihm da waren und *nach* ihm kamen, die beiden Schmidts, Vater und Sohn, nicht ausgeschlossen.

Daß dem so ist, verdankt er dem glücklichen, übrigens wie alles an ihm aus Pflicht und Tüchtigkeit aufgewachsenen Gedanken, ein *Tagebuch* zu führen, das nun, als ein stattlicher Quartband fest eingebunden, als *Fahrlander Chronik* fortlebt und dem alle die vorstehenden Notizen entnommen sind.

Sich in diesen reichen Aufzeichnungen zurechtzufinden ist nicht leicht, da Zurückliegendes und Gegenwärtiges, Biographisches und Kritisch-Betrachtendes, Allgemeines und Persönliches, Kirchliches und Wissenschaftliches, Fahrlander Vorkommnisse und Vorkommnisse in den Filialen oft ohne Scheidung und Übergänge alles unvermittelt aufeinander folgt. Liest man aber liebevoll und wiederholentlich, so klärt sich zuletzt das Bild, die ganze Gegend: Fahrland und Satzkorn, Sacrow und Marquardt, Uetz und Döbritz, der nahen Beziehungen zu Potsdam und Sanssouci ganz zu geschweigen – alles tritt dem Leser entgegen, viel reicher, viel plastischer als in den Schmidtschen Dichtungen, und es wird einem zu einer eigentümlichen Freude, eine Zeit, die doch beinahe 100 Jahre zurückliegt, so, bis in die *kleinsten Züge* hinein, aus dem Grabe steigen zu sehen. Wer vorhätte, einen märkischen oder wohl gar einen havelländischen Sittenroman, aus den Jahren, die an der Grenzscheide der Friderizianischen und der Wöllnerschen Zeit liegen, zu schreiben, könnte kein vorzüglicheres Material finden als diese Moritzsche Chronik; – er findet hier *alles,* vom großen König und seinen Kammerdienern an bis zur Anpflanzung der Maulbeerbäume und bis zum Verkauf der Cocons.

Aus diesen Aufzeichnungen ihrem ganzen Umfange nach zu zitieren, versagt uns die kurz zugemessene Zeit; nur einzelnes sei hervorgehoben. Vor allem mögen die verschiedenen, sich eingesprenkelt findenden Sätze, die auf den Moritzschen Amtsvorgänger, den älteren *Schmidt,* Bezug haben, hier eine Stelle finden, weil sie, außer einem an und für sich nicht uninteressanten Portrait, noch ganz speziell eine überraschende Begabung der Charakterzeichnung zeigen. Wie Pastor Moritz selber ein Charakter war, so *verstand* er sich auch auf Charaktere. Ich zitiere nur ein Dutzend Sätze.

»Bernhard Daniel Schmidt«, so heißt es in der Chronik, »bis dahin Feldprediger beim Kadettencorps, bekam die Pfarre durch Cabinets-Ordre. Er vermählte sich mit Sophie *Samson,* ältesten Tochter des Stallmeisters Samson zu Potsdam. Anfang der sechziger Jahre verheiratete er sich zum zweiten Male; er hatte Vermögen mit der Frau und liebte Windmacherei. Die Pfarre hat er um mehrere ihrer Einnahmen gebracht. Er nahm alles leicht. *Ihm* bedeuteten diese Einnahmen nichts. Bei allen Herren der Kammer und der Forst stand er in ausnehmendem Credit, weil er ein guter Unterhalter war, der ihre ganze Gesellschaft immer lachen machte. Mit seinem Küster stand er gut. Als dieser ihm Anzeige machte, daß er am andern Tage verreisen wolle, antwortete Schmidt: ›Warum sagt Er mir das? hab ich Ihm denn schon gesagt, wohin *ich* morgen verreisen will?‹ Er liebte jagen und schießen, und wenn er eine in der Nähe seines Pfarrhauses gelegene Plantage besuchte, so tat er es gemeinhin in kurzem Schlafrock, à la main die Flinte. Er war in allem flott und kurz angebunden. Sein eigener Küster sagte: ›Und wenn ich an einem Tage an drei Orte kam, so war mein Pastor auch da.‹ Wenn er Beichte hielt, so rief er: ›Heran, ihr Sünder, bekennt und bessert euch‹, und damit war es aus.«

So die Aufzeichnungen über Daniel Schmidt. Steht er nicht lebendig vor uns? ein Lebemann, Jäger, Anekdotenerzähler, splendid, nie kleinlich, sich und andern es leicht machend, voll Verständnis für die Bauernnatur, derb, humoristisch und deshalb beliebt. Er, der ihn so gut zu zeichnen verstand, konnte, nach *dieser* Seite hin, unmöglich neben ihm, seinem Amtsvorgänger, bestehen.

Aber dieser bevorzugte Amtsvorgänger ist nur *eine* der abkonterfeiten Gestalten; solche und ähnliche Portraits finden sich beinah auf jedem dritten Blatt. Die bedeutendsten darunter sind die Amtleute und ihre Frauen, vor allem aber die Charakterbilder der benachbarten adligen Gutsherrschaften, namentlich zu *Sacrow*, wo in dem kurzen Zeitraum von zehn Jahren die Besitzer dreimal wechselten. Wir machen hier die Bekanntschaft des schwedischen Grafen *Hordt*, eines Günstlings des großen Königs, dann eines Barons *Fouqué*, des Sohnes des berühmten Generals und Vaters des berühmten Dichters, endlich des Grafen *Haeseler*, der als ein Stiefsohn des Grafen Hordt diesem im Besitz von Sacrow folgte. Die Charakteraufschlüsse, die hier gegeben werden, vor allem die Einblicke in das mal irreligiöse, mal sektiererische Leben der hier auftretenden Persönlichkeiten, sind bedeutend und lehrreich.

Dabei eingehender zu verweilen verbietet sich. Nur ein einziger Zug aus der Zeit des Grafen Hordt finde hier eine Stelle, um zu zeigen, wie dem armen Moritz auch da, wo er völlig schuldlos war, das Leben schwergemacht wurde. Er schreibt: »Der 11. Sonntag nach Trinitatis führte mich zur Predigt nach Sacrow. Ich predigte über die Sonntagsepistel und entwickelte den wahren Begriff der Bekehrung. Der Graf lobte mich; die Gräfin bat sich die Predigt abschriftlich aus. Während des Kaffee trat ein gewöhnlich aussehender Mann in den Saal. Er ward von der Herrschaft sehr freundlich bewillkommnet, ihm ein Stuhl neben der Gräfin gesetzt und ein Glas Wein gereicht. Mir nicht. ›Kennen Sie diesen Mann?‹ — ›Nein.‹ — ›Er ist ein wahres Kind Gottes, der

Weinmeister Reuter von Krampnitz. Lernen Sie ihn kennen.‹ «

So Moritz in seinen Aufzeichnungen. Der Seelsorger sollte beim Weinmeister in die Schule gehn.

In diesen Moritzschen Aufzeichnungen sich zurechtzufinden, so etwa sagt ich schon, ist nicht ganz leicht; dies liegt aber lediglich in der äußeren Gesamtanordnung, im Arrangement und keineswegs in der Darstellung des einzelnen. Die Schreibweise könnte umgekehrt als ein wahres Muster gelten. Sie ist kurz, kernig, von großer Klarheit und Durchsichtigkeit. Wo der Verfasser sich ausführlicher gibt, ist alles in einem brillanten Stil geschrieben, oft fortreißend. Man erkennt überall die *geistig* nicht gewöhnlich und nach der *Charakterseite* hin bedeutend angelegte Natur. Ein Mann überall.

Und um auch *das* noch hervorzuheben, wie in bezug auf Stil, so ist diese Chronik auch sprachlich und grammatikalisch von besonderem Interesse. Manches erscheint provinziell oder ist verlorengegangen. So finden wir beispielsweise mehrfach wiederkehrend das Wort »Woorte«, was soviel wie Plantage, Anpflanzung bedeutet; dann wieder heißt es: »Der Schnee lag fest zusammen*gedeilt*«, wahrscheinlich soviel wie »lag fest wie eine Diele«. Neben diesen veralteten Formen kommen dann wieder Wörter und Wendungen vor, die man für ganz modern halten möchte, beispielsweise wie »legère« oder »fidèle«; – dann wieder heißt es, »der Graf hatte viel nach mich gefragt«, und gleich darauf wieder: »nach mich hatte er nicht gefragt«. Dies könnte überraschen. Doch entsinn ich mich sehr wohl noch, in den dreißiger Jahren dieselbe Akkusativform gehört zu haben, und zwar von gebildeten Leuten. Man hatte vor dem Akkusativ des Wortes »fragen« einen so weitreichenden Respekt (namentlich dem allgemeinen Berliner *mir* gegenüber), daß man diesen *vierten* Fall gleichsam für unantastbar ansah, sowie das Wort »fragen« überhaupt nur in der Nähe war.

Spezialhistorisch, stilistisch, grammatikalisch ist diese Fahrlander Chronik von Interesse, sie ist es aber vor allem doch immer wieder dadurch, daß sie uns, wie mehrfach schon angedeutet, zugleich ein Charakterbild des Mannes gibt, der sie schrieb. Bei diesem Charakter haben wir noch einen Augenblick zu verweilen.

Er war ein Ehrenmann, brav, bieder, gerecht; unsentimental, aber voll tiefer Empfindung, wo Empfindung an der rechten Stelle war. Ja, was ihm bei seinen Lebzeiten am meisten bestritten zu sein scheint, er war gütig, opferbereit, in Wahrheit ein barmherziger Samariter. In Geltow, selbst am Hungertuche nagend, hatte er die Hungrigen seiner Gemeinde gespeist, und als später auf dem Nachbargute von Fahrland, in dem nur eine halbe Stunde entfernten Marquardt, der Pastor Trappiel plötzlich erblindete, geriet der sonst so ruhige Moritz wie außer sich und schrieb in sein Tagebuch: »Blind; noch schaudert meine ganze Seele; dieser Brave, in seiner allerärmsten Lage, Tag um Tag wie ein Tagelöhner arbeitend. O Gott, sende ihm Hilfe! Rühre den Patron des Orts; er *kann* helfen, gib ihm auch das *Wollen.*« So schrieb er. Es war ihm tiefes Herzensbedürfnis, wie im Gebet Gottes Gnade für den Unglücklichen anzurufen. Nichts von eitler Schaustellung, von bloßem Gefühlsgepränge konnte sich hier einmischen, denn er schrieb dies alles nur *für sich*; kein fremdes Auge, solang er lebte, hat mutmaßlich diese Aufzeichnungen je gesehen.

Eine innerste Bravheit und Tüchtigkeit zieht sich durch das ganze Buch wie durch das Leben des Mannes hindurch, und *doch*, an derselben Stelle, wo Pastor Schmidt, die Flinte à la main, glücklich *gewesen* war und glücklich *gemacht* hatte, wollte *ihm* weder das eine noch das andre gelingen. Er war unbeliebt, unpopulär und blieb es bis zuletzt.

Woran lag es? Sonderbar zu sagen, er hatte wohl die echte charaktervolle, sich an rechter Stelle betätigende Liebe, aber er hatte nicht die leichte Liebenswürdigkeit, und wenn wir Umschau halten, so scheint es fast, als ob bei den Menschen diese leicht wiegende Tugend schwerer wöge und wichtiger wäre als die ernstere Schwester. Die skrupulösen Leute, die nichts leichtnehmen, die wenig lachen, die nie fünf gerade sein lassen, jene korrekten, witz- und humorlosen Naturen, die sich immer auf den Rechtsstandpunkt stellen oder wohl gar auf ihr *persönliches* Recht sich steifen – diese peinlich-bedrücklichen Integritätsleute sind nie angesehen bei der Masse, wenn sie nicht eine freigebige Hand haben, und diese *können* sie kaum haben, denn ihre Eigenart besteht eben darin, daß sie auch beim Geben sich beständig die Frage vorlegen: »Ist es denn auch *recht*, hier zu geben.« Und wie sie beständig beim »Geben« nach dem *Recht* fragen, so vor allem auch beim Fordern und Empfangen. Und dies ist das allerschlimmste. Statt drüber hin zu gehen, über das, was ausbleibt, über das, was billigerweise erwartet werden konnte, empören sie sich beständig über die *Unbill*, die in diesem Ausbleiben liegt, und unter Mißmut, Gereiztheit, Bitterkeit, unter misanthropischer Anschauung aller Dinge vergehen ihnen die Tage, niemandem zur Freude, am wenigsten sich selbst.

Dieser Gruppe von Feudlosen gehörte auch unser Pastor Moritz an; er hatte keine Spur von jener christlichen, von jener leuchtenden Serenität, die dem liebenswürdig angelegten Naturell aus dem »Sie säen nicht, sie ernten nicht« erwächst, und so bracht er es denn mit seiner ganzen Korrektheit in Geldsachen, mit seinen Klagen, Vorstellungen und Protesten, die immer auf nichts anderes hinausliefen, als daß der Hekkenzaun *noch* nicht gemacht und die Tonne Most *noch* nicht geliefert worden sei, zu nichts anderem, als daß man ihn für einen unerquicklichen Geizhals hielt. Er *war* es nicht (im Gegenteil, er gab, er half), aber man darf sagen, er hatte die Allüren des Geizes. Und an *dieser* Stelle ist der Bauer am empfindlichsten, *deshalb* am empfindlichsten, weil er sich am besten selbst darauf versteht und jede kleine Nuance, nach selbsteigener Praxis und Erfahrung, am leichtesten entdecken und verfolgen kann.

Noch einmal, an einer gewissen ablehnenden Nüchternheit, an einem cholerisch gearteten Rechtsgefühl, das schließlich, als das Feuer verglüht war, in eine Art von Melancholie umschlug, scheiterte unser Pastor Moritz; — es bewährte sich an ihm, unser Glück oder Unglück wurzelt in unserm Charakter. Ohne Liebe sank er hin.

Aber wir Nachgeborenen stehen anders zu ihm, und dem Bedrücklichen seines Wesens entrückt, können wir uns an seiner Bravheit und Tapferkeit aufrichten, an ihm messen, ja, der eine oder andere von ihm lernen, wie wenig auch, speziell in vielem, was das *Bekenntnis* angeht, er Anspruch darauf haben dürfte, gerade vor diesem Kreise Gutheißung zu finden. Über diesen wichtigen Punkt, wenn ich nicht meinen eigenen Helden bis zu einem gewissen Grade in Ihren

Augen diskreditieren wollte, mußte ich hinweggehen. Er war eben ein Kind seiner Zeit.

Aber so gewiß er ein Kind seiner Zeit war, so gewiß repräsentierte er auch eine der Typen unseres märkischen Wesens; ich sage *eine*, denn, Gott sei Dank, es gibt deren mehrere. Die in vielem glücklich geänderten Zeiten werden von selbst dafür Sorge tragen, daß die Schwächen der Männer jener Epoche sich in uns mindern, Schwächen, die in der *Sterilität* des Bodens und aller Lebensverhältnisse ihren Grund hatten; aber an uns ist es, dafür zu sorgen, daß ihre Vorzüge uns verbleiben, ihre Einfachheit, ihre Festigkeit, ihr Haushalten und ihre Treue.

GÜTERGOTZ

Und sie tragen den leuchtenden *Juthrie*-Gott
Hinaus an den See und den Hain,
Und sie opfern ihm ihre Garben
Am Garbenopferstein.

Lieben lerne!
Und zur Fremde wird die Heimat,
Und zur Nähe wird die Ferne.

Unser Weg führte uns heute, von Marschquartier *Potsdam* aus, südlich, um den Nuthe-Ufern, diesem alten Grenzstreifen zwischen der Zauche und dem Lande Teltow, einen ersten Besuch zu machen.

Wie auch sonst schon, gehen wir im Zickzack vor, und zunächst uns ostwärts haltend – links ein Ackerstreifen, rechts eine dünne Schonung –, erreichen wir, plötzlich aufatmend in dieser Wüste, eine von Fluß und See umspannte Oase: *Kohlhasenbrück.*

I

Ein niedriges Gehöft, nach der Straße hin umzäunt, in Front von einer mächtigen Eiche, im Rücken von einer alten weitverzweigten Linde überschattet – das ist das jetzige Kohlhasenbrück; ein Platz voll moderner Zutat und Wandlung, der alten Krug- und Fährstelle vergangener Jahrhunderte mutmaßlich wenig ähnlich, aber doch zugleich voll jener historischen Färbung, die um alle Örtlichkeiten her ist, die viel erlebt und viel gesehen haben.

Neueste Forschung hat nun freilich von den Erlebnissen, die man diesem Orte anzurechnen gewohnt war, erhebliche Abzüge gemacht und hat festgestellt, daß der trotzige märkische Roßkamm, der an Sachsen Fehde erklärte und seinen Absagebrief auf einer Pique-Zehn (die noch diesen Augenblick im Weimarer Museum zu sehen ist) ins meißnische Land hineinschickte, nie und nimmer diese Krugstelle sein eigen nannte, vielmehr lediglich die Silberbarren hier vergrub, die er, übelberaten, dem kurfürstlichen Faktor Conrad *Drahtzieher* abgenommen hatte; aber lange *vor* Michael Kohlhas*, der hier also ein Gast war wie andere mehr, ja, lange bevor es einen Kurfürsten von Sachsen gab, den er befehden konnte, war hier an dem alten Grenzlande, wer will sagen, eine Opfer-, eine Grabes- oder eine Kampfesstätte. Jeder Fußbreit Acker gibt die Zeichen heraus: hier war altes Leben, alte Kultur.

Ein ganzes Altertumsmuseum ist bereits aus dem schmalen Ackerstreifen, der an Fluß und See sich hinzieht, herausgepflügt, herausgegraben worden, und wie eine unerschöpfliche Erzader im Gestein läuft hier eine unerschöpfliche Schicht von Reliquien und Funden unter der Erde fort. Alle Zeitalter werden dabei durcheinandergewürfelt, und neben dem Steinhammer, dem wir schlecht gerechnet seine tausend Jahre geben, liegen zahllose Gerätschaften in Erz und Eisen, die sich mit dem halben Altersmaß begnügen müssen.

Der zeitige Besitzer von Kohlhasenbrück, ein breiter Westfale, den die Fügungen des Lebens von der roten Erde auf den gelben Sand verschlagen haben, treibt hier Altertumskunde auf eigene Hand. Er bestellt seinen Acker doppelt, und neben dem Pfluge, der die Erde nur ritzt, geht der Forscher-, vielleicht auch der Schatzgräberspaten beständig in die Tiefe. Denn die versenkten Silberbarren bei Kohlhasenbrück scheuchen den Schlaf und machen unruhige Nächte.

Die Linde, die vom Hofe aus ihre Zweige über das Dach streckt, die Eiche, die in Front des Hauses steht, sie sind die Wächter dieser Stelle, zugleich seine Zierde. Und zugleich ein Schatz, ein wirklicher, der keiner Wünschelrute bedarf, um gehoben zu werden. Besonders die Eiche. Sie ist das Staunen und Begehr aller Metzgermeister, die hier des Weges kommen und des mächtigen kerngesunden Baumes nie ansichtig werden, ohne ihn sich in geschäftsmäßiger Fleischer-

* Kohlhase, wie bereits im Text bemerkt, hat niemals dieses Terrain besessen, ist niemals an diesem Orte wohnhaft gewesen. Er bewohnte in Berlin das Haus *Fischerstraße 27*, das noch im Jahre 1866 in seiner alten Gestalt existierte und Stallung für vierzig Pferde aufwies. Erst 1867, nachdem es noch im Jahre zuvor als Lazarett für die vielen Verwundeten benutzt worden war, erfuhr es einen totalen Umbau und ist ein Gasthaus modernen Stils geworden. Beim Umbau wurden einzelne Münzen aus der Mitte des 16. Jahrhunderts gefunden.

phantasie in fünf oder sieben Haublöcke zerlegt zu denken. Sie halten dann an, treten ein und bieten. Aber der breite Sohn der roten Erde da drinnen ist kein bloßer Rechner und Feilscher, er ist der Verwalter historischer Reminiszenzen, und solange sein Spaten hier in die Erde sticht, ist das Häuschen sicher, im Schatten von Linde und Eiche zu stehen.

II

Von Kohlhasenbrück aus schlagen wir eine südliche Richtung ein, schlängeln uns auf Fußpfaden durch ein wohlgepflegtes Gehölz und treten dann in eine Lichtung, von der aus wir strahlenförmig die Gestelle sich durch den Wald ziehen sehen. Diese Lichtung heißt der *Stern*; inmitten desselben, von einigen Akazien umstanden, ein Jagdschloß gleiches Namens.

Auch hier historischer Grund und Boden, aber jüngeren Datums und ohne jeden Anflug von jenem Sagendämmer, der über der alten Kohlhasstätte ruht. Hier ist alles licht, faßbar, real, mit jenem Prosabeigeschmack, den alles hat, was unter den vielgeschäftigen, rastlos gestaltenden Händen des Soldatenkönigs entstand. Aber noch eines charakterisierte seine Art: die propreté, und Jagdschloß Stern hat bis diese Stunde jenes Sauberkeitsgepräge, das Friedrich Wilhelm I. allen seinen Schöpfungen zu geben liebte.

Jagdschloß Stern ist ein holländischer Bau, quadratisch in rotem Backstein aufgeführt, mit einem Giebel in Front, einem Jagdhorn über der Tür und einem eingeätzten Stern im Mittelfenster. Es besteht nur aus einem Eßsaal, einer Küche und einem Schlafzimmer, drei Räume, die ihre Einrichtung und ihren Charakter bis auf diese Stunde beibehalten haben. Der Eßsaal mit den abgestoßenen Geweihen des »großen Hans« (der es bis zum Achtundzwanzigender brachte) ist paneeliert und über den Paneelen der einen Längswand hin mit den Jagdstücken irgendeines Leygrebe oder sonstigen Hofkünstlers geschmückt – eine Hirschhetze, eine Eber- und Entenjagd.

Welch tiefer und plötzlicher Verfall der Kunst spricht aus diesen Blättern, wenn man sie mit jenen Hunderten von Tableaux und Deckengemälden vergleicht, wie sie dreißig und selbst noch zwanzig Jahre früher unter dem ersten Könige und während der letzten Regierungsjahre des Großen Kurfürsten in den brandenburgischen Schlössern gemalt wurden! Damals, wie äußerlich die Dinge auch bleiben mochten, brachte jede zwischen Amoretten ausgespannte Rosengirlande, jede symbolische Figur, ob sie sich Europa oder Borussia nannte, die brillante Technik der niederländischen Schule zur Erscheinung, und nun, von jener Epoche virtuosenhafter Technik, gefälliger Form, sinnlicher Farbe war man wie durch eine Kluft geschieden, ohne daß irgend etwas anderes sich ereignet hätte als ein Thronwechsel. Jenseits lag die Kunst, diesseits die Barbarei.

Aus dem Eßsaal, nach kurzem Verweilen, traten wir in die Küche, aus dieser in das Schlafzimmer des Königs, dessen eine Seite ein riesiger Wandschrank einzunehmen schien. Aber nur die beiden Flanken dieses Holzbaues waren wirkliche Schränke, das Mittelstück, eine überwölbte Bettlade, ein dunkler, nach vorne zu geöffneter Kasten, erinnerte an die Lagerstätten einer alten Schiffskajüte. War diese Höhle an und für sich unheimlich genug, so wurde sie's in jedem Augenblicke mehr durch zwei große, feurige Augen, die uns daraus ansahen. Endlich löste sich der Spuk; unmittelbar an unseren Häuptern vorbei mit schwerem Flügelschlag flog eine Eule, die der Förster vom Jagdschloß Stern in der Bettsponde des Königs einlogiert hatte.

Dieser selber hätte uns nicht großäugiger und nicht bedrohlicher ansehen können als der Gast, der hier an seiner Stelle eingezogen war.

III

Vom Stern bis nach Gütergotz ist nur noch eine halbe Stunde. Wir erreichten es mit Sonnenuntergang; im Staub der letzten heimkehrenden Herde hielten wir vor dem Gasthaus von »Unverworfen«. Ein überraschender Name, aber Vertrauen erweckend. Wir bestellten ein Zimmer, schüttelten den Staub aus Rock und Hut und traten wieder in die Dorfgasse hinaus, um Gütergotz im Dämmer zu sehen. Eine schmale Mondsichel stand am Himmel, hell genug, um uns

Form und Farben ausreichend erkennen zu lassen. Nach kurzem Gange standen wir inmitten eines Platzes, der das Herz von Gütergotz und zugleich seine Zierde bildete. Häuser- und Baumreihen fassen die Längsseiten ein, an den Schmalseiten aber, einander gegenüber, erheben sich links die Kirche und rechts das Schloß. Das Ganze eine gefällige und eine stattliche Anlage zugleich.

Wir umschritten den Platz, in den Gehöften war es still geworden, nur hier und da fuhr ein Hund bellend aus seiner Hütte. Als wir an das Kirchhofstor kamen, traten wir ein; der Mondschimmer lag jetzt auf Turm und Dach; an den sauber behauenen Feldsteinquadern, an der Form der Apsis, an der geknickten Dachfirstlinie erkannten wir leicht den Zisterzienserbau des 13. Jahrhunderts. In der Tat, Gütergotz war Klostergut und gehörte durch drei Jahrhunderte hin zu Kloster Lehnin.

Es ziemte sich wohl (und die Mönche wählten gern solche Plätze), an dieser Stätte eine Klosterfiliale zu errichten, denn der alte Heidenspuk mochte an dieser Stelle fester sitzen als anderswo; war es doch die Stelle, an der die Wenden ihrem Morgengott, dem Juthrie-Götzen (Jütergotz), ein Bild und eine Opferstätte errichtet hatten. Am Rande des Dorfes, wo noch jetzt ein Gehölz von Tannen und Birken sich um den See legt, hart an der Straße, war die Opferstätte. So heißt es. Andere Anhaltepunkte als Name und Tradition sind nicht da; der Boden hat bisher wenig herausgegeben, das bestimmter spräche.

Ein Sprung über das niedrige Mauerwerk des Kirchhofes, und – nur der breite Fahrdamm trennte uns noch von dem gegenüber gelegenen Pfarrhaus.

Still lag es da, aber alle Türen und Fenster auf; hier war noch Leben, wenn es sich auch noch verbarg. Eine Laube vor dem Hause, Blumenbeete, an der einen Ecke ein blühender Akazienbaum. Wenn wir die Blüten nicht sahen, so verkündete sie der Duft. Auf der Treppe lag eine Katze und spann. Hier ist's gut sein. Hier ist Friede.

Unsere Vorempfindung hatte uns nicht getäuscht. Nichts von Störung. Wir wurden freundlich empfangen; eh eine halbe Stunde um war, dampfte der Kessel auf dem Tisch; die Hausfrau, nach Teelands-Sitte, mischte den starken Absud mit dem brodelnden Wasser; die Katze, auf meinem Schoß jetzt, striegelte ihren Kopf an meiner gekrümmten Hand, während der Akazienduft immer voller durch die offenen Fenster zog.

Die Unterhaltung drehte sich um Gütergotz. Wir waren gekommen, um zu hören und zu lernen. Der Herr Pfarrer nahm das Wort.

»Sie wissen, daß es ein Wendendorf war, daß der Juthrie-Gott eine Stätte hier hatte; der Name sagt es Ihnen. Dann kamen die Mönche, und Gütergotz, wie das benachbarte Zehlendorf, wurde Klostergut und zählte mit unter dem reichen Besitz von Kloster Lehnin. Nach der Säkularisierung kam es an den Kurfürsten, der 1567 den Bürgermeister Valtin Döring damit belehnte, bei dessen Familie es bis zum Jahre 1700 blieb. Gütergotz hatte also in fünfhundert Jahren nur zwei Besitzer gehabt: die Äbte zu Lehnin und die Dörings.

Wenn aber bis dahin«, so fuhr der Pfarrer fort, »die Besitzverhältnisse stabil gewesen waren, so wurden sie von 1700 an um so wechselnder. Der nächste Besitzer war Bischof Ursinus (nach seinem vollen Namen: Benjamin Ursinus von Bär), der am 18. Januar des Jahres 1701 den Kurfürsten Friedrich III. als ersten König von Preußen in Königsberg krönte. Mit dem geistlichen Würdenträger, der wenigstens zeitweilig hier weilte, kam ein reicheres Leben an diese bis dahin schlichte Stätte: der Bischof baute ein Lusthaus am See, Kammerdiener, Gärtner, Koch und Küfer gingen aus und ein, aber die Gemeinde wurde dieses reichen Lebens nicht froh, und alte Kammergerichtsakten erzählen von Klagen des Bischofs gegen die Gemeinde und von Klagen der Gemeinde gegen den Bischof. 1715 trat es dieser an seinen Sohn, den Stallmeister Johann Wilhelm von Bär ab, der es ebenfalls nur kurze Zeit besaß (bis 1721) und beim Verkaufe sich nichts reservierte als eine Begräbnisstätte. Die wurde ihm. 1750 wurde er im Kirchengewölbe beigesetzt; beinah dreißig Jahre, nachdem er den Besitz des Gutes aufgegeben hatte.

Bis 1804 war Gütergotz königlich. In diesem Jahre kaufte es der Generallotteriedirektor und Geheime Finanzrat Grothe, der aber freilich, ähnlich wie der ältere Ursinus, dieses Besitzes wenig froh werden sollte. Wie dieser fing er an zu reformieren, separierte den gutsherrlichen von dem bäuerlichen Acker, brach ein paar Bauergehöfte, die ihm unbequem lagen, ab und baute sie an anderer Stelle wieder auf, zog das gewonnene Terrain mit in seine Park- und Gartenanlagen hinein, erbaute auf solidem Feldsteinunterbau – auf einer sogenannten Rustika – das jetzige Schloß und gab ihm einen stumpfen Turm, dessen Plattform einen weiten Blick ins Land gestattete. Dieselbe Rührigkeit, die diesen emporgekommenen Mann (er hatte als Privatsekretär des damaligen Generalpächters der Lotterie seine Laufbahn begonnen und sie durch Gewinn des Großen Loses gekrönt) von jeher ausgezeichnet hatte, zeigte sich auch jetzt in der Raschheit und Umsicht, mit der er Gütergotz in einen anmutigen Platz umzuschaffen verstand. Aber noch ehe er mit seinen Plänen zu Ende war, brach der Oktober 1806 herein, und der Generallotteriedirektor mußte flüchtig werden. Er ging nach Warschau. Was diese Flucht veranlaßte, ist unaufgeklärt geblieben; nach einigen waren es Unregelmäßigkeiten in der Verwaltung, die nun plötzlich zutage traten; nach andern war er in der Politik Haugwitz-Lombard enfiliert und hatte alle Ursache, sich dem Volksunwillen zu entziehen. Alle, die das Große Los *nicht* gewonnen hatten, waren, wie immer in solchen Fällen, nur allzu sehr geneigt, ihrem beleidigten Patriotismus Ausdruck zu geben. Geh. Rat Grothe starb 1812 in Warschau, nach andern erst 1815. Sein Vermögen war bedeutend. Auch das schöne Haus in der Mauerstraße, das sogenannte Königsmarcksche Palais, gehörte ihm. Das Schloß in Gütergotz erinnerte übrigens bis ganz vor kurzem an den ›Generallotteriedirektor‹. Einzelne Zimmer, die, bei der Kürze der Zeit, in ihrer Herrichtung nicht fertig geworden waren, zeigten sich mit vielen Tausenden von *Lotterielosen* beklebt, die man den Wänden als Untergrund für die Tapete gegeben hatte. Ehe aber noch die Tapete kam, kam die Katastrophe. Die Nachbesitzer schlossen die Zimmer ab und überlieferten die Lotterieloswände wie ein Kuriosum.

Gütergotz trat nach dieser zweiten, kurzen Glanzepoche auf weitere zwanzig Jahre hin in wechsel- und selbst in unheilvolle Tage ein (1813 plünderten es die Russen), bis, mit dem zweiten Drittel des Jahrhunderts, stabilere und glücklichere Verhältnisse wiederkehrten. 1830 kaufte es der Landrat von Albrecht; 1868 der Kriegsminister von Roon, der es zu einer Familienstiftung bestimmte.«

So die Daten von Gütergotz; die Geschichte eines märkischen Dorfes seit siebenhundert Jahren. Aber *er*, der dies Stück spezieller Heimatgeschichte vor uns entrollte, war nicht selber heimisch an dieser Stelle; wenn das fein geschnittene Profil noch einen Zweifel darüber gelassen hätte, so hätte die bestimmte und bewußte Ruhe des Vortrags, vor allem das niedersächsische »st«, diesen Zweifel beseitigt. Pastor *Brodersen*, nach einem bewegten Leben, war hierher verschlagen worden. Die firme, unwandelbare Treue, die sonst auch äußerlich zu festigen pflegt und den Menschen *da* festhält, wohin Gott ihn stellte, dieselbe festhaltende Treue war für ihn die bewegende Kraft geworden – er hatte seine holsteinische Erde aufgegeben, als das Innerste aufgegeben werden sollte: Vaterlandsliebe, Rechtsgefühl, deutsche Gesinnung.

Über Pastor Brodersen, wie über so viele seiner Landsleute, entschied der Tag von Idstedt. Er ließ das Pfarrhaus am Ploener See, er ließ die Heimat, die ihm geistig keine Heimat mehr war, und suchte eine andere Stätte, wo er, in Treue gegen sich selbst, weiterwirken konnte. Und er fand solche Stätte, und eine so schöne und bezaubernde dazu, daß er den Ploener See hätte vergessen können, wenn Heimat nicht eben Heimat wäre. Eine kleine Pfarre bei Neuwied nahm ihn auf; der Rhein und die Lahn lagen vor ihm. Hier wirkte er zehn Jahre lang in Segen, bis aus diesem stillen, allem Weltverkehr entrückten Gütergotz die Anfrage an ihn kam: ob er den Tausch wohl wolle. Die Nachbarschaft der Nuthe für die Ufer des Rheins! Er schwieg.

Als aber die Frage sich wiederholte, als der Brief betonte: wir sehen ab von jeder Probepredigt, von Präsentation und jeder formellen Empfehlung, da empfand Pastor Brodersen dieses Vertrauen wie einen Ruf, dem er zu folgen habe. »Und da bin ich nun.«

»Und Sie bedauern es nicht?«

»Nein. Aller Anfang ist schwer. Das märkische Wesen war uns anfangs fremd. Aber wir anerkennen gern den tüchtigen Kern.«

Es lag kein Klageton in diesen Worten, aber all das, was uns fehlt und von dem ich empfinde, *daß* es uns fehlt, es stand wieder vor meiner Seele, und die Worte, die ein märkischer Landsmann bei ähnlicher Gelegenheit einst gegen mich geäußert hatte, sie klangen mir wieder im Ohr: »Es muß schwer sein«, so etwa sprach er, »sich unter märkischen Naturen einzuleben. Alles nüchtern und unideal; der Mensch karg wie seine Scholle. Der Geistliche ist ihm ein Mann, der tauft und traut. Das Leben dreht sich um Besitz und Soldatentum. Man muß hier geboren sein, um diese Leute zu fassen und zu verstehen und sich, durch die harte Schale hindurch, in den Respekt für einen Volksstamm hineinzuleben, ›der keinen Ketzer verbrannt, aber auch freilich keinen Heiligen geboren hat‹.«

Es war spät, als wir uns trennten. Die freundlichsten Wünsche geleiteten uns durch die Nacht. In »Unverworfens« Putzstube waren inzwischen unsere Betten aufgeschlagen worden, und zu Füßen von »Rigolette mit dem Vogelbauer« schliefen wir ungewiegt, bis die durch das Fensterladenherz scharf einfallende Sonne uns weckte.

Unsere Reisetoilette war schnell beendigt, noch schneller das Frühstück; ein Wagen fuhr vor, und alsbald mahlten die Räder im Sande. Wir fuhren zwischen Dorf und See; eine brütende Schwüle herrschte, trotzdem wir kaum die zehnte Stunde hatten. Am Ufer lagerten Hirt und Herde. Tiefe Sonntagsstille. Selbst der Kuckuck drüben im Walde schwieg. Inmitten des Sees, halb im Schatten des Röhrichts, stand ein Dörfler und angelte; das Wasser ging ihm bis übers Knie. Kein Laut, außer wenn er die Angelschnur emporschnellte.

Es war, als läg es noch wie Wendenspuk über der Landschaft, als wolle der alte Juthrie-Gott wenigstens seine Morgenstunde halten. Aber da klangen die Glocken aus dem Dorf und mahnten ihn, daß seine Zeit vorbei.

Und wie ein frischer Luftzug zog es durch die Schwüle.

MATHILDE VON ROHR

KONVENTUALIN ZU KLOSTER DOBBERTIN.

† 16. SEPTEMBER 1889

In ihrer Nummer vom 19. September 1889 brachte die »Kreuzzeitung« folgende Anzeige:

»Am 16. September, 11 Uhr vormittags, verschied nach langem, schwerem Leiden im 80. Lebensjahr unsere geliebte Tante, Großtante und Schwägerin

Fräulein Mathilde von Rohr
aus dem Hause Trieplatz,
Konventualin zu Kloster Dobbertin.

Im Namen der Hinterbliebenen Christian von Rohr, Hauptmann u. Kompaniechef im 3. G.-Gr.-Reg. Königin Elisabeth.«

Das alte Fräulein hatte ich das Glück zu kennen, und von ihr und der guten alten Zeit, die wenigstens dann und wann eine wirklich gute alte Zeit war, will ich in nachstehendem erzählen.

Mathilde von Rohr wurde den 9. Juli 1810 als fünfte Tochter ihrer Eltern in Trieplatz geboren. Ihr Vater, früher Adjutant beim General von Knobelsdorf, war ein Mann von Gesinnung und Bildung, die Mutter (eine von Hünecke) eine Schönheit, die sich schon mit achtzehn Jahren verheiratet hatte. Das fiel in den Anfang des Jahrhunderts. Es waren harte Zeiten, als die Kinder geboren wurden – die Franzosen im Lande, Durchmärsche, Lieferungen ohne Zahl, und so hielt es denn schwer, sich durchzukämpfen. Auch die Jahre nach dem Kriege waren Jahre harter Entbehrung. Mit dem zehnten Jahre kam Mathilde nach Brandenburg in Pension, aber nicht auf lange; zwei Jahre später war sie wieder bei den Eltern, und weil Trieplatz keinen Prediger und keine passende Schule hatte, mußte sie jeden Tag zum Unterricht nach dem eine halbe Meile entfernten Brunn. Während der langen und hellen Sommertage bot das keine Schwierigkeit und Gefahr, aber winters war es oft schon dunkel, wenn sie den Rückweg antrat, und der Vater, den es ängstigte, das halberwachsene Mädchen so allein auf der verschneiten Landstraße zu wissen, ging ihr dann entgegen. Mit ihm, immer auf tausend Schritt voraus, war sein Hund, der bei jedem Waldeck anschlug, um die in der Winterdämmerung Heimkehrende schon von weither wissen zu lassen: »Wir sind da.« Dieser Unterricht in Brunn dauerte bis zur Einsegnung.

Das Leben im Trieplatzer Hause war sehr einfach, selbst in die Kirche kam man wenig, weil der Prediger nur selten nach dem Filial herüberkam, und so ging man denn sonntags früh auf Wald und Feld hinaus, wo seitens des Vaters eine Art Gottesdienst abgehalten wurde. Man begnügte sich damals mit wenig, und Gott anbeten in der Natur war so gut wie was anderes. Es kam bloß auf »Andacht« an, ein Standpunkt, der für ketzerischer gilt, als er vielleicht sein sollte.

Das Leben im Hause war von einer rührenden Einfachheit, für die wir heute Sinn und Verständnis verloren haben. Erst im Alter kommt man wieder dahinter, »daß das eigentlich das Wahre sei«. Die Töchter hatten die Wirtschaft zu führen und morgens um vier mit dem Melken zu beginnen. Ein Übelstand war es, daß die junge Männerwelt mit einer Art Geflissentlichkeit von Trieplatz ferngehalten wurde, weil der alte Rohr seine Töchter für sich behalten wollte. Das ging so weit, daß, als einer der Gutsnachbarn, ein reicher adliger Herr, um Mathilde anhielt, dieser Antrag vor ihr verschwiegen und ihr erst viele Jahre später zur Kenntnis gebracht wurde. Sie hätte ihn übrigens doch nicht genommen, denn so reich er war, so moralisch fragwürdig war er, ein Punkt, in dem Mathilde von Jugend auf sehr diffizil war. Alles, um es noch einmal zu sagen, trug den Stempel höchster Einfachheit, trotzdem hatte das Leben einen großen Reiz, so groß, daß Frau von Romberg, eine geborene Gräfin Dönhoff, die zu jener Zeit als junge Gutsherrin auf dem benachbarten Brunn lebte, mir noch nach fünfzig Jahren schreiben konnte: »Trieplatz war damals ein Idyll ohnegleichen, und ich kann Ihnen nicht aussprechen, wie uns jedesmal ums Herz war, wenn ich mit meinem Manne vorfuhr und die schönen jungen Mädchen in ihren einfachen Hauskleidern, aber alle wie aus dem Ei gepellt, auf uns zukamen, aus Stall und Küche, vom Butterfaß und von der Bleiche. Zuletzt erschien dann auch der stattliche Vater vom Felde her, wo er die Aufsicht geführt, das weiße Haar im Winde um die hohe Stirn fliegend und die schönen tiefblauen Augen unter den buschigen Brauen von Freundlichkeit leuchtend. Es war alles reizend in seiner Patriarchalität und Gastlichkeit, und ich kann Ihnen nicht sagen, wie tief sich mir diese Bilder eingeprägt haben. Dabei der alte Rohr ganz Ritter und Offizier und ein Bild schöner Menschenwürde.«

1832 starb der Vater. Trieplatz wurde verpachtet, und die Mutter zog mit den Töchtern nach Berlin. Das Haus des der Trieplatzer Familie nahe verwandten Generals von Rohr, damals ein Sammelpunkt der Berliner Gesellschaft, vermittelte Beziehungen, und sehr angenehme Tage brachen an. Aber Mathilde trat nicht sonderlich hervor, was darin liegen mochte, daß einige der ältern Schwestern ihr an Klugheit überlegen waren, eine jüngere an Schönheit. Sie kam erst zur Geltung, als sie bei Gelegenheit eines Besuchs in Künkendorf, einem in der Uckermark gelegenen Rohrschen Gute, mit dem alten Bischof Roß bekannt wurde. Dieser, im gesegneten Besitz einer liebenswürdigen, bis ins Greisenalter hinein ihm treu bleibenden Kindernatur, erkannte sofort die besonderen Gaben, die sich in der bis dahin wenig beachteten Mädchenseele bargen, und lud das junge Fräulein in sein Haus, eine Einladung, der sie Folge gab. In diesem Bischof Roßschen Hause schloß sie sich alsbald an die durch Klugheit und pikantesten Esprit ausgezeichnete Enkelin des Bischofs an, an Lina Tendering, später Frau Lina Duncker, der sie durch alle Zeit hin, auch die Lassalle-Zeit nicht ausgenommen, eine treue Freundschaft bewahrte.

Es war um die Wende der dreißiger und vierziger Jahre, daß diese Beziehungen angeknüpft wurden; dieselben erweiterten sich später innerhalb der hauptstädtischen Gesellschaft und erhielten ihren Höhepunkt, als die vorerwähnte Frau von Romberg von ihrem Gute Brunn nach Berlin zog, um hier in Gemeinschaft mit ihrer älteren Schwester, der Gräfin Schwerin, das alte Dönhoffsche, jetzt Stolbergsche Palais in der Wilhelmstraße 63 zu bewohnen. Seitens dieser Dame (Frau von Romberg), die die Trieplatzer Tage nicht vergessen hatte, wurde das junge Fräulein wie vordem durch Entgegenkommen und Freundschaft ausgezeichnet und sehr bald auch bei der Gräfin Schwerin eingeführt, in deren »blauem Salon« sich ein gut Teil der damaligen ersten Berliner Gesellschaft versammelte. Herren und Damen nahe verwandter, namentlich ostpreußischer und pommersch-uckermärkischer Familien bildeten den Stamm, zu denen sich hervorragende Personen aus Kunst und Wissenschaft gesellten, darunter Maler wie Hopfgarten, Henning, Kretschmer. Unter den Gelehrten stand der blinde Professor Müller obenan, ein kluger, in literarischen Dingen versierter, zugleich etwas spitzer Herr, der mit seiner »Ironie«, einer Blume, die damals noch blühte, den Rest der Gesellschaft mehr oder weniger intimidierte. Nur als sich Graf Fritz Eulenburg, der spätere Minister des Innern, in den Salon einführte, war es mit dieser Herrschaft vorbei. Graf Eulenburgs Sarkasmus war doch noch stärker als die Müllersche Ironie. Neben dem Grafen Eulenburg würde sicherlich auch noch ein anderes Mitglied des Kreises, sowohl seinem Charakter wie namentlich seinem Talente nach, die Kraft zur gesellschaftlichen Emanzipation von dem ironischen Machthaber gehabt haben, wenn ebendiesem Mitgliede nicht ein geradezu krankhafter Respekt vor »Wissenschaftlichkeit« innegewohnt hätte. Dieser ganz ohne Not sich Unterordnende war Bernhard von Lepel, junger Offizier im Regiment »Kaiser Franz«, der um seiner eben damals erschienenen »Lieder aus Rom« willen ebenso schnell der Protegé der Dönhoffschen Schwestern wie ganz im besonderen der intime Freund des Fräulein Mathilde von Rohr wurde. Diese ganz auf literarischen Interessen aufgebaute, durch drei Jahrzehnte hin fortgeführte Freundschaft hatte schon nach verhältnismäßig kurzer Zeit zur Folge, daß sich von dem großen Zirkel im Dönhoff-Schwerinschen Palais ein kleinerer Zirkel abzweigte, dem Mathilde von Rohr vorstand und in dem, unter Zurücktritt der Maler und Gelehrten, das Dichterelement in den Vordergrund trat.

Ich weiß nicht, wie lange dieser abgezweigte Zirkel schon bestand, als mir eines Tages ein Brief zuging, in dem ich von dem Fräulein von Rohr aufgefordert wurde, »nächsten Sonntag nach dem ›Tunnel‹ (dessen Besuch wie Kirchendienst galt und selbstverständlich nicht versäumt werden durfte) den Tee bei ihr zu nehmen«. Ich sagte natürlich in freudig gehobener Stimmung zu, war aber nach allem bis dahin in Erfahrung Gebrachtem, wonach das Fräulein etwas von einer Queen Elizabeth haben mußte, doch auch in hohem

Grade beunruhigt, etwa wie wenn ich in einen geheimen Orden aufgenommen werden sollte.

Schließlich waren Tag und Stunde heran, und ich stieg mit Lepel, der den Introdukteur zu machen hatte, die drei Treppen zur Wohnung des Fräuleins hinauf: Behrenstraße 72. Es war ein stilles Haus, das einem Major von Haeseler gehörte. Die altberlinische Klingel, deren verbogener Draht nicht recht durch die Öse wollte, wurde von Lepel stark, aber doch auch wieder diskret und wohlanständig gezogen, und eine für den Abend engagierte Aufwärterin, die sich durch ein kleines vertrauliches Lächeln auszeichnete, öffnete. Nun legten wir ab und traten in ein einfenstriges Empfangszimmer, darin uns das Fräulein, eine Dame von damals nahe an Fünfzig, in einem schwarzen Atlaskleid empfing. Mit einer Gewandtheit, die teils angeboren, teils innerhalb der verschiedensten Wilhelmstraßenzirkel ausgebildet war, wurden die Honneurs gemacht und mir natürlich gesagt: wie glücklich sie sei, mich nun auch bei sich empfangen zu können. Der Gräfin Schwerinsche Kreis, den ich, wie sie zu ihrer Freude vernommen, demnächst auch kennenlernen würde, sei, bei hundert Vorzügen, doch von ziemlich bunter Zusammensetzung, während sich der kleine Zirkel, der sich bei ihr versammle, lediglich dem Lyrischen und Dramatischen zuwende. So hoffe sie denn, es werde mir gefallen. Unter allen Umständen aber würde ich bald wahrzunehmen imstande sein, wie viele Verehrer meine Dichtungen in dem ihr bekannten Kreise bereits hätten. Ich verbeugte mich; Lepel schmunzelte, was halb der gelungenen Rede, halb dem von ihm mit nur zu vielem Recht angezweifelten Tatbestande galt. Denn so befangen er war und so sehr er die literarischen Tugenden seiner und nun bald auch meiner Freundin überschätzte, so war er doch anderseits unbefangen genug, diese Gefühle nicht auf die Gesellschaft, die sich um das Fräulein versammelte, zu übertragen. Er wußte vielmehr umgekehrt, aus wie literaturabgewandten Persönlichkeiten sich dieser Kreis in seiner großen Mehrheit zusammensetzte. Noch zwei-, dreimal wurde die Klingel gezogen, und ehe 9½ Uhr heran war, waren alle Geladenen einander vorgestellt, und die Tür zum Nebenzimmer ging auf. Jeder seine Dame führend, traten wir ein. Hier war es nun wirklich allerliebst. Das Zimmer niedrig, aber doch doppelt so groß als das Empfangszimmer, Lampen und Blumen auf dem Tisch, alles blinkend von Silber und weißestem Linnen.

Wir waren alles in allem acht Personen: Major von Haeseler und Frau, Herr von Hünecke und Frau, ein Fräulein Wißling (das Teefräulein der Gräfin Schwerin), dann Fräulein von Rohr selbst, Lepel und ich. Alles steht mir noch in voller Deutlichkeit vor Augen, und auch das Gespräch ist mir, wenn nicht in seinem Wortlaute, so doch in seinem Inhalte noch so gegenwärtig, als ob es gestern geführt worden wäre. Man war sehr heiter, alles wohlwollend und die Verpflegung vorzüglich, namentlich auch der Tee, was man damals nicht von allen Berliner Teeabenden sagen konnte. Wir hatten zu Kaviar- und Sardellenbrötchen einen kalten Braten, einen Reh- oder Hammelrücken, den Trieplatz oder irgendein befreundetes Gut in Havelland oder Ruppin geliefert hatte. Zum Schluß kam dann »Götterspeise«, die ihrem Namen Ehre machte; sie bestand aus in Rum oder Kognak getränkten Biskuitscheiben, Himbeerkompott und Schlagsahne, welche dreifache Schicht sich dreimal wiederholte. Zum Schluß wurden Apfelsinen zurechtgemacht, aber während wir unter Andauer dieser harmlosen Beschäftigung bemüht waren, unser Gespräch, das sich meist um Theater und die mit den Haeselers befreundete Familie Hülsen drehte, fortzusetzen, war es ganz ersichtlich, daß sich unserer liebenswürdigen Wirtin eine gewisse Unruhe bemächtigte, die von Minute zu Minute wuchs und sich namentlich auch in ihren auf die jedesmalige Frage nicht mehr recht passenden Antworten zu erkennen gab. Dabei sah sie immer eindringlicher nach der Stutzuhr ihr gegenüber, auf der ein goldener Saturn mit Urne lag, bis sie zuletzt die Konversation kurz abschnitt, indem sie kategorisch bemerkte: »Die Herren werden jetzt etwas lesen.« Nun schwieg alles, während sie selbst unter einer kleinen Verbeugung fortfuhr: »Herr von Lepel und Herr Theodor Fontane wollen nämlich die Güte haben, uns eine von ihnen herrührende ›Terzine‹ zu lesen.« Ich wollte, weil ich glaubte, daß sich das Fräulein versprochen habe, die Sache richtigstellen, Lepel aber warf mir einen grotesk-ernsten Blick zu, der mich verstummen machte, während das Fräulein unbefangen hinzusetzte: »Diese Strophen bilden nämlich eine Art Rede und Gegenrede, wie zwei Advokaten, von denen jeder seine Sache verteidigt. Wie lautet doch das Thema?« Lepel, der bereits sein Manuskript aus der Tasche gezogen hatte, sagte: »Das Thema lautet: ›Reden ist Silber, Schweigen ist Gold‹, und bildet eine Tenzone zwischen mir und meinem Freunde Fontane.« Er betonte das Wort »Tenzone«, Fräulein von Rohr aber merkte nichts, denn Terzine oder Tenzone war ihr dasselbe. Sie hatte viele herrliche Gaben, und Lyrik war ihr Ideal. Aber die Nomenklatur italienischer Formen und nun gar diese Formen selbst waren ihr ein Geheimnis geblieben.

Lepel und ich lasen nun unsere Tenzone. Dann trat die herkömmliche Verlegenheitspause ein. Der alte Haeseler wirbelte an seinem Husarenschnurrbart, während seine Frau, älter als er und schon nahe an Achtzig, ihren schwarzen Scheitel, der sich etwas verschoben hatte, wieder geraderückte, dabei Lepel und mich verschmitzt ansehend, wie wenn sie sagen wollte: »Kinder, was soll das alles? Als ich jung war, waren ganz andere Dinge Mode.« Sie stammte nämlich aus den Gräfin-Lichtenau-Tagen und hatte manches erlebt. Endlich nahm Herr von Hünecke das Wort: »Es muß schwer sein«, sagte er, worauf Frau von Hünecke fast einen Lachanfall kriegte und gutmütig hinzusetzte: »Ja, Hünecke, du könntest es nicht.« Durch diesen Zwischenfall war das Eis gebrochen, und nun griff auch die alte Haeseler ein und sagte: »Schwer. Ja, was heißt schwer? Ich glaube nicht, daß es so sehr schwer ist, und improvisieren zum Beispiel ist viel schwerer. Da war hier vor zwanzig Jahren ein Improvisator Langenschwarz, ein jüdischer, aber ziemlich distinguiert aussehender Mann, und wir hatten damals eine Matinee im Konzertsaal, es war das letzte Jahr unter des hochseligen Königs Majestät. Und das Thema war ›Alexanders des Großen Tod‹, und jeder, der anwesend war, hatte das Recht, ihm ein Reimwort zuzurufen. Und da war ja nun dieser schreckliche Mensch, der Glaßbrenner, das heißt, eigentlich war er gar nicht so schrecklich und konnte es nur sein, wenn er wollte, der rief Langenschwarzen, weil er eine Pike gegen ihn hatte, das Wort ›Blutwurst‹ zu, so daß einige lachten, während wir andern alle zusammenschraken. Aber was denken Sie, was geschah? Ohne daß dieser Langenschwarz sich verfärbte, nahm er das furchtbare Wort in seine Dichtung auf, und ich weiß auch noch, daß er mit ›Glutdurst‹ darauf reimte, was damals jeder bewunderte, so daß Glaßbrenner eigentlich geschlagen war, und wenn ich mir das alles vergegenwärtige – Hülsen war damals noch Leutnant und hatte die Plätze besorgt –, so muß ich doch sagen, das war schwerer.« Lepel und ich stimmten vollkommen ein, Fräulein von Rohr aber fand diesen plötzlichen Einwurf in eine Debatte, die sich doch mit einer ernsten Dichtung zu beschäftigen habe, ziemlich unangemessen und sagte: »Frau von Haeseler, ich muß Ihnen doch bemerken, daß ich das Gedicht der beiden Herren seit vorigem Sonntag abschriftlich besitze und daß ich es sowohl der Gräfin Schwerin wie dem Prinzen Georg vorgelegt habe, die beide von der besonderen Schwierigkeit sprachen. Es wird also wohl auch schwer sein. Der Prinz ist selbst Dichter, wie Sie wissen, und ein Mann von Urteil.«

So waren die Abende bei Fräulein von Rohr, deren ich von nun ab, durch mehr als zehn Jahre hin, zahllose verlebte. Der Charakter war immer derselbe, immer sechs, acht Personen, immer Mustertee, immer »Götterspeise«, immer Dichtungen vor einem Publikum, das durch Vortrag derselben grenzenlos gelangweilt wurde. Nur Fräulein von Rohr strahlte. Sie war nach wie vor Lepels Egeria und bald auch meine.

Vielleicht, daß ich mich dagegen doch mehr oder weniger gesträubt hätte, wenn das Wesen des Fräuleins lediglich darin zum Ausdruck gekommen wäre. Glücklicherweise war dies nicht der Fall. Wie der berühmte Böckh nicht stolz auf seine klassische Philologie, sondern auf sein Englisch war, das er in einem fragwürdigen Jargon vorbrachte, so war Mathilde von Rohr stolz auf ihre »Dichter« und das dichterische Interesse, das sie mit ihnen verband, während ihre wirklichen Werte nach einer ganz anderen Seite hin lagen, der Art, daß man füglich von ihr sagen konnte, erst wenn sie das Flitterideal abtat, war sie ein wirkliches Ideal: gut, treu, praktisch, hilfsbereit, immer das Herz auf dem rechten Fleck, immer voll gutem Menschenverstand, immer gerecht. Alles Gewöhnliche, namentlich alles Unhumane war ihr in tiefster Seele verhaßt, und ihr schönster Zug war ihre jedesmalige Empörung, wenn sich Adlige unwürdig benahmen und dabei wohl gar noch bis zu dem Glauben gingen: »Sie dürften sich's erlauben, weil sie Adlige seien«. Dann war nicht mit ihr zu spaßen, und es kamen Szenen vor, wo mir's innerlich nicht genug war, daß ich ihr gerührt die Hand küßte, nein, wo ich der guten alten Dame recte hätte um den Hals fallen mögen. Da waren damals zwei Grafen in ihrer Nachbarschaft, beide Unter den Linden. Nun, den einen, einen notorischen Geizhals, hatte sie aufgegeben, sprach nur mit Achselzucken von ihm und vermied ihn, wenn sie ihm in Gesellschaften begegnete. Den andern aber, einen in seinen Formen sehr liebenswürdigen und höfisch verbindlichen Herrn, konnte sie eigentlich sehr gut leiden und trat für ihn ein, wenn er angegriffen wurde, bis ihr eines Tages zu Ohren kam, er habe das Prinzip, Handwerker nie aus freien Stükken zu bezahlen, sondern – um vom Kapital so viel und so lange Zins zu haben wie möglich – immer erst die Klage der armen Leute abzuwarten. Einer hatte ihr das unter Tränen erzählt und hinzugesetzt, er könne nicht mal klagen, denn dann verlöre er die Kundschaft vieler anderer dazu. Da ging sie zu dem Grafen und machte ihm Vorstellungen, und es half auch; als er aber immer wieder rückfällig wurde, gab sie auch ihn auf und sorgte dafür, daß sein Leumund in der Wilhelm- und Behrenstraße nicht besser wurde. Denn ihr heroischer Mut ließ sie jeden Kampf aufnehmen, wenn es ihr nötig schien. Sie hatte etwas Männliches, aber darin war sie doch auch wieder ganz weiblich, daß sie starke Sympathien und Antipathien hatte, was mir persönlich zugute kam. Ich war ihr Verzug, fast mehr als Lepel, und konnte tun, was ich wollte – sie fand immer eine Entschuldigung. Eine Nachsicht und Milde, die sie keineswegs für jeden hatte! Die letzte Wurzel davon war, gleichviel nun, ob es mir zukam oder nicht, ihr großes Vertrauen zu mir, was einmal einen mich tief rührenden Ausdruck annahm. Als ich nämlich vor jetzt zwanzig Jahren in meine gegenwärtige Wohnung zog und ihr erzählte, das alte Weib, das bis dahin in dieser meiner Wohnung gewohnt und dieselbe sehr ungern verlassen habe, habe beim Hinausgehen so was wie einen Hexenfluch ausgesprochen und mir allerhand Böses gewünscht, was mir nun doch im Kopf herumgehe, da nahm sie meine Hand und streichelte sie und sagte: »Das tut Ihnen nichts; Sie kommen da drüber weg.« Und so verwöhnte sie mich in allen Stükken, hatte nur Liebe und Güte für mich und war mir auch, um eine Hauptsache nicht zu vergessen, bei meinen Arbeiten vom allergrößten Nutzen. Ihrer Natur nach, wie ich nur wiederholen kann, mehr gewollt als wirklich literarisch, hat sie mir trotzdem auf ebendiesem Gebiete sehr ersprießliche Dienste geleistet, und wohl ein Dutzend der lesbarsten Kapitel in meinen »Wanderungen« verdanke ich ihrem nie rastenden Eifer, der mir Empfehlungsbriefe schrieb und mir mitunter auch fix und fertige Beiträge verschaffte, die nur ein wenig der Zurechtstutzung bedurften. Ein solcher Beitrag ist beispielsweise der ein völliges Charakterbild gebende Brief, der sich mit der Frau von Jürgaß, einer Tochter des alten Zieten, beschäftigt. Aber bei solchen von den verschiedensten Seiten herrührenden Beiträgen blieb es nicht, sie war auch persönlich ein wahres Anekdotenbuch und eine brillante Erzählerin alter Geschichten aus Mark Brandenburg, besonders in bezug auf adlige Familien aus Havelland, Prignitz und Ruppin. Den Stoff zu meinem kleinen Roman »Schach von Wuthenow« habe ich mit allen Details von ihr erhalten, und wo ich in dem langen Trieplatz-Kapitel von den verschiedensten Rohrs erzählt habe, sind es Mitteilungen aus ihrem Munde.

Die mit ihr in dem Haeselerschen Hause (Behrenstraße) verplauderten Stunden zählen zu meinen glücklichsten.

So gingen die Dinge bis zum Jahre 1869. Zu dieser Zeit kam die Aufforderung an das Fräulein, ihren Klosterplatz in Dobbertin in Mecklenburg einzunehmen, wozu sie, so schwer ihr das Scheiden aus Berlin auch wurde, sogleich bereit war.

Über diesen Klosterplatz muß ich hier ein Wort einschalten. Dobbertin ist eins jener adligen Fräuleinstifte, denen wir im protestantischen Norddeutschland an den verschiedensten Stellen begegnen; in Brandenburg haben wir Kloster Heiligengrabe, in Pommern Schönfließ, in Mecklenburg verschiedene: Dobbertin, Malchow, Ribnitz. Dobbertin bei Goldberg ist unter diesen dreien das größte. Vordem, wie dies bei all diesen Stiften der Fall, war es ein Kloster, und aus dieser Klosterzeit schreibt sich wahrscheinlich das Recht bestimmter adliger Familien – darunter auch einige nichtmecklenburgische – her, »ihre Töchter ins Kloster einschreiben zu lassen«. Das geschieht, wenn sie noch Kinder sind. Verheiraten sie sich, so erlischt dies Recht, verheiraten sie sich nicht, so empfangen sie von einem bestimmten Zeitpunkt, wahrscheinlich von der Zeit ihrer Großjährigkeit an, eine Rente, die sie zunächst verzehren können, wo sie wollen, bis im Kloster selbst eine »Stelle« frei wird. Tritt dieser Zeitpunkt ein, so rücken sie nach der Anciennität oder wohl richtiger nach dem Datum der Einschreibung in die Stelle ein. Wenn ich nicht irre, liegt hierzu kein Zwang vor, und ein Fernbleiben vom Kloster, sogar unter fernerer Empfangnahme der Rente, ist durchaus zulässig; dieser Fall tritt aber sehr selten ein, weil das Einrücken in die »Stellen« mit zu großen Vorteilen verknüpft ist. Geräumige Wohnung samt Obst- und Gemüsegarten, Holz, Fisch, Wildpret und wahrscheinlich vieles andere noch gehört zu den Klosterpertinenzien, so daß den in die Stelle einrückenden Damen nicht nur Gelegenheit gegeben ist, die ihnen verbleibende Rente zu gutem Teile zu sparen, sondern sich auch durch Gastlichkeit und Einladungen an arme Verwandte zu wahren Freudenspendern für die ganze Familie zu machen. Könnte man zusammenrechnen, wieviel Gebrechliche, wieviel kranke junge Frauen und bleichsüchtige junge Mädchen in vielmonatlichem Sommeraufenthalt hier wieder genesen sind, so würde das eine Zahl von Tausenden ergeben. Man hat in Mecklenburg, und wahrscheinlich auch bei uns in Preußen, mit diesen »mittelalterlichen Resten« aufräumen und den Reichtum dieser Stifte dem Fiskus, dem gesamten Lande zugute kommen lassen wollen, ein Vorhaben, über das ich weder nach der Rechts- noch nach der Klugheits- und wahren Vorteilsseite hin ein Urteil habe. Diese »Klöster« mögen also fallen, wenn sie durchaus fallen müssen. Mein persönliches Gefühl aber ist für Fortbestand derselben, und zwar deshalb, weil ich in ihnen einen bestimmten, wenn auch vergleichsweise nur kleinen Segen direkt und unzweifelhaft vor Augen habe, während sich alles, was in den »großen Pott«, genannt Fiskus, fließt, meiner Wahrnehmung entzieht. Es ist dasselbe wie mit den Wohltätigkeitsanstalten; ich ziehe es vor, fünf bestimmten Personen jedesmal eine Mark zu geben anstatt fünf Mark einer großen Wohltätigkeitskasse zugute kommen zu lassen, und keine nationalökonomische Gelehrsamkeit kann mir dies Gefühl nehmen. Allerdings gehöre ich auch zu den Ungebildeten, die die indirekten Steuern erträglicher finden als die direkten. Aller Stolz über eine erfüllte Bürgerpflicht »höheren Stils« ist mir fremd.

Und nach diesem Exkurse kehren wir zu unserem Fräulein von Rohr zurück, die nun im Sommer oder Herbst 1869 – es hatte nicht an allerhand Zwischenfällen gefehlt – als »Konventualin« eintrat und ihre Wohnung in einem alten Klosterkreuzgang bezog. An der Spitze des Klosters stand damals die Domina von Quitzow, eine schon neunzigjährige Dame, die, was Klugheit und Entschlossenheit anging, ihrem berühmten alten Namen alle Ehre machte. Selbst Preußin von Geburt, war sie froh, in Fräulein von Rohr »mal wieder eine Preußin« im Kloster zu haben, und in dieser Gesinnung verblieb die Neunzigjährige bis zu ihrem sechs Jahre später erfolgten Hinscheiden; aber diese wundervolle alte Domina war auch das einzige Element, auf das sich die neue Konventualin mit Sicherheit stützen konnte. Die Mitschwestern im Kloster waren entweder gegen oder doch mindestens nicht für sie, was in dem vorwiegend antipreußischen Gefühl des damaligen mecklenburgischen Adels seinen Grund hatte, ein Zustand der Dinge, der durch den 1866er Krieg und unsern Sieg über Österreich eher geschärft als gemindert worden war. Klosterhauptmann zu jener Zeit war Graf Joachim Bernstorff, Sohn des alten Gatower Grafen, der aus seiner welfischen Gesinnung kein Hehl machte. Seine Gemahlin, eine Freiin von dem Busche, vordem Hofdame bei der Königin Marie von Hannover, begriff den Wechsel der Zeiten und versuchte Frieden zu stiften, was ihrem liebenswürdigen Naturell ohnehin entsprach, aber sie kam damit nicht weit, weil der Graf bei der Mehrzahl der Klosterdamen seinen eigenen Gesinnungen wiederbegegnete.

Begreiflicherweise hatte Mathilde von Rohr unter dieser im Kloster herrschenden Strömung zu leiden, bis ihr ein Zwischenfall und der Mut, den sie dabei zeigte, zu einem großen moralischen Siege verhalf, der in seiner Folge die gegnerische Partei teils bekehrte, teils stumm machte. Das kam so. Eine der alten Damen – ich verschweige den Namen, um nicht nach zwanzig Jahren noch wieder böses Blut zu machen – erfreute sich einer kleinen Landwirtschaft, einer Kuh, die den Milchbedarf des halben Klosters bestritt. Aber da kam Krankheit, und die Kuh wurde von einer so schweren Lungenseuche befallen, daß der Tierarzt anordnen mußte, sich ihrer so schnell wie möglich zu entledigen. Das geschah denn auch, aber nicht sehr vorschriftsmäßig, vielmehr erschien ein Schlächter aus Goldberg, um die Kuh zu kaufen und zu schlachten.

Ein Zufall fügte es nun, daß Mathilde von Rohr von dem Fleisch dieser Kuh ein Suppenstück in ihre Küche bekam und sofort den widerlichen und gesundheitsgefährlichen Zustand erkannte. Der Fleischer wurde zitiert und mit Klage bedroht, was diesen endlich bestimmte, mit der Sprache herauszurücken und das empörte Fräulein wissen zu lassen, daß eine andere Konventualin ihm diese Kuh verkauft habe. Mathilde von Rohr war sprachlos, und als sie sich schließlich erholt hatte, stand ihr fest, daß hier ein Exempel statuiert werden müsse. Die Domina, ganz auf ihrer Seite, berief eine Generalsitzung, und hier, in großer Versammlung, erhob sich nun unser altes Fräulein, um mit siegender Beredsamkeit von Adel und christlicher Frömmigkeit zu sprechen, mit denen es freilich schlecht stehe, wenn dergleichen Ekelhaftes vorkäme, was noch dazu nicht besser sei als Vergiftung. Die Wirkung ging über alles Erwarten hinaus. In ihren Alltagsempfindungen waren all die alten Damen immer gegen die »Preußin« gewesen, aber das verletzte Rechtsgefühl war in diesem Augenblicke doch so mächtig, daß ein Umschlag zugunsten des Fräuleins eintrat, auch bei ihren ausgesprochensten Feinden. Von Liebe konnte freilich nach wie vor keine Rede sein, aber ein voller Respekt war gewonnen. Auch der Klosterhauptmann, dem trotz seiner Preußenabneigung das Herz auf dem rechten Flecke saß, war bekehrt.

Bald nach diesem Vorfall war es, daß ich meinen ersten Besuch in Dobbertin machte. Kein poetischerer Aufenthalt denkbar! Das Zimmer, darin wir das Frühstück und abends den Tee zu nehmen pflegten, hatte ganz den Klostercharakter, denn aus seiner Mitte stieg ein schlanker, oben palmenfächriger Pfeiler auf; halb verdeckt davon aber stand ein Schaukelstuhl, von dem aus ich, wenn ich mich im Pfeilerschatten hin und her wiegte, mal links, mal rechts das Kohlenfeuer sah, das in dem altmodischen Kamin still verglühte. Denn ein Feuer war immer da und auch nötig, trotzdem wir mitten im Sommer waren. Um die Fenster rankte sich Blattwerk mit großen gelben Tulpenblumen dazwischen, die bis aufs Dach hinaufwuchsen und dies auf seiner Unterhälfte fast überdeckten. Um all die Baulichkeiten herum lagen Gärten, auch ein Stück Park, und wenn man diesen mit der Richtung auf die Kirche zu durchschritt, kam man zuletzt an den Dobbertiner See, in dessen Nähe sich tagsüber nichts regte, bis dann bei Sonnenuntergang die Dohlen und Krähen zu vielen Tausenden von einem Eichenkamp her herüberkamen, um auf Turm und Kirchendach eine kurze Beratung abzuhalten.

Im Mai 1875 starb die Domina, die alte von Quitzow, fast sechsundneunzigjährig. Bis zuletzt hatte sie sich bei Kraft und fast auch bei Frische erhalten. Sie hatte viel Ähnlichkeit mit der zu jener Zeit in Berlin lebenden Frau von Quast, Roonstraße 8 – Mutter des Kunstkonservators und Großmutter des Landrats von Quast –, die sich noch mit dreiundneunzig in ihren Gesellschaften durch Lebhaftigkeit, Esprit und Dezidiertheit hervorzutun wußte. Der Eindruck, den ich dabei empfing – und mit der alten Domina von Quitzow ging es mir ebenso –, war aber doch mehr ein Eindruck des Staunens als der Freude. Man kann auch zu lange frisch bleiben, und die geistige Jugend, die sich viele so sehr wünschen, ist ein zweischneidig Schwert; in einem gewissen Alter muß man auch alt wirken, und wenn dies Natürliche sich nicht vollzieht, so berührt es mehr oder weniger unheimlich. Nach dem Tode der alten von Quitzow sollte die »Preußin« Domina werden, so war Wunsch und Wille der Verstorbenen gewesen. Aber die früheren Antagonismen waren mittlerweile wieder zu Kraft gekommen, und da sich's traf, daß Mathilde von Rohr, just als die Neuwahl stattfinden sollte, schwerkrank darniederlag, so siegte die Gegenpartei, was schließlich vielleicht allen angenehm war, auch den vereinzelten, die für sie gestimmt hatten. In ihrem beständigen Betonen des Rechtsstandpunktes und der wiederzuerobernden historischen Dominamachtstellung – die Domina rangiert, glaube ich, gleich nach den Mitgliedern der großherzoglichen Familie –, desgleichen in dem strengen Regiment, das sie sicherlich eingeführt und in Kämpfen gegen die »weltliche Macht«, id est gegen den Klosterhauptmann, behauptet haben würde, flößte sie den verschiedensten Parteien eine gewisse Besorgnis für ihre Zukunft, zum mindesten für ihre Bequemlichkeit ein. Eine jüngere, traitablere Dame wurde Domina, und als Mathilde von Rohr wieder eine Genesende war, war sie weitab davon, in Indisziplin zu verfallen; sie nahm die Dinge, wie sie jetzt rechtmäßig lagen, und unterwarf sich.

Noch zehn Jahre war es ihr vergönnt, frisch und freudig in ihrer Stellung auszuharren, und einzelne Freundschaften, die sie während ebendieser Zeit schloß, gestalteten diese zehn Jahre, trotz herber Schicksalsschläge, zu besonders glücklichen ihres Dobbertiner Lebens. Dann aber kam neue schwere Krankheit, ein Herzleiden. Die Anlage dazu mochte seit lange dasein, aber erst eine große Gemütsbewegung brachte das Leiden zum Ausbruch; ein prinzipieller Streit, den sie hatte, schloß nicht bloß mit einer Niederlage, sondern, der Form nach, in der sie sich vollzog, auch mit einer schweren persönlichen Kränkung für sie ab. Gewiß hätte diese kränkende Form ihr erspart bleiben sollen, anderseits war sie wohl nicht ganz ohne Schuld, wenn der Satz richtig ist, daß man auch im Hervorkehren des sogenannten »Rechtsstandpunktes« zu weit gehen kann. Ich fürchte, daß etwas von diesem »Zuviel« ihrerseits mit im Spiele war. Aber wie dem auch sein möge, sicherlich versah sie's darin, daß sie beim Eintritt in den ihr mehr oder weniger aufgedrungenen Kampf die Kräfte nicht richtig abmaß. Wer solchen Kampf aufnehmen und durchfechten will, muß im voraus wissen, daß er kraft seiner Persönlichkeit oder kraft der Unterstützung, die ihm mächtige Verbindungen und glückliche Gesamtverhältnisse leihen, den Sieg oder doch wenigstens die Chancen des Sieges in Händen hat. Siegt er nicht, so werden nutzlos die Kräfte verzehrt. Und so lag es hier. Mathilde von Rohr heimste schließlich in der von ihr geführten Fehde nichts ein als ein zum Tode führendes, schmerzhaftes Leiden. Dies Leiden selbst trug sie mit großer Ergebung und bestrebte sich dabei, was ihrem natürlichen Menschen beinahe widersprach, voll christlichen Sinnes demütig und vergebungsgeneigt zu sein. Und so verzieh sie denn auch denen, die sie gekränkt hatten. In zwei Stücken aber blieb sie sich gleich bis zuletzt: in der Liebe zu denen, an denen ihr Herz einmal hing, und in ihrem persönlichen Mut. Während ihrer letzten, von asthmatischen Beschwerden beständig heimgesuchten Leidenszeit hatte sie das Unglück, eine freche Person als Hausmädchen um sich zu haben, und alle, die es gut mit ihr meinten, wollten dem abhelfen und namentlich in den Nachtstunden ihr eine zweite Pflegerin geben; aber sie lehnte dies, trotz ihres absolut hilflosen Zustandes, ab, weil sie ihrer moralischen Überlegenheit vertraute. Und dies Vertrauen täuschte sie auch nicht. Mitunter schien ihr Zustand sich zum Bessern wenden zu wollen, am 15. September 1889 aber sahen alle, daß es zu Ende ging, und am Vormittage des 16. entschlief sie. Die Trieplatzer Verwandten kamen; am zweiten Tage schaffte man die Tote nach der Kirche hinüber, und am Nachmittage des dritten (19. September) wurde sie zur Ruhe bestattet. Unter denen, die zum Begräbnis erschienen waren, war auch der älteste Sohn ihres alten Freundes Bernhard von Lepel.

Ein äußerlich nicht hervorragendes, aber innerlich tüchtiges Leben hatte aufgehört zu sein. Ihre vollste Würdigung hatte sie von der alten Domina von Quitzow erfahren, die von ihr zu sagen pflegte: »Es gibt nur *eine* Rohr«, und immer voll Anerkennung jener Ungeschminktheit und Einfachheit war, die zuletzt unser Bestes bleibt. Und einfach und natürlich waren schließlich auch noch die Aussprüche, die sie während ihrer letzten Krankheit zu Befreundeten tat: »Immer erst das tun, was vor Gott recht ist; dann erst kommt die Rücksicht auf andere und die Liebe zu den Menschen.« Und bei anderer Gelegenheit: »Nur nicht immer bloß klug sein wollen; wer bloß klug ist, da zeigt sich's über kurz oder lang in abschreckender Gestalt, daß ihm das Beste fehlt: die Wahrheit und die Güte. Und wo die fehlen, da kommt nichts zustande.«

Sie war eine richtige Lutheranerin, noch mehr ihrem Wesen als ihrem Bekenntnis nach, und wußte sich was damit. Da machte es denn einen großen Eindruck auf mich, daß sie mir, wenige Wochen vor ihrem Tode, als ich sie noch einmal in Dobbertin besuchte, mit Ergriffenheit sagte: »Ja, wir hoffen selig zu werden, und ich hoffe es auch. Aber wenn dann so die Beängstigungen kommen, da habe ich doch schon gebetet, daß es vorbeisein möchte, und wenn es auch ganz und gar vorbei wäre. Schrecklich zu sagen, aber die Seligkeitsfrage beschäftigt mich in solchem Augenblicke gar nicht mehr.«

Neben ihrem lutherischen Wesen war sie vor allem spezifisch märkisch und gehörte zu denen, an denen man alle guten und auch einige schwache Seiten des alten Märkertums wie an einem Musterbeispiel studieren konnte; sie war, um es am Schlusse noch einmal zu sagen, tüchtig, verständig, zuverlässig, ja, mehr denn das, treu wie Gold, und ihre schlichten, immer aus der Lebenserfahrung heraus gesprochenen Sätze haben durch ein Menschenalter hin einen großen Einfluß auf mich geübt, auch solche Sätze, denen ich jede höhere und mehr noch jede schönere Berechtigung absprechen mußte. »Nie über seine Verhältnisse leben«, das war natürlich richtig. Und auch das war richtig: »Niemandem zur Last fallen, lieber entbehren und entsagen.« Aber in ihrem am eindringlichsten gepredigten Satze: »Nur von andern nichts annehmen«, konnte ich ihr nicht zustimmen. Freilich lag gerade die Weisheit dieses Satzes – wenn er nun mal bedingungsweise (und das kann er) für weise gelten soll – tief in ihrer Natur begründet, von Jugend an. Als sie zehn Jahre alt war, wollte ihr eine alte Tante durchaus einen Taler schenken; sie nahm ihn, nach langer Gegenwehr, endlich auch an, aber kaum wieder im Zimmer allein, so warf sie ihn fort und rief weinend: »Ich will keinen Taler.«

»Nur nichts annehmen« – noch einmal, ich stehe gegen diesen Satz. Aber das unter märkischen Erfahrungen und Anschauungen herangewachsene und alle Zeit über unter den entsprechenden Eindrücken verbliebene Fräulein wird localiter, so viel kann ich zugestehen, wohl auch in diesem Punkte recht gehabt haben. Leider. Es ist nicht christliche Weisheit, die sich darin ausspricht, aber brandenburgische. Das arme Land hat in den Jahrhunderten eine dieser Armut entsprechende Weisheit großgezogen.

Entwürfe, Pläne und frühe Fassungen aus dem Nachlass

GROSSBEEREN

Bemerkenswert sind das Siegesdenkmal, die Kirche und das Herrenhaus.

Das *Siegesdenkmal* (von Gußeisen) steht auf dem Kirchhof gleich zu Anfang des Dorfes. Es ist ein Oblong mit einer gotischen Spitze, zuoberst ein Kreuz. Das Ganze ist ziemlich schmucklos und hält keinen Vergleich aus mit dem Kreuzberg-Monument. Die Inschrift lautet: »Die gefallenen Helden ehrt dankbar König und Vaterland. Sie ruhen in Frieden.« (Hieran schließen sich einzelne Mitteilungen über die Hauptmomente der Schlacht: Kampf auf dem Kirchhof; von Borstells entscheidender Angriff; ein paar Details und Anekdoten.) Neben dem Denkmal befindet sich ein Häuschen, das von zwei Invaliden bewohnt wird. Sie haben Ordre, nach dem Rechten zu sehn und Auskunft zu geben, wissen aber gar nichts. Der eine ist ganz, der andre halb taub, und nur der abgeschossene Arm des einen erzählt seine Geschichte.

Die Kirche (gemeinhin die »*Denkmals*kirche« geheißen, weil, eh das eigentliche Monument errichtet wurde, diese Kirche zugleich ein Denkmal und Erinnerungszeichen sein sollte) wurde 1818–20 nach einem Schinkelschen Plane gebaut. Die alte Kirche, ein Feldsteinbau aus dem Jahre 1508 (der benachbarten Heinersdorfer Kirche sehr ähnlich), wurde im Jahre 1760 durch die Russen eingeäschert und war noch 1813, während der Schlacht, eine bloße Ruine. Die Gemeinde pflegte nach Kleinbeeren zum Gottesdienst zu gehen. Die neue Kirche bildet ein griechisches Kreuz; jeder der vier Flügel trägt drei Türmchen, die aber mehr Unruhe als Schmuck geben. Das Innre ist nüchtern; kein Grabstein oder Denkmal von Interesse.

Das Herrenhaus. Ist nach dem Tode seines letzten Besitzers, des Rittmeisters Briesen († 1857), unbewohnt, verschlossen und unzugänglich. Es ist ein zweistöckiges, saubres Haus von mäßigen Dimensionen, dessen weiße Wände aus dem Grün des Parks hervorleuchten. Eine Feldsteinmauer faßt Haus und Garten ein; zwei kurze Steinpfeiler, auf denen als Überbleibsel aus der Schlacht ein paar Kanonenkugeln liegen, bilden die Einfahrt. Das Haus ist interessant durch die Reihenfolge mehr oder weniger origineller Figuren, die seit Anfang dieses Jahrhunderts Großbeeren besessen und dies Haus bewohnt haben.

Zuerst Hans Heinrich Arnold von Beeren, genannt *»Geist von Beeren«*.

Er war der letzte seines Geschlechts, ein kleiner, schmächtiger, lebhafter Mann, witzig, sarkastisch, hämisch. Zwietracht anstiften, zanken und streiten, opponieren und prozessieren war seine Lust. Er war nichtsdestoweniger eine populäre Figur, aus Gründen, die ich später namhaft machen werde.

Bis in sein hohes Mannesalter blieb er unverheiratet und führte ein wüstes, sittenloses Leben. Er hatte einen völligen Harem um sich her. Mit seiner Favoritin zeugte er einen Sohn, der des Vaters würdig war und zweimal das ganze Gehöft anzündete und in Asche legte. Geist von Beeren indes nahm keinen Anstoß daran (vielleicht, weil er sich selbst in dem allen wiedererkannte) und ging damit um, diesen Sohn zu adoptieren. Dazu war die Einwilligung seines (des alten Geist) einzigen Bruders nötig, der als General in preußischen Diensten stand und in Erscheinung und Sinnesart die volle Kehrseite unsres Helden [*Statt:* des »tollen Geist« (wie man ihn nannte)] bildete. Der General verweigerte seine Einwilligung. Geist von Beeren war nicht der Mann, das ruhig hinzunehmen. Er beschloß jetzt, sich zu verheiraten, lediglich seinem Bruder zum Tort. Der Harem wurde mit großen Kosten aufgelöst, indem Abstandsgelder und Pensionen gezahlt werden mußten. Seine Wahl fiel auf ein Frl. von Eyssenhardt, mit der er nur wenige Jahre verheiratet war. Er selbst starb 1812 und hinterließ eine einzige Tochter. (Sein Bruder, der General, und dessen zwei Söhne waren vor ihm gestorben.) Das plötzliche Erlöschen der Familie wie aller Unsegen der teils vor, teils nach dem Tode des alten Geist alle Angehörigen des Hauses betraf, wird mit folgender Familiensage in Verbindung gebracht. Es ist das die Geschichte vom

»Allerhühnchen«.*

Vor mehreren hundert Jahren war eine Frau von Beeren eines Kindleins glücklich genesen. In einem großen Himmelbett, dessen Gardinen halb geöffnet waren, lag die junge Frau, neben sich die Wiege mit dem Kinde, und verfolgte in träumerischem Spiel die Schatten, die in dem spärlich erleuchteten Zimmer an Wand und Decke auf und ab tanzten. Plötzlich bemerkte sie, daß es unter dem Kachelofen, der auf vier schweren Holzfüßen stand, hell wurde, und als sie sich aufrichtete, sah sie deutlich, daß ein Teil der Diele wie eine kleine Kellertür aufgehoben war. Aus der Öffnung stiegen allerhand zwergenhafte Gestalten, von denen die vordersten kleine Lichtchen trugen, während andre die Honneurs machten und die nach ihnen Kommenden willkommen hießen. Sie waren alle geputzt und schienen sehr heiter. Eh sich die Wöchnerin von ihrem Staunen erholen konnte, ordneten sich die Kleinen zu einem Zuge und marschierten, zu zwei und zwei, vor das Bett der jungen Frau. Die zwei vordersten baten um die Erlaubnis, ein Familienfest feiern zu dürfen, zu dem sie sich unter dem Ofen versammelt hätten. Frau von Beeren war eine liebenswürdige Frau; ihr guter Humor gewann die Oberhand, und sie nickte bejahend mit dem Kopf. Die Kleinen kehrten nun unter den Ofen zurück und begannen ihr Fest. Aus der Kelleröffnung wurden Tischchen heraufgebracht, andre deckten weiße Tücher darüber, Lichterchen wurden aufgestellt, und ehe zwei Minuten um waren, saßen die Kleinen an ihren Tischen und ließen sich's schmecken. Frau von Beeren konnte die Züge der einzelnen nicht erkennen, aber sie sah die lebhaften Bewegungen und konnte deutlich wahrnehmen, daß alle heiter waren. Nach dem Essen wurde getanzt. Eine leise Musik, als ob Violinen im Traum gespielt würden, klang durch das ganze Zimmer. Als der Tanz vorüber war, ordneten sich alle wieder zu einem Zuge und erschienen abermals vor dem Bett der jungen Frau. Sie dankten für freundliche Aufnahme, legten ein Angebinde auf die Wiege des Kindes nieder und baten die Mutter, des Geschenkes wohl achtzuhaben: die Familie werde blühen, solange man das Geschenk in Ehren halte,

* Alräunchen.

aber werde vergehen und verderben, sobald man es mißachte. Dann kehrten sie unter den Ofen zurück; die Lichterchen erloschen, und alles war wieder dunkel und still. Als Frau von Beeren, unsicher, ob sie gewacht oder geträumt habe, nach dem Angebinde sich umsah, lag es auf der Wiege des Kindes. Es war eine kleine Bernsteinpuppe mit menschenähnlichem Kopfe, etwa zwei Zoll lang und der untre Teil in einen Fischschwanz auslaufend. Dieses Püppchen, das Leute, die zu Anfang dieses Jahrhunderts lebten, noch gesehn haben wollen, führte den Namen das »Allerhühnchen« (Alräunchen) und galt als Talisman der Familie. Es vererbte sich von Vater auf Sohn und wurde ängstlich gewahrt und gehütet. Geist von Beeren kümmerte sich natürlich wenig um das wunderliche Familienerbstück, er war kein Freund von Sagen und Geschichten, von Tand und Märchenschnack, und was seiner Seele so ziemlich am meisten fehlte, das war Pietät und der Sinn für das Geheimnisvolle.

Allerhühnchen hatte lang im Schrank gelegen, ohne daß seiner erwähnt worden wäre. Da führte das Weihnachtsfest eine lustige Gesellschaft bei Geist von Beeren zusammen, und der Zufall wollte, daß einer der Gäste vom »Allerhühnchen« sprach. »Was ist's damit«, hieß es von allen Seiten. Die Geschichte wurde erzählt und das Allerhühnchen herbeigeholt. Geist von Beeren ließ es rundum gehen, witzelte und spöttelte und warf es dann ins Feuer. Von dem Augenblick an brach das Unheil herein, über Schuldige und Unschuldige, und jene Schläge kamen, deren ich teilweis schon erwähnte. Zweimal brach Feuer aus, Krieg und Mißwachs zerstörten die Ernten, und rasche Todesfälle rafften die Glieder der Familie fort. Der General starb plötzlich, bald darauf die beiden Söhne desselben, endlich Geist von Beeren selbst. Aber der Groll der »Kleinen« schien noch nicht erschöpft. Die junge Witwe, die Geist hinterließ, verlobte sich zwei Jahre später mit dem Hauptmann Willmer, einem liebenswürdigen Mann, und die Hochzeit stand nah bevor. Da geriet Willmer in Streit mit einem Kameraden, einem Herrn von Dolffs von den Gardekürassieren, und in der Heide von Wulkow kam es zum Duell. Willmer wurde erschossen. Sein Grab befindet sich auf dem Kirchhofe von Großbeeren. Neben ihm ruht die Tochter des »tollen Geist«, die ebenfalls auf rätselvolle Weise starb. Sie war in Berlin im Pensionat und fuhr nach Großbeeren hinaus, um ihre Mutter zu besuchen. Als der Wagen vor dem Hause hielt, schien das Fräulein fest und ruhig zu schlafen; – *sie war tot.* Frau von Geist verkaufte endlich die Besitzung, aber der Unsegen dauerte fort; die Allerhühnchen schienen den Ort verhext zu haben. Nichts gedieh, nichts wollte vorwärts. Der nächste Besitzer wurde bankrutt; der folgende führte ein wüstes, unstetes Leben und verscholl; der dritte hielt sich und behauptete das Terrain, aber Streit und Hader verbitterten seine Tage, und kein Segen war über allem, was er tat.

Von den unzähligen Schnurren, Injurien und Prozessen des »tollen Geist« lebt noch einzelnes in der Erinnerung des Volks. Ich zähle auf, was ich habe erfahren können.

Jede Behörde war ihm ein Dorn im Auge, keine aber war ihm verhaßter als das Pupillen-Kollegium. Natürlich. Die unausbleiblichen Vorgänge seines Harems brachten ihn ungebührlich oft mit gerade dieser Behörde in Berührung und, wie sich denken läßt, nicht in die angenehmste. Er rächte sich dadurch, daß er diesem Kollegium mit Beharrlichkeit seinen rechtmäßigen Titel verweigerte und wahrhaft erfinderisch war in der Auffindung immer neuer Namensverdrehungen. Er schrieb zum Beispiel: An das Königliche »*Pillen*-Kollegium« zu Berlin, und als man sich das verbat und auf Beobachtung der üblichen Formen drang, antwortete er: er habe nicht gewußt, daß ihnen an der betreffenden ersten Silbe so viel gelegen sei, er schicke sie ihnen hiermit nach und wünsche – viel Vergnügen.

Mit seinem nächsten Gutsnachbar, einem Herrn von Hake auf Genshagen, war er in stetem Streit. Die Korrespondenz, die er mit dem letztgenannten Herrn in einem Zeitraum von 25 Jahren geführt hat, soll ein wahrer Anekdotenschatz und für die Freunde des Hakeschen Hauses eine unerschöpfliche Quelle der Erheiterung gewesen sein. Leider ist diese Korrespondenz verbrannt. Zwei Geschichten aus der langen Reihe dieser gutsnachbarlichen Rancünen und Streitigkeiten existieren noch. Geist, im übrigen kein Freund der Jagd, ließ sich eine Jagd- und Schießhütte baun, wenig Schritte von dem Punkt entfernt, wo seine eigne Feldmark mit dem Genshagner Forst zusammenstieß. Hier saß er halbe Nächte lang und schoß von seinem Territorium aus dem Herrn von Hake die Rehe tot; ein Wilddieb aus purer Malice. Als von Hake Beschwerde führte und auf Abbrechen der Hütte antrug, antwortete Geist: die Hütte habe keinen offensiven Charakter, er (Geist) habe von Jugend auf immer *rückwärts geschossen* und müsse es ablehnen, in seinen alten Tagen nach einem neuen Prinzip auf Jagd zu gehn.

Bei andrer Gelegenheit beschwerte sich Herr von Hake, daß er – bei Passierung einer Brücke, für deren Instandhaltung Geist Sorge tragen mußte – mit seinem Justitiarius Buchholtz eingebrochen sei. Geist replizierte: »über die Brücke würden täglich 26 seiner schwersten Ochsen getrieben und niemals habe er gehört, daß einer derselben irgendwie Schaden genommen hätte; es sei mindestens eine auffallende Erscheinung, daß gerade Herr von Hake mit seinem Justitiarius durchgebrochen sei«. Herr von Hake hatte nicht Lust, den Streit ruhen zu lassen, und ging an die Gerichte [*Statt*: ans Kammergericht]. Als Geist eine Vorladung empfing, erschien er *mit der Brücke*, die er abtragen und als corpus delicti auf einen Holzwagen hatte laden lassen, vorm Kammergericht in Berlin und ersuchte die Räte, sich durch Okularinspektion von der Richtigkeit seiner Aussagen zu überzeugen.

Bei andrer Gelegenheit hatte er Streit mit der Potsdamer Regierung, die bei Abschätzung seines Guts den Bodenwert oder die Ertragsfähigkeit desselben zu hoch oder zu niedrig taxiert hatte. Die Regierung, den Streit endlich zu schlichten, schickte eine Untersuchungs- und Begutachtungskommission. Die Zeit (Mitte Dezember) war allerdings nicht günstig gewählt, und Geist, in seinem nächsten Schreiben an die Regierung, faßte, was er zu sagen hatte, dahin zusammen:

Gerechter Gott des Himmels und der Erden,
Was soll aus deiner heiligen Justitia werden?
Die Erde ist bedeckt mit Eis und Schnee,
Da untersuchen sie die bonité; –
O weh, o weh, o weh!

Sein bester, weil treffendster Streich war vielleicht der folgende. Es war ein Kienraupenjahr, und die Forstheiden der

Mark waren im traurigsten Zustand. Die Kriegs- und Domainenkammer zu Potsdam (?) sah sich veranlaßt, eine Verfügung zu treffen, worin sie angab, wie den Raupen am besten beizukommen und weitrer Schaden zu vermeiden sei. Die Verfügung schmeckte etwas nach »grünem Tisch« und war unpraktisch. Geist antwortete wenige Tage später: »Probatum est! Ich bin in den Wald gegangen, habe den Kienraupen das Reskript einer Königl. Kriegs- und Domainenkammer vorgelesen, und siehe da, die Raupen haben sich sämtlich totgelacht.«

Solche Repliken gingen alsbald von Mund zu Mund und machten ihn beim Landvolk, auch wohl bei manchem Gutsbesitzer beliebt, die, um solcher Schnurren und Abfertigungen willen, gern vergaßen, was sonst wohl gegen den »tollen Geist« zu sagen war, denn der Landmann unterhält eine natürliche Abneigung gegen den Städter, dessen überhebliches Wesen ihn verdrießt und dessen Erlassen und Gesetzen er mißtraut. »Der Städter weiß nichts vom Land«, das ist ein Satz, der sich von Vater auf Sohn vererbt [*Statt*: das erbt von Vater auf Sohn].

Frau von Geist verkaufte das Gut 1824 an den *Lieutenant Mumme.* Er war ein Mann ohne geistige Bedeutung oder Charaktereigentümlichkeit. Die Kriegsjahre hatten ihn zum Offizier gemacht und ihm jene Lieutenantseitelkeit gegeben, die, wenn sie gewisse Lebensjahre überdauert, so unerquickliche Formen annimmt. Reiche Partien (er war zweimal verheiratet) gaben ihm ein Vermögen, und renommistische Reichtumsentfaltung vertrat die Stelle der Vornehmheit. Mumme konnte sich nicht halten; die Elle war länger als der Kram, und 1827 verkaufte er Großbeeren an einen Herrn von Beier.

Von Beier (wahrscheinlich einer erst unter Friedrich Wilhelm II. geadelten Familie zugehörig) besaß es zehn Jahre von 1827–37. Er war vor allem ein Lebemann, ein Mann der Laune und des Vergnügens und natürlich — ein schlechter Wirt. Weder eitel wie Mumme noch hämisch wie Geist von Beeren, renommierte und stritt er nur aus Kavalierübermut, aus einem vollblütigen Herzen heraus. Für den »tollen Geist« hatte er eine Art Verehrung und bezeugte diese, sooft er konnte. Er setzte eine Aufgabe darin, dem Herrenhause von Großbeeren den Ruf der Originalität zu erhalten. Da er selbst nicht allzu viel davon hatte, so kopierte er. Als er erfuhr, daß in Zossen ein alter Mann lebe, der zur Zeit des »tollen Geist« eine Art Kammerdiener bei diesem gewesen war, ließ er sich's angelegen sein, diesen zu engagieren. Der alte Mann kam und wurde ausgefragt, wie sein Gehalt, seine Beschäftigung und vor allem seine Kleidung gewesen sei. Kniehosen, Puderperücke, Silberborten und Schuhschnallen, alles wurde beschafft, wie es in alten Zeiten gewesen war, und wenn Besuch kam, wurde der Diener des tollen Geist präsentiert, als ob es dieser selbst gewesen wäre. Von Beiers Ehe (mit einem Fräulein Beyrich aus Berlin) war nicht glücklich und wurde bald getrennt. Er liebte das Theater und die Zerstreuungen der großen Stadt. Gab es ein neues Stück in Berlin, so stieg er um fünf zu Pferde und hielt um sechs vor dem Schauspielhause; er ritt die drei Meilen in einer Stunde. Bald nach der Trennung von seiner Frau verließ er Großbeeren, bestellte einen Verwalter und ging nach Österreich. Hier trat er als Lieutenant bei [den] Wallmoden-Kürassier[en] ein. Das Regiment lag damals in Ungarn in Garnison, und von Beier, der ohne ein »Verhältnis« nicht bestehen konnte, verliebte sich in eine vornehme ungarische Dame. Da der Vater derselben die Partie nicht wünschte, so sah sich von Beier genötigt, die liebeskranke Dame in der Rolle eines berühmten Arztes zu besuchen. Die Krankheit zog sich in die Länge, bis der Vater schließlich froh war, »ja« sagen zu können. Nun nahm von Beier seinen Abschied und führte die junge Frau im Triumph nach Großbeeren. Wenn bis dahin alles im Stil des »tollen Geist« gewesen war, so wurde nun alles ungrisch eingerichtet. Pferde, Tabak, Wein; Diener, Koch, Kammermädchen – alles aus Ungarn. – Die Leute im Ort sagten, ihr Herr sei ein Türke geworden. Alles war ungrisch und die Wirtschaft – polnisch dazu, 1837 verkaufte er das Gut [*Danach gestrichen:* an den Rittmeister Briesen] und ging in die Welt. Er ist seitdem verschollen. In der Erinnerung der Dörfler hat er nur schwache Spuren zurückgelassen, aber das Bild des alten »Neck- und Feuerteufels« lebt fort von Geschlecht zu Geschlecht, und die Leute im Krug, wonn ihnon wohl wird und boi dor Stummolpfoifo ein gewisses Behagen über sie kommt, erzählen sich lachend vom tollen [?] Geist oder dem »Geist von Beeren«. [*Danach, noch aus der ersten Version stammend, der Satz:* Über sein Ende existieren verschiedene Versionen.]

Rittmeister Briesen, aus der alten havelländischen Familie *von* Briesen, hatte auch eine starke Ader vom »tollen Geist von Beeren«, von dem er sich andrerseits, das heißt wesentlich unterschied. Geist von Beeren hatte gezankt und prozessiert, weil er hämisch war und am Streiten und Widersprechen seine Freude hatte, Briesen zankte und prozessierte, weil er glaubte, daß es nötig sei. Jener war ein Kobold, der Ver [*Lücke im Manuskript; wohl:* Vergnügens] halber Streit und Unruhe stiftete, dieser war ein gutangelegter Charakter, der aber eine allzu hohe Meinung von der eignen Rechtschaffenheit und eine zu niedrige von der aller andern Menschen hatte. Deshalb glaubte er überall auftreten und den Advokaten des Rechts machen zu müssen. Er hat eine Menge sinnloser Anklagen erhoben, nur weil er überall Unterschleif und Bestechung witterte. Er hatte den Krieg mitgemacht und sich mehrfach ausgezeichnet. Im Jahre 14 war er Kommandant von Nancy gewesen und während seiner Befehlshaberschaft mit so viel Takt, Umsicht und Humanität verfahren, daß ihm die Stadt einen reich vergoldeten Ehrenbecher als Zeichen ihres Danks überreicht hatte. Er blieb zeitlebens Militär in Erscheinung und Wesen, und doch waren es speziell allerlei Kränkungen, von denen er als *Soldat* betroffen worden war, die in seinem Herzen einen Stachel zurückgelassen hatten. Diese Kränkungen müssen manches in seinem spätern Tun entschuldigen.

Was ihn auf Lebenszeit hin verbitterte, war das folgende. Er hatte (Anno 14) ein Vorpostenkommando und ritt rekognoszieren. Der Zufall wollte, daß er einem russischen Offizier begegnete, der von zwei Kosaken begleitet war. Briesen, so heißt es, fuhr den russischen Offizier an: was er hier wolle? wer er sei? wer ihn geschickt?, und begleitete diese Fragen mit einem tüchtigen Kavalleriefluche. Der Russe sprach einige Worte zu den Kosaken und ritt dann dicht an Briesen heran, als ob er ihm Antwort geben wolle. In demselben Augenblick aber rissen die beiden Kosaken den nichtsahnenden Briesen rücklings vom Pferde und begannen mit ihren Kantschus über ihn herzufallen. Zum Überfluß band man ihm noch die Hände mit seiner eignen Schärpe zusammen. Dann bestiegen beide wieder ihre Pferde, und Offizier und Kosaken sprengten fort. Schäumend vor Wut traf Briesen bei seinen Leuten ein und erzählte, was ihm geschehn. Seine Kameraden bedauerten ihn anfangs, aber aus dem Bedauern ward bald ein Achselzucken und Nasenrümpfen. Man vermied ihn. »Ein preußischer Offizier darf sich nicht schlagen lassen, es ist seine Sache, wie er den Schimpf los wird«, so hieß es im Offiziercorps. Der Kommandeur des Regiments sagte ihm endlich: »Briesen, Sie müssen etwas tun; gehn Sie nach Petersburg und suchen Sie sich Satisfaktion zu verschaffen.« Briesen nahm Urlaub und ging. Der Kaiser Alexander gestattete ihm jedes Mittel zur Ausfindigmachung seines Gegners, und binnen kurzem stand in allen russischen Zeitungen eine Herausforderung Briesens, worin er seinen Beleidiger anging, sich zu stellen oder sich zu nennen. Vergeblich. Briesen kehrte nach Berlin zurück und nahm seinen Abschied. Das Maß der Bitterkeiten aber war noch nicht erschöpft. Briesen (darüber war kein Zweifel) hatte sich während der Campagne mit Mut und Bravheit [b]enommen, aber konnte man einem Manne das Eiserne Kreuz geben, der, nach dem einmal gültigen militärischen Codex, einen Makel auf seiner Ehre hatte und schließlich nicht umhingekonnt hatte, um dieses Makels willen seinen Abschied zu nehmen! Briesen erhielt das Kreuz *nicht*. Verbittert in tiefstem Herzen, zog er sich auf eine kleine Besitzung bei Heinersdorf zurück, von wo aus er 20 Jahre später Großbeeren kaufte. Im Verkehr mit Untergebenen war er human, aber gegen Adel, Offiziere und Behörden immer gereizt. Dem Prinzen August, der ohne Erlaubnis auf der Großbeer[n]er Feldmark gejagt und dem empörten Briesen hinterher eine Geldentschädigung angeboten hatte, ließ er sagen: »er möge das Geld seinen Weibern geben, nicht ihm«, und dem Könige selbst (Friedrich Wilhelm III.) schickte er das Eiserne Kreuz, das ihm *schließlich* (gegen Ende der dreißiger Jahre) doch bewilligt worden war, mit dem Bemerken zurück: »er habe längst Verzicht geleistet auf die Zahlung dieser verjährten Schuld«. Dem damaligen Kronprinzen hatte das harte, zum guten Teile unverdiente Schicksal Briesens immer ein Interesse eingeflößt, und bald nach seiner Thronbesteigung erschien er (während einer Jagdpartie) in Großbeeren und nahm ein Frühstück dort ein. »Briesen, Sie haben meinem Vater das Eiserne Kreuz zurückgeschickt; werden Sie's aus meinen Händen nehmen?« Ein minder charakterfester Mann hätte dieser Freundlichkeit nicht widerstanden; Briesen aber antwortete: »Nein, Majestät; ich will mir treu bleiben.« Der König gab ihm die Hand und sagte: »Ich glaube, Sie haben recht; ich respektiere dies ›Nein‹.« Die spätern Jahre schufen wieder eine Entfremdung; Briesen war von Natur ein Whig, ein Mann der Opposition. Die Politik seit Olmütz, die Hohenzollern, alt und jung, gefielen ihm nicht mehr, und nur den Prinzen Friedrich Wilhelm schloß er in sein Herz. Er nannte ihn »den Mann der Zukunft, mit dem die Geschichte Preußens von neuem anfangen werde«. Als der Prinz die Jagdgerechtigkeit auf der Großbeerner Feldmark nachsuchte und hohe Pacht bezahlen wollte, machte ihm Briesen ein Geschenk damit und ließ ihm vermelden, »daß er seinem Erbbegräbnis (das mitten auf dem Felde steht) eine Etage aufgesetzt habe, damit der Prinz einen Rendezvousplatz und ein ungeniertes Eßzimmer habe«. Schwerlich hat der Prinz von diesem Anerbieten Gebrauch gemacht.

BLANKENFELDE

In einer Chronik der Berliner Nikolaikirche (wahrscheinlich von 1707), in der die Geschichte vieler Dörfer des Barnimschen Kreises erzählt wird, finden wir über Blankenfelde folgendes:

»Das Dorf hat eine gute und neue Kirche, so vor 27 Jahren (also wahrscheinlich um 1680) erbaut von dem seligen Herrn von Grumbkow. Oben der Boden ist bemalt und mit Sprüche[n] beschrieben. Ein wohlgemachtes [!] Altar von Holz, drauf in der Mitte *geschildert das Nachtmahl und unten darunter die Verba institutionis mit güldenen* Buchstaben geschrieben; oben aber die Auferstehung Christi. Hat einen hohen spitzigen Turm. In der *Mitte* der Kirche befindet sich ein adliges Begräbnis, so obgedachter Herr von Grumbkow ihm (sich) hat machen lassen, drin ein *Hofmeister nebst zwei adligen Leichen* stehn. Die *Taufe* ist ganz aus einem Stein wie ein Kelch ausgehaun.«

So in der Beschreibung von 1707, die zum Teil noch zutrifft. Die *Sprüche* an der Decke fehlen. Die *beiden Altarbilder* (Abendmahl und Auferstehung) sind noch vorhanden, aber ohne allen Wert. Der kelchförmige *Taufstein* existiert noch. Er ist von Sandstein und aus dem Jahre 1596. Seine Inschrift ist folgender Spruch: *[Eine Zeile freigelassen, der Spruch nicht zitiert.]* Interessanter ist das *Taufbecken* von Messingblech, augenscheinlich eine alte Arbeit aus dem 15. oder 16. Jahrhundert. Adam und Eva, zwischen beiden der Baum mit der Schlange, rechts die Pforte des Paradieses. Ein alter *Kirchenleuchter* von Blei trägt die Inschrift: Kobus Nimans 1658.

Das bemerkenswerteste ist das *»adlige Begräbnis«*, von dem der Chronist von 1707 spricht. Diese Gruft, die in der *Mitte* der Kirche war und in der ein »Hofmeister und zwei adlige Leichen« beigesetzt waren, ist zu Anfang dieses Jahrhunderts zugeschüttet und der Grabstein, der über der Gruft lag, von der Mitte der Kirche fort dicht vor den Altar gelegt worden. Er ist nur *zur Hälfte* beschrieben und trägt folgende Inschrift:

»Erbbegräbnis
des Wohlgebornen H. H. *Joachim Ernsts von Grumbkow*, Sr. Kurfürstlichen Durchlaucht zu Brandenburg höchst ansehnlichen würklichen Geheimen Etats- und Kriegsrats, Oberhofmarschalls, Generalkriegs-Commissarii und Schloßhauptmann, Erbherr auf Grumbkow, Runo, Cuno (?), Darlin (?), Niederschönhausen, Blankenfelde und Charo (Karow).«

Hiermit schließt die Inschrift ab. Es ist ganz ersichtlich, daß von Grumbkow anfänglich die Absicht hatte, Blankenfelde zum Erbbegräbnis seiner Familie zu machen, später aber andren Sinnes wurde. Es scheint mir unzweifelhaft, daß *Joachim Ernst von Grumbkow* in der Blankenfelder Kirche *nicht* begraben ist. Er starb 1690. Wäre er in dem früher intendierten Erbbegräbnis zu Bl. beigesetzt worden, so würde die zweite Hälfte des Grabsteins die Daten seiner Geburt und seines *Todes* enthalten, auch würde die Chronik, die 17 Jahre nach seinem Tode geschrieben wurde, nicht bloß ganz allgemein von »zwei adligen Leichen« sprechen, sondern einen Mann von der Bedeutung Grumbkows eigens namhaft gemacht haben.*

Dieser *Joachim Ernst von Grumbkow* war mit einer Grote vermählt, von der ihm im Jahre 1678 der bekannte General und Favoritminister Friedrich Wilhelms I. *Friedrich Wilhelm von Grumbkow* geboren wurde. Der Vater scheint seinerzeit wenig populärer gewesen zu sein als der Sohn. 1684 wurde die dem Volke sehr verhaßte »Akzise« in den brandenburgischen Landen eingeführt, und Joachim Ernst von Grumbkow stand als Geheimer Rat an der Spitze der betreffenden Verwaltung. Er und der Commissair Wilmann, die

* Joachim Ernst von Grumbkow starb in der Nähe von Wesel (im Reisewagen) auf einer Reise des Hofes nach Cleve, am zweiten Weihnachtsfeiertage 1690. Der Hofpoet Besser sprach in seinem an die Witwe gerichteten Trauergedicht »von dem zwar *nicht seligen*, aber doch *sanften Tod*« des Hingeschiedenen. Grumbkow hatte nämlich am Abend vorher zu viel getrunken. Pöllnitz in seinen Memoiren sagt von ihm: »Er liebte die großen Unternehmungen und war kühn in ihrer Ausführung. Man würde seinen Charakter großartig haben nennen können, wenn ihm die Beförderung seiner Familie weniger am Herzen gelegen hätte, für die er große Schätze mit Leichtigkeit zusammenhäufte. Man fand ihn eines Tages tot in seinem Wagen, als er von einem Fest (in der Nähe von Wesel) zurückkehrte, wo der Wein nicht gespart worden war.« — Wahrscheinlich ist er in Wesel begraben worden; wenigstens bin ich in märkischen Kirchen nirgends seinem Grabstein begegnet. Sein berühmt gewordener Sohn, der »Favorit«, ist in *[Freigelassen.]* begraben.

den Tarif gemacht hatten, wurden in Berlin insultiert, und Tumulte entstanden in großen und kleinern Städten.

Über der Kirchentür in Blankenfelde befindet sich eine große, eingemauerte Sandsteinplatte mit zwei Wappen, wahrscheinlich dem Grumbkowschen und dem seiner Frau. Der Stein trägt folgende Inschrift:

Has ego divinas posui Grumbkowius aedes pro queis coelestes tu mihi mia dabis.

Ein im Dorfe befindliches, sehr altes, massives Gebäude, welches gegenwärtig der Gutsherrschaft gehört und zu Wohnungen für die Dienstleute verwendet wird, soll in früheren Zeiten ein kurfürstliches Jagdschloß gewesen sein. In Rosenthal war dies, wie historisch feststeht, wirklich der Fall. Das Rosenthaler Jagdschloß hat bis 1740 bestanden. (Berghaus II. S. 468; Bericht des Predigers Weise zu Rosenthal.)

ZEPERNICK

Besitzt eine alte gotische Feldsteinkirche, der man, trotz mannigfacher Umbauten im Innern, die alten Kreuzgewölbe gelassen hat. Zwei starke Pfeiler, auf denen die Gewölbe ruhn, teilen die Kirche der Länge nach in 2 Hälften. Altar und Kanzel befinden sich an derselben Wand, die Kanzel unmittelbar über dem Altar. Der Turm baut sich in drei Schichten aus Feldstein, Ziegel und Holzwerk auf. Das Holzwerk ist ohne Geschmack und verhältnismäßig modern, vielleicht aus dem Anfang des vorigen Jahrhunderts. – Was der kleinen Kirche in ihrem Innern einen Reiz und eine Eigentümlichkeit gibt, das sind die in ungewöhnlich großer Zahl vorhandenen Gedenktafeln und Totenkronen, die die Brüstung der Emporen buchstäblich bedecken. Auch diejenigen, die im Kampf gefallen sind und die sich in andren Dorfkirchen damit begnügen müssen, ihre Namen auf der *allgemeinen* Kriegs- und Erinnerungstafel genannt zu sehn, haben hier ihre *eigne* Gedenktafel und eine Ehrenkrone darüber. Solcher Gedenktafeln zu Ehren gefallner Soldaten sind sechs vorhanden. Zwei datieren schon aus den neunziger Jahren des vorigen Jahrhunderts, aus der Rheincampagne und aus dem Feldzug in Polen. Die andern sind aus dem Jahre 13, wo die Zepernicker vorzugsweise bei Bautzen und Leipzig gefochten zu haben scheinen. Zwei Brüder Pentz, der eine bei Bautzen, der andre bei Leipzig gefallen, haben eine gemeinschaftliche Tafel. Die Inschrift derselben lautet:

Für König und für Vaterland,
Mit Gott, im blut'gen Krieg,
Erkämpften sie mit tapfrer Hand
Uns Ruhm und schönen Sieg;
Ja, für uns floß ihr Heldenblut,
Für Freiheit, unser hohes Gut,
Drum sei auch heilig uns ihr Tod,
Mit dem entschwand des Landes Not.

Eine besondre Zierde des Dorfs sind seine schönen alten Bäume. Auf einzelnen der Bauerhöfe stehen mächtige [*Gestrichen*: riesige] Ulmen (?), und in der Dorfgasse befindet sich ein so völlig ausgehöhltes Riesenexemplar derselben, daß der scheinbar nur noch aus Rinde bestehende Stamm wie eine bloße Hülse, wie ein Gehäuse des übrigens in voller Laubpracht dastehenden Baumes sich ausnimmt. Der größte Schmuck des Dorfes aber ist die *alte Linde*, die innerhalb der Kirchhofsmauer nur wenige Schritt von der Kirche selbst entfernt steht. Sie besteht aus drei bis zur Wurzel hin geteilten, mindestens drei Fuß im Durchmesser messenden Stämmen, die so gewachsen sind, daß das Ganze einer Riesenleier gleicht, auf deren reichem Zweig- und Laubwerk der Wind in der Tat nicht müde wird, mal laut, mal leise zu spielen.

HEINERSDORF

Ein altes Dorf mit einer ziemlich ebenso alten Feldsteinkirche, deren Turm in keine Spitze ausläuft, sondern – wie die benachbarten Kirchen zu Mariendorf und Marienfelde – ein kurzes Giebeldach trägt.

Die Häuser der Dorfgasse sind ärmlich, *sieben* Reihen schöner Bäume indes (Ulmen, Kastanien und Linden), die das ganze Dorf durchziehn und zwischen den zwei Fahrwegen rechts und links noch vier breite Mittelgänge bilden, geben im Sommer ein reizendes Bild.

Die einzige Sehenswürdigkeit ist die alte Kirche, die außen und innen ein paar bemerkenswerte, in gewissem Sinne lehrreiche Inschriften aufweist.

Die eine lautet:

Anno 1706 hat Sr. Königl. Majestät Generalmajor von der Infanterie, auch Obrister bei dero Gardefüsilieren Herr Ernst Ludwig von Hake, auf Machenow, Stahnsdorf und Heinersdorf Erbherr, diese Kirche *ganz renovieren lassen und dazu 20 Rtr. geschenket.* (Das waren allerdings noch billige Zeiten.)

Die andre Inschrift, ebenfalls ein Beitrag zur Geschichte jener Zeit, ist die folgende:

Allhier lieget begraben Herr Christoph Neumann, juris candidatus, geb. zu Luckau 1636 und gestorben zu Heinersdorf 1702 bei dem Herrn von Haken, welcher (Neumann) deren hochadlige Herren von Haken, Pfuhlen, Bredowen, Wilmerstorff, Heeren und Beeren und Lescheband *fleißiger Informator* gewesen und sonderlich in die 40 Jahre dem Machnowschen Hause treue Dienste geleistet hat. (Also ein sechsundsechzigjähriger Hauslehrer, der bei allen adligen Familien des Teltower Kreises herumgehauslehrert und schließlich bei den Hakes das Gnadenbrot gefunden hat.)

Die dritte Inschrift befindet sich an der Außenseite des alten Feldsteinturms, ein paar Fuß hoch über dem Eingangsportal. Sie lautet:

Die drei in diesem Turm oben hangende[n] Glocken hat

die hochwohlgeborne Frau Hedwig Margarethe von Behren aus dem Hause *Kiekebusch*, des Hochwohlgebornen Herrn Johann Ditloff von Hake, Erbherrn auf Heinersdorf Witwe, Anno 1706 gießen und in gedachtem Jahre an dem Tage Johannis aufziehn und zum ersten Male läuten lassen. Sie wogen etwas über 15 Zentner und kosten derselben über 600 Taler. Gott wolle dieselben vor allem Schaden bewahren. Heinersdorf, am Tage Margarethen in obgedachtem Jahre, als an welchem Tage auch dieser Stein eingemauert ist. (Darunter befindet sich das Hakesche ⟨drei Gemshörner⟩ und das Behrensche ⟨ein Schwan⟩ Wappen. Die Glocken sind sehr schön und geben einen Dreiklang. Dieselbe Dame, die sehr reich oder sehr fromm gewesen sein muß, hat der Kirche auch eine bronzene Krone geschenkt, in die der Name der Geberin und die Jahreszahl 1707 eingeschnitten ist.)

Auf den Feldern von Heinersdorf, im Angesicht des eine halbe Meile südlicher gelegenen Dorfes Großbeeren, stand am 22. und 23. August 1813 das *Bülowsche Corps*, das am Nachmittag und Abend des 23. die Schlacht selbständig begann und gewann. Die Schweden (rechter Flügel) standen in Ruhlsdorf; das Tauentziensche Corps (linker Flügel) in Blankenfelde [*Gestrichen*: Jühnsdorf]; sie nahmen beide keinen eigentlichen Anteil an der Schlacht. Das Bülowsche Corps bestand aus den vier Brigaden: von Kraft, Prinz von Hessen-Homburg, von Thümen und von Borstell. (Vgl. Großbeeren.)

KÜSTRIN

Küstrin. Oderseite der Festung. Bastion Brandenburg. Auf der Bastion steht ein großes zweistöckiges Gebäude, das früher markgräfliches Schloß, dann Kommandantur, dann Kaserne war. Letztres ist es noch. An die Kaserne lehnt sich ein alter achteckiger Turm mit einem häßlichen Dach und an den Turm abermals ein Wohnhaus von nur vier Fenster Front. Turm und Wohnhaus liegen aber tiefer zurück als die Kaserne, so daß ein kleiner, von zwei Seiten eingeschlossener Platz entsteht, auf den einzelne Giebel- [*Darüber*: Seiten-] Fenster der Kaserne und die Frontfenster von Turm und Wohnhaus hinaussehn. *Auf diesem Platz wurde Katt hingerichtet* [*Darüber*: enthauptet]. Dies steht mit ziemlicher Sicherheit fest. Von welchem Fenster aber Kronprinz Friedrich der Hinrichtung seines Freundes zusah, darüber sind die Ansichten geteilt. Es schwankt zwischen dem Hochparterrefenster an der Giebelseite der Kaserne und einem Hochparterrefenster im Wohnhaus. Es heißt, daß das betreffende Fenster später auf Befehl Friedrichs des Großen zugemauert worden sei, danach müßte es das Seitenfenster sein. Aber auch das andre Fenster war bis vor zwanzig oder dreißig Jahren zugemauert und hat erst neuerdings wieder Rahmen und Scheiben bekommen. Der Streit wird nie mehr geschlichtet werden, und jeder Besucher mag zwischen den zwei Fenstern nach Instinkt oder Neigung die Auswahl treffen. Beide Zimmer werden gezeigt. Eh wir in dieselben eintreten, verweilen wir noch einen Augenblick auf dem Hinrichtungsplatz. Der Platz selbst, wie schon hervorgehoben, ist konstatiert, ja man dürfte sagen, auf Zollbreit festgestellt, aber auch hier erheben sich kleine Schwierigkeiten. Auf der Stelle nämlich, wo Katts Haupt notwendig gefallen sein muß, erhebt sich jetzt wie ein verzwergter Nachkömmling des achteckigen Turms, von dem er nur zehn Schritt entfernt steht, ein kleiner Turm von etwa dreißig Fuß Höhe, der ersichtlich aus zwei *Schäften* [*Darüber*: ganz verschiednen Teilen] besteht, aus einem zehn Fuß hohen, kreisrunden, massiven Unterbau und aus einem achteckigen Fachwerkaufsatz, gerade groß genug, um eine passabel geräumige Stube [zu] bilden. Diese Stube ist bewohnt. Der Fachwerkaufsatz ist höchstens hundert, wahrscheinlich aber kaum fünfzig Jahr alt, viel älter aber ist der massive Unterbau, so daß die Frage entsteht, existierte dieser Unterbau schon vor der Enthauptung Kattes oder nicht. War er vor der Hinrichtung bereits vorhanden, so muß Katte auf diesem Fundament, das überhaupt vielleicht damals für Exekutionen diente, hingerichtet worden sein. Das ist dann auch wirklich wahrscheinlich. Wir lesen von einem Gerüst, so wie ferner aus der ganzen Beschreibung des Vorgangs hervorgeht, daß der Kronprinz die ganze Szene au niveau in einer Horizontallinie vor sich gehabt hat. Das Mauerwerk selbst macht entschieden den Eindruck eines Alters von etwa 200 Jahren. Das Fachwerkzimmer ist bewohnt, hat Blumen, kleine Gardinen und eine entzückende Aussicht, ich bekenne nichtsdestoweniger, daß ich es nicht bewohnen möchte.

Nun also die beiden Zimmer respektive Fenster. Auch [über] ihre Echtheit, abgesehn von dem zwischen beiden schwebenden Streit, existieren Zweifel. Es heißt, das ganze Gebäude sei 1758 eingeäschert worden. Das ist aber nicht zu nehmen als ein – Trümmerhaufe. Die Dächer wurden eingeschlagen, das Mauerwerk blieb samt seinen Fensteröffnungen. Die Wände sind sehr dick, und es ist durchaus unwahrscheinlich, daß der ökonomische König unmittelbar nach dem Kriege eine Kaserne mit so dicken Mauern gebaut haben sollte. Diese Mauern und ihre Fensternischen sind gewiß alt. Die Identität des Hauses scheint also bewiesen. Das Zimmer mit dem zugemauerten Fenster ist eine Art Kleider- und Garderobenzimmer für die Familie des Casinoökonoms, der jetzt diesen Teil des Hauses bewohnt; das Zimmer mit dem offnen Fenster war bis vor wenigen Jahren eine Kasernenstube (No. 22), in der Soldaten lagen wie in jeder andern, auf eine Bemerkung Wrangels hin, daß es sich wohl zieme, diesen Ort auszuzeichnen und mehr zu markieren, sind die Soldaten hier fortverlegt und aus Zimmer 21 und 22 ein Eßzimmer für die Offiziere und ein Casinosaal eingerichtet worden. Es ist so viel dadurch gewonnen, daß sich ein Besuch eher ermöglicht und das Ganze einen mehr heitren Eindruck macht. In diesem Zimmer befindet sich auch der hochlehnige, mit starkem Leder bezogene Stuhl, auf dem Friedrich als jüngster Kriegsrat bei der Domainenkammer arbeitete. Dieser Stuhl wurde nach Rußland mitgenommen, kam dann nach Frankfurt a/O auf die Rumpelkammer, von wo ihn sich der gegenwärtige Kommandant von Küstrin, Oberlieutenant von Schlentz, zurückerbat.

Wohnhausanbau. Zwei Fenster Front. Turm . Drei kleine Fenster.

Hauptgebäude nur ein Seitenfenster, und zwar das zugemauerte.

Das Fundament dient jetzt als Rüben- und Kartoffelkeller.

Entfernung vom Schafott bis zum offnen Fenster zehn Schritt, Entfernung bis zum zugemauerten achtzehn Schritt.

Durchmesser des Fundaments zehn kleine Schritt. Wilder Wein umrankt es. In den Meß-room gehörte ein gutes Bild, vielleicht Katts Portrait oder irgendein Menzelsches Bild.

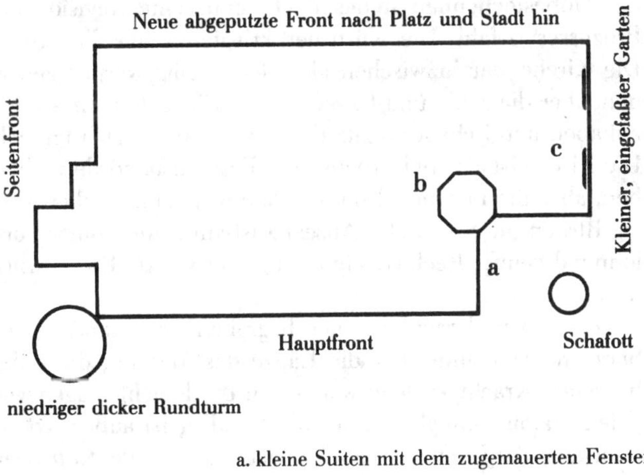

a. kleine Suiten mit dem zugemauerten Fenster
b. der achteckige Turm mit dem Turmaufsatz
c. Meß-room mit zwei Fenstern

Küstrin, alte historische Stadt, alles verloren 1758, Geschichte, Archive, die Stadt selbst. Es blieben nur zwei Gebäude unversehrt, das Wachgebäude und die alte Garnisonkirche. Jenes ist jetzt abgetragen und durch ein neues ersetzt; diese (die Garnisonkirche) existiert noch unter dem Namen Schirrhaus. Es ist ein ärmliches Gebäude, eine stillose Kapelle, die auch nie anders gewesen sein soll. Unter Friedrich Wilh. I. führte diese sogenannte Kirche zu einem Rechtsstreit, der volle hundert Jahre währte und in Verlauf und Schluß ein paar interessante Momente bietet. Die Kirche war städtisch, und die Garnison hatte in alten Zeiten nachgesucht, am Gottesdienst teilnehmen zu dürfen. Im Lauf von sechzig bis siebzig Jahren kehrte sich das Blatt, und die Garnison warf die Bürgerschaft zum Tempel hinaus, ja man fing an, die Brückenzölle zu erheben und der Militärkasse einzuverleiben, die der Magistrat als Patron der Kirche bis dahin erhoben hatte. Klage beim König. Vergeblich. Der Kommandant habe recht und sei angewiesen, sich dem Ansinnen des Magistrats mit Gewalt zu widersetzen. Ein gekränktes Rechtsgefühl ist ein schlimmer und zäher Gegner. Durch drei Regierungen hindurch setzten die Küstriner ihre Protestation fort, unterlagen stets, bis Friedrich Wilh. III. in der Unbestochenheit seines Rechtssinns eine Revision des Prozesses befahl. Die Küstriner kriegten schließlich recht. Die Kirche war inzwischen als solche völlig wertlos geworden, aber die Zölle und Gerechtsame wünschte man wiederzuhaben und Schadenersatz dazu. Man einigte sich endlich. Die Kirche ist als »Schirrhaus« der Festungsbehörde verblieben, aber die Festung (Kommandantur?) zahlt jährlich vierzig Rtr. an die Stadt. Der Ausgang ist am Ende immer noch lohnend genug: Rechtsrestituierung und vierzig Rtr. jährlich dazu.

Oberst von Kracht ist hier begraben, man fand seinen Sarg und erstaunte über die Länge des Mannes, die selbst für einen Kracht zu lang war. Denn die Krachte sagen von jedem Familienmitglied unter 5′10″: »Der ist außer Art geschlagen.« Auf dem Kirchhof ringsumher wurde *Katt* beerdigt, nachher wieder (auf Bitten seines Vaters) ausgegraben und nach Preußen gebracht. – Katts Portrait eignete sich vielleicht für den Saal; ich bemerke deshalb, daß sich ein sehr sprechendes Portrait im Charlottenb. Schlosse befindet.

ZIEBINGEN

Die Tieck-Zeit von 1809 bis 19

Der alte Bürger (Seiler?) Tieck hatte *drei* Kinder
Ludwig Tieck, 31. Mai 1773
Friedrich Tieck, 14. August 1776
Sophie Tieck.

Ludwig Tieck heiratete mutmaßlich 1797 die Tochter des Hamburger Pastors *Alberti.* 1798 wurde die älteste Tochter *Dorothea* geboren. Schon zu Anfang dieses Jahrhunderts scheint er längere Zeit in *Ziebingen* bei Finckensteins, vielleicht auch bei Burgsdorffs (Madlitz?) gelebt zu haben.

1805 ging er nach Rom; sein Bruder Friedrich auch; Friedrich blieb bis 1809, Ludwig aber kehrte schon 1806 zurück, zunächst nach München, wo er den ersten starken Gichtanfall bekam.

Wann er genau nach Ziebingen zu Frau und Kind zurückkehrte, ist nicht genau ersichtlich; – unser Tunnel-Leisewitz meint aber, daß Tiecks Frau während der Abwesenheit ihres Mannes ein intimes Verhältnis mit W. von Burgsdorff gehabt habe, und Tiecks zweite Tochter, *Agnes,* wahrscheinlich 1806 geboren, sei eine Frucht dieses Verhältnisses. Burgsdorff habe ihr auch ein Legat von 2000 Rtr. ausgesetzt, und *nur* ihr.

Ludwig Tieck lebte dann von 1809 bis 19 in Ziebingen; Finckensteins bezahlten alles, es war die glänzendste Gastfreundschaft, die je geübt worden ist; die Tochter vom Hause, die junge Gräfin Finckenstein, liebte ihn, und ein Diamantkreuz, das sie vermißte und [das] deshalb gesucht wurde, wurde in Tiecks Bett gefunden.

1819 ging er von Ziebingen nach Dresden. Die Gräfin folgte ihm; er lebte nun wie Graf Gleichen mit zwei Frauen, die geb. Alberti hamburgisch grob, die Gräfin ihn verwöhnend und von ihm verwöhnt.

Tunnel-Leisewitz hält seinen Onkel, den er noch sehr gut gekannt hat, für einen mindestens sehr bedenklichen Charakter. Verhältnisse einfädeln, Intrigen spinnen, andrer Leute Geld und Dienste für sich ausnutzen, scheint seine

Neigung gewesen zu sein. Nichts weniger als eine eigentlich noble Natur, aber ein Mensch von den allereminentesten Gaben. Er hatte eine Gabe der Überredung, der niemand widerstehen konnte; dabei (jung) von gutem Aussehn. Seine Arbeiten charakterisieren ihn ganz, besonders die Novellen, überall ist er darauf aus, einen schmucken, noblen Kerl zu schildern, um ihn schließlich eine größere oder geringere Gemeinheit begehn zu lassen und dadurch im Leser das Gefühl zu wecken – »ach, es ist alles nichts«.

Sein Verhältnis zum früh gestorbenen Wackenroder sei eine etwas dunkle Partie.

Seine glänzendste Talentprobe habe er (ich glaube 1805) in Wien abgelegt, wo er seine Schwester *Sophie* Bernhardi (die Mutter unsres Bernhardi, das heißt unsers Tunnel-Leisewitz) auf ihrer Flucht nach Italien traf und, behufs einer einzuleitenden *Scheidung* seiner Schwester Sophie von dem zurückgebliebenen Prof. Bernhardi, eine Art *Essay* schrieb, worin er die Unmöglichkeit eines Fortbestandes der Ehe zwischen beiden und die Notwendigkeit einer Trennung nachwies.

Auch die Antwort Prof. Bernhardis hierauf soll sehr gut sein, wiewohl nicht so bedeutend wie Tiecks Arbeit – beide Arbeiten befinden sich im Original unter den Akten des Kammergerichts.

Dies führt mich auf die Verhältnisse von *Sophie Tieck*, die etwa 1798 oder 99 sich mit Prof. Bernhardi, einem ausgezeichneten Grammatiker und, wie es scheint, ehrlichen Kerl vermählte, der in die intrigierende, hyperfeine literarische Rasselbande nicht recht hineinpaßte.

Sophie Tieck (Bernhardi) war nicht schön, aber unwiderstehlich anziehend, geistvoll, pikant, ganz die Schwester Ludwigs. Sie gebar dem Bernhardi vier Kinder, drei Söhne und eine Tochter. Ein Sohn und eine Tochter starben, zwei Söhne blieben übrig, der ältre ist *unser* Bernhardi (Tunnel-Leisewitz), der jüngre ist der jetzt ebenfalls in Berlin lebende Herr *von* Bernhardi, der – nachdem er sich jahrelang Herrn [*Darüber*: Baron] von Knorrig oder Knorring genannt hatte (Gründe später) – sich schließlich mit dem Namen Herr *von* Bernhardi begnügen mußte.

Sophie Tieck war eine körperlich zarte Person, und

Prof. Bernhardi war *sehr* stramm. Als die vier Kinder geboren waren (wahrscheinlich hatte sie ihn nie recht geliebt, während *er* bis zuletzt für sie schwärmte), sagte sie ihm: »Stop, dear; es geht nicht mehr so; – nimm dir, wenn du willst, eine Kebsin; mir alles gleich; nur was mich angeht: nicht rühr an länger.« Bernhardi wollte aber davon nichts wissen. Um diese Zeit oder auch schon früher war der kurländische Baron von Knorring nach Berlin gekommen, hatte lateinische Stunde bei Bernhardi genommen, Tieck kennengelernt, war in die Familie eingeführt worden und hatte mit der reizenden Sophie einen Liebeshandel angefangen. Vielleicht daß *Ludwig* Tieck, der seinen Schwager Bernhardi für eine Art Bären halten mochte, das Verhältnis begünstigte.

Kurzum, das Ende war, daß eine *Entführung* im großen Stil angelegt wurde. Jede Vorsichtsmaßregel wurde getroffen, ja man wußte sich eine Art Cabinets-Ordre des Königs zu verschaffen (den man *für* die Frau u. *gegen* den Mann einzunehmen gewußt hatte), die den Zweck hatte, einer etwaigen Verfolgung seitens eines Polizeibeamten die Spitze abzubrechen.

Hufeland (*auch* im Komplott wie später W. von Humboldt) sagte dem Bernhardi, seine Frau müsse ins Bad nach Liebenstein, um sich zu stärken, und B. glaubte so fest an ein ehrlich Spiel, daß er dem Dienstmädchen, die ihm zuletzt noch den ganzen Plan verriet, eine Maulschelle gab.

So ging es denn nach Liebenstein. Von dort aus schrieb sie an ihren Mann: »Lebe wohl, ich komme nicht wieder.« In Begleitung ihrer zwei Söhne, des Barons von Knorring (und vielleicht noch ein andrer) ging es nun südlich. Bernhardi drang auf Verfolgung. Verhaftsbefehle wurden – ich glaube, beim Kammergericht – erwirkt, und in Wien war es soweit, daß die junge Frau etc. etc. per Gewalt nach Berlin zurückgebracht werden sollte. In höchster Not wußte man sich aber auch hier durch das Versprechen, »zur römischen Kirche übertreten zu wollen«, Hülfe zu verschaffen, *Rom* wurde von irgendeinem päpstlichen Legaten als Zuflucht angeboten, und dorthin ging es nun; während Ludwig Tieck im Intresse seiner durchgebrannten Schwester (vielleicht durchgebrannt auf seinen Rat) das oben schon besprochene berühmte »Memorial« schrieb, das für Scheidung plädierte.

Sophie Tieck, die beiden Kinder, Baron von Knorring, bald auch Ludwig und Friedrich Tieck waren nun in Rom. Aber schlimme Tage kamen. Das Geld ging aus. Der *alte* Knorring in Kurland, durch Bernhardi von dem ganzen Skandal unterrichtet, schickte keine Wechsel mehr, und sofort saß man auf dem Blanken. In dieser Jammerzeit traten zwei Retter auf: zunächst *Friedrich* Tieck, der als Bildhauer durch seiner Hände Arbeit das ganze Bummelcorps ernährte, dann Wilhelm von Humboldt, der teils jene Arbeiten vermittelte, teils schützend seine Hand über die selbst bis nach Rom hin Verfolgten ausbreitete.

Zuletzt aber war auch dieser Schutz zu schwach, und die ganze Tiecksche Bande mußte über die Alpen nach Deutschland zurück. Auch mochte Ludwig Tieck jetzt einsehn, daß Rückkehr das gebotenste, das heißt *profitabelste* war.

Das hat folgenden Zusammenhang.

Prof. Bernhardis *Vater* lebte noch und war sehr reich. Er besaß sechs schöne Häuser, mehrere Güter und Barvermögen. Der alte Herr betrachtete mit Unmut die ganze liederliche Wirtschaft, hatte wenig Lust, seinen Sohn, den Professor, den er als einen schlechten Wirt kannte und schon im voraus, wenn die Tiecks wollten, jeden Augenblick wieder von den Tiecks übervorteilt sah, zum Erben einzusetzen, erklärte aber schließlich doch: er werde sein Vermögen seinem Sohne (dem Professor) hinterlassen, wenn er mit seiner Frau wieder zusammenlebe; denn die alte ehrliche Philisterhaut nahm Anstoß an dieser skandalösen Wirtschaft und wollte das Seine tun, die Sache wieder in Schick zu bringen. Vielleicht hatte ihn auch der Sohn, der partout seine Frau wiederhaben wollte, zu dieser Erklärung, deren Wirkung er vorausberechnen konnte, überredet. Es war jetzt eine Geldfrage geworden, und die Gemütlichkeit hörte auf. Auch Ludwig Tieck, der immer ein liking für Geld hatte, mochte jetzt für zeitweilige Wiedervereinigung sein, weil weitre Trennung der Eheleute gleichbedeutend war mit Verlust des Bernhardischen Vermögens. Und das wäre fatal gewesen.

So erschien denn die ganze Kavalkade wieder in Deutschland. Aber in München (vielleicht war der alte Bernhardi inzwischen schon gestorben) kam es zu einem Kompromiß.

Eine Scheidung wurde ausgesprochen; der ältre Sohn (unser Tunnel-Leisewitz) kehrte zum Vater nach Berlin zurück, der jüngre Sohn und die Mutter (Sophie Tieck) gingen nach Rußland, begleitet vom immer treuen Baron von Knorring, der nun die junge Frau heiratete. Der Sohn erster Ehe, der jetzige *von* Bernhardi, wurde damals auch als ein junger Baron von Knorring angesehn, bis die Familie (die Agnaten) dagegen protestierte. Knorring starb; die Güter, da mutmaßlich keine Kinder aus dieser zweiten Ehe da waren, kamen an andre Familienmitglieder, und die nun verwitwete Sophie Tieck litt bittre Not mit ihrem Sohne. (Wie sich diese Verhältnisse nachher gestalteten, ein steter Wechsel von guter und höchst kümmerlicher Lage, endlich der Tod Sophies – das hab ich vergessen.) Ein Roman Sophies, »Evremont«, gibt Aufschluß über vieles.

WIE WAREN NUN EIGENTLICH DIE WENDENKIRCHHÖFE?

[*Nachträglich mit Blaustift darübergeschrieben:* Aus Bekmann]

Waren es Feldsteinkreise, innerhalb deren die Toten verbrannt und in kleinen Urnen, dicht unter der Erde, beigesetzt wurden (später dann von Triebsand etc. hoch überdeckt); oder waren es Feldsteinkreise, die dann gleich einen *Hügelaufwurf* erhielten?

Man könnte sagen: das letztre geschah bei *Massenbestattungen*, wo man den Friedhof (nach einer Schlacht) ein für allemal schloß und zugleich nun eine Art Denkmal hatte; das erstre aber war wahrscheinlich das gewöhnliche. (S. *S. 388.*)

Die Urnen. Metallne sind sehr selten, doch kommen sie vor; ein Fünenscher Bauer (s. S. 389) fand 3 goldne. Meist *irden*, verschieden in Form und Größe. Mitunter steckt eine kleinere, feinere in einer gröberen wie in einem Futteral, und kleine stehen drum herum. Sie enthalten oft [*Text bricht ab. Zu Vorstehendem am Rand:* Knochen und Asche, aber nicht immer.]

S. 392 und 93 *sehr gut* [*Mit Bleistift und nachträglich mit Rotstift unterstrichen.*]

In der Mitte die Aschenurne, in einer Futteralurne; drum herum leere Urnen von verschiedenster Form – diese bloß Hausrat zur Fütterung der Verstorbenen (in einer *Fischschuppen* [*Mit Bleistift und nachträglich mit Rotstift unterstrichen.*]) etc.

S. 393 Manche Urnen von feiner workmanship mit Löwen, Adlern, Bären etc., andre roh, auch in bezug aufs Material.

S. 394 Asche, Knochen, Spangen, Schrauben [?], Ringe, Ohrringe, daran blaue, grüne, rote Steine oder Schmelz (vgl. 390 die Mitte der Seite). [*Dazu am Rand:* silberne Spangen, silberne Nadeln *in* den Urnen.]

S. 396 was dort abgebildet ist, hat sich meist *nicht* in Urnen gefunden.

S. 400–402 Spieße, Pfeilspitzen, Sporn, Hufeisen, Messer, Dolch. Danach müßten die Wenden sich sehr gut auf *Eisen* verstanden haben, was doch sonst als zweifelhaft gilt. Alle diese Sachen sollen sich zum Teil *in* Urnen gefunden haben.

S. 402 Das eherne Wildschweinsbild. Zitat aus Tacitus. *(Vorzüglich zu brauchen.)* [*Mit Rotstift unterstrichen.*]

S. 404 *Sehr interessant* [*Mit Bleistift und nachträglich mit Rotstift unterstrichen.*] Bekmann scheint auch der Ansicht, daß alle die Nadeln, Ringe etc, die sich finden, »dem alten teutschen Frauenzimmer« gehört haben.

Die ganze Beschreibung der Eltesterschen Sammlung ist sehr gut und brauchbar.

Die Übereinstimmung mit dem *Römischen* und daher der Schluß, daß es *deutsche* Sachen sein müssen. Dafür spricht übrigens in der Tat die Übereinstimmung mit dem *Dänischen*, wo man also doch germanisch geblieben war.

S. 414 *Sehr gut.* Tacitus-Zitat, ebenso S. 420.

Die eine mit dem Bildnis des Nero (Nero Caesar. Aug. P. P.)

Nero Caesar Augustus

Caesar Vespasianus (in der Prignitz bei Ragow)

Diva Faustina, Gemahlin von Antonino Philosophus, bei Reitwein an der Oder.

Ein mit Lorbeern gekröntes Haupt mit der Umschrift: Imp. Caes. Trajano Optimo, wegen seines Krieges gegen die Davier (gefunden zu Bombek in einem Totentopf).

GESCHICHTE DER BÄUERLICHEN RECHTSVERHÄLTNISSE IN MARK BRANDENBURG

Von Stadtgerichtsrat L. Korn

1. Mittelalter
2. Reformation und 30jähriger Krieg (Fortsetzung und Schluß)
3. Agrarpolitik der Könige im 18. Jahrhundert
4. Stein-Hardenbergsche Gesetzgebung
5. Neuste Zeit

Ist der *Kolonieunternehmer und -Anlieger* (eine Art »Gründer«) allemal mit dem *Lehnschulzen* (der er nun zu werden scheint) identisch?

S. Jeder *Kolonist* erhält als Regel
1. eine Hufe
2. steht nur vor seinem Schulzen vor Gericht
3. kann die Hufe, die *seine* ist, veräußern
4. zahlt aber einen *Zins* und einen *Zehnten.*

Sie waren daher nicht *schöffenbar frei,* aber doch im Besitz von *Erbzinsgütern.* Johann v. *Buch* sagt später: sie hatten *Erb*rechte, konnten sie frei veräußern und mußten nur dem *Erbzinsherrn* ein Vorkaufsrecht zugestehn.

Auch *Lippold v. Bredow* sagt 1383 Ähnliches. Der Zinsbauer konnte sein Zinsgut verlassen, auch wenn er keinen Nachfolger stellte. Er war *frei* in seiner Bewegung.

Zins und Zehnte hießen Pacht. Dazu kam später die landesherrliche *Bede.*

Sie hatten allerdings auch gewisse *Dienste* zu leisten.

Die Dörfer in der Mark waren sehr lange reine Bauerndörfer.

1375 (Landbuch Karls IV.) war die Zahl solcher großen Güter, die man mit Rittergütern *vergleichen* kann, noch äußerst gering. Es scheint, es gab damals nur *adlige Höfe,* wie es *Bauern-* und *Schulzen*höfe gab.

Die *Dienste* der Bauern waren:

Vorspann, wenn der Markgraf und die Seinen reiste [!], außerdem

die *Burgware*, d. h. Fuhren bei Bauten von Festungen, Burgen, Brücken etc., außerdem

Heerdienst, d. h. jedes *Dorf* stellte einen 4spännigen Rüstwagen.

S. 7 die Stelle zitieren.

S. 9 wichtige Stelle, die das relative Vorherrschen des Wendischen im Reg. B. Frankfurt erklärt. Auch die *freie Stellung* der Wenden wichtig.

S. 10 Wie die *Bauerndörfer* Rittergüter wurden.

Ministerialen und *ritterbürtige Vasallen*. Die letztern waren frei und hatten meist nur 6 Hufen zu Lehn, und zwar abgabenfrei. Von diesen 6 Hufen konnten sie nicht standesgemäß leben, es wurden ihnen daher, seitens des Landesherrn, noch *landesherrlicher Zins und Zehnten* überwiesen, die nun, statt des Landesherrn, der *ritterbürtige 6-Hufen-Vasall* vom Bauer erhielt. Diesem (dem Bauer) war es zunächst ziemlich gleichgültig, ob er Zins und Zehnten an den Landesherrn oder an einen Ritter zahlte. Allmählich indes sind daraus die *Rittergüter entstanden*.

Anfänglich existierten solche gar nicht. Die *Ritter* wohnten in den Burgen (Städten), waren *Stadt*- und *Hof*adel; erst sehr allmählich wurde daraus *Land*adel. Erst Ende des 14. u. Anfang des 15. Jahrhunderts begann der Adel *Ackerwirtschaft* als Erwerb zu treiben.

1385 hatten die meisten Adligen nur bis 5 Hufen unterm Pfluge. Einige freilich schon 25.

Nun kamen *Zeiten der Not für den Landesherrn*. Er brauchte Geld. Um es sich zu verschaffen, gab er seinen Anspruch, sein Recht auf *Zins, Zehnten, Bede*, ganz besonders auf die *Dorfgerichtsbarkeit* aus der Hand. So wurde der *Käufer Lehnsherr des Schulzen*, d. h. schließlich etwas *Rittergutsbesitzerartiges*. Diese *Käufer* waren oft auch Bürgerliche aus den Städten, doch *meist* Adlige.

Diese Verkäufe geschahen ganz allgemein und massenhaft. (Da dies in die Quitzow-Zeit fällt, so muß man doch aber *dagegen* bemerken, daß damals nicht erst Ritter- und Adelsmacht *entstand*, sondern schon sehr stark *vorhanden* war.)

1375 gab es in der Neumark nur noch 3 Dörfer, die die Bede an den Landesherrn zahlten; und unter dem dann folgenden *Jobst von Mähren* wurde *alles* versetzt.

Die *Gutsherrschaft* der Bauerndörfer in ältester Zeit, also bis Ende des 13. Jahrhunderts, waren: der *Landesherr*, die *Domstifte*, die *Orden* und diejenigen *hohen Adligen*, die schon bei der Kolonisation eine Rolle gespielt hatten.

Später wurde nun der Ritter und Adlige, der *gegen Geld* alle Ansprüche ankaufte, der Herr des Dorfes, und da er nun *in demselben lebte* und alle Macht in sich vereinigte, so ging dem Bauer mehr und mehr seine alte Freiheit verloren.

»Man fing daher an, die Bauern als *Privatuntertanen* der Ritter zu betrachten, die nur durch die Mittelsperson der letzteren in einem Zusammenhange mit den Markgrafen und Kurfürsten standen.« (Zu Anfang des 16. Jahrhunderts hat sich diese Umwandlung bereits vollzogen.)

Die Kurfürsten waren dabei teilnahmlos. Zins, Zehnte war [!] nicht mehr Landessache, sondern Privatsache zwischen Bauer und Gutsherr. Die Kurfürsten ließen es gehn.

Zu Ende des 16. Jahrhunderts: Im *Prinzipe* wurde anerkannt, daß sie *Eigentum* an ihren Stellen hätten und *persönlich freie* Leute seien; aber in praxi lag es nicht mehr so günstig (S. 41). Den Dampf tat ihnen schließlich der 30jährige Krieg. Alles wüst. Nun setzte zum Teil der *Adel* (nicht mehr der Landesherr) diesen und jenen auf die wüste Stelle, schrieb die Bedingungen vor, und der *lassitische* Bauer war fertig. Ja hier und dort begegnet man einer wirklichen Leibeigenschaft.

HEINRICH AUGUST DE LA MOTTE FOUQUÉ

Manch Leser wird sich eines Menzelschen Bildes erinnern, das einen alten, vernarbten und verrunzelten Herrn darstellt, der in einem wagenartigen Rollstuhl durch die gelben halb offnen, halb schattigen Kiesgänge eines Parkes gefahren wird. Nebenher schreitet ein andrer alter Herr in hohen Stiefeln, Frack und Dreimaster, ersichtlich bemüht, mit dem Alten, der harthörig ist und eben sein Hörrohr ans Ohr legt, eine Konversation zu machen. Durch die Parkbäume schimmern ein paar Statuen, im Hintergrund steigen Terrassen auf, um den Begleiter tummeln sich die bekannten Windspiele. So das Bild, wer erkennte nicht Sanssouci und den großen König? Der alte Herr im Rollstuhl aber ist kein andrer als General Fouqué, der alte Freund und Genosse des Königs aus alten Rheinsberger Tagen her. Der Kronprinz hieß damals »Le Constant«, und als solcher hat er sich bewiesen. *Fest* und *beständig* hat er ausgehalten in seiner Freundschaft.

Es verrät eine feine Auffassung von seiten des Malers. Adolf Menzel, als er dieses Bild entwarf, traf sehr richtig den charakteristischen Moment im Leben Fouqués, der, wenn er richtig charakterisiert werden sollte, nicht in Jugend und Waffenglanz, sondern, wie hier geschehn, in seiner Gebrechlichkeit dargestellt werden mußte. Denn der Fouqué an der Spitze einer Sturmkolonne wäre nur einer unter vielen gewesen, während der Fouqué im Rollstuhl, den König plaudernd zur Seite, eine für sich bestehende Erscheinung ist. Nicht als *General* seines Kriegsherrn, als *Freund* seines Königs hat er seine poetische und auch seine historische Bedeutung. Es fiel ihm nämlich in seinen alten Tagen, und nachdem die eigentlichen Ruhmestage längst hinter ihm lagen, die eigentliche Aufgabe zu, der Gegenstand zu werden, an dem sich die menschlich schönste Seite im Leben des großen Königs am vollsten entwickeln konnte. Denn es ist zu allen Zeiten ein Kriterium eigner Größe gewesen, die Unterordnung unter einen Größeren, selbst das Sichopfern für ihn, fast wie ein Bedürfnis zu empfinden. Und daß große Züge, daß ein hoher Stolz in dem demütigen Herzen Fouqués zu finden war, werden wir auch sonst noch Gelegenheit finden hervorzuheben.

Heinrich August de la Motte Fouqué wurde am 4. Februar 1698 im Haag geboren. Seine Eltern, einer vornehmen, reichbegüterten normannischen Familie angehörig, hatten etwa zwanzig Jahre vorher, nach Aufhebung des Ediktes von Nantes, ihre französische Heimat verlassen und in dem benachbarten Holland eine Zufluchtsstätte gefunden. Der Aufenthalt im Haag war aber nur ein vorübergehender. Seine Mutter, nachdem sie Witwe geworden, übersiedelte weiter ostwärts ins Hannöversche, nach Celle, und etwa um 1710 trat unser Heinrich August als Page in den Dienst der Herzogin von Dessau, der Gemahlin des »Alten Dessauers«. Unter seinen Augen wuchs er heran; er hat diese Schule nie verleugnet.

Wir wissen aus diesen Pagentagen unseres Helden wenig oder nichts. Seine Biographen, deren er zwei gefunden hat (Büttner und sein Enkel Friedrich de la Motte Fouqué), gehen über diese Dessauer Tage mit wenig Worten hin. Sie konnten es nicht, da der alte General keine Aufzeichnungen aus seinem Leben hinterlassen hatte und alle Biographen, die sich nicht auf Aufzeichnungen des zu Beschreibenden stützen, jedesmal in die Lage kommen, die Jugendepoche ihres Helden lückenhaft darstellen zu müssen, wie umgekehrt, wenn solche Aufzeichnungen da sind, die Jugendzeit am besten, am poetischsten und selbst am ausführlichsten fortzukommen pflegt. Alte Herren, die sich niedersetzen, um über ihr eignes Leben zu berichten, verweilen immer am liebsten bei ihren Jugendtagen (oft sterben sie drüber hin, und ihre Arbeit bleibt Bruchstück), während andere, Nachlebende, ohne solch Material die Biographie zu schreiben haben.

Wir hören von unserm *Heinrich August* erst wieder bei Ausbruch des Schwedenkrieges (1715), als preußische Regimenter Befehl erhielten, unter Führung des »Alten Dessauers« vorzudringen und die Schweden aus Vorpommern hinauszuwerfen. Der siebzehnjährige Fouqué hatte gehofft, bei dieser Gelegenheit seinen Fürsten und Waffenmeister ins Feld begleiten zu dürfen, und war nicht wenig enttäuscht, als ihm statt dessen der Befehl wurde, zur Aufwartung der Fürstin am Hofe zu bleiben. Das war mehr, als dies alte normannische Blut ertragen konnte; heimlich verließ er den Dessauer Hof und ging nach Halle, um sich dem dort garnisonierenden Regiment seines Herrn und Herzogs anzuschließen. Zwei Tage lang folgte er dem Regiment, ohne vom Herzog beachtet zu werden, dann aber ließ ihm dieser ein Pferd geben und nahm ihn in sein Gefolge auf. Die Feuertaufe ließ nicht lange auf sich warten. Beim Sturm auf Rügen (?) wurde ein Soldat der anrückenden Kolonne tödlich getroffen; Fouqué sprang vom Pferde, nahm Gewehr und Patronentasche und stürmte statt des Gefallenen weiter. Noch am selben Tage avancierte der Page zum Offizier.

Der Krieg war von kurzer Dauer. Stralsund, Rügen waren genommen, und das Regiment Anhalt-Dessau kehrte in seine alte Garnisonstadt Halle zurück. Mit dem Regiment auch unser Fouqué. Lange Friedensjahre kamen, Jahre ohne Reiz, ohne Anregung (?), aber Jahre praktischer Dienstübung, ernsten Studiums. Halle war der Ort für beides, die Anregung, die die Universität gab (eben damals in Blüte), kam den Wissenschaften zustatten, der Jupiter tonans von Dessau her sorgte, daß der Dienst die Hauptsache blieb. 1729 wurde Fouqué Compagniechef, etwa um dieselbe Zeit verheiratete er sich.

Wir hören erst wieder von ihm ums Jahr 1736. In diesem Jahre tritt Hauptmann von Fouqué am Rheinsberger Hofe auf. Er nimmt nicht teil an den Debauchen, er ist kalt, nüchtern, rigorös, aber sein Wissen, sein hohes Empfinden sichert diesen Rigorismus vor Pedanterie, und so ist er willkommen. Der Kronprinz zeichnet ihn aus, und die Bayard-Ordens-Idee (wenn auch vom Kronprinzen selber angeregt) kommt durch Fouqué zur Ausführung. Er wird Großmeister unter dem ehrenden und charakteristischen Beinamen le Chaste. Die Erinnerungen an diese Tage schwinden nie ganz in den Herzen derjenigen, die diesem schönen Spiele angehört, und noch während des Krieges, bis in die Tage der Gefangenschaft und des Alters hinein, klingen die Erinnerungen durch an die sinnige Spielzeit der Rheinsberger Tage.*

* Fouqués Biographen haben die erste Bekanntschaft Fouqués mit dem Kronprinzen ins Jahr 1730 verlegt. Büttner sowohl wie Friedrich de la Motte Fouqué erzählen, er habe, beinah unmittelbar nach der Hinrichtung Kattes, und zwar mit Wissen und

So gingen die Dinge bis 1738. Die häufigere Anwesenheit in Rheinsberg, insonderheit bei dem leisen Gegensatz, der zwischen dem Kronprinzen und dem Fürsten Leopold herrschte, mochte dem letzteren unbequem werden, es gab Szenen, der Garnisonsdienst in Halle wurde unserm Heinrich August immer drückender, und er nahm endlich seinen Abschied, um in dänischen Dienst zu treten. Aber auch dies nicht auf lange. Das Jahr 1740 änderte die Sachlage daheim, der Rheinsberger Prinz war König, und unter denen, die [er] in erster Linie um sich haben wollte, weil er ihrem Mut und ihrer Einsicht ganz vertrauen konnte, war Fouqué. Er kehrte als Major in preußischen Dienst zurück. Wenige Wochen später begannen die Schlesischen Kriege. Fouqué focht mit Auszeichnung bei Mollwitz, bei [*Lücke in der Zeile.*], der Friede kam, und Fouqué, die erste Stellung von Bedeutung, die ihm zugewiesen wurde, wurde Kommandant von Glatz.

Es war mehr eine Stellung von politischer wie von militärischer Bedeutung; es handelte sich mehr um die Kunst, widerstrebende Volkselemente [geschickt mit den neu geschaffenen Verhältnissen auszusöhnen.]

So vergingen unserm Fouqué vierzehn Jahre in Glatz, erst der Ausbruch des Siebenjährigen Krieges rief ihn wieder ins Feld, und der Tag von Prag, wo er unmittelbar unter Schwerin befehligte, gab ihm nach langen Friedensjahren wieder Gelegenheit zu kriegerischer Auszeichnung. Er kommandierte an diesem ruhmreichen Tage die Avantgarde des linken Flügels unmittelbar unter Schwerin, und seine und Winterfeldts Bataillone waren es, an deren Spitze sich der greise Schwerin stellte, um den ersten, blutig abgeschlagenen Sturm auf die Höhen, mit der Fahne in der Hand, zu erneuern. Schwerin fiel und Winterfeldt brach schwer verwundet zusammen, unserm Fouqué zerschmetterte eine Kartätschenkugel Degengefäß und einen Teil der rechten Hand, aber er ließ sich den Degen, den ihm ein sterbender Offizier reichte, fest in die blutende

unter Gutheißung des Königs, Zutritt in das Gefängnis des Kronprinzen gefunden, und schieben die bekannte Geschichte mit dem Lichtausblasen, aber sofortigem Wiederanstecken des Lichtes, dem Fouqué zu. Preuß indes, der wohl unbestritten Autorität in diesen Dingen ist, bestreitet überhaupt die Anwesenheit Fouqués in Küstrin. Was die Anekdote mit dem Lichtauslöschen angeht, so sei hier bemerkt, daß drei Familien für ihre Ahnherren diese Geistesgegenwart in Anspruch nehmen: die Knobelsdorffs, die Lepels und die Fouqués. Die letztere ersichtlich mit größerem Recht.

Hand hineinbinden, und sich frisch an die Spitze neu anrükkender Bataillone stellend, nahm er die Höhe im Sturm. Diese Erstürmung der ... Höhen entschied im wesentlichen die Schlacht. Der Anteil unseres Fouqué an diesem Erfolg war freilich nur ein bedingter, und gebührt ihm lediglich der Ruhm, eine strikt gegebene Ordre mit unerschrocknem Mute ausgeführt zu haben. Der Angriff selbst (Umgehung des Feindes und Fassen in seiner rechten Flanke) geschah nach Dispositionen des Königs, ja es darf nicht verschwiegen werden, daß der König in seiner »Histoire de mon temps« mit nur mäßiger Anerkennung von diesem schließlich siegreichen Angriff spricht, indem er halb tadelnd hervorhebt, »daß er mit mehr Eifer als Umsicht ausgeführt worden sei«.

Es scheint, daß der König zu diesem Urteil, in dem sich Lob und Tadel die Waage halten, voll berechtigt war. Die Avantgarde des Flügels, also speziell die Bataillone unsres Fouqué, griffen eher an, als sie sollten, und nur der schließliche Erfolg konnte den begangnen Fehler vergessen machen.

Noch einmal, der Anteil unsres Fouqué an dem Siege von Prag war nur ein bedingter, es war der Anteil des tapfren Offiziers, nicht des Feldherrn. Erst die kommenden Kriegsjahre sollten unsrem Fouqué Gelegenheit geben, auch nach dieser Seite hin sich einen Namen zu machen, freilich nur, um den Ruhm vieler Gefechte und glücklicher Züge in dem Unglück eines Tages untergehen zu sehen. Ich spreche natürlich von der Katastrophe von Landshut am ... 1760.

Mit diesem ebenso wichtigen wie verhängnisvollen Tage schloß die kriegerische Laufbahn unsres Fouqué ab, weshalb ich bei den Vorgängen dieses Tages, bei dem, was unmittelbar voraufging und folgte, etwas ausführlicher zu verweilen gedenke.

Laudon stand mit 20000 (?) Mann in Böhmen, jeden Augenblick bereit, über das Glatzer (?) Gebirge in Schlesien vorzudringen. Fouqué, in fester Stellung bei Landshut, sollte dies Vordringen verhindern. Diese Aufgabe war unmöglich. Der König, so scheint es, wenigstens sprechen militärische Schriftsteller diese Vermutung aus, beging in seinen Dispositionen den Fehler, das Defilee von Landshut für den einzigen Übergangspunkt über das Gebirge anzusehn, während doch andre Pässe rechts und links daneben lagen. Laudon kannte diese andern Pässe und benutzte sie; er überschritt das Gebirge bei Wartha und Silberberg und stand auf schlesischem Boden, Schweidnitz und selbst Breslau bedrohend. Fouqué, in richtiger Würdigung dessen, was geschehen war (und zwar geschehen, ohne daß er es hindern konnte), gab nunmehr die feste Stellung von Landshut auf, um denselben Feind, den er (ohne irgendein Verschulden seinerseits) an seinem Vordringen in Schlesien nicht hatte hindern können, jetzt auf einem Terrain, das sozusagen gemeinschaftlich geworden war, wenigstens nach Möglichkeit im Schach zu halten. Die Kriegsgeschichte hat seitdem anerkannt, daß Fouqués Operationsplan der unbedingt richtige war.

Aber anders dachte der König. Verstimmt durch den Vorgang überhaupt, angestachelt durch Meldungen Schlabrendorfs, des damaligen Ministers für Schlesien, der den Abzug Fouqués von Landshut mit den sarkastischen Worten meldete: »Wenn doch der sonst so hartnäckige General in diesem *einen* Punkte etwas hartnäckiger gewesen wäre«, so angestachelt zu übelster Laune (und, setzen wir hinzu, überhaupt seit Jahr und Tag irre werdend an einer besondren Feldherrngabe seines Fouqué), schrieb der König an den bis dahin mit Gnaden überhäuften Freund die ungnädigen Worte (noch dazu in *deutscher* Sprache): »Ich dank's Euch mit dem Teufel, daß Ihr meine Berge verlassen habt. Schafft mir meine Berge wieder, es koste, was es wolle.«

Fouqué empfing diesen königlichen Brief in Gröditz am 15. Juni. Sein Entschluß war rasch gefaßt; er berief seine Untergenerale, las ihnen die Worte des Königs vor und sagte dann: »Sie sehen, meine Herren, ich habe das Unglück gehabt, das Vertrauen des Königs zu verlieren. Auch Sie haben teil an diesem Unglück. Soviel ist gewiß, des Königs Befehl und zugleich unser aller Ehre fordert jetzt rücksichtslos das Äußerste. Wir müssen die Stellung bei Landshut wieder einnehmen. General Laudon wird – so wie ich ihn kenne – den Posten uns grade nicht umsonst überlassen. Daß ich im Fall des Rückzuges einer der letzten auf dem Schlachtfelde sein werde, versteht sich von selbst. Daß ich aber, wenn ich das Unglück hätte, einen solchen Tag zu überleben, nach jenem Briefe meines Königs keinen preußischen Degen mehr ziehn werde, darauf gebe ich Ihnen mein Ehrenwort.«

Am 17. griff Fouqué die Stellung bei Landshut an und nahm sie nach lebhaftem Gefecht ohne besondre Schwierigkeit, da nur ein Laudonsches Seitencorps die Stellung zu halten gesuchte. Der Befehl des Königs war also strikte erfüllt, die Preußen waren wieder in Landshut. Aber auf wie lange? Laudon, von der numerischen Schwäche seines Gegners unterrichtet, beschloß alsbald den entscheidenden Schlag. In der Nacht vom 22. zum 23. Juni griff er an; ein starkes Gewitter, das gleichzeitig heraufzog, donnerte mit in den Kampf hinein. Es war zwei Uhr morgens, als die Truppen aneinandergerieten, gegen zehn Uhr war der Kampf entschieden. Von Berg zu Berg hatte Fouqué, jeden Fußbreit Landes verteidigend, die Seinen in stetem Kampf mit dem dreimal stärkeren Feind zurückgeführt, als er plötzlich feindliche Kavalleriemassen in seinem Rücken erblickte, bereit, ihm den Rückzug abzuschneiden. Fouqué wich aus, verließ die Berge und zog unten im Tal die ihm gebliebenen Infanteriereste in ein Quarré zusammen.

Gegen dies, das alles barg, was vom Fouquéschen Corps übriggeblieben war, richteten sich jetzt die Angriffe der feindlichen Kavalleriemassen. Wiederholt abgeschlagen, drangen sie endlich ein, Fouqué stürzte unter sein tödlich getroffnes Pferd, und die Klingen der wütenden Dragoner fielen über den Wehrlosen her. In diesem Augenblick, der dem schon verwundeten Fouqué den Tod bringen mußte, warf sich sein Reitknecht über ihn, und seinen Herrn mit seinem Leibe deckend, rief er einmal über das andre: »Halt, halt! Wollt Ihr den General umbringen?« Endlich sprengten östreichische Offiziere heran und machten dem Gemetzel ein Ende. Fouqué, ohnmächtig vom Sturz und Blutverlust, ward unter dem Pferde hervorgezogen. Als er die Augen aufschlug und seines Reitknechts ansichtig wurde, der mit tiefen Kopfwunden neben ihm lag, reichte er ihm die Hand und sah gen Himmel, während Tränen in sein großes, dunkles Auge traten. Obrist Baron von Voit, Kommandierender der feindlichen Dragoner, ließ jetzt sein eignes Paradepferd herbeiführen und bat den gefangenen Fouqué, es zu besteigen. Dieser aber weigerte sich dessen und erwiderte nur: »Ich würde Ihr schönes Sattelzeug mit meinem Blut verderben.« Baron von Voit antwortete: »Mitnichten, General; ich kann

Eurer Exzellenz versichern, daß mein Sattelzeug unendlich an Wert gewinnt, wenn es mit dem Blute eines Helden bespritzt wird.« [*Dazu am Rand:* Siehe Archenholtz, Teil II. Gefecht bei Landshut.]

So endete der Tag von Landshut. Das Fouquésche Corps war tot oder gefangen, der General selbst wurde zuerst nach Brünn, dann nach Bruck an der Leitha geführt; der König aber nahm die Nachricht von diesem schweren Schlage mit vieler Würde entgegen, und mit einem Anflug göttlichen Humors trat er unter die versammelten Generale und sagte: »Messieurs, es hat sich wieder einmal ein Unglück ereignet. General Fouqué ist bei Landshut von General Laudon mit dreifacher Übermacht angegriffen und überwältigt worden. Beinah sein ganzes Corps ist kriegsgefangen. Aber er hat sich bis auf den letzten Mann gewehrt und ward in einem niedergerittenen Quarré unter seinem erschossenen Pferde mit einigen Hiebwunden gefangen. Ich wünsche, Messieurs, daß wir alle bei ähnlicher Gelegenheit uns ähnlich benehmen mögen.«

Fouqué blieb gefangen bis zum Schluß des Krieges. Im Mai 1763 sehen wir ihn, beinah im Augenblick seiner Rückkehr in die Heimat, auch schon als Gast im Hause des Königs – er betritt die Heimat wieder, um zunächst wieder der Freund seines Königs, sein Gast in Sanssouci zu sein. Kein Vorwurf; die trüben Tage, die Tage des Kampfes, der Verstimmung liegen zurück, die Tage des Aufbaus, des Schaffens, des Schaffens auch im Gebiete des Geistes, sind wieder da, Erinnerungen an weit zurückliegende Tage werden wieder lebendig, und wie ein Nachsommer beschleicht vielleicht die Hoffnung das Herz des Königs, die alten Tage von Rheinsberg sich verklärt, geadelt, neu beleben zu sehn. Wer wäre geeigneter, dabei mitzuwirken, als er, der diese Tage miterlebte.

Vier Wochen ist Fouqué Gast in Sanssouci, aber Hofdienst ist schwer und die Kraft des Fünfundsechzigjährigen gebrochen. Er sehnt sich nach Ruhe, und er findet sie in der Brandenburger Dompropstei. Dorthin zieht er sich zurück, um sie nicht wieder zu verlassen, oder doch nur auf Stunden, um dem König von Zeit zu Zeit einen Besuch zu machen. Die Feldherrntage liegen zurück, die Dompropsttage beginnen, und die Tage voll Schlachtenlärm beschließt ein Idyll.

Von dort aus erbittet er seine Entlassung aus dem Kriegsdienst, die der König anfänglich nicht gewähren will, aber Fouqué schreibt wiederholentlich: »Ich tauge zu nichts mehr als zu einem Klausnerleben und Ruhe. Fügen sie als Gipfelpunkt Ihrer Wohltaten, Sire, noch die hinzu, mich einer solchen Stille für meine noch übrigen Tage genießen zu lassen.« Endlich gibt der König nach. Wieviel bei diesen wiederholten Abschiedsgesuchen die Erinnerung an jenes Gelöbnis mitwirkte, »den preußischen Degen nie wieder ziehn zu wollen«, lassen wir ununtersucht. Wenn er dem König von diesem Gelöbnis nichts sagte, so schwieg er aus Zartheit, nicht aus Mangel an Mut.

Dies Idyll ist es, was uns vor allem interessiert, und der Briefwechsel, der nun zwischen Sanssouci und der Dompropstei beginnt, das briefliche Geplauder, das bei Mekka-Balsam und Trüffelpasteten, bei kleinen Aufmerksamkeiten und guten Ratschlägen verweilt, tritt unsrem Herzen näher, als es [bei der Kriegskorrespondenz der Fall war.]

Noch zehn Jahre waren dem alternden Fouqué vergönnt. Dieser Ausgang seines Lebens ist es, bei dem wir mit Vorliebe verweilen. Die Eigenschaften seines Charakters, die ihn uns weit über seine (übrigens auch bestrittenen) Feldherrngaben hinaus lieb und wert machen, treten hier in ein stilles und volles Licht. Diese Eigenschaften waren: Treue, Festigkeit, christliche Demut.

Er war vor allem ein frommer Mann. Die tägliche Lebensweise des Greises begann mit Gebet und dem Lesen eines Morgensegens. Der Vormittag, solange seine Kräfte ausreichten, gehörte seinem Beruf, der Überwachung des Ritter-Kollegiums (der jetzigen »Ritter-Akademie«), das er wenigstens in seinen großen Zügen zu leiten trachtete. Es fehlte dabei nicht an Konflikten. Das Französische und die Waffenführung fand er vernachlässigt, und als endlich auf Wunsch des Direktors der Anstalt, der dieselbe irrtümlich als eine bloß gelehrte Schule ansah, der Stallmeister samt seinen Manègepferden abgeschafft werden sollte, legte sich Fouqué ins Mittel und erklärte bestimmt: »Das geht nicht. Es ist ein Ritter-Kollegium, und wenn ein Ritter nicht reiten kann, so hilft ihm alle sonstige Gelehrsamkeit doch im Felde zu nichts.« Er wohnte seitdem den Reit- und Fechtstunden öfters bei.

Bei Tisch sah er außer den Mitgliedern seines Hauses nur wenige erlesene Freunde um sich, darunter den Generallieutenant von Schmettau, den er in frühren Jahren nicht geliebt hatte, dem er aber jetzt verdoppelt seine Hochachtung zeigte, nachdem derselbe wegen der Kapitulation von Dresden (ähnlich wie Finck wegen Maxen) beim König in Ungnade gefallen war. Seine Loyalität ging nicht soweit, um nicht offen zu mißbilligen, was ihm als Härte und Ungerechtigkeit erschien.

Die Tafel, ohne Luxus zu treiben, war reich besetzt; hinter dem Stuhl seines Herrn stand der alte, von Landshut her, wo er ihn mit seinem Körper deckte, völlig zersäbelte Trautschke, nicht in despektierlicher Livree, sondern in Husarenuniform, die ihm der General hatte fertigen lassen.

Trautschke, überhaupt Faktotum, war zwiefach unerläßlich, wenn die Jagdzeit kam, nicht Parforce- und Treibjagden, die sich dem halbgelähmten Fouqué von selbst verboten, sondern weidmännische Vorgänge (?), wie sie sich vom Rollstuhl aus verfolgen ließen, keine fliegende Attacke mehr, sondern Minierkrieg. *Den Dachsen und Füchsen wurde nachgegraben.* Wenn der alte Herr noch eine Leidenschaft hatte, so war es diese. Die Förster des ganzen Domstifts mit ihren Pinschern und Dachshunden wurden an solchem Jagdtag aufgeboten und kamen gern, denn Küche und Keller der Dompropstei standen gastlich offen. Dann saß er, in Pelz und Mantel gehüllt, stundenlang, unermüdlich vor den Röhrengängen und leitete die Angriffe der Dachshunde eifrig, erwartungsvoll wie nur je eine Sturmkolonne. Die Bälge wurden in einer Art Jagdkammer als Trophaen aufbewahrt, und Trautschke erzählte jedem, der hören wollte, die Geschichte jedes einzelnen.

Seine Abende gehörten dem Studium, der Lektüre, namentlich auch deutscher Bücher, von denen er mehr hielt als der König; jeder Sonntag aber sah ihn in der Kirche, in dem hohen Chor des Brandenburger Doms. Dort saß er gebückt und hinfällig, mit fester Andacht der Predigt folgend, gehüllt in seinen veilchenblauen Sammetmantel, ein Barett auf dem Haupte.

So war das Leben in der Propstei zu Brandenburg; Festtage aber waren es, wenn Briefe aus Sanssouci eintrafen oder wohl gar der König selbst. Solche Besuche fanden meist statt, wenn der König nach Magdeburg reiste, zur Truppeninspektion. Er meldete sich kurz vorher an, bat um ein besondres Gericht, stellte auch wohl fest, ob er in größrem Kreise oder (was häufiger geschah) mit seinem alten Fouqué allein die Suppe einnehmen wollte.

Ein wahrer Schatz ist die uns erhalten gebliebene Korrespondenz aus diesen zehn Jahren her. Preuß sagt über dieselbe: »Man kann nichts Schöneres, nichts Erhebenderes lesen als diese Blätter, welche kaum irgendwo ihresgleichen finden.« Diese Worte scheinen auf den ersten Blick eine etwas zu weitgehende Anerkennung zu enthalten; Preuß aber, wenn wir ihn recht interpretieren, hat nur sagen wollen: »*Unter ähnlichen Verhältnissen* sind niemals schönere und erhebendere Briefe gewechselt worden« – und darin hat er recht. Ein König und sein General, von früh auf befreundet, neigen sich dem Ende ihrer Tage zu. Der König ist der jüngere, rüstigere, und er setzt seine Aufgabe darin, zehn Jahre lang den älteren und hinfälligeren Kampfgenossen zu pflegen, ihn zum Gegenstand unermüdlicher Teilnahme und jeder erdenklichen Aufmerksamkeit zu machen. Fouqué hat Hüftweh, vielleicht gichtische Schmerzen, und der König schickt ihm »Mekka-Balsam«, die einzige Flasche, die er noch als Geschenk des türkischen Gesandten besitzt; Fouqué kann nicht mehr fort mit den Füßen, und der König schickt einen Rollstuhl; Fouqué klagt über wachsende Schwerhörigkeit, und der König schickt ihm eine Hörtrompete. Dazwischen Geschenke eins über das andere, groß und klein: heute Porzellan, morgen ein Silberservice, im Frühjahr Trüffeln und junge Gemüse, dazu Trauben und Obst, Ungar- und Rheinwein, Geld und Tabakaktien, China und Schokolade. Den Geschenken folgen Anweisungen, »sich zu schonen und zu zerstreuen«. Cothenius selber (der Leibarzt) muß die Reise von Potsdam bis Brandenburg machen, um Rat zu geben und vor allem um Bericht abzustatten, wie er den »Alten in der Dompropstei« gefunden. Dies ist der Inhalt einer Korrespondenz, die allerdings – unter ähnlichen Verhältnissen – wohl kaum ihresgleichen hat und deren vorzüglichster Zauber nicht in den Gaben und Aufmerksamkeiten selbst, sondern in dem Ton, in dem Zauber des Ausdrucks besteht, womit alle diese Gaben dargebracht, alle diese Aufmerksamkeiten erwiesen werden. Es gibt absolut nichts, was uns den König von einer *liebenswürdigeren* Seite zeigte. So schreibt er am 10. April 1764:

»... Leute, die Sie gesehen haben, sagen mir, Sie sähen frisch aus, aber Sie wären schwach. Ich habe noch etwas Rheinwein vom Jahre 1648. Wollen Sie davon haben, so schreiben Sie mir's, und er steht zu Ihren Diensten. Auch ist noch alter Ungarwein da. Es braucht nur ein Wort von Ihnen, so haben Sie ihn ... Adieu, mein guter, lieber Freund. Ich liebe Sie von ganzem Herzen. Seien Sie davon fest überzeugt.«

Am 9. Februar 1766 schreibt der König: »Ich warte hier geduldig in meinem Bau die Rückkehr des Frühlings ab. Diese Jahreszeit taugt nicht für unser Alter. Wir Greise wachen eigentlich nur mit dem Frühling auf und vegetieren im Sommer. Der Winter aber paßt sich nur für jene ungestüme Jugendwelt, die sich mit Schlittenfahren und Schneeballschlachten erfrischt.«

Und am 31. Mai desselben Jahres:

»Mein lieber Freund, ich melde mich ganz keck und ohne Umstände bei Ihnen zum Mittagessen an, wie die Freundschaft dazu ein Recht gibt, und zwar auf den zweiten Juni; nämlich übermorgen. – Ich freue mich im voraus, mein lieber Fouqué, auf das Vergnügen, Sie zu umarmen. Um elf Uhr bin ich bei Ihnen. Adieu, mein lieber Freund.«

Endlich am 24. Dezember 1770 (in einem der letzten Briefe der Sammlung) schreibt der König:

»Ich schicke Ihnen, mein lieber Freund, ein kleines Zeichen der Freundschaft und Erinnerung, das Sie hoffentlich als eine Sendung *Ihres ältesten und treusten Freundes* aufnehmen werden. Ich wünsche, das Neujahr möge Ihnen *Blick, Stimme und Gehör* wiedergeben, auch daß Sie mich immer ein wenig lieben und meiner Freundschaft und Achtung überzeugt bleiben. Adieu.«

Wir wenden uns nun den letzten Lebenstagen Fouqués zu, mit einer gewissen Freudigkeit und Gehobenheit der

Stimmung, weil wir sagen müssen: das Schönste seines Lebens war, *wie er starb.*

Schon der zuletzt zitierte Brief des Königs zeigt uns einen Hinsterbenden; alle Sinne versagen den Dienst; das Neujahr – nach dem Wunsch des Königs – soll das Unmögliche tun, es soll ihm *Blick, Stimme und Gehör* wiedergeben. Zu seiner Schwerhörigkeit hatte sich also auch Blindheit und ein halbes Nichtsprechenkönnen gesellt.

Der alte General litt schwer darunter, besonders unter dem Mangel an Konversation, aber der Lakonismus der Unterhaltung führte doch auch gelegentlich zu komischen Zwischenfällen. Folgende Tischszene wird uns erzählt. Hinter Fouqués Stuhl stand ein neuer, eben erst engagierter, also noch plattdeutsch sprechender Diener, respektvoll der Befehle des Generals gewärtig. »Essig«, forderte der General. Der Bediente faßte die Forderung als eine Frage (Eß ich?) und erwiderte ängstlich: »Ja, Exzellenz.« Fouqué wiederholte seine Forderung, worauf, immer ängstlicher, dieselbe Antwort erfolgte. Endlich, beim drittenmal, alle Contenance verlierend, fuhr der Bediente plattdeutsch heraus: »Exzellenz, ick seh ja, *Se freet, oder de Düwel speelt mit Siene Kinnbakken.*«

Solche Zwischenfälle erheiterten die immer stiller werdenden Tage in der Dompropstei, aber das Trachten seiner Seele wandte sich immer mehr dem Irdischen ab, und das Trachten seiner Seele wandte sich immer mehr dem Ewigen zu. Er fühlte, daß er ihm nahe war, näher, als die Seinigen dachten, die sich durch die Seelenheiterkeit des Greises täuschen ließen.

Eines Mittags, im April 1774, hatte er Speis und Trank mit vorzüglichem Behagen und im Dank gegen den Geber aller Dinge genossen, als er, während die Familie eben auseinandergegangen war, seinen Sekretär Büttner (der auch später sein Biograph wurde) heranwinkte und mit ruhiger Stimme sagte: »Bestellen Sie meinen Sarg.« Büttner blieb wie versteinert. Da ermunterte ihn der todesnahe Greis zur Standhaftigkeit, gab ihm Gründe an, welche seine nahe Auflösung erwarten ließen, und gebot, den Sarg bei Nacht in ein entlegnes Zimmer niederzusetzen. Seine Kinder sollten nichts von diesen Vorbereitungen wissen.

Büttner unterzog sich des Auftrags, wie befohlen, und meldete schon am andern Morgen: »Der Sarg ist da.« Nun gebot der alte Feldherr, daß seine Dienerschaft sich bereithalte, ihm in jenes Gemach zu folgen. Jeder sollte sein Gesangbuch mitbringen. Die strengste Verschwiegenheit ward allen eingeschärft, bei Strafe der Dienstentlassung. Nicht Kinder, nicht Schwiegertochter, nicht die Enkeltöchter sollten früher trauern, als es unumgänglich nötig werde nach Gottes Gebot.

Der alte Held ließ sich hinführen zu seinem Sarge, in voller Kriegstracht und mit seinen Ehrenzeichen geschmückt, den mit weißem Federsaum geschmückten Generalshut auf dem Kopfe. Die Dienerschaft schritt feierlich nach. Angekommen bei dem Sarge, sah ihn Fouqué eine Zeitlang mit ruhigen Blicken an, entblößte sodann sein schneeweißes Haupt und ließ sich nieder auf die ernste Ruhestätte. Dann gebot er, das alte Kernlied »Das Grab ist da, hier steht mein Bette« aus dem Brandenburgischen Gesangbuch zu singen, nahm selbst das Gesangbuch in die alten Hände und begleitete, in stummer Andacht, den von Tränen unterbrochenen Gesang der tiefbewegten Dienerschaft.

Noch einige Tage waren ihm nach diesem Gottesdienst (?), der wie ein Vorspiel zu dem Trauergottesdienste war, vergönnt. Vom 28. April ab war sein Hinscheiden seiner Familie nicht länger zu verbergen, er nahm das Abendmahl in Gemeinschaft mit den Seinen, segnete seine Kinder und nahm Abschied. Am 3. Mai erwachte der alte Held um Tagesanbruch. Der Sohn saß an seinem Bette und bat um die Erlaubnis, den Morgensegen lesen zu dürfen. Fouqué drückte ihm die Hand; es war das letzte Liebeszeichen hienieden. Sanft legte er sich auf die andre Seite, der Sohn las, und als die andächtigen Worte zu Ende gingen, war der alte Held hinübergeschlummert. »Wer so stirbt, der stirbt wohl.«

Wir legen uns zum Schluß des Aufsatzes wieder die Frage nach den Geistes- und Charaktergaben desjenigen vor, mit dessen äußrem Lebensgange wir uns in vorstehendem beschäftigt haben. Wir fragen, wie billig, zuerst nach dem Feldherrn in ihm. Einzelne haben ihm, nach dieser Seite hin, jegliche Begabung absprechen wollen. Gewiß eine Strenge, die über das Ziel hinausschießt. Andrerseits muß man zugeben, daß es ihm, bis zu dem Unglückstage von Landshut, versagt blieb, selbständig an der Spitze eines lediglich seinen Befehlen unterworfenen Corps in den Gang des Krieges einzugreifen, und daß die einzige Gelegenheit, die sich ihm zu selbständiger Aktion darbot, unglücklich verlief. Die Tapferkeit, mit der er die Stellung gegen andrängende Übermacht [*Lücke im Manuskript.*] stundenlang hielt, wird selbst von seinen Gegnern bereitwillig anerkannt, andrerseits sind selbst seine Freunde der Ansicht, daß die Stellung, wenn auch nicht mit größrem Mut, so doch mit *größrem Geschick* verteidigt, vielleicht sogar mit Aussicht auf Erfolg gehalten werden konnte. So schreibt unter andren Obristlieutenant von Franck, der an jenem Tage unter Fouqué focht: »Ich glaube, der General hätte besser getan, alle seine Truppen auf den zwei beherrschenden Höhen zu konzentrieren, als ein weitläufiges Terrain schwach zu besetzen, das unmöglich gegen die ringsumfassende Übermacht behauptet werden konnte. Mit vereinten Kräften konnte man dem Feinde, der trotz alledem 12000 Mann verlor, ganz anders die Spitze bieten. Wurde auch der Angriff nicht ganz zurückgewiesen, so war es doch vielleicht möglich, einen gesicherten Rückzug zu erkämpfen.« Dieselbe Ansicht hat der Enkel des Generals geäußert, der Major Friedrich de la Motte Fouqué.

Gewichtiger ist der Vorwurf, der unsrem Fouqué von andrer Seite her gemacht worden ist: *der* Vorwurf nämlich, er habe überhaupt nicht in die Stellung von Landshut – die er völlig gerechtfertigterweise vorher verlassen hatte – zurückkehren dürfen; es sei seine Pflicht gewesen, auch angesichts der Ungnade des Königs, dem königlichen Befehle »schafft mir meine Berge wieder« *nicht* zu gehorchen. So schreibt zum Beispiel Ferdinand Gottschalk: »Wir sind der Meinung, daß Fouqué an dem Verluste seines Corps allein die Schuld trägt. Denn nicht die falsche Ansicht, er könne sich bei Landshut gegen jede Macht behaupten, spornte ihn zur Ausdauer an, sondern ein kurzes, hartes Schreiben des Königs, durch welches er sich *persönlich* gekränkt fühlte. Er wußte, daß die Stellung unhaltbar sei, opferte aber seinem Gefühl beleidigter Ehre ein starkes Corps, dessen Verlust, bei der Bedrängnis, in der sich der König befand, diesem doppelt schmerzhaft sein mußte.« Wir glauben in der Tat, daß dieser Vorwurf – *wenn* es ein Vorwurf ist – unsrem Fouqué gemacht werden durfte; jedenfalls aber richtet sich derselbe mehr gegen seinen *Charakter* als gegen seine Feldherrngaben. Sein gekränkter Stolz siegte eben über sein beßres Wissen.

Dieser sein Charakter nun hat in der Tat wenig Freunde gefunden. Trenck nennt ihn einen »berüchtigten Feind der Menschheit«, die östreichischen und schlesischen Katholiken bezeichneten ihn als einen »rachsüchtigen Hugenotten«, alte Offiziere erzählten, »er sei wegen seiner unmenschlichen Strenge bei dem Heer, beim Volke und bei seinen eignen Kindern verhaßt gewesen«, selbst Obristlieutenant von Franck klagt über sein »finstres und zurückstoßendes Betragen«, fügt aber halb erklärend, halb entschuldigend hinzu: »Dies finstre Wesen sei teils eine Folge seiner Leopold-Dessauschen Schule, teils wohl seiner langen Verwaltung von Glatz gewesen.«

Halten wir alle diese Urteile zusammen, so haben wir allerdings das Bild eines finstren, wenig liebenswürdigen Mannes vor unsrer Seele, und doch müssen in der Seele dieses Mannes Züge gewesen sein, die die vierzigjährige, die Episode von Landshut abgerechnet, unerschütterte Freundschaft des Königs gegen ihn als begreiflich erscheinen lassen. König Friedrich war nicht der Mann, einen General zweiten Ranges bloß um seiner Runzeln und Loyalität willen zu lieben.

Ich glaube, es waren vier Dinge, die unsren Fouqué seinem königlichen Freunde vor manchem andern teuer machten: die *Lauterkeit* seiner Sitten, der edle *Stolz des Charakters,* der Intrige und Rancune verschmähte, die *hohe Bildung,* die ihn zu einem Urteil innerhalb Kunst und Wissenschaft befähigte, endlich seine echte, unerschütterliche *Frömmigkeit.* Der König selbst war nicht im Vollbesitz aller dieser Eigenschaften, aber er hatte persönlich ein viel zu feines ästhetisches Gefühl, um sich nicht durch eine Erscheinung angezogen zu fühlen, in der jene Tugenden des Geistes und Herzens zusammenklangen. Die Verhältnisse in unsrem Lande ließen es damals nicht zu, mit Eigenschaften, wie sie Fouqué besaß, herauszutreten, zu fesseln, zu erobern, es fehlten die Geister, um ein Echo zu wecken, der kruden Welt wurde die krude Schale gezeigt; aber ein schöner Kern war da. Er glich darin (freilich ohne jene Genialität, die der prominente Zug des Königs war) dem König selbst. Der Briefwechsel zwischen Fouqué und dem Könige gibt Aufschluß darüber. Ohne diese Korrespondenz und eine Fülle gegenseitig feiner Züge würde Fouqué nur fortleben als der »Besiegte von Landshut« und als der »Feind der Menschheit«, als den ihn Trenck bezeichnet, die Briefe aber lassen uns verstehen, warum der König an diesem Freunde hing und daß er mit Recht (schon in jüngren Jahren und eh ihm Fouqué noch voll ans Herz gewachsen war) die Worte an ihn richten konnte:

Méprisez donc tous les traits que l'envie
A décochés pour flétrir votre vie;
Sur vos vertus ses dents s'émousseront,
A vous en vain elles s'attaqueront.

FRIEDRICH DE LA MOTTE FOUQUÉ

Friedrich de la Motte Fouqué wurde am 12. Februar 1777 auf dem »Dom zu Brandenburg« geboren. Sein Großvater war der General von Fouqué, von dem wir im vorigen Kapitel ausführlicher gesprochen haben; sein Vater *([Lücke in der Zeile.])* hatte kränklichkeitshalber früh den Staatsdienst verlassen; die Mutter, eine schöne Frau von beinah allzu zarter Empfindung, war eine geborne von Schlegell.

Bis zu seinem sechzehnten Jahre verblieb der Sohn im Hause der Eltern, die mehrfach Wohnung und Aufenthalt wechselten. Bald nach der Geburt des Kindes wurde die alte Wohnung auf dem »Dome« aufgegeben und ein Haus in der Breiten Straße, in unmittelbarer Nähe des ... Tores, bezogen. 1780 verließen die Eltern Brandenburg überhaupt und zogen, durch eine Vorliebe für das Landleben bestimmt, in das reizend gelegene Sacrow bei Potsdam; endlich (1787) wurde auch dieser Besitz, der sich als unausreichend erwies, aufgegeben und das Rittergut Lentzke bei Fehrbellin erstanden. Hier blieb die Familie, und beide Eltern unsres Fouqué – die Mutter starb jung – sind auf dem Lentzker Friedhof begraben.

Die Übersiedlung nach Lentzke macht einen ersten Abschnitt in dem Leben unsres Fouqué. Er war damals elf Jahr alt, und seinem eignen Zeugnis zufolge ging damals eine Umwandlung in seinem Gemüte vor, ein erster Schritt vom Kranken zum Gesunden. Die ersten elf Jahre seines Lebens hatte er in einem eigentlichen seelischen Krankheitszustande zugebracht, von dem es dahingestellt sein mag, ob die Phantastereien des Knaben seine Nerven zerstörten oder ob die zerstörten Nerven phantastische Gebilde in seiner Seele hervorriefen oder ob das Leben in Traum und Phantastik eine krankhafte Reizbarkeit des Körpers schuf. Wahrscheinlich tauschten beide beständig die Rollen, und was heute Wirkung war, wurde morgen Ursach. Das eine schuf nicht das andre, sondern beides war von Anfang an da. Seine eignen Aufzeichnungen lassen das vermuten. Körper und Geist waren von Anfang an wie für die romantische Welt prädestiniert, und man könnte (wie er selber eine Neigung hatte es zu tun) an Hausgeister glauben, die in der Stunde seiner Geburt ein Zeichen über ihm [*Fehlt Schluß des Satzes.*].

Die Erscheinung an und für sich ist nichts Ungewöhnliches, und reizbare Kinder, die heut in Tränen ausbrechen und morgen leuchtenden Auges sich nach Schwert und Heldentum sehnen, die zwischen Gespensterfurcht und Gespenstersehnsucht sich teilen, vor Gespenstern zittern und doch wieder von dieser Geisterwelt nicht loskönnen, zählen nicht eben zu den Seltenheiten, am wenigsten in unsren Tagen immer wachsender Nervosität. Wenn wir bei Fouqué diesen Zustand nichtsdestoweniger besonders betonen, so geschieht es, weil diese Erscheinungen bei Fouqué einen so hohen Grad erreichten, daß man in der Tat versucht sein könnte, seinen eignen leisen Andeutungen zu folgen und anzunehmen, daß seltsame Geister an seiner Wiege standen, Geister, die in dem Spukhause heimisch waren, in dem er geboren wurde. Mit diesem alten Spukhause hatte es allerdings seine eigne Bewandtnis, und es geht die Sage, daß, als es niedergerissen werden sollte, ein Querbalken stehenbleiben mußte, durch den es mit dem Nachbarhause, ebenfalls ein Teil der Dompropstei, zusammenhing. Sooft man versuchte, ihn abzusägen, hörte man ein Wimmern und Schreien, so daß die Arbeiter erschreckt davonliefen. Endlich taten Wind und Wetter, was die Menschenhand nicht hatte tun können.

Wie dies Haus »auf dem Dom«, so waren auch die Erlebnisse, die Spiele, die Träume, die die ersten Jahre des Knaben ausfüllten, alles war ins Wild-Phantastische getaucht, alles hatte seinen Zusammenhang mit Geistern und Gespenstern. Der Knabe lebte in einer Märchenwelt. Traum, Erzählung, Wirklichkeit, alles verschwamm in eins. Eines Nachts träumte er, eine gesund aussehende, robuste Frau mit einem Strick in der einen und einem Messer in der andren Hand sei in die Kinderstube getreten und habe gelassen, mit einer Art glauen Behagens, ihnen zugerufen: »Nun haltet euch hübsch ruhig, Kinder. Denn erst muß ich euch binden und nachher auch schlachten.« Solche Träume haben auch andre Kinder wohl, aber andre Kinder kommen drüberhin, haben alles über kurz oder lang vergessen. Nicht so Fouqué. Die geträumte Gestalt begleitete ihn durch seine Kinderjahre wie eine leibhaftige Gestalt, wie eine »böse Tante«, die mal dagewesen war und jeden Augenblick wiederkehren konnte und von der nun im ganzen Hause, jedenfalls aber in der Kinderstube, wie von einer leibhaftigen Gestalt gesprochen wurde. Sie hieß die »Binde-Madam«, und wenn die Kinder zeichneten oder mit der Schere ausschnitten, so fragte Fouqué ganz ernsthaft, »soll ich auch eine Binde-Madam ausschneiden«.

Dies war der charakteristische, Glück und Leid in sich bergende Zug seiner Seele, mit Traumgestalten wie mit Gestalten von Fleisch und Bein zu leben, ein Zug, der ihm durch sein ganzes Leben hin treu und eigen blieb, besonders aber in seiner Jugend zu einer völligen Zusammenwürflung beider Welten führte. Es gab für ihn nichts Totes, nichts Seelenloses, die ganze Schöpfung sprach zu ihm, und nicht nur Statuen auf ihrem Sockel oder Bilder in ihrem Rahmen redeten ihn an, auch das absolut Seelenlose, die toten Dinge, wie sie aus der Hand des Handwerkers hervorgehen, die geschweiften Stühle und Tische, die Öfen und Bettpfosten sprachen zu ihm. Bilder und Statuen, *wenn etwas an ihnen war,* hatten eine gesteigerte Macht über ihn, und der alte Roland vor dem Brandenburger Rathause mit seiner prächtigen Mooskrone auf dem Haupt war eine Gestalt, die er mehr als einmal auf der Treppe seines Hauses hinauftappen hörte. Einmal trat er an sein Bett und machte Miene, dem Knaben sein Schwert in die Hand zu geben. Der aber wimmerte im Traum und bat: »Laß ab, Roland, dein großes Schwert zu tragen bin ich viel zu klein.«

Der Roland war in seiner ganzen Riesigkeit an sein Bett getreten, aber mehr als die Gestalt des Riesen peinigten ihn zwei kleine, wenig mehr als zollgroße Figuren, die er zuerst in einem Taschenkalender gesehen hatte, wo sie das Titelbild und zugleich die Illustration der Geschichte bildeten. Es waren zwei Roués, die, erhitzt durch Wein und Spiel, ihre Degen gezogen hatten und aufeinander eindrangen. Alle Nacht kamen sie; es war ihm fast, als würden sie immer kleiner, aber je kleiner sie wurden, desto gespenstischer wurden sie für ihn. Diese Welt füllte ihn mit Bangen, aber es waren poetische Schauer, und er suchte sie mehr, als er sie floh. Das Gespenstische machte ihm die Seele weit, sowie dies Gespenstische aber skurrile Formen annahm und mehr dem »Irren« als dem Gespenstischen anheimzufallen schien, so erfaßte ihn ein tiefes Grauen vor der Verzerrung dessen, was ihm ein Heiliges war. Das Gespenstische reizte ihn, das Irre und Schiefe aber erfüllte ihn mit Entsetzen.

So konnte er das Grauen nicht loswerden, das er eines Tages im Garten seines Vaters empfunden hatte, als [er] zwischen den Lavendelbeeten einem verkrüppelten Irren begegnete, der ihn gutmütig anlachte und in einem fort mit verwilderter Stimme sang:

Ich heiße Maieran
Und bewach den Thymian.

Er erschrak vor dieser phantastischen Welt, wenn sie [sich], statt sich ihm in ästhetischer Reinheit darzustellen, in einem Zustand der Verzerrung darstellte, aber der Schutz, den diese ästhetische Feinfühligkeit gewährte, war doch nur ein relativer, ein durch Laune, Stimmung modifizierter, und wie sehr das einzelne, wenn es häßlich-groteske Formen annahm, ihn abstoßen mochte, dennoch geriet er, durch ein bequemes Sichgehenlassen, durch ein Spielen mit Geistern, von denen wir nie wissen, von *wannen* sie kommen, immer tiefer in die Strudel der Phantastik hinein. Er trieb steuerlos, und ein unendliches Angstgefühl bemächtigte sich seiner, eine Ahnung, daß unter den Geistern, die über ihn Gewalt hatten, viele waren, vor denen es besser wäre die Tür zu schließen, er sehnte sich nach einem Gegengewicht gegen die immer zudringlicher Anstürmenden und konnte dies Gegengewicht nicht finden. Es handelte sich um einen Geisterbanner, seine geängstigte Seele suchte nach einem solchen, ohne ihn finden zu können. Die Erziehung war schwach, der Unterricht geistlos, das kirchliche Leben (?) nüchtern, nirgends, weder in Charakter noch Geist noch Glauben, fand er die Kräfte, die ausgereicht hätten, gegen die immer lästiger werdende Geisterwelt in den Kampf geführt zu werden. Die Eltern waren zu schwach, die Hauslehrer zu nüchtern, die Landpfarrer bloße Anekdotenerzähler aus der alten Schule, die gelacht haben würden, wenn Fouqué sich in seinen Herzensängsten an sie gewandt haben würde mit der Bitte, die bösen Geister mit dem heiligen Worte auszutreiben.

In solchem Schweben und Bangen war die junge Seele unsres Fouqué (in Bangen vor dem, an das er sich allzu willig hingegeben hatte), als 1788 die Übersiedlung der Familie nach dem Rittergut Lentzke erfolgte. Diese Übersiedlung, wie schon in der Kürze angedeutet, bezeichnete einen Abschnitt in seinem Leben und führte zu einer Wandlung, die eine halbe Genesung war.

Diese Wandlung kam ihm durch ein Buch. Und seltsamerweise durch ein Buch, das, mit seiner reichen phantastischen Welt über die phantastische Welt unsres Fouqué hinausgehend und die Seele des jungen Poeten aus kräftigeren Quellen tränkend, als er sie in seiner eignen Phantasie finden konnte, diese Phantasie plötzlich wie in Ruhestand versetzte. Denn was die seelischen Zustände unsres jungen Poeten zuletzt so bang, so bedrückend gemacht hatte, das war der Umstand, daß das phantastische Bedürfnis seiner ganzen Natur bei seiner eignen Phantasie beständig zu Gaste gegangen war und dadurch die Phantasie zu einer Art Überproduktion angestachelt hatte.

Für das phantastische Bedürfnis der ganzen Seele hatte bis dahin die Phantasie, über ihre Kraft hinausgehend, in einer Art von Hyperproduktion Sorge tragen müssen, jetzt war ein Buch da, das das phantastische Bedürfnis befriedigen konnte, und die Phantasie hatte Feiertag, wenn sie ihn haben wollte. So wurde eine Lektüre, von der man auf den ersten Blick hätte glauben können, daß sie das Übel verschlimmern würde, ein wesentlicher Faktor zur Genesung.

Mit dieser Lektüre Hand in Hand ging das Erwachen künstlerischen Gestaltungstriebs. Darin lag eine zweite Rettung. Die Phantasie kam nicht nur, durch den Remplaçant, in die Lage, sich erholen zu können, der erwachende künstlerische Sinn brachte auch Ordnung in das kritiklos und oft willenlos Produzierte. Alles hatte sonst wirr durcheinandergelegen, wie Weizen und Unkraut schoß es auf, und in dem Wirrsal ging das Auge verloren, in jedem Augenblick den Weizen vom Unkraut scheiden zu können. Berauschend [?] schoß das Unkraut in die Höh. Der erwachende künstlerische Sinn war gleichbedeutend mit Sichtung, mit Pflege des einzelnen, und einmal das einzelne liebevoll in die Hand genommen, um es zu bilden und zu gestalten, strömte die ganze Seele diesem Gestaltungstriebe nach und ließ ab, ihr peinigendes »Immer mehr« an die Phantasie des jungen Dichters (?) zu stellen.

Von seinen zahlreichen Werken vielleicht nur beschreiben:

»Zauberring« als Repräsentant des *Romantischen.* Jetzt überholt, weil alles nicht mehr klappt und deshalb blechern wirkt. (Dasselbe von der nordischen Welt.)

»Undine« als Repräsentant des lieblich-märchenhaft Phantastischen (vielleicht sein Meisterstück; immer dauernd).

Dann vielleicht noch etwas *Humoristisches.*

Zuletzt seine *Gedichte.*

»Zauberring«

S. 20 Das Turnier bei Fackelglanz. (Brillante Schilderung.)

S. 28 Der alte Trautwangen erwartet die beiden Kinder.

S. 30 Das halb gezogene Schwert an der Wand.

Historisch ist es vielfach unecht. Er hat *Normal-Ritterzustände*, bei deren Schilderung es ihm auf ein paar Jahrhunderte mehr oder weniger gar nicht ankommt. Er sieht gotische Dome, wo es wahrscheinlich noch romanische gab, Bilder, wo man schwerlich Bilder hatte, läßt Lieder von Walther von der Vogelweide als »alte Lieder« singen, die damals noch gar nicht gedichtet waren, und kleidet alles in Kleider und Rüstungen, die noch gar nicht existierten.

S. 38 Sehr poetisch ist wieder, daß Otto *zuerst* gegen einen Toten ficht.

S. 45 u. 46 Bertha spricht kindisch.

S. 73 etc. Dieser Einzug in Frankfurt ist das *moderne* Frankfurt.

S. 81 Das Blut am Harnisch (eine feine Stelle).

S. 101 »Denkt so ein klein töricht Maienvöglein« etc., *hübsch.*

S. 108 Die Schilderung von Minnetrosts Schloß – *nicht übel.*

»Undine«
S. 1 u. 2 Einleitung reizend.
S. 6 Die Beschreibung des Ritters
S. 29 Der Liebesvers Undinens.
S. 110 Undine u. Bertaldr

[Exzerpte aus Fouqués Autobiographie:]

S. 9 Der Lehrer Fricke schlägt ihm das Holzschwert aus der Hand. (Stolbergs »Mein Arm wird stark« etc. war sein Lieblingslied.) Lieber Xerxes als Leonidas.

S. 13 Gefühl der Unzulänglichkeit ist aber nicht jedesmal Schwäche. Vielmehr ist es oftmals Anklang neu erwachender Kraft.

S. 16 »Im Irrgarten«. Furcht war's nicht gewesen. Aber *Phantasterei*, wenn man's so nennen will. Die Ahnung eines *unaussprechlich trüben Verlassenseins*, ein Gefühl, das sich durch sein ganzes Leben zog. [*Diese Notiz zu S. 16 am Rand mit Rotstift angestrichen.*]

S. 21 Rittertum und Preußen. Der Orden vom »roten Löwen«; will Italien erobern, *»eine Aufgabe, die er sich dann später genötigt sah an Napoleon abzutreten«*. Sehr nett. Überhaupt die hübsche, immer reizende Mischung von Romantik, Humor, leiser Ironie. [*Diese Notiz zu S. 21 am Rand mit Rotstift angestrichen.*]

S. 23 Durch Brandung zur Landung. Seine *nervöse Reizbarkeit*, daher die Schauer, die Ahnungen, die hohen und die bangen Träume, das erträumte Heldentum, die tiefe Hinneigung zu Gespenster- und Schauergeschichten, die Vorliebe für Pracht, Macht, Glanz, Theater und – Königtum. Die romantische Anlage par excellence. Die *Phantasie* in einem Grade, wo sie so überwuchert, daß es anfängt, dämonisch zu werden und mehr als eine Höllengabe denn als eine Himmelsgabe erscheint. Auch die Beispiele der »Roland« und der »kleine Xerxes«.

S. 25 Charakterschilderung. Er ahnte etwas Feindliches, unheimliche Gewalten, denen gegenüber er das schauerliche Gefühl der Abhängigkeit hatte. [*Diese Notiz zu S. 25 am Rand mit Rotstift angestrichen.*]

S. 26 Ich heiße Maieran
Und bewache den Thymian
(famos). *Wunderlich bis zur Tollheit. Die Poesie half halb, die Kirche half ganz.* (Dies erst sagen, wo die Krisis eintritt, also etwa bei sechzehn Jahr.) [*Diese Notiz zu S. 26 am Rand mit Rotstift angestrichen.*]

S. 33 Schöne Worte über Massenbach.

S. 34 Das Bild Friedrichs II., das die Generalin von Pfuel jetzt hat.

S. 36 Der Traum, wie ihn der Alte Fritz anspricht. [*Diese Notiz zu S. 36 am Rand mit Rotstift angestrichen und mit* (vielleicht) *versehen.*]

S. 39 Die Schilderung, wie er das erste Mal im Theater ist, *ehe es losgeht* (vorzüglich).

S. 43 Puppenspiele (von seiner Muhme). »Wie ein Mensch vom Baume fällt und im Angesichte der ganzen königlichen Familie begraben wird«. [*Diese Notiz zu S. 43 am Rand mit Rotstift angestrichen.*]

S. 46 Über Erziehung, Auswendiglernen und *apprendre par cœur.*

Wohnungs- plätze	Dom Brandenburg 1777 Breite Straße (?) in Brandenburg 1780 (?) Sacrow bis 1786 oder 87 (?) Lentzke bei Fehrbellin 1788 im Frühling.

[*Diese Notiz zu S. 46 am Rande mit Rotstift angestrichen und mit folgender Anweisung versehen:* Dies nach vorn nehmen, ganz zu Anfang, und dann die Frage, wie gestaltete sich, ohne auf die Plätze speziell Rücksicht zu nehmen, seine Jugend bis fünfzehn Jahre, was war der *Inhalt* seiner Jugend.]

S. 53 Abbrechen der Freundschaft. Er schrieb sehr schön und echt ritterlich: »Empfangen habe ich die schmerzliche Wunde oftmals, ausgeteilt aber nie.« [*Diese Notiz zu S. 53 am Rand mit Rotstift angestrichen und mit folgender Anweisung versehen:* (bei der Charakteristik benutzen).]

S. 54 »Ein Mann, ein Wort«. Überhaupt lag und wirkte unter dem *äußerlich weichen* und *zarten* Wesen des Knaben ein Kern von den Vätern angeerbter altfranzösischer

Festigkeit. Weich, zart, fest, fast eigensinnig, romantisch-ritterlich, phantastisch-humoristisch. [*Diese Notiz zu S. 54 am Rand mit Rotstift angestrichen und mit folgender Anweisung versehen:* Dies gleich benutzen bei der Knabenschildrung.]

S. 56–59 Aufenthalt in *Lentzke.* Die Landschaft. Der reuige Bauer. Die sterbende Mutter. Das erste Lied. »Die Bleikeule des Schmerzes.«

S. 65 Weitre Züge seiner an Irrsinn grenzenden Phantastik.

S. 69 und 70 Fricke. Sachse. Hülsen. – Er lernt Griechisch, Lateinisch, ganz leidlich. Endlich, zwölf Jahre alt, geht ihm durch einen Zufall die Saga auf. (Dies wiederholt sich in jedem Leben: einmal findet man das Buch, das die entscheidenden Worte enthält.) Es war dies, wie Schlegel von Bürgers »Lenore« sagt. – Er glaubte ohnehin an seine normannische, das heißt Nordlands-Abstammung, und die Nordland-Lust begann.

S. 71 *Goldene Worte* über spaßende, hyperrationalistische Landpastöre. (Solche Leute konnten natürlich die Saga nicht bezwingen.)

S. 73 Schlechte Lektüre und schlechte Beispiele machen aus dem »Edelknaben« einen bedenklichen [?] »Pagen«, aus hoher Minne Buhlerei.

S. 75 »Stillings Jugend« wirkt segensreich auf ihn, wie ein Gegengift.

S. 76 Prinz Louis Ferdinand. Das gespenstisch-ahnungsvolle »Ah vous faites une belle sortie, mon frère«.

S. 78 Nun dichtet er (sechzehn Jahr alt) schon allerhand in Lentzke. Schreibt auch einen märkischen Roman in vier Büchern: »Werner von Walbeck« (Stoff aus Gallus' Geschichte der Mark Brandenburg genommen). Auch romantische Idyllen jener Epoche – alles verbrannt.

S. 79 Franz von Kleist, ein Gleimianer, soll auf Besuch zu einem Kleistschen Oheim (auch Kleist) kommen, dessen Gut an Lentzke grenzte. Kommt aber *nicht.*

S. 82 Einige Reime von Franz von Kleist.

S. 83 Erst für gewisse Freiheitsideen, dann stramm *gegen* die Revolution.

S. 85 Göcking an Göcking (in Karzin).

S. 86 Er ist träumerisch-unglücklich. Da endlich wacht er auf: »Soldat sein, Kampf, Krieg«, und er wird lebendig.

S. 88 Schmettau, der Freund (diesen zur Figur ausarbeiten), und seine Lesekammer. (Schmettaus Zeilen ins Stammbuch, S. 94.)

S. 91 »Du bist Offizier, Fouqué.« Frau Tués [?] Jubel. Der Vers von Claudius.

S. 94 Des Vaters Fouqué Worte in das Stammbuch seines in den Krieg ziehenden Sohnes.

S. 96 Er reitet nun aus in den Krieg. Abschied von Potsdam. Schöne Schilderung seiner *poetischen Stimmung damals.*

S. 99 Die schönen Weihe- und Segensworte des alten Obersten.

S. 104 Ein weiches Herz im Busen,
Ein kriegrisch glühender Sinn,
Manch holder Wink der Musen –
Das ward mir zum Gewinn.

La Motte Fouqué

Die *Jünglingsjahre* von seinem Eintritt in die Armee an

S. 104–8 Charakterschilderung.

S. 109 Was not tut. »Haltet euch in *Einfalt an das offenbarte Wort,* und das äffische Hohngegaukel der finstren Mächte schwindet.« Bibelsprüche. Gesangbuchverse.

S. 110 Ein Zwiespalt war da, »aber was überblüht der Jugendgarten nicht«.

S. 111 *Ins Feld.* Das Poetische dieses »Ins Feld« namentlich für einen Reiter.

S. 113 Pflanze du auf meinem Grabe
Dann noch ein Vergißmeinnicht.
Was ich hier gelitten habe,
Weiß kein Mensch als du und ich.

Diese Volksliedstrophe liebte er sehr.

S. 118 Er kommt zur *Leib*schwadron des Kürassierregiments Herzog von Weimar (Aschersleben damals), deren Führer damals der schöne, prächtige, nachher so berühmte *von Oppen* war. (Fouqué schildert ihn in der Kürze.) Die

Leibschwadron hatte außerdem noch sieben andre Offiziere. Auch Oppens Gemahlin war da; eine Elfengestalt (121. 123).

S. 121 wieder eine *Belegstelle* für seinen *feinen Humor* und sein Erkennen des Lächerlichen.

S. 138 Die Fata Morgana, die den Todmüden foppt.

S. 158 In Frankfurt a. M. (1794 auf 95) prägen sich ihm die Bilder der schönen Stadt so ein, wie er sie später in seinem Ritterroman »Der Zauberring« wiedergab. »Klassizität und Romantik« mal als Aufsatzthema benutzen.

S. 163–167 usw. Das Regiment Weimar-Kürassier wird Bayern-Kürassier. Er kommt zur Leibschwadron. Schon vorher sein Leben auf dem *westfälischen Edelhofe.* a. die Emigrés und er, der Refugié, b. der alte Oberst und das Gekicher (Bemerkungen über das *Lachen* beweglicher Natur), c. die Prophezeiung über den Nicht-Bestand der Revolution, d. die Revue vor dem Emigré (nun *westfälischer Bauer*) mit dem Ludwigkreuz *(ganz famos und auf alle Fälle nehmen)*, e. das Ausklopfen des Pferdes (S. 169). [*Zu dieser Notiz zu S. 163–167 quer auf dem Rand: Das westfälische Leben.*]

S. 178 Rückkehr nach Aschersleben (1795). Bekanntschaft mit der Dame, die einige Jahre später seine erste Frau wird, von der er sich aber wieder (durch seine Schuld) trennt. Blieben aber Freunde.

S. 179 Urlaub. Sein erster Besuch in dem schönen Nennhausen. Schmettau war ihm bis hierher entgegengeritten. Dann nach Lentzke. Wie er seinen Vater wiedersieht, S. 180 (sehr schön).

S. 183 1796 wird er Lieutenant, und das Regiment rückt wieder aus. (Im Winter vorher hatten sie romantischen Ulk in Aschersleben aufgeführt: die Geschichte mit den weißen Laken und Bahre, 181.)

S. 191 u. 92 Seine Art zu lernen, indem er im Geiste *Bilder und Gestalten* an die Stelle der bloßen Worte und Phrasen setzte. (Dies ist sehr hübsch, muß aber gleich nach vorn genommen werden, wie er noch Kind ist.)

S. 209 Er spielt hoch. Der vom Schlag Getroffene, der ihm im Traum erscheint, bewahrt ihn vor Schlimmerem. [*Zu den Notizen zu S. 191 u. 192 sowie 200 am Rand vermerkt:* Im Kantonnement in Bückeburg bis 1798 auf 99.]

S. 212 Die letzte Strophe, als Beleg auch *seines* Freiheitsschwindels.

S. 219 Hab ich dir was zuleid getan:
Ruf dich um Verzeihung an.
Reich mir deine Hände,
Weil es geht zum Ende.

S. 222 Der Dichter entpuppt sich immer mehr. Er ist nun wieder in Aschersleben und hat einen kleinen Rütli mit Burckhardt und Dr. Michaelis; jener schreibt eine »Maria Stuart« *vor* Schiller. Das fragliche Schicksal derselben.

S. 226 »Die Sage wandelt ihren stillen Gang« etc. und 227 sein furor criticus.

S. 229 einige Reimzeilen.

S. 230 Er schreibt einen Roman: »Der Minnesinger«. Burckhardt, Michaelis, Hülsen. A. G. Eberhardt – seine Freunde. Er will aber wissen, wie's mit ihm steht, so wendet er sich an *Goethe*.

S. 233 Er wird immer schlegel-tieckscher und erfährt nun auch noch, daß die *Schlegel* sich anerkennend über ihn ausgesprochen haben.

S. 235 Schwankt, ob Räuber unter Ali Pascha oder reisender Schauspieler.

S. 237 Das transkorrekte [?] Aschersleben.

S. 246 Fünfundzwanzig Jahr alt, also 1802 oder 3, heiratet er die verwitwete Karoline von Rochow, geborene von Briest. Die Hochzeit findet statt in *Nennhausen*; Bernhardi war zugegen, Schlegel schickt ein Sonett.

S. 251 Bekanntschaft mit Heinrich von Kleist und Schiller.

S. 261 1803 wird ihm ein Töchterchen geboren. Sein erstes Werk erscheint: »Dramatische Spiele«.

S. 263 »Der eigentliche Magnet in dir steht nach Norden.«

S. 263 1804 Frau von Staël in Berlin. Schlegel schließt sich ihr an, begleitet sie nach Coppet. So war die romantische Schule halb ohne Haupt, u. Fouqué konnte sich freier entwickeln.

S. 263 Anknüpfend an den Aufenthalt in Nennhausen hindeuten auf Tieck-Finckenstein in Reitwein, Nedlitz, Ziebingen. Auch auf die Humboldts in Tegel, Achim von Arnim in Wiepersdorf, die Dönhoffs in Tamsel etc. etc. Lauter *Dich-*

ter-Höfe. Parallelen mit jetzt, wo dergleichen *gar nicht* existiert. Alles ist ernst, real, politisch, und es ist besser so.

S. 264 Seine hübsche Replik.

S. 267 Kleine Störungen mit Schlegel. Das Verhältnis zu Bernhardi immer inniger.

S. 268 In der Nähe von Nennhausen lebte nun auch *Schmettau*, verheiratet an eine *Rüchel* (der möglicherweise das Gut gehörte; hier traf Fouqué auch den berühmten Rüchel, über den Fouqué auch eine Biographie geschrieben hat, wenn ich nicht irre.)

S. 270, auch 84, auch 93 Der Kreis bestand aus: Schmettau (starb 1807), Bernhardi, Fichte (gelegentlich), Schlegel (abwesend), Chamisso (seit 1806), Varnhagen und Neumann (seit 1802), Ludwig Robert, Eduard Hitzig, Büsching, von der Hagen. Heinrich von Kleist 1809, doch ist's nicht ganz bestimmt, ob er in Nennhausen war. Ebenso 1812 die Stolbergs, unsicher, ob in Nennhausen.

S. 276 Die Meldung von der Schlacht bei Jena.

S. 285 Er macht sich vertrauter mit der Nibelungensage und schreibt: »*Sigurd*, der Schlangentöter«
»*Sigurds* Rache«
»*Aslanga*«,
die alle drei unter seinem wirklichen Namen (statt Pellegrin) bei Hitzig erscheinen, Fichte gewidmet sind und von Jean Paul sehr anerkannt worden [sind].

S. 285 *Reizendes Geburtstagslied* zu Königs Geburtstag, d. 3. August 1807 oder 8 (dies ist das Beste von allem, was bis jetzt vorgekommen).

S. 287 1807 oder 8 oder 9 entsteht »*Undine*«. Sehr hübsch ist das Einleitungs- oder Widmungsgedicht. Vielleicht nur die zwei ersten Strophen nehmen oder auch das Ganze.

S. 289 Auch ein hübsches Lied. Alle diese Sachen sind leicht, graziös, außerordentlich musikalisch und ungesucht.

S. 299 Schönes Lied auf den Tod der Königin Luise.

S. 300 Wie ihm die Idee zum »*Zauberring*« kommt. 1811 hat er ihn beendet.

S. 308 Seine Produktivität. Lieder. »Wer zählt die Blumen im Lenz«.

S. 308 Fouqué hält seinen »Thiodolf der Isländer« für eine seiner gelungensten Geschichten.

S. 312 Fouqué ist der erste *Freiwillige* im Havelland und meldet sich bei Landrat *von Bredow* auf *Sentzke.*

S. 312 Der Ab- und Ausmarsch.

S. 313 Fouqués »Jägerlied«: »Frischauf zum fröhlichen Jagen«.

S. 315 Er wird provisorischer Lieutenant. Mit ihm nur noch Henrik Steffens. Die Lützner Schlacht.

S. 320 Massenbach sucht ihn auf.

S. 321 Die »Landskrone«; Jacob Böhme; Oberst von Dolffs.

S. 328 Trosteslied.

S. 329 Die schöne Szene mit General von Roeder. Schönes Gedicht S. 330.

S. 333–35 Krank erscheint er auf dem Schlachtfeld bei Leipzig und nimmt noch am 19. teil.

S. 337 Ist noch zu matt. Krank nach Weimar. Erfährt, daß er Rittmeister geworden:

> Unser Rittmeister ist ein braver Mann,
> Nur schade, daß er nicht mehr reiten kann.

S. 338 Kehrt »heim«. Betrachtungen über den Zauber der *Abendstunden* und des *Herbstes.* Der Zauber des Hinsterbens, des Heimgehens. Es ist dies der Zug der *Romantik* und aller ihrer Jünger. Wird 1813 oder 14 Major und Johanniterritter.

All die Zeit über, im Felde und dann zu Haus, entstand »Corona«, die halb ein poetisches Tagebuch ist.

S. 339 und 40 Er ist wieder am Herd. Schöne Schilderung der Freude des *Heim*seins, aber auch Sehnsucht hinaus.

S. 340 Er hängt sein schönes Schwert in der Nennhauser Kirche auf.

S. 341 Er lebt daheim in Glück, ist ein *Liebling*, wünscht sich fast Gegnerschaft – endlich fand er sie. »Hütet euch, wenn alle Welt euch wohl redet.«

S. 345 1816 oder später wird die »Undine« als *Oper* aufgeführt (später als *Ballet*). So kam der Dichter selbst stufenweise runter. Die Dekorationen waren von Schinkel – alles glänzend. Es erlebte nur drei Aufführungen, dann kam der Schauspielhaus-Brand und zerstörte alles.

S. 349 Schwere Krankheit in Berlin, Krise, Erholung in Nennhausen.

S. 349–51 Die ersten Zeichen der *Unpopularität* beginnen, wahrscheinlich 1819. Das Volk murrt; der Liberalismus bemächtigt sich der Gemüter, namentlich der Gebildeten, und Fouqué beginnt als feudal, reaktionär und orthodox verworfen zu werden.

S. 353 Er verdirbt es nach zwei Seiten hin: den Liberalen nicht liberal, den Frommen nicht fromm genug, aber er bleibt sich selber treu.

S. 354–58 Seine Freunde: Gneisenau, von Valentini, Amalie von Helwig, geborene von Imhof, Zelter (hübsch), Fürst Anton Radziwill, Bernhardi, Franz Horn, Gebrüder Stolberg.

S. 359 Er ist bei Hofe als kaschmirscher Ritter beim Lalla-Rookh-Fest. War letzter Sonnenglanz, der in sein Leben fällt.

S. 360 Seine Biographie *Rüchels.*

S. 361 Der Zeitgeist.

S. 362 »Das Fest der weißen Rose« – letzter Sonnenblick.

S. 363 Karoline von Fouqué stirbt am 21. Juli 1831. (Lesen.)

S. 366 Er übersiedelt nach Halle 1831 (Nennhausen fiel an die Anverwandten der Frau); er verheiratet sich wieder, er wird Lektor an der Universität. Schluß.

Betrachtungen über das Wiederaufleben der Romantik; ihre nationale Bedeutung etc.

[*Auf einem weiteren, gesonderten Blatt:*]

Scott in seiner 1830 geschriebenen (nachträglichen) Vorrede zum »Kloster« sagt:

Unter den zahlreichen deutschen Dichtungen des geistreichen Baron de la Motte Fouqué hat kaum eine mehr Beifall gefunden als »Undine«. Eine herrliche, ja erschütternde Wirkung wird hier hervorgebracht durch die Ausführung des Gedankens, daß eine Wassernymphe ihre Unsterblichkeit verliert, indem sie menschlichen Gefühlen Raum gibt und ihr Los mit dem eines Sterblichen verknüpft, der ihr mit Undank lohnt. Als eine *Nachahmung* dieses glücklichen Phantasiebildes erscheint in den folgenden Blättern die »Weiße Frau«. Sie ist dargestellt als verknüpft mit der Familie Avenel durch eines jener geheimnisvollen Bande, welche nach den Ansichten der Vorzeit unter gewissen Umständen zwischen den Elementargeschöpfen und den Menschenkindern stattfanden.

SCHÖNHAUSEN

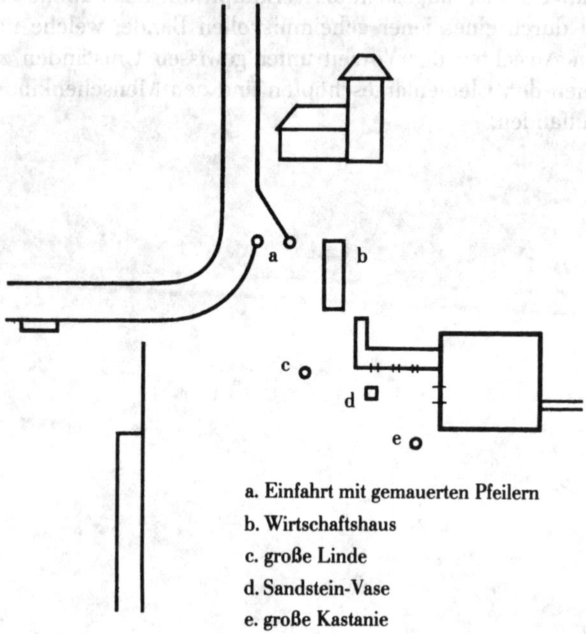

Über der schlichten Eingangstür, ohne Rampe, ohne Treppe, ist ein Wappenstein mit den beiden Wappen der Bismarcks und der Katts eingelassen. Die Katze hat eine Maus gepackt und spielt mit ihr. Das war 1700. Dreißig Jahre früher, als ein Stärkerer mit der Katze Maus spielte. – Inschrift

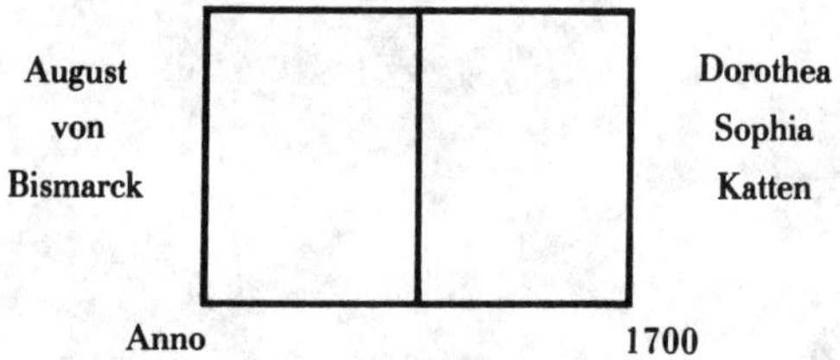

Rechts und links hingen zwei vertrocknete Kränze und vor dem Wappen ein Birkenstrauch.

Hübsche Baumgänge, alte und neue, ziehen sich durch den Park hin, der zwei Etagen (Stufen) hat und an dessen einer Seite sich ein schilfbestandner Graben als Grenze zwischen Park und Feld (Runkelrüben und Mais) hinzieht. Über den Graben führt eine Brücke. An dieser Stelle steht der vielgenannte Herkules, auf dessen Rücken Graf B. seine Büchse oder seine Rehpostenflinte probte. Er hält vor Schmerz die Hand nach hinten. Auf den einen Schenkel hat – ersichtlich ein neurer Besucher – Adam geschrieben, von dem er nur die Einfachheit des Kostüms entlehnt.

[*Es folgen zwei Umrißskizzen vom Schloß.*]

Bibliothekzimmer

Zwei große Schränke

Großes Universal-Lexikon aller Wissenschaften und Künste
Theatrum Europaeum
Allgemeine Geschichte von Deutschland
Allgemeine Welt-Historie
Sammlung aller Reisebeschreibungen
Staats- und Zeitungs-Lexikon
Gladows Reichs-Historie
Büschings Erdbeschreibung
Historisches Labyrinth der Zeit
Ludwig Gottfrieds Historische Chronik der 4 Monarchien

Andrer Schrank

Friedrich v. Schlegels sämtliche Werke
Lettres de Bussy
Voltaire
Laienbrevier von Leopold Schefer
Basedows Elementarwerk
Herschels populäre Astronomie

1. Eßsaal weiß tapeziert
2. Wohnzimmer grün tapeziert
3. Schlafzimmer (in Front durch den Giebel des Seitenflügels halb zugebaut)
4. Bibliothek, rot gestrichen
5. Japanisches Zimmer
6. Frontzimmer mit Wand-Ölmalereien

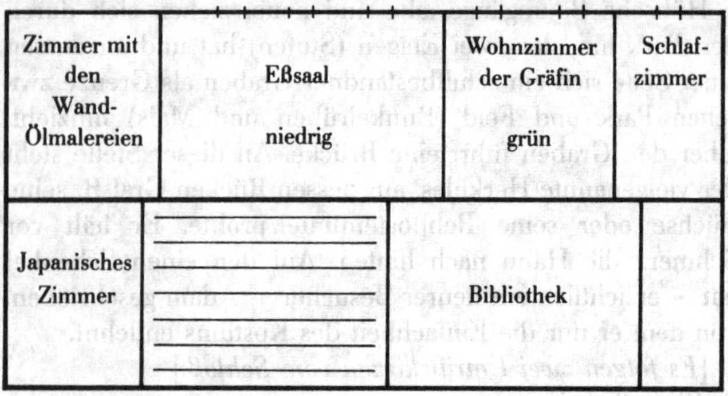

Wohnzimmer grün, einfach mit modernen Bildern, Lithographien. Kamin mit Stuckarbeit. Über dem Kamin ein Frauenbild in den Stuck eingelegt.

Eßsaal, weiß, mit Stuckdecke und Stuckfries, Stuck über den 2 Kaminen.

Die Eigentümlichkeit des Baus besteht

1. in den Stuckdecken und Stuckfriesen
2. Stuckkamine
3. In den runden Stuckumrahmungen, über den Kaminen vielfach Portraits
4. In der Tiefe und verhältnismäßigen Niedrigkeit der Zimmer
5. Die quadratische Grundform des Baus
6. Die dicken Mauern; die schwere Treppe.

Bemerkenswert ist noch im Erdgeschoß das nach dem Garten hinausführende Zimmer. Die Stuckdecke zeigt das Bismarcksche und Kattesche Wappen, sehr hübsch ausgeführt, ist also auch, wie alle diese Stuckarbeiten, aus der August-v.-Bismarck-Zeit (1700).

August v. Bismarck

scheint nun überhaupt der Häupter gewesen zu sein, der Erneurer, der Erbauer, der Wiederhersteller in Schloß und Kirche. Entweder war er reich oder er wurde es durch seine Heirat.

Auf der Stelle, wo das *alte Schloß* gestanden hatte, das

während des 30jährigen Krieges eingeäschert worden war (nur die dicken Mauern waren stehngeblieben), führte er das jetzige Schloß auf (1700). Seine Gemahlin war Dorothea Sophia Katten.

Besonders wichtig wurde er auch für die schöne große alte Kirche. Er schenkte oder errichtete:

1. eine geschnitzte Kanzel mit dito Treppe (in der Mitte der Kirche etwa)
2. den Altar mit Bild (beides eine Rokoko-Arbeit)
3. den herrschaftlichen, prächtig in Eichenholz geschnitzten Chorstuhl, der Kanzel gegenüber
4. Ein großes prächtiges Epitaphium, zum Gedächtnis seiner Eltern mit den eingelegten Oval-Bildnissen (in der Tracht etwa von 1680) beider.

In einiger Entfernung daneben befindet sich ein zweites Epitaphium, das dem August v. Bismarck seinerseits von seinem Sohne errichtet wurde. Es ist aber sehr viel schlechter und zeigt nichts mehr von dem Reichtum und dem verhältnismäßigen Geschmack der vorhergegangenen Generation.

Das ganze Dorf hat fast den Charakter eines Fleckens: 26 Bauergüter und 34 Kossätengüter, wenn ich nicht irre.

Dazu 2 Rittergüter, von denen 1 bei den Bismarcks geblieben ist, das andre (auch mit einem Herrenhaus) sich im Besitze des Deichhauptmanns Gärtner befindet. Dieser forderte, als Graf Bismarck diese Hälfte jetzt wiederkaufen wollte, 150000 Taler *über* den Wert des Gutes. So wird – vielleicht übertrieben – erzählt. Graf Bismarck sagte: »50000 über den Wert hätt ich gegeben, 150000 ist mir zu viel.«

Der Blick vom hochgelegenen Kirchhof aus ist sehr schön; ebenso die Fahrt nach Schönhausen durch Jerichow und nachher an Tangermünde (zur Linken im Dämmer) vorbei.

POTSDAM

Potsdam, mehr als irgendein andrer Punkt, ist die Geburtsstätte des preußischen Staats und unterscheidet sich schon dadurch erheblich von Berlin.

Berlin ist eine große Stadt, auch voll eigentümlicher Züge, der preußische Geist ist darin zu Haus, aber nicht die preußischen Institutionen, die erst jenen preußischen Geist (der anfangs etwas bloß Persönliches war) erzeugten.

[...] von welcher Seite her man auch vorgehn mag, landschaftlich, architektonisch, historisch – es bietet dem Auge nichts Neues mehr. Nichts Neues mehr und doch immer der alte Zauber, und in derselben Weise, wie der junge Künstler, wenn er hinaustritt in die Campagna und am östlichen Horizont die fernen Linien des Albaner-Gebirges sich hinziehen sieht, alle Vorsätze vergißt und das 1000mal in Strichen Festgehaltene doch zum 1001. Mal in sein Skizzenbuch zeichnet zu seiner und andrer Freude, so versuch auch ich das 100mal Beschriebene aufs neue zu beschreiben, in der stillen Hoffnung: *so war es noch nie ...*

[*Schluß:*] Alle Hohenzollern haben an Potsdam gebaut, und jeder hat ein Etwas zurückgelassen, das besonders charakteristisch für ihn oder für seine Zeit ist, unter diesen Charakterstücken möchten wir eine Auswahl treffen.

[POTSDAM]

Das Potsdamer Stadtschloss

Das k. Stadtschloß in Potsdam von seiner Entstehung bis jetzt, von Direktor Engelcken. »Mitteilungen« IV, S. 145 etc.

von Knobelsdorffs Leben und Wirken in Potsdam. »Mitteilungen«, Band IV, S. 209 etc.

Die »Potsdamsche Quintessenz«, abgedruckt in »Mitteilungen«, III, S. 303. Sehr interessant zu lesen und höchst wichtig für die *Sterbetage* Fr. Wilh. I. [*Dazu mit Blaustift quer auf dem Rand:*] Tagebuch des Geh. R. von Milhonneau, Band IV, S. 111.

Sanssouci

Rheinsberg & Sanssouci von Georg Horn. »Mitteilungen«, Band III, S. 352. Hübscher Aufsatz; manches zu brauchen für das Sanssouci-Kapitel.

Schneiders Aufsatz über das *Bibliothek*-Zimmer.

Garnisonkirche

An irgendeiner Stelle, zu Anfang oder Schluß oder in der Mitte, die Testamentsstellen, die sich im Testament Fr. W. I. und Fr. II.* darauf beziehn, wie und wo sie begraben sein wollen.

* Siehe Herrn *Bethges* Aufsatz »Die Gruft auf Sanssouci«, »Mitteilungen«, I, XV.

POTSDAM. GARNISONKIRCHE

(Gestützt auf Schneiders Vortrag in Potsdam)

Es war eine alte da, eine Fachwerkkirche, wahrscheinlich 1722 begonnen bis 1727. Auch diese hatte schon das Glokkenspiel oder *ein* Glockenspiel, wie aus Belamites (??) Gedicht hervorgeht.

1734 (?) wurde die neue Kirche begonnen; sie ist, in Erwägung des sparsamen Monarchen, sehr prächtig. Hauptsehenswürdigkeiten:

1. die Kanzel. (Die erste Zeichnung war anders; danach war ein Gerippe oder Totenkopf an oder unterhalb der Kanzel angebracht.)
2. die Gruft
   - a. Friedr. W. I.
   - b. Friedrich II.
   - c. das »Grab der Heiligen Allianz«; die drei Uniformen von Alexander I., Franz II. und Fr. W. III. in drei Kästen hinter der Orgel. (Etwas skurril.)
   - d. die roten Lamberquins. (Bei welcher Gelegenheit?)
   - e. die Fahnen, Standarten, Trophäen – man weiß nicht recht genau, bei welcher Gelegenheit erobert.

Friedrich II. hatte dreimal festgestellt, er wolle »en philosophe« ruhen, bei seinen Hunden, seinem Pferde, *unter der Flora-Statue* auf der Terrasse von Sanssouci. So steht's in seinem Testament, ferner in einem Briefe oder Erlaß an Graf Finckenstein und noch an einem dritten Ort (an welchem?); Fr. W. II. ging aber dennoch davon ab, und zwar *glücklicherweise.*

Eine Hauptsehenswürdigkeit ist der alte Küster Gey. Ostern 1862 lebte er noch, und bei der Beisetzung Friedrichs II. (1786) war er schon als Junge zugegen, hatte den großen König, glaub ich, auch in Sanssouci im Sarge stehen sehn. Er war dabei, als Kaiser Alexander, Fr. W. III. und Königin Luise hier in der Gruft waren. Es scheint aber, daß man nicht hinging, um derlei in Szene zu setzen, sondern daß es sich ungesucht machte. Es ist russ. Sitte, daß man (oder vielleicht nur der Kaiser) unmittelbar vor der Abreise von einem Ort die Kirche besucht. Alexander reiste ab (vielleicht aufs Schlachtfeld v. Austerlitz ??) und proponierte einen Kirchenbesuch; F. W. III. u. Luise schlossen sich an. Einmal in der Kirche, und zwar spätabends, machte sich der Besuch der Gruft und das »Treue-Geloben« überm Sarge Friedrichs II. wie von selbst.

Der Besuch Napoleons in der Gruft (bei dem Gey *ebenfalls* zugegen war) fand am oder bald nach dem 24. Oktober 1806 statt. Die Worte: »Lebte *der* noch, so wären wir nicht hier«, soll er angesichts des *Degens* Friedrichs II., ich glaube, damals auf Sanssouci, gesprochen haben. Hier in der Gruft sagte er nur: »Sic transit gloria mundi.« Draußen fragte er Gey, was die Statuen *neben* der Gruft (damals waren ein Mars und eine Minerva links und rechts, wo jetzt die Trophäen sind) bedeuteten. Gey sprach etwas von heidnischen Gottheiten, allegorischen Figuren, Symbolen der Kriegskunst etc., als ob Napoleon nie von Mars u. Minerva gehört hätte, worauf der Kaiser ihn anstarrte und dann mit einem lauten, langgezogenen »Bah« antwortete.

PICHELSDORF

Einleitung. Pichel muß es sein. Die Geschichte vom Rebus und dem Naturgenuß.

Pichelsdorf.

Dorf. Lehrerhaus. Nur in den großen Zügen.

»Gesegnete kleine Existenzen, / Wie berührt ihr mich so traulich!«

Ich kenne eine kleine Stadt und in der kleinen Stadt ein kleines Haus. Nur drei Fenster Front, ein Wohnzimmer, ein Schlafzimmer, eine Küche. Ein [*Ein Wort nicht entziffert.*] wächst in das Fenster hinein; über dem Sofa die Bilder der Eltern, am Pfeiler ein großer Erbspiegel, auf dem [*Ein Wort nicht entziffert.*] eine Console-Uhr mit großem goldnem Zifferblatt, die Dame [?] steht allein, die Eltern tot, die Geschwister verschlagen, nur eine Freundin kommt und der Briefträger und der Lesezirkelmann; dann gibt es einen Kaffe, aus Tassen mit Goldrand und eingebrannten Landschaften wird getrunken, das Geplauder geht, ein Gedicht wird gelesen, eine Szene aus »Macbeth« oder aus den »Lustigen Weibern«, die Stunden gehn, es ist wieder still, nur die Uhr mit dem großen Zifferblatt tickt weiter, und die Etagere steht offen. Glückselige kleine Existenzen. Wenn ich die Wahl hätte zwischen diesem Drei-Fenster-Haus und dem Palazzo Strousberg mit 5 Grooms und 25 Bureaux, ich wüßte, wofür ich mich entschiede.

Eine solche Existenz führt auch unser Pichelsdorfer Lehrer. Die Rosen- und Bienenzucht. Ich glaube, er spinnt auch Seide. Und so sind die Lehrer im Havellande alle. Ein rühriges, vortreffliches Geschlecht. Thieme [?]: »Was klagen; ein richtiger Lehrer muß sich immer zu helfen wissen«, und wenn ich die Lehrer Revue passieren lasse, die ich seitdem kennengelernt habe, so muß ich ihm recht geben. Da sind Pensionsväter, Bienenzüchter, Sammler, Schriftsteller, Musikanten. Es gibt Literatur und eine Publizistik, von der wir nichts wissen etc.

Wenn Hausherr oder Hausfrau stirbt
so wird es den Bienen annonciert.

Um die Menschen zu beglücken
Und den Trieb zu holden *Künsten*
Ihrem Busen einzuflößen,
Trug Minerva himmelabwärts
Eine volle Nektarschale.
Und die goldne Schale schwankte
Und es fielen wenig Tropfen
Auf den grünen Boden nieder.

Emsig waren drauf die Bienen
Hinterher und saugten fleißig …

Glücklich haben sie gekostet,
Sie und andre zarte Tierchen!
Denn sie teilen mit dem Menschen
Nun das schönste Glück – die *Kunst.*

[*Dazu mit Bleistift am Rand:*] Entweder als Motto oder vielleicht noch besser am Schluß. Verte.

BISCHOF ROSS

(Mitteilungen von Frl. v. Rohr)

Bischof Roß stammte aus der schottischen Familie der Grafen von Roß. [*Dazu quer auf dem Rand:* nach andern aus Schweden.] Die voraufgehende Generation oder vielleicht auch die zweitvoraufgehende bestand aus *drei Brüdern,*

einer blieb in der großen englischen Carrière und wurde Gouverneur oder Vizekönig von Ost- oder West-Indien;

ein *zweiter* Bruder wurde Geistlicher, ob schon in Deutschland oder in England, stehe dahin;

ein *dritter* Bruder ging in die Quist und geriet ins Handwerkertum oder gar ins Proletariat.

Der *älteste* Bruder, der Vizekönig oder Gouverneur, hatte einen Sohn. Dies war der bekannte resp. berüchtigte *Graf Roß,* der in der Johannisstraße als Kunstmäzen, Gourmand, Verschwender und Popograph ein sonderbares Leben führte;

der *zweite* Bruder (von dem ich nicht bestimmt weiß, ob er Geistlicher war) hatte ebenfalls einen Sohn. Dies war der nachmalige *Bischof Roß,* der im Schindlerschen Waisenhaus wohnte;

der *dritte* Bruder zeugte Kinder und vermehrte das Proletariat.

Den *Grafentitel* führte nur der bedenkliche alte Junggeselle in der Johannisstraße; in den beiden andern Linien war der Grafentitel niedergelegt.

Der Bischof war Geistlicher am Rhein. Bei Gelegenheit der ersten Synode (vielleicht zur Zeit als die »Union« gemacht wurde) zeichnete er sich durch Haltung und Rednergabe aus; so kam er nach Berlin; wurde Propst an der Nikolaikirche, oberster Vorstand des Schindlerschen Waisenhauses, Bischof.

Er war bei Hofe persona gratissima. Fr. W. III., der Kronprinz, Prinz Wilhelm (der spätre Kaiser), vor allem der *alte* Prinz Wilhelm liebten ihn; seine Einfachheit, sein Wandel, seine Herzensgüte, sein Mut, seine Selbstsuchtslosigkeit, seine noble Gesinnung, auch seine rednerischen Gaben, die nicht bedeutend, aber der Ausdruck einer liebenswürdigen Natur waren, machten ihn, wie zum Liebling aller Menschen, so auch zum Liebling des Hofes. Alles Dogmatische war Schnurrpfeiferei; der ganze Mann repräsentierte das Essentielle des Christentums. Er hatte es im Herzen. Das machte ihn so siegreich.

Am Neujahrstage predigte er immer in der kleinen Schloßkapelle oder vielleicht in der Hauskapelle des K. Palais, wenn eine solche überhaupt existierte. Fr. W. III. machte ihm dann jedesmal ein Neujahrsgeschenk. Einmal gefiel seine Rede dem Könige ganz besonders, und so trat er an den Bischof heran und sagte ihm: »Für heute hab ich mir etwas Apartes für Sie ausgedacht.« Der König gedachte, ihm den Grafentitel der Familie Roß zu erneuern. Der Bischof sagte frank und frei, daß ein Grafentitel zu seinem geistlichen Amt nicht recht passe, daß es ihm auch nicht lieb sein würde, wenn seine Kinder, solange *er* lebe, als »Grafen« an seiner Tafel säßen, daß es ihm aber recht sein würde, wenn seinen Kindern, nach *seinem Tode*, der Grafentitel erneuert würde. Und so geschah es.

Naivetät war ein hervorstechender Zug seines Charakters. Fr. W. IV. liebte ihn anfänglich sehr; später, als der Kronprinz resp. König mehr und mehr ins strenggläubige Fahrwasser geriet, entfremdete er sich vom alten Bischof, der ihm im Vergleich zu einem Hengstenberg oberflächlich und unwissend, im Vergleich zu einem Stahl ziemlich geistlos und pappstofflig erscheinen mochte. Seine *Geistes*gaben waren auch schwerlich ersten Ranges. Gegen Stahl scheint er einen besondren Groll gehegt zu haben; er sprach von ihm wie von einer käuflichen, bestechbaren Natur. Gewiß hatte er darin unrecht. Nach *dieser* Seite hin stand Stahl geradeso lauter da wie der Bischof selbst.

Als Kronprinz und Bischof noch auf einem guten Fuß standen (wahrscheinlich Anfang der dreißiger Jahre), wurde letztrer vom Kronprinzen zum Diner geladen. Er ließ völlig unbefangen sagen: »er sei schon zum Konsistorialrat Snethlage gebeten«. Beim nächsten Wiedersehn im Kronprinzl. Palais trat der Kronprinz lachend an ihn heran und sagte: »Lieber Roß, wenn Mutter Snethlage wieder mit mir konkurriert, so geh ich vor.«

Er war von großer Loyalität, großer Treue gegen das königl. Haus und großem Mut. 1848 setzte er nach den Märztagen die Fürbitte für den Prinzen von Preußen in seiner Nikolaikirche fort, was im April oder Mai dahin führte, daß eine Deputation von Gemeindegliedern bei ihm erschien, die darauf antrug, diese Fürbitte im Kirchengebet wegzulassen.

Sprecher. Die Erregung ist groß, der Haß allgemein; Sie werden sich Insulten aussetzen, Herr Bischof.

Bischof. Ist er denn wirklich so verhaßt?

Sprecher. Ja, Herr Bischof.

Bischof. Nun, mein Lieber, dann werde ich alle Tage dreimal für ihn beten und sonntags ganz gewiß.

Und so geschah es. An Insultieren dachte niemand. Er war eine Persönlichkeit, an der sich nicht leicht wer vergriff.

Eine seiner Töchter, ich glaube, Caroline, sein besondrer Liebling, war an einen Major Wenzel verheiratet, der, wie es scheint, ein guter Soldat, aber im übrigen ein Mann von mäßigen Meriten war. Er war ein *Spieler*, weshalb er auch schließlich den Abschied erhielt. 1849 war er Oberst oder Oberstlieutnant und kommandierte das Regiment, das in Frankfurt a. M. die Barrikade nahm. Ist dies richtig, so wird es wohl das 37. gewesen sein. Gleichviel. Dieser Oberst Wenzel hatte drei Söhne:

der älteste: *Ernst* Wenzel, Assessor, Stadtgerichtsrat, der Freund von Frl. v. R.

der zweite: *Adolf* Wenzel, anfänglich Offizier, ich glaube, im Alexand. Regiment, dann Hofschauspieler in Stuttgart;

der dritte: *Wilhelm* Wenzel, anfänglich etwas simplig, auch Offizier, zeichnete sich aber 1870 im Küstriner Regiment (also wahrsch. im 48. bei Spichern) sehr aus, erhielt das Eiserne Kreuz 1. u. 2. Klasse und ist jetzt Hauptmann.

Adolf Wenzel war also Offizier im [*Lücke im Manuskript.*] Regiment, gab's auf und wurde Schauspieler. Der Vater war empört und brach jede Beziehung ab; 1849 versuchte der Sohn (nach dem Barrikadensturm) eine Versöhnung – umsonst. Erst auf dem Todbette des Vaters, wahrscheinlich in den sechziger Jahren, erfolgte die Versöhnung. Der *Großvater*, der alte *Bischof*, sah milder auf alles dies. Er beklagte diese Schauspielercarrière seines Enkels, zürnte ihm aber nicht. Etwa 1854 oder so um diese Zeit herum kam *Adolf Wenzel* nach Berlin, um hier zu gastieren. Durch Einfluß auf *Kästner* (mittelst Frl. v. R. u. Frl. v. Crayn) kam es zu einem Gastspiel an der K. Bühne. Caroline Wenzel, also Adolfs Mutter, lebte damals im Hause des Bischofs, und dieser Lieblingstochter zuliebe entschloß sich der Bischof, ins Theater zu gehn, um den Enkel spielen zu sehn. Es wurde »Der Sohn der Wildnis« gegeben. Als der Bischof auf seinem Parquetplatz Platz nahm, war er angenehm überrascht, Frl. v. R. als Nachbarin zu haben. Er drückte ihr seine Freude darüber aus. Das in Absätzen während des Abends geführte Gespräch mit Fräulein v. R. ging wie folgt.

Bischof. Es war mir kein leichter Gang. Aber die arme Caroline …

Frl. v. R. Ich freue mich, Herr Bischof, daß Sie's über sich vermocht haben.

Bischof. Aber Sie müssen ihn mir zeigen. Ich kann ihn ja in seiner Vermummung nicht erkennen. [*Dazu am Rand:* Nun begann das Stück.]

Frl. v. R. Das ist er; der mit dem Fell und dem großen Speer.

Bischof (kopfschüttelnd). Was ich alter Mann alles erleben muß.

Inzwischen wurde der Beifall im 2. Akt immer lauter.

Bischof. Aber er macht es wirklich ganz gut. Er spricht so deutlich; ich verstehe jedes Wort.

Frl. v. R. Es ist jetzt eine der besten Stellen.

Bischof. Er macht es aber wirklich sehr gut. Wissen Sie, mein gnädigstes Fräulein, ich werde auch klatschen.

Und so rührten sich die Hände des alten ehrwürdigen Herrn zum Beifall für seinen Enkel. Er war nur dazu da, um wohlzutun, wo es irgend wohlzutun erlaubt war. In der Loge saß Caroline und weinte vor Freude über ihren Sohn und über ihren Vater.

Der Bischof, eh er nach Berlin berufen wurde, war Geistlicher in *Bedburg* am Niederrhein, in der Nähe von Cleve, Wesel oder Krefeld. Es war eine gemischte Gemeinde, die im schönsten Frieden lebte; er stand mit dem kath. Pfarrer auf dem Freundschaftsfuß, und die Katholiken des Orts verehrten ihn kaum minder als seine protest. Pfarrkinder.

Es traf sich damals, vielleicht anno 16 oder 17 oder vielleicht auch später, daß Güter, die durch die Franzosenzeit in Verfall oder zur Subhastation gelangt waren, verkauft werden sollten. Er berief die Gemeindevorstände, stellte ihnen die Sache vor und riet ihnen, da sie vermögend seien, diese Güter zu kaufen. Die Gemeindevorstände berieten sich und sagten ihm am andren Tage: »Herr Pfarrer, die Güter sind gut, aber wir wollen sie nicht kaufen, *Sie* sollen sie kaufen. Hier ist das Geld; Sie zahlen uns einen mäßigen Zins, und damit gut.« So kamen die schönen Güter Loë und ... in seinen Besitz.

Diese Güter kamen später an seinen zweiten Sohn, den Grafen Fritz Roß. Etwa 1854 besuchte ihn der Bischof und lebte in Loë auf Besuch. Von hier aus suchte er seinen Abschied nach, der ihm ohne weitres gewährt wurde. Seine Zeit war vorbei; man war gewiß froh, ihn loszuwerden. Als er in Loë eintraf, beschloß die Bedburger prot. Gemeinde, die ihn noch treu im Gedächtnis trug, ihm einen großen Tafelaufsatz zu schenken. Die Katholiken des Orts baten es sich sofort aus, sich daran beteiligen zu können, und so erhielt er einen prächtigen Tafelaufsatz als gemeinschaftl. Geschenk der protest. u. kathol. Gemeinde von Bedburg. [*Zu diesem Absatz quer auf dem Rand:* Er starb in Loë. Nach seiner letztwilligen Verfügung wurde er in Bedburg begraben. Seine Gemahlin ruht in Berlin, sein Sohn Fritz (1854 oder 55 in Dresden auf der Reise gestorben) in Dresden.]

In den dreißiger Jahren (wahrscheinlich) war er in Homburg im Bade. Kaum war er da, so hieß es: »auch der Erzbischof von Köln* ist erwartet«, und alle Welt war nun aufs höchste gespannt, wie sich der prot. Bischof und der kath. Erzbischof zueinander stellen würden. Roß war wie immer sechs Uhr früh auf der Promenade. Alsbald erschien der Erzbischof, schritt auf ihn zu, nahm ihn unterm Arm, und so

* Wahrscheinlich Spiegel vom Desenberg. Dies ist näher festzustellen.

schritten beide in lebhaftem Gespräch die Promenade auf und ab. Und wie am ersten Tage, so an jedem folgenden. Konfessionelle Unterschiede waren für sein christl. Herz bedeutungslos; der Mensch war ihm alles; der *gute* Mensch sein Freund. Eine Nathan-Figur. Das Höchste und Beste vom individuellen Standpunkt aus angesehn; von sehr fraglichem Wert, wenn es allgemeingültig werden soll. Es ist dann gleichbedeutend mit Indifferenz, Verfall.

Roß war auch Generalsuperintendent. Als solcher lag ihm ob, die Provinz oder einen Teil derselben zu bereisen und zu inspizieren. Zu seinem Sprengel oder Inspektionsbezirk gehörten auch Oderbruch, Lebus, Neumark. Es wurde ihm gemeldet: »Der Prediger N. zu N. in der Neumark gebe seiner Gemeinde starken Anstoß dadurch, daß er ein Trinker sei.« Zugleich wurde die Amtsenthebung desselben beantragt. Der Bischof meinte: »Wir wollen ihm noch eine Frist gönnen.« Bald darauf bereiste er die Neumark, kam in den betreffenden Ort und wußte es so einzurichten, daß er in der Pfarre zu Nacht bleiben mußte. Man nahm ein Abendbrot, wurde vertraulich, und der Geistliche holte ein paar gute alte Flaschen aus dem Keller. Die erste wurde entkorkt, und eben wollte der Geistliche die Gläser füllen, als der Bischof freundlich dankte. »Er tränke nie.« Der etwas stutzig werdende Geistliche drückte seine Verwunderung aus. »Ich habe es mir am Rheine, wo ich früher lebte, abgewöhnt. Sie wissen, im Rheinland liebt alles seinen Schoppen, und ich machte keine Ausnahme. Ich trank täglich meinen Schoppen, auch wohl mehr. Eines Tages kam mir zu Ohren: ›man erzähle sich in der Gemeinde, ich tränke‹. Ich erschrak und war schnell [*Darüber*: rasch] resolviert. Kein Tropfen kam, von dem Tage an, mehr über meine Lippe. Ich kann nicht sagen, daß es mir schwer geworden wäre; als ein Trinker gelten war mir das Schwerere, und so gab ich es ohne Mühe auf.«

Der Geistliche hatte sich verfärbt. Als der Bischof geendet hatte [*Darüber*: schwieg], sagte er ruhig: »Herr Bischof, ich verstehe wohl Ihre edle Absicht; Sie sollen mir diesen Zug aus Ihrem Leben nicht umsonst erzählt haben.« Er hielt Wort und ist noch lange segensreich im Amt verblieben.

Graf Roß, der dem Bischof ein ziemlich unbequemer Vetter war, suchte die Verwandtschaft aufrechtzuerhalten und teilte dem Bischof, bei einem Besuche, den er ihm machte, mit, daß er ihn zum Universalerben einsetzen wolle. Der Graf hatte sein Vermögen zwar verposamentiert, nichtsdestoweniger ergab der Erlös aus seinem Haus und seinen Sammlungen etwa 80 000 Rtr. Dies ergab sich aber erst später. Der Bischof lehnte ab, indem er hervorhob: die Kinder des *dritten* Zweiges der Familie (die zu Anfang hervorgehobenen Proletarier) müßten partizipieren. Dies wollte der Graf nicht. So zerschlug es sich. Man einigte sich später dahin, daß der zu erwartende Erlös der *Wadzecks-Anstalt* vermacht werden sollte. Dies geschah. So daß von da ab das Sammeln »milder Beiträge« aufhörte, indem die Wadzecks-Anstalt nunmehr von den Zinsen jenes Kapitals ihre Ausgaben bestritt.

Bischof Roß	*Graf* Roß, Steuerrat in Dresden. *Caroline* Roß, an den spätren Oberst Wenzel verheiratet. *Antoinette* Roß, an den rhein. Gutsbesitzer Tendering verheiratet. Graf *Fritz* Roß, Besitzer von Loë und Poteckel bei Wesel. *Luise* Roß, an den Dr. Schneider in Krefeld verheiratet.

Von diesen 5 Kindern lebt heute (1873) nur noch der älteste Sohn und die jüngste Tochter.

Antoinette Tendering, geb. Roß, hatte vier Töchter: mindestens die folgenden drei: *Lina* Tendering, älteste Tochter, an Franz *Duncker* verheiratet; eine jüngere Tochter an Herrn Tichler in Wesel verheiratet; eine dritte Tochter, die an einen Kaufmann in Elberfeld, und eine vierte, die an einen Gutsbesitzer »aus dem Werth« verheiratet ist.

Caroline Wenzel, geb. Roß, hatte fünf Kinder: 1. *Ernst*, Stadtgerichtsrat; 2. *Adolf*, Hofschauspieler; 3. *Wilhelm*, Hauptmann in Küstrin; 4. *Luise*, Erzieherin (die, die ich bei Frl. v. R. kennenlernte); 5. *Marie*, auch Erzieherin; eine Zeitlang im Hause des russ. Generals Kauffmann im Kaukasus.

Weitres Material enthält ein Aufsatz, den Werner Hahn in

der »Voss. Ztg.« 1856 etwa veröffentlicht hat. Die Mitteilungen wurden abgebrochen. Franz Duncker war empört über die Prinz von Preußen-Geschichte, die ihm nicht paßte, andrerseits hatte die »† Ztng.« die Veröffentlichung des Aufsatzes abgelehnt.

Man kann also füglich sagen, daß dieser ausgezeichnete Mann 1855 oder 56 völlig unten durch war. Der Hof gegen ihn, das Ministerium (Raumer-Westphalen) natürlich auch, die »Kreuz-Ztng.« (Stahl-Gerlach) nicht minder; ebenso waren aber auch die fortgeschrittenen Liberalen, wie also sein eigner angeheirateter Enkel Franz Duncker, gegen ihn, indem sie an seiner Loyalität und Treue für die Hohenzollern Anstoß nahmen. Mit Mühe – via Ciesielski und Graf Wartenberg – brachte man den Hahnschen Artikel in die Vossin.

Der Bischof war öfters in *Falkenberg* bei Freienwalde zu Besuch, wo er in dem Stadtgerichtsrat Hufelandschen Hause wohnte und mit v. Jenas in Köthen Verkehr unterhielt. Also bei *Falkenberg* diese Biographie einschalten.

In der Einleitung hervorheben, daß er mich als Mensch entzückt, ohne daß ich ihm überall zustimmen kann. Ich werde also in nachstehendem vielfach in die Lage kommen, Züge von ihm zu erzählen, die ich menschlich reizend finde, ohne daß ich die diesem schön Menschlichen zugrunde liegenden Tendenzen billige. Er war Nathan, Mann der Union etc., alles individuell sehr schön; in der Anwendung aufs Allgemeine sehr fraglich; was entsteht daraus: die Tyrannei des Liberalismus und Rationalismus, die um kein Haarbreit besser ist als jede andre Tyrannei. Das persönliche Sympathisieren gerät mit unsren Vorstellungen vom Rechten und Tunlichen sehr oft in Konflikt. Kein entzückenderer Mann wie Sydow; dennoch – während mein eigner Glaube noch lange nicht an den Sydowschen heranreicht – stehe ich gegen ihn. Das berühmte: »ich *lese* das Glaubensbekenntnis«, würde ihm nur dann zum Ruhme gereicht haben, wenn er freiwillig resigniert hätte oder, wie Luther, die Kraft gehabt hätte, an die Stelle des alten Glaubens einen neuen zu setzen.

Weiterhin, mehr am Schlusse des Aufsatzes, ein Hinweis

auf eine gewisse Verwandtschaft zwischen *Büchsel* und ihm. Dies näher ausführen. Roß war von Abstammung ein Schotte, sogar ein schottischer Graf, von Geburt ein Rheinländer, Büchsel war Uckermärker. Da liegen die Hauptunterschiede. An bon sens, an Popularität, an Macht über die Gemüter, an Einfluß der Stellung waren sie sich gleich. Der eine beherrschte ein rationalistisches Geschlecht, der andre ein orthodoxes.

TASDORF. MINISTER V. MEINDERS

Franz v. Meinders

»Seit dem Kriege von 1672 führten besonders *Franz v. Meinders* und *Paul v. Fuchs* die Geschäfte, jener die auswärtigen, dieser die inneren und Militär-Angelegenheiten.«

So schreibt Vehse I, S. 194. (Ich glaube nicht, daß dies richtig ist; sie bekleideten meist dieselben Stellungen; nur war *Meinders* älter und ihm immer um einen Pas vor. Fuchs rückte nach.

Vehse schreibt weiter.

Nach dem Etat von 1683 betrug sein Gehalt nur 1200 Taler, aber die außerordentlichen Einnahmen, die sein Posten als Minister des Auswärtigen ihm verschaffte, brachten ihn zu einem bedeutenden Vermögen.

Seit dem Frieden von *Vossem* – von welchem an der Kurfürst stehende Subsidien von Frankreich erhielt – erhielt Meinders nur allein von dieser Krone (wie Poellnitz berichtet) 20000 Francs jährlich, und zwar 22 Jahre lang bis zu seinem Tode.

Meinders war reich verheiratet.

Damit hängt es so zusammen.

Es existierte eine reiche Baronesse D ... (Tochter des Barons von D ...).

Diese junge Baronesse v. D ... verheiratete sich *dreimal.*

1. Oberst oder General v. *Poellnitz*, Vater des Memoirenschreibers. Dieser Oberst v. P. fällt vor Mastricht.

2. Als verwitwete Frau v. *Poellnitz* heiratet sie den Minister v. *Meinders.* Dieser stirbt schon nach 10 Monaten.

3. Als nunmehr verwitwete Frau Minister v. Meinders heiratet sie in *dritter* Ehe den Hofmarschall v. Wense oder Wensen.

So war denn Meinders 10 Monate lang der Stiefvater von Poellnitz, dem Memoirenschreiber.

Nach Vehse S. 195 kam das Geld, das diese 3mal verheiratete Dame besaß, von *Meinders.* Er schreibt: »M. hinterließ ihr ein so großes Vermögen, daß sie die Pension, die sie vom Hofe bezog, aufgeben konnte. Sie war die reichste Witwe in Preußen u. heiratete nun den v. Wense.«

POELLNITZ, S. 149

»Der Kurfürst folgte schließlich dem Rate der Kurfürstin (Dorothee) und des Herrn v. *Meinders* und nahm den Frieden an.

Er schickte den Herrn v. *Meinders* nach *St.-Germain-en-Laye,* wo er mit dem Herrn v. *Pompone* Unterhandlungen pflog. Endlich kam man überein« (s. diese Stelle, S. 150). ...« Dann weiter: »Frankreich machte sich anheischig, ihm, dem Kurfürsten, 300 000 Taler zu zahlen etc.« (S. 150.)

Endlich heißt es: »Die *Kurfürstin* u. Herr v. *Meinders* erhielten reiche Geschenke. Die Kurfürstin: 100 000 Taler bar und eine reiche Garnitur von Diamanten; Meinders eine Pension von 50 000 Livres auf Lebenszeit.« (Vehse schreibt nur 20 000 Francs. Was ist richtig?!)

FRANZ V. MEINDERS

Er scheint 2mal verheiratet gewesen zu sein: erst mit einer vorläufig ungenannten Dame, dann mit der Frau v. *Poellnitz,* geborne Baronesse v. D ..., die nun einen kleinen Poellnitz (den Memoirenschreiber) mit in die Ehe brachte.

Es scheint, daß Meinders aus seiner *ersten* Ehe eine Tochter hatte (an den Oberst du Rosey verheiratet), so daß zwei Sorten unechter Söhne da waren: ein *Schwiegersohn* (du Rosey) und ein *Stiefsohn* (v. Poellnitz).

Meinders war sehr reich, und das Vermögen, so scheint es, ging bei seinem Tode in 2 Teile:

Einen Teil erhielt die Witwe, die frühere Fr. v. Poellnitz. Welcher Teil dann auch an ihren Sohn v. Poellnitz kam.

Den *andern* Teil erhielt die richtige Tochter erster Ehe, wodurch das Geld an die *du Roseys* kam.

Meinders' Grundbesitz war der folgende.

Er besaß

1. Ein Haus in der *Königsstraße* – zwischen der Heilig-Geist- und Spandauer Straße –, das, vom Kaufmann Leonhard Weiler gebaut, später an den General v. *Grumbkow* kam.

2. Einen schönen, in der Stralauer Vorstadt angelegten Parkgarten. (Dieser kam an Oberst du Rosey.)

3. Einen »*Garten mit Meierei*« in der Friedrichsstadt, genannt Meinardshausen. Dieser Garten etc. kam, nach dem Absterben der *Söhne* des Ministers (also *doch* Söhne) 1699 an den Kurfürsten Friedrich III.

4. Tasdorf.

Oberst Imbert Rolas du Rosey starb 1704.

Die Poellnitz und ihre Beziehungen zu Meinders

Oberstallmeister, Staatsminister, Feldmarschall, Kammerherr, Oberst der Garden und Kommandant von Berlin *Baron v. Poellnitz*, vermählt mit Eleonore v. Nassau, natürlicher Tochter d. Prinzen Moritz von Oranien. v. Poellnitz † 1679	*Ein Sohn* (ungenannt)	*Fräulein v. Poellnitz* erste Hofdame der Königin Sophie Charlotte
	Eine Tochter Henriette, erst mit einem v. d. Schulenburg, dann mit General François du Hamel vermählt	
	Ein andrer Sohn Wilh. Ludwig *Oberst*, vermählt mit einer jungen Baronesse D …	Ein *ältrer* Sohn Ein *jüngrer* Sohn Karl Ludwig (Der Memoirenschreiber)

Der Memoirenschreiber v. *Poellnitz* war also der *Sohn* eines vor Mastricht gef. Obersten v. P., der *Enkel* des Oberstallmeisters v. P., der in Buch (glaub ich) begraben liegt, und der *Cousin* der Hofdame v. P.

Seine *Mutter* war eine geb. Baronesse *D …*, die sich dreimal verheiratete

1. an den Obersten v. *Poellnitz*
2. an den Minister v. *Meinders*
3. an den Hofmarschall (?) v. *Wense.*

Als Frau Oberst v. *Poellnitz* war sie, nach dem Tode ihres ersten Mannes, arm; durch die Heirat mit Meinders (der schon nach 10 Monaten starb) wurde sie eine sehr reiche junge Witwe.

Poellnitz schreibt S. 222.

Die beiden Staatsminister Meinders u. Fuchs verdankten alles, was sie waren, sich *selbst*, nichts ihren Ahnen. Beide waren von mittlerem Stande u. mittelmäßigen Glücksgütern. Sie hatten beide mit den kleinsten Bedienungen (?) angefangen. Allein ihre vorzügl. Talente hatten bald Aufmerksamkeit erregt und zu ihrer Erhebung beigetragen. Auch in der Folge waren dieselben ihre Stütze und machten, daß sie über allen Neid siegten. Sie liebten beide Künste u. Wissenschaften. Das Wohl des Staats und der Ruhm ihres Herrn lag ihnen gleich stark am Herzen. Beide waren von den Untertanen gleich hochgeachtet, und beide hinterließen Söhne (??, ich glaube kaum), die ohne Erben starben.

FRANCISCUS V. MEINDERS

1630 in der Grafschaft Ravensberg geboren.

Licentiatus juris; Geheimer Sekretarius.

1667 Hof- und Kriegsrat; Ravensbergischer Appellationsgerichtsdirektor.

1672 (6. August) Wirklicher Geheimer Rat; kurbrandenb. Gesandter zu *Regensburg*, in Frankreich, Spanien, Schweden, Dänemark und im *Haag* wie auch bevollmächtigter Minister bei den Friedenskongressen zu *Nimwegen* und *St. Germain*, welchen letztren Friedensschluß er allein zu Stande gebracht und unterzeichnet hat.

Schloß auch 1673 den Frieden mit Frankreich zu *Vossem* und wurde 1682 vom Kaiser in den Adelsstand erhoben.

Starb den 22. April 1695.

1. v. *Fuchs* besaß den von Raule angelegten Garten Delvedere in d. Stralauer Vorstadt.

2. v. *Meinders* besaß einen von ihm (Meinders) angelegten Garten, ebenfalls in der Stralauer Vorstadt.

3. v. *Meinders* besaß die Meierei und den Garten Meinardshausen in der Friedrichsstadt.

4. v. *Meinders* besaß das spätre *Grumbkowsche* Haus in d. Königsstraße zwischen Heiliger-Geist- und Spandauer Straße.

5. v. *Meinders* besaß Tasdorf.

6. Wo wurde v. *Meinders* begraben? Wahrscheinlich in Berlin (Nikolaikirche).

Tasdorf

1. Vorgeschichte. 2. Meinders (Poellnitz war sein *Stief*sohn; du Rosey war sein *Schwieger*sohn). 3. du Rosey. 4. v. Marschall.

Filial von Rüdersdorf.

Fortsetzung der *Kalklager* von Rüdersdorf. Prozeß zwischen Frau v. *Marschall und dem Fiskus.*

Vehse

über das den preußischen Staat aufbauende bürgerliche Element

Staatsmänner		*Feldherren*	
Meinders	Conr. v. Burgsdorff	Derfflinger	*Leopold v. Dessau*
Fuchs	Kanzler v. Loeben	Scharnhorst	F. M. *Schwerin*
Spanheim	Freiherr v. Canstein	Krauseneck	Prinz Heinrich
Danckelmann	Der ältere u. der jüngere Schwerin	Reyher	*Seydlitz*
Kraut	Graf Herzberg		Zieten
Bartholdi	*Hardenberg*		Winterfeldt
Ilgen	*Stein*		Herzog v. Braunschweig
Thulemeyer	Schoen		Hohenlohe
Cocceji	Dohna		Möllendorf

Camphausen	*v. Motz*	*Blücher*
Niebuhr	Altenstein	Rüchel
	Wilh. v. Humboldt	*Bülow*
	Bismarck	*Gneisenau*
		Tauentzien
		Wrangel
		Moltke
		Falkenstein
		Goeben
		Steinmetz
		Blumenthal

Die meisten dieser Herren sind Werkzeuge, die sich ihrer Aufträge entledigt haben; sollen aber *die* Personen genannt werden, die aus sich heraus, mitunter im Widerspruch gegen die Fürsten u. ihre Regierung, den preuß. Staat aufgebaut haben, so finden wir fast nur adlige Namen.

Die meisten Staatsmänner und Feldherren, die wir gehabt haben, waren – wie überall in der Welt – *Diener.* Sie vollzogen alle den Willen eines Höherstehenden. Diejenigen, die aus sich heraus, leitend und nicht geleitet, den Staat vorwärts gebracht, etwas Neues, Großes angebahnt, einen neuen Gedanken durchgeführt haben, waren Adlige. Es sind ihrer nicht allzu viele: Stein, Hardenberg, Wilh. v. Humboldt, v. Motz (Zollverein), Altenstein, Savigny, G. v. Vincke, Bismarck und von Generalen: Seydlitz, Blücher, Gneisenau, Moltke. Nur Scharnhorst ist eine Ausnahme.

Man kann sagen: es hält sich von 1640 bis 1740 die Waage. Von da ab bis heut ist alles Bedeutende durch Adlige geleistet worden.

Vehse schreibt 197

1. *Meinders* und *Fuchs* waren die beiden Bürgerlichen, welche für d. Größe der brandenb. Monarchie unter Friedrich Wilhelm das meiste getan haben. »Es gehört zu den fables convenues in der preuß. Geschichte, daß der Adel das meiste getan habe; es liegt aber anders, die großen Fürsten taten das meiste und nächst ihnen die gescheiten Leute aus

dem dritten Stande. Eine lange Reihe berühmter Namen derselben geht von dem berühmten Kanzler des 16. Jahrhunderts, *Lampert Distelmeyer*, dem Leipziger Schneiderssohne, bis in das gegenwärtige Jahrhundert, eine Reihe, die von der Reihe der preußischen berühmten Adelsnamen bei weitem nicht aufgewogen wird.«

Unsinn.

Annehmen zu wollen, daß die bürgerliche Abstammung daran hinderte, staatsmännisch oder feldherrlich zu werden, wäre Unsinn; von Hunderten und Tausenden ist das Gegenteil bewiesen worden. Aber andrerseits kann man sich doch nicht dagegen verschließen, daß die *Tatsachen* anders liegen.

Staatsmänner und Feldherren

[*Dazu am linken Rand:* Vehse S. 197 bis 99. Die ganze Sache muß *kurz* behandelt werden, höchstens auf *zwei* Seiten.]

Wir können von bewußten hohenzollerschen Zielen, von einer Art Groß-Politik doch erst seit den Tagen des Großen Kurfürsten an sprechen. Was vorher liegt, ist mit ganz andren Augen anzusehn. Man unterschied damals auch gar nicht zwischen Adel und Bürgerstand in einer unsren heutigen Anschauungen entsprechenden Weise. Wenn ich mich so ausdrücken darf: Rivalitäten und Rangstreitigkeiten, wie sie heute zwischen Adel und Bürgerstand existieren, existierten damals noch gar nicht. Kaum unter dem Großen Kurfürsten. Man nahm höchsten Orts die am passendsten erscheinenden Individuen, gänzlich unbekümmert darum, ob sie von Adel waren oder nicht.

[*Mit Blaustift dazugeschrieben:*] (Ist ganz gut; gehört aber nicht hierher, wo bloß auf facts and figures zu achten ist.)

SEGELETZ
GEH.R. H. WAGENER

1. Etwas über Segeletz. Kirche. Pfarre.

2. Hier der klügste Ruppiner geboren.

3. Biogr. Skizze, ganz nach dem W.schen Konversationslexikon; das Spätre nach dem Zeitungsartikel in der Vossin.

4. Meine Begegnungen mit ihm. Eindruck.

5. Urteile über ihn in der Presse etc.

6. Mein Urteil, wie sich's jetzt stellt. Höchst anfechtbar. Aber doch mit einer ganz andern Elle zu messen. Tritt man an ihn mit der gewöhnlichen bürgerlichen Respektabilitätselle heran, so kommt er zu kurz. Aber es ist, wie wenn man Bismarck nach seinem Benehmen mit dem Reskript [?] in Bremen [?], nach den Grausamkeiten gegen Harry Arnim, nach Geffcken, seiner Stellung [?] zu Kaiser Friedrich etc. beurteilen will. Viel Licht, viel Schatten. Aufs Ganze hin angesehen, war er ein bedeutender, ganz gewiß ein eminenter Mann. Talent, Klugheit, ganz ungewöhnlich. Aber was er auch pekziert haben mag, auch das Land, die Gesellschaft haben große Vorteile von ihm gehabt. Er hat die Bourgeoisie und den Liberalismus bekämpft, aber er hat immer ein Herz, ein Interesse, eine große Wirksamkeit für Volk und Menschheit, für die großen Realitäten des Lebens gehabt. Mit der Bourgeoisie ist es soso. Ich mag in ihren Verdammungsschrei nicht einstimmen, aber ich begreife den Haß gegen dieselbe. Sie legt das Gewicht auf das Fragwürdigste, auf das Geld.

Segeletz

Kleine topographische Einleitung. Seine Lage an einer Grenzecke, schon etwas Lauenburgisches, das einen wieder an Süddithmarsen erinnert. Ziemlich großes Dorf. Sein Vater Prediger daselbst.

Dann die verschiednen Stellen aus verschiednen Zeitungen etc.

Zum Schluß meine Wahrnehmungen.

1860. Schon zwei oder drei Jahre weg; kam aber noch oft; Diners; Königsgeburtstag; konservative Abendgesellschaften, die bei ihm, beim Chefredakteur B., vielleicht auch bei Graf Eberhard Stolberg stattfanden. Des letztren bin ich nicht ganz sicher, doch war Graf Stolberg immer zugegen und einer der Eifrigsten. Auf der Kreuz-Ztg., auch in den Gesellschaften bei B., trat er nur selten auf (immer nur bei besondren Gelegenheiten, wo er nicht gut fehlen konnte), was wohl zunächst damit zusammenhing, daß man nie gern in Geschäften oder Lokalen (?) erscheint, wo man mal angestellt war oder gar tonangebend war. Auch sah er wohl auf seine ganze Nachfolgerschaft mit sardonischem Lächeln herab. Sein Nachfolger war wie andre mehr, und ein paar andre waren an ihrer Stelle geschickt genug (Hesekiel und Gödsche), aber alles war doch nur angetan, um einen so superioren Mann mit Heiterkeit zu erfüllen. Er war wirklich eine superiore Natur und gehört zu den wenigen mir in meinem Leben begegneten Menschen, denen man diese Superiorität abfühlte. Das ewig Wiederkehrende, ganz besonders bei Beamten in hohen Stellungen, ist das, daß man die Sache nicht recht begreifen kann. Hier lag es anders. Er hatte die Allüren dieser Superiorität und durfte sie haben. Diese Allüren aber (ein Kennzeichen mehr für seine ganz ungewöhnliche Potenz) waren aber keineswegs von der bedrücklichen Sorte, ganz im Gegenteil, er hatte was bummlig Geniales, anscheinend Leidenschaftsloses, viel Bonhomie, glänzenden Witz, wundervolle Einfälle und ließ dies alles ruhig spielen und gewärtigte der Wirkung aller dieser Gaben und Vorzüge. Diese Wirkung konnte bei leidlich klugen Menschen auch gar nicht ausbleiben, blieb sie bei den Stupiden oder lächerlich Selbstbewußten aber doch aus, so half er mit einem Witz, einem feinen Spottwort nach, und ich habe nicht erlebt, daß jemand diesen hingeworfenen Handschuh aufgenommen hätte. Dabei war er von einer enormen Forscheté, ganz grand, ganz unkleinlich, und wenn man ihm, und mit Recht, einen grenzenlosen Geldkonsum vorgeworfen hat, so darf doch aber auch gesagt werden, er leistete was damit und hatte eine offne Hand und einen offnen Weinkeller. Dies war überhaupt eine glänzende Seite bei den damaligen Trägern der Kreuzzeitung, nicht der Kreuzzeitungs*partei*, sondern der Kreuzzeitungsleute selbst, und George Hesekiel trieb es bis ins Großartige. [*Dazu mit Bleistift am Rand:* Die ganze Hesekiel-Stelle als *Anmerkung*.] Bei ... im Gasthause Alexander in der Neuen Friedrichsstraße habe ich Abende mit durchgemacht, wo er für die ganze Gesellschaft zahlte. Ausgaben von 50 bis 100 Talern waren nichts Seltenes, was damals (Anfang der fünfziger Jahre) eine große Summe war. Er verschuldete dann auch durch Zins auf Zins bis hoch in die Tausende hinein, hat es aber durch einen noch großartigeren Fleiß alles wieder abgearbeitet. Auch darin ganz wie sein großes Vorbild Walter Scott. Und so war auch Wagener, vielleicht nicht ganz so gütig, aber bei seinen großen Mitteln viel großartiger in der Inszenierung der Sache. Alle diese Leute hatten einen genialen Zug, und Wagener war pur sang. Die sozialpolitischen Fragen waren schon damals sein Gebiet, ich konnte nicht folgen und hielt es für Phantasmagorien, für Ulk (vielleicht war ich der Wahrheit dadurch sehr nah), aber wenn ich auch von der Sache nichts verstand und also auch an der Sache selbst nicht recht ein Interesse nehmen konnte, so interessierte mich doch die Debatte, die sich daran knüpfte. Zu dieser hatte freilich nur einer den Mut und allenfalls auch die Fähigkeit. Dieser eine war Geh. R. Ludwig Hahn, damals sehr angesehn bei beiden Manteuffels. [*Dazu mit Bleistift am Rand:* nicht richtig. War ja etwa 18*63*.] Er bekämpfte das Programm und wies – die Szene steht mir noch deutlich vor der Seele; es war in dem [*Ein Wort nicht entziffert.*] Hause, Köthener Straße, wo Wagener damals wohnte – auf das Gefährliche, das Staats- und Gesellschaftsstürzende dieser Ideen hin, alles mit Gewandtheit, logisch geordnet, gebildet und, ich glaube, auch mit aufrichtiger Überzeugung. Ich selbst stand dabei ganz auf Hahns Seite; mir leuchtete das alles ein, während das Wagenersche, mir ganz fremd, etwas von Tohubohu hatte. So standen die meisten. Wagener wußte das auch und war überhaupt nicht der Mann, der sich über etwas wunderte, am wenigsten über die Dummheit und Inferiorität derer, die ihn umgaben. Daran war er gewöhnt. Und in der Tat, ich sehe noch das Lächeln, womit er Hahns Auslassungen begleitete, wie wenn er hätte sagen wollen: »Nu ja, lieber Hahn, für *Sie* ist das ganz gut, für mich ist es Null; ich habe mir diese Weisheit längst an den Schuhsohlen abgelaufen.«

Parallele mit *Alexander Gentz.* Solche Figuren sind der Gegend eigentümlich.

Zum Schluss

Daß er große Fragen behandelt und die Sozialpolitik, das *Wohl* der arbeitenden Klassen betreffend, oder den Staat vor den drohenden Gefahren zu sichern [gesucht], daß er das alles geleistet hat, ist sicher und bleibt sein Verdienst, um nicht zu sagen sein Ruhm. Die Motive dazu liegen nicht so klar. Daß er aus Humanität, aus einer christlichen Anschauung heraus, aus Humanität, Mitleid so vorging, glaub ich nicht, glaubt wohl niemand, der ihn gekannt hat. Er war ganz unsentimental, nichts von Philanthrop, Menschenbeglücker, Peabody etc. Nach meiner Meinung war er ein spekulativer Kopf, den Ehrgeiz und Betätigungsdrang dazu drängten, seine Spekulationen auch verwirklicht zu sehn, ein Naturforscher, Physiker, Mathematiker, der Gesetze hat und nun die Proben aufs Exempel zu machen wünscht.

Aber wozu bei dieser Frage verweilen. *Das* bleibt, was er getan, und andres, zu dessen Geschehen er die Anregung gegeben hat. Und das ist nicht [!] genug.

[*Im gleichen Konvolut überliefert, aber wohl in anderem Zusammenhang notiert:*]

Segeletz

Aus Bredow-Liepes Werk, Teil III, *Bredow-Bredow*, geht S. 174 unten hervor, daß ein Frl. von Werder 1715 die Gemahlin eines von *Wuthenow* auf Lögow und Segeletz wurde.

ARBEITEN UND ENTWÜRFE ZUM THEMATISCHEN UMFELD

I

EIN BESUCH IM ZELLENGEFÄNGNIS BEI BERLIN

Es ist jetzt jährig, daß ich allwöchentlich einmal – wie zu einem Bade in romantischer Luft – von Westend bis an die Londonbrücke fuhr, um dann – in raschem Gange an Billingsgate und Upper-Thames-Street vorüber – jenen Towertürmen zuzueilen, die ich nie aufsteigen sah, ohne mich bei ihrem Anblick vom Zauber ihrer Geschichte durchfröstelt zu fühlen. Süß wie Liebesschauer und reizend wie Gespensterfurcht beschlich es da mein Herz, und meinen Rücken überlief es wonnigkühl wie Windhauch an einem heißen Tag. Wehmütig und gehoben zugleich schritt ich an den Bußstätten überführter Untat, ja, an den Schauplätzen des Verbrechens selbst vorüber; Tod und Strafe hatten die Sünde längst gesühnt, und ihre Häßlichkeit war untergegangen in ihrem Reiz.

Wenig Tage sind's, daß ich in Begleitung zweier Freunde jenes unmittelbar in der Nähe Berlins belegene Zellengefängnis besuchte, das, seit lange ein Gegenstand meiner Neugierde, mir dadurch doppelt interessant werden sollte, daß es mich eine Parallele zwischen den Eindrücken und Empfindungen ziehen ließ, die meine vorjährigen Wanderungen durch den Tower und meine diesjährige durch unser heimisches »Pennsylvanien« – so pflegt man es hier zu nennen – begleitet hatten. Welche Verschiedenartigkeit der Eindrücke bei einer gewissen Gleichheit in Zweck und Erscheinung! Das Verwitterte jener alten Türme, der stummen Zeugen endloser Schuld, steigert nicht den Eindruck ihrer Schrekken, sondern mindert ihn vielmehr; der graue Ton, der über dem Ganzen liegt, erzählt dir: »Ich bin alt!«, und die ausgebrochenen Eisenstangen, der abgebröckelte Kalk an den Wänden berühren dich, als hätte die alte Tyrannin Zeit wie ein Genius der Freiheit hier ihren Einzug gehalten. Die Unschuld, die hier litt, das Verbrechen, das hier büßte – *sie waren*, und im Glorienschein der Geschichte tritt jede Tat, auch die faulste, an dich heran.

Wie anders durchschauerte mich dies Pennsylvanien! Der Glanz, die Neuheit, die Sauberkeit des Hauses zwangen die abirrende Phantasie auf den heutigen Tag zurück; der gebohnte Fußboden, die geflochtene Strohdecke, die sich drüber hinzog, riefen mir zu auf Schritt und Tritt: »Ich bin neu wie dieser Tag«, und das Räderwerk eines geordneten Haushaltes summte mir ins Ohr: »Hier starb keine Untat, hier lebt sie«, und unvergoldet von dem Schimmer der Geschichte, selbst unverschleiert von dem Grau der Zeit, traten mir hier Verbrechen und Strafe entgegen, in ihrer furchtbaren Gegenwärtigkeit.

Ehe ich den Leser einlade, mir durch das geräumige Portal in das Innere des Gebäudes zu folgen, sei es mir gestattet, einige Worte über die Entstehung desselben sowie über seine Lage und äußere Erscheinung vorauszuschicken. Der Bau ward auf besondern Befehl des jetzt lebenden Königs unmittelbar nach seiner Rückkehr von London (1842) in Angriff genommen, wo das Pentonville-Gefängnis während eines mehrstündigen Besuches sein Interesse derart rege gemacht hatte, daß der Plan zu Aufführung einer ähnlichen Strafanstalt sofort in ihm lebendig geworden war. Man baute vier bis fünf Jahre. Bei Beginn des berühmten Hochverratsprozesses gegen Mieroslawski und seine Komplizen hatte der Bau insoweit seinen Abschluß erreicht, um die Internierung sämtlicher polnischen Angeklagten innerhalb desselben möglich zu machen. Der Ausgang des Prozesses ist bekannt; die siegreiche Märzrevolution, mehr trunken als weise, öffnete die Kerkertür der so plötzlich und überraschend Befreiten, und Mieroslawski, die deutsche Fahne in der Hand, grüßend und begrüßt, hielt seinen historisch gewordenen Umzug.

Pennsylvanien ist halb Schloß, halb Fort. Bald vorspringend mit seinem in mächtige Türme auslaufenden Mauerwerk, bald wieder sich zurückziehend, macht es entschieden den Eindruck einer Festung, während beim Nähertreten das Wohnliche und selbst Graziöse seiner Einzelteile, insbesondere der in den Gesamtbau hineinverwebten Beamtenwohnungen, ihm diesen Charakter nimmt und seine Wälle und Türme mehr als Beiwerk und architektonischen Schmuck erscheinen läßt. Der ganze Bau liegt auf einem jener Sandhügel, die meilenweit am rechten Spreeufer sich hinziehn, und bietet – wie jeder Kenner märkischer Landschaft vorweg erwarten wird – mehr einen gesunden Untergrund als eine romantische Lage. Auf diesem Sandmeer versagen der Natur ihre Kräfte; nichts gedeiht; aber die Kunst bringt Leben in die Wüste, und aus dem Erdreich, das zu arm ist, auch nur ein Kleid von Moos sich überzuwerfen, wachsen Bauten empor, die dem denkenden Beschauer mehr sind als der Anblick blühendster Fruchtbarkeit. – Unmittelbar zur Rechten Pennsylvaniens erhebt sich der Neubau des Hamburger Bahnhofes. Welch höhnische Nachbarschaft! Allmorgens schrillt die Pfeife der Lokomotive, wie ein Signal der Freiheit, in die Zellen lebenslänglich Verurteilter hinüber und findet ein still-lautes Echo in ihren Herzen. Ein stilles nur! denn drohend von der andern Seite, mit schlanken Türmchen den pennsylvanischen Massenbau fast überragend, erhebt sich eine Kaserne und sieht so siegessicher auf ihren Nachbar herab wie die gewappnete Kraft auf einen gefesselten Sklaven.

Wir treten ein. Zuerst ein Wachtlokal, dann ein Hof, zuletzt ein Korridor, den wir durchschreiten, und wir stehen jetzt vor einem schweren Eisengitter, das sich geräuschlos öffnet und dessen Inschrift wie die jenes ewigen Gefängnistores lauten dürfte:

Per me si va nella città dolente.

Das Gitter schließt sich wieder, und wir befinden uns in einer geräumigen glasbedeckten Rotunde, die den Vereinigungspunkt von vier hochgewölbten Korridoren bildet, die – wie Radien aus der Peripherie eines Halbkreises gezogen – diesem kuppelartigen Mittelpunkte zulaufen. Das Ganze gleicht einem vierstrahligen auseinandergebreiteten Fächer, daran die Rotunde jener blinkende Knopf ist, der die vier Stäbe zusammenhält. – Die Ventilation in diesen Räumen ist unübertroffen. Es ist, als nähme man ein Luftbad; und der auf- und niederflutende Strom, viel zu schwach, als daß man ihn mit »Zug« bezeichnen könnte, umspielt uns wie kühlende Wellen. Die Luft ist frisch und erquickend, aber ein Klageton schwebt auf ihr dahin, und als ich lauschte, gingen mir die Worte Platens durch den Sinn:

Es scheint ein langes, ew'ges Ach zu wohnen
In diesen Lüften, die sich leise regen.

Da, wo die zwei mittleren Radien in die Rotunde einmünden, erhebt sich eine eiserne Wendeltreppe, und bis zur Höhe eines zweiten Stockwerks sich emporschlängelnd, läuft sie zunächst galerieartig an der Rundung der Kuppel, dann aber nach Art eiserner Balkone in vier Strahlen die langen Korridore entlang. Auf die Weise entsteht ein Bau, der, gleichsam ein- und zweistöckig zugleich, die Raumersparnis eines Hauses mit doppeltem Stockwerk und die Übersichtlichkeit eines einstöckigen Baues gewährt. Es glückt mit Hilfe dieser schmalen Balkone, sofort beim Eintritt in die Rotunde auch die *obere* Zellenreihe mit einem Blick zu überfliegen, während das Anbringen eines die Stockwerke trennenden Flurbodens eine doppelte Bewachung und Beleuchtung notwendig gemacht haben würde. Ich trat auf die erste Stufe jener mit einer gewissen Eleganz sich emporwindenden Eisenleiter und mußte einer ähnlichen Treppe gedenken, die ich wenig Tage zuvor im Sommerhause eines Freundes bestiegen hatte. Sie schlängelte sich dort aus dem Arbeitszimmer des Neuvermählten in die feenhaft geschmückten Räume eines lachenden, glücklichen Weibes, mehr Kind noch als Frau. Die Flitterwochen waren kaum vorüber, und beider Augen, hinauf- und hinunterblickend, begegneten sich oft auf halbem Weg. Ich gedachte des Lokkenkopfes, den auch ich zwischen den Stäben des Geländers hindurch begrüßt hatte, und durfte von Glück sagen, daß ich – urplötzlich aufschauend – in kein böseres Auge starrte als in das Glasdach der Rotunde.

Wir wandten uns rechts, um durch die Zellenstraße hinzuschreiten. Es ist eine Straße und jede Zelle ein Haus. Das siehst du schon an den weißen Porzellanschildern, die sich über den Türen in langer Reihe hinziehn und dir Auskunft geben über den Namen und Verbrecherstand dessen, der hinter solcher Türe wohnt. Aber die Strenge des Gesetzes verschmäht die Grausamkeit. An die Stelle des *Wortes*, als nackten Ausdruck für das Verbrechen, tritt mitleidsvoll verschleiernd die *Zahl*, und eine römische Ziffer von I bis IX – spricht verständlich nur zu dem Auge des Eingeweihten. Hinter der römischen Ziffer steht das Strafmaß, wie Folge neben Ursach, und kommentiert nur allzuoft die furchtbare Bedeutung jener verschwiegenen Zahl. Hinter der IX lasen wir Mal auf Mal das Urteil: »Lebenswierig«, und schlossen richtig, die IX bedeute *Mord.*

Der Direktor der Anstalt führte uns. Wir traten in eine der ersten Zellen; ihr Bewohner war ein viermal bestrafter Dieb. Er zählte noch keine vierundzwanzig Jahre und hatte den Ausdruck entschiedener Gutmütigkeit, nur wenn man ihm fester ins Auge sah, gewahrte man eine lauernde Verschmitztheit, die ihm nicht übel stand, weil sie das Gesicht geistig belebte. Auf einen Wink verließ er die Zelle. Wir sahen uns darin um: vier weiße Wände, 12 Fuß lang und 6 Fuß breit – ein geräumiger Sarg. Der Hausrat war schlicht genug: ein Tisch, ein Stuhl und ein Bett. Das letztere ist von durchaus abweichender Einrichtung und hält die Mitte zwischen Bett und Hängematte. Es gleicht jenen altmodischen, an der Wand angebrachten Klapptischen, deren Platte man nach jedesmaligem Gebrauch – der Raumersparnis halber – in die Höhe zu schlagen und festzukrampen pflegt; nur mit dem Unterschied, daß diese Platte hier nicht aus Holz, sondern aus Segeltuch besteht und beim Niederlassen an der entgegengesetzten Wand eingehakt wird, um dieser gleichsam schwebenden Matratze die erforderliche Spannung und Festigkeit zu geben. Diese einfache Vorrichtung ist Bettstelle, Unterbett und vielleicht auch Laken zugleich. In einer der Ecken stand aufgerollt die wollene Decke zum Zudecken. – Das Fenster bestand aus einer einzigen Scheibe unmittelbar unter der Decke. Früher waren sie von geschupptem Glas, und nur gedämpftes Licht, das eine ewige Dämmerung um den Gefangenen verbreitete, fiel in die freudlose Zelle. Dies Abgeschiedensein von der Sonne, die doch nach biblischem Wort »Gott aufgehn läßt über Gerechte und Ungerechte«, bildete den furchtbarsten Teil der Isolierhaft; unendlicher Trübsinn bemächtigte sich der Gefangenen, und viele vertauschten die Gefängniszelle mit der noch traurigeren des Irrenhauses. Ein Besuch des Ministers an diesem Ort machte dieser äußersten Konsequenz des pennsylvanischen Systems ein rasches Ende. Die Schuppenfenster fielen auf seinen Befehl an einem und demselben

Tage, und jene wunderbare Freude, die das Gesicht des Blinden verklärt, wenn er zum ersten Male wieder die Tageshelle in Aug und Seele fühlt, zog ihre Lichtspur auch über die verhärteten Stirnen dieser Verbrecherkolonie.

Wir sahen uns um in dieser Zellenwelt, und voll jener schöpferischen Hamlet-Phantasie, die sich »in einer Nußschale als Herrn über unermessene Reiche träumt«, verlor der Ort, den wir poetisch bevölkerten, sein ganzes Schrekkensgepräge, und einer von uns warf unbefangen hin: »Hier könnt ich wohnen, auf Monate, auf Jahre vielleicht.« – »Halt, Herr!« fiel ihm der Direktor des Hauses ernst ins Wort. »Malen Sie den Teufel nicht an die Wand. Vor Jahr und Tag sprach ein Mann von Ansehn und Ehre vor der Welt an dieser selben Stelle dieselben Worte aus – *heut ist er hier.*« – Uns wurde eiskalt, und eine peinliche Pause unterbrach die bis dahin lebhafte Unterhaltung.

Wir traten in die Nachbarzelle. Über der Tür stand »IX – Lebenswierig«. Ein freundlicher Mensch mit klugen kohlschwarzen Augen saß am Tisch und schneiderte. Seine ganze Erscheinung war das, was man interessant nennt, und bekundete auf den ersten Blick seinen ganzen Charakter: kindliche Weichheit und Heftigkeit bis zum Wahnsinn. Demgemäß war sein Verbrechen. Er hatte seinen Meister erschlagen und dann sich selber angezeigt. Der Direktor mit schöner Milde nannte ihn uns einen »Unglücklichen«; dann trat er zu ihm heran und streichelte ihm väterlich die Backen. Als wir wieder auf dem Korridor standen, wies er auf die Zelle zurück und sagte: »Das ist einer meiner Lieblinge!«

Vielleicht erschrickt mancher meiner Leser bei dieser Lieblingsschaft oder versichert wenigstens, sie niemals teilen zu wollen; doch ich muß ihm bekennen, er hat unrecht. Wir draußen in Gottes freier Welt betrachten den Verbrecher gelegentlich mit falschem Auge und verwechseln seine Untat mit ihm selbst. Aber war nicht der durch Leidenschaft verführte Mörder, vor jener verhängnisvollen Minute, ein Mensch wie wir selbst? War er nicht brav, ehrlich, treu, liebreich selbst, und sollten diese Eigenschaften urplötzlich von ihm abgefallen sein, weil er in der Verblendung eines Augenblicks zum strafwürdigen Verbrecher wurde? Gegen seine Untat wirft das beleidigte Gesetz die Strafe in die andre

Schale und bringt die Waage ins Gleichgewicht; aber was sonst an ihm wog, das wiegt auch ferner noch, und jener kleine Kreis von Personen, die die Wächter und Vollzieher seiner Strafe sind, erfreut sich an dem Fleiße seiner Hände, an der Wahrhaftigkeit seines Wortes, an der Weichheit seines Herzens noch ebenso, wie wir uns daran erfreuten, eh ihm die Schicksalsminute kam. So unterscheidet man in Gefängnissen, genau wie draußen in der Welt, zwischen ehrlichen Leuten und Betrügern, zwischen Bravheit und Schelmerei, und der Direktor wählt und findet — in gewissem Sinne — seine Freunde innerhalb Pennsylvaniens so gut, wie er ihnen draußen begegnet. Es gibt Irrenärzte, die sich in das schöne Herz vieler ihrer Kranken geradezu verlieben*, und wenn innerhalb der Mauern eines Gefängnisses diese Vorliebe auch begreiflicherweise selten angetroffen wird, so fällt doch einer großen Zahl von Verbrechern gegenüber ganz jene Scheu und jene Schranke fort, die uns in unsrem Tugendhochmut nur allzuängstlich von ihnen trennt.

Dieser »Lieblinge« sind in Pennsylvanien freilich wenig; der Direktor war wie verstimmt darüber und nannte mit einiger Bitterkeit die Bewohner seines Hauses den Abhub des Abhubs. Ähnlich wie Kapitän King, einer der ersten Gouverneure Botany Bay's, voll wachsender Verzweiflung nach England berichtete, daß es unmöglich sei, aus Dieben Pächter zu machen, klagte auch unser Führer über die Unverbesserlichkeit aller Verbrecher gegen das Eigentum. Diebstahl trägt nur allzuoft den Charakter des Lasters, der *eingefleischten* Sünde, und jeder Besserungsversuch scheitert an der vis inertiae der Gewohnheit.

Wir hatten unter allerlei Gespräch das Ende des Korridors erreicht und schritten jetzt über einen der zahlreichen Höfe einem Seitengebäude zu, das — eine Fabrik im kleinen — statt aus Zellen aus geräumigen Sälen besteht und die Verbrecher zu zwanzig und dreißig beieinander behufs gemeinschaftlicher Arbeit umfaßt. Während wir den Hofraum passierten, äußerten wir unser Erstaunen über dies entschie-

* Ich entsinne mich der Schrift eines berühmten Irrenarztes, der es im Sinne jenes Lessingschen: »Wer über gewisse Dinge den Verstand nicht verliert, der hat keinen zu verlieren«, unter Umständen durchaus für einen Vorzug erklärte, wahnsinnig werden zu können. Seine Motivierung war frappant und glänzend.

dene Abgehn vom System der Isolierhaft, stießen aber bei unserem Geleitsmann nur auf ein Lächeln, das sich alsbald dahin aussprach: »Meine Herren, eine Isolierung in dem Sinne, wie sie von entschiedenen Anhängern des pennsylvanischen Systems gefordert und von Ihnen vermutet wird – eine solche Isolierung existiert nicht. Was auch der menschliche Geist erfinden mag, Sie mögen sich überzeugt halten, derselbe menschliche Geist weiß auch dem Erfundenen zu begegnen und seinem Schrecken die Spitze abzubrechen. Wir wissen es, daß man sich in den gemeinschaftlichen Arbeitsräumen, trotz unsres strengsten Verbotes dagegen, mit Hilfe einer eigens erfundenen Zeichensprache ausführlich zu unterhalten versteht, aber wir wissen auch, daß selbst die Isolierhaft den gelegentlich lebhaftesten Verkehr der Leute untereinander nicht auszuschließen vermag. Lassen Sie sich ein Beispiel erzählen. Sie wissen, daß Hunderte von Polen die ersten Bewohner dieses Hauses waren. Sie waren Staatsgefangene und wurden als solche gehalten. Der einzige Grund ihrer Internierung *hier* war eben die Einrichtung und Beschaffenheit des Hauses; man hoffte, mit Hilfe der Isolierzelle jede Annäherung der Angeklagten untereinander und dadurch eine verabredete Aussage vor Gericht unmöglich zu machen. Wir glaubten wunder was wir erreicht hätten! Eines Vormittags trete ich in die Zelle des Grafen C. und richte eine kurze Frage an ihn. Er gibt mir keine Antwort und deutet nur durch ein ›Pst!‹ und eine gleichzeitige Handbewegung an, daß ich mich einige Augenblicke gedulden möge. Während ich vor ihm stehe, höre ich deutlich, daß Schlag auf Schlag an der Wand seiner Zelle herabschallt, genau der Ton, wie wenn man mit dem Fingerknöchel an eine Mauer klopft. Nach einer halben Minute springt der Graf lebhaft auf und ruft: ›Fürst Lichnowsky ist hier! Was führt ihn hieher? Was will er?‹ – Ich lache laut auf, und als er bei seiner Behauptung bleibt, gebe ich ihm mein Wort, daß ich von der Anwesenheit des Fürsten keine Silbe wisse. Nichtsdestoweniger stieg ich treppab, um, stutzig gemacht durch die Sicherheit seiner Behauptung, Nachfrage zu halten. Schon auf dem Hofe begegnete mir der Fürst in Gesellschaft mehrerer Offiziere. Solcher Beispiele könnt ich Ihnen viele erzählen.«

Währenddessen waren wir in eines der Arbeitszimmer getreten. Es war eine Notenstecherei, und man fertigte eben die Platten zu einem Festmarsch, den Meyerbeer zu Ehren der Vermählung der Prinzessin Anna mit dem Kurprinzen von Hessen komponiert hatte.

Glücklich jene, denen bei ihrer Arbeit diese hüpfenden Noten nur tote Zeichen und unlesbare Hieroglyphen waren! Der heiterste Festmarsch klingt traurig im Ohr eines lebenslänglich Verurteilten, und um so trauriger, je heiterer er ist.

Unsren Rückweg nahmen wir durch das Souterrain. In der Küche blinkte Kessel an Kessel mit jener Sauberkeit, die großen öffentlichen Anstalten eigen zu sein pflegt, und aus der Backstube wehte uns der erquickliche Duft frischgebakkenen Brotes an. Es gibt Dinge, die, wo es auch sei, eine Gemütlichkeitsatmosphäre mit sich führen und diesen Charakter, durch alle Zeit hindurch, für uns bewahren. Aufsteigender Hüttenrauch nach einem Waldgang; ein brennender Weihnachtsbaum mit spielenden Kindern; auch solcher Brotgeruch – sie heimeln uns an, und wär's in den Kellergewölben Pennsylvaniens.

Eine schmale Steintreppe führte uns wieder hinauf und einen der Korridore entlang in die Rotunde zurück. Hier hatte sich die Szene inzwischen verändert. Es schlug soeben sieben Uhr, und die traurige Besatzung dieses Hauses, in vier Zügen aufmarschiert, stand vor uns zum Abendgottesdienste versammelt. Ihre Aufstellung entsprach dem Fächerbau des Hauses: der rechte Flügel jeden Zuges lehnte sich an die Rotunde, während die vier linken Flügel weit in die Korridore hineinstanden. Wir nahmen eine Revue ab. Welche Front, an der wir hinunterschritten! Stupid glotzte uns die Mehrzahl an, und wo ein geistiges Leben war, war es ein verwirrtes; nur wenige vermieden unsren Blick. In diesem Augenblick erscholl es: »Wir wollen beten.« Die Beamten des Hauses entblößten ihre Häupter, und von der Galerie der Rotunde herab sprach eine klare, wohltönende Stimme das Gebet. Ein kurzer Gesang folgte. »Rechts um!« klang jetzt militärisches Kommandowort die Reihen entlang. Eine Minute noch hallten gedämpfte Schritte die Gänge hinunter, dann schlossen sich geräuschlos die Zellentüren, und im nächsten Augenblick war alles still. Man hätte den Schlag einer Pendeluhr durch alle vier Korridore gehört.

Wir empfahlen uns unsrem freundlichen Führer und eilten ins Freie. Es fiel von uns wie ein Alp, als sich das wuchtige Eingangstor schloß und unser erster Blick auf die eben untergehende Sonne fiel. Wie ein Geschenk des Himmels berührte das alltägliche Schauspiel. Ein leiser Wind machte sich auf, seine Kühle tat wohl. Schweigend trennten wir uns; jeder begierig, rasch heimzukehren an die Schwelle des eigenen Herdes, um unter Kinderaugen den Blick zu vergessen, den wir soeben in die Nachtseite des Lebens getan hatten.

EIN STÜNDCHEN VOR DEM POTSDAMER TOR

Wer entsänne sich eines Pfingstfestes, an dem es nicht gewittert hätte! Auch über den Pfingsten dieses Jahres stand eine schwere Wolke. Sie hat sich seitdem entladen: die Waffnung ist da, bald vielleicht der Krieg. An die Stelle der heiteren Extrazüge, die sonst um Pfingsten herum mit Sang und Klang nach Potsdam oder Babelsberg fuhren, sind jetzt andre Extrafahrten getreten, und der Rosengarten, dem es vielleicht entgegengeht, blüht tiefer und dunkler als alle Rosen von Sanssouci. Aber unser Volk ist kein Murr- und Grübelvolk und hat eine glückliche, oft bewährte Gabe, den Dingen und Ereignissen die beste Seite abzugewinnen. Heiterkeit und derber Humor zählen mit zu den Grundzügen seines Charakters. Unterschiedslos treten die Dinge an ihn heran; Leben und Sterben sind ihm nicht Gegensätze, sondern nur zwei Lesarten desselben Liedes und — ein Witz über alles.

Dies und ähnliches ging mir durch den Kopf, als mein Weg mich gestern auf den Potsdamer Bahnhof führte. Die Mittagssonne fiel heiß auf den schattenlosen Hof, aber ich hielt aus, weil das Bild sich immer neu belebte und jeder Augenblick neue Figuren schuf. Kaleidoskopisch bewegte sich das Treiben; dieselben Elemente, aber immer wechselnde Gestaltungen von Moment zu Moment. Männer und Frauen, Kittel und Fracks, Uniformen und Landwehrkreuze, alles wogte und drängte bunt durcheinander, selbst die blaue Blouse war vertreten. Hier eine Begrüßung, dort ein derber Schlag auf die Schulter. »Auch hier?« — »Na ob!« Gelächter und Singen überall. Nur hier und da, auf den Steinpfeilern und Treppenstufen, die zum Perron führen, saß ein älterer Mann mit der Medaille auf der Brust und sah in das Treiben hinein, als wisse er bei sich selbst, »das hält nicht vor«. Auf dem Hofe wuchs inzwischen das Drängen und gestaltete sich allgemach zu einem Chaos, das anfing, aller Beobachtung zu spotten. Da fiel ein lautes: »Bataillon Torgau, antreten«, wie ein Lichtstrahl in die wirre, verschwommene Masse, und die Gestalten, die bis dahin ebensowenig zu fixieren gewesen wären wie die Köpfe an den Waggonfenstern eines vorübersausenden Eilzugs, kamen jetzt endlich zum Stillstand und hörten auf, eine im Kreis herumgedrehte Farbenscheibe zu sein. Die Offiziere setzten die dienstliche Miene auf, und rasch waren die Rotten und Glieder formiert, die nun einen Überblick gestatteten über die kleine Armee, die hier zusammenstand.

Es waren verschiedene Gruppen von 100, von 80, von 60 Mann, und an die wenigst zahlreiche herantretend, war ich jetzt in der Lage, mit Muße mustern zu können. Welche Verschiedenheit nach Stand und Charakter, nach Wesen und Kleidung; jeder eine Type, das Ganze ein Erntefeld für einen Genremaler. War es der Einfluß des Moments, der in seiner Erhöhtheit lebendig machte, was drinnen schlief, gleichviel, man brauchte kein Menschenkenner zu sein, um auf diesen Gesichtern wie in einem großgedruckten Buche zu lesen. Jeder trug seine Aufschrift, und alle Gattungen waren vertreten: der Verbissene, der Elegante, der Verwogne, der Apathische, vor allem der Komiker, auf dessen vorgeschobener Unterlippe beständig ein schlechter Witz wie auf offner Tafel zu liegen schien. Nur *eine* Spezies fehlte: das Muttersöhnchen; – preußische Landwehr hat keinen Platz dafür.

Verschieden waren die Köpfe, aber sie blieben zurück hinter der Verschiedenheit der *Kopfbedeckungen*; die Mannigfaltigkeit feierte hier ihren Triumph. Von dem Hut des Maurerpoliers an, über jede denkbare Mützenform hinweg, stieg der Blick bis zur Papierkappe nieder, diesem unerreichten Vorbild des Panamahuts. Statt der Waffen hielt noch jeder das im Arm, was ihm Liebe und Sorglichkeit mit auf den Weg gegeben hatte. Einzelne trugen Leinwandtaschen, die an den Gurten ehemaliger Tragebänder hingen, andere waren glückliche Besitzer eines Reisesacks, noch andere (die Mehrzahl) hielten die alte Landessitte aufrecht und trugen, eingeschnürt in ein rotbaumwollenes Taschentuch, ihr Reisegepäck unterm Arm. Einer stand da, der sein Bündel wie ein Gorgo-Schild vor die Brust hielt, und mit Recht, denn die Erstürmung des Malakoff war mit schwarz und rot und gelb auf den allerfriedlichsten Kattun gedruckt. MacMahon wird sich freuen, diese Bekanntschaft zu machen.

Neben dem Bündelträger stand der Diogenes der Gesellschaft, der Bedürfnislose; eine kurze Deckelpfeife guckte aus seiner linken Brusttasche hervor; kein Gepäck, aber »o Herr, den Kopf kann ich nicht lassen«.

Nun wurde gemustert, gefragt und abgezählt; die Sonne schien immer heißer; von den Stirnen der Landwehrmänner rannen die Schweißtropfen, und die Anverwandten, die gegenüberstanden, accompagnierten mit ihren Tränen dazu. Das langersehnte Kommandowort »Einsteigen« unterbrach endlich eine Musterung, deren niemand froh wurde, und mit lautem Jubel stürzte man dem Perron und der Wagenreihe zu. Freunde und Bekannte folgten; das Händeschütteln nahm kein Ende, auch die Flasche spielte ihre Rolle und besiegelte alte und neue Freundschaft. Hier und da an den Wagenschlägen standen weinende Frauen und blickten halb fragend, halb vorwurfsvoll in die Gesichter ihrer Ehegatten, die so gemütlich und befriedigt vor sich hin starrten, als begrüßten sie diese Stunde als den Moment ihrer Freiheit. Was sind alle Wechselfälle des Krieges gegen die sichren Niederlagen daheim!

Die Schwüle wuchs; um frische Luft zu schöpfen, drängt ich mich durch die Hunderte, die umherstanden, bis zur Tête des Zuges hindurch, wo die Lokomotive majestätisch lag und dann und wann ein Wölkchen wie zum Zeichen leiser Ungeduld in die Luft paffte. »Fertig«, klang jetzt von unten her des Zugführers Stimme, und im nächsten Augenblick schrillte die Pfeife durch die Luft. Langsam setzte sich der Zug in Bewegung, noch ein letztes Hurra und Hüteschwenken, dann ging es hinein in eine dichtverhüllte Zukunft. Auf dem Kessel der Lokomotive leuchtete der Name *»Leipzig«*. Daß es ein gutes Omen sei für sie, die da schieden, und — für uns!

STENDAL
UND DIE WINCKELMANN-STATUE

Es war im Jahre 1846, als drei Gipsmodelle, die in den untern Räumen des Akademiegebäudes zu Berlin ausgestellt waren, die besondere Aufmerksamkeit der Besucher auf sich zogen. Es waren die Portraitstatuen dreier norddeutscher Männer, dreier Berühmtheiten aus dem Elb- und Oderlande. Ihre Namen waren *Yorck, Gneisenau* und *Winckelmann.* Die beiden erstern haben seitdem längst ihren Stand auf granitnem Postament genommen und sprechen zu dem vorüberziehenden Publikum jeder in seiner Weise. »Stillgestanden«, kommandiert der eine; »zur Attacke« der andere. Über der Statue *Winckelmanns* haben minder glückliche Sterne geschienen. Verpackt hat sie jahrelang in irgendeiner Remise zu Stendal gelegen, immer dem Augenblick ihrer Entpuppung entgegensehend, aber vergeblich. Ähnliche Schicksale, wie sie die Büste Lord Byrons trafen, der noch immer in den Kellern des Londoner Zollhauses ruht und seit zwanzig Jahren vergeblich darauf wartet, im Poet's Corner von Westminster aufgestellt zu werden, ähnliche Schicksale, sag ich, schienen auch der Statue des großen Schöpfers der Kunstgeschichte vorbehalten zu sein, und der Volkswitz der Altmark raffte sich bereits zu der Bemerkung zusammen, der alte Winckelmann habe sich durchgelegen. Indessen – kommt Zeit, kommt Rat. Der Errichtung des Winckelmann-Denkmals, im Gegensatz zu der Aufstellung der Lord-Byron-Büste, standen »innere Gründe« nicht entgegen, und so bedurfte es nur eines erneuerten Anstoßes von außen, vielleicht auch des Zusammenbringens einiger Geldmittel, um zur endlichen Aufstellung zu schreiten.

Geb ich zunächst eine Beschreibung der Statue. Sie ist in Erz, sieben Fuß hoch und ein Werk L. Wichmanns, der nun auch (vor einigen Monaten erst) *hinausgetragen* wurde, jenem großen Meister nach, neben dessen »Yorck« und »Gneisenau« damals seine Winckelmann-Statue gestanden und einen ehrenvollen Platz behauptet hatte. Der Kopf ist Portrait und erinnert gleich auf den ersten Blick an das bekannte Bildnis Winckelmanns, auf dem er sich in einer turbanartig-armenischen Mütze und im Schafpelz präsentiert. Dies charakteristische Kostüm indessen hat der Bildner beiseite gelassen (wie wir glauben, mit gutem Grund) und hat statt dessen, neben einem fast hemdartigen Oberkleid, den *Mantel* adoptiert, der bekanntlich immer aushelfen muß. Dagegen wäre nichts zu sagen, wenn nur der linke Arm nicht durch die Masse und Dichte des Mantelzeuges derartig beladen wäre, daß es den Anschein gewönne, er habe kein anderes Geschäft, als diese Last zu tragen. Die linke Hand hält eine Schreibtafel, seine erhobene Rechte den Stift, um die werdenden Gedanken niederzuschreiben. Ein Säulenschaft mit ionischem Kapitell, worauf eine griechische Büste steht, dient dem Körper zum Anhaltepunkt.

Diese Statue soll am 18. Oktober in *Stendal*, dem Geburtsort Winckelmanns, enthüllt werden.

Der zur Aufstellung bestimmte Platz ist stattlich genug, vielleicht *zu* stattlich. Die Hauptstraße Stendals breitet sich, auf ihrem Wege vom Tangermünder nach dem Uenglinger Tore hin, ohngefähr inmitten der Stadt zu einem weiten Viereck aus, das nach rechts hin von einem modernen, gutgebauten Schulhaus, nach links hin von der schönen, mächtigen Marienkirche, einer Hauptzierde der Stadt, eingeschlossen wird. Bis vor ganz kurzem existierte dieser Winckelmann-Platz gar nicht; allerhand Rats- und Kellergebäude standen hier in wirrem Durcheinander und schufen einen malerischen Anblick auf Kosten von Sauberkeit und Gesundheit. Sanitätspolizeilich mag man sich freuen, daß man zur Aufräumung dieses Platzes geschritten ist; ob aber die Winckelmann-Statue besonderen Nutzen davon ziehen wird, ist sehr die Frage. Sie wird etwas klein erscheinen. Der weite Platz und die hohen Chorpfeiler der Marienkirche werden den Kunsthistoriker, trotz seiner sieben Fuß in Erz, um den Eindruck aller Stattlichkeit bringen, und mancher Stendaler der Gegenwart und Zukunft wird es mit dem alten »Roland« halten, der in sandsteinerner Ungeschlachtetheit vor dem Rathause steht und sich neben der nah gelegenen Kirche wenigstens ehrenvoll behauptet. Es mag das alles wohl symbolisch sein. Das Schwert weltlicher Gerechtigkeit, wie es der Roland zu Stendal in seinen Riesenhänden trägt, hat bei dem

Altmärker Ansehen und Bedeutung auch neben den Strebepfeilern der Kirche; aber das Ansehen der *Kunstgeschichte* ist nur mit Mühe und Not zu einem sieben Fuß hohen Bäumchen emporgewachsen, das den Namen trägt: »Die Winckelmann-Statue«.

Soviel über das Denkmal, dessen Enthüllung in den nächsten Tagen bevorsteht. Ich füge einiges über die Stadt *Stendal*, über ihr Leben, ihre Geschichte und ihre Baudenkmäler hinzu.

Schon eine gewisse Pietät sollte uns veranlassen, uns öfter und eingehender um die *Altmark* und ihre zwei Residenzstädte Stendal und Salzwedel zu bekümmern. Stehen wir doch zur Altmark in einem ganz ähnlichen Verhältnisse wie die Engländer zum Angelsachsenland. Wir sind seitdem die Großen und die Mächtigen geworden; aber wir sollten nicht vergessen, aus welchen Lenden wir gesprossen sind und daß es die Altmärker waren, die uns hier die Stätte bereiteten. Wer noch altes Wendenblut in seinen Adern fühlt, mag seinen Haß zusammennehmen; wir andern aber unsere Liebe und unseren Respekt. Auch jetzt noch verleugnen die altmärkischen Städte ihre frühere Bedeutung keineswegs, und neben schlichten, zum Teil baufälligen Fachwerkhäusern, die im günstigsten Falle das Interesse hohen Alters bieten, finden sich zahlreiche Bauten, die an Fürstenmacht und Bürgerreichtum, an die Glanztage des Klerus und der Hansa erinnern. Freilich wird der Abstand zwischen sonst und jetzt nur um so fühlbarer dadurch. Im Durchschreiten dieser altmärkischen Städte hat man weniger das Gefühl, daß, etwa wie in Gent, der Bevölkerung ihr Rock zu weit geworden sei; man erkennt nur einfach, daß Rock und Mann zu gleicher Zeit heruntergekommen sind und daß beide einst stattlicher dreinsahen. Diese Empfindung hat man unterschiedslos, gleichviel ob man Salzwedel oder Gardelegen, Tangermünde oder Stendal passiert. Dies letztere macht diesen Eindruck ganz besonders, und zwar gerade um seiner Vorzüge willen. Es hat zum Beispiel Luft und Licht und Sauberkeit vor Salzwedel voraus; diese seine Tugenden indes erinnern nur an die Wohlgebürstetheit des Rockes, dessen Fadenscheinigkeit dadurch nur um so sichtbarer wird. Man mißverstehe diese Äußerungen aber nicht. Alle diese Städte, selbst die kleinsten und ärmsten unter ihnen, sind nur klein und arm im Verhältnis zu dem, *was sie selbst einst waren;* verglichen mit den Sandstädten der Kur- und Mittelmark, sind sie noch immer reich und tragen immer noch den Stempel einer gewissen Vornehmheit. Es ist ein Segen über ihnen, wie über einer alten Familie, ein Segen, der auch durch schlechte Zeiten hin Kraft leiht und dauert und aushält, auch wenn Chausseen und Eisenbahnen länger auf sich warten lassen als anderswo.

Stendal hat wenig über 8000 Einwohner, und seine Mauern und Mauerntürme, die nicht wenig zu seiner Stattlichkeit beigetragen haben mögen, sind zum großen Teil längst abgebrochen. Aber noch jetzt besitzt es zwei Tortürme (namentlich das *Uenglinger*), die in Deutschland nicht ihresgleichen haben. Auf dem großen Silberhumpen, den die altmärkischen Stände dem Prinzen Friedrich Wilhelm bei Gelegenheit seiner Vermählung überreicht haben, befinden sich die wichtigsten Baudenkmäler der Altmark in Hautrelief ausgeführt; oben auf dem Humpendeckel aber, als besonderer Stolz des ganzen Landesteiles, prangt das Uenglinger Tor in voller Rundung, wie der Turm auf einem Schachbrettsfeld.

Stendal mit seinen 8000 Einwohnern hat *sechs* Kirchen, darunter zwei, von denen jede groß genug wäre, der ganzen Bevölkerung Obdach zu geben. Diese zwei Kirchen sind die schon genannte *Marienkirche* und der *Dom.* Es ist schwer zu sagen, welcher von beiden der Vorzug gebührt. Die Marienkirche ist eleganter und reicher im Detail, vielleicht auch schöner; der Dom ist ernster, einfacher, grandioser – eine Kathedrale, die in Köln oder Mainz oder Straßburg nicht weiter überraschen würde, in Stendal aber dasteht wie der *»Great Eastern«* im Themse-Fahrwasser. Beide Kirchen sind neuerdings restauriert worden, und zwar mit einem feinen Sinn, einem liebevoll eingehenden Verständnis, dem es Pflicht ist, hier ein Wort öffentlicher Anerkennung auszusprechen. In der Marienkirche hat man die Grabdenkmäler mehr geschont und dadurch im *einzelnen* den Charakter der alten Kirche mehr gewahrt; bei der Restaurierung des *Domes* ist man mehr summarisch verfahren und hat sich mit dem alten Steingetäfel möglichst wenig die Pfeiler und Façaden verdorben. Unter den Grabsteinen, die dem Dom erhalten geblieben sind (sie befinden sich beide im Chor), sind zwei von besonderem Interesse. Der eine Stein bezeichnet die Grabstätte des Markgrafen Johann (gestorben 1307) aus der *älteren* Stendalischen Linie des Hauses Askanien, die 1320 mit Heinrich dem Jüngeren erlosch. Der andere Grabstein trägt die Namen und Bildnisse von Dietrich *von der Schulenburg* und seiner Frau Anna von Kotze, beides sehr markante und sprechende Gesichter. Der Küster erzählte uns, daß vor einigen Jahren eine Anzahl von Offizieren den Dom besucht hätten, darunter auch einige Schulenburgs und Kotzes, und daß alle Anwesenden erstaunt gewesen wären über die Ähnlichkeit der Züge. Blut ist ein ganz besonderer Saft. Zudem erzeugt die Gleichartigkeit des Berufs typische Formen, die, ohne das Mysterium des Blutes mit heranzuziehen, wunderbare Übereinstimmungen schaffen. Wem wär es nicht schon aufgefallen, wie viele preußische Offiziere dem Großen Kurfürsten ähnlich sehen, anderer näher liegender Beispiele ganz zu geschweigen.

Was die Marienkirche und der Dom für den Architekten sind, das ist die *Peterskirche* für den Antiquar und Geschichtsforscher. Ein alter, eisenbeschlagener Schrank in der Sakristei birgt ein Schatzkästlein mit 59, sage neunundfünfzig Urkunden und Ablaßbriefen. Sie befanden sich früher in einer großen, hirschledernen Tasche, die selbst wieder ein sehenswertes Kuriosum bildet. Sie gleicht auf ein Haar den Reisetaschen, die jetzt die Commis voyageurs zu tragen pflegen; nur ist sie um vieles größer, sämisch gegerbt und mit einem solchen Reichtum kleiner Schnür- und Seitentaschen ausgestattet, daß sie als ein Produkt ehemaliger Sattler- und Riemerkunst allen Anspruch auf Beachtung hat. Die Ablaßbriefe (vier an der Zahl) sind aus den Jahren 1287, 1288, 1353 und 1424. Der zweite trägt neben anderen Namen die Unterschriften der Bischöfe von Adrianopel, Tivoli und Terracina; die großen roten Siegel an langen Schnüren aus gelb und rot geflochtener Seide sind prächtig erhalten und sehen aus, als wären sie noch keine zehn Jahre alt. Der dritte Ablaßbrief ist der interessanteste; er hat eine große, hübsch ausgeführte Initiale und trägt die Unterschrift mehrerer Kardinäle und Bischöfe aus *Avignon*.

Soviel für heute über *Stendal* und seine Schätze.

DER KORSO

Der zweite diesjährige *Korso* fand gestern nachmittag in den Stunden von fünf bis sieben statt. Das schönste Wetter begünstigte ein Fest, das allen Teilnehmern eine besondere Befriedigung gewährt haben wird. Der Himmel, der den ganzen Nachmittag über bereits mit Regen gedroht hatte, schien zu Anfang zwar einen Wasserkorso vorbereiten zu wollen und schuf Momente, wo der lange Wagenzug mehr einer Reihenfolge verschlossener Post- und Reisekutschen als einem Korso glich. Jupiter pluvius aber, wie ein gutherziger Mann, der gerade dann die schönsten Überraschungen vorbereitet, wenn er die Stirn in die krausesten Falten zieht, war gestern nachmittag nicht mehr und nicht weniger als ein Diener beim Fest und befreite uns, die Straße vorsorglich sprengend, von unserem bösesten Feinde — dem Staub. Gegen sechs erschienen die prinzlichen Equipagen in der Reihe: Prinz Albrecht, Prinz Adalbert, Prinzessin Alexandrine, endlich auch Prinz Friedrich Wilhelm nebst Gemahlin. Prinz Albrecht (Sohn) war unter den Reitern. Die Prinzessin Friedrich Wilhelm kam als die Tochter ihrer Mutter, das heißt, mit ihr kam das schönste Wetter. Nicht heller Sonnenschein, der nur schadenfroh beleuchtet haben würde, was ein halbstündiger Regen bereits an Unheil angerichtet hatte, nein, leise, duftige Nebel zogen jetzt durch das Grün unseres Tiergartens hin, jene lichtdurchwirkten Schleier, die so viel zum Zauber *englischer* Landschaft beitragen. To say it at once, the weather became »hazy«*, und die schönen Bilder des Hyde Park und seines »Rotten Row« traten ungerufen vor unsere Seele und drängten zum Vergleich.

An Schönheit der Pferde, an Reichtum der Equipagen, an Gewähltheit der Gesellschaft (es ist nötig, auch *das* zu sagen) tun es Hyde Park und Rotten Row uns unmaßgeblich zuvor; aber das *Bild*, das unser Korso gewährt, ist nichtsdestoweni-

* Wir Deutschen haben kein Wort dafür, denn wir haben im *allgemeinen* die Sache nicht; »Nebel« sagt zu viel, und »Duft« sagt zu wenig.

ger an Reiz, an Wechsel den gleichen Vergnügungen der britischen Hauptstadt überlegen. Wir verdanken das ausschließlich der Anwesenheit, der regen Beteiligung am Fest von seiten unserer Offiziere. Die Uniform gibt dem Bilde Buntheit und Frische, und der sie trägt, gibt ihm noch etwas mehr. Vier Reihen Wagen durchzogen die Allee; in der Mitte sprengten die Reiter auf und ab; zwischen Pferden und Wagen aber tiraillierte die Armee der »Blumenmädchen« beiderlei Geschlechts. Lachen und Grüßen überall. Hier hebt sich ein Offizier im Bügel und wirft aus dem Blumenkorb, den er zierlich am Arme trägt, seine Bouquets nach rechts und links. Ein anderer hält einen Stickrahmen in der Hand, aus dessen vier Holzseiten die Blumen wie aus ebenso vielen Beeten aufsprießen, und pflückt die Sträuße und schickt sie nach allen Seiten hin den Damen zu. Die Mehrzahl ist rasch verschossen, nun aber beginnt er wählerisch zu werden, und die bittenden Blicke einzelner werden nicht länger mehr erhört. Da aber erscheint die *Rechte*, und in graziösem Wurf fliegt das Bouquet durch die Luft und bringt, niederfallend in den Schoß, seine Huldigung und seine Grüße.

Dies sind die Reiter in der Mitte der Allee, aber auch die Insassen der Equipagen sind inzwischen nicht müßig. Das Kaufen von Einzelbouquets hat längst aufgehört, der Engroshandel hat das Detailgeschäft verdrängt. Man kauft nur noch korbweise. Ein Flechtwerk von der Größe einer mäßigen Kinderwiege ruht auf dem beweglichen Gestell von acht vorgestreckten Beinen und füllt den ganzen Wagen aus. Es ist ein Korb wie eine Weihnachtstruhe, so reich gefüllt; dazu ein Anverwandter vom Tischchen-decke-dich, denn er wird nicht leer. Zierliche Sträuße, Tulpen- und Hyazinthenbündel tauchen abwechselnd aus seiner Tiefe auf; zuletzt große Kränze, die durch die Luft fliegen, als würde Reifen gespielt. Das Treiben wird zuletzt so bunt, daß man nur noch den Totaleindruck hat. Die Mietsfuhre, deren zwei Gäule die Köpfe senken, als dächten sie nach über die Wandelbarkeit aller Dinge, stören nicht länger, und der Geschäftswagen des Vorstadtboutiquers, der heute in eine Chaise umgewandelt ist, wirkt nur noch wie ein leiser humoristischer Zug auf dem Festantlitz des Ganzen. Drei Musikcorps spielen, und das

Ganze ist wie ein Ball, in dessen Farben und Lichterglanz zuletzt das Individuum erlischt. Die prinzlichen Equipagen, das kostbare Scheckengespann eines Offiziers von der Garde du Corps, eine kranz- und blumengeschmückte Victoria-Chaise und ein Schimmelpaar, dessen Geschirr sich unter Rosengirlanden verbirgt, das sind die Dinge, die noch von Zeit zu Zeit wie Lichtpunkte aus dem Bilde hervorspringen, bis auch sie im Ganzen verschwinden. – Die Beteiligung war eine so rege, die Stimmung eine so animierte, daß kein Zweifel ist, diese reizenden Dienstagsfahrten, die eine Unterhaltung der Residenz zu werden versprechen, werden fortgesetzt werden. Wenn wir zum Schluß noch einen Wunsch äußern dürfen, so ist es der, daß die Kutscher doch ihre *besten* Hüte aufsetzen möchten. Wir sahen gestern Filze, die wenig anders aussahen als ein Stück Linumer Torf.

DER WOLLMARKT

Zweimal hab ich ihn besucht, am Montag und am Dienstag, und nicht ohne leise Herzensbewegung schreib ich es nieder: »Er ist es nicht mehr; der Freund meiner Jugend ist hin.« Ich mag nicht sagen, daß er gealtert hat, aber verändert hat er sich, verändert bis zur Unkenntlichkeit. Ein gewisser Großkaufmannsstil ist über ihn gekommen, und aus dem Wollmarkt ist eine Wollbörse geworden. »Geschäfte« werden gemacht, auch solche, bei denen manch einer die Haut zu Markte trägt, aber – die *Wolle* wird nicht mehr zu Markte getragen. Sie erscheint nur anstandshalber noch, als bloße Coulisse; die beiden streitenden Parteien sind längst einig, und das stattfindende Geplänkel ändert nichts an dem vorher festgestellten Resultat. Vor dreißig Jahren, als das Königsstädter Theater in Blüte stand, als Fritz Beckmann anfing, das seitdem auf den Aussterbeetat geratene Eckenstehertum mimisch-dramatisch zu verherrlichen, als Cerf-Vater noch keine Ahnung hatte, wie sich Cerf-Sohn entwickeln würde, und selbst in Nächten schwersten Alpdrucks von keinem Wallner- und keinem Victoria-Theater träumte – damals war die Blütezeit des Berliner Wollmarkts. Auch zehn Jahre später noch, zu Anfang der vierziger Jahre, gab es noch einen Wollmarkt. Als der wachsende literarische Ruhm Louis Druckers den letzten Rest vom guten Ruf seiner Weine mehr und mehr zu verdunkeln begann, als er (Louis Drucker), allnächtlich zwischen zwölf und zwei, Bälle aus dem Stegreif arrangierte und, auf Kommando, Kellner, Köchin und arme Anverwandte bei weitgeöffneten Fenstern und beim Fortissimo dreier Harfenmädchen tanzen, lärmen und jubeln ließ, um den spät, aber harmlos seines Weges ziehenden Wanderer zu dem Glauben zu verführen, »oben bei Drucker ist noch was los« – auch damals, sag ich, gab es noch einen Wollmarkt. Der Wollmarkt damals war noch nicht zu einem bloßen Begriff herabgesunken, zu einer bloßen Ferienreise, die den geschäftlichen Namen künstlich aufrechterhält, um die Frau zu Hause lassen zu können; der

Wollmarkt damals war noch ein Faktum, eine Wirklichkeit. Er verlangte noch Raum und Zeit. Nicht in Zelten und Buden trat er unter, als habe er Furcht vor Regen und Sonnenschein, und das Geizen mit der Stunde (als sei das häßliche time is money ein märkisches Sprüchwort) war seiner Seele noch fremd. Eine Festaufführung war das Ganze, und wie bei den Festspielen des Mittelalters gab es einen Prolog und Epilog. Die Vorspiele leben noch deutlich in meiner Rückerinnerung. Langsam türmten sich am Tage vor der Schlacht die Wollsäcke auf und machten die Klosterstraße zu einem kupierten Terrain. Die Jugend sprang und kletterte auf diesen Wollsäcken umher und erging sich in den kühnsten Saltomortales. Lange bevor sich in den Schulen das erste Reck erhob, lange vor den Tagen der schwedischen Heilgymnastik, in jenen unerleuchteten Zeiten, in denen das Wort »Zimmerturnen« (womit unsere Ärzte eine gewisse Klasse ihrer Patienten ängstigen) noch nicht erfunden war, mit einem Wort, inmitten jenes dunklen, turnenfeindlichen Interregnums, das zwischen Vater Jahn und Maßmann lag, turnte bereits der Wollmarkt, denn der Wollmarkt stand über den Parteien. Jeder Sprung wurde gewagt; warum auch nicht? Den Fallhut, den wir nicht selber trugen, trug statt unserer die ganze Straße. Warnungen und Verbote waren nicht ernstlich gemeint, und wenn sie's waren, der alte Schäfer, der Wache hielt und sein besseres Teil, den Hund, zu Hause gelassen hatte, war nicht der Mann, das junge Berlinertum in Furcht und Schrecken zu setzen. So war das Vorspiel. Der andere Morgen ging auf über dem Schauspiel selbst. Auf schwindelnder Höhe seines obersten Wollsacks lag der glückliche Besitzer dieses Reichtums und trotzte der Gefahr des Sonnenstichs. Jede Miene seines Gesichts schien unwissentlich aus dem »Ringe des Polykrates« zu zitieren: »Gestehe, daß ich glücklich bin.« Wer hätte es bezweifelt? Ein englischer Lord auf seinem Wollsack, unter der Last der Perücke und der Debatten, mochte nicht nach jedermanns Geschmack sein, ein märkischer Gutsherr aber auf seinem Wollsack war ein Bild, das das Herz labte und den Neidlosen neidisch machte. Der Anblick hatte etwas Patriarchalisches, und wie der Anblick war, so war die *Sache* selbst. Gewisse Vornehmheitsbegriffe, ängstliche Vorstellungen von dem, was sich schickt und nicht schickt, hatten noch nicht Platz gegriffen, und man erschrak noch nicht vor den Konsequenzen des »Markts«. Ein Zug des Behagens ging durch das Ganze, und es war, als schüttelten sich Stadt und Land über dem Wollmarkte die Hand. Der alte Gegensatz fiel; die Ständeunterschiede glichen sich aus, der Gutsherr wurde Kaufmann, der Adlige wurde Bürger, der Wollmarkt schlug die Brücken herüber und hinüber. Das ist nun hin; die Jovialität ist abhanden gekommen. Man braucht das Geld, und man kommt; aber man will nur den Zweck, das *Mittel* zum Zweck ist wertlos geworden. Man macht es rasch ab, vorher schon, so kurz wie möglich. Neues Leben, neue Erscheinungen überall. Fontänen sprühen den Staubregen über den Platz hin, und Omnibusse halten an allen Ecken, wo sonst der nordische Lazzarone stand. Als Drittes im Bunde, als Neuestes, gesellt sich die Grotte hinzu, darin die Sodanymphe herrscht. Als Neuestes? nein! ein Allerneuestes noch. Am Eingang solcher Grotte lehnen die Söhne der Prignitz und des Havellandes und trinken in langen Zügen den moussierenden Quell. Ist es *dahin* mit uns gekommen? Nur die *eine* Hoffnung bleibt, daß der Abend dieselben Herren reumütig zu jenen älteren und enfin bewährteren Grotten zurückgeführt hat, drin veuve Cliquot schäumend und sprudelnd und heiter und lächelnd weilt.

GRAF VON BERNSTORFF

Albrecht Graf von Bernstorff, seit 1854 preußischer Gesandter am Hofe zu London, wurde am 22. März 1809 zu Dreilützow im Großherzogtum Mecklenburg-Schwerin geboren. Nachdem er seine in Göttingen begonnenen Studien in Berlin vollendet und daselbst das erste juristische Examen absolviert hatte, trat er unter Leitung seines Oheims, des preußischen Staats- und Kabinettsministers Christian Günther Grafen von Bernstorff, im August 1830 in den preußischen Staatsdienst. Er begann damit, ein Jahr als Auskultator beim Stadtgericht in Berlin und ebensolange bei der Regierung in Merseburg zu arbeiten, und ward alsdann von dem inzwischen an die Spitze des Ministeriums der Auswärtigen Angelegenheiten getretenen Minister Ancillon der Gesandtschaft in Hamburg attachiert. Nachdem er im November 1833 das diplomatische Examen gemacht, ward er zum Legationssekretär ernannt, in welcher Eigenschaft er bei verschiedenen mittleren und größeren Gesandtschaften, namentlich zuletzt in St. Petersburg und Paris, fungierte. In Petersburg rückte er 1837 zum Legationsrat auf, nachdem er schon vier Jahre früher zum Kammerherrn ernannt worden war. In Paris, wo er bis zum Jahre 1839 blieb, vervollkommnete er sich vorzüglich in der französischen Sprache, auf welche er, als für sein Fach unentbehrlich, stets besondere Sorgfalt verwendet hat. Im Frühjahr 1840 ging er als Geschäftsträger in besonderer Mission nach Neapel, wo er anderthalb Jahre blieb, 1842 ward er in gleicher Eigenschaft nach Paris geschickt, und als er von dort im Oktober desselben Jahres nach Berlin zurückkehrte, erfolgte, als ein Zeichen der Zufriedenheit seiner Regierung mit seiner Geschäftsführung auf jenem wichtigen Posten, seine Ernennung zum Legationsrat und zum Vortragenden Rat in der politischen Abteilung des Auswärtigen Ministeriums. In dieser wichtigen und interessanten Stellung verblieb er fast drei Jahre und führte den bedeutendsten Teil der großen politischen Korrespondenz unter dem Minister von Bülow, den er auch, bei Abwesenheit oder Krankheit desselben, zu verschiedenen Malen vertrat. Im Mai 1845 zum Gesandten am Münchener Hofe ernannt, konnte er nicht vor dem Herbst desselben Jahres nach seinem neuen Bestimmungsort abgehen, da die Erkrankung des Herrn von Bülow ihn in Berlin zurückhielt. In München hatte er besonders zu Anfang gegen die damals in Bayern übermächtige ultramontane Partei zu kämpfen und tat dies mit so gutem Erfolg, daß er sich nicht nur des vollsten Beifalls seines eigenen Hofes zu erfreuen hatte, sondern auch, durch festes und zugleich offenes Auftreten, das besondere Vertrauen und Wohlwollen des Königs Ludwig sich erwarb.

Im Mai 1848 wurde Graf Bernstorff unter den schwierigsten Umständen als Gesandter nach Wien geschickt, wo er volle drei Jahre in dieser Eigenschaft verblieb. Er war dort am 6. Juli gegenwärtig bei dem Empfange der Frankfurter Deputation durch den Erzherzog Johann und Zeuge, wie dieser Fürst die deutsche Reichsverweserschaft aus den Händen der Nationalversammlung annahm, ohne jene vorherige Zustimmung der deutschen Fürsten erbeten oder erlangt zu haben, deren Nachsuchung der König von Preußen (durch Graf Bernstorff) ebenso dringend wie die Annahme der Zentralgewalt überhaupt empfohlen hatte.

In dieser Zeit der traurigsten Zerwürfnisse Deutschlands, und insbesondere der beiden deutschen Großmächte, waren Graf Bernstorffs Bemühungen unausgesetzt darauf gerichtet, das gute Verhältnis zwischen Preußen und Österreich wiederherzustellen und eine vernünftige, dauerhafte, auf Billigkeit und gegenseitigem Interesse gegründete Verständigung zwischen ihnen zustande zu bringen. In dieser Richtung und Bestrebung unterhandelte er mit dem Fürsten Schwarzenberg und unterzeichnete, auf seine persönliche Verantwortlichkeit hin, die Konvention vom 30. September 1849, wodurch der ohnmächtigen und preußenfeindlichen Zentralregierung des Reichsverwesers ein Ende gemacht und die aus Österreich und Preußen zusammengesetzte Bundeskommission mit völliger Parität beider Staaten hergestellt wurde. Diese Konvention ward trotz der entgegengesetzten Bestrebungen der unionistischen Partei in Preußen von dem Könige und seinem Ministerium genehmigt und ratifiziert. Ein

Freund der Unionspolitik war er nicht; nicht etwa, weil er sie Österreich gegenüber für unberechtigt hielt, sondern wohl, weil er voraussehen mochte, daß die in Berlin maßgebenden Persönlichkeiten zu einer kräftigen Durchführung nicht angetan waren und daß von den zwei Eventualitäten, Krieg mit Österreich oder schmähliches Nachgeben, die letztere die wahrscheinlichere war. Diese längst von ihm vorhergesagte und gefürchtete Alternative trat im November 1850 ein und empörte aufs tiefste Bernstorffs Stolz und patriotisches Gefühl. Auch eine persönliche Kränkung war ihm vorbehalten, als er, nachdem infolge der Novemberkatastrophe die russisch-österreichische Partei in Berlin die Oberhand gewonnen hatte, auf den Wunsch des immer übermütiger werdenden Fürsten Schwarzenberg von einem Posten abberufen ward, den er unter den schwierigsten Umständen mit Ehren bekleidet und, seit die Politik des Wiener Hofes so aggressiv gegen Preußen geworden war, mit großer Energie vertreten hatte. Das ihm vom König angetragene Ministerium der Auswärtigen Angelegenheiten lehnte er ab, wie er es schon früher einmal, im November 1848, getan, weil er nicht an die Möglichkeit der Vereinbarung einer Verfassung mit der damaligen Nationalversammlung glaubte. Sein Abgang von Wien ward noch bis zum Mai 1851 verzögert, weil der König, der ihm großes Wohlwollen und Vertrauen schenkte, sich mehrmals weigerte, das ihm von dem Ministerium vorgelegte Abberufungsschreiben des Grafen zu unterzeichnen.

Bernstorff war darauf anderthalb Jahre außer amtlicher Aktivität, welche Zeit der Muße er teils dazu verwendete, seine durch die moralisch und physisch aufreibende Stellung in Wien sehr erschütterte Gesundheit wiederherzustellen, teils dazu, eine Reise mit seiner Familie nach England zu machen, welches er noch nicht kannte und längst kennenzulernen gewünscht hatte. Im Winter 1851—52 vertrat er indessen die Hauptstadt Berlin in der Ersten Kammer der Ständeversammlung, nachdem die Wahlmänner ihn fast einstimmig, mit ausdrücklich ausgesprochener Rücksicht auf seine patriotische Wirksamkeit in Wien, zum Abgeordneten gewählt hatten. Bernstorff schloß sich innerhalb der Kammer der Fraktion des verstorbenen Staatsministers a. D. Grafen von Alvensleben an und stimmte bei der vielleicht wichtigsten Frage der ganzen Session, bei der Frage nämlich nach der künftigen Zusammensetzung der Ersten Kammer, mit einem großen Teile der Rechten gegen die Regierungsvorlage. Seine Motive waren, daß er einzelne Paragraphen der Vorlage, namentlich die Ernennungen durch die Krone auf Lebenszeit und die Mitgliedschaft gewisser Staatsbeamten nur für die Zeit ihrer Amtsdauer, mit der Existenz einer unabhängigen Ersten Kammer für unvereinbar hielt. Nach dem Schluß der Ständeversammlung war er, gleichfalls unter ausdrücklicher Anerkennung seiner unter schwierigen Verhältnissen in Wien geleisteten Dienste, zum Wirklichen Geheimrate ernannt worden. Zugleich befahl der König dem Staatsministerium, den Grafen von Bernstorff sobald als möglich wieder im aktiven Staatsdienst anzustellen; da er aber wußte, daß Bernstorff einige Jahre von den großen Geschäften auszuruhn und den Posten in Neapel zu übernehmen wünschte, wenn derselbe vakant würde, so ließ er ihm diesen Posten im Herbst 1852 anbieten, und Bernstorff begab sich im Winter dorthin. Er war jedoch noch nicht anderthalb Jahre dort, als er im April 1854 zum Gesandten in London ernannt wurde. So unangenehm ihm die Umstände erschienen, unter welchen diese Ernennung erfolgte, so schwierig und zart seine persönliche Stellung in jenem Augenblick in London sein mußte, wo man Preußens Teilnahme an dem Kriege gegen Rußland auf alle Weise zu erzwingen suchte, wo man Bunsen als ein Opfer des angeblichen Systemwechsels in Berlin darstellte und daher seinen Nachfolger für einen Russenfreund und Feind Englands zu halten geneigt war, so betrachtete er es doch als seine Pflicht, dem ehrenvollen Rufe des Königs zu folgen, nahm aber den wichtigen und schwierigen Posten nicht eher definitiv an, als bis er einige ihm unerläßlich erscheinende bestimmte Zusicherungen seiner Regierung in bezug auf die zu befolgende Politik während des Orientalischen Krieges, mit ausdrücklicher Genehmigung des Königs, erhalten hatte. Seine Stellung in London, die er im Juli 1854 antrat, war natürlich anfangs sehr schwierig und undankbar; er hatte jedoch bald die Genugtuung, sich das persönliche Vertrauen der englischen Staatsmänner zu erwerben. Die gute Stellung, die er sich unter so schwierigen Umständen in England zu machen gewußt hatte, wurde schon im Januar 1855 von dem Könige durch Verleihung des Roten Adlerordens erster Klasse anerkannt. Seine Stellung ist seitdem, infolge der veränderten Verhältnisse und der zwischen beiden Höfen geknüpften engen Familienbande, immer befriedigender und erfreulicher geworden, und Bernstorff steht in den besten und freundschaftlichsten Beziehungen zu den englischen Staatsmännern aller Farben. Im Sommer 1856 ward er, zugleich mit dem Prinzen Friedrich Wilhelm von Preußen und dem damaligen Regenten von Baden, von der Universität Oxford zum Ehrendoktor der Rechte ernannt.

Im Herbst 1857 unterhandelte er mit Lord Clarendon die Ehepakten zwischen dem Prinzen Friedrich Wilhelm von Preußen und der Prinzeß Royal von England und unterzeichnete dieselben als einziger preußischer Bevollmächtigter mit den neun englischen Bevollmächtigten am Schlusse desselben Jahres. Als Anerkennung für die bei diesem schwierigen und zarten Geschäft dem preußischen Königshause geleisteten Dienste verlieh der inzwischen mit der höchsten Regierungsgewalt betraute Prinz von Preußen ihm bei Gelegenheit der am 25. Januar 1858 stattfindenden Vermählung die erste Klasse des königlichen Hausordens von Hohenzollern. Im Sommer desselben Jahres ward ihm wegen der besonders wichtigen und schwierigen Beziehungen zum österreichischen Hofe der Wiener Gesandtschaftsposten wiederum angetragen. Sosehr er aber auch das Ehrenvolle dieses Anerbietens und die Genugtuung erkannte, welche gerade hierin für ihn lag, so bat er doch den Prinzregenten, ihn auf seinem Posten in England zu belassen, indem er denselben jeder anderen derartigen Stellung vorzuziehn erklärte.

OTTO VON RAUMER

Karl Otto von Raumer, Minister des Kultus und der Unterrichtsangelegenheiten im Ministerium Manteuffel, wurde am 7. September 1805 zu Stargard in Pommern geboren. Er war der Sohn des 1831 verstorbenen Generalmajors von Raumer und stammte aus dem bekannten, in Anhalt und Preußen angesessenen Geschlecht, das der preußischen Verwaltung und Wissenschaft bereits mehrere hervorragende Namen gegeben hat. Otto von Raumer begann seinen Bildungsgang auf dem Stettiner Gymnasium. Seine Anlagen waren gut, sein Fleiß noch größer. »Er suchte überall mehr als das Gewöhnliche zu leisten«, so lautete das Urteil seiner Lehrer. Mit dem Zeugnis Nr. 1 verließ er im Jahre 1824 das Stettiner Gymnasium. Oft und dankbar pflegte er sich alles dessen zu erinnern, was er an Wissen und Geistesbildung daselbst empfangen hatte, und gedachte gern der Inschrift an dem alten Hause in der Mönchengasse: Salus intrantibus – pax exeuntibus. Nachdem er in Göttingen und Berlin seine juristischen Studien absolviert, durchlief er schnell die verschiedenen Vorbereitungsstadien des höhern Staatsdienstes, wurde nach zurückgelegter dritter Prüfung 1834 Regierungsrat zuerst in Posen, sodann in Frankfurt a. d. O. Im Frühjahr 1840 als Hilfsarbeiter in das Finanzministerium berufen, wurde er im Herbst desselben Jahres zum Geheimen Finanzrat und im folgenden Jahre zum Vortragenden Rat im Ministerium des Innern ernannt. Hatte er solchergestalt sich mit der Verwaltung der Zentralbehörden vertraut machen können, so wurde er nunmehr in schneller Folge an die Spitze verschiedener Provinzialbehörden berufen – im Jahre 1843 als Regierungsvizepräsident nach Königsberg, 1845 als Regierungspräsident nach Köln und 1848 in gleicher Eigenschaft nach Frankfurt a. d. O. – Schon im Jahre 1841 hatte er sich mit Elise von Brauchitsch vermählt, Tochter des damaligen Majors und Flügeladjutanten, jetzigen Generalleutnants von Brauchitsch. Das Jahr 1848 übte einen Einfluß auf ihn, der für seine späteren Jahre und

Anschauungen entscheidend wurde. Zu Ende des Jahres 1850, nach dem Rücktritt des Staatsministers von Ladenberg, übertrug ihm der König auf Vorschlag und Empfehlung des Ministerpräsidenten von Manteuffel, wiederholter und entschiedener Ablehnung ungeachtet, das Ministerium der Geistlichen etc. Angelegenheiten und damit eine amtliche Stellung, die, wie sie zu den angefochtensten in der preußischen Staatsverwaltung gehört, nach der Eigentümlichkeit Preußens und seiner Aufgabe in Deutschland wohl als die verantwortungsvollste bezeichnet werden muß. Er war sich alles dessen wohl bewußt. Seine achtjährige Verwaltung hat sich keiner Popularität zu erfreuen gehabt, und die beiden Namen »Raumer-Westphalen« sind gleichbedeutend geworden mit allem, was dem preußischen Geist, mindestens der liberalen Strömung innerhalb desselben, widerstrebt; aber selbst die bittersten Gegner des Manteuffelschen Ministeriums haben *persönlich* jenen beiden Männern Gerechtigkeit widerfahren lassen, die, weit über die Anschauungen und Tendenzen des vormaligen Ministerpräsidenten hinaus, mit Recht als die Träger der Reaktionspolitik in Preußen bezeichnet werden. Man läßt ihnen das eine, daß sie ehrlich waren und bona fide handelten. Ihr festes, von keiner Eitelkeit und Stellensucht geleitetes Benehmen beim Eintritt der Regentschaft (November 1858) konnte nur dazu beitragen, ihnen auch seitens ihrer Gegner die Achtung zu sichern, die man gegen ihre Personen und den nie wankenden Mut ihrer Meinung immer empfunden hatte.

Otto von Raumer knüpfte gleich bei seinem Amtsantritt an Vorgänge und Maßnahmen aus der Eichhornschen Verwaltung an. Während indes in ihren sachlichen Zielpunkten beide Männer wesentlich zusammentrafen, gibt sich in der Art und Weise ihrer Geschäftsführung, in ihrer Behandlung der Personen und Dinge, eine durchgreifende Verschiedenheit, fast ein Gegensatz kund. Eichhorn glaubte seine Aufgabe wesentlich in schöpferischen *Neubildungen* und weitgreifenden Entwürfen suchen zu müssen; von Raumer dagegen faßte seine Tätigkeit an erster Stelle als eine restaurative und abwehrende auf. Für Eichhorn handelte es dich darum, die Kräfte, die er in den Kampf führen wollte, erst zu wekken und zu organisieren; Raumer fand bereits eine kräftig eintretende Partei vor. Jener hatte fast keine Stütze, dieser hatte eine Stütze, wenn auch eine unpopuläre.

Die allerschwierigsten, die delikatesten und intrikatesten Fragen, die überhaupt im staatlichen Leben zur Verhandlung kommen können, sind während seiner achtjährigen Verwaltung beständig an der Tagesordnung gewesen, und Mühe, Not, Kampf sind ihm nicht erspart worden. Er stand immer in der Bresche. Union oder Konfession, das Verhältnis des Staats zu Kirche und Schule, Religions- und Gewissensfreiheit, Ehescheidung, Zivilehe, gemischte Ehen, Lehrfreiheit, das Unterrichtsgesetz – das waren die Fragen, die täglich an ihn herantraten und ihre Erledigung heischten. Die Prinzipien, nach denen er die Antwort auf diese Fragen fand, sind von der großen Majorität des preußischen Volkes nicht gebilligt worden, den größten und entschiedensten Widerspruch haben aber die sogenannten »Regulative« gefunden, die im Jahre 1854 erschienen und darauf aus waren, den *Volksunterricht* nach mehr christlichen Anschauungen zu regulieren. *Dieser* Regulative waren drei: 1. Regulativ für den Unterricht in den evangelischen Schullehrerseminaren, 2. Regulativ für die Vorbildung evangelischer Seminarpräparanden und 3. Grundzüge, betreffend Einrichtung und Unterricht der *evangelischen, einklassigen Elementarschule.* Der Streit über die Zulässigkeit dieser Regulative schwankt noch und wird noch lange schwanken. Sie betonen die christliche Seite des Unterrichts, sie suchen der christlichen Lehre, der Kenntnis von Bibel und Gesangbuch auf Kosten anderer Disziplinen Terrain zu erobern, ein Bestreben, das entschieden den preußischen Traditionen und der liberalen Strömung unserer Tage widerspricht. Der Unmut über dies christlich-kirchliche Element, das man der Volksschule nicht nur hat einimpfen, sondern zu ihrem eigentlichsten Fundamente hat machen wollen, hat die Augen der Gegner blind gegen die Vorzüge, gegen die große pädagogische Wahrheit gemacht, die, abgesehen vom christlich-kirchlichen, in diesen Regulativen enthalten ist, gegen die Wahrheit, daß es besser ist, ein kleines Teil ganz als ein großes Teil halb zu wissen. Die Regulative waren auf Begrenzung und Vereinfachung aus, um dadurch das Bezwingen und Durchdringen des Gegenstandes leichter und lohnender zu machen. Diese Seite der immer nur geschmähten Erlasse hat man lange nicht zur Genüge gewürdigt. – In einem Zweige seiner Verwaltung, in den *Kunst*angelegenheiten, hat Raumer am wenigsten Angriffe zu erfahren gehabt, und doch lag hier vielleicht seine angreifbarste Stelle. Die Kirche, mit allem, was ihr zugehört, war ihm Herzenssache, er setzte hier alle seine Kräfte ein, und wenn er irrte, so gehörte doch sein Leben, sein ganzes Dichten und Trachten den Fragen an, die auf diesem Gebiet zur Erörterung kamen. Nicht so in der Kunst. Er war hier indifferent; die Kunst war ihm ein bloßer Schmuck, die Kirche hingegen das wahre Brot des Lebens. Der Entwickelung der Kunst in Preußen ist dadurch im großen und ganzen schwerlich ein Schaden geschehen, aber diese Indifferenz hat persönlich oft verletzt und den Minister um Sympathien gebracht, die er sich, der er doch der Freunde, bei so vielen Gegnern, doppelt bedürftig war, ohne große Schwierigkeit hätte erwerben können. Aber es lag nicht in seinem Wesen, nach Bundesgenossen umzuschauen; alles Vermitteln und kluge Berechnen widersprach seiner Natur. Nachdem er im November 1858 seinen Abschied erbeten und erhalten hatte, lebte er zurückgezogen im Kreise seiner Familie. Nur eine kurze Frist war ihm noch gegönnt. Bald nach einer Erholungsreise, die er im Sommer 1859 angetreten hatte, starb er zu Berlin am 6. August desselben Jahres an der Ruhr.

AM WANNENSEE

Wer hätte im Laufe dieses Sommers von dem neuen Eisenbahnprojekt (über Charlottenburg durch den Grunewald bis Potsdam) gehört, ohne nicht zugleich den Vorsatz zu fassen, einen lange versäumten Besuch ehemöglichst nachzuholen und die Havelforsten zwischen Pichelsberg und dem Wannensee auf ihren Schönheitsgehalt zu prüfen. Wenigstens erging es uns so. Die Regengüsse des September kamen dazwischen; aber die schönen Herbstestage, die dann begonnen, schön selbst in unseren Straßen, haben uns endlich hinausgeführt. Unser erster Plan, genau die Kurve innezuhalten, die die zu bauende Eisenbahn beschreiben wird, kam nicht zustande; nicht von Stufe zu Stufe, vom Schönen zum Schöneren machten wir mußevoll unseren Weg, sondern ungeduldig faßten wir die Landschaft an ihrer schönsten Stelle – der nächste Weg der beste. Diese schönste Stelle ist die, wo die ohnehin breite Havel sich weit ins Land hineinbuchtet und den Wannensee bildet.

Wir kommen von Zehlendorf und verfolgen die Chaussee, die von dort aus in beinah gerader Linie bis an die Südspitze des Wannensee führt. Der Weg ist wenig interessant; eine Chaussee, wie sie im Buche steht; Pappeln, Staub, Steinhaufen und zu beiden Seiten eine Schonung. Diese halbwachsenen Fichtenstämmchen, die den Weihnachtsbaum hinter sich und den wirklichen Fichten*stamm* noch weit vor sich haben, erquicken wenig – fast so wenig wie manche Menschenkinder auf gleicher Stufe der Entwicklung. Nach halbstundigem Marsch ändert sich das Terrain; tiefere Einschnitte kommen, prächtige Baumgruppen lösen das Kleinholz ab, und plötzlich blickt aus der Waldestiefe ein blaues Auge zu uns auf. Wir halten inne, um uns des Anblicks zu freuen. Und doch ist dies prächtige Blau zu unseren Füßen nur ein ausgestellter Posten, und jetzt erst, wo wir aus dem Forst in die Lichtung hinausgetreten sind, blicken wir auf die weite Wasserfläche, der unser Besuch gilt – auf den Wannensee.

Unmittelbar an der Stelle, wo die Chaussee (die rasch wieder waldeinwärts biegt) die Südspitze des Sees berührt, erheben sich waldbekränzte Hügel zu beiden Seiten, von deren Kuppen aus man des prächtigsten Anblicks genießt. Wir wählen die Hügelgruppe zur Linken, sitzen, den Arm um eine Fichte gelehnt, die Füße über der Tiefe, wie in einem natürlichen Amphitheater und überblicken ein reiches Landschaftsbild, das durch die Chausseelinie, die sich hindurchzieht, in zwei beinah gleiche Teile geteilt wird. Uns zu Füßen und weiter nach links hin dehnt sich das Stolper Loch, ein unterbundener Havelarm, der nun ohne Zirkulation und Leben daliegt – ein Teich wider Willen, dessen moroses Ansehen zu sagen scheint, daß er einst bessere Tage gesehn. Aber diese Trübe, die wir um seinetwillen beklagen, kommt der Landschaft zugute, und See und Röhricht und vor allem der Holzhof (am Ufer des Sees), auf dem die großen Holzsägen geschäftig auf und nieder gehen und mit ihrem melodischen Einklange die Stille unterbrechen, geben ein anziehendes Bild.

Ganz anders zeigt sich das Bild an der andern Seite der Chaussee. Wenn hier zur Linken die enge Umgrenzung, die Stimmung des Bildes und seine Details einen Reiz schufen, so ist es drüben, jenseit des Weges, die Ausdehnung, die Fläche, der Raum. Es fehlen alle Details, fast fehlt auch Stimmung; aber der Zauber der Farbe schmeichelt sich in unsere Sinne ein, und das weite tiefe Blau trifft unser Auge wie eine Erquickung. Von dem fernen jenseitigen Havelufer her (Fluß und See haben hier eine Breite von mehr als einer halben Meile) grüßen nur einige rote Dächer; diesseits aber legen sich die schönsten Waldpartien des Grunewalds wie ein weitgespannter Arm um den See herum. Der Grunewald auf diesem Uferstreifen zwischen Pichelsberg und dem Wannensee ist von ganz besonderer Schönheit. Die Stämme sind hoch und schlank, und alles Unterholz fehlt; fährt man in einem Boot die Havel abwärts, so blickt man durch die Umrahmung der rotbraunen Stämme bis tief in den Wald hinein und belauscht das Wild, das gehegt und gepflegt in jenen weiten Jagdrevieren wie in paradiesischer Sicherheit den Forst durchschreitet und von den vorspringenden Kuppen aus neugierig auf den Fluß und sein Treiben herniederblickt. Sei es die Pflege, die diesem schönen Walde zuteil wird, oder sei es die Nähe des Wassers, das mit feuchter Kühle die Nadeln labt und leise Nebel um seine Kronen spinnt – gleichviel, die Tannen erscheinen schöner und edler hier als irgendwo anders und stehen da, als fühlten sie sich als die eingeborenen Herren dieses Landes. Auch den Wannensee umstehen alte, kostbar knorrige Exemplare.

An dieser Stelle, auf dem Plateau am Wannensee (wenn unsere Wünsche in Erfüllung gehen), werden sich innerhalb einiger Jahre die Sommerwohnungen vieler unserer Residenzler erheben; hierhin werden die Villas verpflanzt werden, denen es an der Lisière des Tiergartens hin bereits zu städtisch zu werden beginnt. Zwei Fragen drängen sich auf: An welcher Stelle werden die Villen am besten sich erheben? Und zweitens (eine Frage, die vielleicht die erste sein sollte): Wird das Entstehen einer Villenstraße, die leicht zu einer Villenstadt, wie in England viele solcher Beispiele existieren, anwachsen könnte, nicht die Schönheit, die Frische dieser Waldgegend gefährden? –

Die zweite Frage beantworte ich zuerst und nach bester Überzeugung dahin, daß solche Besorgnisse einfach deshalb ungerechtfertigt sind, weil man einer Natur das nicht mehr nehmen kann, was sie längst nicht mehr besitzt. Es ist still und lauschig an diesen Havelseen; aber es ist töricht, eine Miene anzunehmen, als würde hier durch Eisenbahn und Sommerwohnung ein heiliger Frieden, ein unentweihter Tempel der Natur zerstört werden. Der Grunewald liegt als wohlgepflegter Jagdgrund zwischen den beiden Residenzen des Landes – das sagt alles. Überall, auf Schritt und Tritt, begegnet man hier den Zeichen der Kultur, den Schöpfungen der Menschenhand – Gärten und Ackerfelder, zumal an den Seen entlang, die den Grunewald durchziehen, unterbrechen den Forst; eine Einfriedigung umspannt den ganzen Wald, und von den Höhen aus, die sich am Fluß entlangziehen, sieht man auf die Dampfschiffe, die vorüberschaufeln, oder hört den Pfiff der Lokomotive, die die Ränder des Waldes durchschneidet. Die Natur wird durch diese Anlagen nicht verlieren, wohl aber gewinnen. Denn so schön die prächtige Wasserfläche ist, die sich hier ausbreitet, so sehr dies Blau labt und die schönen Linien des Ufers das Auge erfreuen, *ein* Mangel bleibt, von dem alle Landschaftsbilder unserer Mark nicht freizusprechen sind – *Monotonie.* Diese Monotonie, in der nur dann ein Zauber waltet, wenn es noch die Monotonie des Urwaldes ist, sie ist unserer Landschaft zu *nehmen, nicht aber zu bewahren;* denn unsere Landschaft hat längst aufgehört, ein bloßes Naturprodukt zu sein. Man denke an die Spree zwischen Treptow und Stralow; es ist jetzt ein reizender Punkt. Aber man streiche den Stralauer Kirchturm (beiläufig bemerkt, eine *malerische* Feinheit Schinkels) an der einen und die Treptower Villa an der andern Seite und sehe dann, was übrigbleibt.

Schwieriger ist die Frage zu beantworten, welches Ufer des Sees oder der Havel selbst zu bevorzugen sein wird. Der Ausspruch: »Ich sehe lieber von Deutz auf Köln als von Köln auf Deutz«, wird immer eine Wahrheit bleiben; aber doch eine Wahrheit, in deren Anwendung es gut ist, mäßig zu sein. Es ist keine Frage, daß die kahlen Westufer der Havel einen schöneren Blick auf den gegenübergelegenen Grunewald gewähren, als ihn der Grunewald auf die kahlen Westufer bietet; dennoch werden andere Erwägungen den Ausschlag geben. Die Stelle, wo eine erste Reihe von Häusern zu entstehen hat, scheint mir von der Natur beinahe vorgezeichnet; am Südostufer des Sees zieht sich wie eine Dünenreihe ein natürlicher Quai entlang, der alle Vorzüge, die bei solcher Anlage in Betracht kommen können, zu vereinigen scheint. Ein trockener Untergrund, in Front der See, im Rücken der Wald, der zu gleicher Zeit von rechts und links her das nur noch von hier geöffnete Becken des Sees umspannt. Die Kahlheit der Düne selbst wird rasch verschwinden, und die dürftigen gegenübergelegenen Westufer werden allmählich ihren Charakter verändern und eine bessere Fernsicht gewähren. Eine Fülle der reizendsten Ausflüge und Partien ermöglicht sich von keiner Stelle besser als von diesem Südostufer des Sees aus; denn in kaum halbmeiligem Umkreise liegen die anziehendsten Punkte: die Pfaueninsel (Potsdams selber zu geschweigen), Kleinmachnow und der Schlachtensee. Wer in seinem historischen Bedürfnisse nicht gern über die Anfänge dieses Jahrhunderts hinausgeht und seinen Kindern gern erzählen will vom guten König Friedrich Wilhelm, der den Namen dessen, der ihm seine Lieblingsblume abgebrochen hatte, nicht wissen wollte,

»weil er's ihm doch vielleicht nachtragen könnte«, der wird die Pfaueninsel zu seinen Ausflügen wählen, wo der König mit dem bürgerlichen Herzen mit Vorliebe verweilte und wo seine Lieblingsblume blühte, die nicht sicher gewesen war vor den Händen täppischer Neugier. Wer gern zurücksteigt in die Vorgeschichte des Landes, ein Herz hat für Kreuzgewölbe und Spitzbogenfenster, mit den Wappenschildern der Hakes und Schulenburgs darin; wer gerne Kirchen sieht, die sich in Efeu verstecken, und gern bei alten Steinkreuzen verweilt, denen man es ansieht (auch wenn die Sage schwiege), daß hier einer, in Mord oder Zweikampf, in seinem Blut zusammensank, den wird es nach dem Hakeschen Kleinmachnow ziehen, wo er findet, was er liebt. Wer aber aller Geschichte gram ist, sie sei alt oder neu, wem das Herz nur aufgeht bei Klang und Farbe, wer nur Sinn hat für die Linie des Schönen und ihr nachgeht, wie in der Kunst so auch in den Schöpfungen der Natur, der wird waldeinwärts wandern, bis ihn sein Weg an den nah gelegenen Schlachtensee führt, der sich schmal, aber in graziösen Wellenlinien am Ostrande des Grunewalds entlangzieht, und wird bei Fackelschein über den See fahren. Wenn dann die dunklen Waldpartien in plötzlichem Glanze aufleuchten, die Wassertropfen wie Glutkörner vom Ruder fallen und die Seeufer noch schöner geschlungen erscheinen, als sie in Wirklichkeit sind, dann wird auch *er* haben, was ihm ans Herz geht, und seine »Villeggiatur am Wannensee« wird nicht zu den verlorenen Sommern zählen.

DIE MARK UND MÄRKISCHE KRIEGSOBERSTEN ZUR ZEIT DES DREISSIGJÄHRIGEN KRIEGS

Ich möchte vor den Lesern ein Bild der *Mark Brandenburg* entrollen, wie dieselbe während des zweiten Drittels des 17. Jahrhunderts, also ungefähr vom Erscheinen des großen Schwedenkönigs an bis zum Schluß des Krieges, beschaffen war, und beginne mit dem Fundamentalsatz, daß »Land und Leute« damals so ziemlich in allem und jedem das Gegenteil von dem waren, was wir heute um uns her erblicken.

Die Mark war ein Land der Unkultur. Eine Reise ins Brandenburgische erschien damals einem Deutschen aus dem Reich, wie uns jetzt eine Reise ins Polnische erscheint. Völlerei war an der Tagesordnung, und von Künsten und Wissenschaften, die in den Reichsstädten Mitteldeutschlands seit länger als einem Jahrhundert blühten, waren hier kaum die ersten Spuren zu finden. Was *da* war, war importiert, nicht Landesprodukt; alle Erscheinungen und Betätigungen des Lebens, auch die guten, waren Erzeugnis bloßer Instinkte; Geist und Gemüt waren roh, und neben dem ständischen Recht und der bürgerlichen Freiheit, diesen zwei Erbschätzen des deutschen Mittelalters, besaß die Bevölkerung wenig oder nichts, dessen sie sich hätte rühmen können. Der Adel war schlagfertig und kriegerisch; aber es fehlte das Edle, das der kriegerischen Gesinnung erst die Weihe gibt.

In den vorstehenden Sätzen habe ich das Thema, den Grundton anzugeben versucht, der durch die Details meiner Schilderungen immer wieder hindurchklingen wird. Das Resultat aber fasse ich schon hier in die Worte zusammen: wenig ist verlorengegangen, und viel ist gewonnen.

Zuerst vom *Lande* selbst. Das vielzitierte Wort »von des Heiligen Römischen Reiches Streusandbüchse« war damals schwerlich schon in Cours und konnte es nicht sein, denn die Mark, ehe die Wälder ausgerodet und gewisse Sanddistrikte Sachsens und der Lausitz ihr zugeschlagen waren, machte in ihren alten Hauptteilen weniger den Eindruck einer Sandwüste als vielmehr den eines weitgestreckten

Wald- und *Sumpf*landes. Der Untergrund, auf dem die ausgedehnten Waldungen sich erhoben, war freilich vielfach Sand, aber eine Humusschichte überzog ihn und verdeckte das verräterische Gelb. Wollen wir uns vergegenwärtigen, wie die märkische Landschaft vor zwei oder drei Jahrhunderten beschaffen war, so genügt ein kurzer Ausflug vor die Tore Berlins, bis etwa in das Waldrevier der Müggel- und Kranichsberge. Von der höchsten Kuppe der Müggelsberge aus sieht man noch jetzt auf Quadratmeilen hin nur Wasser und Wald. Die Spree zur Linken zieht den Müggelsee wie einen breiten Spiegelkristall an ihrem blauen Bande auf, und der Dahmefluß zur Rechten, auch die Wendische Spree geheißen, buchtet sich immer weiter und breiter landeinwärts und schafft Inseln und Halbinseln, so weit das Auge reicht. Nichts, was an die Hand der Kultur erinnerte, nicht Dorf, nicht Stadt, nicht Weg, nicht Steg; keine andere Fahrstraße sichtbar als See und Fluß, die ihr verwirrendes Netz durch die weiten Waldreviere ziehen; kein Hüttenrauch steigt auf, keine Herde weidet an den Sumpfufern entlang, nur eine Fischmöwe schwebt satt und langsam über dem See – so ist die Müggellandschaft bis auf diesen Tag. Vielleicht noch charakteri[sti]scher sind die Kranichberge, zumal wenn die Sonne eben unter ist und die ersten leisen Schleier der Dämmerung heraufziehen. Halb wie Gespenster und halb wie rotbraune Zigeuner, die hier ein Lager bezogen haben, so dehnt sich die Kiefernwaldung aus; Urahne, Kind und Kindeskind finden sich zusammen, die einen knorrig und halb erstorben, die andern schlank und stolz, die dritten jung noch, im vollgrünen Schmuck der Jugend; so stehen sie da, und über dem Ganzen, so einförmig und so abwechslungsreich, weht und webt der braune Ton der Heide.

Sehr ähnlich nun haben wir uns die Wald- und Heidegegenden jener früheren Epoche zu denken. Aber nicht alles war Wald; weite Sumpfstrecken unterbrachen das Heideland und schufen Bilder, von denen wir uns etwa einen Begriff machen können, wenn wir auch jetzt noch, vom Nau[e]ner oder Spandauer Kirchturm aus, in die alten Havellandschaften hineinblicken. Diese Sumpfstrecken waren die »Luche« und die »Brücher«. Jetzt, wo man die einen wie die andern trokkengelegt hat, unterscheiden sich beide sehr wesentlich voneinander. Wo Bruch war, sind fruchtbare, reich kultivierte Äcker emporgewachsen, wo die alten Luche sich ausdehnten, ist Weide- und Torfland entstanden, und die Rapsfelder des Oderbruchs einerseits, die Torfpyramiden der Linumer Gegend andererseits zeigen auch dem flüchtigsten Blick, wie Verschiedenartiges aus Bruchland und Luchland geworden ist. Aber damals, in jenen Jahrzehnten, die der Regierungsepoche des Großen Kurfürsten vorausgingen, war noch kein Unterschied zwischen Luch und Bruch, die Verschiedenartigkeit des Bodens hatte sich noch nicht geltend machen können, *Sumpf*land war das eine wie das andere, und vor dem Auge des Beschauers lagen beide als gleiche Landschaftsbilder da.

Eine alte Luchlandschaft ist nie anschaulicher geschildert worden als durch von Klöden. »Die märkischen Luche«, so erzählt er, »waren im Sommer ein ausgetrocknetes, festes, tennenartiges Sumpfland, auf dem eine quadratmeilengroße, zusammengefilzte Wurzeldecke von bräunlich grüner Farbe lag, etwa wie eine dicke wollene Decke auf einer harten Matratze liegt. So war es im Sommer. Im Frühjahr aber quoll der Boden durch das hervordringende Grundwasser auf, die Rasendecke hob sich in die Höhe und bildete eine schwimmende, elastische Fläche, welche bei jedem Schritt unter den Füßen einsank.«

Die umliegenden Ortschaften versuchten es, dem Luche dadurch einigen Nutzen abzugewinnen, daß sie ihre Kühe darin weiden ließen, aber oftmals blieben diese im Moraste stecken und wurden erst nach unsäglichen Mühen wieder herausgebracht oder, wenn dies zu schwer hielt, an dem Orte, wo sie versunken waren, geschlachtet und zerstückt herausgetragen. So wenig nutzbar das Luch damals für den *Menschen* war, so vortrefflich war es für das *Wild* geeignet. In früheren Zeiten hausten hier selbst Luchse, Bären und Wölfe. Besonders aber waren es die Sumpfvögel, Kraniche und Störche, welche hochbeinig in diesem Paradiese der Frösche einherstolzierten, und mit ihnen bewohnte die Wasser ein unendliches Heer von Enten aller Art, nebst einer Unzahl anderer Wasservögel. Kiebitze, Rohrsänger, Birkhähne, alles war da, und in den Flüssen fanden sich Schildkröten wie allerhand Schlangen in den dichten Waldpartien.

So waren die Luche in der Mark, und solcher Luche gab es außerordentlich viele. Sie fanden sich nicht bloß im Havelländischen und Ruppinschen, wo fast die Hälfte des Bodens aus Luch bestand, sie fanden sich auch in andern Landesteilen, wie noch eine Menge Dorf- und Städtenamen deutlich zeigen. Die Stadt Dobrilug bedeutet »gutes Luch«, und selbst Luckenwalde bei Berlin, das uns nach sprachlicher Ableitung zunächst als Luke oder Lücke im Wald erscheinen möchte, entpuppt sich schließlich als »Luch im Wald«.

Noch einmal, die Mark war ein Wald- und Sumpfland; der Sand, wo er überhaupt war, lag unter Moos und Tannennadeln versteckt, und nur hier und da unterbrachen einzelne Fruchtfelder das weite Einerlei, das (in kleineren Verhältnissen) halb Prairie, halb Urwald war. Diese wenigen Fruchtfelder lagen in unmittelbarer Nähe der *Dörfer* und *Städte*, und so wenden wir uns denn nunmehr der Frage zu, wie waren damals *Dörfer* und *Städte*, und wie waren die Menschen, die beide bewohnten?

Die Dörfer waren armselig, Lehmkaten, von ungeschickten Händen aufgeführt und die Dorfgasse einfassend, nicht viel besser wie eine Biberkolonie. Natürlich ist keine dieser hinfälligen Lehm- und Erdhütten auf unsere Zeit gekommen, um leibhaftig als Zeuge und Beweis für die dörfische Armut damaliger Zeit auftreten zu können, aber Bilder und Beschreibungen, wenn auch unvollkommene, haben sich erhalten, und wenn selbst diese fehlten, so würde man aus der Beschaffenheit der *Herrenhäuser* jener Zeit kaum fehlgreifende Schlüsse auf die Beschaffenheit der damaligen Bauernhäuser ziehen können.

Die Herrenhäuser jener Epoche bestanden aus zwei Stockwerke hohen Fachwerkhäusern, wie man ihnen jetzt noch in armen Landstädtchen begegnet, zumal in solchen, in denen eine Feuersbrunst versäumt hat, für Neues und Besseres Platz zu schaffen. Hölzerne Doppeltreppen führten zur hochgelegenen Haustür; hier und dort lief entweder ein Gang, eine Galerie am ersten Stockwerk hin oder lehnte sich ein schwerfälliger Flügel an den Frontbau an, aber im übrigen herrschte äußerste Schlichtheit; nirgends ein Schmuck, ein Zierat, höchstens eine Inschrift, ein Bibelspruch, den man nach alter Vätersitte in den großen Mittelbalken des Hauses eingeschnitten hatte. In unsern Dörfern, auch in der Umgegend Berlins (ich nenne Löwenbruch und Blankenfelde), begegnet man nicht eben selten solchen ehemaligen, jetzt meist zu Wirtschaftszwecken dienenden Herrenhäusern, und angesichts derselben, die alle durch ihre äußerste Schlichtheit überraschen, läßt sich ohne Schwierigkeit ein Bild entwerfen, wie die Wohnungen der Bauern und Hörigen zu jener Zeit gewesen sein müssen.

Nur wenige Adelsfamilien, meist solche, die schon in alter Zeit geblüht hatten und einen wachsenden Reichtum aus einem Jahrhundert in das andere mit herübergenommen hatten, bewohnten auch um *diese* Zeit noch wirkliche Schlösser, wie etwa die Bredows und Rochows, die Arnims und die Saldern. Einzelne dieser Schlösser machten nach außen hin durchaus den Eindruck des Stattlichen, Reichen, Vornehmen; aber im Innern herrschte eine Einfachheit, die uns heute in Staunen versetzen würde. Es liegt uns, mit Hülfe eines glücklichen Ohngefährs, eine Schilderung vor, wie die Zimmereinrichtung, um die Zeit des Dreißigjährigen Krieges, in Schloß *Boitzenburg* war, und um das Bild zu vervollständigen, das ich von den Äußerlichkeiten der damaligen Zeit geben möchte, lasse ich dieselbe hier folgen.

In einer der Stuben befanden sich 37 Rehköpfe mit Geweihen und ein vier- und ein fünfarmiger messingner Kronleuchter; an der Wand hingen verschiedene Bilder: das Jüngste Gericht, der Baum des Lebens, Jagdstücke und heidnische Darstellungen. Die Tische und Bänke waren weiß, das heißt ohne Anstrich und Politur. In der sogenannten *blanken* Stube befanden sich dreizehn fürstliche und kurfürstliche Konterfeis, ferner die spanische Inquisition und der Gekreuzigte. Die Wände waren mit dunkeln Gobelintapeten bekleidet, in die mit grüner Seide allerhand Darstellungen eingewirkt waren. Auch war hier ein guter eiserner Ofen, dabei aber Tische und Bänke wiederum von rohem Holz. Die Wohnstube war ohne allen Schmuck. Man sah darin einen sehr alten Kachelofen, einen alten Stuhl, mit grünem Tuch beschlagen, einen kleinen Schiefertisch, einen einfachen Holztisch, eine Bank und ein verschlossenes Spind.

Man sieht an den Gobelins, an den Kronleuchtern und

der großen Zahl der Bilder, daß es keineswegs an Reichtum, vielleicht auch nicht einmal an Kunstsinn gebrach; aber alles *das* fehlte, was man als die kleine Münze der Kunst und des Luxus bezeichnen könnte. Völlig fehlte der Sinn für Natur und landschaftliche Schönheit; von Blumen an den Fenstern existierte nichts, als was der Winter an die Scheiben malte, und die Jagdlust, die mit langem Speer und klaffender Meute durch die Wälder zog, freute sich des Waldes, wie sich der Hirsch des Waldes freut. Die Frische labte, nicht die Schönheit.

So sah es auf den Dörfern und Edelhöfen aus. Was das *Leben* angeht, das die alten Familien in ihren Schlössern und Herrenhäusern führten, so war es dem des Stadtpatriziats durchaus verwandt, nur vielleicht eine Potenzierung desselben. Ich spreche deshalb erst bei den *Städten* davon, und diesen wenden wir uns jetzt zu.

Die märkischen Städte damals ließen viel zu wünschen übrig und standen so ziemlich auf der niedrigsten Stufe in Deutschland. Nehmen wir Berlin, das damals die besseren märkischen Städte zwar wenig überragte, aber doch auch sicherlich nicht hinter ihnen zurückblieb, so läßt sich mit Leichtigkeit der Beweis führen, daß die kurfürstlich brandenburgische Residenz unter allen kurfürstlichen Residenzen jener Zeit die kümmerlichste war und weder mit München und Dresden noch mit Mainz und Köln verglichen werden konnte. Trat es gegen diese Städte in den Schatten, so blieb es ebensosehr hinter den Freien Reichsstädten im südwestlichen Deutschland wie hinter den Hansa- und Handelsstädten im Norden zurück. Das damalige Berlin besaß außer der durch ihre Schönheit bekannten kleinen Klosterkirche in der Klosterstraße nur drei Gotteshäuser: die Marien-, die Nikolai- und die Petrikirche, sehr ansehnliche Gebäude, die aber doch, damals wie jetzt, an innerem Schmuck wie in äußerer Erscheinung keinen Vergleich aushielten mit den Kathedralen von Bamberg und Ulm, von Freiburg und Regensburg. Neben den genannten vier Kirchen hatte Berlin noch sein Rathaus, das wir in unsern Tagen endlich haben verschwinden sehen, den Palast der Bischöfe von Lebus, das alte kurfürstliche Schloß in der Klosterstraße und endlich das Schloß zu Cölln an der Spree, das, mit Turm und Giebel nach der Burgstraße hinaus gelegen, bekanntlich jetzt den ältesten Teil des gegenwärtigen Königsschlosses bildet. Hierzu gesellten sich einige Klostergebäude, vielleicht auch sonst noch das Wohnhaus eines einzelnen Würdenträgers der Stadt, des Staats oder der Kirche; aber wir irren schwerlich, wenn wir die Zahl der ansehnlichen Gebäude, die damals neben den vier Kirchen eine verhältnismäßige Zierde Berlins bildeten, auf höchstens acht bis zehn Häuser angeben.

Es konnte auch kaum anders sein. Berlin hatte 1630, also genau in dem Jahre, in dem Gustav Adolf in Deutschland auftrat, nur 8 000 Einwohner, war also kleiner als gegenwärtig das benachbarte Spandau. Nach 1680 betrug die Einwohnerzahl Berlins nicht voll 10 000, zu denen sich bald darauf, nach Aufhebung des Edikts von Nantes, über 5 000 französische Refugiés gesellten, so daß damals jeder dritte Mensch in Berlin ein Franzose war. Dies mag die Erscheinung erklären, daß so vieles im Berlinertum bis diesen Tag an französisches Wesen, ja oft mehr an französische als deutsche Eigenart erinnert; es erklärt auch ferner den Umstand, daß die sogenannte französische Kolonie bis zu Anfang dieses Jahrhunderts, also ohngefähr 120 Jahre hindurch, ihre Sprache und Sitte in einer nominell deutschen Stadt siegreich bewahren konnte.

Die Wohnhäuser der Bürger, vielleicht achthundert an der Zahl, waren Fachwerkbauten, meist eng, lichtlos, schmutzig, gemeinhin eingefaßt von Pfützen und Düngerhaufen. Nur in Wintertagen, wo der große Ofen und das große Himmelbett einen gesteigerten Wert hatten, mochte, auch mit unsern Augen angesehen, ein gewisser Grad von Behaglichkeit in diesen Häusern zu finden sein; aber unter allen Umständen waren sie arm an allem, was den Sinnen gefällt oder die Geister erhebt.

So war es in der Residenzstadt und natürlich in den Provinzialstädten nicht besser. Stendal und Tangermünde, Brandenburg und Ruppin, Prenzlau und Frankfurt hatten schönere Kirchen und vielleicht im einzelnen ein schöneres Rathaus, ein älteres Schloß, aber im großen und ganzen blieben sie selbstverständlich, auch damals schon, hinter der Residenz zurück und hatten günstigstenfalls jene Fachwerkhäuser mit ihr gemein, an denen Giebel und Vorbau, überhaupt das *Malerische*, bei weitem das Beste war.

Wir fragen nun nach dem *Leben*. Das Leben, das in diesen dunkeln, feuchten, ungesunden Höhlen geführt wurde, in denen nichts so selten anzutreffen war als frische, erquikkende Luft, war eine seltsame Mischung von kirchlichem Sinn und Aberglauben, von Charakterstarrheit und Geistesschwäche, von Nichtbildung und klugem Erkennen des eignen Vorteils, von Einfachheit der Bedürfnisse und wüster Völlerei, von Unsauberkeit und Putzsucht, von Trotz und Mut und Schwäche und Feigheit. Der Luxus, ein rein äußerliches, geschmackloses Ding, der zur Zeit des zweiten Joachim und gegen Ende des 16. Jahrhunderts einen solchen Höhengrad erreicht hatte, daß, wie gegen eine herrschende Geisteskrankheit, mit Predigt und Gewalt dagegen eingeschritten werden mußte, hatte sich in den ersten Jahrzehnten des 17. Jahrhunderts gemindert, aber noch immer existierte Unglaubliches davon. In den Kleidertrachten, so erzählt ein Bericht aus jener Zeit, beging man so viel Ausschweifungen, daß kein Handwerker von einem Edelmann und kein Edelmann von einem Fürsten unterschieden werden konnte. Statt der wollenen Kleider wurden seidene getragen; diese seidenen Stoffe wurden mit Gold gestickt und der Schnitt der Kleider alle vier Wochen nach neuester Façon geändert. Die Weiber und Töchter, so klagt der Berichterstatter weiter, gingen in ihrer Vanität so weit, daß sie mit der natürlichen Gestalt und Farbe, so ihnen Gott gegeben, nicht zufrieden waren, sondern, um weißer und schöner zu erscheinen, sich mit wohlriechenden Wassern wuschen, sich schminkten, Poudre de Cypre ins Haar streuten und hohe Sturmhauben trugen. Mit dem Gottesdienst, so fährt er fort, sah es traurig aus. Die Bürger und ihre Frauen und Töchter gingen sonntags zweimal in die Kirche, aber nur von Gewohnheit wegen und um ihren neuen Putz zu zeigen; darnach gab es bis in die Nacht hinein ein Spielen und Zechen, ein Banquettieren und Balieren (das heißt zu Ball gehen). Alle Gasthöfe, Schenken, Wein- und Bierkeller waren voll, und unter Trommel-, Pfeifen- und Geigenspiel ließ man sich's wohlsein. Oft, nach geendigter Predigt, traten in der *Kirche selber* Komödianten und Fechtmeister, Springer, Tanzmeister, Bären- und

Affenführer auf, und die weisen Herrn vom Rat, ja die Geistlichkeit selber blieben in der Kirche und folgten den Schauspielen mit sichtlichem Ergötzen.

Hatte das Leben in den Städten schon an Sonntagen ein solches Gepräge lauter Lust und zur Schau getragener Üppigkeit (über das Leben an Werkeltagen ist es schwer, sich ein bestimmtes Bild zu machen), so mag man sich vorstellen, welcher Luxus bei großen Familienfesten, bei Hochzeiten, Taufen und selbst bei Begräbnissen getrieben wurde. Es war nicht selten, daß junge Eheleute all ihr Mitgebrachtes daransetzten, um es an Hochzeitsglanz einem Nachbar oder einem Verwandten gleichzutun, so daß die jungen Eheleute, nachdem der Hochzeitsrausch vorüber war, als Bettler in das neue gemeinsame Leben eintraten.

Noch schlimmer nahmen sich diese Dinge bei den großen *Begräbnissen* aus. Es kam vor, daß Adelige auf dem Lande, die in Geldverlegenheit waren und doch *sich* sowohl wie dem Toten eine große Feierlichkeit schuldig zu sein glaubten, die Leiche ein Jahr lang unbegraben stehenließen, um dann endlich das ersehnte Fest in Szene setzen zu können. Es dauerte dann natürlich drei Tage lang; Zechen, Lärmen und jede Art der Völlerei füllte die Stunden aus, und Händel, Mord und Totschlag endeten nicht selten die kannibalische Lust. Alle diese Schmausereien, gleichviel ob bei Hochzeit oder Begräbnis, wurden mit Raffinement vorbereitet, und ein Verzeichnis von Vorräten, Spezerei- und Kolonialwaren, welche zum Beispiel Berlin Anfang August 1626 nach Cottbus zu liefern hatte, wo eben damals Wallenstein als ziemlich unwillkommener, aber nicht abzuweisender Gast eingetroffen war, zeigt zur Genüge, daß unsere Vorfahren keineswegs mehr im Stadium des Hirsebreis und des gebratenen Ochsen lebten. Außer fünfzehn Eimern Rheinwein nämlich hatte man von feinen Gewürzen Pfeffer, Zimt, Muskatnüsse, Ingwer und namentlich viel Safran zu schicken, den man nach altdeutscher Sitte an alle möglichen Speisen tat, ferner Reis und Zucker, Rosinen und Mandeln, Kapern, Oliven, Kirschmus, Prünellen, endlich Konfekt, Zitronat, Nürnberger Kuchen und spanische Pretzeln.

Ich habe diese Dinge aufgezählt, um zu zeigen, daß nicht nur wüste Schwelgerei, sondern auch ein gewisses Raffinement bereits im Schwunge war und daß die *Zunge* wenigstens anfing, sich eines feineren Geschmacks zu erfreuen. Daß Berlin diese Dinge, auf einen plötzlichen Befehl hin, überhaupt liefern konnte, zeigt zur Genüge, daß Leckereien, wie Prünellen, Zitronat und Nürnberger Kuchen, mit zum alltäglichen Gebrauch, wenigstens der Reichen und Vornehmen, gehörten. Ja, eine gewisse, feinere Geschmacksbildung der *Sinne* hatte begonnen, aber durchaus keine Geschmacksbildung des Geistes. Wohl gab es Maler, Baumeister, Musiker und Dichter, aber alle standen entweder auf der niedrigsten Stufe oder waren Fremde, Italiener, Franzosen, Niederländer, Süddeutsche, wenn irgend etwas Ansprechendes von ihnen geleistet wurde. Von heimischer Kunst und Kunstpflege war keine Rede. Schwulst galt für Redekunst, Reimerei und Unverständlichkeit für Dichtung, was bunt war, hieß ein Bild, und Trommel und Trompete genügten dem musikalischen Bedürfnis. Dazu waren die Städte selber (wie sich nach der gegebenen Häuserbeschreibung erwarten läßt) ein bloßes Gewirre schmutziger Gassen, die alle Sinne zu gleicher Zeit beleidigten; eine Polizeiverwaltung gab es nicht, und der *bäurische* Sinn der Bevölkerung nahm nicht Anstoß am wüsten Durcheinander von Kot, Holz, Torf, Mist, Müll und Steingeröll, das überall die Straßen bedeckte.

Ich sage, der *bäurische* Sinn der Bevölkerung, und bezeichne damit das, was die Bürger unserer damaligen Städte eigentlich waren. Sie waren nicht Bürger, wie in den reichen Städten des Reichs und der Hansa, sie waren *Ackerbürger*, sie waren *Bauern*.

Wollen wir uns eine ziemlich klare Vorstellung davon machen, wie es damals in den märkischen Städten aussah und, vor allem, wie die sogenannten Bürger in ihren Städten lebten, so können wir uns, was das *Lokal* angeht, vielleicht in den ältesten Stadtteilen von Salzwedel am besten unterrichten; was aber die *Lebensweise* angeht, so dürfen wir nach Vergleichen nicht in den heutigen Städten, auch nicht in den ärmsten und ältesten suchen, sondern müssen uns aufs platte Land begeben, am besten in neuentstandene Dörfer, die nie eine Gutsherrschaft hatten und den fruchtbaren Boden ihrer Äcker vielleicht erst vor 100 oder 150 Jahren dem Sumpf und dem Bruchland abgewonnen. Solche Dörfer sieht man vortrefflich in dem Berlin benachbarten Oderbruch. Wer das Oderbruch bereist und die reichen, städtisch aufstaffierten, oft mehrere tausend Einwohner zählenden Dörfer näher kennengelernt hat, dem wird es auf einen Blick klargeworden sein, welcher Art wohl die in bäurisches Wesen getauchten märkischen Städte zur Zeit Gustav Adolfs gewesen sein müssen. Das Leben in solchen *Dörfern* zeigt noch jetzt dieselbe Mischung von Fleiß und Trägheit, von Sparsamkeit und Verschwendung, von Kirchlichkeit und Aberglauben, von Geschmacklosigkeit und Luxus, von Ehrbarkeit und Sittenverderbnis, und zwar oft in denselben Individuen, wenigstens in denselben Haushaltungen, wie sie, dem Chronisten zufolge, damals in unsern märkischen *Städten* heimisch waren. Der Bauer schreitet im langen Rock, ein paar weiße Handschuhe an den Händen, langsam und gravitätisch nach der Kirche; aber er sitzt am Abend oder Nachmittag desselben Tages (einige beginnen gleich nach der Kirche) im »Gasthof« des Dorfes – der Krug ist für die Knechte – und vergnügt sich bei Spiel und Wein. Die Würfel rollen über das Brett, der sogenannte Tempel wird mit Kreide auf den Tisch gemalt, Vingt-un und »Blüchern« lösen sich ab, und um hundert Taler ärmer oder reicher, wüst im Kopfe, geht es weit nach Mitternacht nach Haus.

Derselbe Gegensatz findet sich im Haushalt. Einfachheit und krasser Luxus lösen sich ab. Tritt man in ein solches Haus (und je reicher und vornehmer es sein will, desto mehr trifft meine Beschreibung zu), so überrascht den Eintretenden der völlige Mangel an allem, was das Auge erfreut, die Sinne labt, der Mangel oder eine verkehrte Anwendung von all dem, was der Engländer mit »comfort« bezeichnet, jene Reihenfolge von Dingen, die darauf angelegt und erfunden sind, eine Menge kleiner Freuden zu schaffen, eine Menge kleiner Bedürfnisse zu befriedigen, und nach deren Vorhandensein oder Nichtvorhandensein man mit einer Art von Sicherheit nicht den Zivilisationszustand des einzelnen, aber den der Gesamtheit beurteilen kann. In solchem halbkultivierten Bauernhaushalt jagen sich die Gegensätze. Die Mahlzeiten sind reichlich, aber auch nichts weiter als das. Niemand im ganzen Hause hat eine Idee davon, wie man ein Stück Fleisch gefällig für Aug und Sinne auf den Tisch bringt; die Teller sind von verschiedenem Stoff und verschiedener Form; die Messer und Gabeln sind abgewaschen, aber nicht blank geputzt, und die Messerschalen fassen sich an wie Fett. So ist es alltags und sonntags nicht viel besser. Findet aber ein *Fest* statt, eine Taufe, eine Hochzeit, so tritt ein krasser Luxus an die Stelle der Alltagsschlichtheit, und Wirt und Gäste wetteifern in jeder Art von Staat. Wagen auf Wagen fährt vor, Chaisen mit niedergeschlagenem Verdeck, die wohlgenährten, gestriegelten Pferde tragen Geschirre, mit Silber reich beschlagen, der Kutscher ist in Livree, und die Damen, die aussteigen, sind in Samt und Seide gekleidet. Musiker spielen, und die Tische brechen unter der Last der Speisen. Die Champagnerpfropfen knallen, der Flur ist, wie aus den reichsten Gegenden berichtet wird, mit Zucker bestreut, um die Fliegen von den tafelnden Gästen möglichst fernzuhalten; Spiel und Tanz, wildes Jauchzen, Lichter, halb erstickt in Tabaksqualm, Geschrei und Lärm und ein Faustschlag auf den Tisch machen den Schluß. So pflegen jetzt Bauernhochzeiten in reichen Gegenden zu sein, wenn nicht immer, so doch oft. In solchen Gegensätzen bewegt sich das bäuerische Leben. Sehen wir es uns darauf an, so finden wir alle Züge wieder, die nach Schilderung des Chronisten das Leben der damaligen märkischen *Städte* ausmachten. Wir finden auch das Gute wieder: ein festes Stehen in der Sitte, das Fehlen aller Sentimentalität, die Abneigung gegen die Phrase und vor allem all die Kräfte, die aus einem gesunden Egoismus, aus richtigen Instinkten hervorgehen, aus jener klugen Beschränktheit, die, weil sie eine nahgesteckte Linie nicht überschreitet, auch nicht in Gefahr kommt, sich zu verirren oder gar lächerlich zu werden.

Gutes und Schlechtes zusammengefaßt, so sind dies die uralten Zustände einer Viertel- und Halbkultur, Zustände, wie sie sich immer wieder da vorfinden, wo in noch völlig rohe und barbarische Gemeinschaften, ohne Zutun, ohne Mitwirkung, ohne rechte Teilnahme daran, ein Stück Kultur von außen her in die Unkultur hineingetragen wird. So sind heutzutage unsere reicheren *Dörfer*, und so waren dazumal unsere wohlhabenden *Städte*. Das Wesen dieser Art von Existenzen ist die Disharmonie, der Mißklang, der Widerstreit. Die Tochter liest in der »Jungfrau von Orleans« und unterbricht sich mit einem plattdeutschen Kraftwort, weil der jüngste Bruder sie in den Rücken gepufft hat; der Kupferstich an der Wand hängt völlig schief, und kein Auge sieht es; das Glas des andern Bildes ist mittendurch gesprungen, und niemand denkt daran, es zu ersetzen; Gold und Juwelen selbst, wo sie sich finden, sind nichts anderes wie die Glaskoralle bei den Wilden – man *behängt* sich damit, aber man *schmückt* sich nicht damit, denn der Begriff vom Schönen ist noch nicht aufgegangen. Zwei Dinge sind es, die fehlen: *Idealität* und *Verständnis für die Schönheit.* Vieles ist gegen unsere jetzigen kleinen Städte zu sagen, vieles ist namhaft zu machen, was ihnen, besonders nach der Seite des Reichtums und der Repräsentation, eine tiefere Stufe als den Bauerndörfern reicher Gegenden anzuweisen scheint; aber was diese kleinen Städte, auch die ärmsten unter ihnen, vor den reichen Dörfern der Jetztzeit oder vor den märkischen Städten jener früheren Epoche voraushaben, das ist die Möglichkeit der Begeisterung, das sind die Anfänge ideellen Lebens. Es existiert jetzt keine kleine Stadt, in der nicht irgendein Geistiges, irgendein Schönes mit größerer oder geringerer Kraft gepflegt würde; die hundert Dinge der Kultur werden nicht nur eingeführt, die kleine Stadt nimmt diese Dinge nicht nur passiv hin, sie steht selber aktiv innerhalb derselben und wirkt mit am geistigen Leben der Nation. Lieder entstehen, die Wissenschaften werden gepflegt, und weit über die Fragen und Bedürfnisse des nackten Egoismus hinaus nimmt die kleine Stadt Anteil am selbstsuchtslos Allgemeinen und an den geistigen Kämpfen, die die Welt bewegen. Das war vor zweihundert Jahren in den märkischen Städten anders, es interessierte nur das, was die »Interessen« berührte. Ein einziges Geistiges beschäftigte die Gemüter – die religiöse Frage; aber wenn wir den Berichten aus jener Zeit Glauben schenken dürfen, so war auch diese Beteiligung eine verhältnismäßig flüchtige und aufopferungslose. Die Geister waren tot.

Mark Brandenburg war damals der wenigst glänzende Edelstein in der deutschen Krone; wir besaßen weder Schönheit der Natur noch Hoheit der Sitten, weder Hervorbringungen der Kunst noch Liebenswürdigkeit der Menschen; *nichts* hatten wir, auch nicht *einen* Mann, durch den wir für Gesamtdeutschland ein Glück, ein Segen, ein Muster gewesen wären. Mark Brandenburg war der Letzte in der Klasse: unmanierlich, malpropre, faul. Aber derselbe Dreißigjährige Krieg, der die Marken so geistig nichtig vorfand und sie verarmt und verwüstet hinterließ, dieser selbe schreckliche Krieg, der ein roh und unvollkommen entwikkeltes Leben völlig totschlug, streute auch zugleich die Samenkörner für die Zukunft aus. Brandenburg, an den Kämpfen jener Zeit vielfach Anteil nehmend, trat zum erstenmal auf den allgemeinen Ringplatz hinaus, und gleich sein erstes Debut war in gewissem Sinne ein glänzendes.

Je kläglicher sich die politische Gesamthaltung des Landes (was auch immer zur Entschuldigung dieser Haltung gesagt werden mag) erwies, desto entschiedener trat die Schlagfertigkeit der Individuen hervor. Brandenburg stellte mehr Kriegsobersten ins Feld als irgendeine andere deutsche Provinz; diese brandenburgischen Obersten fochten hüben und drüben, aber der Umstand, daß sie bei Schweden und Kaiserlichen dienten, bewies nur viel gegen die Machtstellung des Landes, aber nichts gegen die Kriegstüchtigkeit seiner Bewohner.

Ich lasse hier, nach den deutschen und österreichischen Stämmen geordnet, ein kurzes Verzeichnis der damaligen Kriegsobersten folgen. Kinsky, Terzky, Schlick waren Böhmen; Tiefenbach, Derfflinger, Scherffenberg und Lichtenstein waren aus Österreich, Isolani war Kroat, Colloredo war aus Friaul, Gallas aus Trient, Holk aus Schleswig (von der Insel Alsen), Tilly aus Bayern, Pappenheim aus Schwaben, Trupadell aus Altenburg. Aus Mark Brandenburg aber waren ihrer sechs: Illo und Götz, Sparr und Görtzke, Arnim und Königsmarck. Von diesen sechsen fochten vier auf kaiserlicher, zwei auf schwedischer Seite. Alle, mit Ausnahme des Grafen Königsmarck, der aus der Prignitz stammte, waren im Lande *Barnim*, oder doch unmittelbar an der Grenze desselben, geboren.

Wir sprechen zuerst vom Feldmarschall *Illo*. Das Interessanteste, was über diesen rücksichtslosesten und allergetreuesten Diener seines Herrn, des Friedländers, an dieser Stelle beizubringen sein mag, ist *das*, daß er überhaupt ein Märker war. Viele werden sich mit mir (wenigstens in jungen

Jahren, bei erster Bekanntschaft mit dem Schillerschen »Wallenstein«) in dem Irrtum befunden haben, daß er ein Kroat oder ein Böhme gewesen sei; es steht aber jetzt fest, daß er nicht Illo, sondern Ihlow hieß und daß er der Familie von Ihlow angehörte, die bis gegen Mitte oder Ausgang des vorigen Jahrhunderts in Barnim, im Lebusischen und in der Neumark (zumal im Lande Sternberg) angesessen war. Welchem Zweige dieser Familie Illo angehörte, wird sich schwerlich noch ermitteln lassen. In der Regel hört man die Güter in der Neumark als mutmaßlichen Geburtsort Illos nennen; doch fehlt dafür, soviel ich weiß, jeder Beweis. Das Dorf Ihlow, das der Familie den Namen gab, liegt an der Grenze von Barnim und Lebus, inmitten der großen Eckardtsteinschen und Itzenplitzschen Güter, also zwischen Prötzel-Prädikow auf der einen und Friedland-Kunersdorf auf der andern Seite.

Für eine Charakteristik Illos hat Schiller ein für allemal gesorgt; ein derber Soldat, der alles rücksichtslos auf eine Karte setzte und sich durch eine Mischung von Roheit und Treue emporarbeitete, eine Korporalsnatur, durch Zeitengunst zum Generalfeldmarschall geworden. Wallenstein wußte auch ihn durch Anwendung seiner üblichen Praktiken fester an sich zu fesseln. Er schickte ihn nach Wien und gab ihm ein Schreiben mit, worin er ihn zur Grafenwürde dringend empfahl; aber schon vorher hatte er's einzuleiten gewußt, daß das Gesuch abgeschlagen werden mußte. Er tat dies nicht etwa verräterischerweise gegen Illo, sondern nur, um sich der Treue eines treuen Dieners dadurch noch fester zu versichern. Bekanntlich hat Schiller diesen Zug benutzt, aber in etwas veränderter Gestalt auf Buttler übertragen.

Illo war treu und tapfer. Noch in der Mordnacht im Schlosse zu Eger (am 25. Februar 1634) war er der einzige, der bis zu seinem Degen gelangte und sich wie ein Verzweifelter wehrte, bis er hinterrücks erstochen wurde. Die Märker haben sich seiner nicht sonderlich zu rühmen, aber doch ist er immerhin bedeutend genug, um ihrerseits aus Böhmen oder Kroatien (wohin man ihn früher verlegt) im Geiste reklamiert zu werden, sooft sie das wohlbekannte: »Spät kommt Ihr, doch Ihr kommt«, von der Bühne her mit heiserer Baßstimme erklingen hören.

Hans von Götz, später Graf und kaiserlicher Generalfeldmarschall, war auf Zehlendorf, einem alten Götzeschen Gut, eine halbe Meile von Oranienburg, dem damaligen Bötzow, geboren. Schiller läßt auch ihn in den »Piccolomini« auftreten und legt ihm einige harmlose Worte in den Mund, wie zum Beispiel: »Herr Graf, erlaubt mir, daß ich mich empfehle«, und gleich darauf, als Terzky ihn zum Weitertrinken auffordert: »Bin's nicht im Stand –«, eine Äußerung, die, wenn das, was wir über die Trinker jener Epoche, zum Beispiel über Illo und Kurt von Burgsdorff, wissen, nur einigermaßen richtig ist, schwerlich über die Lippen unseres tapfern Landsmanns gekommen wäre. »Bin's nicht im Stand«, wäre ihm mutmaßlich wie ein Geständnis der Feigheit und Unmännlichkeit erschienen; wenigstens heißt es in seiner Biographie: »Er war tapfer, grausam und der *Völlerei* ergeben, ähnlich wie Illo und Gallas.« Dem Illo scheint er an Feldherrngaben bedeutend überlegen gewesen zu sein; dafür spricht unter andern der Tag von Nördlingen, wo er den rechten Flügel der Kaiserlichen zum Siege führte und zuerst den Zauber brach, der bis dahin die schwedischen Waffen begleitet hatte. Er besaß wirkliche militärische Talente und bewies sie mehrfach, wie gegen Bernhard von Weimar so gegen Turenne; aber rohe Taten, Mord und Brand, verdunkelten seinen Stern, und schon 1630, nachdem er Rügen verwüstet und der Stadt Pasewalk das Schicksal Magdeburgs bereitet hatte, nannte man seinen Namen, wie den Namen Tillys, mit Angst und Grauen. Bekanntlich sind die Parteiberichte aus jener Zeit mit großer Vorsicht aufzunehmen, aber es scheint doch richtig, daß er den Namen des »wilden Götz« nicht ohne Grund führte. In der Schlacht bei Jankau in Böhmen, die die Kaiserlichen 1645 gegen Torstenson verloren, ward Götz durch eine Falkonettkugel getötet, der einzige von den genannten sechs brandenburgischen Kriegsobersten, der in offener Feldschlacht fiel. Er wurde zu Prag begraben. In Böhmen aber hat sich bis diesen Tag die sprüchwörtliche Redensart für gescheiterte Unternehmungen erhalten: »Der hat so viel ausgerichtet wie Götz bei Jankau.«

Wir wenden uns nun *Sparr* und *Görtzke* zu. Beide, wiewohl der erstere seine Kriegsschule bei den Kaiserlichen, der andere von Anfang an bei den Schweden durchmachte, haben, wie die Nachbarschaft der beiden Güter, auf denen sie geboren wurden, so auch das miteinander gemein, daß der Dreißigjährige Krieg eigentlich nur *Schule* für sie war und daß die Zeit ihres Ruhms und ihrer Bedeutung für die Mark bei dem einen zwanzig, bei dem andern sogar vierzig Jahre später fällt als die Zeit Gustav Adolfs. Als dieser die Marken betrat, waren beide kaum dreißig Jahre alt, und Sparr machte die Schlacht bei Lützen als kaiserlicher Oberst, Görtzke dieselbe Schlacht als Adjutant des Schwedenkönigs mit. Dennoch ist hier der Platz, ihrer als hervorragender Männer jener Epoche zu gedenken.

Die Bedeutung *Sparrs* ist nicht leicht zu überschätzen. Im Jahr 1651 trat er aus kaiserlichem Dienst in den Dienst seines eigentlichen Landesherrn über, war einer der Organisatoren einer brandenburgischen Armee (ein Ding, das bis dahin nicht existiert hatte) und entschied wenige Jahre später durch einen glänzenden, klug berechneten Angriff die dreitägige Schlacht bei Warschau. Dies war der *erste* Sieg Brandenburgs. An Sparrs Namen und Auftreten knüpft sich überhaupt all das Interesse, das wir immer da empfinden, wo wir einem Neuen, einem eben Gewordenen begegnen, all das Interesse, das wir empfinden, wo einer als *erster* etwas *tut* oder auch nur als erster etwas *wird*. All solchen Personen haftet etwas von dem Reiz an, mit dem wir völlig berechtigt auf Erfinder und Entdecker blicken. Sparr stand an der Spitze eines ersten brandenburgischen Heeres und war der erste, der diese Armee zum Siege führte; er war der erste brandenburgische Feldmarschall, der erste, der ein Held und Liebling des Volkes wurde, der erste, dessen sich Sage und Poesie bemächtigten, der erste, der sich Güter und Vermögen durch glänzende, treu geleistete Kriegsdienste erwarb, und der erste (und, so Gott will, auch der letzte), der dennoch in Armut und Bedrängnis starb, weil er in frommer Verschwendung sein Vermögen an Kirchen und Stiftungen hingegeben hatte. Nach den Zerstörungsgreueln des Dreißigjährigen Krieges trug er die Sehnsucht im Herzen, Gotteshäuser zu bauen, Glocken und Glasmalereien zu schenken, eine Sehnsucht, die das schönste Licht auf den Charakter des Mannes wirft, der es wie eine Pflicht empfand, *wieder aufzubauen*, nachdem so viel zerstört worden war. Er tat es bis zur Aufopferung seiner selbst.

Die Stadt Berlin namentlich verdankt ihm außerordentlich viel, und zwar ebensoviel seiner Klugheit und Geistesgegenwart wie seinem frommen Eifer. Im Jahr 1660 geriet der Turm der Marienkirche in Brand; die Besorgnis war außerordentlich groß, daß die schöne Kirche selbst ein Raub der Flammen werden möchte; niemand wußte zu helfen, nur Sparr. Er ließ Kanonen auffahren und den Turm in Mittelhöhe so geschickt einschießen, daß die brennende Turmspitze in den steinernen Unterbau des Turmes wie in einen Schlot herabfiel und nun, glimmend und brennend an der Erde liegend, ohne besondere Mühe gelöscht werden konnte. Die Marienkirche verdankt ihm aber noch mehr, und zwar, außer Schenkungen aller Art, auch die Erbauung einer Familiengruft, die, bis diesen Tag noch existierend, den Namen des Sparrschen Erbbegräbnisses führt. Dort ruht er mit seinem Vetter Ernst Georg und andern Mitgliedern der Familie, die sich sämtlich in den Kriegen jener Epoche, zumal in den Türkenkriegen, hervorgetan haben. Der Eingang in die Gruft ist ein kaminartiges Tor, über dem sich ein großes Marmordenkmal erhebt, das jetzt noch in unserer an Skulpturwerken so reichen Hauptstadt einen höchst ehrenvollen Platz einnimmt. Gegenüber diesem Denkmal, an der andern Seite des hohen Chors, befinden sich lebensgroße Bilder verschiedener Sparres, darunter auch das Portrait unseres ersten Feldmarschalls. Er bewohnte in Berlin ein Haus in der Spandauer Straße, das jetzt dem großen Postgebäude mit zugehört, und auf dem dritten Posthofe, von der Königsstraße aus gerechnet, befindet sich zwischen zwei Fenstern des ersten Stockwerks bis diesen Tag ein Medaillonportrait des alten Helden, lorbeerumkränzt und klar erkennbar, wohl so ziemlich das älteste nennenswerte Skulpturwerk, das Berlin besitzt.

Joachim Ernst von Görtzke, dem wir uns jetzt zuwenden, war der jüngste von all den Brandenburgern, auf die wir unser Auge richten. Er war Page bei der brandenburgischen Prinzessin Marie Eleonore, der Schwester des Kurfürsten Georg Wilhelm, und begleitete die Prinzessin nach Stockholm, nachdem ihre Vermählung mit Gustav Adolf stattgefunden hatte. Er trat bald in die schwedische Armee, war bei Lützen als Adjutant an der Seite des Königs und wurde schwer am Schenkel verwundet, so daß er seitdem einen zu kurzen Fuß hatte und eine dicke Holzsohle tragen mußte. Der Dreißigjährige Krieg, den er ohne Schwanken auf seiten Schwedens mitmachte, scheint ihm keine Gelegenheit zu besonderer Auszeichnung gegeben zu haben, wenigstens hören wir erst wieder von ihm um die Mitte des Jahrhunderts, wo er den schwedischen Dienst quittiert, um, ziemlich gleichzeitig mit Sparr und Derfflinger, in die Kriegsdienste seines eigentlichen Landesherren einzutreten. Wir begegnen ihm von da ab beständig neben Derfflinger oder unter dem Oberkommando desselben. Bei Fehrbellin war er, neben Froben, Derfflinger und dem Prinzen von Hessen-Homburg, unter den besondern Helden des Tages, und wie der Bauernsohn, der schlichte Oberst Hennig, sich an jenem Tage den adeligen Namen Hennig von Treffenfeld eroberte, so eroberte sich unser Görtzke den stolzen Namen eines *Paladins.* So nannte ihn der Kurfürst seit jenem Tage. Er stand bei seinem Kriegsherrn in hoher Gunst, und sowohl diese Gunst wie eine begüterte Frau, die er nahm, machten ihn zu einem reichen Manne. Er starb auch reich, denn mehr prosaisch tüchtig als tief und schwärmerisch, verfiel er nicht in die fromme Verschwendung, in die hochherzigen Fehler, die den alten Sparr, diese, nach Art der alten deutschen Kaiser, völlig aufs Ideal gerichtete Natur, an den Bettelstab gebracht hatten. Görtzke war praktischen Sinnes, baute zerstörte Dörfer wieder auf, aber es genügte ihm, die Lehmhütten vertriebener Bauern neu entstehen zu sehen, und eine Reihe warmer Strohdächer labten sein Auge mehr als der Anblick hoher Chorfenster, die *Sparrs* Freude waren, wenn ihre satten Farben ein gedämpftes Licht in das Kirchenschiff und auf die Köpfe frommer Beter warfen.

Görtzke war noch gut brandenburgisch aus der alten Schule, und der Sinn für die Künste war ihm noch nicht aufgegangen. Folgender kleiner Zug mag zeigen, wie er über Kunst und Künstler dachte. In seinen letzten Lebensjahren (er lebte zu Friedersdorf im Lande Lebus, einem jetzt von der Marwitzschen Gute) beschloß er, sich malen zu lassen, und zwar überlebensgroß. Der Maler, mutmaßlich ein strenger Realist, blickte mit Vergnügen auf den charakteristisch verkürzten Fuß des alten Generallieutenants und malte ihn derart, daß, neben dem langen Haar und dem weißen Spitzenkragen, die dicke, fünf Zoll hohe Sohle des kurzen Fußes vorzugsweise in die Augen fallen mußte. Was Kunstrichtung war, nahm aber der alte Görtzke für persönliche Beleidigung, für groben Hinweis auf sein Gebrechen, und jagte den Maler zum Hause hinaus. Noch empfindlicher vielleicht bestrafte er ihn dadurch, daß er das Bild behielt, aber die Bezahlung verweigerte. Da haben es die heutigen Portraitmaler besser. Das Bild hängt noch in der großen Halle des Friedersdorfer Schlosses.

Im Leben Görtzkes ist noch das ein hübsches Spiel des Zufalls, daß sein Vater die in der Nähe der Rüdersdorfer Kalkberge gelegenen Güter Fredersdorf und Bollersdorf besaß, in deren letztgenanntem (in Bollersdorf) er geboren wurde. Beide Güter gingen ihm und der Familie während des Dreißigjährigen Kriegs verloren. Die Güter, die er dann vierzig oder fünfzig Jahre später durch Kauf und Erbschaft in seinen Besitz brachte, waren zwar nicht dieselben, führten aber, mit leiser Variation, dieselben Namen, nämlich Friedersdorf und Bollensdorf, ein Umstand, der in den Biographien, die über ihn existieren, zu unendlichen Verwirrungen Veranlassung gegeben hat.

Die beiden letzten aus der Reihe der hier genannten Brandenburger gehören jener Epoche in eminentem Sinne an und stehen als Feldherrn, der eine auch als Politiker und Diplomat, in allererster Reihe. Es sind dies Feldmarschall *Hans Georg von Arnim* und *Feldmarschall Königsmarck.*

Hans Georg von *Arnim* ist neben Wallenstein – natürlich König Gustav Adolf, den Kurfürsten Maximilian von Bayern und Bernhard von Weimar ausgenommen – vielleicht die hervorragendste Erscheinung des ganzen Krieges, und wenn er neben Tilly und Pappenheim einerseits, neben Banner, Torstenson und Wrangel andererseits in den Schatten tritt, so beweist das nur den alten Satz, daß in kriegerischen Zeiten dem endgültigen diplomatischen Geschick, der Gedankenarbeit ein sehr kleiner Teil des Ruhmes zufällt, während dem siegreichen Reitersturm eines alten Haudegens alle Völker entgegenjubeln. Es war in der germanischen Welt immer so und wird mußmaßlich so bleiben. Feldmarschall Arnim war ein zu feiner Kopf, um es zu eigentlicher Popularität bringen zu können.

Hans Georg von Arnim wurde 1581 auf Schloß Boitzenburg geboren. Er trat verhältnismäßig spät in Kriegsdienste, nämlich erst 1611, und verdiente sich seine Sporen unter dem damals noch jugendlichen Gustav Adolf. Von da ab stand er, kürzere Zwischenräume abgerechnet, dreißig Jahre lang im Felde, und in dieser langen Kriegstätigkeit unterscheiden wir vier ganz verschiedene Epochen: 1. sein Dienen im schwedischen Heere *unter* und *für* Gustav Adolf, 2. sein Dienen im kaiserlichen Heere* *gegen* Gustav Adolf, 3. sein Dienen im sächsischen Heere *gegen den Kaiser* und 4. sein Dienen im sächsischen Heere *gegen die Schweden.*

Die beiden ersten Dienstzeiten, erst schwedisch, dann kaiserlich, fallen in die Zeit vor dem Erscheinen Gustav Adolfs in Deutschland und sind ohne Belang, wenn man nicht etwa darauf Gewicht legen will, daß Arnim es war, der 1629, im Reiterscharmützel bei Stum in Polen, den König Gustav Adolf zurückwarf und dem kaum der Gefangenschaft entgangenen König die bekannt gewordenen Worte abnötigte: „Das waren also kaiserliche Reiter; ich muß bekennen, nie heißer gebadet zu haben."

Auch die *vierte* und letzte Epoche Arnims, wo er als sächsischer und zugleich als kaiserlicher Feldmarschall ins Feld rückt, um sich an Schweden, wegen langer und schwerer Unbill, zu rächen,** ist insoweit bedeutungslos, als der Tod sich ins Mittel legte und ihn eher abrief, als Entschiedenes

* In diese Zeit (er war damals, 1627, *Oberst*) fällt seine ausgesprochene Vertrauensstellung zu Wallenstein. Im Archive zu Boitzenburg befinden sich noch siebzig eigenhändige Briefe des »Friedländers« aus dieser und der nächstfolgenden Zeit, die, anderer Aufschlüsse zu geschweigen, das besondere Vertrauen Wallensteins zu Arnim klar darlegen.

** Oxenstiern, mit oder ohne Grund, von dem Verdacht gegen Arnim erfüllt, daß dieser, damals — außer Dienst — auf seinem Schlosse Boitzenburg, nach andern in der Stadt Wittstock lebend, damit umgehe, die *Dänen* zu einem Kriege gegen Schweden aufzuwiegeln, ließ ihn durch ein schwedisches Kommando überfallen und nach Stockholm in festen Gewahrsam bringen. Er saß hier anderthalb Jahre und befreite sich endlich selbst mit ebensoviel Mut wie Geschick. Er hatte sich vorher eine Feile, Stricke, einen Degen und zwei Pässe verschafft, die letzteren für zwei Diener, die er vorgab nach Deutschland zurückschicken zu wollen. In einer Nacht, als, zu Begehung eines Festes, auf dem Schlosse übermäßig gezecht wurde, durchsägte er die Eisenstäbe, ließ sich an einer Strickleiter herab und bewerkstelligte, als Diener verkleidet und natürlich nur von *einem* Diener begleitet, seine Flucht.

geschehen war; aber wie wenig Gewicht wir auf den Anfang und das Ende seiner kriegerischen Laufbahn legen mögen, vom höchsten Belang ist die *dritte* Epoche von 1631 und 35, wo wir ihn als Oberstkommandierenden der sächsischen Truppen, als Verbündeten der *Schweden* sehen. Die Schlachten, die er in dieser Zeit geschlagen (worunter wenigstens eine, die er *selbständig* schlug und glänzend gewann), die Provinzen und Städte, die er im Fluge fortnahm, alles ist von verhältnismäßig untergeordneter Wichtigkeit; seine Bedeutung für diese Epoche ist keine militärische, sondern eine *diplomatisch-politische*, und es ist höchst wahrscheinlich, um nicht zu sagen gewiß, daß er aus Liebe zum Vaterlande auf entschiedenere Siege und glänzenderen Kriegsruhm patriotischen Herzens verzichtete. Das Bündnis, das Kurbrandenburg und Kursachsen mit Schweden geschlossen, hatte ebensoviel vom Zwang wie von Freiwilligkeit, und die Empfindung, mit der man die Schweden im Lande sah, hielt genau die Mitte zwischen Liebe und Haß, zwischen Freude und Furcht. Die Schweden waren willkommen als *Protestanten*, sie waren höchst unwillkommen als *Schweden*; als Protestanten waren sie Glaubensschutz, als Schweden waren sie Landesgefahr. So schwankten damals die Empfindungen in den protestantischen Ländern Norddeutschlands, und die Politik, die Sachsen und Brandenburg verfolgen mußten, konnte kaum eine andere sein als *die*, den Kaiser durch die Schweden und die Schweden durch den Kaiser im Schach zu halten. Der Sieg der einen Partei wie der andern war gleich unbequem, gleich gefährlich. Der Macher und Durchführer, wenn nicht auch der Urheber dieser Politik, der man Weisheit und hohe Vaterlandsliebe nicht absprechen wird, war *Arnim.* Er stand auf schwedischer Seite und unterhielt doch die intimsten Beziehungen zu Wallenstein und den Kaiserlichen, und trotz dieser Beziehungen zu Wallenstein und den Kaiserlichen schlug er doch ebendiese Kaiserlichen mehrfach im Dienst und Interesse Schwedens. Wie die ganze Politik eine zweideutige war, so mußte es, bis zu einem gewissen Grade, auch der Mann werden, der sich zum vorzüglichsten Träger dieser Politik machte; aber wir dürfen, nach allem, was wir sonst über Arnim wissen, mit ziemlicher Bestimmtheit annehmen, daß er, durchaus abgeneigt einem hohlen Intrigenspiel, seine Person drangab im Dienst der Sache. Es ist ein schöner Zug in der Menschennatur, daß sie, wo sie lieben soll, klar Spiel verlangt, aber in Zeiten wie jene – und wir haben ähnliche erlebt – bleibt das Wort Piccolominis ewig wahr:

– Es ist nicht immer möglich,
Im Leben sich so kinderrein zu halten,
Wie's uns die Stimme lehrt im Innersten.
In steter Notwehr gegen arge List
Bleibt auch das redliche Gemüt nicht wahr.

Nicht um seiner selbst, um großer und allgemeiner Güter willen handelte Arnim im Einklang mit der Wahrheit dieses Satzes. Was er wollte, war ja im wesentlichen auch das, was endlich als Resultat endloser Kämpfe errungen wurde: *Unabhängigkeit* des protestantischen Norddeutschlands, *religiöse* Unabhängigkeit von Österreich, *politische* Unabhängigkeit von Schweden. Unter allen Brandenburgern jener Epoche haben wir mutmaßlich auf *ihn* am stolzesten zu sein. Hans Georg von Arnim war eine *geistige* Kraft und überragte seine Landsleute. Wir sehen in ihm die Zusammenfassung aller der hohen Gaben, die seitdem, durch zwei Jahrhunderte hin, diese Familie in Krieg und Frieden ausgezeichnet haben: Glaubenstreue und Vaterlandsliebe, Mut und militärisches Geschick, Sinn für die Kunst und vor allem jenes Auge, um verwirrte Fragen zu durchdringen, und jene moralische Festigkeit, um den aufgefundenen Weg fest und unbeirrt zu verfolgen.

Es bleibt uns noch Graf *Königsmarck* übrig, der erste in jener Reihe von Königsmarcks, die durch drei Generationen, vom Anfang bis zum Ende des 17. Jahrhunderts, die Welt mit ihrem Kriegsruhm füllten. Unser Königsmarck war der Großvater jener berühmten *Aurora*, die, wenn sie den goldenen Apfel über den Rasengrund hinrollte, die entzückten Zuschauer des Hofes ausrufen machte: »Atalante!«, und war auch der Großvater jenes Philipp Christoph, der in den dunkeln Gängen des Schlosses zu Hannover, ein Opfer schnöder Rache und Eifersucht, unter gedungenen Mörderhänden fiel; vor allem war er *er selbst*, vielleicht nicht die glänzendste Erscheinung unter den Königsmarcks jener

Epoche, vielleicht auch nicht der größte an kriegerischem Genie, aber jedenfalls der gewichtigste, dem, halb durch Verdienst, halb durch glückliches Ohngefähr, das Los zufiel, die letzten Waffengänge des Dreißigjährigen Krieges glücklich zu führen und dadurch dem Protestantismus zu dem bescheidenen Siege endlicher *Anerkennung* zu verhelfen. Den Gang seines früheren Lebens aber suche ich in wenig Strichen zu zeichnen.

Hans Christoph Graf von Königsmarck wurde im Jahr 1600 auf dem väterlichen Schlosse Kötzlin in der Prignitz geboren. Erst Page am braunschweigschen Hofe, trat er bald in kaiserlichen Dienst und focht mit Auszeichnung in Italien, bis die wachsende Macht Österreichs und der sichtlich niedergeworfene Protestantismus ihn aus dem kaiserlichen Dienst treten ließ. Er zog sich, in seinem Gewissen dazu getrieben, in sein stilles Prignitzdorf zurück, denn unter all den brandenburgischen Kriegsobersten jener Epoche war und blieb er der einzige, der das eigentliche Ziel dieses Krieges nie aus dem Auge verlor, und selbst in den Jahren der Entartung, wo die politische, um nicht zu sagen die räuberische Seite des Kampfes die eigentliche Ursache desselben fast vergessen gemacht hatte, selbst in jener Epoche der Entartung war und blieb dieser Kampf dem Grafen Königsmarck ein Glaubenskampf, ein Kampf um die Existenz des Protestantismus, und im Einklang mit dieser Anschauung nahm er von Anfang an, gewissenhaft und von Einflüsterungen unbeirrt, seinen Stand. Illo, Götz, Sparr, geborene Protestanten, standen nichtsdestoweniger auf katholisch-kaiserlicher Seite, die Macht der Fahne, vielleicht auch ein Rest Vasallentreue waren stärker als die Macht des Glaubens; Görtzke focht auf schwedischer Seite, aber die Glaubensseite des Kampfes schierte ihn wenig; Arnim endlich war strenger und bewußter Protestant wie Königsmarck, aber der Politiker warf ein Gegengewicht in die Waage, und klugen Sinnes weigerte er sich, die Parität des Protestantismus mit der Zerstückelung und politischen Schwächung Deutschlands zu erkaufen. Graf Königsmarck, im Gegensatz zu ihnen allen, war *nur* Protestant und ordnete dem Siege dessen, was ihm Gewissenssache war, jede andere Rücksicht unter. In dieser Gesinnung hielt er aus von Anfang bis Ende. Bald nachdem

Gustav Adolf den Boden der Mark betreten hatte, trat er in schwedischen Dienst. Als Obristwachtmeister focht er bei Lützen, stieg von Stufe zu Stufe, führte in der zweiten Schlacht bei Leipzig (unter Torstenson) den schwedischen rechten Flügel, hatte die Ehre des ersten Angriffs und entschied den Tag.

Aber erst in das letzte, das dreißigste Kriegsjahr des großen Kampfes fällt seine eigentliche Bedeutung. Königsmarck stand damals mit einem kleinen Heeresrest in Hessen und Westfalen, also in unmittelbarer Nähe von *Münster und Osnabrück*, wo seit Jahr und Tag endlos hin und her beraten wurde und das erlösende Friedenswort nicht gefunden werden konnte. Je größer die Zänkereien der Protestanten und je zahlreicher die einzelnen kleinen Vorteile wurden, die gerade damals von kaiserlichen Generalen erfochten worden waren, desto höher spannten die kaiserlichen Kongreßgesandten ihre Forderungen, und der Krieg hätte schimpflich geendet, wenn Königsmarck nicht gewesen wäre. Gerade in dieser allerkritischsten Zeit, mit geringen Streitkräften, reihte er Sieg an Sieg, und wenn keiner auch hervorragend genug war, um eine *rasche* Entscheidung zu bringen, so war andererseits doch sehr wohl wahrzunehmen, wie nach jedem Eintreffen eines Königsmarckschen Boten die kaiserlichen Kongreßgesandten milder in ihren Forderungen wurden. Endlich wandte sich Königsmarck nach Böhmen, eroberte die Kleinseite von Prag und beschoß die Altstadt; *das entschied.* Der Friede war geschlossen, die Sache des Protestantismus gerettet. An derselben Stelle, wo der Dreißigjährige Krieg seinen Anfang genommen hatte, endigte er, und *er*, dessen Sieg den Frieden brachte und die Sache der Glaubensfreiheit endlich sicherstellte, war, deutungsreich, der einzige vielleicht unter allen Feldherrn jener Epoche, der ohne Wanken und Schwanken der idealen Seite des Kampfes, dem Protestantismus und *nur* ihm, gedient hatte.

Illo, Götz, Sparr, Görtzke, Arnim, Königsmarck, das waren die sechs Brandenburger, die sich auf den Schlachtfeldern jener Epoche, hüben und drüben, umhertummelten; Männer, deren Namen in den Jahrbüchern unserer Geschichte zum Teil viel glänzender dastehen würden, wenn wir damals überhaupt eine eigene, eine selbständige Geschichte gehabt hätten und für die Kräfte des Landes die Möglichkeit dagewesen wäre, mit Liebe und Vertrauen im Dienst der engeren Heimat zu stehen. So aber kommen ihre Taten zunächst und unmittelbar für uns zu keiner Gesamtwirkung, und wir sehen bei Nennung dieser und anderer Namen nicht eine lange Reihe zusammenhängender, *einem* Lande und *einer* Sache zugute kommender Siege an uns vorüberziehen, wie doch geschieht, wenn wir die Namen Gustav Adolf und Banner, Torstenson und Wrangel, wie die Überschriften einer Epopöe, an uns vorüberklingen hören. Brandenburg damals war wie Triebsand, den die wechselnden Fluten auch an wechselnde Küsten warfen, und alles, was einen Drang hatte, *fest* zu stehen, das stellte sich nicht auf den Triebsand, sondern auf die Küste hüben und drüben.

So müssen wir uns die Siege unserer Brandenburger von damals in verschiedenen Lagern zusammensuchen, müssen umständlich addieren und subtrahieren, um überhaupt zu einem Resultat zu kommen. Wollen wir aber die Mühe eines solchen Exempels nicht scheuen, um auf dem langsamen Wege der Berechnung an Herz und Phantasie heranzukommen, so werden wir in unserem Herzen plötzlich von der Wahrnehmung überrascht werden, daß die Mark Brandenburg, oder wenigstens der Adel der Mark, vielleicht zu keiner Zeit glänzender, militärisch hervorragender auf den Schlachtfeldern Europas aufgetreten ist als im Laufe des 17. Jahrhunderts. Die hier genannten Namen bilden ohnehin nur einen mäßigen Bruchteil, zumal wenn wir die Türkenkämpfe gegen Ausgang des Jahrhunderts mit in Rechnung bringen, und wir dürfen uns der Wahrnehmung nicht verschließen, daß die *märkischen* Familien während der beiden späteren großen Epochen unserer Geschichte, also während der Zeit der drei Schlesischen und während der Napoleonischen Kriege, ein weit geringeres Kontingent an berühmt gewordenen Namen* gestellt haben.

* Auffallend ist auch das, daß selbst diejenigen Familien, die von Jahrhundert zu Jahrhundert blühend fortgelebt haben, fast in keinem einzigen Falle *zweimal* auf der politisch-militärischen Bühne des Landes ruhmreich oder als Träger einer besondern Popularität aufgetreten sind. Unter dem Großen Kurfürsten die oben genannten sechs Namen; unter dem großen König: Schwerin, Dessau, Zieten, Seydlitz, Winterfeldt etc.; unter Friedrich Wilhelm III.: Blücher, Scharnhorst, Gneisenau (alle drei keine geborenen Preußen), Yorck, Bülow, Schill, Lützow etc.

Die politische Rolle, die die Mark als ein Ganzes während des Dreißigjährigen Krieges spielte, war eine ruhmlose, aber die einzelnen, denen sich heut unsere Aufmerksamkeit zugewendet, legten ein gutes Fundament für den preußisch-brandenburgischen Kriegsruhm und für das Gedeihen des Landes überhaupt. Denn es geht durch das Leben aller Völker wie ein Gesetz hindurch, daß überall da, wo Tüchtiges und Dauerbares sich bilden soll, der Stamm oder der Staat, der in die Geschichte eintritt, zunächst seine physische Kraft beweisen und mit ausgestreckter Faust sich Respekt verschaffen muß. Alles andere findet sich nachher, die Kraft aber ist erste Bedingung des Lebens.

Das Fundament lag da; die es legten, ahnten nicht, daß es ein solches sein werde, noch weniger ahnten sie, daß ihnen zur Seite bereits der Mann stand (damals noch ein Kind), der berufen war, auf diesem Fundamente ein glänzendes Gebäude aufzuführen. In dem eingeschüchterten Kurprinzen, den die Kriegswirren aus einer Provinz des Landes in die andere trieben, ahnte niemand den »Großen Kurfürsten« der Zukunft. Und doch war er es. Wenn die Devise seines Vaters geheißen hatte: »Niemand ist verpflichtet, ein großer Mann zu sein«, so hieß die seine von Anfang an: »*Ich* fühle diese Pflicht.« Und als kaum ein halbes Jahrhundert später dieser wunderbare Mann vom Schauplatz abtrat, was alles war da aus dem Lande geworden, das er in jeder Beziehung als eine *Wüste* empfangen hatte!

Unsere Geschichte hatte ihren Anfang genommen; auf den ersten Blättern standen die Namen Warschau und Fehrbellin, und die Künste folgten in freier Huldigung dem neuen Siegesglanze nach. Ein geistiges Leben war erwacht, Brandenburg war der Schauplatz kirchlicher Kämpfe und doch zugleich der Schauplatz kirchlicher Duldung geworden. Französische Refugiés hatten eine Zufluchtsstätte gefunden, und ihre Sitte, ihr Kunstfleiß begannen, der alten Mark plötzlich ein neues Ansehen, ein helleres Licht zu geben, als habe das dunkle alte Tannenland über Nacht sein Kleid gewechselt. Brandenburgische Schiffe fuhren auf hohem Meer, Simon Dach, der Dichter des schönen Liedes »Ännchen von Tharau«, kam als gekrönter Dichter an den Hof, und Canitz, der Poet, dichtete, fast vor den Toren Berlins, in der Zurückgezogenheit des schönen Blumberg seine ersten Lieder. Das Zeughaus, Schlüters geniale Schöpfung, stieg empor, und die Orgelklänge des älteren Bach fanden ein geneigtes und hier und da ein verständnisvolles Ohr. *Ein* Mann hatte das alles gewirkt und geschaffen. Aber daß er es konnte, dazu hatten die voraufgegangenen Taten derer mitgewirkt, die den schöpferischen Fürsten mit Vertrauen zu dem Material, zu dem kernigen Rohstoff des Landes erfüllt hatten.

Die alte Mark Brandenburg, wie das Jahr 1630 sie gesehen hatte, versank mehr und mehr, und ein Land neuer Sitte und Gesittung stieg herauf. Wir leben in seinem Licht; freuen wir uns des vollen Segens, aber bewahren wir die Namen derer in unserem Gedächtnis, die bewußt oder unbewußt die Fundamente legten, auf denen der neue Bau glänzend emporsteigen konnte!

SANKT JOHANNISTAG
IN SONNENBURG

Sonnenburg, 24. Juni [1862]

Die Feierlichkeit des Ritterschlags und der Investitur der Rechtsritter der evangelischen Johanniter-Ordens-Ballei Brandenburg pflegt seit einigen Jahren in dem alten Sonnenburg, einem kleinen Städtchen im »Lande über der Oder«, wo seit Jahrhunderten die Residenz des Herrenmeisters und der Sitz der ehemaligen Ordensregierung war, mit großer Würde begangen zu werden. Tausende, namentlich Landleute aus dem benachbarten Warthe- und Oderbruch, waren in die alte Ordensstadt gekommen, um den Feierlichkeiten beiwohnen oder doch von dem Festzuge (aus dem Herrenmeisterschloß in die Kirche) soviel wie möglich sehen zu können. Sonnenburg selbst hatte sein Bestes getan, Eichenlaubgirlanden zogen sich über die Straßen hin und an den Häusern entlang, und das achtspitzige Johanniterkreuz hing in einem Eichenkranz über jeder Haustür. Der Charakter, den die kleine Stadt durch diesen Festtagsschmuck einerseits und durch die Anwesenheit so vieler Landleute gewann, war ein doppelter: halb Einholung, halb Jahrmarkt; halb Ordensfest, halb Volksfest. Vielleicht ist diese Vereinigung von scheinbar Widerstrebendem ein Glück, ein Vorzug; ein Fest kann nicht leicht zuviel von Volkeszutat haben, und die wiedererstandene Ballei Brandenburg hat es sicherlich als ein gutes Zeichen anzusehen, daß das Volk, wenn auch zunächst nur an der Szenerie, am Schauspiel Interesse nimmt. Ein Weiteres findet sich.

Der Orden besitzt zur Zeit in Sonnenburg: ein Schloß, eine Kirche (auch Stadtkirche), ein Regierungsgebäude, das die Inschrift führt: »St. Johannis-Malteser-Ordens-Regierung und Magistrat«, und ein Krankenhaus. Das Schloß, ein einfaches Corps de logis mit zwei Risaliten, erinnert an das Köpenicker Schloß, ist aber viel schmuckloser, ja hat von allem Schmuck so wenig, daß es beinahe den Eindruck der Kahlheit macht. Zwei Wappen und zwei Johanniterkreuze an Balkon und Tür sind zuwenig für eine so große Frontfläche;

auch fehlen Bäume, die ja sonst so trefflich wirken, wo's gilt, kahle Fläche zu verstecken. Die Kirche überraschte mich. Ich glaubte, einem ganz modernen Bau zu begegnen: der Turm, die nüchternen Weißglasfenster und die gelbe Tünche (zu der sich selbst Schinkel, in mir unerklärlicher Weise, bei Kirchenbauten gelegentlich hat verleiten lassen) sprachen dafür. Im Innern aber wurde ich durch schwere alte Pfeiler und eine gotisch gewölbte Decke überrascht. Ich habe kein Buch zur Hand und kann darüber nicht nachlesen; ich hatte geglaubt, daß die Kirche vor hundert oder zweihundert Jahren ganz eingeäschert worden sei.

Dies vorläufig über die Kirche, in die wir im übrigen noch nicht eingetreten sind. Wir verweilen vielmehr noch draußen unter den Warthebrüchern, die sich auf dem Raume zwischen Schloß und Kirche auf und ab bewegen und begierig sind, den durchlauchtigsten und hochwürdigsten Herrenmeister im Portal des Schlosses erscheinen zu sehen. Das Leben und Treiben der Leute hier zu beobachten ist sehr interessant, ebenso ist die Szenerie gefällig. Die Fischer haben nämlich wie eine Art Auffahrt zum Schloß ihre Netze aufgestellt, die sich zwischen bewimpelten Mastbäumen ausspannen. Etwas höher Eichengirlanden, und zwar so, daß zwischen der Girlande und dem Netz ein zwei bis drei Fuß breiter offener Raum bleibt. Hier schwanken Blumenkörbe, meist aus Vergißmeinnicht und Feuerlilien zusammengesetzt, was sich sehr hübsch macht. Auch ihren Reim haben die Fischer angebracht, und in einer Art Tonnenreifen lesen wir:

Als hier vor mehr denn hundert Jahr
Sich niederließ der Ritter Schar,
Da tönte schon mit voller Lust
Ein Vivat aus der Fischer Brust!

Gut gemeint! Neugierige stehen umher und lesen; die Jugend aber spielt Anschlag, mit großen Stücken Besingkuchen in der Hand, der, wie es scheint, als eigentlichster Festkuchen unter allen Bäumen feilgeboten wird.

Nun endlich Glockenläuten, und der Festzug erscheint, um sich in die Kirche zu begeben. Der Feldmarschall Wrangel trägt als Ordenshauptmann das Ordensschwert, er trägt es leicht und jovialisch, was ich eigens bemerke, da ich, als ich vor Jahren Lord Palmerston das englische Reichsschwert tragen sah, den Gedanken nicht unterdrücken konnte: er trägt es renommistisch. Ich weiß, daß andere dieselbe Empfindung gehabt haben. Auch so was verlangt seinen Mann und seine Natur. Die Feierlichkeit selbst war erhebend und machte einen höchst würdigen Eindruck: zum Teil schöne Männer in der reichen und geschmackvollen Ordenskleidung, Orgelklang, Posaunen, ein guter Chorgesang (von Sonnenburger Damen; sehr brav), dazu die würdevoll graziöse Art Seiner Königlichen Hoheit des durchlauchtigsten und hochwürdigsten Herrenmeisters selbst – das alles mußte einen guten Effekt hervorrufen. Sonst verliefen die Feierlichkeiten ganz in der Ihnen bekannten schönen und altherkömmlichen Weise. Anstoß habe ich, um offen zu sein, nur an den *Lokalitäten* genommen. Sie sind in der Tat zu unbedeutend. Ein Orden, zu dem so viele unserer Besten sich bekennen, bedarf eines glanzvolleren Hauses. So, wie's da liegt, ist eine leise Disharmonie nicht zu verkennen. Die Ballei Brandenburg braucht zu ihren Festen entweder ein *altberühmtes* (es sei, wie es sei) oder aber ein *schönes* Haus. Der Tower in London und Holyrood Palace sind gut, schön, edel genug auch für das edelste Fest, denn sie heißen – Tower und Holyrood. Kann man aber nicht über eine glänzend historische Lokalität verfügen, so bedarf es, wenn Übereinstimmung herrschen soll, des Glanzes und der Schönheit.

DENKMAL ALBRECHT THAERS ZU BERLIN

Schon vor einer Reihe von Jahren, und zwar auf den jährlichen Versammlungen der deutschen Forst- und Landwirte, wurde der Gedanke angeregt, den Verdiensten Thaers um die wissenschaftliche Begründung und Ausbildung der Landwirtschaft ein Denkmal zu setzen. Ein solches Denkmal kam auch wirklich zustande und wurde ihm zu *Leipzig* errichtet.

Dieser Leipziger Denkstein konnte jedoch die Verpflichtung *Preußens* nicht lösen, dem Manne, welcher in seiner besten Kraft *für* und *in* Preußen mit voller Hingebung gewirkt hatte, in der Hauptstadt ein würdiges Standbild aufzurichten, welches die verehrten Züge der Nachwelt erhalte.

Im Jahre 1843 begann der damalige Präsident des Landesökonomiekollegiums, Herr von Beckedorff, die Ausführung des Unternehmens zunächst durch Sammlung der erforderlichen Mittel, worin er nicht nur durch die landwirtschaftlichen Vereine des Landes, sondern auch durch die Ministerien (besonders durch das landwirtschaftliche Ministerium seit seiner Errichtung) und die obern Provinzialbehörden auf das willigste und wirksamste unterstützt wurde. Indessen traten manche ungünstige Zeitverhältnisse dem Vorhaben entgegen, so daß es erst im Jahre 1854 wieder aufgenommen werden konnte. Kränklichkeit veranlaßte den Präsidenten von Beckedorff, im Jahre 1856 aus seiner Tätigkeit zu scheiden; seinen Zweck jedoch nicht aus den Augen verlierend, beredete er zunächst die Modellierung der Statue mit dem Bildhauer Professor Rauch und legte dann die Fortführung der Angelegenheit in die Hände eines Comités, bestehend aus den Herren von Meding, Graf Itzenplitz, Koppe und von Olfers, an dessen Verhandlungen er bis zu seinem Lebensende, der übernommenen Verpflichtung zu genügen, fortwährend den lebhaftesten Anteil nahm.

Da inzwischen, nach vielfachen anderen Vorschlägen und Erörterungen, Seine Majestät König Friedrich Wilhelm IV. bestimmt hatte, daß die Statue Thaers neben dem Standbilde Beuths seine Aufstellung auf dem Platze vor der Bauakademie finden sollte, so mußten dieselben Verhältnisse für die Maße des Denkmals, welche für letzteres (wenngleich später errichtet) schon feststanden, angenommen werden, was ohne Erhöhung der ursprünglich veranschlagten Summe geschehen konnte. Später wurde von Verehrern Schinkels die Idee aufgefaßt, auch ihm dort ein Standbild zu errichten, und es wurde nun von Seiner Königlichen Hoheit dem damaligen Prinzen-Regenten genehmigt, daß alle drei Statuen nach dem schön entworfenen Plane des Herrn Generalgartendirektors Lenné auf dem Platze der Bauakademie in einem Halbkreise ihre gemeinschaftliche Aufstellung finden sollten.

Das 9½ Fuß hohe Modell der Statue Thaers konnte noch von dem Professor Rauch völlig fertig hergestellt werden; leider war es seine letzte Arbeit, aber von dem Meister mit derselben Kraft, demselben Fleiße und derselben Lebendigkeit durchgeführt wie irgendeine seiner früheren Leistungen. So wird seine Thaer-Statue als redendes Zeugnis von der Größe des Künstlers für alle Zeiten noch ein besonderes Interesse gewähren.

Mit dem Entwurfe des Fußgestelles, welches, 11½ Fuß hoch, in seinen Maßen und Gliederungen dem Fußgestelle der Beuth-Statue ähnlich werden mußte, wurde der Bildhauer Herr Hugo Hagen, welcher bereits an der Ausführung des großen Modells zum Standbilde sehr tätig geholfen hatte, beauftragt. Die Modelle zu diesen Reliefs wurden ebenfalls von dem Herrn Hagen entworfen und ausgeführt. Den Bronzeguß der Statue und der Reliefs lieferte der Kunstgießer Herr Gladenbeck; ziseliert wurde beides von dem Ziseleur Herrn Grünenberg; die Granitarbeit ging aus der Werkstätte des Hofsteinmetzmeisters Herrn Robert Müller hervor.

Endlich im Herbst 1860 waren alle Arbeiten und Vorbereitungen für die Aufstellung soweit gediehen, daß am Montag den 5. November *die Enthüllungsfeierlichkeit des Thaer-Denkmals* auf dem Platze an der Bauakademie stattfinden konnte. Schon vor dem auf zwölf Uhr mittags angesetzten Beginn derselben war der Platz mit den zur Teilnahme an der Feier geladenen Personen – wohl über zwölfhundert – gefüllt. Seine Majestät der König Friedrich Wilhelm IV. war durch schwere Krankheit, Seine Königliche Hoheit der Prinzregent durch einen Todesfall in der königlichen Familie am Erscheinen verhindert. Die Einrichtung war so getroffen, daß unmittelbar neben dem verhüllten und mit vier Masten geschmückten Denkmal die vier Comitémitglieder (von Meding, von Olfers, Graf Itzenplitz, Koppe) standen; ihnen gegenüber befanden sich auf einem Teppich eine Anzahl von Sesseln und Stühlen für die Minister, Generalität, Gesandten und sonstige hohe Beamte. Unter den Erschienenen waren Ihre Exzellenzen der Feldmarschall von Wrangel, der Generalinspekteur der Artillerie, General der Infanterie von Hahn, der Stadtkommandant Generallieutenant von Alvensleben; die Minister von Auerswald, von der Heydt, Simons, von Patow, Graf Pückler, von Bethmann-Hollweg, Graf Schwerin, der Vizeadmiral Schröder (die Minister Freiherr von Schleinitz und Generallieutenant von Roon hatten ihr Ausbleiben, ersterer mit seinem Gesundheitszustande, entschuldigt). An der Seite der Minister befand sich der Sohn des Gefeierten, Landesökonomierat Thaer auf Möglin, wie die Mitglieder der Thaerschen Familie. Für die Damen derselben wie für die Töchter des verewigten Rauch waren Plätze auf einem der Balkone des Hôtel d'Angleterre vorbehalten. An dem Denkmale selbst standen der Bildhauer Hagen, der Ziseleur Grünenberg, der Gießer Gladenbeck und der Steinmetzmeister Robert Müller. Zur andern Seite der Minister hatten die Vertreter des Magistrats und der Stadtverordneten, unter Führung des Oberbürgermeisters, Dr. Krausnick, die Vertreter der Akademie der Wissenschaften (DD. Ehrenberg und Mitscherlich), der Akademie der Künste, der Universität (Dekane DD. Beseler und Braun in ihrer Amtstracht), die Mitglieder des Landesökonomiekollegiums wie die Vertreter der wissenschaftlichen Institute sich aufgestellt. Rechts vom Denkmale, und zwar zunächst oben nach der Bauakademie zu, waren die Plätze für die Vertreter der landwirtschaftlichen Vereine und für die sonstigen Teilnehmer aus den *deutschen* (nichtpreußischen) Staaten, und zwar waren erschienen: ein Vertreter des Königlich *bayerischen* Handelsministeriums, ein Vertreter des Königlich *sächsischen* Ministeriums des Innern (Geheimer Regierungsrat Reuning aus Dresden), der Direktor Schober von der Akademie in *Tharandt* sowie Vertreter von Vereinen resp Lehranstalten aus Wiesbaden, Celle, Hannover, Lüneburg,

Prag, Brünn, Dresden, Chemnitz, Lützschena, Camburg, Eisenach, Köthen, Roßlau und *Kiel.* Auch *Kurland* und *Karlskrona* (Schweden) waren vertreten. Diesen Vertretern reihten sich die Vertreter oder Deputationen der *preußischen* landwirtschaftlichen Vereine, und zwar provinzenweise, wie folgt an: neben den ebengenannten die aus Preußen, diesen zunächst Posen, dann: Pommern, Brandenburg (natürlich in großer Anzahl), Schlesien, Sachsen, Westfalen, Rheinprovinz, hohenzollernsche Lande. Hinter dem Denkmal stand ein Musikcorps, und wiederum hinter letzterem waren im Halbkreise *zweihundert Arbeiter der landwirtschaftlichen Maschinenfabriken* von Beermann, Eckert, Schneitler und Andree mit ihren Fahnen, Emblemen und einem Musikcorps postiert (sie waren mit demselben durch die Stadt zum Festplatze gezogen), während der übrige Raum dem zuschauenden Publikum blieb, das sich zahlreich eingefunden und namentlich auch die Schloßbrücke, Prinzengasse usw. besetzt hatte.

Bald nach zwölf Uhr begann die Feier mit den Klängen des Chorals: »Lobe den Herrn, den mächtigen König der Ehren«. Darauf nahm der Vorsitzende des Comités, Wirklicher Geheimer Rat und Mitglied des Herrenhauses von Meding, Exzellenz, seinen Platz zwischen dem Denkmale und dem mit den Sesseln besetzten Raume und hielt folgende Ansprache:

Hohe Versammlung, verehrte Berufsgenossen! Wir tragen eine alte Schuld der Dankbarkeit ab, indem wir das dem Begründer der wissenschaftlichen Auffassung des Landbaues errichtete Denkmal heute dem gesamten Vaterlande feierlich übergeben. Nicht viele sind mehr übrig von denen, die persönlich an seiner Wirksamkeit teilgenommen haben, aber sein Wirken lebt in reichem Maße unter uns fort. Albrecht Thaer war der Mann der Wissenschaft, aber auch der Mann der Praxis. Schon aus der frühesten Zeit seiner Tätigkeit stammt das Werk, das zu einem verbesserten Betriebe der Landwirtschaft in Deutschland die größte Anregung gegeben hat, die *»Einleitung in die Kenntnis der englischen Landwirtschaft«.* In schon vorgerückten Jahren hat Albrecht Thaer mit eisernem Fleiß sich selbst erst die Kenntnis der edleren Schafzucht erworben und ist dann der Begründer dieses wichtigen Zweiges unseres landwirtschaftlichen Gewerbes geworden. Unter den zahlreichen Wohltaten, welche das preußische Vaterland der gesegneten Regierung Seiner Majestät des Königs Friedrich Wilhelm III., des Weisen und Gerechten, verdankt, ist die Berufung Thaers in die hiesigen Lande wahrlich keine der geringsten gewesen. Preußens Landwirte jeden Standes und Ranges haben ihre Dankbarkeit für diese königliche Wohltat tatsächlich bekundet, indem sie Thaers Wirksamkeit kräftig unterstützt und in seinem Sinne fortgearbeitet haben. Wir haben an Thaers Lehre und Beispiele gelernt, einem oft undankbaren Boden die Schätze zu entlocken, die der allgütige Schöpfer in jeden Boden gelegt hat. Wir wissen aber auch, daß die so gewonnenen materiellen Güter nur dazu dienen sollen, um die höheren Zwecke der Menschheit desto kräftiger zu fördern: felsenfeste Königstreue, echte Vaterlandsliebe und wahre Gottesfurcht, Tugenden, in deren Pflege dem übrigen Vaterlande mit seinem Beispiele voranzuleuchten, es der hohe und edle Beruf des Landbaues ist. Seiner Majestät dem jetzt regierenden König, dessen Leiden der allgütige Gott mildern wolle, verdanken wir die Entscheidung, wonach dem Denkmal seine Stelle auf einem der hervorragendsten Plätze dieser schönen Hauptstadt angewiesen ist. Seine Königliche Hoheit der Prinzregent hat diese Entscheidung zu bestätigen geruht. Neben demselben werden als seine Seitenstücke binnen kurzem die Monumente von Beuth und Schinkel ihre Stelle finden, von Männern, die um den Gewerbfleiß und um die Kunst sich in gleicher Weise verdient gemacht haben wie Thaer um den Landbau. Es ist dies ein schönes Zeugnis, daß das Vaterland die Verdienste seiner Söhne um die Künste des Friedens nicht minder ehrt wie die Helden und Staatsmänner, deren Taten die Regierungen unserer glorreichen Könige unterstützt und verherrlicht haben. Ein das ganze Land in Betrübnis setzender Todesfall beraubt uns heute der persönlichen Gegenwart Seiner Königlichen Hoheit des Prinzen-Regenten und der übrigen Mitglieder des geliebten Herrscherhauses. Seine Königliche Hoheit der Prinzregent, wie nicht weniger Seine Königliche Hoheit der Prinz Friedrich Wilhelm, welcher als Protektor mehrerer landwirtschaftlichen Vereine dem Landbau seine besondere Gnade zuwendet, haben aber Höchstdero besondere Teilnahme an der Feier ausdrücken zu lassen geruht. So sei hiermit dies Denkmal dem gesamten preußischen und deutschen Vaterlande übergeben. Möge es ein Zeugnis bleiben von dem, was das Vaterland seinen erlauchten Königen und Regenten verdankt, und von dem, was es unter deren Führung zu leisten vermag! Möge Thaers Denkmal für Preußen und für Deutschland in allen Folgezeiten zu einem hervorleuchtenden Beispiel gemeinnütziger Tätigkeit dienen!

Auf ein gegebenes Zeichen fiel die Hülle des Standbildes; die ganze Versammlung entblößte das Haupt, und eine dreifache Fanfare ertönte. Demnächst brachte Herr von Meding Seiner Majestät dem König und Seiner Königlichen Hoheit dem Prinzregenten ein dreifaches Hoch, in das die Versammlung einstimmte. Nachdem der dreimalige Tusch der Musiker und die Volkshymne verklungen waren, wandte sich Seine Exzellenz der Minister der landwirtschaftlichen Angelegenheiten, Graf von Pückler, an die Herren des Comités und sprach ihnen im Namen der Landwirte des Vaterlandes den Dank und die Freude für und über das gelungene Unternehmen aus. Die Anwesenden besichtigten nunmehr das Denkmal, und die Feier endete nach 12½ Uhr mit dem Vorbeimarsch der Maschinenarbeiter.

Das Denkmal, wie schon oben angedeutet, besteht aus einer Portraitstatue Thaers und aus acht Reliefbildern (alle vom Bildhauer Hagen herrührend), die an den Seiten des Piedestals angebracht worden sind. Die *oberen* größeren Reliefs stellen in idealer Weise Thaers Leben und Wirken dar, während die *unteren* kleineren Reliefs, dem wirklichen Leben entnommen, das landwirtschaftliche, durch Thaer neu angeregte Leben und ihn inmitten desselben zur Anschauung bringen.

Obere Reliefs

An der *Vorderseite*: *Ceres* sitzend, die Sichel in der Linken, mit der Rechten, die zugleich Ähren faßt, eine Tafel haltend, welche die Widmungsworte trägt:

Albrecht Thaer
geb. 1752 gest. 1828
dem Begruender
des wissenschaftlichen Landbaues
das dankbare Vaterland

Zu ihrer Seite zwei ideale Knabengestalten, die eine mit einem aufgerollten Pergamente, welches die Namen der Landbauschriftsteller des Altertums, Cato, Columella, Virgil, Varro, trägt, die andere mit einer Tafel, auf welcher die wichtigsten *Werke* Thaers verzeichnet sind: *Englische Landwirtschaft. 1798. Ackergeräte. 1803. Annalen. 1805. Grundsätze der rationellen Landwirtschaft. 1810.*

Das *zweite* Relief, zur Rechten, bezieht sich auf den Beginn der Tätigkeit Thaers. Noch der Arzneikunst, der *Hygieia*, vorzugsweise angehörend, welche ihre Hand auf seine Schulter legt, steht er nachdenkend vor der *Sphinx*, dem ewigen Rätsel der Natur und Menschheit; die *Philosophie*, mit erhobener Leuchte vor ihm herwandelnd, eröffnet ihm die neue Bahn.

Das *dritte* Relief, zur Linken, stellt ihn in seiner vollen Wirksamkeit dar, als Lehrer vermittelnd zwischen der *Landwirtschaft*, deren kräftige Gestalt sich auf eine Sense stützt und den Fuß auf eine Garbe setzt, und der *Wissenschaft*, auf deren Schulter er seine Hand legt, während hinter derselben durch die reiche Füllhörner tragende Gestalt das *Gemeinwohl* versinnlicht wird, welches aus dieser Verbindung hervorgeht.

Das *vierte* Relief, an der Hinterseite, der Widmung gegenüber, stellt das erreichte Ziel seines Strebens dar: die blühende *Landwirtschaft* stützt sich auf die ihr zugewendeten Gestalten der *Wissenschaft* und der *Industrie*. Thaer selbst, schon vollendet gedacht, ist als Hermenbüste im Bilde aufgestellt.

Untere Reliefs

An der *Vorderseite*: Der praktische *Unterricht*. Thaer, umgeben von einigen Freunden und Schulern, erklart die Vorzuge einer Schafrace, von welcher ein Widder durch einen Bauernknaben herbeigeführt ist. Den Hintergrund bildet das Gebäude der landwirtschaftlichen Akademie zu Möglin mit seiner Umgebung, der Ort der Hauptwirksamkeit Thaers.

Die *beiden Seitenreliefs* geben rechts eine *Schafwäsche*, links eine *Ernte*. Das *vierte* Relief, an der Rückseite des Denkmals, stellt Thaer in vorgerücktem Alter im Kreise seiner Familie dar, wie er bei seiner *Jubelfeier* von Freunden und Verehrern, unter diesen auch von einer Abordnung des hiesigen Gewerbevereins, begrüßt wird, welche glückwünschend Ehrengeschenke überreichen.

Diese unteren vier Reliefs boten zugleich eine schickliche Gelegenheit, einige der Gönner, Freunde, Gehülfen und Schüler des verdienten Mannes, deren Namen unter den Landwirten des Vaterlandes noch jetzt einen guten Klang haben, in die Darstellung aufzunehmen: ihre Namen sind an dem unteren Rande derselben vermerkt. Es sind im ersten Relief: Frau von Friedland, Einhof, Koppe, von Wulffen, Menzel, der Herzog von Holstein-Beck, von Bülow-Essenrode und der Schäfer Grabert, welcher die erste Herde nach Möglin brachte; im zweiten Relief der Fürst Heinrich LXII. Reuß-Klipphausen; im dritten Relief von Thünen; im vierten Thaer mit seiner *Frau*, dreien seiner Söhne, Albrecht, dem jetzigen Direktor der Akademie zu Möglin, Ernst (leider früh gestorben, ein geistreicher, wohlwollender Arzt) und Georg (ausgezeichneter Landwirt zu Panten in Schlesien) und seinem Schwiegersohn Körte; unter den Begrüßenden: Graf von Itzenplitz, von Bredow-Schwanebeck, Baath, von Arnim-Neuensund, von Eckardtstein-Prötzel, von Treskow-Friedrichsfelde.

Über die *künstlerische* Bedeutung des Denkmals mag es noch gestattet sein, die Worte zu zitieren, die von kompetenter Seite (Professor Wilhelm Lübke, jetzt Professor der Kunstgeschichte in Zürich) darüber geäußert wurden. Diese Worte lauten:

Bei Betrachtung des Thaer-Denkmals haben wir die Statue selbst und die Reliefs vom Postament zu sondern. Das Bildnis Thaers tritt dem Beschauer mit voller charakteristischer Bedeutung entgegen. Die lebhafte Stellung und Gebärde ist bezeichnend gewählt und in glücklicher Natürlichkeit zum

Ausdruck gekommen. Die Haltung des Körpers ist ungezwungen, und der feine Ausdruck des wohlwollenden, liebenswürdigen Kopfes vollendet den Eindruck eines anziehenden Charakterbildes und hat unmittelbar für den Beschauer etwas Gewinnendes. Man begreift sofort, daß es einem Manne gilt, dessen Wirken ein liebevolles, segensreiches für das öffentliche Leben. Unser alter Meister Rauch hat in diesem seinen letzten Werke, ähnlich früheren Heroen seiner Kunst, die volle Frische und Lebendigkeit seiner bildnerischen Begabung betätigt und als glänzendes Siegel auf sein eigenes ruhmvoll beschlossenes Leben gedrückt.

Die Plastik kann in den meisten Fällen, wo es nicht etwa die Darstellung eines Mannes der bloßen äußeren Tat gilt, in der Portraitstatue nur eine Andeutung der besonderen Art geistigen Wirkens geben. Um der individuellen Ausprägung solcher Tätigkeit im Bildwerke gerecht zu werden, bedarf sie der *Reliefschilderung* als Aushülfe. Wir freuen uns, daß am Denkmale Thaers die Ausschmückung des Postaments genügenden Anlaß zu solcher Darstellung geboten hat. Auf vier friesartigen Reliefkompositionen wird von dem Wirken des Gefeierten in den verschiedenen Zweigen seines Berufes ein anschauliches Bild vorgeführt. Diese Reliefs befinden sich am unteren Teile des Postamentes, während über ihnen vier andere Relieftafeln mehr allegorisch-idealen Darstellungen zu seiner Verherrlichung dienen. Der Bildhauer Hagen, der langjährige hingebende Gehülfe Rauchs, zeigt sich in diesen umfassenden Kompositionen als ein Künstler, dem es neben lebendiger Phantasie und glücklicher Gestaltungskraft ebensowenig an dem Sinn für klare, rhythmische Anordnung wie an Talent für naturwahre Lebensfrische des Stiles gebricht. In anziehender Weise hat er dabei die Momente des Landlebens, die sich hier von selbst darboten, künstlerisch aufzufassen und zu gestalten verstanden. Ganz vorzüglich ist in dieser Hinsicht die Darstellung der *Schafwäsche* gelungen. Aber auch den einfacheren Szenen hat der Bildhauer durch seine portraitwahre Charakteristik eine Fülle von Interesse verliehen.

Wir sehen in diesem ganzen Werke die feste Fortsetzung jener durch das langjährige Wirken Rauchs in der Berliner Plastik begründeten Tradition, die man als eine glückliche

Verschmelzung des Idealen und des Natürlichen bezeichnen kann. Auf dieser Höhe des Stiles ist es denn auch möglich, Darstellungen allegorischer Fassung an demselben Monumente mit überwiegend realen Schilderungen aus alltäglichen Lebenskreisen zu verbinden. Nur diesem richtigen Erkennen des wahren Kunstzieles verdankt die Berliner Bildhauerschule den Ruhm, überall da die erste im ganzen Umkreise moderner plastischer Tätigkeit zu sein, wo es sich um lebensvolle und doch erhöhte, das heißt ideale Auffassung historisch bestimmter Persönlichkeiten handelt.

Albrecht Daniel Thaer

Albrecht Daniel Thaer wurde am 14. Mai 1752 zu Celle geboren. Sein Vater, Hofmedicus ebendaselbst, stammte aus *Liebenwerda* in Sachsen; seine Mutter war die Tochter des Landrentmeisters Saffe zu Celle. Seine ersten Studien machte Albrecht Thaer auf dem Gymnasium seiner Vaterstadt, aber er verfuhr dabei in so unregelmäßiger Art und Weise, daß er zum Beispiel (es sind dies seine eigenen Worte) im sechzehnten Jahre französisch und englisch sprechen konnte, aber kein Wort lateinisch verstand. Die Lehrer ließen es eben gehen. Endlich entdeckte er sich dem Rektor des Gymnasiums, nahm Privatstunden und holte in einem einzigen Jahre alles Versäumte so völlig nach, daß er ein Jahr darauf im Stande war, nach Göttingen zur Universität abzugehen. Sein ganzes Wesen damals (im Gegensatz zu seinen reiferen Jahren) war genialisch und exzentrisch; er hatte etwas Wunderkindartiges an Gaben wie an Unarten. Er begann nun mit großem Eifer Medizin zu studieren und schien namentlich bestimmt, in der *Chirurgie* Bedeutendes zu leisten. Er verweilte tagelang, das Seziermesser in der Hand, auf dem anatomischen Saal, sah aber bei der ersten Operation, der er beiwohnte, daß er seltsamerweise wohl zum Anatomen am leblosen, aber nie und nimmer zum Chirurgen am lebendigen Organismus bestimmt sein könne, denn er fiel in Ohnmacht; – eine Erscheinung, die sich wiederholte, sooft er den Versuch machte, die angeborene Scheu zu überwinden. Er wandte sich nun der Pathologie zu, hörte Collegia bei den berühmten Professoren Schröder und Baldinger, die beide ein ganz besonderes Vertrauen zu ihm faßten, und genoß, trotz seiner noch knabenhaften Erscheinung, ein solches Ansehen bei alt und jung, daß kein erheblicher Krankheitsfall vorkam, bei dem er nicht zu Rate gezogen worden wäre. Dies gab ihm, neben vielem Selbstgefühl, auch eine besondere Position, eine Art Mittelstellung zwischen Lehrern und Schülern. Den eigentlich studentischen Kreisen, namentlich seinen speziellen Fachgenossen, wurde er immer fremder, und nur Bücher, philosophische Studien und philosophische Freunde schienen ihm eines vertrauteren Umgangs wert. Unter den letzteren nahm Johann Anton Leisewitz, der Dichter des »Julius von Tarent«, den ersten Rang ein. Thaer selbst schreibt darüber: »Unsere Seelen waren in beständigem Einklang, fast hatten wir nur *ein* Herz.« Ihre Freundschaft wurzelte, neben den Beziehungen des Herzens, in gleichen Interessen und Bestrebungen, und wiewohl Thaer, nach unbedeutenden ersten Versuchen, die noch in seine Schulzeit fielen, die dichterische Produktion nicht als sein eigentliches Feld erkannt hatte, so war er doch, neben philosophischem Scharfblick, mit so viel ästhetischer Fühlung ausgerüstet, daß er dem dichterisch-produktiven Freunde als Kritiker hoch willkommen war. Sie lebten drei Jahre mit- und nebeneinander; auch nachdem beide Göttingen verlassen (1774), bestand ihr Freundschaftsverhältnis fort, und die wenigen Briefe, die, aus einer gewiß sehr lebhaften Korrespondenz zwischen den beiden, noch jetzt existieren, geben Auskunft darüber, welchen Einfluß Leisewitz dem kritischen Freunde auf seine Arbeiten gestattete. Einer dieser aufbewahrten Briefe enthält eine sehr eingehende Kritik des »Julius von Tarent«, und ein aufmerksames Verfolgen des berühmten Trauerspiels in seiner gegenwärtigen Gestalt zeigt zur Genüge, wie bereitwillig die wohlmotivierten Bemerkungen Thaers von dem Freunde und Dichter benutzt worden sind.

Aus dieser Zeit studentischen Zusammenlebens mit Leisewitz datieren aber noch andere Arbeiten Thaers, die ihn uns nicht nur auf kritischem, sondern auch auf produktivem Gebiete zeigen, freilich auf einem der Kritik verwandten, auf dem der philosophisch-theologischen Untersuchung. Thaer selbst schreibt über diese, später (in etwas veränderter Gestalt) so berühmt gewordene Arbeit: »Ich erschuf mir damals – gleich wenig mit den Orthodoxen wie mit den neuern sogenannten ›Berliner Theologen‹ einverstanden – ein selbständiges religionsphilosophisches System und brachte es flüchtig zu Papier. Es ward wider meinen Willen abgeschrieben, fiel in die Hände eines großen Mannes, der den Stil etwas umänderte und einen Teil davon, als Fragment eines unbekannten Verfassers, herausgab. Bis jetzt wissen es nur drei lebende Menschen, daß ich der Urheber bin.« In diesen Worten Thaers wird weder Lessing genannt, noch mit Bestimmtheit angegeben, welches der »Fragmente eines Wolfenbüttelschen Unbekannten« Thaer für sich in Anspruch nimmt; es ist aber nach den scharfsichtigen und sehr eingehenden Untersuchungen W. Körtes, des Thaerschen Schwiegersohnes und Biographen, sehr wahrscheinlich, daß die kleine, bis dahin Lessing zugeschriebene Schrift über die »Erziehung des Menschengeschlechts« eine Jugendarbeit Albrecht Thaers ist, die von Leisewitz an Lessing übergeben, von diesem teils überarbeitet, teils fortgesetzt wurde.

Fast gleichzeitig mit diesem Aufsatz schrieb Thaer seine Doktordissertation. Sie erschien 1774 zu Göttingen unter dem Titel: »De actione systematis nervosi in febribus«; bald darauf kehrte er in seine Vaterstadt (nach Celle) zurück; um sich daselbst als *praktischer Arzt* niederzulassen.

Hier hatte er zunächst durch eine harte Schule zu gehen. Weder gefiel die Stadt ihm noch er der Stadt. *Ihm* erschien alles klein, beschränkt, krähwinklig; *er* erschien allen eitel und eingebildet. Seine Jugend und das noch Unentwickelte seiner Erscheinung ließen ihn, bei den Ansprüchen, die er erhob, fast in komischem Lichte erscheinen, und an die Stelle der Auszeichnungen, die ihm in Göttingen so reich zuteil geworden waren, traten nun Kränkungen. Der Prophet galt nichts in der Heimat.

Jahre vergingen in Unmut und Unbefriedigtheit, aber seine bedeutende ärztliche Begabung drang doch endlich siegreich durch, und vor Ablauf von fünf oder sechs Jahren sah er sich, als der bedeutendste Arzt in Celle, hochgeehrt und von allen gesucht. Sein alter Vater selbst (der noch weiter praktizierte) fand einst Gelegenheit, sich von dem wachsenden Ruhm des Sohnes zu überzeugen. Jener nämlich begegnete, als er eben seine Krankenbesuche beginnen wollte, einem Bauer auf der Treppe, und folgendes Zwiegespräch griff Platz:

»Zu wem will Er?«

»Is woll de Docter Thaer to Huus? Ick bin krank un möcht em spräken.«

»Ich bin der Doktor Thaer.«

»Ja, he es de olle; ick will abersch den jungschen spräken, *de is klöger.*«

Vater Thaer lachte und gönnte dem Sohn seinen Triumph.

Um diese Zeit (etwas früher) hatte auch Thaer, in Gemeinschaft mit Leisewitz, seine erste Reise nach Berlin gemacht und Spalding, Mendelssohn, Engel, Nicolai, Madame Bamberger (»eine Frau, die über die abstraktesten Materien der Philosophie rosenfarbenes Licht und Grazie zu verbreiten weiß«) kennengelernt. Es war von einer Übersiedelung nach Berlin die Rede, aber es zerschlug sich wieder. Bald nach seiner Rückkehr nach Celle lernte er Philippine von Willich, eine Tochter des Vizepräsidenten am Oberappellationsgericht zu Celle, Georg Wilhelm von Willich, kennen, und nachdem er das Glück gehabt hatte, sie von einer schweren Krankheit wiederherzustellen, erfolgte 1785 die Verlobung und im folgenden Jahre die Vermählung des jungen Paares. Thaer war damals Stadtphysikus und Hofmedicus und genoß eines großen ärztlichen Ansehens.

Aber sein ärztliches Wirken genügte ihm nicht. Er hatte in seiner Dissertation die Heilkunst als das Herrlichste, Angenehmste, innerhalb aller menschlichen Bestrebungen Nützlichste gepriesen; je mehr er fortschritt, desto zweifelhafter wurde ihm der Anspruch auf das Lob, das er gespendet, und desto mehr beschlich ihn die Vorstellung, daß eine andere, segensreichere Kunst dasein müsse, herrlicher, nützlicher, *heilender* als die Heilkunst. Nach dieser Kunst begann sein Herz zu suchen. Er fand sie; aber erst allmählich, von Stufe zu Stufe.

Als diese schönste, segensreichste Heilkunst erschien ihm der Ackerbau; ihrem Dienst beschloß er sich zu widmen. Von kleinen Anfängen ging er aus.

Er hatte sich in Celle ein geräumiges Haus mit einem sehr großen Hofraum gekauft, welchen er zu einem kleinen *Gar-*

ten benutzte. Er wandte sich alsbald mit Vorliebe der *Blumenzucht* zu und bezeigte ein besonderes Geschick und eine glückliche Hand im Variieren von Nelken und Aurikeln. Es sprach sich hierin schon dieselbe Neigung für das »Prinzip der Kreuzung« aus, das er später, innerhalb der Tierwelt, so glänzend durchführte.

Der kleine Raum hinterm Hause genügte dem »Hofmedicus« bald nicht mehr; er kaufte einen größeren, vor dem Tore gelegenen Garten, mit einem daranstoßenden Kamp von meist dürrem Flugsandboden, aber mit schönen Gruppen alter Eichen und Buchen besetzt. Garten und Kamp umfaßten sechzehn Morgen, und der Bebauung und Verschönerung dieses Fleckchens Erde waren von nun an alle seine Mußestunden gewidmet. Akazien, Lärchenbäume, Pappeln wurden gepflanzt; Weißdorn- und Büchenhecken zogen sich als lebendiger Zaun um die Anlage, Rasenflächen wurden geschaffen und *Obstbaumplantagen* angelegt. Dazwischen Fruchtsträucher aller Art. *Gartenbau* trat an die Stelle der Pflege von Nelken und Aurikeln – aus dem Blumisten war ein *Gärtner* geworden.

So ging es eine Weile. Aber wie ihm das Blumenbeet zu kleinlich geworden war, so wurde ihm jetzt der Garten (trotz seiner relativen Größe) zu eng. Er kaufte deshalb in kurzer Zeit noch so viele Ländereien hinzu, daß alles zusammen eine zwar kleine, aber ziemlich anständige Wirtschaft ausmachen konnte. Diese Wirtschaft lag nur eine Viertelstunde vor dem Tore, zog sich am Aller-Fluß entlang und umfaßte ohngefähr 110 Morgen unterm Pfluge und 18 Morgen natürliche Wiesen. Da er kein Wirtschaftsgebäude vorfand, so entwarf er einen Plan zu einem »Gehöft« und ließ Wohnhaus und Wirtschaftsgebäude nach seinem eigenen Plane aufführen. Er hatte dabei überall nur das Zweckmäßige, nirgends die Eleganz im Auge und verfuhr ganz nach der Regel des M. P. Cato: »Baue dein Gehöft so, daß es weder den Gebäuden an Ländereien noch den Ländereien an Gebäuden fehlt.« Der Boden bestand aus Lehm und Sand; drei Arbeitspferde und vierzehn Kühe wurden angeschafft und zwei Knechte und zwei Mägde in Dienst genommen.

So war Thaer, nachdem er die Stadien des Blumisten und Gärtners durchgemacht hatte, zum *Landwirt* geworden. Er blieb noch Arzt, sogar ein beschäftigter, vielfach ausgezeichneter (1796 ward er zum Leibarzt des Königs Georgs III. ernannt), aber sein Herz, sein Sinnen und Trachten gehörte der »Wirtschaft« draußen, und die Sommermonate pflegte er, samt seiner Familie, auf dem »Gute« zu wohnen. Sein Leben war ein sehr angestrengtes; die Frühstunden von vier bis sieben und der Spätabend gehörten seinen landwirtschaftlichen Studien, der Tag seinem ärztlichen Beruf. Nur die *Passion* half über alles hinweg.

Es lag ihm zunächst daran, seiner Umgebung augenscheinlich darzutun, daß es einen Ackerbau gebe, der vollkommener und ergiebiger sei als der, welchen man im Celleschen Felde betreibe. Er wollte durch sein eignes Beispiel zeigen, wie man den Ackerbau, mit höchstem Unrecht, nur als ein Handwerk, ja oft noch geringer ansehe, in der Meinung, daß weniger Kunst dazu gehöre, einen Acker zu bestellen als einen Schuh zu machen. Er wollte die Betreibung dieses wichtigen, verwickelten, dieses unerschöpflich künstlichen Gewerbes zu wohlverdienten Ehren bringen. Er stellte sich bei seiner kleinen Wirtschaft einen doppelten Zweck: den zum Teil widerstrebenden Boden in eine möglichst hohe Kulturstufe zu heben und vor allem eine *Experimentalwirtschaft* zu seiner eignen Belehrung und Förderung zur Hand zu haben.

Selbst denkend, aber auch Rat nicht verschmähend, wie gute Bücher oder bewährte Landwirte ihn boten, ging er ans Werk. Er belächelte die Bauernweisheit, die damals, häufiger noch als jetzt, sich in dem Satze gefiel: »Ein günstiger Regen ist besser als alles Geschreibse der Federfuchser«, und zu seinen Lieblingssätzen gehörte der Ausspruch Zimmermanns: »Ein Trommelschläger, der in *zwanzig* Schlachten trommelte, weiß doch weniger vom Krieg wie König Friedrich, als er *eine* gewonnen hatte.« Gegen die Trommelschläger, die in zwanzig Schlachten getrommelt, zog Thaer jetzt zu Felde; auch seine ärztliche Praxis mochte ihm gezeigt haben, daß es mit der »Erfahrung« untergeordneter Naturen ein eigen Ding ist und daß sie nur da belehrt, wo eine Neigung vorhanden ist, sich belehren zu lassen. Wo diese Neigung fehlt, glauben die Männer der Erfahrung wohl an Tükken der Natur, aber nie an Fehler des Systems.

Thaer begann die Anfänge einer rationellen Landwirtschaft in seinem Kopfe allmählich auszuarbeiten und fing mit der Aufstellung gewisser Probleme an. Das erste Problem, dessen Lösung er zustrebte, war folgendes: die größte Masse zur tierischen Nahrung geeigneter Pflanzen auf einer bestimmten Fläche Landes zu gewinnen. Das zweite nicht minder wichtige Problem bestand darin: die verschiedenen Frucht*kräfte* jedes Bodens für die verschiedenen, ihrer bedürftigen Frucht*arten* soviel als möglich und in einer der *Regeneration des Absorbierten* günstigen *Wechselfolge* zu benutzen; also die Brache entbehrlich zu machen. Die Lösung des ersten Problems fand er im *Anbau* der *Futtergewächse*, ganz besonders der Kartoffel, die Lösung des zweiten Problems in der seitdem siegreich durchgedrungenen »Lehre von der Fruchtfolge«.

Für die *Kartoffel* trat er überall in die Schranken und widerlegte alte Vorurteile. Er wies darauf hin, daß die *Irländer* die stärksten und ältesten Kartoffelesser und zugleich, unter allen europäischen Racen, vielleicht die gesundeste, kräftigste und schönste seien; und dem Grafen Podewils, der ihn auf diesem Gebiete freundlich bekämpfte, antwortete er in spätern Jahren: »Der Herr Graf ist mein sehr verehrter Freund, aber der Kartoffelbau ist mein Kind.«

Seine »Lehre von der Fruchtfolge« stieß anfangs auf vielen Widerspruch, und da er seine eignen Felder danach bestellte, prophezeite man ihm, daß seine Äcker nach vier Jahren völlig ausgesogen sein würden. Thaer ließ sich das nicht anfechten. Schon Friedrich der Große hatte sich seinerzeit für ein rationelles, aber *konstantes* Tragen der Felder ausgesprochen und den Widerspruch mit den Worten zurückgewiesen: »Seh Er doch nur Sein Gartenbeet an, wie das *alljährlich* trägt.« Thaer war gewillt, die treffende Bemerkung des Königs sich selber gesagt sein zu lassen. Er überzeugte sich alsbald, daß der Acker nicht dadurch ausgesogen wird, daß man ihn *alljährlich* tragen läßt, sondern dadurch, daß man ihn nicht *das* tragen läßt, was er zur Wiederherstellung seiner Kräfte bedarf. Es führte das später zu dem Axiom, daß den Acker, wie den Menschen, nichts so sehr entnerve und aussauge als das *Nichtstun*, das *Nichttragen*; aber auf das *richtige*, das ihm *passende* Tragen kommt es an.

Das System des *Fruchtwechsels* (das die *Brache* entbehrlich machte) trat nunmehr siegreich ins Leben, wiewohl zunächst nur mangelhaft und weitab von dem Grade von Vollkommenheit, dem es später entgegenging. Thaer überzeugte sich alsbald, daß es mit dem bloßen *Saat-* und *Fruchtwechsel* an und für sich nicht getan sei, daß vielmehr eine genaue Kenntnis des *Bodens* vorausgehen müsse, um die für eine bestimmte Örtlichkeit jedesmal vorteilhafteste Produktion von vornherein feststellen zu können. Wenn mancher Landwirt immerfort klagte, daß sein Lein fast alljährlich mißrate, so lachte Thaer, daß der Betreffende, ohne alle Not, unverbesserlich darauf aus sei, seinen Lein selber bauen zu wollen, und setzte hinzu: »Ein Landwirt, der *alles* baut, was er braucht, ist ein *Schneider*, der sich seine *Schuhe* selber macht.« Thaer verlangte von jedem *Boden* etwas, aber er verlangte nicht alles von allem, vielmehr machte er es zu einem besondern Gegenstand seiner Studien, genau festzustellen, welche Produkte jeder Boden, nach der *ihm innewohnenden Eigenart*, das heißt nach seiner chemischen Zusammensetzung, am ehesten hervorbringen könne. Wo – um auf das obige Beispiel noch einmal zurückzugreifen – kein Lein wachsen wollte, da gab er es auf, einen kümmerlichen Ertrag zu erzwingen, und den Boden genau untersuchend, der eine Leinernte verweigerte, stellte er nunmehr fest: auf einem Boden von der und der Beschaffenheit hat sich der Fruchtwechsel in dem und dem Kreise zu drehen, *unter Ausschluß von Lein.* Glücklicherweise begann eben damals *die* Wissenschaft, welche ganz besonders zur Bodenkenntnis hinführt, die *Chemie*, sich zu jener Stufe hoher Ausbildung zu erheben, auf der wir sie jetzt erblicken. Thaer widmete ihr die größte Aufmerksamkeit, und die chemische Zusammensetzung der verschiedensten Bodenarten mit ihrer speziellen Tragfähigkeit oder Unfähigkeit vergleichend, glückte es ihm, seine speziellen Erfahrungen zu allgemeinen Gesetzen zu erheben. Die Frucht aller dieser seiner Anstrengungen war, daß er auch seine schlechtesten Felder (indem er sich auf sie verstand) durch Fleiß und Nachdenken einträglich zu machen wußte und *jeden* Boden, nach Verhältnis seiner Güte und seines Wertes, bei kluger Bewirtschaftung für einträglich erklärte.

In einzelnen Kreisen, wenn auch nicht gerade in nächster Nähe von Celle, begann die kleine Thaersche Wirtschaft Aufmerksamkeit zu erregen, einzelne Besucher kamen, Briefe wurden ausgetauscht, Anregungen gegeben und empfangen. Es ist aber nichtsdestoweniger mindestens zweifelhaft, ob Thaer jemals aus seinem engsten Kreise herausgetreten und epochemachend für die Landwirtschaft geworden sein würde, wenn sich nicht zu seiner praktischen Tätigkeit (deren *wissenschaftliche* Ausbeute bis dahin nur einem ziemlich eng gezogenen Kreise zugute gekommen war) eine emsige Beschäftigung mit den Büchern und, als letzte Frucht praktischer Erfahrung und wissenschaftlichen Studiums, ein *literarisches Auftreten* gesellt hätte.

Die deutsche landwirtschaftliche Literatur, die er in all ihren Erscheinungen kannte, hatte ihn im *einzelnen* angeregt und belehrt, im *ganzen* aber unbefriedigt gelassen. Dasselbe galt von den *englischen* landwirtschaftlichen Schriften, soweit er dieselben aus *Übersetzungen* kennengelernt hatte; er schloß sich dem Spott derer an, die damals von einer »Anglomanie« (besonders in der Landwirtschaft) zu sprechen begannen, und war – etwa gegen Anfang der achtziger Jahre – der festen Überzeugung, daß auch aus England nichts zu holen sei und daß die deutsche Landwirtschaft sich selber helfen müsse.

Genau um diese Zeit war es, als ein glückliches Ohngefähr ihm einige englische landwirtschaftliche Schriften *im Original* zuführte. Wie war er freudig überrascht, darin die genauesten Beobachtungen, die sorgfältigsten Versuche, die auch die kleinsten Einzelnheiten beachtenden Berechnungen, die lichtvollsten Verhandlungen und Forschungen zu finden! Das war ja genau, im großen und kleinen, was ihm als Ziel einer rationellen Landwirtschaft vorgeschwebt hatte. Das, wonach sein Streben ging – *die Engländer hatten es bereits.* Seitdem studierte Thaer die englische Landwirtschaft mit solcher Aufmerksamkeit, daß Engländer selbst ihm zugestanden: er kenne England (obgleich er nie da war), wie wenn er es jahrelang durchreist habe.

Die Frucht dieser ernsten und anhaltenden Studien war sein berühmtes Werk, dessen erster Teil 1798 unter dem Titel erschien: »*Einleitung zur Kenntnis der englischen Land-*

wirtschaft und ihrer neueren praktischen und theoretischen Fortschritte, in Rücksicht auf Vervollkommnung deutscher Landwirtschaft, für denkende Landwirte und Cameralisten«.* Der *zweite* Band folgte 1800 und 1801, der *dritte* Band 1804. In derselben Zeit, von 1799 bis 1804, erschienen die *»Annalen der niedersächsischen Landwirtschaft«* (sechs Jahrgänge).

Das Aufsehen, das diese Bücher und Schriften machten, war ein ganz außerordentliches. Man begreift diesen Erfolg nur, wenn man im Auge behält, daß sich ganz Deutschland eben damals nach einem besseren Ackerbausystem sehnte. »Wie ein leitendes Gestirn erschienen diese Werke am Horizont, freudig begrüßt von der landwirtschaftlichen Welt.« Nicht nur in Schriften, sondern auch in den Salons der Residenzen und in den Wein- und Bierstuben der Marktstädte, ward mit Enthusiasmus dafür, mit Wut (denn auch an Gegnern fehlte es nicht) dagegen gestritten, oft von beiden Seiten gleich unverständig. Seine eignen Erfolge, die von Jahr zu Jahr wuchsen, unterstützten sein Ansehn, so daß ihm ein großer hannöverscher Grundbesitzer schrieb: »Wenn ich diesen Abend einen Brief von Ihnen erhalte, daß ich meine Gebäude anstecken soll, so stehen sie vor Nacht schon in Flammen.« Alles verlangte seinen Rat, erbat seine oberste Leitung, so daß demselben Manne (dazu noch immer »Leibmedicus«), dessen eignes Gutsareal sich auf kaum 130 Morgen belief, 100000 Morgen des verschiedensten Bodens derart zur Verfügung standen, daß er, in Ansehung der *Bewirtschaftung*, damit schaltete und waltete wie mit seinem Eigentum. Sein Buch aber gewährte ihm vor allem die Befriedigung, »das Nachdenken besserer Köpfe über Landwirtschaft geweckt und zu energischerer Tätigkeit angespornt zu haben«.

Im Jahre 1802 traten auch die Anfänge seiner *»Landwirtschaftlichen Akademie«* ins Leben. Diese Akademie erwuchs organisch zwanglos; sie machte sich von selbst und

* Dies Werk »Einleitung zur Kenntnis der englischen Landwirtschaft« ist allerdings größtenteils eine *Kompilation*, aber es ist *keine Übersetzung*. Thaers Arbeit ist aus der gründlichen Kenntnis und Benutzung von mehr als hundert englischen Werken hervorgegangen. Die englische landwirtschaftliche Literatur lieferte ihm das Material, eine Fülle von Details; das Zusammenfassen, Ordnen, Aufbauen – das Lichthineintragen in das Chaos ist Thaers Verdienst.

ging mehr aus einem glücklichen Ohngefähr als aus einem festen Entschlusse hervor, wiewohl Thaer in seinen Schriften bereits auf das Wünschenswerte eines landwirtschaftlichen Lehrinstituts hingewiesen und seine Ideen darüber geäußert hatte. Im genannten Jahr kamen mehrere junge Männer (darunter der später, durch sein Buch »Der isolierte Staat«, so berühmt gewordene Herr von Thünen) nach Celle, um an Ort und Stelle die Methode und die Erfolge der Thaerschen Bestellungsart kennenzulernen. Sie blieben den ganzen Sommer über. Um diese jungen Leute nicht unbeschäftigt zu lassen, entschloß sich Thaer, ihnen Vorlesungen über Landwirtschaft zu halten und einigen Unterricht in der Naturkunde, Chemie und Botanik hinzuzufügen. Der Fleiß und Eifer, womit man ihm entgegenkam, übertrafen seine Erwartung, aus den zwanglosen Vorlesungen wurde ein »Institut«, das, im kleinen, bereits all die Züge der später so berühmt gewordenen *Mögliner Akademie* besaß.

So kam das Jahr 1804, das unsern Thaer nach Preußen führte.

Schon 1799 und 1801 hatte er Reisen in die Mark, besonders in die Oderbruchgegenden, gemacht und dabei die Frau von Friedland (Tochter des Generals von Lestwitz, der die Schlacht von Torgau entschied) sowie deren Tochter und Schwiegersohn, den Landrat Grafen von Itzenplitz, kennengelernt. Der Aufenthalt in Kunersdorf, dem schönen Gute der Frau von Friedland, wo diese ausgezeichnete, mit allen Details der Wirtschaftsführung vertraute Frau lebte, war ihm genuß- und lehrreich gewesen, und vielfach belehrt, erstarkt, ermutigt, war er nach seinem Landgütchen an der Aller zurückgekehrt. Die Hauptbedeutsamkeit dieser Reisen lag aber darin, daß es die während seines Aufenthalts in Kunersdorf angeknüpften Beziehungen (besonders zum Grafen Itzenplitz) waren, die bald darauf zu seiner Übersiedelung nach Preußen führten.

Die nächste Veranlassung zu dieser Übersiedelung entsproß aus der politischen Lage, aus den damaligen großen Weltverhältnissen. Der Wiederausbruch des Krieges zwischen Frankreich und England hatte zur Besetzung Hannovers (damals englisch) durch die Franzosen geführt. Die Not des Landes schmerzte ihn tief; zwar hatte er *persönlich* unter der französischen Okkupation nicht zu leiden, da er durch General Mortiers Anordnungen (der General behandelte ihn als Verfasser der »Englischen Landwirtschaft« mit besonderem Respekt) vor allem Kriegsunwesen gesichert wurde, allein sein persönliches Gesichertsein konnte ihn nicht trösten über die allgemeine Lage.

In dieser Zeit war es, daß Thaer sein Auge auf Preußen richtete, auf Preußen, das er für die einzige feste Vormauer gegen hereinbrechende Anarchie und Despotismus hielt. Die Idee einer Übersiedelung kam ihm; Briefe, nach Kunersdorf hin gerichtet, sprachen verwandte Wünsche aus, und Graf Itzenplitz (übrigens bei Hardenberg und Beyme dem entschiedensten Entgegenkommen begegnend) führte mit Umsicht und Gewandtheit die ganze Angelegenheit zu einem glücklichen Ende. Schon im Februar 1804 erhielt Thaer, in Folge der von dem bewährten Freunde getanen Schritte, einen Brief vom Minister Hardenberg, in dem es hieß: »Für mich würde nichts erwünschter sein als die Möglichkeit, mich recht oft Ihres angenehmen und lehrreichen Umgangs erfreuen zu können, aber noch weit größer würde meine Zufriedenheit sein, wenn ich Sie dem preußischen Staate erwerben könnte ... Eröffnen Sie mir freimütig Ihre Wünsche und die Bedingungen, die Sie verlangen würden.« Thaer reiste gleich nach Eingang dieses Briefes nach Berlin, um das Eisen zu schmieden, solang es noch heiß sei. Schon am 19. März erhielt er folgendes königliche Schreiben:

Mein Herr Leibmedicus! Ich habe mit Vergnügen vernommen, daß Sie entschlossen sind, sich in Meinen Staaten niederzulassen und Ihr *landwirtschaftliches Lehrinstitut* hierher zu verlegen, wenn Sie für die mit dieser Veränderung verbundenen Schäden und Kosten entschädigt und in den Stand gesetzt würden, Ihre gemeinnützlichen Arbeiten für die Verbesserung der Landwirtschaft, welche künftig vorzüglich die Landeskultur in den preußischen Staaten bezwecken werden, fortzusetzen. Da Ich Mir nun von Ihrem rühmlichst bekannten Eifer, Fleiße und Kenntnissen den größten Nutzen für die Landeskultur verspreche, so habe Ich Ihnen sehr gern die gemachten Bedingungen, wie Sie aus der abschriftlich anliegenden erlassenen Ordre ersehen werden, bewilligt und wünsche, daß Sie recht bald im Stande sein mögen, Ihre Niederlassung in Meinen Staaten auszuführen. Bis dahin verbleibe Ich Ihr gnädiger

Friedrich Wilhelm

Die beigelegte Ordre enthielt (außer der Aufnahme in die Akademie der Wissenschaften und außer dem Charakter als Geheimer Kriegsrat) folgende Zugeständnisse: 1. drei- bis vierhundert Morgen Acker des Amtes *Wollup* in Erbpacht; 2. die Erlaubnis, diese Erbpacht zu veräußern und ein Rittergut dafür zu kaufen; 3. Schutz und Begünstigung des landwirtschaftlichen Instituts.

Thaer nahm an; verkaufte den ihm in Erbpacht gegebenen Teil des Amtes *Wollup*, erstand dafür das Rittergut *Möglin* nebst dem Vorwerk *Königshof*, schloß im Herbst (1804) sein bis dahin in Celle fortgeführtes Lehrinstitut, »dem der Ruhm verbleiben wird, die *erste landwirtschaftliche Lehranstalt* in Deutschland gewesen zu sein«, und wanderte, einige Wochen später, mit dreiundzwanzig Personen in sein neues Vaterland ein.

Thaer hatte in Celle zunächst eine *Experimental*wirtschaft, dann – nachdem seine Versuche fast durchgängig von Erfolg gekrönt worden waren – eine *Modell*wirtschaft geführt; in Möglin wurde die *Modell*wirtschaft zu einer *Muster*wirtschaft. Hierin liegt der alleinige Unterschied zwischen der *Celler* und der *Mögliner* Wirtschaftsführung ausgesprochen. Die Modellwirtschaft in Celle legte denen, die sie kennengelernt hatten, die Mühwaltung, oft auch geradezu die Schwierigkeit des *Transponierens* aus kleinen in große Verhältnisse auf, die Mögliner Wirtschaft hingegen war für die Mehrzahl der Fälle ohne weiteres ein Muster. Natürlich innerhalb der Grenzen, wie sie sich auf einem Gebiet, das einem lebendigen Organismus gleicht, von selbst verstehn.

Möglin war *Muster*, Celle war *Modell*, aber (den räumlichen Unterschied beiseite gelassen) liefen beide Wirtschaften in ihren Prinzipien und Qualitäten auf dasselbe hinaus. Deshalb werden wir hier, nachdem wir die Celler Wirtschaft und die Prinzipien, die sie zur Geltung bringen sollte, so ausführlich besprochen haben, bei der Mögliner Wirtschaft nur kurz verweilen und nur dasjenige betonen, wodurch sich dieselbe nicht quantitativ, sondern *sachlich* und qualitativ von der Celler Wirtschaft unterschied.

Es war dies vorzüglich die Einführung einer *veredelten Schafzucht*, die Herstellung, mittelst kunstvoller Kreuzung, einer ausgezeichneten *Wolle*, der besten, die bis dahin in Deutschland produziert worden war. Die Kunst, die Thaer zwanzig oder dreißig Jahre früher, halb spielend, geübt hatte, als es sich in seinem *Garten* zu Celle (lange bevor er eine Wirtschaft hatte) um Gewinnung immer neuer, immer schönerer Nelken- und Aurikelarten gehandelt hatte – diese Kunst der Kreuzung kam ihm jetzt trefflich zustatten. Was ihm innerhalb der vegetabilischen Welt überraschend geglückt war, glückte ihm innerhalb der animalischen doppelt und dreifach. Er schien wie auserwählt für diesen wichtigen Zweig landwirtschaftlicher Tätigkeit: physiologisches Wissen, angeborene feine Instinkte und eine glückliche Hand – alles vereinigte sich bei ihm, um zu den überraschendsten Resultaten zu führen.

Nicht gleich in den ersten Jahren seines Mögliner Aufenthalts, vielmehr erst 1811-13, als Koppe (vergl. dessen Biographie) als Gehülfe und Wirtschaftsführer bei ihm eingetreten war, hatte Thaer eine Schäferei – wozu er Merinoschafe aus Sachsen erhielt – einzurichten begonnen. Es ging auch nicht von Anfang an alles vortrefflich, aber schon 1815 und 16 wurde seine Wolle auf dem Berliner Wollmarkt für die beste erklärt. 1817 schrieb er an seine Frau: »Für mich ist der diesmalige Wollmarkt (in Berlin) zwar nicht der pekuniär beste, aber der glorióseste, den ich erlebt habe. Meine Wolle ist zwanzig Prozent geringer verkauft wie im vorigen Jahre, aber um zwanzig Prozent *höher* wie irgendeine Wolle hier und in ganz Deutschland verkauft ist und werden wird. Unter allen Wollhändlern und allen Wollproduzenten ist es ganz entschieden angenommen, daß meiner Wolle *keine in ganz Europa nahekomme,* viel weniger ihr an die Seite zu setzen sei. Dies ist so das Tagesgespräch geworden und so über das Gemeine hinweggehoben, daß ich auch keine Spur des Neides bemerke. Jeder erkennt es an, daß ich das Außerordentliche errungen, worauf kein anderer Anspruch machen kann. ›*Solche* Wolle‹, sagt man, ›kann man *erzeu-*

gen, denn Möglin *hat* sie erzeugt.‹ Wenn ich auf den Markt komme, so steht alles mit dem Hut in der Hand. Ich heiße bereits der Wollmarktskönig!«

Thaer erzielte dies alles durch sein *Kreuzungsprinzip* und die geschickte, scharfsinnige Handhabung desselben. Jedem wäre es freilich nicht geglückt. Einem sehr erfahrenen Wollhändler sagte er: »Zeigen Sie mir nur irgendein Vlies, wie Sie es zu haben wünschen, und ich werde Ihnen in der dritten oder vierten Generation einen Stamm herstellen, der nur *solche* Vliese liefert.« Man hielt dies für Übertreibung, überzeugte sich aber bald, daß er nicht zuviel gesagt hatte. Es glückte ihm mit der *Woll*produktion wie dem berühmten englischen Viehzüchter Backwell mit der *Fleisch*produktion, der Schafe herstellte, die vor Beleibtheit auf ihren kurzen Beinen kaum gehen konnten, so daß er sich veranlaßt sah, allmählich wieder Schafe mit längeren Beinen zu machen. Man sagte von ihm: es sei, als ob er sich ein Schaf nach seinem Ideale schnitzen und demselben dann das Leben geben könne. Dies paßte auf Thaer *so* gut wie auf Backwell.

Es konnte nicht ausbleiben, daß das Thaersche Züchtungsverfahren, das geniale Operieren mit der Natur, auch Gegner fand. Diese warfen ihm vor, daß er bei seiner Art und Weise der Züchtung am Ende wohl gar die Natur dahin zu zwingen gedächte, wohin sie nicht wolle, und daß er sie dadurch schwächen und ermüden werde. Die Kunst aber werde nie die natürlichen Anlagen ersetzen können. Er rechtfertigte sich mit Shakespeares tiefgeschöpfter Lehre (»Wintermärchen« IV,3):

> Doch wird Natur durch keine Art gebessert,
> Schafft nicht *Natur* die Art; so, ob der Kunst,
> Die, wie du sagst, Natur *bestreitet*, gibt es
> *Noch* eine Kunst, von der *Natur erschaffen.*
> Du siehst, mein holdes Kind, wie wir vermählen
> Den edlern Sproß dem allerwildsten Stamm;
> Befruchten so die Rinde schlechtrer Art
> Durch Knospen edler Frucht: dies ist 'ne Kunst,
> Die die Natur *verbessert*, mind'stens *ändert*:
> Doch *diese Kunst ist selbst Natur.*

Thaer erfuhr Angriffe, aber sie waren vereinzelt, und speziell auf dem Gebiete der Schafzucht ward er mehr und mehr eine europäische Autorität. Bei Errichtung (1816) der beiden auf Rechnung des Staats gegründeten Stammschäfereien zu *Frankenfelde* in der Mark und zu *Panten* in Schlesien wurde Thaer zum Generalintendanten derselben ernannt, und 1823, als auf seine Veranlassung in Leipzig der erste »Wollzüchter-Convent« zusammentrat, huldigte man ihm nicht nur als dem Präsidenten, sondern speziell auch als dem *Meister* der Versammlung.

Aber der Weg zu diesen Erfolgen war ein weiter und mühevoller. Unter den denkbar ungünstigsten Verhältnissen waren ihm die ersten Jahre seiner Mögliner Wirtschaftsführung vergangen. Zu den Sorgen und Fehlschlägen, die, namentlich nach dem unglücklichen Kriege von 1806, *alle* damaligen Grundbesitzer trafen, gesellten sich für ihn noch ganz besondere Schwierigkeiten: sein relatives Fremdsein in der neuen Heimat und — das »Institut«.

Die Herstellung einer landwirtschaftlichen Lehranstalt war, wie oben bereits erwähnt, bei Thaers Übersiedelung nach Möglin allerdings in Erwägung gezogen, aber von seiten der preußischen Regierung mehr als ein *Anspruch*, den Thaer erheben könne, wie als eine *Pflicht*, die er zu erfüllen habe, angesehen worden. Thaer ging indes sofort an die Errichtung eines »Instituts«, ähnlich wie es in Celle bestanden hatte, vielleicht dabei ebensosehr seiner Neigung wie der Vorstellung folgend, daß ein solcher Schritt (ob gefordert oder nicht) eine Pflicht sei, die er gegen seine neue Heimat zu erfüllen habe. Die Anfänge waren auch vielversprechend. Schon im Jahre 1805 traf er Vorbereitungen zum Bau eines Instituthauses; da es ihm indessen zu dem im ganzen ziemlich kostspieligen Unternehmen an Mitteln gebrach, so machte er den Plan, den Bau auf *Aktien* zu unternehmen. Von allen Seiten kamen Zuschriften; schon im Juli 1806 konnte er bekanntmachen, daß die Unterzeichnung nunmehr geschlossen sei. Ziemlich um dieselbe Zeit berichtete Thaer dem König (der an dem Zustandekommen des Unternehmens den lebhaftesten Anteil nahm), daß die Eröffnung des Mögliner Instituts in der Mitte Oktober erfolgen werde. In der Tat, das Wohnhaus mit vierundzwanzig Zimmern, außer dem Souterrain, stand fertig da; einundzwanzig junge Leute hatten sich zum Eintritt gemeldet; alles versprach einen glänzenden Anfang.

Aber die Mitte des Oktober 1806 brachte andere Ereignisse; der siegreiche Feind überschwemmte die Marken, und statt der angemeldeten einundzwanzig jungen Leute kamen *drei.* Im Frühjahr 1807 waren es acht. Die Zahl wuchs zwar später, da aber, bei der völligen Zerrüttetheit aller Geldverhältnisse viele Söhne sonst wohlhabender Eltern mit ihren Pensionen im Rückstand blieben, andere, die Aktien genommen hatten, ihre Aktienbeiträge nicht zahlen konnten, so entstanden, ohne daß von irgendwelcher Seite her eine Verschuldung vorgelegen hätte, die schwersten Verlegenheiten für Thaer selbst, der, dem guten Sterne Preußens vertrauend, in freilich schon bedrohter Zeit dies Institut ins Leben gerufen hatte. Sechs Jahre später, während des Befreiungskrieges, wiederholten sich diese Verlegenheiten. Alles war in den Krieg (auch Thaers drei Söhne), und so kam es, daß die Einrichtung, die doch einmal da war, ohne Verlust weder aufgegeben noch fortgeführt werden konnte. In Not und Sorge schrieb er seiner damals abwesenden Frau: »Wollte Gott, daß ich das Institut nicht angelegt hätte, denn es ist die Quelle aller Verlegenheiten und Sorgen geworden. Aber es ist für unser Land zu wichtig, und nun es einmal da ist, muß es bleiben.« Ein Glück, daß es blieb. Mit dem Frieden kamen gesegnetere Zeiten, und wie Thaer, während des letzten Jahrzehnts, das ihm noch zu leben und zu wirken vergönnt war, seinen Ruhm wachsen und die verschiedenen Zweige seiner Wirtschaft prosperieren sah, so hob sich auch das »Institut« (seit 1819 *»Königliche akademische Lehranstalt des Landbaus«*) von Jahr zu Jahr an Ausdehnung und Ansehn.*

* Anfangs hatte Thaer es für das zweckmäßigste gehalten, das Instituthaus auf den Fuß eines *Gast-* und *Logierhauses* zu setzen, damit jeder Akademist nach Vermögen, Geschmack und Gewohnheit leben und zehren könne. Allein das erwies sich bald als nachteilig für alle Teile. Nur ungern entschloß er sich endlich dazu, einen gemeinschaftlichen *Mittags- und Abendtisch* zu halten. Die Mitglieder des Instituts waren, nach Thaers ausdrücklicher Bestimmung, nicht *Studenten* im gewöhnlichen Universitätssinne. Am wenigsten waren sie *Schüler.* Thaer äußerte sich dahin: »Schulmeister können wir nicht sein, sondern müssen unsere Zuhörer wie freie, vernünftige Männer betrachten, die nur allein ein lebhafter Trieb zu den hier zu lehrenden Wissenschaften zu uns geführt. Kein Zwang. Aber freilich würde es andererseits schmerzlich für uns sein, wenn wir uns zu der sonst bewährten Maxime gezwungen sähen: ›Sumimus pecuniam et mittimus asinum in patriam.‹ «

Es ist für unser Land von einer ähnlichen Bedeutung geworden wie die »Forstakademie« in dem benachbarten Neustadt-Eberswalde. Die große Wirksamkeit des Instituts hat seither unzweifelhaft darin bestanden, daß durch die vielen darin gebildeten, später dann zur Selbständigkeit gelangten Männer eine höhere, umfassendere Ansicht des landwirtschaftlichen Betriebes weiter und allgemeiner verbreitet worden ist, *als je durch Schriften hätte geschehen können.* Namentlich hat es das siegreiche Vordringen der Thaerschen Prinzipien *beschleunigt* und, um eins (nicht das Kleinste) speziell hervorzuheben, ein Zurückversinken der landwirtschaftlichen Sprache und Ausdrucksweise in das alte, wirre Chaos unmöglich gemacht.

Wir wenden uns zum Schluß noch einmal der *literarischen* Tätigkeit Thaers zu.

Auch in Möglin, wie Körte sich ausdrückt, war Thaer ebenso tätig am *Schreibtisch* wie auf dem *Ackerfeld.* In den ersten zehn Jahren seines Mögliner Aufenthalts würde es ihm sogar sehr schlimm ergangen sein, wenn der Erwerb seiner Feder nicht dem stockenden Erwerb des Pfluges zu Hülfe gekommen wäre. Mannigfaches erschien in jenen Jahren von ihm; vor allem jedoch sei hier seines Meisterwerkes gedacht, das unter dem Titel *»Grundzüge der rationellen Landwirtschaft«* (4 Bände) 1810–12 veröffentlicht wurde. Das Werk, wie alle Welt jetzt weiß, war epochemachend. Dennoch hätte er sich schwerlich schon damals zur Herausgabe desselben verstanden, wenn nicht die pressende Not, in der er sich befand, ihm keine Wahl gelassen hätte. Er beklagte dies oft, denn wie groß die Freude gewesen war, mit der die landwirtschaftliche Welt dieses Werk begrüßt hatte, *ihm selbst genügte es keineswegs.* Wir können indes auf Thaer und sein berühmtes Werk anwenden, was Luther einst bei Tisch vom Melanchthon sagte: »Magister Philippus hätte Apologiam confessionis zu Augsburg nimmermehr geschrieben, wenn er nicht wäre so getrieben und gezwungen worden; *er hätte wollen es immer noch besser machen.*« Die »Rationelle Landwirtschaft« hat verschiedene Auflagen erlebt und ist in verschiedne Sprachen übersetzt worden; zu einer Umarbeitung aber ist Thaer nicht gekommen, wie sehr dieselbe auch innerhalb seiner Wünsche lag. Die anderweiten Schriften seiner Mögliner Epoche (worunter namentlich verschiedene Bücher und Brochüren über Schafzucht und Wollproduktion) übergehen wir hier. Es mögen stattdessen von ihm selbst herrührende Worte hier Platz finden, die ihn uns, bis in sein hohes Alter hinein, von einer seltenen Frische des Geistes und von einer steten Geneigtheit zeigen, das Gute durch das Bessere zu ersetzen. »Meine Meinung«, so schreibt er, »habe ich über verschiedene Dinge in meinem Leben oft geändert und hoffe es, wenn mir Gott Leben und Verstand noch länger erhält, noch mehrmals zu tun. Es freut mich immer, wenn ich Gründe dazu habe, denn so komme ich in meinem Wissen vorwärts. *Ich halte den für einen Toren, der in Erfahrungssachen seine Meinung zu ändern nicht geneigt ist.*«

Wir werfen noch einen Blick auf die letzten Jahre seines Lebens. Nachdem er schon seit 1810 und 11 mittelbar im Staatsdienst tätig gewesen und zum Beispiel 1813 schon eine *Gemeinheitteilungsordnung* (eine Angelegenheit, mit der er auch später praktisch viel beschäftigt war) entworfen hatte, wurde er 1817 zum Ritter des Roten Adlerordens und 1819 zum Geheimen Oberregierungsrat ernannt. 1823 folgte der schon erwähnte Leipziger Wollconvent, dem er präsidierte; das Jahr darauf (1824) feierte er unter zahlreicher Beteiligung von nah und fern sein Doktorjubiläum. Unter den vielen Geschenken und Überraschungen, die der Tag brachte, war auch ein Goethesches, eigens für diesen Tag gedichtetes Lied:

Wer müht sich wohl im Garten dort
Und mustert jedes Beet?

1825 auf 26 erweiterte er seinen Besitz durch Ankauf der benachbarten Rittergüter Lüdersdorf und Biesdorf, und der neue Besitz regte seinen landwirtschaftlichen Eifer noch einmal auf das lebhafteste an. Aber das Feuer war im Erlöschen. Schon das Jahr zuvor hatte er an seinen Schwager Jacobi in Celle geschrieben: »Wir haben nun bald unsere Laufbahn auf dieser Welt vollendet. Wir können vor vielen andern sagen, daß unser Leben köstlich gewesen, aber doch nur ein elend jämmerlich Ding. Mit Sehnsucht erwarten wir ein anderes; Gott erleichtere uns den Übergang in dasselbe.«

Noch einige Jahre waren ihm gegönnt, aber Schmerzensjahre. Er litt an rheumatischen Beschwerden, endlich bildete sich ein schmerzhaftes Fußleiden aus, der *Altersbrand.* Er litt sehr. Des berühmten Dieffenbach Heilversuche schafften vorübergehend Linderung, aber die Uhr war abgelaufen: Thaer entschlief am 26. Oktober 1828.

Thaer war von mittlerer Größe, fein und schlank gebaut, in allen Teilen von gutem Verhältnis und von fester, ruhiger, immer bequemer Haltung und Bewegung. Sein Äußeres war im ganzen nichts weniger als imponierend, hatte jedoch etwas trocken Ablehnendes, so daß sich der Fremde nicht leicht auf den ersten Blick zu ihm hingezogen fühlte. Seine Züge zeigten nicht viel Beweglichkeit; der Mund war geschlossen, zurückgezogen, schweigsam, aber mit dem unverkennbaren Ausdruck der absichtslosesten Güte. Seine Augen waren rechte Künstleraugen, sehr bedeutend und von ungewöhnlicher Klarheit; dabei ruhig prüfend, man fühlte, daß er auch den verborgenen Fleck traf. Sein gutes, weiches Herz verriet sich leicht, auch bei geringerer, zufälliger Anregung. Was man jedoch ein *gefälliges* Wesen nennt, war ihm so wenig eigen wie jede Art oberflächlicher Liebenswürdigkeit. Als Schriftsteller innerhalb seines Fachs gehört Thaer in den höchsten Rang. Er war nicht eigentlich ein erfindendes Genie, aber er fand seine Stärke in der beharrlichsten Anwendung seines gesunden Verstandes und sehr ausgebildeten Scharfsinns. Daß er gleich anfangs sich einer fast allgemeinen Anerkennung zu erfreuen hatte, verdankte er ganz vorzüglich seiner *Aufrichtigkeit* und *Treue* in Erzählung von Tatsachen und der edlen *Offenherzigkeit,* mit welcher er auch das erzählte, worin er sich früher geirrt hatte. Das Bewußtsein seines großen Ziels machte ihn stark, fest, beharrlich, mutig; seine Leistungen aber schienen ihm immer unzulänglich, ja selbst geringfügig gegen das, was seiner Seele vorschwebte. Ein Jagen nach Berühmtheit, wie es sich bei weniger Begabten so oft findet, blieb ihm durchaus fremd. Untersuchen, forschen, prüfen war ihm von Jugend auf wie zur zweiten Natur geworden, und die Verse Hagedorns erschienen wie an ihn gerichtet:

Der ist beglückt, der sein darf, was er *ist*,
Der Bahn und Ziel nach *eignem* Auge mißt;
Nie sklavisch folgt, oft selbst die Wege weiset,
Ununtersucht nichts tadelt und nichts preiset.

Sein Leben, wie er selbst schreibt, war köstlich gewesen, dennoch empfand er zuletzt die »Sehnsucht nach einem anderen«, wo kein Suchen und kein Forschen ist. Wir aber, die wir noch inmitten des Kampfes stehn, den die Erde von uns heischt, haben ihm zu danken, daß er *gesucht* und *geforscht.*

Soviel über Thaer selbst. Wir wenden uns nun dem zweiten Teil unsrer Aufgabe zu und lassen der Biographie des Meisters in Nachstehendem die Biographien derer folgen, die ihm, wie auf dem nunmehr errichteten Denkmal (vgl. die Beschreibung der *Basreliefs* S. 295 ff.), so auch im Leben nahestanden und ihn bei Durchführung der großen landwirtschaftlichen Aufgabe, die ihm in unserm Vaterlande zufiel, theoretisch und praktisch, mit Rat und Tat unterstützten. Das Maß und die Art der Teilnahme jedes einzelnen an diesem Werk wird aus den Biographien selbst hervorgehen. Wir erfüllen durch diese Zusammenstellung eine Pflicht der Dankbarkeit, wie es denn auch dies selbe Gefühl der Pietät war, was bei Herstellung des Denkmals selbst die Comité-Mitglieder auf eine Gruppierung der verschiedenen Mitarbeiter Thaers, um die Gestalt des Meisters herum, Gewicht legen ließ.

Von Wulffen-Pietzpuhl

Carl von Wulffen, der Freund und nebst von Thünen vielleicht der hervorragendste und geistvollste unter allen Schülern Thaers, wurde den 1. Dezember 1785 zu Wutike in der Prignitz bei Kyritz geboren. Sein Vater Carl Christian Christoph von Wulffen besaß das Allodialrittergut Wutike; seine Mutter, geborne von Nimschefsky, verlor er sehr frühzeitig.

Die erste Erziehung erhielt unser Wulffen nach der Sitte damaliger Zeit von einer französischen Gouvernante; der einzige Gewinn für seine Ausbildung war die erlangte Geläufigkeit in der französischen Sprache, welche ihm in späterer Zeit von Nutzen war.

Als Knabe wurde er zu einem Prediger in Blumberg (jetzt dem Grafen Arnim gehörig) bei Berlin in Pension gebracht, woselbst er den nötigen Unterricht erhielt, um im Jahre 1800 als Junker in das Regiment »König« in Potsdam einzutreten.

Das einförmige, zum Teil wüste Leben, in welches er hier hineingerissen wurde, ward ihm sehr bald widerwärtig und gab ihm Veranlassung, mit allem Eifer und Ernst sich dem Studium der Mathematik unter Tempelhoffs Leitung zu widmen; es sind diese Studien die Grundlage seiner spätern, durch mathematische Form ausgezeichneten Arbeiten geworden.

Im Jahr 1806 befand sich Wulffen in Spandau, wurde jedoch bei der Kapitulation der Festung freigelassen.

Inzwischen war durch Aussterben der von Wulffschen Linie auf *Grabow* und *Pietzpuhl* sein Vater in den Besitz dieser Güter gelangt, und Wulffen begab sich 1806 nach Grabow, um dort die ersten wichtigen Vorarbeiten: die Vermessung der Forstgrundstücke, für eine spätere Tätigkeit in der Begüterung auszuführen.

Im Jahre 1808 finden wir ihn auf einer landwirtschaftlichen Versammlung, welche der Staatsrat Thaer nach Freienwalde berufen hatte. Bei der Aussicht, als ältester Sohn seines Vaters dereinst die Sorge für die Bewirtschaftung der Güter Grabow und Pietzpuhl, deren sehr gesunkener Zustand einer gründlichen Hülfe bedurfte, zu übernehmen, war die landwirtschaftliche Vorbildung eine dringende Notwendigkeit. So erfolgte Wulffens Übersiedelung nach Möglin, woselbst Albrecht Thaer bereits lehrte. Vom Jahre 1810 finden sich in den »Mögliner Annalen« mehrere Aufsätze von ihm, die stets die Ermittelung der *tierischen oder vegetabilischen Produktion* zum Gegenstand haben und schon damals seinem Lehrer Thaer Veranlassung gaben zu folgendem Urteil:

»Was dürfen wir nicht erwarten, wenn mehrere junge Männer mit gleichem Scharfsinn und emporstrebendem Eifer wie der Herr Verfasser ihre Kenntnisse und Talente der Wissenschaft und Praxis der Landwirtschaft ausschließlich widmen.«

Im Sommer 1810 trat Wulffen eine landwirtschaftliche Reise an; er besuchte den Siegenschen Wiesenbau und ging nach Hofwyl zu Fellenberg, von dort nach Genf und dem südlichen Frankreich. Hier war es, wo er in der Gegend von Grenoble im Jahre 1810 die *Lupine,* eine von den Zeiten der Römer her schon kultivierte Ackerbaupflanze, vorfand und dieses nach einem halben Jahrhundert für uns so wichtig gewordene Gewächs ausführlich besprach. Er machte seinen Lehrer Thaer schon damals auf die Wichtigkeit dieser Pflanze, namentlich in bezug auf die *Bodenverhältnisse der Mark Brandenburg,* aufmerksam.

Im Frühjahr 1813, beim »Aufruf des Königs an das Volk«, organisierte Wulffen die Landwehr des Ziesarschen Kreises. Als Hauptmann (ein Titel, auf den er stolz war und den er später nie ablegte) führte er seine Compagnie im Feldzuge. Nach dem Zeugnis seiner Vorgesetzten und Untergebenen zeichnete er sich durch Unerschrockenheit, Selbständigkeit, festes, bestimmtes Urteil, welches in den Augenblicken der Gefahr stets das Richtige traf, ebenso aus wie durch Kameradschaftlichkeit und aufopfernde Sorge für die ihm treu anhängenden Untergebenen.

Aber die Würfel fielen nicht glücklich für ihn. In der Schlacht bei Reims, 16. März 1814, wurde er (dem eine äußerst schwierige Position zur Verteidigung anvertraut worden war) samt seiner ganzen Compagnie, übrigens nach ehrenvoller Kapitulation, gefangengenommen und in Folge davon bis tief in Frankreich, nach Limoges, hinein transportiert. Der Einzug der Verbündeten in Paris erlöste ihn aus der Gefangenschaft. Inzwischen war sein Vater im Mai 1813 gestorben, und Wulffen eilte nun, zu der ihm zugefallenen umfassenden Reorganisation der väterlichen Güter, nach Grabow zurück. Vor allem war es seine Sorge, die Güter Grabow und Pietzpuhl, welche verpachtet waren, in eigene Administration zu bringen. Die Verhältnisse waren äußerst verwickelt und bei der großen Verschuldung der Güter das Arrangement mit den Pächtern um so mehr erschwert.

Der Wiederausbruch des Krieges im Frühjahr 1815 unterbrach seine landwirtschaftliche Tätigkeit aufs neue, und im April 1815 sehen wir ihn unter General Thielmann wieder im Felde, im 5. Regiment der kurmärkischen Landwehr, 3. Armeecorps.

In der Schlacht bei Ligny erhielt er das Eiserne Kreuz. Diesmal zog er auch am 7. Juli 1815 siegreich in Paris mit ein und bat, da seine kriegerische Tätigkeit beendet erschien, unterm 12. Juli um Verabschiedung, aber erst im September konnte er aus dem Feldzuge nach Grabow zurückkehren.

Von nun an widmete er sich unausgesetzt der praktischen landwirtschaftlichen Tätigkeit, die alsbald die öden Steppen des Gutes Pietzpuhl in die fruchtbarsten Felder umzuwandeln begann. Bei dieser praktischen Wirksamkeit war Wulffen, ohne äußere Mittel, lediglich auf seine *persönliche* schöpferische Tätigkeit angewiesen. Zunächst führte er eine ganz militärisch disziplinierte Ordnung in Pietzpuhl ein, indem er das gesamte *Dienstpersonal* mit den ihm *treuergebenen Leuten seiner Compagnie besetzte.* Diese militärische Ordnung blieb selbst später noch in allen Beziehungen zwischen ihm und den Leuten bemerkbar, und trug dies Verhältnis wesentlich bei, daß sein Wille allein in allen Teilen der Wirtschaft sich kundgab.

Die Hülfsmittel, welche Wulffen benutzte, um den so tief gesunkenen Kulturzustand von Pietzpuhl zu heben, waren folgende:

1. Korrekte Einteilung des Gutes und Entwerfung der Wirtschaftssysteme nach den äußerst wechselnden *Bodenklassen*;

2. Benutzung der bis dahin gänzlich unbenutzten *Mergellager*;

3. Ausgebreiteter Anbau der Erdäpfel (Solanum tuberosum);

4. Einführung des *Lupinenbaus** im großen;

5. Nach erfolgter Mergelung der Futterschläge Einführung des *Luzernenbaus*;

6. Aufsuchung eines für die öden Sand- und Weideflächen geeigneten *Weidegrases* und infolgedessen Besamung derselben mit Schafschwingel;

* Wulffen gebührt das Verdienst, die *Lupine* im nördlichen Deutschland eingeführt und auf die Wichtigkeit dieser Sandpflanze zuerst, unter Hinweis auf die großen Erfolge ihrer Benutzung in Pietzpuhl, aufmerksam gemacht zu haben. Der Künstler, welcher Wulffen als Thaers Schüler auf den Figurenreliefs der Vorderseite der Thaer-Statue dargestellt hat, gab Wulffen die Lupine in die Hand, welche er, in richtiger Würdigung der Wichtigkeit dieser Pflanze für den Landbau, seinem Lehrer Thaer, dem Gründer und Verbreiter des rationellen Landbaues, symbolisch zur Benutzung übergibt.

7. Einführung des *Mohrrübenbaus* im großen auf dem Felde.

Sehr interessant ist der Auszug eines Wulffenschen Briefes an den Staatsrat Thaer vom 23. Dezember 1821 über die Einführung der Erdäpfel, der Lupine und der Luzerne in Pietzpuhl, abgedruckt im 9. Bande der »Möglinschen Annalen«, S. 342.

Erst in seinem vierzigsten Jahre verheiratete sich Wulffen mit Aurelie von Windheim, von welcher er zwei Söhne und drei Töchter erhielt.

Während seiner praktischen Wirksamkeit arbeitete er zugleich fortwährend an seiner geistigen Ausbildung und erhielt sich, wie innerhalb seines Fachs, so auch auf dem Gebiete der Philosophie, der Naturwissenschaften, der Politik und der Staatswissenschaften im Zusammenhang mit den neuen Erscheinungen der Literatur.

Schon mitten im Kriege, während er mit seiner Compagnie an der Belagerung von Wittenberg teilnahm, hatte er sich mit landwirtschaftlichen Problemen beschäftigt und eine höchst bemerkenswerte, streng wissenschaftlich gehaltene Schrift ausgearbeitet, die später unter dem Titel *»Versuch einer Theorie über das Verhältnis der Ernten zu dem Vermögen und der Kraft des Bodens, über seine Bereicherung und Erschöpfung«* veröffentlicht wurde; sein eigentlich berühmtes Werk aber, *»Ideen zur Grundlage einer Statik des Landbaues«*, das epochemachend für die Agrikulturwissenschaft wurde, erschien 1823 im 11. Bande der »Möglinschen Annalen«. Daran schlossen sich in langen Zwischenräumen »Die *Vorschule* zur Statik des Landbaus« (1830) und 1847 sein letztes Werk »Entwurf einer Methodik zur Berechnung der Feldsysteme«.

Bei der Gründung des Landesökonomiekollegiums im Jahre 1842 wurde Wulffen als Mitglied desselben berufen.

Wulffen hat nie aufgehört, sich zu bilden, und selbst in spätern Jahren war es ihm ein Bedürfnis, die in frühester Jugend vernachlässigten Studien nachzuholen. Sein Gespräch war belebend, niemals kam ein platter Witz aus seinem Munde; er sprach gern in Bildern, und immer hatte seine Erzählung einen poetischen Anflug.

Schiller und Jean Paul waren seine Lieblingsdichter. In

seinem Hause sah er gern Gäste und liebte eine witzige Unterhaltung, wenn sie in Wahrheit geistreich war; er selbst verließ Pietzpuhl nur sehr selten, er war sich selbst genug und wußte schmerzliche Ereignisse seines Lebens mit philosophischer Fassung zu ertragen; bei einem äußerst mäßigen Leben fand er nur Freude und Erheiterung in seiner Familie und zwischen seinen Schöpfungen.

Wie er selbst belebt, scharf, geistreich war, so sind es auch seine Schriften, die neben denen Thaers und von Thünens ziemlich unbestritten den höchsten Rang in der landwirtschaftlichen Literatur einnehmen. Die Mehrzahl seiner Arbeiten wird freilich nicht von all und jedem, sondern – eine landwirtschaftliche Bildung selbstverständlich vorausgesetzt – nur von philosophisch und mathematisch geschulten Köpfen gewürdigt werden können. Er schrieb zunächst für eine *Minorität* und war sich dessen bewußt. Zur Rechtfertigung seiner *mathematischen* Behandlungsmethode (namentlich in seinem Werke *»Die Statik des Landbaus«*) schrieb er selbst:

»Die Berechnung des Felderertrages scheint mir sehr übel beraten, wenn wir bei Betrachtung einer neuen Wirtschaft uns jedesmal mit einem *neuen Maßstab* bekanntmachen müssen. Den *allgemeinen* Maßstab soll die *Statik* feststellen, daher diese sich auch nur *allgemein*, das ist durch *Buchstabenrechnung*, ausdrücken läßt. Ist nun dieser (der Maßstab) allgemein richtig entworfen und bildet er gleichsam den großen *Proportionalzirkel*, auf welchem wir *alle* Verhältnisse der Natur, in Beziehung auf den Ackerbau, finden können, so darf *keine* neue Einteilung geschehen, weil diese doch wieder für andere Verhältnisse unangemessen sein und also bald so viele *Maßstäbe* wie *Münzsorten* in Europa entstehen würden.«

Schon aus dieser Probe erhellt die lichtvolle Art seiner Darstellung. Körte sagt von von Wulffens Schriften, insonderheit von der »*Vorschule* der Statik des Landbaus« (die unter allen Wulffenschen Arbeiten als die reifste und lichtvollste gilt): »So schwierig der Stoff ist, so anziehend, so klar ist die Sprache. Die in dem Buche herrschende Genialität des Gemüts muß überdies dem Verfasser jeden seiner Leser gewinnen.«

Die letzten Jahre seines Lebens waren durch schwere Krankheit getrübt, eine Gehirnlähmung endigte am 23. April 1853 sein tätiges Leben. Seine Asche ruht in einem schon mehrere Jahre vor seinem Tode in dem großen schönen Park von Pietzpuhl aus massiven Granitquadern erbauten Erbbegräbnis.

Von Thünen-Tellow

Dr. Johann Heinrich von Thünen auf Tellow in Mecklenburg, Mitglied des Mecklenburgschen patriotischen Vereins, einer der frühesten Schüler Thaers, nimmt unter den wissenschaftlichen Bearbeitern der Landwirtschaftslehre, seit ihrer systematischen Begründung in Deutschland, einen der ersten Plätze ein.

Johann Heinrich von Thünen wurde am 24. Juni 1783 zu Jever im Oldenburgischen geboren. Über seine ersten Jugendjahre ist wenig bekannt; er verbrachte sie mutmaßlich im elterlichen Hause. 1802 begann er sich der Landwirtschaft zu widmen und erlernte sie praktisch zu Flattbode. 1803 begab er sich nach *Celle* und war hier unter Thaers ersten Schülern, einer von jener kleinen Schar, die zu Errichtung des »Instituts« und (später) der so berühmt gewordenen »Mögliner Akademie« führte. Er blieb ohngefähr ein Jahr in Celle; 1804 ging er nach Göttingen, um daselbst seine kameralistischen Studien fortzusetzen. 1806 verheiratete er sich mit Helene Berlin, Tochter des Gutsbesitzers Berlin auf Liepen in Mecklenburg, verkaufte, kurz vorher oder nachher, sein in Jever belegenes väterliches Gut und pachtete das Gut Reepkow (?) in Pommern. Kriegsdrangsale indes sowie die geringe Ergiebigkeit des Bodens veranlaßten ihn bald, diese Pachtung aufzugeben, und nachdem er eine zu Marienhausen in Jever ihm angetragene Deichinspektorstelle ausgeschlagen hatte, kaufte er 1810 das Gut Tellow. Von 1810 bis 20 führte er hier die Wirtschaft persönlich, mit eisernem Fleiß und seltener Beharrlichkeit, und über alle Details in genauester Weise Buch und Rechnung führend, sammelte er jenes Material an Beobachtungen und Resultaten, das er seinen spätern wissenschaftlichen Arbeiten zugrunde legte. Die Mehrzahl derselben wurde in den »Mecklenburger landwirtschaftlichen Annalen« publiziert; sein Hauptwerk aber erschien selbständig unter dem Titel *»Der isolierte Staat«* (Hamburg 1826; – erste Abteilung des *zweiten* Bandes 1850). Thaer sagte von diesem Buch: »Es ist ein Werk von solcher Tiefe und Fülle, von so leuchtender, sich über die ganze Sphäre der Landwirtschaft verbreitenden Klarheit, daß ich ihm keins an die Seite zu setzen wüßte außer von Wulffens Schriften über *›Die Statik des Landbaus‹*.« Wulffen selbst, der nebst Thaer als der kompetenteste Richter gelten mochte, schrieb in fast begeisterter Weise über das Thünensche Buch, und einem seiner an Thaer gerichteten Briefe (vom 15. Februar 1827) entnehmen wir hier folgende Stelle: »Von Thünens merkwürdiges Buch *›Der isolierte Staat‹* lese ich jetzt erst zum *drittenmal* und habe meine statischen Arbeiten beiseite gelegt, um es nun ordentlich zu lesen. Kaum habe ich jemals über eine literarische Erscheinung eine größere Freude gehabt als über dies Buch. Ich schreibe in der Tat bloß deshalb, um Ihnen dies zu sagen. Angenommen, Thünens Ansichten über die Statik wären noch nicht bis zur höchsten Klarheit gedrungen; selbst angenommen, daß die Wahrheit in einer oder der andern Richtung seiner Untersuchung verfehlt wäre (worüber ich mir noch kein Urteil beimesse), dennoch hat der Verfasser mit diesem Buche die Petarde an das innerste Tor unserer Wissenschaft gelegt und es glücklich gesprengt ... Das Buch steht über der Kritik, aber nicht über Ihrer (Thaers) Würdigung. Ich kenne Thünen nicht ..., aber recht von Herzen wünsche ich ihm die Ernte des verdienten Ruhmes für eine vom reinsten Trieb nach Wahrheit geleitete, so mühsame, so tief durchdachte Forschung. Nachschwimmen werden diesem kühnen Argonauten nun wohl mehrere; aber viele schifften nach Kolchis und sahen dort bloß die dunkle Küste.« Am anderen Ort werden von Thünens Verdienste in folgende Worte zusammengefaßt: »Von Thünen sucht als Ackerbauer die Sicherheit seiner Existenz vornehmlich durch die höhere agronomische Verwertung seines Bodenkapitals zu erhalten. Auf die weise Haushaltung damit, gestützt auf eine schon an sich einträglichere Viehzucht, hat besonders *er* seine vaterländischen Gewerbsgenossen hingelenkt, und er steht in dieser Beziehung neben dem nun verewigten

Pogge, den gleiche Ansichten auf seinem *empirischen* Standpunkte leiteten, als einer der seltensten Wohltäter seiner Landsleute da. In Thünen vereinigte sich aufs glücklichste der gewandte Praktiker mit dem scharfsinnigen Theoretiker. Jede ihm interessante Erscheinung auf ihre erste Entstehungsursache zurückführend, hat er, bei seinem gediegenen naturwissenschaftlichen Wissen, zahlreiche Berichtigungen und Ergänzungen unserer Erfahrungstheorie geliefert.«

Auch im Auslande gewannen ihm seine Schriften hohe Geltung. Während der Verhandlungen über die Korn-Bill waren es, im Bericht des Mr. Jacob, von Thünens Ansichten, welche hauptsächlich hervorgehoben wurden, wie er denn überhaupt von nationalökonomischen Schriftstellern als Autorität zitiert zu werden pflegt. Sein Buch vom »Isolierten Staat« wurde ins Französische übersetzt und dem Übersetzer desselben, dem Professor de Laverrière, von der Akademie der Wissenschaften die goldene Medaille dafür erteilt.

Im Auslande hochgeehrt, genoß er in dem engeren Kreise, in dem er lebte, die allgemeinste Liebe und Achtung. Er war Mitglied vieler Vereine und Ehrenbürger der benachbarten Stadt Teterow. 1848 wurde er ins deutsche Parlament gewählt, lehnte aber kränklichkeitshalber ab. Von seinen Kindern vermählte sich die Tochter Helene an den Minister a. D. von Buttel in Oldenburg; sein ältester Sohn, Edo Heinrich, ist der jetzige Besitzer von Tellow. Von Thünen selbst, nachdem er längere Zeit gekränkelt hatte, starb am 22. September 1850.

H. Einhof

H. Einhof, der erste unter den Mitarbeitern Thaers, ein durch seine ausgedehnten Kenntnisse und Forschungen in fast allen Zweigen der Naturwissenschaft höchst verdienter Gelehrter, wurde wahrscheinlich um 1770 geboren. Mit Bestimmtheit ist sein Geburtsjahr nicht festzustellen gewesen. In den neunziger Jahren des vorigen Jahrhunderts kam er als Gehülfe der Pharmazie aus Einbeck nach Celle, wo Thaer (damals noch ein vielbeschäftigter Arzt) alsbald ein lebhaftes Interesse für ihn faßte und sich, besonders bei Behandlung von Taubstummen, seines Beistandes bediente.

Thaer vermittelte es, daß Einhof das Provisorat der Königlichen Apotheke zu Celle erhielt, und da die Stadtwohnung des ersteren in unmittelbarer Nähe der Apotheke gelegen war, so wurde der Verkehr alsbald ein engerer, und Einhof empfahl sich seinem Gönner von Tage zu Tage mehr, nachdem er begonnen hatte, die *Bodenarten*, mit deren Untersuchung sich Thaer damals vorzugsweise beschäftigte, nach ihrer chemischen Zusammensetzung zu bestimmen.

Als Thaer 1804 von Celle nach Möglin übersiedelte, gab auch Einhof sein Provisorat an der Königlichen Apotheke auf und begleitete seinen Lehrer und Meister in die neue Heimat, da, wie er sich ausdrückte, »der Mond der Sonne folgen müsse, wenn er nicht ganz verdunkeln wolle«. Er wurde alsbald von seiten des Königs zum Professor der Chemie, Technologie und Botanik ernannt. Aber nur wenige Jahre, freilich Jahre, in denen seine glänzende Begabung erst voll zur Erscheinung kam, waren ihm noch vergönnt. Im Februar 1808 hatte Einhof eine Reise nach Berlin gemacht und kehrte sehr beglückt über den Ankauf einer Luftpumpe, Elektrisiermaschine und anderer physikalischen Gerätschaften (die damals noch etwas Seltenes waren und unter dem Druck der Kriegsnot einen doppelten Wert hatten) nach Möglin zurück. Hier aber harrte seiner allerhand Verdruß und Ärgernis mit einzelnen Akademikern, Aufregungen, die ihm ein heftiges Nervenfieber zuzogen, dem er am 28. Februar 1808 erlag. Er wurde auf dem neuen Mögliner Kirchhofe begraben; neben ihm ruht die jüngste Tochter Thaers. Man begegnet öfter der Angabe, daß er ein Schwiegersohn Thaers gewesen sei, was aber nicht richtig ist. Erst sein Nachfolger Crome verheiratete sich mit einer der Thaerschen Töchter. Thaer selbst schrieb über Einhofs Tod: »Ich habe seit seinem Hinscheiden nichts tun und denken können. Es ist der härteste Schlag, der mich treffen konnte. Ich fühle mein ganzes Wesen zerrissen. Seit acht Jahren war er um und neben mir, bildete sich ganz nach meinem Sinne, wirkte mit mir aus einem Geiste und Herzen und nach einer Tendenz. Er war in meiner Familie *mehr* als Sohn und Bruder« (diese Stelle ist es wohl, die dahin gedeutet worden ist, er sei Thaers Schwiegersohn gewesen) »und teilte mit uns jede Freude, jedes Leid, jede Hoffnung und Sorge. Was die

Wissenschaft in seinem speziellen Fache (der Chemie) an ihm verloren hat, vermag ich noch nicht auszusprechen.« Jetzt hat sich das Urteil über seine Verdienste festgestellt.

Er und Hermbstädt waren die ersten, welche dem Landwirte eine Folgenreihe der wichtigsten Belehrungen in Ansehung der Nahrungsfähigkeit der verschiedenen Bodenerzeugnisse und ihrer einzelnen Bestandteile sowie Ratschläge hinsichtlich der technischen Benutzung derselben mitteilten. Zugleich waren die genannten beiden die ersten, welche zuerst auf eine allgemeinverständliche Weise ihre erschöpfende oder bereichernde Kraft definierten und die abweichende Wirkung der verschiedenen Erd- und Düngerarten von dem Verhältnisse der einzelnen Teile zueinander und den besondern natürlichen Einflüssen auf dieselben herleiten lehrten. Einhofs spezielles Verdienst aber ist es, daß niemand vor ihm eine so innige *Verbindung* der Naturwissenschaft mit der Lehre von der Ökonomie, Agronomie, Agrikultur, Produktion und Fabrikation theoretisch und praktisch bewirkt hat. Großes hätte der deutsche Landbau noch von ihm erwarten können. Außer Beiträgen zu den von Thaer herausgegebenen »Annalen« erschien unter Einhofs Namen: »Grundriß der Chemie für Landwirte; aus dessen hinterlassenen Diktaten herausgegeben von A. Thaer«, 1. Band. Berlin 1808. gr. 8. 1 Tlr.

J. G. KOPPE

Johann Gottlieb Koppe wurde den 21. Januar 1782 in seinem jetzigen Wohnorte, Dorf Beesdau, geboren. Seine Eltern besaßen daselbst eine kleine Büdnerstelle. Der Vater war im Siebenjährigen Kriege (Beesdau war damals noch sächsisch) Soldat in einem sächsischen Dragonerregiment geworden und hatte mit demselben einige Jahre in Warschau gestanden, bis zum Tode des letzten Königs von Polen aus dem sächsischen Hause. Der Vater unseres Koppe wurde zu Ende des Jahres 1779 mit Pension entlassen und nährte sich bis zu seinem Tode (1806) von Tagelöhnerarbeit.

Johann Gottlieb Koppe half seinem Vater, so gut es ging, bei seiner Arbeit auf Hof und Feld, bis zum Dezember 1793, wo er durch Zutun von Anverwandten auf die Stadtschule zu Lübben kam. Der Unterricht war mangelhaft, die Schule besaß aber eine kleine Bibliothek und entschädigte dadurch für manches andere, das fehlte. In seinem fünfzehnten Jahre kam Koppe von der Lübbener Stadtschule auf das dortige Lyzeum, das damals einige vortreffliche Lehrer (Suttinger und Siebenhaar) hatte und ebenso durch den herrschenden Ton wie durch das wissenschaftliche Streben, das Lehrer und Schüler durchdrang, unsrem Beesdauer Büdnersohn, wie er in freudiger Rückerinnerung selbst erzählt, eine »ungeahnte Befriedigung des Daseins« gewährte. Dieser erste Einblick in die Welt des Idealen machte, nach Koppes eignem Zeugnis, dieses Jahr zum glücklichsten seines ganzen Lebens.

Es fehlte aber alsbald an Mitteln, die begonnenen Studien fortzusetzen, und nach einjährigem Besuch des Lyzeums wurde unser Koppe, behufs Erlernung praktischer Landwirtschaft, zu einem Pächter der gräflich Solmsschen Güter in die Lehre getan. Es war dies im April 1797, und Koppe blieb daselbst bis Oktober 1799. Wenn das Lübbener Lyzeumsjahr als die glücklichste Zeit seines Lebens dasteht, so waren diese drittehalb Lehrjahre auf dem Pachthofe der Solmsschen Güter seine unglücklichste Zeit. Koppe selbst schildert seine damalige Lage sehr anschaulich: »Ohne alle Mittel, die wissenschaftlichen Beschäftigungen, an die ich mich gewöhnt hatte, fortzusetzen, in Gesellschaft von gemeinen, unmoralischen Menschen und niedergedrückt durch das Gefühl, die Unterstützung meiner armen Eltern in Anspruch nehmen zu müssen, durchlebte ich hier schwere Tage und Jahre.« Dann fährt er, das *allgemeine Fühlen* jener Epoche sehr lehrreich schildernd, in folgendem fort: »Dazu kam, daß die Ausübung meines Berufes mir deshalb keine Freude machte, weil meine Aufgabe größtenteils darin bestand, die damaligen Hofediener zum Fleiße anzuhalten. Die Klagen derselben über ihr Los machten Eindruck auf mich, weil wir jungen Leute durch die Schriften, welche die Grundsätze der Französischen Revolution verteidigten, Partei für die Hörigen und alle jene Klassen nahmen, welche Verpflichtungen gegen die Besitzer großer Güter zu erfüllen hatten.«

All dies zusammengenommen, Äußerliches wie Innerliches, bestimmte unsern Koppe, im Oktober 1799 seine Stellung auf dem Pachthofe aufzugeben und, nach vergeblichem Versuch, in Berlin ein Unterkommen zu finden, in das schlichte Haus seiner alten Eltern zurückzukehren. Er wurde liebevoll aufgenommen, und seinerseits sich wohl bewußt, daß sein Fortgehen aus der Lehre von aller Welt gemißbilligt werde, begann er nun durch eisernen Fleiß die Scharte auszuwetzen. Er vermied jeden Umgang mit andern jungen Leuten; seine ganze Zeit von früh bis spät gehörte der Arbeit, und jede Stunde war [er] darauf aus, dem Dorf und seinen Eltern zu zeigen, daß er fest entschlossen sei, für ihre Nachsicht sich dankbar zu erweisen. Die Leute im Dorfe faßten es auch so auf, tadelten nicht länger, was zurücklag, und gaben ihm überall das beste Zeugnis. So mochte es kommen, daß im Sommer des Jahres 1800, ohne daß von seiner Seite irgendein Schritt geschehen war, seitens des Majors von Thümen, des Besitzers vom Rittergut Beesdau, die Anfrage an ihn erging: »ob er gewillt sei, die Stelle eines Unterverwalters auf einem andern von Thümenschen Gute, und zwar auf Gräfendorf bei Jüterbog, zu übernehmen?« Die Antwort konnte nicht zweifelhaft sein. Koppe verließ Beesdau und das elterliche Haus, um seine neue Stellung anzutreten und dem Vertrauen Ehre zu machen, das in ihn, den eben erst Achtzehnjährigen, gesetzt worden war. Seine neue Stellung war schwierig, doppelt schwierig bei seiner Jugend; alle Knechte waren älter als er, weigerten sich oft, seinen Anordnungen Folge zu leisten, und Herr von Thümen selbst, an dessen Autorität er Halt und Schutz gehabt haben würde, lebte damals nicht auf Gräfendorf. Es wurde auch besser von dem Augenblick an, wo von Thümen selbst seinen Wohnsitz auf dem Gute nahm. Herr von Thümen war ein Ordnung liebender Geschäftsmann, der auf akkurate Buchführung hielt und, sich lebhaft für landwirtschaftliche Literatur interessierend, alle dahin einschlagenden Bücher und Broschüren las und anschaffte.

Um diese Zeit war es, daß Thaer von Celle nach Möglin übersiedelte. Die Nachricht davon weckte in Koppe, wie in Herrn von Thümen selbst, ein lebhaftes Interesse, denn alle Neuerungen, die seit Jahren mit Erfolg in Gräfendorf eingeführt worden waren, stützten sich auf landwirtschaftliche Prinzipien, wie Thaer sie aufgestellt hatte. Nun war der Mann in ihre Nähe gerückt, dessen Rat (nach aller Meinung) schon vorweg die Gewähr des Erfolges bot. Diesen Rat gedachte Koppe einzuziehen. Die Gräfendorfer Schäferei hatte die feinsten Merinoschafe in der dortigen Gegend und stammte aus Stolpen und Lohmen ab. Im Jahre 1804 war der Zentner Gräfendorfer Wolle in Leipzig mit 150 Taler bezahlt worden; — es lagen daher triftige Gründe vor, recht viel Schafe zu halten, was aber durch Bodenbeschaffenheit und Mangel an Wiesen erschwert wurde.

Koppe hatte vor, den Meister Thaer (für dessen »Annalen« er übrigens schon einige Aufsätze geschrieben hatte) in dieser Schäfereifrage um Rat anzugehen, Möglin zu besuchen und die dortige Wirtschaft durch Augenschein kennenzulernen. Herr von Thümen, der das lebhafteste Interesse an dieser Reise nahm, gewährte Urlaub und Mittel, und Koppe trat im Juli 1807 seine Reise an.

Koppe wurde in freundlichster Weise in Möglin aufgenommen und fand Gelegenheit, die ganze Wirtschaftsführung in allen ihren Teilen kennenzulernen. Diese Reise wurde für Koppe entscheidend; zunächst gab sie Veranlassung zu einer Korrespondenz zwischen ihm und Thaer.

Als im Jahre 1810 die Berliner Universität gegründet wurde, wurde Thaer veranlaßt, während des Winters Vorlesungen an derselben zu halten. Er machte aber darauf aufmerksam, daß es wünschenswert sei, die jungen Landwirte nach Möglichkeit auf diese Vorlesungen *vorzubereiten*, und daß er zu diesem Behuf empfehle, einen praktischen Landwirt als *Vorbereitungslehrer* anzustellen. Es wurde auch in der Tat ein Gehalt von 500 Talern bewilligt und Koppe zur Übernahme dieser Stelle aufgefordert. Er nahm an; konnte aber, da inzwischen Major von Thümen gestorben war, vor Juli 1811 in Möglin nicht eintreffen. Seine Wirksamkeit als Lehrer dauerte nur anderthalb Jahre, und zwar bis zum Ausbruch des Krieges 1813. Alle jungen Leute (auch die drei Söhne Thaers) verließen die Akademie; Koppe blieb zurück, weil er für den Fortbestand der Wirtschaft unentbehrlich und eben damals mit Gründung jener Mögliner Schäferei beschäftigt war, die binnen kurzem so berühmt werden sollte.

Das Fundament dieser Schäferei waren Gräfendorfer Merinoschafe, die Koppe auf Anordnung Thaers gekauft hatte, bevor er jene Gegend verließ.

An dem Kriege nahm Koppe keinen direkten Anteil; er fungierte 1813 als Adjutant beim Chef des neugebildeten Landsturms.

Die Zeiten waren schwer, die Aussichten trübe, besonders für die Lehranstalt. Zudem war Koppe seit kurzem verheiratet. Dies bestimmte ihn, sich nach einer gesicherteren Stellung umzusehen und endlich die Administration mehrerer benachbarten Güter zu übernehmen, die ihm, unter günstigen Bedingungen, von Baron Eckardtstein angeboten worden war. Unter diesen Gütern war auch das in der Nähe von Möglin gelegene Gut *Reichenow.* Hier nahm Koppe im Juni 1814 Wohnung und lebte daselbst als *Administrator* der benachbarten *Eckardtsteinschen Güter* bis 1827. Diese Güter waren bei Antritt seines Amtes schlecht im Stande. Baron Eckardtstein kam ihm aber mit Geschäftskenntnis und jeglicher Geneigtheit entgegen, und eine völlig veränderte Wirtschaftsführung: Schafhaltung, Kartoffelbau, Brennereibetrieb, lieferten alsbald ziemlich bedeutende Reinerträge, an denen Koppe durch eine ihm zugesicherte Tantieme partizipierte.

1827 wurde die im Oderbruch gelegene, seitdem zu so großem Ansehen gelangte Domaine Wollup in Zeitpacht ausgeboten. Die Anzeigen in den öffentlichen Blättern belehrten zugleich dahin, »daß dem Pächter ein bedeutendes Kapital in den Inventarienstücken übergeben werde«, woraus sich von selbst ergab, daß ein verhältnismäßig geringes *Betriebskapital* zur Bewirtschaftung des Gutes ausreichen werde. Dies erweckte in unserem Koppe die Neigung, als Bewerber aufzutreten. Er setzte sich mit Baron Eckardtstein darüber in Einvernehmen, und nachdem dieser eingewilligt hatte, ihm das erforderliche Betriebskapital zu leihen, trat er mit seiner Bewerbung hervor. *Er erhielt die Pachtung,* da er der *einzige* Bewerber gewesen war, der sich bereit gezeigt hatte, auf die von der Regierung gestellten Bedingungen einzugehen. Die damals seit mehreren Jahren gesunkenen Produktenpreise hatten den Landwirten allen Mut genommen, auf neue Unternehmungen einzugehen.

All die Zeit über, solange Koppe in *Reichenow* als Administrator der Eckardtsteinschen Güter tätig gewesen war, hatte er mit Thaer in freundschaftlichem Verkehr gestanden. Auch nach Thaers Tode, und nachdem er (Koppe) den Aufenthalt in Reichenow mit dem in dem entfernter gelegenen Wollup vertauscht hatte, verblieb er in den alten Beziehungen zu Möglin und dem Thaerschen Hause.

Seine Tätigkeit wurde immer angespannter und dehnte sich über immer größere Kreise aus, nachdem er 1830 auch die Domaine Kienitz, eine Meile von Wollup entfernt, in Pacht genommen hatte. 1838 fungierte er bei der dritten Versammlung deutscher Landwirte, die in Karlsruhe abgehalten wurde, als Präsident. Im darauffolgenden Jahre wurde er zum Mitglied der Handels- und Ackerbaukommission ernannt, welche über den Handelsvertrag mit der niederländischen Regierung, über die *Zuckersteuer* und überhaupt über die damals schwebende Frage: »ob eine *selbständige Fabrikation des Rübenzuckers* zu erwarten sei«, zu beraten hatte.

1842, bei Gründung des *Landesökonomiekollegiums,* wurde er Mitglied dieser Behörde*; 1846 wurde er in die *Generalsynode* (zu der bekanntlich auch Laien berufen wurden) und 1849 in die Erste Kammer gewählt, in der er bis 1852 als Mitglied verblieb. 1858 schied er wegen zunehmender Gehörsschwäche aus dem Landesökonomiekollegium; 1860 trat er die Pachtungen Wollup und Kienitz an seine beiden jüngeren Söhne Moritz und Otto Koppe ab und zog sich auf seine schon vorher gekauften Güter Beesdau und Crinitz (dasselbe Beesdau, in dem er als Tagelöhnersohn geboren worden war) zurück.

Koppes Verdienste um die Landwirtschaft sind doppelter Art, denn er hat sich ebensosehr durch eine musterhafte Verwaltung der verschiedenen Landgüter (eigner und administrierter) wie durch seine landwirtschaftlichen Schriften hervorgetan. Seine literarische Tätigkeit umfaßt einen Zeit-

* Das *Landesökonomiekollegium,* in das bei seiner Gründung, außer Koppe, von Wulffen und von Bredow, auch der Minister des Innern von Rochow und der Minister der landwirtschaftlichen Angelegenheiten Graf Arnim eintraten, besaß in den eben Genannten eine Vereinigung und einen Stamm landwirtschaftlicher Autoritäten, wie er nicht oft zum zweiten Male gefunden werden dürfte. Graf Itzenplitz, der gegenwärtige Minister der landwirtschaftlichen Angelegenheiten, und von Treskow-Friedrichsfelde schlossen sich den genannten Notabilitäten ebenbürtig an.

raum von beinahe vierzig Jahren, indem seine ersten kleineren Aufsätze, in den »Annalen« abgedruckt, zu Anfang des Jahrhunderts, seine letzte Arbeit, »Über die Erzeugung des *Rübenzuckers* in ihren staatswissenschaftlichen und gewerblichen Beziehungen«, im Jahre 1841 erschien.

Wir lassen das Verzeichnis seiner wissenschaftlichen Arbeiten, chronologisch geordnet, hier folgen:

»Der Ackerbau auf dem hohen Fläming«, wahrscheinlich 1808 in Gräfendorf geschrieben. Dies war seine erste *bedeutendere* Arbeit.

»Unterricht im Ackerbau und in der Viehzucht« erschien (mit einer Vorrede von Thaer), in zwei Bänden, in den Jahren 1811 und 1812. Dies populäre landwirtschaftliche Werk hatte Koppe auf Wunsch und Anregung Thaers geschrieben. Thaer, nachdem das Gesetz von 1811 die Verhältnisse zwischen dem großen Grundbesitz und den Bauern geregelt und die Grundsätze der Gemeinheitsteilung festgestellt hatte, war von dem lebhaften Wunsche erfüllt, daß der kleine Grundbesitzer nunmehr auch Kenntnis von einem zweckmäßigeren Betriebe des Ackerbaues erlangen möge. Zu diesem Behuf drang er in Koppe, das oben namhaft gemachte populäre Buch zu schreiben. 1816, trotz aller Not und Drangsal des Krieges, war es vergriffen, und eine *zweite* Auflage folgte. Als die *dritte* nötig wurde, schritt Koppe zu einer Umarbeitung, weil er wahrgenommen hatte, daß das Buch, seinem ursprünglichen Zwecke entgegen, *nicht* von dem *kleinen*, sondern von dem *großen* Grundbesitzer gekauft und gelesen werde. So erschien die völlig veränderte 3. Auflage unter dem Titel: *»Anleitung zu einem vorteilhaften Betriebe der Landwirtschaft«;* ein Werk, das seitdem bis zur 7. Auflage vorgedrungen ist.

An das vorstehende, populärste und bedeutendste Buch Koppes schloß sich der Zeitfolge nach (1818) eine Schrift unter dem Titel *»Revision der Ackerbausysteme«* an, worin er nachwies, daß die so vielfach angepriesenen, nach *englischem* Beispiel organisierten Wechselwirtschaften für das deutsche Klima und die abweichenden Verhältnisse nicht immer als vorteilhaft anzuempfehlen seien.

Dann folgten drei Bände *»Mitteilungen aus dem Gebiet der Landwirtschaft«* (vereint mit Schmalz, Schweitzer und

Teichmann), woran sich 1825 die *»Anleitung zur Kenntnis, Zucht und Pflege der Merinos«* schloß, eine Schrift, die in mehreren Sprachen, auch ins Russische und Polnische, übersetzt wurde. Koppe legte hierin seine reichen Erfahrungen nieder, die er in Gräfendorf, dann später in Möglin und Reichenow gesammelt hatte. – Seiner letzten Schrift, *»Über die Erzeugung des Rübenzuckers«* etc., haben wir schon oben Erwähnung getan.

Koppes Leben rundet sich, wie ein Kunstwerk, äußerlich und innerlich zu einem wohltuenden Ganzen ab. Anfang und Ende reichen sich die Hand. An selbiger Stelle, wo er geboren wurde, sieht der nun Achtzigjährige in die letzten Strahlen der untergehenden Sonne. Sein Leben war ein Sieg; möge es ein *Vorbild* sein für viele.

VON BÜLOW-ESSENRODE

Von Bülow-Essenrode, Landschaftsdirektor des Kurfürstentums Lüneburg, der Lehrer, Freund und Förderer Thaers, wurde wahrscheinlich 1735 oder 36 geboren.

In seiner Jugend ganz für das Militär erzogen, hatte er nur die Art von Ausbildung erhalten, welche man damals in diesem Stande für nötig hielt. Der Siebenjährige Krieg hatte ihm, dem Führer eines neuerrichteten Jägercorps, welches bald der Schrecken der Franzosen wurde, früh Gelegenheit gegeben, seine militärischen Talente glänzend zu entwickeln.

Obgleich schon im fünfundzwanzigsten Jahre Major, nahm er doch nach geschlossenem Frieden seinen Abschied und trat einige Jahre nachher als erwählter Schatzrat in das lüneburgische Landschaftskollegium. Er studierte nun Landesverfassung, Finanzwesen, Gesetzgebung mit solcher Energie, daß er bald jedem Geschäft eines oberen Staatsdieners gewachsen war. Besonders sah er Landwirtschaft als den Grundpfeiler der bürgerlichen Gesellschaft, des Privatwohlstandes und Nationalreichtums an und wirkte mit größtem Eifer nicht nur für ihre allgemeine Aufnahme im Lande, sondern betrieb sie auch selbst, immer vervollkommnend, auf seinem väterlichen Gute. Gemeinheitsteilung und Verkoppelung, Abstellung des Naturalzehnten und der Hofdienste ward nun seine Losung. Nach vierzehnjähriger Mühe und Überredung gelang es ihm endlich, einen Vergleich mit seinen Bauern, die *einstimmig* einwilligen mußten, zustande zu bringen, wodurch er zwar seinen Grund und Boden, nahe am Hofe, beieinander erhielt, aber nur, indem er willig sehr gute Äcker weggab gegen einen durch Kaltgründigkeit sehr verschrieenen, durch alte Holzstämme greulich verunstalteten Weidenraum. Er erhielt und verlangte viel weniger, als ihm, nach dem Urteile der Bauern selbst, zukam; allein ohne eine so große Herabstimmung seiner rechtmäßigen Forderung hätte er wohl nimmermehr die einstimmige Einwilligung der Bauern zuwege gebracht.

Im Jahre 1784 ward er zum Landschaftsdirektor und zum Abt des Klosters Sankt Michaelis ernannt.

Vor dem Tore zu Lüneburg, auf schlechtem Heideboden, ward von ihm eine musterhafte Wirtschaft auf eigene Rechnung angelegt, und dieser Fleck, an dessen möglicher Kultur und Fruchtbarkeit man seit undenklicher Zeit gezweifelt hatte, prangte nun mit schwerem Weizen, dunklem Klee und üppigem Weißkohl.

Die Landwirtschaftsgesellschaft zu Celle, deren tätiges Mitglied er war, wählte ihn zu ihrem Direktor und hat erst durch ihn ihre bestimmte, zweckmäßigste Tendenz erhalten.

In allem, besonders aber in dem, was zur Landwirtschaft gehört, hatte von Bülow einen schnellen, richtigen Blick; er faßte gleich den treffendsten Entschluß und war für keine Maßregel so eingenommen, daß er nicht vor ihrer Anwendung alle Lokalverhältnisse genau untersucht hätte.

Seine kleine, aber musterhafte Wirtschaft war auch für Thaer ein reiches Feld der Erfahrung; alle Versuche wurden von *beiden Freunden zugleich gemacht und somit zwiefach geprüft.*

Wer diesen Mann je gesehen oder in irgendeinem Verhältnisse mit ihm gestanden hatte, erkannte in jedem Worte, in jeder Miene sein gefühlvolles Herz, seinen redlichen Charakter, seinen richtigen Verstand. Sein natürliches Feuer war durch Sanftmut, seine Festigkeit durch Freundlichkeit gemildert; Heuchelei war ihm so fremd wie Menschenfurcht; Freimütigkeit dagegen zu sehr in seine Natur verwebt, als daß er sie überall hätte unterdrücken können; aber man wußte, daß er überall nur nach Recht und Vernunft dachte und sprach.

Er besaß eine erstaunliche Penetration und begriff ihm noch fremde Dinge sehr schnell, weshalb jeder Wortkram ihm widerlich war. Im gesellschaftlichen Leben verstand er die Würde seiner Stellung zu behaupten, ohne sie je drückend zu machen; auch der Fremde, der Blöde, der Bittende fühlte sich bei ihm leicht und frei. Adelstolz war ihm eine Torheit, Geldstolz ein Greuel. Seine Gastfreundschaft war allgemein bekannt, aber aller Aufwand, alle Ostentation war ihm zuwider; seine Mobilien entsprachen weder seinem Stande noch seinem sonstigen Aufwande, und wenn ihn die Freunde wohl lächelnd darauf aufmerksam machten, sprach er: *»Ja! schöne Stühle kaufen, um keinen darauf sitzen zu lassen!«* Desto wohltätiger war er gegen Notleidende, gab aber immer so zartsinnig, daß er den Empfänger jeder Beschämung überhob. Er war ein zärtlicher, sorgsamer Vater seiner achtzehn Kinder, von welchen ihn vierzehn überlebten.

Unter seinen Söhnen war der bekannte preußische Finanzminister (von 1813 bis 1817) und der spätere Oberpräsident zu Magdeburg. Ein anderer starb als Oberforstmeister zu Thale, und alle Besucher des Harzes finden daselbst noch Gelegenheit, sich an den schönen Anlagen desselben zu erfreuen.

Ernst Oswald Menzel

Zu den Schülern Thaers, die am meisten in den Geist ihres Meisters eingingen und seine Lehren in großem Umfange zur praktischen Anerkennung zu bringen bestrebt waren, gehört Menzel. Wir bringen über ihn folgendes:

Ernst Oswald Menzel wurde am 6. August 1801 zu Waldenburg in Schlesien geboren; sein schon 1802 verstorbener Vater war daselbst und im nahen Bade Altwasser ein beliebter Arzt; sein älterer Bruder ist der bekannte Historiker Wolfgang Menzel, ein zweiter, bereits verstorbener Bruder war Bergbeamte und Dirigent der Werke zu Königshütte.

Auf einem von seiner Mutter erkauften Gute von Jugend an mit dem Betriebe der Landwirtschaft vertraut geworden, widmete er sich diesem Beruf und bezog, im Streben nach höherer wissenschaftlicher Ausbildung, die Akademie zu Möglin im Jahre 1818; dort blieb er bis Ostern 1820, ging dann nach Breslau, um daselbst Vorlesungen zu hören. Im Juni 1821 trat er die von seinem wohlwollenden Lehrer Thaer ihm angebotene Stelle als dessen Sekretär, Rechnungs- und Geschäftsführer der Gutswirtschaft und als Schäfereiinspektor an. Durch Dienstbeflissenheit, Akkuratesse und ein besonderes Geschick, mit dem er Thaer bei der Züchtung seiner edlen Merinoherde unterstützte, erwarb er sich dessen Vertrauen in hohem Grade, so daß ihm bei Abnahme der Sehkraft des Meisters bald die ganze Leitung der Schäferei überlassen wurde. Hier wurde ihm Gelegenheit, treffliche Züchtungsstudien zu machen; er legte die *Stammbücher* an und bildete gemeinschaftlich mit Thaer das Bonitierungsgeschäft und die abgekürzten Bonitierungszeichen aus. Im Mai 1823 begleitete er Thaer nach Leipzig zu dem höchst interessanten und folgenreichen Wollconvent, als dessen Schriftführer er fungierte.

Im Juni 1824 nahm Menzel die ihm von dem damaligen Kriegsminister von Haake angebotene Administration des neu zu errichtenden *Remontedepots* zu Friedrichsaue im Oderbruch an, trat damit in den Staatsdienst und in ein neues Feld umfassender Tätigkeit. Auch bei der Leitung anderer Depots wurde er zu Rate gezogen und im April 1829 zum Direktor sämtlicher Remontedepots ernannt, nachdem der Landstallmeister von Burgsdorff zu Trakehnen seine bisher innegehabte Stelle niedergelegt hatte.

Der Bedarf an Remonten für die Armee wurde bekanntlich vormals fast ausschließlich vom Auslande bezogen; die *schweren* Pferde aus Holstein und den benachbarten nördlichen Gebieten, die *leichten* aus den Donaufürstentümern, Bessarabien und aus der Krim. König Friedrich Wilhelm III. richtete seine Aufmerksamkeit alsbald sehr energisch auf die Hebung der inländischen Pferdezucht. Der von Jahr zu Jahr erweiterte Remonteverkauf im Inlande vermehrte und sicherte einerseits den *Absatz* der aufgezogenen Pferde und förderte dadurch die Produktion zum großen Segen des Landes; andererseits kam die Armee allmählich in die befriedigende Lage, *ihren Pferdebedarf vollständig im eigenen Lande zu decken und des Auslandes gar nicht mehr zu bedürfen.* Die nationalökonomische und politische Bedeutung dieses Fortschrittes bedarf keiner näheren Darlegung. Wie sehr die preußische Pferdezucht seit vierzig Jahren sich gehoben, vornehmlich in der Güte und Tüchtigkeit des Materials, das weiß jeder ältere unparteiische Sachverständige. Von dem Pferdezustande unserer Armee kann man aber sagen: *Es gibt keine großstaatliche Kavallerie, die besser remontiert würde.*

Zur Durchführung des nunmehrigen *Remontierungssystems* gehörte aber die Mitwirkung der *Remontedepots.* Ausgewachsene, sogenannte volljährige Pferde, wie die Armee sie braucht, sind in der erforderlichen Zahl und Güte, namentlich unverdorben, nicht zu beschaffen. Der Privatkonsum und der Handel absorbieren ein gut Teil, noch größer ist die Verminderung brauchbarer Pferde aber dadurch, daß sie zu früh in Gebrauch genommen werden. Insbesondere ist es der Bauer und kleine Pächter, der sein Fohlen schon mit dem dritten Jahre anspannt und beim Mangel der erforderlichen Schonung und Pflege die noch unentwickelten Organe einer vorzeitigen Invalidität entgegenführt. Für die Armee werden deshalb, soweit sich nicht unverdorbene volljährige Pferde vorfinden, dreijährige angekauft und in den Remontedepots, unter angemessener kräftigender Ernährung und sorgfältiger tierärztlicher Behandlung weiter ausgebildet. Abgesehen von der unumgänglichen Notwendigkeit dieser Hülfsmaßregeln zur *Sicherung der Armee* hat sich dieselbe auch in *finanzieller* Beziehung bewährt, indem die durchschnittlichen Verpflegungskosten eines Pferdes in den Depots *innerhalb der dadurch erzielten Wertsteigerung bleiben.*

Der Umfang dieser Kosten hängt nun wesentlich von der dem Zweck entsprechenden Beschaffenheit der Depots und ihrer richtigen Bewirtschaftung ab. Als Leiter der ganzen Verwaltung hat Menzel sich in diesen Beziehungen erhebliche Verdienste erworben. Im Jahre 1844 wurde er zum Rat zweiter Klasse befördert und erhielt einige Jahre darauf den Roten Adlerorden zweiter Klasse.

Soweit die Pflichten seines Amtes es zuließen, ist Menzel auch bemüht gewesen, mit regem Eifer auf die Förderung der Landwirtschaft überhaupt hinzuwirken. In den zwanziger und dreißiger Jahren haben Andrés »Ökonomische Neuigkeiten«, Webers »Schlesische Monatsschrift«, die »Allgemeine Zeitung für Land- und Hauswirtschaft«, auch die »Spenersche« und die »Preußische Staatszeitung« verschiedene Abhandlungen über wichtige landesökonomische Fragen und ausführliche kritische Beleuchtungen neuer literarischer Erscheinungen von ihm gebracht. In den damals so unangenehm und persönlich gewordenen Streit über *Vollblut* und *Rennblut* griff er kräftig ein, suchte die Fragen auf wissenschaftliche und praktische Grundlagen zurückzuführen und verteidigte das im Vaterlande verunglimpfte Bestehende gegen das überschätzte Fremdländische. Die Schrift »Über die Vollblutsfrage«, von O. Menzel, Berlin, Enslinsche Buchhandlung 1838, enthält einen Teil jener Kontroversen.

Im Jahre 1838 sendete Menzel (am persönlichen Erscheinen verhindert) der zweiten Versammlung deutscher Land- und Forstwirte eine Abhandlung über *Züchtungsgrundsätze* ein, welche die Veredlungsgesetze und den Wert der *guten Abstammung* zur Geltung zu bringen bestimmt war. Die Männer von Fach, an der Spitze der erfahrene, um die Tierzuchtslehre hochverdiente Geheime Rat von Weckherlin, adoptierten diese Grundsätze, die seither auch als geltend angesehen wurden, in neuerer Zeit jedoch von H. von Nathusius und nach diesem auch vom Direktor Settegast bekämpft worden sind, und zwar unter Voranstellung der *Wirksamkeit* des jedesmal zeugenden Individuums, *abgesehen* von der weiteren *Abstammung*. Der bezügliche Streit schwebt noch.

Im Jahre 1845 schrieb Menzel ein auf jahrelangen Quellenstudien beruhendes historisches Werk, »Die Remontierung der preußischen Armee«, Berlin bei Alexander Duncker, worin die Pferdebeschaffung für das vaterländische Heer aus ältester Zeit geschildert und die bezüglichen neueren Verhältnisse speziell nachgewiesen, auch ältere Nachrichten über das Gestütswesen beigebracht werden.

Über die in den Staatsgestüten seit den dreißiger Jahren eingeschlagene und längere Zeit verfolgte Zuchtrichtung waren erhebliche Differenzen entstanden; die unbedingte Bevorzugung des englischen Vollbluts, namentlich des Rennbluts, unter Zurückstellung und Vernachlässigung des bisher konservierten *guten Exterieurs* wurde von der Mehrzahl der praktischen Züchter und von erfahrenen Kavalleristen nicht nur beklagt, sondern auch oft schwer empfunden. Wenn auch gerühmt werden konnte, daß die Zahl der Vollblutspferde von Jahr zu Jahr um etliche Hundert gewachsen sei, so nahm die Produktion *breiter, beiniger* und *überhaupt kräftiger,* für die verschiedenen Verwendungszwecke brauchbarer Pferde doch in starker Progression ab. Hierüber laut gewordene Beschwerden bewogen König Friedrich Wilhelm IV., eine kommissarische Beratung über die bei Behandlung der Pferdezucht leitenden Grundsätze anzubefehlen. An diesen Beratungen nahm auch Menzel teil und legte der Kommission in ihren im Februar 1847 stattgehabten Sitzungen eine Denkschrift vor, die später auch in den »Annalen der Landwirtschaft« veröffentlicht worden ist und einem vom Königlichen Ministerium für die landwirtschaftlichen Angelegenheiten mittelst Zirkulars vom 18. März 1849 verbreiteten Züchtungsprogramm zur Grundlage dient.

Im Jahre 1846 in das Landesökonomiekollegium berufen, fand Menzel dort ein mannigfaltiges Feld der Tätigkeit. Die »Annalen der Landwirtschaft«, mehr aber noch die Akten des Kollegiums legen Zeugnis davon ab.

Über die ernsteren, zugleich ins amtliche Gebiet eingreifenden Beschäftigungen mit der Pferdezucht hat Menzel seiner ursprünglichen Neigung für die *Schafzucht* nicht entsagt; sie ist von ihm fortgesetzt praktisch geübt und stets als Gegenstand sorgfältiger Beobachtungen behandelt worden. Der vom landwirtschaftlichen Zentralverein für die Mark Brandenburg und die Niederlausitz ausgesetzt gewesene Preis für die beste Schrift über Schafzucht ist seinem Werke »Handbuch der rationellen Schafzucht«, Berlin 1859 bei G. Bosselmann, zuerkannt worden, und ist von demselben bereits die zweite Auflage erschienen.

Von der weitesten Ausdehnung und in alle Schichten der Landwirte eindringend ist die Wirksamkeit, welche Menzel durch den im Vereine mit seinem inzwischen verstorbenen Freunde von Lengerke herausgegebenen »Landwirtschaftlichen Kalender« gewonnen hat. Der letztere ist bekannt genug, um mehr darüber beizubringen als das interessante Faktum, daß von diesem Kalender jährlich 25000 Exemplare in die Welt gehen und nützliche Kenntnisse verbreiten.

Es ist als ein glücklicher Gedanke anzusehen, daß das Comité für die Errichtung des Thaer-Denkmals die drei Freunde Koppe, von Wulffen und Menzel in eine Gruppe zusammen und ihrem Meister nahe gestellt hat. Sie waren es, die im Landesökonomiekollegium in Thaers Sinne mit warmem Eifer und ganzer Hingebung gemeinsam arbeiteten, sich oft gegenseitig ergänzten und anregten. Wie sie im Leben zueinander gehörten, so hat der Künstler sie auch in Erz beisammen gelassen.

Von Bredow-Schwanebeck

August Christoph von Bredow aus dem Hause Eichhorst in Mecklenburg-Strelitz wurde am 29. Februar 1780 geboren. Im achten Jahre elternlos, ward er von seinem Onkel Asmus Wilhelm von Bredow auf Prillwitz in Mecklenburg-Strelitz nach dem Philanthropium in Dessau gebracht, das er dann später, bis zu seinem Abgange auf die Universität Halle, mit der Ritterakademie in Alt-Brandenburg vertauschte.

Gegen Ende des vorigen Jahrhunderts verließ er Halle und zog sein Vermögen aus Mecklenburg heraus, um sich im Preußischen anzusiedeln. Er erwarb Falkenwalde in der Neumark von Herrn von Zinnow, verkaufte es aber nach zwei Jahren schon, um 1804 Schwanebeck – ein von Bredowsches Lehn im Westhavellande bei Nauen – zu erwerben. Mit großem Eifer der Landwirtschaft hingegeben, lebte er daselbst bis 1810, wo er, von den Ständen erwählt, ihre Angelegenheiten zu übernehmen, nach Berlin ging. Immer aber blieb er seiner Aufgabe treu: »aus einer Wüstenei einen möglichst einträglichen Besitz zu schaffen«, und die Verwaltung des Gutes von Berlin aus leitend, glückte es ihm endlich, nach einem Zeitraum von vierzig Jahren, die Aufgabe, die er sich gestellt hatte, vollständig erfüllt zu sehen.

Er verließ 1835 Berlin, wozu ernste Kränklichkeit ihn nötigte. Er lebte nun wieder ganz dem Landbau. Was darüber geschrieben wurde, las er mit scharfsinniger Prüfung und benutzte, was ihm nützlich erschien. Mit Thaer und der gräflich Itzenplitzschen Familie war er persönlich bekannt und befreundet. Er starb nach dreiwöchentlicher Krankheit am 21. Juli 1844.

Carl Baath

Carl Baath, Königlicher Amtsrat, geb. den 19. August 1757, pachtete im Jahre 1791 die im Oderbruche belegene Domaine Sachsendorf mit den Vorwerken Werder und Seelow. Er brachte diese Domaine, auf welcher bis dahin kein Pächter mit Erfolg gewirtschaftet, in schwunghaften Betrieb, genoß im ganzen Oderbruche und darüber hinaus einen hohen Ruf als praktischer Landwirt, diente den Landwirten dieser Gegend zum Muster und erwarb sich vor allem durch zweckmäßige Entwässerungen, Einführung des Rapsbaues und Ausbreitung der Kartoffelkultur ein großes Verdienst um die Bewirtschaftung des Oderbruchs. Seine mit der praktischen Tüchtigkeit verbundene Geschäftskenntnis und Gewandtheit veranlaßte die königliche Regierung, ihn in allen landwirtschaftlichen und ländlichen Angelegenheiten überhaupt zu Rate zu ziehen. Einen Ruf in das Ministerium oder zur Bildung eines landwirtschaftlichen Ministeriums lehnte er jedoch ab. Er wollte seinem praktischen Berufe treu bleiben, und dieser eröffnete ihm in dem im Jahre 1808 erfolgten Erwerbe des Rittergutes Behlendorf und in der ihm in den Kriegsjahren anvertrauten Oberaufsicht über andere benachbarte Güter eine noch erhöhte Wirksamkeit. Es konnte nicht fehlen, daß der Staatsrat Thaer, der Lehrer und Begründer der rationellen Landwirtschaft, den Bestrebungen und Leistungen, welche Baath auf den seiner Bewirtschaftung anvertrauten Gütern entwickelte, seine volle Aufmerksamkeit schenkte und durch häufige Besuche auf der Domaine Sachsendorf seine Schüler auf die Wirksamkeit eines Mannes hinwies, der in der Praxis das ausführte und betätigte, was sein eigener forschender Geist als das Richtige erkannte. Auf diese Weise entspann sich, begünstigt durch die Nähe der beiden Güter Möglin und Sachsendorf und gegründet auf persönliche Liebenswürdigkeit, zwischen beiden Männern ein reger wissenschaftlicher und freundschaftlicher Verkehr, welcher ununterbrochen bis zum Jahre 1816 fortdauerte, wo Baath am 3. Februar seiner rastlosen Wirksamkeit durch den Tod entrissen wurde.

Von Arnim-Neuensund

Hans Anton Joachim von Arnim, Landes- und Ritterschaftsdirektor der Uckermark, wurde am 13. Dezember 1756 geboren. Auf der Ritterakademie zu Brandenburg genoß derselbe seine erste Ausbildung und studierte später zu Halle die Kameralwissenschaften.

Nach dem hierauf erfolgten Tode seines Vaters kam er in den Besitz seiner Güter und widmete sich nun mit vollem Eifer der Landwirtschaft. Sein Patriotismus, sein uneigennütziger Charakter und sein vorurteilsfreier Sinn gaben ihm allgemeines Vertrauen.

Er wurde zum Ritterschaftsrate, demnächst im Jahre 1799 zum Landrate und zuletzt zum Landes- und Ritterschaftsdirektor der Uckermark ernannt.

Im Jahre 1811 war er bei den Beratungen der Grundlagen behufs der inneren Verwaltung der Finanzen, besonders aber des Abgabensystems, tätig.

Der Förderung der Landeskultur stets zugetan, stand er ununterbrochen mit dem Staatsrate Thaer in Verbindung, dessen spezielle Freundschaft er genoß.

Bei der Feststellung der bäuerlichen Regulierungsverhältnisse wurde er vielfach sowohl von Thaer selbst wie auch vom Geheimen Rat von Scharnweber zu Rate gezogen. Geehrt und betrauert, weit über den Kreis der ihm Zunächststehenden hinaus, starb er in der Nacht vom 4. auf den 5. August 1821 auf seinem Gute Neuensund.

Herzog von Holstein-Beck

Der Herzog Friedrich Carl Ludwig von Holstein-Beck wurde in Königsberg in Preußen am 20. August 1757 geboren. Er war der Sohn des in der Schlacht bei Kunersdorf verwundeten und infolgedessen am 10. September 1759 verstorbenen Prinzen Carl Anton August und einer Gräfin von Dohna-Leistenau, deren Pflege der zweijährige Sohn verblieb. Bei der Thronbesteigung Kaiser Peters III. von Rußland 1762, mit dem das Haus Holstein-Gottorp nach Rußland kam, wurde er im russischen Dienste engagiert, durfte aber bis zu seinem »ukasmäßigen«, das heißt bis zu seinem achtzehnten Lebensjahre (bis zu seiner Majorennität) in Preußen bleiben. Der frühzeitige Tod des Kaisers 1762 und der 1775 erfolgte Tod seines Großvaters, des Herzogs Peter Friedrich August von Holstein-Beck, der Kaiserlicher russischer Generalfeldmarschall und Gouverneur von Reval war, änderten seine Pläne, und auf seiner Mutter Wunsch und König Friedrichs II. Vorschlag trat er mit seinem russischen Militärrang als Major à la suite in die preußische Armee, nachdem er erst noch auf Reisen in Frankreich, Deutschland und Italien sowie auf Universitäten sich ausgebildet hatte. In der Umgebung des Prinzen Heinrich, Bruders Friedrich des Großen, machte er den Bayerschen Erbfolgekrieg mit, zog sich aber durch die Freundschaft, die der Prinz Heinrich für ihn bewies, das Mißfallen des Königs zu und erhielt nach wiederholten Bitten seinen Abschied. Zuvor sicherte er sich jedoch beim Prinzen von Preußen, dem nachmaligen Friedrich Wilhelm II., für die Zeit von dessen Regierungsantritt den Wiedereintritt in die Armee. 1780 vermählte er sich mit der Tochter des Königlich Preußischen Staatsministers von Schlieben, der Gräfin Friederike Amalie, von der ihm drei Kinder geboren wurden: der nachherige Herzog Friedrich Wilhelm Paul Leopold von Holstein-Glücksburg, die noch lebende Prinzessin Friederike, verw. Freifrau von Richthofen, und die frühverstorbene Prinzessin von Anhalt-Köthen-Pless. Bis zum Tode des Königs lebte er auf seinen Gütern in Preußen: Lindenau, Charlottenthal, Louisenhof und Holstein bei Königsberg, wo er sich einen guten Ruf als Landwirt erwarb und namentlich viel für Kartoffelbau und Schafzucht tat, worüber er sogar späterhin ein Werk schrieb. 1786 beim Tode des Königs trat er wieder in Militärdienste, war bei Unterdrückung der polnischen Revolution ruhmreich tätig und erhielt für sein Corps sieben Orden pour le mérite und vom Könige eine Schenkung polnischer Güter. Bei der Grenzregulierung (nach der Teilung) wurde er preußischer Prinzipalkommissär und erledigte sich [!] dieses Amtes zur Zufriedenheit des Königs. 1797 bei Thronbesteigung Kaiser Pauls von Rußland verließ er auf dessen Bitten den preußischen Dienst und vertauschte ihn mit dem russischen, indem er dort mit seinem Patente als Generalleutnant eintrat. Er blieb indes nur kurze Zeit in Petersburg, indem er einige

Monate nachher schon den Abschied nahm und nun mit seiner Familie vorübergehend in Leipzig lebte. Zu Anfang des Jahrhunderts zog er sich auf seine Güter in Preußen zurück. Zwischen 1804 und 1805 war er in Möglin und lebte mehrere Monate lang im Thaerschen Hause. Thaer lebte mit ihm so ganz gemeinsam, daß er von dieser Zeit noch lange nachher stets mit den heitersten Erinnerungen sprach. Noch heute zeigt man im Garten zu Möglin den einsamen *Herzogsstuhl*, zwischen einigen Rüsterstämmen am schattigen Ufer des Teichs, ein kunstloser Sitz, wo der Herzog zu ruhen und zu meditieren liebte.

Nachdem er in den Jahren 1806 und 1807 den völligen Ruin seiner ostpreußischen Güter erlebt und seinen einzigen Sohn in dänische Dienste gebracht hatte, führte er seinen längst gehegten Wunsch aus, sein Leben in seinem eigentlichen Vaterlande zu beschließen, und verließ Preußen 1810, um sich in Wellingsbüttel, einem ihm vom König Friedrich VI. von Dänemark gegebenen Lehngut, bei Altona in Holstein, niederzulassen, nachdem ihn der König zum Generallieutenant der Armee und Ritter vom Elefantenorden ernannt hatte.

Er lebte hier meistens der Landwirtschaft und gemeinnützigen Zwecken, bis er 1816 in Wellingsbüttel sein Leben, neunundfünfzig Jahr alt, beschloß.

Frau von Friedland

Helene Charlotte von Lestwitz, geb. am 18. November 1754, war die einzige Tochter des Generals Hans Georg von Lestwitz, der durch einen im entscheidenden Moment tapfer und glücklich ausgeführten Angriff die eigentlich schon verlorene Schlacht bei Torgau (1760) in einen Sieg verwandelt hatte. Er war es, der, nachdem der Flügel des Königs geschlagen und beinahe aufgerieben war, mit einigen tausend gesammelten Leuten wieder auf den Feind losrückte und, hier mit dem Zietenschen Flügel sich vereinigend, das Schicksal des Tages zugunsten der Preußen entschied. Der König hatte ihm dabei zugerufen: »Lestwitz, das werd ich Ihm nie vergessen.« Und er hielt Wort. Denn als bald nach dem Frieden der Markgraf Karl von Brandenburg-Schwedt starb und dessen Domainenamt Friedland, das aus den Gütern *Quilitz* (später Neu-Hardenberg) und *Friedland* bestand, an die Krone zurückfiel, schenkte er dem General von Prittwitz die eine Hälfte: Quilitz, dem General von Lestwitz die andere Hälfte: Friedland. Beide Generale standen dem Herzen des Königs nah, und er pflegte wohl im Hinblick auf die Tage von Kunersdorf und Torgau zu sagen: »Prittwitz hat den *König*, Lestwitz aber hat den *Staat* gerettet.«

Lestwitz besaß nun Friedland, aber er wußte nicht, ob er es als Lehn oder als Allodium erhalten habe, und scheute sich doch, bei dem Könige deshalb anzufragen. War es Lehn, so fiel das Gut nach seinem Tode an die Krone zurück. In dieser Verlegenheit – einerseits von dem lebhaften Wunsche erfüllt, seiner einzigen Tochter ein Gut als Erbe zu hinterlassen, und andererseits von der berechtigten Vorstellung ausgehend, daß es mißlich sei, ohne ausdrückliche Erklärung des Königs, Friedland als Allodium und freien Besitz anzusehen – entschied er sich dafür, das benachbarte, vormals von Barfussche Gut *Kunersdorf* (nicht zu verwechseln mit dem Kunersdorf bei Frankfurt, wo die berühmte Schlacht stattfand) anzukaufen und sich dadurch in die Lage zu bringen, seiner Tochter, wie immer späterhin die Ansicht des Königs sich herausstellen möge, doch jedenfalls *ein* Gut hinterlassen zu können.

Bald darauf begann Lestwitz ein Schloß zu bauen. Da ihm der dauernde Besitz Friedlands (dauernd über seine eigene Lebenszeit hinaus) zweifelhaft war, entschied er sich selbstverständlich dafür, das Schloß in dem neu erworbenen Kunersdorf aufführen zu lassen. Als der Bau halb fertig war, kam der König auf einer seiner Inspektionsreisen des Weges. »Lestwitz, warum baut Er denn in Kunersdorf und nicht in Friedland?« Jetzt war der Moment der Erklärung gekommen. Lestwitz antwortete: daß er keine Söhne und nur eine Tochter habe und davon ausgegangen sei, daß Friedland nach seinem (Lestwitz') Tode an den König zurückfallen werde. »Ich weiß ja, daß Er keine Söhne hat«, antwortete der König gnädig – *»es soll alles Seiner Tochter verbleiben.«*

So war denn Helene Charlotte von Lestwitz (die letzte ihres Namens) die Erbtochter der beiden Nachbargüter Kunersdorf und Friedland, von denen das erstere käuflich erstanden, das andere als freier Besitz empfangen war.

Helene Charlotte vermählte sich 1771 mit Adrian Heinrich von Borcke, königlichen Gesandten in Dresden (später in Stockholm); da die Ehe jedoch, durch Schuld des Gemahls, keine glückliche war, so wurde dieselbe, bald nach Geburt einer Tochter (Henriette Charlotte, spätere Gräfin von Itzenplitz), wieder getrennt. Da die Geschiedene sowenig wie möglich an eine Ehe erinnert sein wollte, die ihr eine Last und eine Kränkung gewesen war, so nahm sie unter Zustimmung des Königs den Namen einer Frau von Friedland an und führte das Lestwitzsche Wappen fort. Bei ihrer Trennung von Adrian Heinrich von Borcke lebten die Eltern der Frau von Friedland noch. Diese kehrte nunmehr in das väterliche Haus nach Schloß Kunersdorf zurück und lebte daselbst ausschließlich der Erziehung ihrer Tochter und der Ausbildung ihres eigenen Geistes. Nach dem Tode des Generals, ihres Vaters, übernahm sie sofort die Verwaltung der beiden Güter, und da es ihrem scharfen Auge nicht entging, daß die Bewirtschaftung, um zu größeren Erfolgen zu gelangen, vor allem eines größeren Betriebskapitals als bisher bedürfe, so verkaufte sie ihren Schmuck und ihre Juwelen, um sich in den Besitz eines solchen Kapitals zu bringen.

Dieser erste Schritt, mit dem sie die Verwaltung ihrer Güter begann, zeigt am besten, welch rascher und energischer Entschlüsse sie fähig war. Es war eine seltene und ganz eminente Frau; ein Charakter durch und durch. General von der Marwitz auf Friedersdorf, der ihr Gutsnachbar war, hat uns in seinen Memoiren eine Schilderung dieser ausgezeichneten Frau hinterlassen. Er schreibt: »Das meiste in der Landwirtschaft (ungefähr alles, was ich nicht schon aus der Kindheit wußte und nachher aus der Erfahrung erwarb) habe ich von einer sehr merkwürdigen Frau in unserer Nachbarschaft gelernt, von einer Frau von Friedland. Wie ich sie kennenlernte (1802), war sie ungefähr zwölf Jahre im Besitz der Güter und führte alles mit beispielloser Ausdauer und Geschick. Es waren sechs große Wirtschaften, die sie selbst leitete; Unterbeamte hatte sie keine anderen als Bauern, die sie selbst dazu gebildet hatte. Nicht nur war der Akkerbau im blühendsten Zustande, sondern sie hatte ihre

Wälder aus sumpfigen Niederungen auf bisher öde Berge versetzt, diese Niederungen aber in Wiesen verwandelt, und so in allen Stücken. Ein solches Phänomen war natürlicherweise weit und breit verschrieen. Man sagte, sie ritte auf den Feldern umher (das war wahr) und hätte beständig die Peitsche in der Hand, womit sie die Bauern zur Arbeit treibe – das war erlogen. Ich fand im Gegenteil eine wahre Mutter ihrer Untertanen und Untergebenen in ihr. Wo sie sich sehen ließ, und das war den ganzen Tag bald hier, bald dort, redete sie freundlich mit ihnen, und den Leuten leuchtete die Freude aus den Augen. Aber gehorchen mußte alles. Sie war aber nicht bloß eine Landwirtin, sondern eine höchst geistreiche und in allen Dingen unterrichtete Frau. Ich schulde ihr sehr viel; sie hatte mir, als ich Friedersdorf übernahm, die nötigen Wirtschaftsbeamten verschafft und die Rechnungsbücher einrichten lassen.«

Soweit Marwitz. Sehr ähnlich, aber noch lebhafter, wärmer, begeisterter, schreibt Thaer über diese merkwürdige Frau, der sie im Sommer 1801 (nachdem er schon 1799 ihre erste Bekanntschaft gemacht hatte) bei seinem zweiten Besuch in der Mark näher kennenlernte. Er schreibt: »Auf der Grenze ihrer Herrschaft kam uns Frau von Friedland, eine der merkwürdigsten Frauen, die je existiert haben, im vollen Trabe entgegen, sprang vom Pferde und setzte sich zu uns in den Wagen. Nun ging es in vollem Galopp über Dämme und Gräben weg. Wir fuhren vier volle Stunden von einem Orte zum andern. Fünf bis sechs Verwalter, Schreiber usw. waren immer neben und hinter dem Wagen und mußten bald eine Herde Kühe, bald eine Herde Schafe oder Schweine herbeiholen. Da indessen einige der Gesellschaft nicht länger verhehlen konnten, daß ihnen nach einem Imbiß verlange, sagte die wunderbare Frau: ›Wir sind sehr bald zu Hause; wollen Sie aber im Freien essen, kann ich Ihnen sogleich etwas schaffen.‹ Als wir letzteres versicherten, ging es sofort in einen prächtigen Wald hinein, einen steilen Berg hinauf, wo wir erst ein Feuer und bald darauf eine gedeckte Tafel erblickten, auf einem Platze, wo wir im Vordergrunde dichte Waldung, zur Seite einen großen See und in der Ferne eine weite Aussicht in das herrliche Oderbruch hatten. Eine Menge von Schüsseln, die schönsten Weine und ein Dessert von Ananas, Weintrauben usw. ward aufgetragen. Aber sie ließ uns zum Essen und zum Trinken nicht eben viel Zeit. Es ging bald wieder fort, von einer Feldflur zur andern, und so waren wir gewiß fünfzehn Meilen die Kreuz und Quer gefahren, ehe wir auf ihrem gewöhnlichen Wohnsitze, auf Schloß Kunersdorf, ankamen. Sie hat außerdem noch sieben bis acht völlig eingerichtete Wohnungen, wo sie, wie es ihr einfällt, mittags oder nachts bleibt. Ihre Leute wissen es keine Stunde vorher, wo sie essen oder schlafen will.« *

Ein andres, drittes Urteil über diese seltene Frau, das namentlich ihre Bedeutung für die Bodenkultur der Oderbruchgegenden hervorhebt, geben wir in folgendem:

Die meisten und besten Grundstücke der Herrschaft Kunersdorf-Friedland gehörten (und gehören noch) zu jenem Teil des Oderbruchs, der erst durch die von Friedrich dem Großen in den sechziger Jahren des vorigen Jahrhunderts ausgeführte Odermelioration dem Wasser und Sumpf abgerungen wurde. Diese Grundstücke waren nicht sofort fruchtbar; mehrere Dezennien vergingen, ehe (bei dem damaligen mangelhaften Zustande des Ackerbaues in unserer Provinz) diesem eroberten Grund und Boden sehr mäßige Ernten abgerungen werden konnten. Hier treten uns die ganz besonderen Verdienste der Frau von Friedland entgegen. Durch Umsicht, Sorgsamkeit und Anspannung aller Kräfte, über die sie Verfügung hatte, die Schätze dieses Bruchbodens gehoben und seine Naturkräfte lebendig gemacht zu haben, wird immer ein besonderes, nicht leicht zu überschätzendes Verdienst dieser ausgezeichneten Frau verbleiben. Was sie tat, wurde Beispiel, weckte Nacheiferung und wurde, wie ihr zum Nutzen, so dem ganzen Landesteil zum Segen. Diese seltne Frau starb, noch nicht neunundvierzig Jahr alt, am

* Im weitern Verlauf der Schilderung, die Thaer von ihr entwirft, heißt es an anderer Stelle: »Heute, von morgens sechs Uhr an, bis jetzt, abends zehn Uhr, hat sie uns nicht fünf Minuten Ruhe gelassen. Wir haben gewiß vier Spann Pferde müde gefahren. So etwas von Aktivität ist mir noch nie vorgekommen. Sie hat über ein Dutzend Verwalter, Schreiber und Meier, und dennoch kennt sie jeden kleinen Gartenfleck, jeden Baum, jedes Pferd, jede Kuh und bemerkt jeden kleinen Fehler, der in der Bestellung vorgefallen ist, jede Lücke in einer Hecke, jeden falschgestellten Pflug. Sie hat nicht nur mehrere große Branntweinbrennereien und Brauereien, sondern betreibt auch ein starkes Mühlengewerbe, weshalb sie sich förmlich in das Müllergewerk hat einschreiben lassen, so daß sie das Meisterrecht hat und Lehrburschen ein- und losschreiben kann.

23. Februar 1803 in Folge einer heftigen Erkältung, die sie sich, zu rascher Hülfe herbeieilend, bei einem auf einem ihrer Güter ausgebrochenen Feuer zugezogen hatte. Ihr Gedächtnis lebt segensreich in jenen Oderbruchsgegenden fort, die ihrem Vorbild, ihrem Rat und ihrer Hülfe soviel verdanken.

Peter Alexander von Itzenplitz

Peter Alexander von Itzenplitz wurde am 24. August 1768 geboren. Er war der Enkel des Generals von Itzenplitz, eines der tapfersten Soldaten Friedrichs II., der in der Schlacht bei Kunersdorf schwer verwundet wurde und in Folge dieser Wunden starb. – Peter Alexander von Itzenplitz richtete von Jugend auf seine Aufmerksamkeit auf die Verwaltung seiner Güter, die in verschiedenen Teilen der Mark und Pommerns gelegen waren. Er besaß neben dem alt-Itzenplitzschen Gute *Jerchel* in der Altmark die *Behnitz*schen Güter im Havellande, die er von seiner Großmutter, einer Tochter des Staatsministers von Viereck, geerbt hatte. Dazu kamen: *Barskewitz* in Pommern (in der Nähe von Stargard), das ihm aus der Familie seiner Mutter, einer gebornen von Eickstedt, zugefallen war, und *Groß Rietz* bei Beeskow, das der Staatsminister von Wöllner vom Vermögen seiner Frau (einer gebornen von Itzenplitz, Tochter des Generals und Tante Peter Alexanders von Itzenplitz) gekauft hatte und das deshalb, nach dem Tode des kinderlosen Wöllnerschen Ehepaars, an die Itzenplitzsche Familie zurückfiel.

Am 23. September 1792 vermählte sich der damals eben zum Kriegs- und Domainenrat ernannte Peter Alexander von Itzenplitz mit Henriette Charlotte von Borcke, genannt von Friedland, einzigen Tochter der im vorigen Kapitel ausführlicher besprochenen Frau von Friedland. Gleich nach seiner Vermählung trat das junge Paar eine vorzugsweise auch auf landwirtschaftliche Zwecke gerichtete Reise nach Holland und England an. Während dieses Aufenthaltes in England schrieb von Itzenplitz, auf ausdrücklichen Wunsch des damaligen Ministers von Struensee, verschiedene Berichte über landwirtschaftliche und kommerzielle Fragen, worin er seine Beobachtungen und seine Ansichten über das, was sich seinem Auge dargeboten hatte, niederlegte.

Auch in Thaers »Einleitung zur Kenntnis der englischen Landwirtschaft« findet sich ein ziemlich umfassender, mit I. unterzeichneter Aufsatz über die englischen Ackerbauverhältnisse, der von von Itzenplitz herrührt und sehr wahrscheinlich in England selbst oder doch bald nach der Rückkehr von dort geschrieben wurde. Diese landwirtschaftliche Reise durch die verschiedenen Länder Westeuropas dehnte sich bis ins zweite Jahr hinein aus. Das junge Paar würde gern auch Frankreich besucht und die Agrikulturverhältnisse dieses Landes kennengelernt haben, wenn nicht die Französische Revolution, die ebendamals auf ihrer Schreckenshöhe stand, die Ausführung dieses Planes verhindert hätte. Übrigens erwies sich diese Reise (auch ohne daß Frankreich berührt worden war) von den segensreichsten Folgen für die Bewirtschaftung der eigenen Güter. Besonders waren die englischen Landwirtschaften als mustergültig erkannt worden, und ihnen wurde nun als Vorbild nachgestrebt. Darin wurde von Itzenplitz von seiner Gemahlin unterstützt, die den Geist ihrer Mutter geerbt hatte und namentlich nach dem Tode dieser (der Frau von Friedland) die Verwaltung der Güter mit einer dort heimisch gewordenen Umsicht und Energie betrieb.

Von 1794 bis 1804 war von Itzenplitz Landrat des Havelländischen Kreises. In dieser Zeit machte er auch die Bekanntschaft Thaers, der 1799 seine erste, 1801 seine zweite Reise in die Mark antrat. Thaer lernte das junge Itzenplitzsche Paar auf Schloß Kunersdorf im Hause der damals noch lebenden Frau von Friedland kennen, und die Beziehungen wurden so freundschaftlicher Natur, daß im Jahre 1803, als Hannover von den Franzosen besetzt wurde, Thaer seine Frau und Töchter zu größerer Sicherheit nach Kunersdorf schicken konnte, wo sie von dem Itzenplitzschen Ehepaar (Frau von Friedland war im Februar desselben Jahres gestorben) auf das fürsorglichste aufgenommen wurden. An anderer Stelle (siehe die Biographie Thaers, Seite 309 und 310) haben wir ausführlicher erzählt, wie es vorzugsweise die freundschaftliche Vermittelung Itzenplitz' war, die im Jahre darauf (1804) zur Übersiedelung Thaers von Celle nach Möglin führte. Itzenplitz befürwortete jene günstigen Bedingungen, ohne welche Thaer seine alte sichere Stellung nicht hätte aufgeben können, um eine neue, immerhin unsichere, anzutreten.

1804 legte von Itzenplitz sein Landratsamt nieder, um sich ausschließlicher der Verwaltung seiner Güter (zu denen eben jetzt die Herrschaft Friedland hinzugekommen war) widmen zu können.

1810 indes zum Geheimen Staatsrat und Generalintendanten der Domainen und Forsten ernannt, gab er sich ganz dieser schwierigen Verwaltungstätigkeit hin, doppelt schwierig und verantwortungsvoll eben damals, wo die Kriegsdrangsale die Veräußerung der königlichen Domainen nötig machten. Er blieb in dieser ehrenvollen, das höchste Vertrauen bekundenden Stellung bis 1814, wo er ausschied, nachdem Herr von Bülow zum Finanzminister ernannt worden war. Das Jahr darauf indes (1815) wurde er wegen seiner in den Kriegsjahren betätigten, aufopfernden Vaterlandsliebe in den Grafenstand erhoben und auf seinen und seiner Gemahlin Wunsch das Wappen des inzwischen ausgestorbenen Lestwitzschen Geschlechts mit dem Itzenplitzschen Wappen vereinigt.

Seit 1815 lebte Graf Itzenplitz auf seinen Gütern, namentlich auf Kunersdorf. Das Beispiel, das seine und seiner Gemahlin Art der Güterbewirtschaftung sowohl in der Mark wie in Pommern gab, hat in beiden Provinzen höchst segensreich gewirkt und die Agrikultur weiter Distrikte auf eine höhere Stufe gehoben. Aber der im besten Sinne reformatorische Eifer des gräflichen Paares beschränkte sich nicht auf Ackerbestellung und Bodenkultur, auch die schwierigen Verhältnisse der Gutsherrschaft zu den Bauern wurden auf den Itzenplitzschen Gütern durch freies Übereinkommen geregelt und die Hofedienste in mäßige Geld- und Kornabgaben umgewandelt, lange bevor an eine Gesetzgebung von 1811 gedacht wurde. Ebenso sind bei allen Gemeinheitsteilungen und Servitutsablösungen die Itzenplitzschen Güter immer Muster und Vorbild gewesen.

Graf Peter Alexander von Itzenplitz starb am 14. September 1834 zu Groß Behnitz im Havellande; seine Gemahlin zu Berlin am 13. April 1848.

Freiherr von Eckardtstein-Prötzel

Arnold von Eckardtstein, ein vorzüglicher praktischer Landwirt und spezieller Freund Thaers (sie waren Gutsnachbarn), wurde am 20. März 1781 zu Hannöversch-Münden geboren. Seine erste Erziehung erhielt derselbe teils im elterlichen Hause, teils in England, bezog darauf die Universität Halle, wo er die Rechte studierte, und übernahm später (1805) aus der väterlichen Erbschaft die Güter Prötzel, Prädikow, Reichenow, Beauregard, Sternebeck usw. zu einem für die damalige Zeit verhältnismäßig hohen Preise. Der bald darauf ausbrechende Krieg von 1806 und die französische Okkupation brachten A. von Eckardtstein in eine höchst kritische Lage, und es bedurfte seiner rastlosen Tätigkeit und ungebrochenen Energie des Geistes, um der andringenden Not und der jahrelang immer wachsenden Verlegenheiten dennoch Herr zu werden. Seine Übernahme der Güter fiel fast in dieselbe Zeit, in der Thaer seine Übersiedelung von Celle nach Möglin (1804) ins Werk setzte. Vieles Verwandte in ihrer Lage, wie auch die Verwandtschaft ihrer Ansichten, führte alsbald zu einem freundschaftlichen Verkehr zwischen beiden Männern. Freiherr von Eckardtstein war selbstverständlich mit unter den ersten, die nach Thaerschen Prinzipien zu wirtschaften begannen. Sein auf allen seinen Gütern mehr oder minder befolgtes System beruhte hauptsächlich auf einem möglichst starken *Kartoffelbau* und Verwertung dieser Frucht durch Anlage großartiger Brennereien. Dazu gesellte er als leitendes Bewirtschaftungsprinzip: Verbesserung des Bodens durch Mergelungen und schonende Fruchtfolge. Durch konsequente Anwendung seines den Acker nach Möglichkeit *schonenden* Systems (zum Beispiel durch Brachen und Benutzung der Brachfelder zur Aufzucht von veredelten Schafen) gelang es ihm, den auf seinen Gütern vorherrschenden geringen Sandboden dauernd zu verbessern und ihn auf eine verhältnismäßig hohe Stufe der Kultur zu erheben, so daß er auf Äckern, auf denen früher nur Bocksbart gewachsen und alle drei Jahre eine dürftige Roggenernte erzielt worden war, in späteren Jahren eine gute Klee- und Gerstenernte ermöglichte. An allem, was einen Fortschritt der Landwirtschaft, eine Förderung der

Wohlfahrt und des Wohlstandes des ganzen Landes versprach, nahm er den regsten Anteil und wirkte, in diesem Sinne selbst Hand mit anlegend, tatkräftig mit. Er starb, fünfundsiebzig Jahr alt, am 8. August 1856.

Carl von Treskow

Johann Carl Sigismund von Treskow wurde am 6. Dezember 1787 zu Berlin geboren. Sein Vater war Sigismund Otto Joseph von Treskow, Besitzer der großen Herrschaft Owinsk in der Nähe von Posen. Carl von Treskow, nachdem er seine erste Erziehung im elterlichen Hause (teils in Owinsk, teils in Berlin) empfangen hatte, besuchte das Gymnasium zu Gotha, dann die Ritterakademie in Brandenburg. Schon in seinem fünfzehnten Jahre (1803) übernahm er die Verwaltung der väterlichen Güter und führte dieselbe bis 1811. Im nächstfolgenden Jahre (1812) verheiratete er sich mit Marie Julie Jouanne und brachte in demselben Jahre noch das Rittergut Kade, in der Nähe von Genthin, käuflich an sich. Im Frühjahr 1816 akquirierte er das in der Nähe von Berlin gelegene *Friedrichsfelde* und verlegte seinen Wohnsitz dahin. Seine umsichtige Bewirtschaftung dieses Gutes hob den Wert desselben alsbald um ein bedeutendes, und die glückliche Art, wie er die *wissenschaftlichen* Fortschritte innerhalb der Agrikultur sich und seiner Bewirtschaftungsmethode beständig nutzbar zu machen verstand, verschaffte ihm alsbald einen Namen in der landwirtschaftlichen Welt. Er war mit unter den ersten, die die Thaerschen Prinzipien auch praktisch zur Geltung brachten, und sehr bald schon nach Übernahme von Friedrichsfelde entspann sich ein freundschaftliches Verhältnis zwischen von Treskow und dem Altmeister in Möglin. Richtige Fruchtfolge, gute Bearbeitung des Bodens, einträgliche Viehhaltung, Anbau neuer, brauchbarer Kulturpflanzen, Brennereien, Heranziehung Vorteil bringender Gewerbe – das waren die Dinge, die das in einem Zustande halber Verwahrlosung übernommene Gut alsbald prosperieren machten. 1826 übernahm er aus der väterlichen Erbschaft die Herrschaft Strzelce, eine Besitzung, die sich bald dadurch einen Namen machte, daß auf ihr (im Jahre 1838) die erste große Rübenzuckerfabrik im Königreich Polen errichtet wurde.

Etwa um dieselbe Zeit kaufte er das Rittergut Neuhaus bei Landsberg a. d. W. und die Herrschaft Grocholin bei Nakel. Bald nach Gründung des Landesökonomiekollegiums (1842) wurde er als Mitglied in dasselbe berufen und war an dieser Stelle neben Koppe, von Wulffen, Menzel, Graf Itzenplitz (dem jetzigen Handelsminister) usw. besonders tätig.

Den Winter über pflegte er in Berlin, während des Sommerhalbjahrs aber in Friedrichsfelde zu leben. Auf diesem seinem Gute starb er auch am 4. Oktober 1846. Der hervorstechende Zug seines Charakters war *Humanität.* Von überlegenem Verstande, klarem Blick, ruhigem Urteil und großer Lebenserfahrung, trat doch vor allem sein Gemüt, sein heiterer Sinn, sein schönes Wohlwollen im Verkehr mit seinen Mitmenschen hervor. Zu beglücken, jedem einzelnen, nach seiner Kraft, eine gewisse Freudigkeit des Lebens zu geben, das empfand er als Pflicht und Beruf. Er hatte eine offene Hand für jeden und ein gastlich offenes Haus für seine Freunde. Ein besonderes Verdienst erwarb er sich durch Anlegung einer sogenannten »Landschule«, die er ganz selbständig nach seinen eigenen Ideen ins Leben rief. Verwaiste oder halbverwaiste Knaben (zunächst aus Friedrichsfelde, später aber auch aus weiteren Kreisen) wurden in diese »Landschule« wie in eine Art »Waisenhaus« aufgenommen und verblieben auf dieser Anstalt in der Regel vom zehnten bis zum sechzehnten Jahre. Oft hatte er zwanzig bis dreißig beisammen. Diese »Landschule« unterschied sich von einem gewöhnlichen Waisenhause vor allem dadurch, daß die Aufgenommenen für ganz *bestimmte* Lebenstätigkeiten, für einzelne Handwerke, in der großen Mehrheit aber für *Ackerbau* und *Gärtnerei* theoretisch und praktisch vorbereitet wurden. Es stand diese »Landschule« zur Mögliner Akademie etwa in dem Verhältnis, wie eine Volksschule zu einem Gymnasium steht. C. von Treskow hat durch dieselbe sehr segensreich gewirkt. Das benachbarte Berlin hat ihm vor allem dafür dankbar zu sein, daß er der erste Gutsbesitzer in der Umgegend war, der *frische Milch* in die Stadt schickte. Vor ihm war der Milchverkauf lediglich Sache der sogenannten »Viehmäster«, die in der Stadt selber wohnten. Berlin verdankt diesem Umstande den Vorzug, *jetzt* unter allen großen Städten so ziemlich die beste Milch zu haben.

Schäfer Grabert

Der Schäfer Gottlieb Grabert, der Sohn eines Schäfers gleichen Namens, wurde um 1790 geboren und trat 1811 am 25. Mai (am Urbanstage, wo immer die Schäfer anziehen) in den Dienst Thaers. Die Mögliner Schäferei war damals eben erst gegründet worden. Grabert ist all die Zeit über in Möglin im Thaerschen Dienst geblieben und lebt noch daselbst, seinem Amt mit alter Treue und Umsicht vorstehend. Im vorigen Jahre (1861) traf es sich, daß am Urbanstage (25. Mai) die »Landwirtschaftliche Ausstellung des Provinzialvereins für die Mark Brandenburg« stattfand, eine Ausstellung, zu der auch Grabert, der an diesem Tage sein funfzigjähriges Schäferjubiläum feierte, mit einigen vorzüglichen Exemplaren der Mögliner Schäferei erschienen war. Es war hier dem treuen Diener eine freudige, wohlverdiente Überraschung vorbehalten. Seine Majestät der König, als Gottlieb Grabert ihm ein vorzüglich schönes Exemplar der Thaerschen Schäferei (»Graf Seydlitz« genannt) vorführte, richtete huldvoll anerkennende Worte an den rüstigen Jubelgreis und übergab ihm die Dekoration des Allgemeinen Ehrenzeichens, die der damalige landwirtschaftliche Minister, Graf Pückler, sofort auf des Schäfers schlichten Rock heftete. Alle Anwesenden bezeugten durch Jubel und Hurraruf ihre Teilnahme. Grabert genießt eines großen Ansehens unter den Gutsherrn und Schäfern des Oberbarnimschen und Lebuser Kreises. Sein lebensvolles Bild befindet sich auf dem Basrelief, das den Vortrag haltenden Thaer, umgeben von Koppe, von Wulffen, Herzog von Holstein-Beck usw., darstellt.

BILDERALTÄRE

[I]

[*Redaktionelle Vorbemerkung: Mit Rücksicht auf den neulichen (Nr. 17) Zuschauer-Artikel, der die vortrefflich restaurierten, im Akademiegebäude ausgestellten Altäre der Dorfkirchen in Bollersdorf und Wilkendorf bespricht, geht uns folgende Zuschrift zu.*]

... Ihr geehrter Berichterstatter, dessen Artikel ich mit großem Interesse gelesen habe und dessen Anschauungen und Wünschen ich mich in jedem Punkte anschließe, deutet unter anderem auch an, daß sich von solchen Altarbildwerken (vergoldete Holzskulpturen, Szenen aus der heiligen Geschichte darstellend) wahrscheinlich noch mancherlei in unserer Mark vorfände. Ich darf hinzusetzen, nicht nur manches, sondern *sehr viel*, und die Zahl ist wahrscheinlich eher zu niedrig als zu hoch gegriffen, wenn ich hier ausspreche, daß es wenigstens noch *hundert* solcher Bilderaltäre in märkischen Stadt- und Dorfkirchen gibt. Ich habe wenigstens ein Dutzend gesehen, im Lebusischen, im Oberbarnim, in Beeskow-Storkow und am Südrande des Teltow. Ich würde die Namen, die ich großenteils gegenwärtig habe, hier gern aufführen; doch könnt ich mich im einen oder anderen Falle irren, und so unterlaß ich lieber die Aufzählung. Vielfach sind diese alten vergoldeten Holzskulpturen (wie der Artikel sehr richtig vermutet) auch bloß *ausquartiert*; man hat ihnen den hohen Ehrenplatz über dem Altar genommen und sie auf den Kirchenboden gebracht, wo man ihnen oft, neben anderem Kirchenschmuck aus der katholischen Zeit, begegnet. Darin aber stimm ich durchaus mit Ihrem Herrn Berichterstatter überein, daß die Gemeinden und namentlich auch die *Patrone* (nicht alle sind wie Graf Itzenplitz und Herr von Pfuel) nicht lebhaft genug aufgefordert werden können, sich dieser Schätze, die, wenn nicht große künstlerische Wertstücke, so doch *Erinnerungsstücke* sind, anzunehmen.

Es herrscht in bezug hierauf bei den liebsten und besten Leuten, auch bei manchen Geistlichen, eine wahre *Barbarei*.

Schöne, gemalte alte Glasfenster werden durch kümmerliche Achtgroschenscheiben des ersten besten Glasers ersetzt, und nachdem (in bester Absicht) dieser Raub an der Kirche geschehen, schüttelt sich alles die Hand und wünscht sich Glück mit den Worten: *»Nun haben wir Licht.«* Es ist eine weitverbreitete Vorstellung hierlandes, daß ein protestantisches Gotteshaus kahl, hell, blank sein muß. Eine frischgetünchte Kirche, mit neugestrichenen Bänken und großen Fenstern (»viel Licht«) ist die Normalkirche. Die Gemeinde schwelgt dann in dem Gefühl, ganz »antikatholisch« und für immer »sicher« zu sein. Ach, unsere Gemeinden sind ja ohnehin *furchtbar* sicher; sie hätten nicht erst nötig, die »goldnen Puppen« mit Krieg zu überziehen. Alles wäre längst zerstört, wenn nicht die bekannte bäuerliche *Apathie*, die am Ende doch noch stärker ist als das antikatholische Gefühl, vielfach rettend dazwischengetreten wäre. Aber diese Apathie ist eine schlechte Garantie für die Zukunft. Diese Garantie wird nur dann gewonnen sein, wenn Patrone, Geistliche, Gemeinden gelernt haben werden, daß sie sich dieser ehrwürdigen Überbleibsel zu rühmen, nicht aber der alten Puppen zu schämen haben. Die Provinzial-*Volksschul*-Blätter könnten nach dieser Seite hin gewiß *viel* beitragen zur Besserung.

[II]

Einige *Bilderaltäre* (vergoldetes Holzschnitzwerk, Szenen aus der heiligen Geschichte darstellend), die vor einigen Monaten hier in Berlin – wo sie restauriert worden waren – ausgestellt und von Kunstliebhabern in Augenschein genommen wurden, haben die Frage angeregt: wieviel von solchen alten *Schnitzwerkaltären* wohl noch in der Mark, zumal in den alten Dorfkirchen zu finden sei. Der Unterzeichnete ist, nach Erfahrungen, die er in einem verhältnismäßig kleinen Kreise gemacht hat, der Ansicht, daß von solchen mehr oder weniger wertvollen Bildwerken aus der katholischen Zeit her noch sehr vieles (mehr, als gewöhnlich geglaubt wird) vorhanden sein muß, und spricht den Herren Geistlichen, Kantoren und Lehrern unserer Provinz gegenüber an dieser Stelle den Wunsch aus, daß die Genannten die Freundlichkeit haben möchten, mich wissen zu lassen, wo sich dergleichen findet. Erlaubt es ihre Zeit, eine kurze Beschreibung beizufügen, so werd ich ihnen doppelt zu Dank verpflichtet sein. Zuschriften bitte ich zu adressieren an

Theodor Fontane, Alte Jakobsstraße 171.

Berlin, im April 1863

LUCH IM WALD

»Luch im Wald« – welch Landschaftsbild tut sich bei diesem Namen vor uns auf! Elsengebüsch, zu drei und vier eine Gruppe bildend, umschreibt einen weiten Kreis; in der Mitte halb überschwemmtes Wiesenland, voll Binsen, wo das Wasser steht, und voll weidendem Vieh, wo trockner Grund das Wasser überragt. Hier und dort eine Torfpyramide und ein grauer Sonnenschein über dem Ganzen.

So pflegt ein märkisches »Luch im Wald« zur Seite unsres Weges zu liegen; *das* »Luch im Wald« aber, an das wir heute herantreten und das vielleicht vor 800 Jahren noch ein *wirkliches* »Luch«, eine erlenumstandene Sumpfwiese war, hat nichts mehr gemein mit dem eben gegebenen Landschaftsbilde: eine *Stadt* steigt vor uns auf, eine Fabrikstadt – *Luckenwalde.*

Das Luckenwalde unsrer Tage ist das korrumpierte »Luch im Wald« vergangener Jahrhunderte, und die Leser werden es verzeihn, daß ich diesem Kapitel (etwa wie die »Goldne Traube« freundlicher einladet als der »Blaue Löwe«) ein lokkenderes Aushängeschild als Überschrift gegeben habe. Namen tun viel. Was klänge poetischer als »Luch im Wald«? und was klänge weniger poetisch als – Luckenwalde?

Luch im Wald und *Luckenwalde* – wann sich der Umschwung, die Wandlung aus dem einen in das andre zu vollziehen begann, ist nicht genau mehr zu bestimmen. Als der alte Kirchturm, der jetzt am Marktplatz steht, noch ein Rochowscher Wartturm war, da war Luckenwalde noch Luch im Wald. Es war auch noch Luch im Wald, als die Mönche von Kloster Zinna kamen und eine christliche Kirche neben dem heidnischen Wartturm bauten; aber Luch im Walde wurde Luckenwalde in demselben Augenblick, wo König Friedrich Wilhelm I. sich ins Mittel legte und der erste Webstuhl vogtländischer Weber in Luckenwalde zu klappern begann. Das Mittelalter war hin, und die Neuzeit fing an. Die Neuzeit hat seitdem ihrerseits wieder einen poetischen Anlauf genommen, die Menschen nennen es die »Poesie des Dampfes«; aber wie schwierig es ist, dieser Poesie Ausdruck zu geben, mag aus folgender Stelle eines im übrigen trefflichen Buches erhellen, in der die Dampfkraft Luckenwaldes in folgender Weise verherrlicht wird: »In unseren Tagen reinerer, gottesfürchtiger Gläubigkeit und höherer Geltung des Sittengesetzes, aber auch der beginnenden Erkenntnis der Naturkräfte, *richtet der Zeitgeist gewaltige Rauchröhren, wahre Styliten des Gewerbefleißes, in die Höhe* – errichtet sie zur Erzeugung einer Kraft (des Dampfes), deren Erfolge für die Entwicklung der leiblichen Wohlfahrt des Menschen, seiner geistigen Fähigkeiten und seines Gemütslebens noch lange nicht zu übersehen sind.«

Luch im Wald und *Luckenwalde* – wir werden dem einen wie dem anderen unseren Besuch zu machen haben; aber der »Lebende hat recht«, und so beginnen wir mit *Luckenwalde.*

Luckenwalde ist eine Stadt mit 10000 Einwohnern und etwa 50 Fabrikschornsteinen. Hierin liegt die Geschichte seines Ruhmes verzeichnet. Des »Zeitgeists gewaltige Rauchröhre«, wie unser Gewährsmann so bedeutsam sich ausdrückt, überwiegt hier jede andere Tätigkeit. Nicht mehr die Kirche bildet den Mittelpunkt geistigen Lebens, städtischer Interessen, sondern der Schornstein, »der Stylit des Gewerbefleißes«. Die Mönche von Zinna würden alles sehr verändert finden. Man ruft keine Heiligen mehr an, man schwört nicht mehr bei Peter und Paul; die Namen, die laut werden, die längst Haushaltworte geworden sind, heißen Emisch und Steinberg oder Pariser und Compagnie. Luckenwalde ist Fabrikstadt geworden; man zupft, man walkt, man färbt, man webt – und wenn die Mönche umher fragen würden, warum die alte Kirche so klein geblieben sei, so würde die »höhere Geltung des Sittengesetzes« vielleicht als einzige »notgedrungene Erklärung« gegeben werden müssen.

Das führt uns denn auf die Luckenwalder »Sitte«. Sie wird allen Ernstes gerühmt und pflegt als ein Beweis zitiert zu werden, daß die Sittenzustände von Fabrikstädten nicht notwendig unter das Durchschnittsniveau zu sinken brauchen. Wohlan denn, nehmen wir die Sache selbst als erwiesen an und fragen wir nur noch nach der Ursache der Erscheinung. Wir finden sie in der Macht der *Tradition.* Wo »guter Väter Sitte« jahrhundertelang geherrscht hat, da herrscht auch ein ungeschriebenes Sitten*gesetz*, gegen das die Gesamtheit nicht leicht verstößt. Auch nicht die Gesamtheit einer Fabrikbevölkerung. Der Väter Guttat bleibt lang in Kraft. Solche Traditionen leben in Luckenwalde fort. Wie alt diese Traditionen sind, wer sagt es? Ob sie sich auf die vogtländischen Weber oder wohl gar auf die alten Wenden zurückführen lassen – es stehe dahin. Aber wir neigen uns der Ansicht zu, daß es weder die einen noch die anderen, sondern daß es die *Vläminger* waren, die *ersten* Kolonisten dieser Landesteile, die hier ein gutes Fundament legten. Luckenwalde gehört zwar nicht direkt jenem Landesteile zu, der von den Vlämingern besetzt und in Folge davon der Fläming auch wohl »der hohe Fläming« genannt wurde; aber es liegt an der Grenze desselben und stand von alters her in Austausch und Verkehr mit der Hauptstadt des Fläming, dem nahe gelegenen *Jüterbog*. In Jüterbog hielt sich das Vlämische lange; hier gab es noch nachweisbar Vläminger bis ins 17. Jahrhundert hinein. So berichtet die Jüterboger Chronik: »In diesem Jahre (1693) verschied allhier der Richter *Dümchen*, auf dem Neuenmarkt, und ist der einzigste und letzte gewesen, *der einen spitzigen Hut mit niedergeschlagenen Krempen* in hiesiger Gegend getragen, welche Mode beinahe 600 Jahre allhier gebräuchlich gewesen, und sah dieser Hut so aus, wie man die alten holländischen Bauern abgemalt findet.«

Von da ab, so scheint es, verschwand die altholländische Tracht in diesen Gegenden, wenigstens in den städtischen Ortschaften; aber *Sprache** und *Sitte* überdauerten die Tracht, und der Geschichtschreiber des Flämings (Rektor Telle zu Jüterbog) konnte noch vor wenigen Jahren von den

* Wie sehr die Sprache des »hohen Flämings« von dem gewöhnlichen märkischen Platt abweicht, mag folgende vorzügliche Übersetzung des Stabat mater zeigen. Es erscheint uns als ein Niederdeutsch, das zwischen *Holländisch* und *Märkisch-Platt* allenfalls die Mitte hält:

By et Krüz met schreijende Ougen
Stund die Mueder diep bewoagen,
Doa de soan dorchnaelt hing.
Un in ör verzuchend Härze,
Umgedreyt van Wei und smärte,
Een dörchborend Schlagswärt ging.

Wie bedrückt, wie neddr geslagen
Mut die Segensrike klagen
Om Gods eenig Kind ärn Soen
Ach wie streat (?) he, ach wie schreit sie,
't rüemrikst Kind ant Krüz tu seen.

Bewohnern desselben rühmen: »Sie halten viel auf gute Zucht, sind kirchlich, ernst in Haltung und mäßig im Genuß. Ausschweifung und Trunkenheit sind bei ihnen seltener als anderswo.« So die *eigentlichen* Vläminger. Die Annahme mag aber gestattet sein, daß die »gute alte Sitte«, die sich, bei den Vlämingern selbst, durch die Jahrhunderte hin in Kraft erhielt, auch all die Zeit über wie ein gesunder Lufthauch wirkte, der frisch und reinigend in die umher gelegene Niederung drang.

Wir haben bis hierher mehr von den Luckenwaldern als von ihrer *Stadt* gesprochen, und es ist nunmehr wohl an der Zeit, in diese einzutreten. Ihr nachzurühmen, daß sie schön sei, hieße einem Japanesen Komplimente über seine äußere Erscheinung machen. Die malerischen Fachwerkhäuser mit einem Giebel auf dem Dach und einem Rosenbusch als Façade verschwinden immer mehr, und das moderne Steinhaus, das so kalt und mausoleumhaft wirkt, wenn es nicht zu beleben versteht, rückt in die Lücken ein. Das Nuthe-Fließ, ein abgezweigter Arm des Flusses, der in alten Tagen die Hauptstraße der Stadt durchlief und durch Wasserplätschern und Baumesschatten alles poetisch verklärte, hat sein Leben beschlossen; – die Neuzeit hat ihn zugeschüttet, und nur die Nuthe selbst, die alte Lebensader Luckenwaldes, die den Ort mehr umspannt als durchläuft, ist ihm geblieben. Aber wie? Das »tiefe Blau der Ströme«, so oft verherrlicht und besungen – hier tritt es furchtbar wirklich an den Beschauer heran, und die Indigoküpe proklamiert ihren Sieg über das arme, substanzlose Blau des sich spiegelnden Himmels.

Das beste Teil Luckenwaldes sind noch immer seine zwei Erbstücke aus den Zeiten von »Luch im Walde« her – sein alter Turm, den irgendein alter Rochow als Wartturm errichtete, und seine alte Kirche, die die Mönche von Zinna gebaut. Aber freilich auch von diesen zwei Erbstücken darf der Leser keinen besonderen Aufschluß erwarten. Turm und Kirche stellen sich einfach hin und sagen: »Da sind wir, wir sind alt.« Ja, sie sind alt. Aber wie es alte Leute gibt, die *trotz* ihrer neunzig Jahre nichts erlebt oder aber (ebensooft) *in Folge* ihrer neunzig Jahre alles wieder vergessen haben – so auch Turm und Kirche in Luckenwalde. Sie wissen nichts, sie erzählen nichts. Selbst die Lapidarchronik der Grabsteine fehlt. Das Interessanteste bleibt das einfache Faktum, daß der alte wendisch-heidnische Feldsteinturm jetzt als Campanila der seitab stehenden Kirche dient.

Turm und Kirche erzählen wenig, aber sie reichen doch mit ihrem Gemäuer bis in die Tage von »Luch im Walde« zurück.

Diesem Luch im Wald, dem poetischen Vorläufer Lukkenwaldes, den Tagen, der Erscheinung seiner Jugend, wenden wir uns jetzt zu und stellen vorweg die Frage: »Hatte die *poetische* Zeit auch ihre *Poeten*?« Ja. Das Luch im Wald vergangener Tag[e] hatte sogar einen Poëta laureatus, ganz des Umstands zu geschweigen, daß der gekrönte Dichter auch Comes Palatinus war. Freilich wissen wir nichts von ihm als seinen Namen und sein Todesjahr (Tobias Seiler von Löwenberg † 1626); aber was uns Tobias Seiler versagt, gewährt uns Balthasar Gerinus, ein Zeitgenosse des Laureatus, in desto reicherem Maße. Seines Zeichens ein Schulrektor, besingt er Krieg und Pest, Sturm und Unwetter in dem vierfüßigen Jambus der Meistersänger; inwieweit aber diese Jamben auch ihm ein Anrecht auf die Poëtalaureatusschaft geben, möge der Leser selbst entscheiden. Den großen Sturm von Anno 25 führt er folgendermaßen ein:

Da man zählte tausendsechshundert Jahr,
Auch fünfundzwanzig, im Februar,
Ein großer Sturmwind rasch entstund,
Der riß viel Bäume aus dem Grund,
Und siehe, zu Mittag nach zwölf Uhr
Mit Ungestüm in den Turm er fuhr.

Was der große Sturm von Anno 25 an unserem Poeten nicht konnte, konnte natürlich auch das große Sterben von Anno 26 nicht, und Balthasar Gerinus fährt fort:

Und als wir ferner zählten ganz
Sechzehnhundert und sechsundzwanz,
Die Pestilenz sich gar nicht säumt,
Hat dritthalbhundert weggeräumt etc.

Nach diesen Anstrengungen, so scheint es, ruhten die Luckenwalder Musen volle 200 Jahre, bis im ersten Viertel dieses Jahrhunderts abermals ein Poet in Luckenwalde das Licht der Welt erblickte. Wir haben ihn selber gut gekannt.

Er war arm, und der ganze Luxus seiner Existenz bestand in einer Rose, die er Winter und Sommer im Knopfloch trug. Aber er war ein Poet, er war entschieden aus *Luch im Wald.* Noch klingt uns der Anfang eines seiner Lieder im Ohr:

Ist der schwüle Tag gesunken,
In der Dämmrung Nebelflor,
Sieh, da steigen goldne Funken
Aus dem Abendrot empor;
Auf den schimmernd stillen Gassen
Stirbt der letzten Tritte Schall,
In den Zweigen, wie verlassen,
Träumend schlägt die Nachtigall.

Das ist wie Musik. Aber kehren wir aus den Tagen Luckenwaldes (in die wir nur flüchtig wieder abgeschweift) nach Luch im Wald und seinen patriarchalischen Zuständen zurück.

Die Tage des alten Luch im Wald waren Tage der Harmlosigkeit. Ein Rats- und Gerichtshaus war nicht da, aber man brauchte auch beides nicht. Das alte Rathaus war 1674, oder noch früher, niedergebrannt, und da man zögerte, ein neues zu erbauen, so befand sich das Rathausbureau in der gemieteten Stube eines Bürgerhauses. So blieb es wohl 150 Jahre, und warum auch nicht? Man saß so wenig oder doch so harmlos zu Rat und Gericht, daß eine gemietete Rats- und Gerichtsstube völlig ausreichte. Der klare Lauf des öffentlichen Luckenwalder Lebens wurde nur selten durch leise Trübungen unterbrochen, und diese Trübungen waren etwa wie folgt: »In diesem Jahre 1582« (so berichtet der Chronist) »wurde Simon Schmidt ins Gefängnis geworfen, weil er einen Nachtwächter angegriffen und ihm seinen Spieß abgenommen hatte.« So lauten die Überlieferungen aus der *inneren Geschichte* der Stadt.

Nach *außen* hin freilich war Luch im Wald in ernstere Kämpfe verwickelt, und wie einst Rom und Albalonga gegeneinandergestanden hatten, so standen hier jahrhundertelang Jüterbog und Luckenwalde. Ihre Kämpfe sind ihre Geschichte. Das Motiv zu diesen Kämpfen war das alte, wohlbekannte, das zu allen Zeiten in Deutschland eine so hervorragende Rolle gespielt hat – das *Bier.* 1430 hatte der Abt zu Kloster Zinna ein Reskript erlassen: »Die Krüger auf den

Dörfern sollen nur für ihren eigenen Bedarf brauen; das *Dorf Luckenwalde aber mag brauen und verkaufen, wem es will.*« Da stand es schwarz auf weiß, und das Dorf Luckenwalde wurde ein berühmter Bierort; das Nuthefließ schien nur da, um in die Bottiche und Braupfannen zu fließen. Aber der Ruhm weckte Neid, vor allem bei den Jüterbogern, die sich dadurch beeinträchtigt sahen. So entstanden endlose Streite, die am liebsten handfest auf allen Kirchweihen, in den Zwischenzeiten aber mit Spöttereien ausgefochten wurden. »Die Jüterboger haben uns den Turm stehlen wollen« — so sagten die Luckenwalder —, »aber als der Nachtwächter kam, haben sie ihn vor Schreck wieder fallen lassen; — seitdem steht er abseits.« Die Jüterboger rächten sich durch Spottverse und sangen:

Lieber die Rute
Als Luckenwalde an der Nuthe;

aber die Betroffenen wußten auch ihren Reim zu machen und sangen ihrerseits:

Das Mädchen ist aus Jüterbock,
Das Hemd ist länger als der Rock.

So waren die Fehden im alten Luch im Wald. Aber andere Zeiten kamen, und, wie wir gesehen haben, aus Luch im Wald wurde Luckenwalde. An die Stelle des altehrwürdigen Luckenwalder Biers trat »bayrisch Bier, gebraut bei Falkenthal«; Gas kam; die Fabriken wuchsen auf, und die Nuthe wurde immer blauer. Der alte Turm, der einst allein die Stadt überragt und ins Land geblickt hatte, mußte sich mehr und mehr bequemen, sein altes Vorrecht mit immer neuen Neulingen zu teilen, bis er in einem Walde von Fabrikschornsteinen halb versank.

Selbst die alte Fehde zwischen den Nachbarstädten hat ausgetobt, und nur bei den Wahlschlachten steigt der alte Groll noch aus dem Grabe und scheidet Jüterbog-Luckenwalde in rechts und links. Luckenwalde steht links. Schade! Luch im Wald hätte rechts gestanden.

ERZBISCHOF NORBERT UND DIE PRÄMONSTRATENSER IN DER MARK

Der Orden, der für das Land zwischen Elbe und Oder am meisten getan, am meisten gebaut, bekehrt und gelehrt hat, ist wohl unbestreitbar der *Zisterzienser*orden. Wiederholentlich ist im »Johanniter-Blatte« seiner gedacht worden, unter andern in einer Reihe von Aufsätzen, die *»Kloster Lehnin«* behandelten. Lehnin (wie auch Chorin) war eine Schöpfung der Zisterzienser.

Dennoch muß zugegeben werden, daß der Zisterzienserorden, der sich etwa von 1170 ab so siegreich und glänzend in unserm Lande entwickelte, einen *Vorläufer* hatte, in dessen Fußtapfen [!] er teilweise trat; dieser Orden war der der *Prämonstratenser.* Man wird das Richtige treffen, wenn man die Bedeutung beider Orden für die Mark und die Wendenländer speziell dahin unterscheidet, daß man den Prämonstratensern zugesteht: »sie waren die *ersten*, sie hatten die Mühe des Ebnens, des Vorbereitens, des Bahnbrechens.« Den nach ihnen kommenden Zisterziensern wird aber allerdings der Ruhm verbleiben, eine umfassendere und reichere Wirksamkeit entfaltet zu haben. Schon deshalb, weil sie sich länger auf der Höhe hielten.

Dies längere segensreiche Ausdauern der Zisterzienser hat die frühere Wirksamkeit der Prämonstratenser bis auf einen gewissen Grad in den Hintergrund gedrängt. Es ist ein Verdienst des Predigers *F. Winter* zu Schönebeck an der Elbe, durch eine umfangreiche Arbeit über die Prämonstratenser (Berlin, Schweiggersche Hofbuchhandlung) einen höchst wertvollen Beitrag zur Geschichte der Christianisierung und Germanisierung des Wendenlandes geliefert zu haben.

Der Prämonstratenserorden ist eine Schöpfung *Norberts von Gennep,* der später Erzbischof von Magdeburg und 1582 – also 450 Jahre nach seinem Tode – heiliggesprochen wurde. Wir verweilen zunächst bei diesem Stifter des Ordens.

Norbert von Gennep, ein deutscher Edelmann, wurde

1080 zu Xanten, im nachmaligen Herzogtum Cleve, geboren. Er bekleidete dasselbst ein Kanonikat und teilte mit der großen Mehrzahl der Kanoniker ein weltliches, nur den Zerstreuungen hingegebenes Leben, als auf einmal ein wunderbares Ereignis seine Bekehrung herbeiführte. Dies Ereignis war folgendes: Er ritt, nur von einem Diener begleitet, einem westfälischen Dorfe zu, wo ein üppiges Fest gefeiert werden sollte, als ein schweres Gewitter heraufzog und das Feuer vom Himmel wie eine Wand vor ihm niederfiel. Dabei hörte er eine Stimme, die ihm zurief: »Halt ein! warum brauchst du alles, was ich dir zu meiner Verherrlichung gegeben habe, zu Entwürfen deines Stolzes.« Das scheue Pferd warf den Reiter ab, und besinnungslos lag Norbert am Wege. Von dem Augenblicke an, wo ihm das Bewußtsein wiederkam, war er nur darauf bedacht, seine Fehltritte durch fromme Übungen zu sühnen. Diese plötzliche Änderung bewirkte, daß man ihn als einen Neuerer und Heuchler schilderte, und die andern Kanoniker, die in ihren Ausschweifungen beharrten, verursachten ihm so viele Bitterkeiten, daß er sich nach Italien und Frankreich begab. Überall predigte er Buße. Dabei vermied er Redekünste und jegliche Übertreibung; Liebe, väterliche Ermahnungen, ein gutes Beispiel, andächtiges Gebet um den Beistand Gottes, dies waren die einzigen Waffen, deren er sich bediente.

Bartholomäus, Bischof von Laon, der ihn predigen hörte und seine Sittenreinheit bewunderte, bat ihn, an der Besserung der Geistlichen seiner Kirche zu arbeiten. *Norbert* scheiterte damit. Da zog er sich mit einigen Schülern 1120 (also 40 Jahre alt) in das Tal Prémontré bei Laon zurück, um hier, durch das abtötungsvolle Leben, das sie führten, den Grund zu dem nachmals so berühmten Kloster von Prémontré (daher Prämonstratenser) zu legen.

Diese Mönche waren damals so arm, daß sie nur aus dem Erlöse des Holzes lebten, das sie alle Morgen im Walde fällten und das ein Esel nach Laon brachte, wo es verkauft wurde. *Norbert* aber gab seinen Mönchen die Regel des heiligen *Augustin.* Eine alte Kapelle, die sie im Walde fanden, diente ihnen als Kirche. Ihre Ordenstracht war weiß, nebst einem Hute von derselben Farbe, weshalb sie später in England »weiße Kanoniker« genannt wurden.

Norberts Anwesenheit in Prémontré dauerte nur ein halbes Jahr. Unmittelbar nach der Stiftung des Ordens, noch in demselben Jahre 1120, kehrte er nach *Deutschland* zurück, wo er, um der Berühmtheit seines Namens willen, 1127 zum *Erzbischof von Magdeburg* gewählt wurde. In der Zwischenzeit, von 1120 bis 1127, waren in den verschiedenen Provinzen Frankreichs, namentlich in der Champagne und Burgund, aber auch in Deutschland und Niederland, zu beiden Seiten des Rheines hin, verschiedene Prämonstratenserklöster – alle durch *Norbert* selbst – gegründet worden, so daß dieser, als er auf den erzbischöflichen Stuhl nach Magdeburg berufen wurde, seine Schöpfung (den Orden) bereits in verhältnismäßiger Blüte zurückließ. Es war dies eine Reserve für ihn, auf die er sich in den gefährdetsten Momenten stützen konnte. Großen Gefahren ging er allerdings entgegen, Gefahren, die zum Teil durch die Bösartigkeit seiner Widersacher (denen sein fremdes Wesen, sein strenges Regiment nicht behagte), zum Teil aber auch durch seinen rücksichtslosen, dabei jede gebotene Klugheit vernachlässigenden Stolz hervorgerufen wurden.

Über den *Charakter Norberts* finden wir nun in *Winters* Buch sehr interessante Mitteilungen, aus denen wir, zu Lob und Tadel des Erzbischofs, einzelne Stellen zitieren. Unter den Glasmalereien aus neuerer Zeit in den Fenstern des Magdeburger Domes befindet sich auch das Bild eines Erzbischofs, der durch Größe der Gestalt, durch gebieterische Haltung, durch ein Antlitz, auf welchem der deutsche Charakter: Sammlung, Klarheit, Ruhe und unbeugsame Entschlossenheit, thront, unter andern *hervorragt.* Er hält in seiner Linken den Nachtmahlskelch empor, in seiner Rechten eine Kette, an welcher gefangen der Satan in Drachengestalt zu seinen Füßen sich krümmt. *Das ist Norbert.*

Wie ihn der Maler aufgefaßt hat, so schildern ihn auch die Geschichtsschreiber. Die Chronik von St. Michael beschreibt ihn *vor* seiner Bekehrung mit folgenden Zügen:

»Geehrt und hochgehalten von den Großen der Erde, war er in der Kurie des Erzbischofs Friedrich zu Köln ebenso geliebt und willkommen als an dem Hofe des Kaisers; *dort* wegen seiner Stellung als Kleriker und mit Rücksicht auf das Maß seiner gelehrten Bildung, *hier* wegen seines hochherzigen Sinnes und seines ungewöhnlich feinen Benehmens; hier wie dort wegen wohltuender Leichtigkeit des Umgangs und ungezwungener Sitte. Hoch unter Hohen, zwischen kleinen Leuten anspruchslos und ihresgleichen, unter Adligen ein Würdenträger, unter Gemeinen wie eine Blume auf dem Felde, wußte er allen alles zu sein und sich jedermann in allerlei gefällig zu machen. Ein helles Gesicht, ein heitres Auge, eine angenehme Redeweise, eine ruhig fließende Unterhaltung, eine weitherzige Freigebigkeit, dagegen im Aufrechnen und Fordern eine verschämte Bescheidenheit, ein sicherer Blick im Wollen und Handeln zeichneten ihn aus.«

Wenngleich diese Charakteristik auf eine Zeit geht, in der er noch, in weltliche Geschäfte verflochten, der Welt zu gefallen strebte und mit lustiger Freude die Wege der Jugend ging, so ist sie dennoch für die spätere Zeit nicht ohne Wichtigkeit. Vernichtet ja doch der Heilige Geist in der Bekehrung nicht die Individualität eines Menschen, *sondern er läutert und verklärt sie.* Selbst Paulus hat die Eigentümlichkeit des Saulus behalten. Und so sehen wir denn auch dieselben Züge beim *Bußprediger, Ordensstifter* und *Erzbischof* Norbert wiederkehren.

»Als Erzbischof« – so erzählt die Chronik vom Kloster »Gottesgnaden« – »verrichtete er seines Amtes Pflichten mit gebührendem Eifer, nach des Apostels Wort: Allen alles werdend. Von den Hohen dieser Welt wurde er geliebt und geehrt, für Verstockte und Hochmütige war er ein Mann von imponierender Persönlichkeit, für Gottesfürchtige aber, Arme und solche, die Frieden suchten, bewies er sich gütig und leutselig, so daß man ihn, da er für alle sorgte, einen Vater aller hätte nennen können. Für Gottes Gesetz fast zu eifrig, widmete er sich den weltlichen Geschäften, in die er sich unvermeidlich verwickeln lassen mußte, zwar bis ins einzelnste, doch so, daß er dabei die Reinheit seines innern Menschen wahrte.«

Völlig damit übereinstimmend ist die Schilderung seiner Bischofstätigkeit im Chronicon Magdeburgense:

»Was eines Priesters Beruf ist: bei der Feier der Messe gewissenhaft und mit aller Andacht der Seele gegenwärtig. Vor den Fürsten dieser Welt erschien er als eine wundervolle, ehrfurchtgebietende, imponierende, mit einer Glorie umgebene Persönlichkeit, den Gläubigen aber und Dienern Christi in allen Stücken zugetan und verwandt. Daher begann er mit allen Kräften für die Förderung und das Wachstum seiner Kirche zu wirken. Bei einer hingebenden Liebe für die Menschen und einem entschiedenen Haß gegen die Laster war er in seiner eigenen Person ein Beispiel für die Frommen, tröstete die Kleinmütigen und war zugänglich für alle. Diejenigen aber innerhalb der Geistlichkeit, die *der Kirche zum Ärgernis* gereichten, diese hielten ihn allerdings nach ihrer Art für *unerträglich* und vermochten seine Strenge, die sie schwerer fühlten als die Last des Ätna, nicht zu ertragen. Gold aber und Silber verachtete er so sehr, daß er den Schatz seiner Kirche zu leeren kein Bedenken trug, wenn es die Not erforderte oder sonst einen Nutzen brachte.«

So schreiben die alten Chroniken von St. Michael und das Chronicon Magdeburgense über Norbert. Selbstverständlich fehlt es diesen Lobrednern gegenüber auch nicht an gleichzeitigen *Tadlern.* Man hat dem Norbert Ehrgeiz, Härte und Herrschsucht zum Vorwurf gemacht. Abälard beschuldigt ihn, daß er ehrsüchtig nach dem Rufe eines Heiligen und Wundertäters gestrebt habe und jedesmal, wenn seine Verheißungen nicht erfüllt worden, auf den Unglauben anderer die Schuld geschoben habe. Er nennt ihn und seinen Begleiter Hugo spottweis »neue Apostel«. Aber Abälards Stimme ist keine vereinzelte. Den Vorwurf eifersüchtigen Ehrgeizes machen ihm ferner die Lebensbeschreiber des Bischofs »Otto von Bamberg«, des Apostels der Pommern. Als dieser nämlich auf seiner zweiten Reise nach Pommern begriffen war, wurde er in Magdeburg von Norbert zwar ehrenvoll aufgenommen, aber der *Erzbischof suchte ihn von seinem Vorhaben abzubringen.* Die Begleiter Ottos hatten dabei den Eindruck, daß Norbert auf dessen Ruhm eifersüchtig sei und die Missionstätigkeit desselben als einen Vorwurf gegen sich auffasse, da er selbst nichts Derartiges getan habe, obwohl er durch sein Amt *wie durch die Nähe seines Wohnsitzes* vorzugsweise dazu berufen sei. – Die Havelberger und Müritz-Wenden beklagten sich bitter über des Erzbischofs Härte und Herrschsucht; sie sahen seine Art des Christentums nur als eine harte Knechtschaft an. Viele hochgestellten Geistlichen dachten ebenso, und es kam sogar – wie wir weiterhin sehen werden – in Magdeburg zu einem Aufstand gegen ihn.

Prediger *Winter* sucht diese widersprechenden Urteile über Norbert zu einem einheitlichen Bilde zu vereinen. Er schreibt:

»Wir müssen von vornherein die Ansicht als eine psychologisch und christlich rohe zurückweisen, die einem Manne von Norberts Art in erster Linie Ehrgeiz, Härte und Herrschsucht zuschreibt. Wer sein ganzes Leben mit solcher Energie und Ausdauer dem Dienste Gottes widmen kann, wer mit diesem Feuer und diesem Erfolge predigend die Welt durchzieht, der muß einen tiefern Grund haben. Und den hat schon das 12. Jahrhundert richtig erkannt, wenn es die drei größten Heroen des damaligen religiösen Lebens in folgender Weise zusammenstellte: In Norberto *fides*, in Bernardo *charitas*, in Milone refloruit *humilitas*. In Norbert hat der *Glaube*, im heiligen Bernhard die *Liebe*, in Milo (Bischof von Terouanne) die *Demut* aufs neue geblüht. Glaubensgewißheit, Glaubensmut und Glaubensenergie machen das Grundwesen in Norberts Charakter aus. *Er ist der Luther Sachsens für das 12. Jahrhundert.*

Solche Männer« – so fährt Pastor Winter weiterhin fort – »sind dann gewöhnlich Bußprediger, Reformatoren, Bahnbrecher für neue Richtungen; aber es haftet ihrem Wesen auch ein gut Teil von Härte und Schroffheit an. Norbert war ein Repräsentant des kirchlichen Puritanismus und als solcher in eminentem Maße berufen, Reformator des Mönchslebens zu werden. *Er war viel mehr Ordensstifter als Erzbischof.* Das *Klosterleben* ist ihm das Ideal alles religiösen Lebens; möglichst viele seiner Diözesanen für das Ideal zu gewinnen erscheint ihm als die wichtigste Aufgabe seines Bischofsamtes; die *Klöster* seines Sprengels zu vermehren ist die oft ausgesprochene Absicht seiner Amtsführung. Selbst dem Magdeburger *Domkollegiatstift* suchte er eine *klösterliche* Verfassung zu geben. Klöster zu gründen war seine Freude. Die Mönche waren seine Schoßkinder. In dieser Einseitigkeit, die seine Stärke war, lag zugleich die Gefahr der Härte.«

In Magdeburg hatte er einen schweren Stand. Weder das Volk noch die Geistlichkeit waren ihm zugetan; seine

Strenge, aber auch schon seine Neuerungen riefen überall einen Widerstand wach. Bisher nur immer in Verkehr mit den geistig beweglichen Rheinländern und Franzosen, konnte Norbert sich wohl nur mühsam in die schwer bewegliche, *zäh am alten haftende Natur der Sachsen finden.* Schon wer, in zarter Schonung der Pietät, reformierend auftritt, hat einen schweren Stand. Von dieser »zarten Schonung« hatte Norbert aber nichts und wollte nichts haben. Bei dem Aufstande, der gegen ihn ausbrach, riefen ihm die Magdeburger zu: »Teh ut, teh ut!« (Zieh aus, zieh aus!) Dies war gewissermaßen die Antwort auf seine Nichtachtung sächsischer Art.

Ganz besonders waren die *Geistlichen* gegen ihn eingenommen. Aus der Mitte des Klerus – und zwar des ihm *zunächst*stehenden – gingen zwei Mordversuche gegen ihn hervor. Er fand trostlose Zustände der Roheit, der Entzweiung, des sich befehdenden Ehrgeizes vor; dagegen trat er auf. Natürlich richtete sich jetzt die allgemeine Feindschaft gegen ihn, gegen den »Fremden«. Besondere Bitterkeit weckte es, daß er die *Ehelosigkeit* der Geistlichen in seiner ganzen Diözese – in der noch viele verheiratete Geistliche lebten – mit großer Strenge durchzuführen trachtete. Er verlangte eben überall dieselbe Selbstzucht und Askese, deren er selber fähig war.

Was aber am meisten reizte, war das, daß er seine Schöpfung, den Prämonstratenserorden, an die Stelle anderer Orden (namentlich der Benediktiner) in seinem Sprengel einführen und die schon vorhandenen Klöster, womöglich auch das *Domstift* selbst, mit Prämonstratensern besetzen wollte. Dies rief schwere Kämpfe wach. Die Prämonstratenser erschienen wie Eindringlinge, alles lehnte sich gegen sie auf; endlich, als der Glaube allgemein geworden war, der Magdeburger Dom solle bei einer bestimmten Gelegenheit (es handelte sich um eine neue Weihe der durch ein Verbrechen entweihten Kathedrale) den Prämonstratensern übergeben, das heißt also dem Domkapitel genommen werden, brach die offene Auflehnung aus. Der gesamte Klerus stand gegen den Erzbischof. Diesen, zum ersten Male, verließ seine sonstige Klugheit. Er appellierte an das Volk, aber das Volk – wie wir schon hervorhoben – war ebenso antierzbischöflich gesonnen wie die Geistlichkeit selbst. Es folgte eine Belagerung im Dom. Das mit Prämonstratensern besetzte Marienkloster wurde gestürmt, Norbert selbst – nachdem er durch harte Prüfungen gegangen – verließ die Stadt. Vom Petersberg bei Halle aus, wohin er sich begeben hatte, tat er Magdeburg in den *Bann.*

Der Bann machte sich in Magdeburg bald fühlbar, und als mit der Zeit die ruhige Besonnenheit zurückkehrte, beeilte man sich, Norbert Genugtuung zu leisten. Eine Deputation ging nach dem Petersberg, um ihm Schadenersatz zu bieten und ihn ihrer unwandelbaren Anhänglichkeit zu versichern. Der Erzbischof wollte nichts als aufrichtige Reue, und als man ihm diese darbrachte, sprach er die Stadt vom Banne los. Und als er nun, nach sechswöchentlicher Abwesenheit von Magdeburg, wie im Triumphe als ein Heros der Standhaftigkeit einzieht, als er endlich im Dom einen Dankgottesdienst abhält, da hat *er* nicht bloß einen Sieg gefeiert, sondern in ihm auch seine *Prämonstratenser.* Norberts Triumph war für seinen Orden in Magdeburg die eigentliche Bestätigungs- und Anerkennungsurkunde.

Die Prämonstratenser waren nach diesem Siege eingebürgert.

Wir wenden uns nunmehr der Frage zu: Was taten Norbert und die Prämonstratenser, die wir bis hierher nur in ihrer Stellung zu Magdeburg, Volk und Klerus kennenlernten, in bezug auf die Wendenbekehrung? Die Antwort stellt sich wohl so: Der *Gründer* des Ordens tat *wenig, der Orden selbst* tat *viel.*

Und damit kommen wir auf das *wichtige Verhältnis Norberts zu den Wendenvölkern.* Ob König Lothar bei der Wahl desselben auch die Mission in der Magdeburger Erzdiözese mit ins Auge gefaßt hatte, vermögen wir nicht zu bestimmen. Aber im Volke hat man ohne Zweifel von einem so gewaltigen Prediger auch eine nicht gewöhnliche Einwirkung auf die benachbarten Heiden erwartet. Und doch, war dem Norbert eins *nicht* gegeben, *so war es die Gabe, Heiden zu bekehren.* Den Eifer hat er ohne Zweifel auch hierfür gehabt, aber die zu diesem Werke nötigen Eigenschaften gewiß nur sehr mangelhaft. Norbert bedurfte für sein Wirken einen Boden, auf dem latente christliche Ideen zu wecken waren, aber er war *nicht* der Mann, um das mühsame und Geduld erfordernde Geschäft des *Grundlegens* zu übernehmen. Er verstand es, durch feurige Predigt, durch seinen festen christlichen Charakter, durch seinen unbeugsamen Eifer edlere Gemüter zu sich *heraufzuziehen*; es mangelte ihm aber ganz die Fähigkeit, sich zu der Schwachheit der Heiden *herabzulassen*, in unermüdlicher Liebe ihnen nachzugehen und sich durch keine Erfolglosigkeit irremachen zu lassen. Wenn von ihm gesagt wird, er sei allen alles geworden, so gilt das ohne Zweifel nur von den Kreisen, in denen sein Wort Erfolg hatte. Daß er es da, wo es am nötigsten war, unter den zu gewinnenden Heiden, *nicht* gewesen ist, zeigt der allen Wenden der Havelberger Diözese gemeinsame Haß gegen sein Christentum, noch mehr aber die Willigkeit, mit der diese sich bereit erklärten, von dem mit dieser Gabe der Herablassung zu den Anschauungen und Anforderungen der Heiden ganz besonders ausgestatteten *Otto von Bamberg* (dem Pommern-Apostel) das Evangelium anzunehmen.

Aber ob befähigt oder nicht für die Heidenbekehrung, ein Mann von Norberts Eifer für die Kirche konnte als Erzbischof von Magdeburg kein Jahr ruhig auf seinem Metropolitanstuhle sitzen, ohne *ernstlich an die Bekehrung der Wenden zu denken.* War doch das Erzbistum Magdeburg eigens zu dem Zwecke der Wendenbekehrung gestiftet und war doch in anderthalbhundert Jahren seines Bestehens noch so außerordentlich wenig erreicht. Überall im Bereiche seines Metropolitansprengels gab es noch heidnische Tempel. *Dort* suchte das Wendenvolk seine Priester; von christlichen Bischöfen wußten die meisten kaum dem Namen nach. Jeder Götzentempel muß dem Norbert eine Mahnung an seine Pflicht als Oberbischof der Mission gewesen sein. Alle die unzähligen kleinen Heiligtümer konnte er nun freilich nicht vernichten. Aber in seinem Sprengel lag auch der Haupttempel von *Rethra*, das Herz des wendischen Heiligtums. Sooft er Erkundigungen über die Wenden einzog, erzählte man von diesem Hauptbollwerk. Es muß sich mit Notwendigkeit in der Seele Norberts der Entschluß gefestigt haben, gegen dieses so bald als möglich einen Angriff zu unternehmen. Das Jahr 1126 ging natürlich damit hin, daß er sich in Magdeburg und in seiner engeren Diözese orientierte. Kurz vor

Weihnachten weilte er aber wieder beim König Lothar in Straßburg. Beide waren bald einig, einen Zug über die Elbe zu unternehmen. Im Anfang des Jahres 1127 brachen sie von Magdeburg auf und nahmen ihre Richtung nach dem Tempel von *Rethra*. Sie berührten zunächst Havelberg. Dann wandte man sich zu den Müritz-Wenden und unterwarf sie.

Von hier aus bog man um den Müritz-See herum und ging unmittelbar gegen Rethra. Die im Nordwesten der Peene sitzenden Stämme unterwarfen sich dem König und schlossen sich dem Zuge gegen die Redarier an. Diese, ganz isoliert, konnten nicht daran denken, sich den Deutschen entgegenzustellen. Entweder unterwarfen auch sie sich, oder, was wahrscheinlicher ist, sie zogen sich in ihre Sümpfe und Seelandschaften an der Havel zurück und gaben Rethra mit dem Nationalheiligtum den Feinden preis. Stadt und Tempel gingen in Flammen auf. Man hatte erreicht, was man erreichen wollte: das Hauptbollwerk des wendischen Heidentums war gefallen, und das Volk hatte Gehorsam gegen Bischof und König gelobt. Diese Erfolge waren so außerordentlich leicht und schnell errungen, daß die Annalisten jener Zeit es für überflüssig hielten, diesen Zug mit zu vermerken, und wir nur aus einer gelegentlichen Äußerung darüber Kunde erhalten. Vielleicht versäumten es aber die Geschichtsschreiber auch darum, von diesem Zuge zu reden, weil die Erfolge ebenso schnell sich als völlig nichtig erwiesen. Die Wenden fielen sofort in das Heidentum zurück. Wir wissen nicht, ob Norbert für die Ausbreitung des Christentums noch weitere Versuche gemacht hat. Uns will es scheinen, als ob er bis 1130, bis wohin ihn die Staats- und Kirchenangelegenheiten unbehelligt ließen, nicht könne ruhig die Heiden ihrem Schicksal überlassen haben. Wir müssen aber nach diesem seinem ersten Versuch zweifeln, daß er einen bleibenden Gewinn geschafft habe.

Norbert hat dessenungeachtet für die Mission unter den Wenden unendlich viel getan. Zwar nicht in dem, was er *persönlich* ausführte, lag seine Missionsbedeutung, wohl aber in dem, was er für die *Zukunft vorbereitete*. Die Besetzung des Klosters »Unserer Lieben Frau« in Magdeburg mit Prämonstratensern war eine Missionstat, die über hundert Jahre dem Wendenlande die segensreichsten Früchte trug.

In verhältnismäßig rascher Reihenfolge entstanden von diesem Magdeburger Liebfrauen- oder *Marienkloster* aus – das schon 1016 gegründet, aber erst 1129 durch Norbert mit Mönchen seines Ordens besetzt worden war – folgende Prämonstratenserklöster im *»Wendenlande zwischen Elbe und Oder«*:

1. Kloster *Gottesgnaden*, bei Calbe auf dem erhöhten rechten Saalufer. 1131 durch Norbert selbst gegründet. Von hier aus – wie später durch das Zisterzienserkloster Zinna – wurde viel für die Christianisierung des Landes Jüterbog getan.

2. Kloster *Leitzkau*, im Kreise Jerichow. Ziemlich gleichzeitig mit Kloster Gottesgnaden gegründet; ob noch durch Norbert, ist zweifelhaft. Von hier, wie von Kloster *Jerichow* aus, das etwas später gegründet wurde, wurde das Land zwischen Elbe und Ihle christianisiert.

3. Domstift *Brandenburg*. Wahrscheinlich 1149 durch Bischof Wigger gegründet.

4. Kloster *Jerichow* (1145).

5. Domstift *Havelberg* (zwischen 1140 und 1150).

6. Domstift *Ratzeburg* (1157).

7. Kloster *Grobe*, auf der Insel Usedom, bei der gleichnamigen Stadt (1150).

8. Kloster *Broda* (Neubrandenburg in Mecklenburg-Strelitz 1182).

9. Kloster *Gramzow* (Uckermark), 1177.

10. Kloster *Gottesstadt*, bei Oderberg (1231).

Reste von der Mehrzahl dieser Klöster sind noch vorhanden; in Brandenburg, Jerichow, Havelberg begegnen wir in aller Wohlerhaltenheit den Dom- und Klosterkirchenbauten aus jener ersten Glanzzeit der Prämonstratenser.

Die Aufgabe dieser Prämonstratenserklöster war es, missionierend, kultivierend und germanisierend das mit dem Schwerte des Geistes zu *festigen*, was das eiserne Schwert unter deutsche Macht gebeugt hatte. Man darf nicht sagen, daß die Kirche und ihre Institute den Fürsten nur Mittel zum Zweck gewesen wären; weder die Unterwerfung noch die Bekehrung waren je Mittel, jede dieser Tätigkeiten, das

Germanisieren wie das Christianisieren, hatte in sich einen gewaltig erhabenen *Selbstzweck*, Kirche und Staat waren zwei Bundesgenossen, die im gemeinsamen Kampfe ihre Zwecke zu erreichen suchten; beide Mächte dienten sich gegenseitig, und man kann in Wahrheit nicht sagen, ob die weltliche Macht der geistlichen Macht oder diese der weltlichen mehr Dienste geleistet habe. Jedenfalls ist kein Zweifel, daß die Organisation des Prämonstratenserordens, wenn sie auch von der des Zisterzienserordens in manchen Stücken übertroffen wurde, für Missionierung und Kultivierung vorzüglich geeignet war. Wir können nur wiederholen: was Norbert persönlich nicht verstanden hatte (so daß er als Bekehrungsbischof weit hinter Otto von Bamberg, dem Pommern-Apostel, zurückblieb), verstand sein Orden um so besser. Wodurch sie sich von den *Zisterziensern* unterschieden und was sie mit diesen gemein hatten, darauf kommen wir wohl später einmal zurück, ebenso auf das Bekehrungsmaterial (die *Wenden*), das sie hier vorfanden. Neuere Untersuchungen haben über diesen dunkeln Punkt – der immer dunkel bleiben wird, weil die Wenden ein völlig unliterarisches Volk waren, das nichts Aufgezeichnetes hinterlassen hat – wenigstens einiges Licht verbreitet.

Wir schließen diese Notizen, die wir größtenteils dem trefflichen *Winter*schen Buche (auf das wir hierdurch nochmals aufmerksam machen wollen) entlehnt haben, mit einigen kurzen Mitteilungen über die letzten Bestrebungen, über Tod und Ausgang Erzbischof Norberts, des Gründers der Prämonstratenser.

Wir sahen ihn zuletzt in seinem (schließlich wieder beigelegten) Konflikt mit Magdeburg, und zwar mit der Bevölkerung sowohl wie mit dem Klerus. Das Domkapitel haßte ihn, weil es, wie wir wissen, davon ausging, er wolle das Kapitel mit *Prämonstratensern* besetzen. Und in der Tat war das seine Absicht.

Als er im Jahre 1131 auf dem Konzile zu Reims verweilte, benutzte er die Gegenwart des Papstes Innocenz II., um sich von ihm eine geheime Urkunde ausstellen zu lassen, die ihn zur Einführung seiner Ordensregel (eben der der *Prämonstratenser*) in das Domkapitel ermächtigte. Die Vorstellung, daß ein Teil des gegenwärtigen Domkapitels sich zum Gegenpapst halte, mochte Innocenz ganz besonders willig gestimmt haben.

Wir wissen nicht, wieweit Norbert versucht hat, diesen Plan ins Werk zu setzen; *gewiß ist, daß er nicht zur Ausführung gekommen ist.* Gegen Ende 1131 erst aus Frankreich zurückgekehrt, mußte der Erzbischof schon im August 1132 mit dem Kaiser nach Italien aufbrechen; es blieb ihm also nur wenig Zeit zur Durchführung einer solchen wichtigen Maßregel, bei der selbstverständlich viel *größerer* Widerstand zu überwinden war als bei der Einführung der Prämonstratenser in das Marienkloster. Wir zweifeln aber nicht im geringsten, daß bei einer größeren Lebensdauer er auch dies möglich gemacht haben würde. Sein Tod (1133) setzte seinem Wirken für seinen Orden in der Magdeburger Diözese ein Ziel; nur sein Leichnam verblieb als eine Reliquie der Stätte seiner weitgreifendsten Wirksamkeit.

Um seinen Leichnam entstand ein Streit zwischen dem Domkapitel und dem Marienkloster. So vielfach feindlich sich auch das erstere dem Norbert während seines Lebens gezeigt hatte, so konnte es doch nicht verkennen, daß seine Grabstätte dem Dom eine besondere Zierde sein müsse. Und ohne Zweifel wäre der Leichnam der Domkirche zugefallen, wenn diese wirklich der Prämonstratenserregel überwiesen worden wäre. So aber machte das Marienkloster mit Recht geltend, seine Würde als *Ordensstifter* stehe höher als die eines *Erzbischofs,* und sei es billig, daß er unter seinen geistlichen Brüdern und Söhnen seine Ruhestätte finde. Kaiser Lothar entschied für die Grabstätte in der Marienkirche, und mit Recht. Denn die Spuren seiner Wirksamkeit als Erzbischof verschwanden mit seinem Tode; *in seinen Prämonstratensern aber wirkte sein Geist noch ein volles Jahrhundert fort.* Seine Ruhestätte erhielt er hier zunächst vor dem Altar zum heiligen Kreuz, wurde aber bald unter dem Hauptaltar im hohen Chore beigesetzt.

Auf einzelne der in der Mark gelegenen Prämonstratenserklöster, zum Beispiel Kloster Gottesstadt, kommen wir bei einer spätern Gelegenheit zurück.

MÄRKISCHE KRIEGSOBERSTEN WÄHREND DES DREISSIGJÄHRIGEN KRIEGES

I

Mark Brandenburg war, als der Dreißigjährige Krieg an seinen Wendepunkt gekommen und Gustav Adolf an der pommerschen Küste gelandet war, der wenigst glänzende Edelstein in der deutschen Krone. Wir besaßen weder Schönheit der Natur noch lautre Einfachheit der Sitten, weder Hervorbringungen der Kunst noch Liebenswürdigkeit der Menschen; nichts hatten wir, auch nicht *einen* Mann, durch den wir für Gesamtdeutschland ein Glück, ein Segen, ein Vorbild gewesen wären. Mark Brandenburg war die Letzte in der Klasse. „Betragen schlecht, Aufmerksamkeit ungeweckt, häuslicher Fleiß nicht vorhanden.“

Aber derselbe Dreißigjährige Krieg, der die Marken so geistig nichtig vorfand und sie verarmt und verwüstet hinterließ, derselbe Dreißigjährige Krieg streute doch auch die Samenkörner für die Zukunft aus. Aus einem gewissen apathischen Beiseitestehn herausgerissen, Partei ergreifend hüben und drüben, trat Mark Brandenburg zum erstenmal auf den allgemeinen Ringplatz hinaus, und gleich ihr erstes Debüt war in gewissem Sinne ein glänzendes. In ihrer politischen Gesamthaltung allerdings schwankender und unselbständiger denn je zuvor, begannen im Gegensatz dazu die *Individuen*, zumal der Adel, jene Schlagfertigkeit zu zeigen, die seitdem ein so hervortretender Zug unsres Volksstammes geworden ist. Mark Brandenburg war es, die damals, weit über das Kontingent andrer deutscher Stämme hinaus, die größte Zahl *berühmt gewordener Kriegsobersten ins Feld stellte.* Wenn ich sage »berühmt«, so ist mit diesem Worte nicht zu rechten. Alles Genie dieser Männer zusammengenommen, hätte noch lange keine *halbe* Schlacht bei Sedan geschlagen. Wie zu allen Zeiten, so waren auch damals die *großen* Generale dünn gesäet. Nichts ging aus der Mark hervor, was sich neben Gustav Adolf und Bernhard von Weimar, neben Tilly und Torstenson ebenbürtig hätte behaupten können. Was aus ihr hervorging, waren – mit wenigen Ausnahmen – nicht *Feldherrn*, sondern recht eigentlich *Kriegsleute*, tapfre Metiersoldaten, von deren Berühmtheit wir nur insoweit sprechen können, als ihre Namen (wohl oder übel) fortleben bis diesen Tag, fortleben nicht als Strategen und Schlachtendenker, sondern teils als einfache, aber energische Martialgestalten, teils als zeitbildlich interessante, historische Figuren überhaupt.

Ehe ich dazu übergehe, diese Namen aufzuzählen, laß ich hier zuvor, nach Stammesverschiedenheiten geordnet, ein kurzes Verzeichnis der damaligen Kriegsobersten, soweit sie aus Deutschland und den ihm politisch zugehörigen Landesteilen hervorgingen, folgen. Kinsky, Terzky, Schlick waren Böhmen; Tiefenbach, Derfflinger, Scharffenberg und Lichtenstein waren aus Österreich; Isolani war Kroat, Colloredo aus Friaul, Gallas aus Trient, Holk aus Schleswig (von der Insel Alsen), Tilly aus Bayern, Pappenheim aus Schwaben, Altringer aus Diedenhofen; aber ihrer zwölf* waren aus Mark Brandenburg: Illo, Götz und Sparr, Klitzing, Rochow, Kracht (zwei) und Burgsdorff, Görtzke, Pfuel, Arnim und Königsmarck. Von diesen zwölfen, was als ein neuer Beweis für die alte Wahrnehmung gelten mag, daß eine engbegrenzte Scholle Landes oft plötzlich eine überraschende Fruchtbarkeit an poetisch oder politisch hervorragenden Gestalten zeigt, waren sechs auf dem Barnim geboren, und zwar: Illo, Götz, Sparr, Pfuel, Görtzke und Burgsdorff; Arnim, Kracht, Königsmarck und Rochow waren aus Zauche-Havelland, Klitzing aus der Prignitz.

Über diese bloße Notiz hinaus gruppenweise oder systematisch vorzugehen verbietet sich, mit Ausnahme eines engeren Kreises, den ich in dem zweiten Kapitel dieses Aufsatzes behandeln werde. Im übrigen leiste ich auf eine Einteilung nach »schwedisch« oder »kaiserlich« wie auf jede andre Verzicht und gebe die Gestalten in bunter Reihenfolge, mit der vielleicht gekanntesten beginnend, mit

* Ihre Zahl war in Wahrheit viel größer. Es gab, wie zwei Krachts, so auch zwei Burgsdorffs, außerdem drei Sparrs und drei Pfuels, die sich alle mehr oder weniger auszeichneten.

ILLO

(Kaiserlicher Feldmarschall)

Zuerst also Feldmarschall Illo. Das Interessanteste, was sich über diesen rücksichtslosesten und allergetreuesten Diener seines Herrn, des Friedländers, sagen läßt, ist das, daß er überhaupt ein *Märker* war. Viele werden sich mit mir (wenigstens in jungen Jahren, bei erster Bekanntschaft mit dem Schillerschen »Wallenstein«) in dem Irrtum befunden haben, daß er ein Kroat oder ein Böhme gewesen sei; es steht aber jetzt fest, daß er nicht Illo, sondern Ihlow hieß und daß er der Familie von Ihlow angehörte, die bis gegen Mitte oder Ausgang des vorigen Jahrhunderts im Barnim, im Lebusischen und in der Neumark angesessen war. Welchem Zweige dieser Familie Feldmarschall Illo angehörte, wird sich schwerlich noch mit voller Sicherheit ermitteln lassen, um so weniger, als die Familie seit Anfang dieses Jahrhunderts ausgestorben ist. In der Regel hört man die Güter in der Neumark, Botschow, Wildenhagen, beide im Lande Sternberg gelegen, nennen, doch fehlt dafür, soviel ich weiß, jeder Beweis. Das Dorf Ihlow, das der Familie mutmaßlich den Namen gab, liegt an der Grenze vom Barnim und Lebus, inmitten der großen Eckardtsteinschen und Itzenplitzschen Güter, also zwischen Prötzel-Prädikow auf der einen und Friedland-Kunersdorf auf der andern Seite.

Für eine Charakteristik Illos hat Schiller ein für allemal gesorgt: ein derber Soldat, der alles rücksichtslos auf eine Karte setzte und sich durch eine Mischung von Roheit und Treue emporarbeitete, eine Korporalsnatur, durch Zeitengunst zum Generalfeldmarschall geworden. Wallenstein wußte auch ihn durch Anwendung seiner üblichen Praktiken fester an sich zu fesseln. Er schickte ihn nach Wien und gab ihm ein Schreiben mit, worin er ihn zur Grafenwürde dringend empfahl; aber schon vorher hatte er's einzuleiten gewußt, daß das Gesuch abgeschlagen werden mußte. Er tat dies etwa nicht verräterischerweise gegen Illo, sondern nur, um sich der Treue eines treuen Dieners dadurch noch fester zu versichern. Bekanntlich hat Schiller diesen Zug benutzt, aber auf Buttler übertragen.

Illo war treu und tapfer. Noch in der Mordnacht im

Schlosse zu Eger (am 25. Februar 1634) war er der einzige, der zu seinem Degen gelangte und sich wie ein Verzweifelter wehrte, bis er hinterrücks erstochen wurde. Wir haben uns seiner nicht sonderlich zu rühmen, aber doch ist er immerhin bedeutend genug, um ihn aus Böhmen oder Kroatien im Geiste zu reklamieren, sooft wir das wohlbekannte: »Spät kommt Ihr, doch Ihr kommt«, von der Bühne her erklingen hören.

Hans von Götz

(Kaiserlicher Feldmarschall)

Hans von Götz, später Graf und Kaiserlicher Generalfeldmarschall, war auf Zehlendorf, einem alten Götzschen Gute eine halbe Meile von Oranienburg, dem damaligen Bötzow, geboren. Schiller läßt auch ihn in den »Piccolominis« auftreten und legt ihm einige harmlose Worte in den Mund, wie zum Beispiel: »Herr Graf, erlaubt mir, daß ich mich empfehle«, und gleich darauf, als Terzky fortfährt, ihn zum weiteren Trinken aufzufordern: »Bin's nicht im Stand —«, eine Äußerung, die, wenn das, was wir über die Trinker jener Epoche, zum Beispiel über Illo und Kurt von Burgsdorff, wissen, nur einigermaßen richtig ist, schwerlich über die Lippen unseres tapferen Landsmannes gekommen [wäre].

»Bin's nicht im Stand« wäre ihm einfach als ein Geständnis der Feigheit und Unmännlichkeit erschienen. Wenigstens heißt es in seiner Biographie: »Er war tapfer und grausam und der *Völlerei* ergeben, ähnlich wie Illo und Gallas.« Dem Illo scheint er als Feldherr bedeutend überlegen gewesen zu sein; eine Reihe siegreich geführter Schlachten spricht dafür, so namentlich der Tag von Nördlingen, wo er den rechten Flügel der Kaiserlichen zum Siege führte und den Zauber brach, der bis dahin die schwedischen Waffen gefeit hatte. Er besaß wirkliche Feldherrngaben und zeigte dieselben im Kampf gegen Bernhard von Weimar und Turenne, aber rohe Taten, Mord und Brand verdunkelten seinen Stern, und schon 1630, nachdem er Rügen verwüstet und der Stadt Pasewalk das Schicksal Magdeburgs bereitet hatte, nannte man seinen Namen, wie den Namen Tillys, mit Angst und Grauen. Bekanntlich sind die Parteiberichte aus jener Zeit mit großer Vorsicht aufzunehmen; aber es scheint doch richtig, daß er den Namen des »wilden Götz« nicht ohne Grund führte. In der Schlacht bei Jankau in Böhmen, die die Kaiserlichen 1645 gegen Torstenson verloren, ward Götz durch eine Falkonetkugel getötet, der einzige von den genannten zwölf brandenburgischen Kriegsobersten, der in offener Feldschlacht fiel. Er wurde zu Prag begraben. In Böhmen aber hat sich bis diesen Tag die sprichwörtliche Redensart für gescheiterte Unternehmungen erhalten: »Der hat so viel ausgerichtet wie Götz bei Jankau.«

Otto Christoph von Sparr

(Brandenburgischer Feldmarschall)

Wir wenden uns nun *Sparr* zu, geboren 1605 zu *Lichterfelde* bei Neustadt-Eberswalde. Seine Bedeutung ist nicht leicht zu überschätzen. 1650 trat er aus kaiserlichem Dienst in den Dienst seines eigentlichen Landesherrn über, war einer der Mitorganisatoren einer brandenburgischen Armee (ein *Versuch* dazu – ich komme darauf zurück – fand fünfzehn Jahre früher statt und *scheiterte*) und entschied wenige Jahre später durch einen glänzenden, wohlberechneten Angriff die dreitägige Schlacht bei Warschau. Dies war der *erste* Sieg Brandenburgs. An Sparrs Namen und Auftreten knüpft sich überhaupt all das Interesse, das wir immer da empfinden, wo wir einem Neuen, einem eben Gewordenen begegnen, wo einer als *erster* etwas tut oder auch nur *wieder* tut. All solchen Personen haftet etwas von dem Reiz an, mit dem wir völlig berechtigt auf Erfinder und Entdecker blicken. Sparr stand an der Spitze einer *ersten* brandenburgischen Armee, und er war der *erste*, der diese Armee zum Siege führte; er war der *erste* brandenburgische Feldmarschall, der *erste*, der ein Held und Liebling des Volkes wurde, der *erste*, der sich, was seitdem so oft als verdienter Lohn unseren Generalen zuteil geworden ist, Güter und Vermögen durch glänzende, treu geleistete Kriegsdienste erwarb, und der erste und, so Gott will, auch der letzte, [der] dennoch in Armut und Bedrängnis starb, weil er in frommer Verschwendung sein Vermögen an Kirchen und Stiftungen hingegeben hatte.

Nach den Zerstörungsgreueln des Dreißigjährigen Krieges trug er die Sehnsucht im Herzen, Kirchen und Kapellen zu bauen, Glocken und Glasmalerei zu schenken, eine Sehnsucht, die das schönste Licht auf den Charakter eines Mannes wirft, der es wie eine Pflicht empfand, *wieder aufzubauen.* Er tat es bis zur Opfrung seiner selbst.

Die Stadt Berlin namentlich verdankt ihm außerordentlich viel, und zwar ebensoviel seiner Klugheit und Geistesgegenwart wie seinem frommen Eifer. 1660 geriet der Turm der Marienkirche in Brand. Die Besorgnis war außerordentlich groß, daß die schöne Kirche selbst ein Raub der Flammen werden möchte; niemand wußte zu helfen, nur Sparr. Er ließ Kanonen auffahren und den Turm in Mittelhöhe so geschickt einschießen, daß die brennende Turmspitze in den steinernen Unterbau des Turms wie in einen Schlot herabfiel und nun, glimmend und brennend an der Erde liegend, ohne besondere Mühe gelöscht werden konnte.

Die Marienkirche verdankt ihm noch mehr, und zwar außer Schenkungen aller Art auch die Erbauung einer Familiengruft, die, bis diesen Tag noch existierend, den Namen des Sparrschen Erbbegräbnisses führt. Dort ruht er mit seinem Vetter Hans Georg und anderen Mitgliedern der Familie, die sich sämtlich in den Kriegen jener Epoche, zumal in den Türkenkriegen, hervorgetan haben. Der Eingang in die Gruft geschieht durch ein kaminartiges Tor, über dem sich ein großes Marmordenkmal erhebt, das auch jetzt noch in unsrer an Skulpturwerken so reichen Stadt einen höchst ehrenvollen Patz einnimmt. Gegenüber diesem Denkmal, an der andern Seite des hohen Chors, befinden sich lebensgroße Bilder verschiedener Sparrs, darunter auch das Portrait unseres ersten Feldmarschalls. Er bewohnte in Berlin ein Haus in der Spandauer Straße, das jetzt dem großen Postgebäude mit zugehört, und auf dem *dritten* Posthofe, von der Königsstraße aus gerechnet, befindet sich zwischen zwei Fenstern des ersten Stockwerks bis diesen Tag ein Medaillonportrait des alten Helden, lorbeerumkränzt, klar erkennbar und wohl so ziemlich das älteste nennenswerte Skulpturwerk, das Berlin besitzt.

II

Sparr, wie in dem Eingangskapitel hervorgehoben, schuf eine erste brandenburgische Armee: er schuf sie, führte sie; in der dreitägigen Schlacht von Warschau fand sie Gelegenheit, sich glänzend zu bewähren.

Aber dieser ersten brandenburgischen Armee war schon eine *allererste* voraufgegangen, freilich als ein bloßer Versuch, der nach Hinopfrung von Menschen und Mitteln unscheinbar im Sande verlief. Dieser Versuch fiel in die letzten Regierungsjahre George Wilhelms. Wer ihn anregte, ist noch nicht festzustellen gewesen. Mit Recht sagt Th. von Mörner (in seinem Werke über die Sparrs; Berlin, W. Hertz, 1861), daß die Anregung dazu schwerlich vom Kaiser ausgegangen sein könne, da der ausgesprochne Zweck dieser selbständigen Rüstungen nicht bloß die *Vertreibung* der Schweden aus Pommern, sondern namentlich auch die *Eroberung* dieses Herzogtums gewesen sei. Sosehr nun die erste Hälfte dieser Aufgabe zu den Wünschen des Wiener Hofes gestimmt habe, so ungelegen sei ihm die zweite gewesen. Die *Festsetzung* des Hauses Brandenburg in Pommern sei der österreichischen Politik kaum minder bedrohlich erschienen als die Etablierung Schwedens an der baltischen Küste. So Mörner. Er scheint der Ansicht zuzuneigen, daß Georg von Arnim, damals die leitende Persönlichkeit am sächsischen Hofe, zugleich das treibende Prinzip bei Herstellung einer selbständigen brandenburgischen Armee gewesen sei. Er haßte Schweden und war *Protestant*; darauf kam es an. In Wien teilte man zwar den Schwedenhaß, war aber ebenso abgeneigt, einen andern protestantischen Staat die Rolle Schwedens spielen zu sehn. Diesen Auslassungen stimm ich durchaus zu. Die laue Haltung Österreichs war leichtmöglicherweise *mit* unter den Ursachen, die den »Versuch einer ersten brandenburgischen Armee« so kläglich scheitern machten.

Etwa im Sommer 1637 begann die Organisation. Die Obersten wurden ernannt, die Werbungen nahmen ihren Anfang. Das meiste Geld, wie die Schwarzenbergschen Berichte an den Kurfürsten unwiderleglich beweisen, floß dabei freilich in die Säckel der Regimentschefs. 25 000 Mann, in zwölf Fuß-, sieben Reiter- und sieben Dragonerregimentern, sollten aufgebracht werden. Die Zahl der Regimenter wurde auch innegehalten, aber nicht die Zahl der *Mannschaften*. Schwarzenberg schrieb sehr richtig: »Ich weiß nicht, wie es zugeht, daß die Leute in den Quartieren so stark und, wenn sie Dienst tun sollen, so schwach sind.« Sehr begreiflich. In den Quartieren existierte die Hälfte nur auf dem Papier. Je weniger Mannschaften, desto vorteilhafter für die Chefs.

Bei diesem Stande der Sachen kann es nicht überraschen, daß die brandenburgische Kriegsgeschichte kaum eine Epoche aufzuweisen hat, die minder glorreich verlaufen wäre als die Zeit von 1637 bis 39. An dem *Material* lag es nicht. Dieselben Leute, die, auf schwedischer und kaiserlicher Seite fechtend, die Welt mit ihrem Kriegsruhm füllten, sie waren schwach und lässig unter den Fahnen ihres eignen Landesherrn. Die Ereignisse jenes kurzen Zeitabschnitts sind rasch erzählt. Man wollte zur Offensive schreiten, in Pommern eindringen, die schwedische Macht, soweit sie in jenem Herzogtum zu finden war, aufrollen. Statt dessen ergriffen die Schweden die Initiative, erstürmten Garz, überfielen Bernau, nahmen Landsberg und schlossen diesen Teil des Krieges, den man die speziell brandenburgische Episode nennen könnte, mit der *»Escalade von Driesen«* ab. Diese vier Aktionen hatten uns fast ebenso viele Regimenter gekostet. In Garz wurde das Regiment Dargitz gefangengenommen; beim Überfall von Bernau büßten wir das Dragonerregiment Ehrentreich von Burgsdorff ein; Landsberg und Driesen kosteten uns die größere Hälfte des Alt- und Jung-Krachtschen Regiments. Oberstlieutenant Ludwig von der Groeben war in Driesen gefallen, Ehrentreich von Burgsdorff in Bernau gefangengenommen. Es fruchtete zu nichts, daß man einzelnes auf Verrat schieben durfte; in Driesen war ein Hauptmann, Georg Laurisky, desertiert und hatte die »Escalade« durch seine Ortskenntnis unterstützt. Er wurde (in contumaciam) zu »Abhauen der Schwurfinger und der rechten Hand, Herausreißen der Zunge und lebendig Gespießtwerden« verurteilt; aber an dem kläglichen Ausgang der ganzen Kriegführung konnte durch den Rigorismus solcher Urteilssprüche nichts geändert werden.

Die namhaftesten Obersten dieser Epoche, zugleich Kommandeure oder Chefs nach ihnen benannter brandenburgischer Regimenter, waren: Hildebrand und Dietrich *von Kracht*, Moritz August *von Rochow*, Conrad (Kurt) *von Burgsdorff* und Ehrentreich *von Burgsdorff*. Sie gehören ohne Ausnahme jener Gruppe von brandenburgischen Kriegsleuten zu, die ich zu Beginn des ersten Kapitels, und zwar im Gegensatz zu *wirklich feldherrlichen*, von Taktik und Strategie mehr oder minder berührten Erscheinungen (wie beispielsweise Sparr), als bloße Martialgestalten oder als ausschließlich historische Figuren bezeichnet habe. Zu den Martialgestalten gehörten die Krachts, zu den diplomatisierenden beziehungsweise Intrigen spinnenden Militärs Moritz August von Rochow und Kurt von Burgsdorff. Über alle werd ich in nachstehendem zu berichten haben. Ihnen als eine Art Generalissimus vorgesetzt war:

JOHANN CASPAR VON KLITZING

(Sächsischer, brandenburgischer und braunschweig-lüneburgischer Generallieutenant)

An die Spitze der brandenburgischen Armee trat 1637 *Johann Caspar von Klitzing*, der um ebendiese Zeit als General in sächsischen Diensten stand. Joachim Friedrich von Blumenthal, damals Chef des Kriegsrates, hatte ihn dem Kurfürsten empfohlen.

Bei der Verständigkeit Blumenthals muß man annehmen, daß er zu solcher Empfehlung Grund hatte, daß also »Aktionen und Reputationen« vorlagen, die Klitzingen als den geeigneten Mann erscheinen lassen mußten. In diesem Falle darf man nun sagen, daß er den berechtigten Erwartungen nicht entsprach. Die Gründe sind unschwer zu finden. In erschreckender Weise lief damals alles auf raschen Geldgewinn hinaus, und man verfuhr dabei mit einer Rücksichtslosigkeit, die weit über das hinausgeht, was wir heut zu sehen gewohnt sind. Geiz und Völlerei waren recht eigentlich die Laster jener Zeit.

Klitzing erhielt eine jährliche Besoldung von 1500 Talern, dazu, solange die Expedition gegen Pommern dauern würde, *monatlich* ein Extragehalt von 1000 Talern. Zieht man dazu den damaligen hohen Wert des Geldes in Erwägung, so wird man sagen müssen, daß er im guten Solde stand. Nebenher mag bemerkt werden, daß er, während er als brandenburgischer Oberfeldherr fungierte, nicht aufhörte, kursächsischer General zu sein. Es ist also, da es in einem Schreiben an den Kurfürsten von Sachsen eigens heißt: »von Klitzing werde *neben* Seiner Liebden sächsischen Truppen *auch* die diesseitigen brandenburgischen kommandieren«, sehr wahrscheinlich, daß er *doppelte* Gehälter bezog. Vergleicht man damit, was er leistete, so ist es begreiflich, daß Schwarzenberg in den bittersten Unmut geriet. An den Kurfürsten schrieb er über ihn: »Dieser Mann (Klitzing) ist unbeständig, *über die Maßen geizig* und wie Burgsdorff nimmer content; dazu hat er ein bös Maul, und was er eine Stunde öffentlich sagt, das leugnet er die andere aus vollem Halse. Der von Blumenthal hätte diesen Mann besser kennen sollen, ehe er ihn so hoch rekommandierte.« Diese Sprache führte Schwarzenberg aber nicht bloß dem Kurfürsten, sondern auch Klitzingen gegenüber. Er schrieb diesem, daß er sich lieber um die Artillerie bekümmern als seinen Privatgeschäften nachziehen solle und daß all das, was bei der Artillerie fehle, den Kriegsräten nicht beizumessen sei, die weder etwas davon verstünden noch dafür bezahlt würden. *Wenn* aber einer von ihnen etwas davon verstünde, so würde ein solcher lieber General sein als Kriegsrat bleiben und sich mit 200 Talern contentieren. »Im übrigen resolviere ich mich dahin: erst Dienst, dann Geld! Möchten doch alle Offiziere erst daran denken, wie der Feind zu schlagen, dann wie der Beutel zu spicken sei.« So Schwarzenberg. Im November 1638 schritt man endlich zu Klitzings Beseitigung. Der Kurfürst selbst schrieb an ihn: »Und müssen wir im übrigen Euch wohl bekennen, wir wünschten, wir hätten niemals einen solchen General en chef gehabt.« Es wird berechnet, daß er innerhalb seiner anderthalb Jahre brandenburgischer Dienstzeit 40000 Taler empfangen habe. Damit war er gut bezahlt. In seine Kommandozeit fällt keine andere Waffentat als der »Überfall von Garz«, der uns, wie schon hervorgehoben, ein ganzes Regiment kostete. Ist er dafür auch nicht persönlich verantwortlich zu machen, so bleibt doch so viel bestehen, daß er nichts tat, um diese Scharte auszuwetzen.

1642 trat er in braunschweig-lüneburgische Dienste, in

denen er zwei Jahre später (1644) als Generallieutenant verstarb. – Er war, mutmaßlich um 1580, auf dem väterlichen Gute Golnitz geboren, von dem ich nicht habe feststellen können, ob es in der Lausitz, Uckermark oder Prignitz liegt. Seine Mutter war eine *Sparr*, was am ehsten auf Uckermark hindeuten würde.

Ich gehe nun zu den einzelnen Regimentschefs dieser Epoche über.

Hildebrand von Kracht – Dietrich von Kracht

Hildebrand von Kracht wurde 1573 geboren, wahrscheinlich auf einem der in der Nähe von Cottbus gelegenen Familiengüter. Sein Vater hatte sich in den Türkenkriegen ausgezeichnet. Unter den zehn Söhnen desselben war *Hildebrand* der bedeutendste. Nach Diensten in Ungarn und den Niederlanden wurde er 1612 Oberhauptmann von Küstrin; später, nach Ausbruch des Krieges, ward er mit der »Landesdefensive« betraut und zählte zu den Kriegsobersten, die 1637 bei Bildung einer brandenburgischen Armee entweder Truppenteile warben oder mit Regimentern, die bereits ihren Namen führten, in ebendiese Armee eintraten. Hildebrand von Krachts Regiment zählte 2400 Mann und scheint zu den wenigen gehört zu haben, die vollzählig und gut in Ordnung waren. Ebenso ist er neben dem aus Schottland stammenden Obersten Menteith der *einzige*, dem Adam Schwarzenberg ein gutes Zeugnis ausstellt. »Er war« – so heißt es – »der willigste unter den Offizieren, mit einem Billigen zufrieden und zum Klagen nicht geneigt.« Zu bedeutenden militärischen Aktionen scheint er nicht gekommen zu sein. Er starb 1638 zu *Küstrin*. Hier (in Küstrin) wurde vor einigen Jahren die Aufmerksamkeit wieder auf ihn hingelenkt. Man fand unterhalb der alten, auf Bastion Brandenburg stehenden Garnisonkirche ein weites Gewölbe mit verschiedenen Särgen. Der am besten erhaltene dieser Särge, mit einem Kupfereinsatz, trug die Aufschrift: »Hildebrand von Kracht, Oberst und Kommandant von Küstrin«. Man öffnete den Sarg und fand einen echten Kracht. Er maß, so heißt es, sechs Fuß drei Zoll.

Eine hervorragendere Rolle scheint der Sohn Hildebrand von Krachts, *Dietrich von Kracht*, gepielt zu haben. Klitzing empfahl ihn an den Kurfürsten als »einen Obersten, der sich unter der schwedischen Armee allezeit Lob erworben habe«. Kurz vor seines Vaters Tode wurde er diesem zur Assistenz beigegeben. Beim Regierungsantritt des Großen Kurfürsten zählte er zu den »Renitenten« wie *Moritz August von Rochow.* Wie dieser trat er alsbald in kaiserlichen Dienst. Starb 1657. Worin die erwähnte »Renitenz« bestand, das sei in folgendem hervorgehoben.

Moritz August von Rochow
(Kaiserlicher Generalfeldwachtmeister)

Dieser – vielleicht weil seine Haltung scharf ins Politische hineinspielte – gehört zu den am meisten genannten Obersten jener Kriegszeit. Sein Name bedeutet ein Prinzip oder mahnt wenigstens an einen prinzipiellen Konflikt.

1609 geboren, diente er zuerst im brandenburgischen Regiment von Burgsdorff, wurde dann selbst Oberst, hatte ein Regiment, das seinen Namen führte, und stand als Kommandant in Festung Peitz. 1637, bei der erwähnten Gründung einer brandenburgischen Armee, warb er Truppen, unternahm einen Zug gegen den bei Küstrin stehenden General Wrangel und geriet in Gefangenschaft. Ausgewechselt gegen den schwedischen Obersten Hardenstuck, versuchte er alsbald mit 2000 Mann und sechs Geschützen einen Überfall von Frankfurt, der aber mißlang. Dagegen glückte ihm der Entsatz von Landsberg, von dem er den Feind verjagte. Hierauf besetzte er mit seinem Regimente Spandau und ließ eifrig die verfallenen Werke in guten Verteidigungszustand setzen.

Von hier aus wendete er sich durch Vermittelung des Grafen Adam Schwarzenberg an den Kurfürsten mit der Bitte, daß derselbe ihm den kaiserlichen Konsens zur Vermählung mit dem gräflichen Fräulein Anna Katharina von *Hohenzollern-Sigmaringen* erwirken wolle. Durch ältere Abstammung und spätere Vermählungen war ihr Vater mit dem brandenburgischen Hause nahe verwandt. Der Kurfürst ging auf die

Bitte ein. In dem betreffenden Schreiben an den Kaiser hieß es, »daß der von Rochow nicht allein aus einem uralten Geschlechte entsprossen, sondern auch für seine Person mit besonderen Qualitäten begabt sei«. Hierauf folgte der Heiratskonsens. Ebenso wurde der Oberst von Rochow in den Freiherrnstand erhoben, obgleich kurz vorher die Mahnung an Kaiserliche Majestät ergangen war: »mit derlei Erhöhungen an sich zu halten«. Das gute Einvernehmen zwischen von Rochow und dem kurfürstlichen Hofe scheint damals ein vollkommenes gewesen zu sein. Prinzessin Hedwig Sophie, Tochter des Kurfürsten, war zur Hochzeit geladen; der Kurfürst, die Kurfürstin und die Prinzessinnen machten erhebliche Geschenke.

Dies war am 16. November 1640. Fast unmittelbar darauf, am 1. Dezember, starb George Wilhelm, und der Große Kurfürst folgte in der Regierung. Das war auch der Wendepunkt im Leben Rochows. Die politischen Konflikte, die – vielleicht nicht in ihrer Tragweite, aber in ihrer Verschuldung – überschätzt worden sind, nahmen ihren Anfang. Ich komme auf diesen Punkt zurück.

Dem Großen Kurfürsten sagte es nicht zu, dadurch in längerer Abhängigkeit zu bleiben, daß seine Festungen von Truppen besetzt waren, die dem Kaiser mitgeschworen hatten. Er befahl daher, daß diesen Truppen der Eid der Treue gegen ihn allein abgenommen werden solle. Rochow erklärte sich dazu bereit, wenn er zuvor von dem Eide, den er dem Kaiser geschworen habe, entbunden würde. Dem Statthalter Grafen Schwarzenberg gegenüber fügte er hinzu: »Vom Kommando der *Festung Spandau* wolle er zwar auf einseitigen Befehl des Kurfürsten abdanken, aber nicht vom Kommando seines Regiments, denn das wäre des Kaisers. Wollte es ihm aber der Kurfürst mit Gewalt nehmen, *so müßte er es geschehen lassen.*«

Dies sind die Auslassungen, die soviel böses Blut gemacht haben und auf Junkertrotz und Illoyalität gedeutet worden sind. Schwerlich mit Recht. Es ist wohl möglich, daß in Rochow eine Neigung lebte, sich nach Wien hin zu insinuieren. Die Besitzungen seiner Gemahlin lagen in *Schlesien*; zudem mochte ein kaiserlicher Dienst verlockender sein als ein kurbrandenburgischer. Wer ahnte damals, daß der eben zur Regierung gelangte junge Fürst sich zum Großen Kurfürsten entwickeln würde! Es mag also zugegeben sein, daß Rochow allerhand Hintergedanken hatte und nicht völlig ehrlich Spiel spielte; andrerseits wird man kaum in Abrede stellen können, *daß er eigentlich recht hatte.* Mörner in seinem schon zitierten Werke sagt deshalb auch sehr richtig: »Die ostensiblen Gründe des gegen ihn eingeleiteten Verfahrens waren in erster Reihe die *argen Erpressungen,* um derentwillen er von der Stadt Spandau und von den Ständen des zauchischen Kreises verklagt worden war.« Daß er den Eid nicht ohne weitres leisten wollte, scheint zwar übel vermerkt, aber nie zu einem Anklagepunkte gegen ihn erhoben worden zu sein. Nur von »verschiedenen respektwidrigen Äußerungen, die er gemacht«, war die Rede. Aber dies will nichts sagen; »respektwidrige Reden« waren in Kurbrandenburg immer an der Tagesordnung. »Raisonier Er, wo Er will, aber gehorch Er, wo Er muß«, ist alte Regel hierzulande.

Schwerlich hätte der Prozeß gegen Rochow einen bedrohlichen Ausgang genommen; er zog aber doch das Sichre vor und entfloh – nachdem man ihn mit List aus Spandau herausgelockt und in Berlin gefangengesetzt hatte – aus seinem Gefängnis nach Schlesien. Mit ihm waren der junge Graf Schwarzenberg und ein Page von der Marwitz. Von Schlesien aus wandte er sich nach Wien, trat als Generalfeldwachtmeister in kaiserliche Dienste und verteidigte gleich darauf Glogau mit 500 Musketieren und 200 Kroaten gegen Torstenson. Dieser nahm endlich die Stadt im Sturm, bei welcher Gelegenheit Rochow zum zweitenmal in schwedische Gefangenschaft geriet.

Wie lange diese dauerte, ist nicht mit Bestimmtheit zu ersehn. Während der letzten Kriegsjahre scheint er nicht mehr aktiv aufgetreten zu sein. 1653 starb er auf dem schlesischen Gute seiner Frau, nachdem es schon vorher zu einer Versöhnung zwischen ihm und dem brandenburgischen Hofe gekommen war. Diese gute Stimmung überdauerte auch seinen Tod, und seine Witwe in einem Schreiben an den Kurfürsten stellte sich und ihre drei Kinder unter den *protestantischen* Schutz des letztern. Sie fürchtete nämlich, daß ihre Kinder ohne weitres einer Vormundschaft von Jesuiten überantwortet und gewaltsam im katholischen Glauben erzogen werden würden. Dies sollte unter allen Umständen vermieden werden, »da es« – so heißt es in der Eingabe – »das Desiderium ihres sterbenden Gemahls gewesen sei, seine Kinder bei der reinen evangelischen Lehre zu erhalten«.

Auch Rochow also, trotz seiner Hinneigung zur kaiserlichen Sache und trotz seines schlesischen Besitzes, hatte den Grundzug aller märkischen Kriegsobersten jener Epoche: die *Treue gegen das lutherische Bekenntnis.* Was sonst auch ihre Fehler sein mochten, Härte, Selbstsucht, Schlauheit, politische Unzuverlässigkeit – um ihres Glaubens und Seelenheiles willen waren sie ängstlich besorgt. Dies mag manchem Modernen ein Lächeln abzwingen, ist aber doch etwas.

Moritz August von Rochow wurde auf seinem Gute in der Kirche zu Klinsburg beigesetzt. Eine Trauerfahne, die über seinem Denkstein hängt, trägt die Inschrift: »Ich habe einen guten Kampf gekämpft.«

CONRAD VON BURGSDORFF

(Brandenburgischer Oberkämmerer und Geheime Rat, Oberkommandant aller märkischen Festungen)

Ein Widerspiel Moritz Augusts von Rochow war Conrad von Burgsdorff. Jener Rochow ist über Gebühr verfemt und geschädigt, dieser Burgsdorff über Gebühr begünstigt und gepriesen worden. Durch ein Vierteljahrhundert hin stand er, allen nur zu berechtigten Anfeindungen zum Trotz, in der Gunst zweier Kurfürsten fest. Ein Fall, der sich nur sehr selten ereignet. Er beweist am besten, daß irgend etwas Eminentes oder mindestens ein liebenswürdiges savoir vivre, eine hofmännische Elegance, trotz alledem und alledem, ihm eigen gewesen sein muß. Der Große Kurfürst war nicht der Mann, seine Huld einem absolut Unwürdigen zu schenken. Wenn es Burgsdorffen, nach der sittlichen Seite hin, mannigfach gebrach, so muß er doch das gewesen sein, was man heutzutage geistreich nennen würde, ein Witzkopf, ein guter Erzähler, ein Mann der Anekdote und des pikanten Skandals. Die Mark hatte zu allen Zeiten derartige Gestalten. Etwas Poltron, etwas Rodomonteur, aber »bon camerade«, frisch, geweckt und in die eigene Lebenslust andere hineinzwingend. Nehmen wir Kavalierschaft und Loyalität hinzu, so ist ein Sichbehaupten bei Hofe zu gutem Teile erklärt. Zudem, wie viele waren da, die ihm den Rang hätten streitig machen können?! Mörner denkt minder günstig über ihn. »Eine ewig unzufriedene, unruhige, habsüchtige, egoistisch-intrigante, ehrgeizige und, wie es scheint, trotz allem *nicht sonderlich befähigte Natur*«, so lautet sein Urteil. Es hat als Begründung die Schwarzenbergschen Klagen, ist ein Extrakt aus ihnen. Aber man muß in diesen Berichten nicht nur zwischen den Zeilen lesen, muß nicht nur les vertus de ses défauts erkennen, man muß auch gegenwärtig haben, daß Burgsdorff, wie der eigentlich[e] Rival Schwarzenbergs, so in den wichtigsten Fragen sein prinzipieller Gegner war. Wer wird Hardenberg nach den Marwitzschen Memoiren beurteilen wollen?!

Nichtsdestoweniger bilden die Schwarzenbergschen Berichte an den Kurfürsten, die großenteils der Epoche der »Herstellung einer selbständigen brandenburgischen Armee« angehören, ein höchst interessantes Material. Ebenso *zeitgeschichtlich* wie speziell mit Rücksicht auf Burgsdorff. In einem dieser Berichte, September 1638, heißt es: »Kriegsdirektor von Blumenthal ist aus dem Lager hierher kommen; der berichtet viel böse Sachen, insonderheit von dem Obersten Kurt Burgsdorff. Er schwor mir, daß er nimmermehr hätte glauben können, daß so eine Falschheit und Bosheit, ja, so ein giftiges und undankbares Herz in einem Manne sollte gefunden sein als in diesem von Burgsdorff. Er (Blumenthal) habe es vordem nicht glauben wollen, habe sich nun aber überzeugt, daß Burgsdorff sich von Grund seines Herzens freue, wenn alles recht schlecht ginge, und daß er von allem, was geschähe, ganz verächtlich rede, noch dazu öffentlich und ungescheut. Er wolle dadurch zu verstehen geben: wenn *ich* Geheimer Rat wäre und das Direktorium hätte, so sollte schon alles besser gehen. Er soll auch immerfort klagen und fulminieren, daß er ein Bettler sei, daß er nichts bekomme und daß alle Kavaliere und Kriegsoffiziere traktieret würden wie die Bärenhäuter. Dies sei eine Schande, insonderheit da man wisse, daß keiner als der Heermeister (Schwarzenberg) hieran schuld sei; der gönne keinem nichts.«

Dann heißt es weiter: »Ich habe Ehrentreich Burgsdorffen vorgehalten, daß er in seinen Bruder Conrad eindringe und ihn ermahne abzulassen und nicht durch übles Procedere und böses Maul sich um Leib und Leben bringe. Ehrentreich* dankte mir dafür und entgegnete, er habe es seinem Bruder schon vielemal gesagt und ihn gebeten, dergleichen bleibenzulassen; aber er habe damit nichts erreichen können. Sein Bruder Kurt halte sich für gar zu verständig und habe ihm gesagt: *er solle ihn nur machen lassen, er wisse schon, was er täte.*«

Diese Worte sind sehr charakteristisch; sie bloß auf Eitelkeit zu deuten geht kaum. Sie berühren ganz so, als habe Kurt in diesem Augenblick als Mandatar eines hinter ihm stehenden Mächtigeren gesprochen.

Schwarzenberg hatte später den Mut, alle brieflich gemachten Anklagen in Gegenwart Burgsdorffs zu wiederholen. Er berichtet darüber an den Kurfürsten: »Burgsdorff weinte, leugnete und beschwor in gewohnter Weise seine Unschuld.«

In einem dritten Bericht, vom 22. Oktober genannten Jahres (1638), wirft Schwarzenberg dem Burgsdorff vor, daß er, gewohnheitsmäßig, bei ernsten Aktionen nie zu finden sei: »Solange er unter Euer kurfürstlichen Durchlaucht und unter dem Kurfürsten zu Sachsen gewesen, hat er alle occasiones, so vorgekommen, gemieden; er hat sich ein Gewerb gemacht, daß er in Breslau, in Berlin oder anderswohin gereiset, bis die occasion vorüber gewesen. Ebenso tut er jetzt, wo sich Gallas zum Aufbruch rüstet. Jetzt, wo bei Lebensstrafe alle Offiziere zu ihren Regimentern müssen, jetzt kommt er mit seinem Bruder hierher, *er*, um sich zu ›ercusieren‹, und sein Bruder, um eine stattliche Kindtaufe zu präparieren. So sind sie hier in Berlin viele Tage lustig und guter Dinge gewesen. Als nun Gewißheit kommt, daß Gallas gegen den Feind gezogen ist, da verbin-

* Ehrentreich Burgsdorff, der jüngere Bruder Kurts, war 1603 geboren. Er teilte zu erheblichem Grade die Huldbezeugungen, die seinem Bruder zuteil wurden. Er war Oberst und Chef des nach ihm benannten Dragonerregiments, das, wie schon erwähnt, am 30. Mai 1639 von den Schweden in Bernau überfallen und niedergemacht wurde. Er selbst geriet in Gefangenschaft. In Gutem und Schlechtem scheint er der schwächere Abdruck seines älteren Bruders gewesen zu sein. Er war Oberstallmeister, Gouverneur von Küstrin, Komtur zu Supplingenburg. Starb 1656.

det Kurt Burgsdorff sein Haupt mit Tüchern und gibt vor, er sei krank, wie die faulen Schüler, die nicht gern studieren wollen.« Im Anschluß an diese Mitteilungen heißt es dann in einem Bericht vom 6. November: »Kurt Burgsdorffs Krankheit war nix; er hat den Vormittag gelegen und den Nachmittag gesoffen wie ein Bürstenbinder. Ehrentreich hat sich seine Kindtaufe viel kosten lassen... Und nun will Kurt Generalwachtmeister werden und Generalwachtmeisters Besoldung haben. Lieber Gott, es ist ein Wunder, daß in einem ehrbaren Manne solche Unverschämtheit kann gefunden werden.«

So Schwarzenberg über Burgsdorff. Die beständige Aufmerksamkeit, die jener ihm widmet, zeigt am besten, daß er ein Gegner war, mit dem man rechnen mußte. Sehr wahrscheinlich war er kein Mann des Feldlagers, aber desto mehr des Hofes, der Unterhandlung, der Intrige. Auch dazu gehören Gaben. Schon 1632 und 33 war er zu diplomatischen Sendungen an Gustav Adolf vielfach gebraucht worden. Es ist höchst unwahrscheinlich, daß man dazu einen Mann gewählt haben sollte, der nur »Libertinage trieb, achtzehn Maß Wein trinken konnte und ein gewaltiger Courmacher und Serenadenbringer war«.

Gewiß war er mehr als das; schließlich aber erwies sich doch seine Libertinage als das, was ihn stürzte. Der junge Kurfürst, der am 1. Dezember 1640 seinem Vater George Wilhelm in der Regierung folgte, scheint dem vom Vater her übernommenen Günstling anfangs eine gesteigerte Gunst bewiesen zu haben. Die Dienste, die er den »renitenten Obersten«, namentlich also dem von Rochow und Kracht, gegenüber leistete, mögen die Ursache dazu gewesen sein. Von dem Augenblick an indessen, wo die »Oranierin« Henriette Louise ins Land kam, 1647, war es mit Burgsdorff und seinesgleichen vorbei. Sein Lebenswandel stimmte schlecht zu dem puritanischen Wandel der hohen Frau. Nach einzelnen geglückten Versuchen, sich zu behaupten, brach endlich die volle Ungnade über ihn herein. Er wurde vom Hofe entfernt und zog sich nach *Blumenberg* bei Werneuchen, einem Erbgute seiner Frau, zurück. Dort ist er mutmaßlich gestorben (1652), aber nicht beigesetzt.

In der Kirche zu Blumenberg ruft uns nur das Bildnis seiner Gemahlin, einer geborenen von Loeben, den Namen Burgsdorffs ins Gedächtnis zurück.

Durch seine Tochter, die in erster Ehe mit einem Freiherrn von Canitz vermählt war, ist Burgsdorff der Großvater des Poeten Canitz geworden. In einem Schlußartikel wenden wir uns den Gestalten Görtzkes und Pfuels, Arnims und Königsmarcks zu.

III

Der zweite Abschnitt dieses Aufsatzes, den die vorige Sonntagsbeilage brachte, beschäftigte sich ausschließlich mit Gestalten, die – vielleicht mit alleiniger Ausnahme Klitzings – wenig oder nur zeitweilig auf den großen *allgemeinen* Schauplatz der damaligen Kämpfe heraustraten, vielmehr, wie zugestanden werden muß, ihre nur mäßigen Kriegslorbeern im Dienste und zum Teil auch auf dem speziellen Territorialgebiete Brandenburgs pflückten; interessante Gestalten (Burgsdorff, Rochow), aber mehr nach der historischen und allgemein-menschlichen als nach der militärischen Seite hin. Wir wenden uns nun wieder Erscheinungen zu, die, entweder ausschließlich oder doch zu wesentlichem Teile, auch als *Kriegs*obersten von sich sprechen machten. Zunächst Görtzke.

JOACHIM ERNST VON GÖRTZKE

war der jüngste von all den Brandenburgern, auf die wir hier unser Auge richten. Er war Page bei der brandenburgischen Prinzessin Marie Eleonore, der Schwester des Kurfürsten George Wilhelm, und begleitete die Prinzessin nach Stockholm, nachdem ihre Vermählung mit Gustav Adolf stattgefunden hatte. Er trat bald in die schwedische Armee, war bei Lützen als Adjutant an der Seite des Königs und wurde schwer am Schenkel verwundet, so daß er seitdem einen zu kurzen Fuß hatte und eine dicke Holzsohle tragen mußte. Der Dreißigjährige Krieg, den er ohne Schwanken auf seiten Schwedens mitmachte, scheint ihm keine Gelegenheit zu besonderer Auszeichnung gegeben zu haben, wenigstens hören wir erst wieder von ihm um die Mitte des Jahrhunderts, wo er den schwedischen Dienst quittiert, um, ziemlich gleichzeitig mit Sparr und Derfflinger, in die Kriegsdienste seines eigentlichen Landesherrn einzutreten. Wir begegnen ihm von da ab beständig neben Derfflinger oder unter dem Oberkommando desselben. Bei Fehrbellin war er, neben Froben, Derfflinger und dem Prinzen von Hessen-Homburg, unter den besonderen Helden des Tages, und wie der Bauernsohn, der schlichte Oberst Hennig, sich an jenem Tage den adligen Namen Hennig von Treffenfeld eroberte, so eroberte sich unser Görtzke den stolzen Namen eines *Paladins.* So nannte ihn der Kurfürst seit jenem Tage. Er stand bei seinem Kriegsherrn in großer Gunst, und sowohl diese Gunst wie eine begüterte Frau, die er nahm, machten ihn zu einem reichen Manne. Er starb auch reich, denn mehr prosaisch tüchtig als tief und schwärmerisch, verfiel er nicht in die fromme Verschwendung, in die hochherzigen Fehler, die den alten Sparr, diese, nach Art der alten deutschen Kaiser, völlig aufs Ideale gerichtete Natur, an den Bettelstab gebracht hatten. Görtzke war praktischen Sinnes, baute auf seinem Besitz die zerstörten Dörfer wieder auf, aber es genügte ihm, die Lehmhütten vertriebener Bauern neu entstehen zu sehen, und eine Reihe warmer Strohdächer labten sein Auge mehr als der Anblick hoher Chorfenster, die *Sparrs* Freude waren, wenn ihre satten Farben ein gedämpftes Licht in das Kirchenschiff und auf die Köpfe frommer Beter warfen.

Görtzke war noch gut brandenburgisch aus der alten Schule, und der Sinn für die Künste war ihm noch nicht aufgegangen. Folgender kleiner Zug mag zeigen, wie er über Kunst und Künstler dachte. In seinen letzten Lebensjahren (er lebte zu Friedersdorf im Lande Lebus, einem jetzt von der Marwitzschen Gute) beschloß er, sich malen zu lassen, und zwar überlebensgroß. Der Maler, mutmaßlich ein strenger Realist, blickte mit Vergnügen auf den charakteristisch verkürzten Fuß des alten Generallieutenants und malte ihn derart, daß, neben dem langen Haar und dem weißen Spitzenkragen, die dicke, fünf Zoll hohe Sohle des kurzen Fußes vorzugsweise in die Augen fallen mußte. Was Kunstrichtung war, nahm aber der alte Görtzke für persönliche Beleidigung, für groben Hinweis auf sein Gebrechen, und jagte den Maler zum Hause hinaus. Noch empfindlicher vielleicht bestrafte er ihn dadurch, daß er das Bild behielt, aber die Bezahlung verweigerte. Da haben es die heutigen Portraitmaler besser. Das Bild hängt noch in der großen Halle des Friedersdorfer Schlosses.

Im Leben Görtzkes ist noch das ein hübsches Spiel des Zufalls, daß sein Vater die in der Nähe der Rüdersdorfer Kalkberge gelegenen Güter Fredersdorf und Bollersdorf besaß, in deren letztgenanntem (in Bollersdorf) er geboren wurde. Beide Güter gingen ihm und der Familie während des Dreißigjährigen Kriegs verloren. Die Güter, die er dann vierzig oder fünfzig Jahre später durch Kauf und Erbschaft in seinen Besitz brachte, waren zwar nicht dieselben, führten aber, mit leiser Variation, dieselben Namen, nämlich Friedersdorf und Bollensdorf, ein Umstand, der in den Biographien, die über ihn existieren, zu unendlichen Verwirrungen Veranlassung gegeben hat.

Adam von Pfuel

wurde 1604 geboren. Er begann seine Laufbahn sehr ähnlich wie Görtzke, folgte 1620 seiner Schwester, einer Hofdame Marie Eleonores (bei Vermählung dieser mit Gustav Adolf) nach Stockholm. Diese Schwester heiratete später den berühmten *Bannier.* Ihr Bruder, unser Adam von Pfuel, trat als Page bei Gustav Adolf in Dienst, begleitete ihn nach Deutschland und brachte, nach der Lützener Schlacht, des Königs Leiche von Weißenfels nach Stettin, von wo sie nach Stockholm eingeschifft wurde. Seine nahen, schon angedeuteten verwandtschaftlichen Beziehungen zu Bannier machten es, daß er auch in der Folge der Partei dieses wüsten, aber genialischen Feldherrn zugehörte. 1634 führte er zuerst, als Kommandeur eines Regiments, einen selbständigen Zug nach Thüringen aus und deckte die Flanke des Heeres. Auf diesem Zuge war es, wo sich der damals noch jugendliche Derfflinger seine ersten Sporen im Pfuelschen Regimente verdiente. Später stieg Pfuel zum Avantgardenführer des schwedischen Heeres auf und eroberte sich als solcher den allerdings zweifelhaften Ruhm, 800 böhmische Dörfer niedergebrannt zu haben. Nach Banniers Tode war es Pfuel, der in Gemeinschaft mit einigen andern Kriegsobersten die

Schlacht bei Wolfenbüttel schlug. Er stand damals hoch genug im Ansehen, um hoffen zu dürfen, das Oberkommando werde *ihm* übertragen werden. Er scheiterte aber, weil er Ausländer war, und Torstenson (ihm freilich hoch überlegen) erhielt den Oberbefehl. Er fand sich darin, wahrscheinlich weil er klug genug war, die Bedeutung Torstensons zu verstehen. Als ihm aber auch Lilienhoeck vorgezogen wurde, nahm er den Abschied. Dies war 1642. Später kaufte er sich Güter im Mansfeldischen. Er starb 1659 als schwedischer Generallieutenant. Im Pfuelschen Herrenhause zu *Jahnsfelde*, an der Grenze von Barnim und Lebus, befindet sich ein Portrait Adams von Pfuel. Er trägt auf demselben die goldne Kette, die ihm Gustav Adolf verliehen hatte. In der Jahnsfelder Kirche hat er Schild und Spruch; beides aus verhältnismäßig neuer Zeit, der Spruch von la Motte Fouqué herrührend.

Außer den *Sparrs* tritt keine brandenburgische Familie während der Zeit des Dreißigjährigen Krieges mehr hervor als die *Pfuels*. Alle standen sie auf schwedischer Seite oder neigten wenigstens der schwedischen Sache mehr als der kaiserlichen zu. Alle – wie ihre Nachbarn, die Burgsdorffs – waren sie von der antischwarzenbergischen Partei. Viel genannt werden *Georg Adam von Pfuel*, Generalmajor, der in der Kirche zu Buckow ein großes Epitaphium hat, und *Curt Bertram von Pfuel*, der, neben Kurt Burgsdorff und unter ihm, mannigfach zu diplomatischen Sendungen an kaiserliche Generäle, insonderheit an Wallenstein, verwandt wurde. Diese Missionen, namentlich die an Wallenstein, waren außerordentlich schwierig, da der Friedländer, wenn ihn irgend etwas verstimmte, »schiefericht« oder, wie wir jetzt sagen würden, »nervös« wurde. Es liegt noch ein interessanter derartiger Bericht Curt Bertrams vor, in dem es heißt: »Ich habe den General (Wallenstein) nicht sprechen können, da er just seinen *Schiefer* hatte und nicht nur seinen Sekretär, Kammerdiener und Edelknaben oben abprügeln, sondern auch Glockenläuten und Hundebellen verbieten lassen.«

Die beiden letzten aus der Reihe der hier zu nennenden Brandenburger gehören der Epoche des Dreißigjährigen Krieges in eminentem Sinne an und stehen als Feldherrn, der eine auch als Politiker und Diplomat, in allererster Reihe. Es sind dies Feldmarschall *Hans Georg von Arnim* und *Feldmarschall Königsmarck.*

HANS GEORG VON ARNIM
(Kaiserlicher und sächsischer Feldmarschall)

Hans Georg von *Arnim* ist neben Wallenstein – natürlich König Gustav Adolf, den Kurfürsten Maximilian von Bayern und Bernhard von Weimar ausgenommen – vielleicht die hervorragendste Erscheinung des ganzen Krieges, und wenn er neben Tilly und Pappenheim einerseits, neben Banner, Torstenson und Wrangel andererseits in den Schatten tritt, so beweist das nur den alten Satz, daß in kriegerischen Zeiten dem endgültigen diplomatischen Geschick, der Gedankenarbeit ein sehr kleiner Teil des Ruhmes zufällt, während dem siegreichen Reitersturm eines alten Haudegens alle Völker entgegenjubeln. Es war in der germanischen Welt immer so und wird mutmaßlich so bleiben. Feldmarschall Arnim war ein zu feiner Kopf, um es zu eigentlicher Popularität zu bringen.

Hans Georg von Arnim wurde 1581 auf Schloß Boitzenburg geboren. Er trat verhältnismäßig spät in Kriegsdienste, nämlich erst 1611, und verdiente sich seine Sporen unter dem damals noch jugendlichen Gustav Adolf. Von da ab stand er, kürzere Zwischenräume abgerechnet, dreißig Jahre lang im Felde, und in dieser langen Kriegstätigkeit unterscheiden wir vier ganz verschiedene Epochen: 1. sein Dienen im schwedischen Heere *unter* und *für* Gustav Adolf, 2. sein Dienen im kaiserlichen Heere *gegen* Gustav Adolf, 3. sein Dienen im sächsischen Heere *gegen den Kaiser* und 4. sein Dienen im sächsischen Heere *gegen die Schweden.*

Die beiden ersten Dienstzeiten, erst schwedisch, dann kaiserlich, fallen in die Zeit vor dem Erscheinen Gustav Adolfs in Deutschland und sind ohne Belang, wenn man nicht etwa darauf Gewicht legen will, daß Arnim es war, der 1629, im Reiterscharmützel bei Stum in Polen, den König Gustav Adolf zuruckwarf und dem kaum der Gefangenschaft entgangenen König die bekannt gewordenen Worte abnötigte:

»Das waren also kaiserliche Reiter; ich muß bekennen, nie heißer gebadet zu haben.«

Auch die *vierte* und letzte Epoche Arnims, wo er als sächsischer und zugleich als kaiserlicher Feldmarschall ins Feld rückt, um sich an Schweden wegen langer und schwerer Unbill zu rächen,* ist insoweit bedeutungslos, als der Tod sich ins Mittel legte und ihn eher abrief, als Entschiedenes geschehen war; aber wie wenig Gewicht wir auf den Anfang und das Ende seiner kriegerischen Laufbahn legen mögen, vom höchsten Belang ist die *dritte* Epoche von 1631 bis 35, wo wir ihn als Oberstkommandierenden der sächsischen Truppen, als Verbündeten der Schweden sehen. Die Schlachten, die er in dieser Zeit geschlagen (worunter wenigstens eine, die er *selbständig* schlug und glänzend gewann), die Provinzen und Städte, die er im Fluge fortnahm, alles ist von verhältnismäßig untergeordneter Wichtigkeit; seine Bedeutung für diese Epoche ist keine militärische, sondern eine *diplomatisch-politische*, und es ist höchst wahrscheinlich, um nicht zu sagen, gewiß, daß er aus Liebe zum Vaterlande auf entschiedenere Siege und glänzenderen Kriegsruhm patriotischen Herzens verzichtete. Das Bündnis, das Kurbrandenburg und Kursachsen mit Schweden geschlossen, hatte ebensoviel vom Zwang wie von Freiwilligkeit, und die Empfindung, mit der man die Schweden im Lande sah, hielt genau die Mitte zwischen Liebe und Haß, zwischen Freude und Furcht. Die Schweden waren willkommen als *Protestanten*, sie waren höchst unwillkommen als *Schweden*; als Protestanten waren sie Glaubensschutz, als Schweden waren sie Landesgefahr. So schwankten damals die Empfindungen in den protestantischen Ländern Norddeutschlands, und die Politik, die Sachsen und Brandenburg verfolgen

* Oxenstierna, mit oder ohne Grund, von dem Verdacht gegen Arnim erfüllt, daß dieser, damals – außer Dienst – auf seinem Schlosse Boitzenburg, nach andern in der Stadt Wittstock lebend, damit umgehe, die *Dänen* zu einem Kriege gegen Schweden aufzuwiegeln, ließ ihn durch ein schwedisches Kommando überfallen und nach Stockholm in festen Gewahrsam bringen. Er saß hier anderthalb Jahre und befreite sich endlich selbst mit ebensoviel Mut wie Geschick. Er hatte sich vorher eine Feile, Stricke, einen Degen und zwei Pässe verschafft, die letzteren für zwei Diener, die er vorgab nach Deutschland zurückschicken zu wollen. In einer Nacht, als zur Begehung eines Festes auf dem Schlosse übermäßig gezecht wurde, durchsägte er die Eisenstäbe, ließ sich an einer Strickleiter herab und bewerkstelligte, als Diener verkleidet und natürlich nur von *einem* Diener begleitet, seine Flucht.

mußten, konnte kaum eine andere sein als *die*, den Kaiser durch die Schweden und die Schweden durch den Kaiser im Schach zu halten. Der Sieg der einen Partei wie der andern war gleich unbequem, gleich gefährlich. Der Macher und Durchführer, wenn nicht auch der Urheber dieser Politik, der man Weisheit und hohe Vaterlandsliebe nicht absprechen wird, war *Arnim*. Er stand auf schwedischer Seite und unterhielt doch die intimsten Beziehungen zu Wallenstein und den Kaiserlichen, und trotz dieser Beziehungen zu Wallenstein und den Kaiserlichen schlug er doch ebendiese Kaiserlichen mehrfach im Dienst und Interesse Schwedens. Wie die ganze Politik eine zweideutige war, so mußte es, bis zu einem gewissen Grade, auch der Mann werden, der sich zum vorzüglichsten Träger dieser Politik machte; aber wir dürfen, nach allem, was wir sonst über Arnim wissen, mit ziemlicher Bestimmtheit annehmen, daß er, durchaus abgeneigt einem hohlen Intrigenspiel, seine Person drangab im Dienst der Sache. Es ist ein schöner Zug in der Menschennatur, daß sie, wo sie lieben soll, klar Spiel verlangt, aber in Zeiten wie jene – und wir haben ähnliche erlebt – bleibt das Wort Piccolominis ewig wahr:

> – Es ist nicht immer möglich,
> Im Leben sich so kinderrein zu halten,
> Wie's uns die Stimme lehrt im Innersten.
> In steter Notwehr gegen arge List
> Bleibt auch das redliche Gemüt nicht wahr.

Nicht um seiner selbst, um großer und allgemeiner Güter willen handelte Arnim im Einklang mit der Wahrheit dieses Satzes. Was er wollte, war ja im wesentlichen auch das, was endlich als Resultat endloser Kämpfe errungen wurde: *Unabhängigkeit* des protestantischen Norddeutschlands, *religiöse* Unabhängigkeit von Österreich, *politische* Unabhängigkeit von Schweden. Unter allen Brandenburgern jener Epoche haben wir mutmaßlich auf *ihn* am stolzesten zu sein. Hans Georg von Arnim war eine *geistige* Kraft und überragte seine Landsleute. Wir sehen in ihm die Zusammenfassung aller der hohen Gaben, die seitdem, durch zwei Jahrhunderte hin, diese Familie in Krieg und Frieden ausgezeichnet haben: Glaubenstreue und Vaterlandsliebe, Mut und militärisches Geschick, Sinn für die Kunst und vor allem jenes scharfe Auge, um verwirrte Fragen zu durchdringen, und jene moralische Festigkeit, um den aufgefundenen Weg fest und unbeirrt zu verfolgen.

Hans Christoph von Königsmarck

(Schwedischer Feldmarschall)

Es bleibt uns noch Graf *Königsmarck* übrig, der erste in jener Reihe von Königsmarcks, die durch drei Generationen, vom Anfang bis zum Ende des 17. Jahrhunderts, die Welt mit ihrem Kriegsruhm füllten. Unser Königsmarck war der Großvater jener berühmten *Aurora*, die, wenn sie den goldenen Apfel über den Rasengrund hinrollte, die entzückten Zuschauer des Hofes ausrufen machte: »Atalante!«, und war auch der Großvater jenes Philipp Christoph, der in den dunkeln Gängen des Schlosses zu Hannover, ein Opfer schnöder Rache und Eifersucht, unter gedungenen Mörderhänden fiel; vor allem war *er selbst* vielleicht nicht die glänzendste Erscheinung unter den Königsmarcks jener Epoche, vielleicht auch nicht der größte an kriegerischem Genie, aber jedenfalls der gewichtigste, dem, halb durch Verdienst, halb durch glückliches Ohngefähr, das Los zufiel, die letzten Waffengänge des Dreißigjährigen Krieges glücklich zu führen und dadurch dem Protestantismus zu dem bescheidenen Siege endlicher *Anerkennung* zu verhelfen. Den Gang seines früheren Lebens aber suche ich in wenig Strichen zu zeichnen.

Hans Christoph Graf von Königsmarck wurde im Jahr 1600 auf dem väterlichen Schlosse Kötzlin in der Prignitz geboren. Erst Page am braunschweigischen Hofe, trat er bald in kaiserlichen Dienst und focht mit Auszeichnung in Italien, bis die wachsende Macht Österreichs und der sichtlich niedergeworfene Protestantismus ihn aus dem kaiserlichen Dienste treten ließen. Er zog sich, in seinem Gewissen dazu getrieben, in sein stilles Prignitzdorf zurück, denn zu keiner Zeit dieses unglückseligen Krieges verlor er das eigentliche Ziel desselben auch nur einen Augenblick aus dem Auge, ja selbst in den Jahren der Entartung, wo die politische, um nicht zu sagen die räuberische Seite des Kampfes alles andere nahezu vergessen machte, selbst in dieser Epoche der Entartung blieb ihm der Kampf ein Glaubenskampf, ein Kampf um die Existenz des Protestantismus. Es war im Einklang mit dieser Anschauung, daß er von Anfang an, gewissenhaft und von Einflüsterungen unbeirrt, seine Stellung nahm.

Illo, Götz, Sparr, geborene Protestanten, standen nichtsdestoweniger auf katholisch-kaiserlicher Seite – die Macht der Fahne, vielleicht auch ein Rest Vasallentreue waren stärker als die Macht des Glaubens; Görtzke focht auf schwedischer Seite, aber die Glaubensseite des Kampfes schierte ihn wenig; Arnim endlich war strenger und bewußter Protestant wie Königsmarck, aber der Politiker warf ein Gegengewicht in die Waage, und klugen Sinnes weigerte er sich, die Parität des Protestantismus mit der Zerstückelung und politischen Schwächung Deutschlands zu erkaufen. Graf Königsmarck, im Gegensatz zu ihnen allen, war *nur* Protestant und ordnete dem Siege dessen, was ihm Gewissenssache war, jede andere Rücksicht unter. In dieser Gesinnung hielt er aus von Anfang bis zu Ende. Bald nachdem Gustav Adolf den Boden der Mark betreten hatte, trat er in schwedischen Dienst. Als Obristwachtmeister focht er bei Lützen, stieg von Stufe zu Stufe, führte in der zweiten Schlacht bei Leipzig (unter Torstenson) den schwedischen rechten Flügel, hatte die Ehre des ersten Angriffs und entschied den Tag.

Aber erst in das letzte, das dreißigste Kriegsjahr des großen Kampfes fällt seine eigene Bedeutung. Königsmarck stand damals mit einem kleinen Heeresrest in Hessen und Westfalen, also in unmittelbarer Nähe von *Münster* und *Osnabrück*, wo seit Jahr und Tag endlos hin und her beraten wurde und das erlösende Friedenswort nicht gefunden werden konnte. Je größer die Zänkereien der Protestanten und je zahlreicher die einzelnen kleinen Vorteile wurden, die gerade damals von kaiserlichen Generalen erfochten worden waren, desto höher spannten die kaiserlichen Kongreßgesandten ihre Forderungen, und der Krieg hätte schimpflich geendet, wenn Königsmarck nicht gewesen wäre. Gerade in dieser allerkritischsten Zeit, mit geringen Streitkraften, reihte er Sieg an Sieg, und wenn keiner auch hervorragend genug war, um eine *rasche* Entscheidung zu bringen, so war andererseits doch sehr wohl wahrzunehmen, wie nach jedem Eintreffen eines Königsmarckschen Boten die kaiserlichen Kongreßgesandten milder in ihren Forderungen wurden. Endlich wandte sich Königsmarck nach Böhmen, eroberte die Kleinseite von Prag und beschoß die Altstadt; *das entschied.* Der Friede wurde geschlossen, die Sache des Protestantismus war gerettet. An derselben Stelle, wo der Dreißigjährige Krieg seinen Anfang genommen hatte, endigte er, und *er*, dessen Sieg den Frieden brachte und die Sache der Glaubensfreiheit endlich sicherstellte, war deutungsreich der einzige vielleicht unter allen Feldherrn jener Epoche, der ohne Wanken und Schwanken der idealen Seite des Kampfes, dem Protestantismus und *nur* ihm, gedient hatte.

Illo, Götz und Sparr, Görtzke und Pfuel, Arnim und Königsmarck, das waren die sieben Brandenburger, die sich, ganz abgesehen von den »kleineren Kriegsgöttern« jener Epoche (Klitzing, Kracht, Rochow etc.), auf den Schlachtfeldern hüben und drüben umhertummelten; Männer, deren Namen in den Jahrbüchern unserer Geschichte zum Teil viel glänzender dastehen würden, wenn wir damals überhaupt eine eigene, eine selbständige Geschichte gehabt hätten und für die Kräfte des Landes die Möglichkeit dagewesen wäre, von Anfang an und ohne Schwanken, mit Liebe und Vertrauen, im Dienste der engeren Heimat zu stehen. So aber kommen ihre Taten zunächst und unmittelbar für uns zu keiner Gesamtwirkung, und wir sehen bei Nennung dieser und anderer Namen nicht eine lange Reihe zusammenhängender, *einem* Lande und *einer* Sache zugute kommender Siege an uns vorüberziehen, wie es doch geschieht, wenn wir die Namen Gustav Adolf und Banner, Torstenson und Wrangel, wie die Überschriften einer Epopöe, an uns vorüberklingen hören. Brandenburg damals war wie Triebsand, den die wechselnden Fluten auch an wechselnde Küsten warfen, und alles, was einen Drang hatte, *fest* zu stehen, das stellte sich nicht auf den Triebsand, sondern auf die Küsten hüben und drüben. Selbst diejenigen, die wir, in unserem zweiten Artikel, als die speziell »brandenburgische Gruppe« bezeichnet haben, verdienen diese Bezeichnung doch nur sehr relativ.

So müssen wir uns denn die Siege unserer Brandenburger von damals in verschiedenen Lagern zusammensuchen, müssen umständlich addieren und subtrahieren, um überhaupt zu einem Resultat zu kommen. Wollen wir aber die Mühe eines solchen Exempels nicht scheuen, um auf dem langsamen Wege der Berechnung an Herz und Phantasie heranzukommen, so werden wir in unserem Herzen plötzlich von der Wahrnehmung überrascht werden, daß die Mark Brandenburg, oder wenigstens der Adel der Mark, vielleicht zu keiner Zeit glänzender, militärisch hervorragender auf den Schlachtfeldern Europas aufgetreten ist als im Laufe des 17. Jahrhunderts. Die hier genannten Namen bilden ohnehin, wie wir schon mehrfach hervorhoben, nur einen mäßigen Bruchteil, zumal wenn wir die Türkenkämpfe gegen Ausgang des Jahrhunderts mit in Rechnung bringen, und wir dürfen uns der Wahrnehmung nicht verschließen, daß die *märkischen* Familien während der späteren großen Epochen unserer Geschichte, also während der Zeit der drei Schlesischen, dann der Napoleonischen, endlich der seit 1864 geführten Kriege, ein weit geringeres Kontingent an berühmt gewordenen Namen* gestellt haben.

Die politische Rolle, die die Mark als ein Ganzes während des Dreißigjährigen Krieges spielte, war eine ruhmlose, aber die einzelnen, denen sich in vorstehendem unsere Aufmerksamkeit zugewendet, legten ein gutes Fundament für den preußisch-brandenburgischen Kriegsruhm und für das Gedeihen des Landes überhaupt. Denn es geht durch das Leben aller Völker wie ein Gesetz hindurch, daß überall da, wo Tüchtiges und Dauerhaftes sich bilden soll, der Stamm oder der Staat, der in die Geschichte eintritt, zunächst seine *physische* Kraft beweisen und mit ausgestreckter Faust sich Re

* Auffallend ist auch das, daß selbst diejenigen Familien, die von Jahrhundert zu Jahrhundert blühend fortgelebt und fortgewirkt haben, fast in keinem einzigen Falle *zweimal* auf der politisch-militärischen Bühne des Landes, als Träger eines besonderen Ruhmes oder einer *besondern* Popularität, aufgetreten sind. Unter dem Großen Kurfürsten die oben genannten Namen, zu denen sich, gegen Ausgang seiner Regierung, noch Barfus und Schöning gesellen; unter dem großen König: Schwerin, Dessau, Zieten, Seydlitz, Winterfeldt usw.; unter Friedrich Wilhelm III.: Blücher, Scharnhorst, Gneisenau (alle drei keine geborene Preußen), Yorck, Bülow, Schill, Lützow; *jetzt*: Moltke und Blumenthal, Steinmetz und Vogel von Falkenstein, Herwarth von Bittenfeld und Werder, Voigts-Rhetz und Goeben, Manstein und Fransecky, und von den Divisions- resp. Brigadekommandeuren: Kameke, Stülpnagel, Pape, Wrangel, von der Goltz.

spekt verschaffen muß. Alles andere findet sich nachher, die Kraft aber ist die erste Bedingung des Lebens.

Das Fundament lag da; die es legten, ahnten nicht, daß es ein solches sein werde, noch weniger wußten sie, daß ihnen zur Seite bereits der Mann stand, der berufen war, auf diesem Fundamente ein glänzendes Gebäude aufzuführen. In dem eingeschüchterten Kurprinzen, den die Kriegswirren aus einer Provinz des Landes in die andre trieben, vermutete niemand den »Großen Kurfürsten« der Zukunft. Und doch war er es! Wenn die Devise seines Vaters geheißen hatte: »Niemand ist verpflichtet, ein großer Mann zu sein«, so hieß die seine von Anfang an: »*Ich* fühle diese Pflicht.« Und als kaum ein halbes Jahrhundert später dieser wunderbare Mann vom Schauplatz abtrat, was alles war aus dem Lande geworden, das er in jeder Beziehung als eine Wüste empfangen hatte!

Unsere Geschichte hatte in den zwischenliegenden Jahren ihren Anfang genommen; auf den ersten Blättern standen die Namen »Warschau« und »Fehrbellin«, und die Künste folgten in freier Huldigung dem neuen Siegesglanze nach. Ein geistiges Leben war erwacht, Brandenburg war der Schauplatz kirchlicher Kämpfe und doch zugleich der Schauplatz kirchlicher Duldung geworden. Französische Refugiés hatten eine Zufluchtsstätte gefunden, und ihre Sitte, ihr Kunstfleiß begannen, der alten Mark plötzlich ein neues Ansehen, ein helleres Licht zu geben, als habe das dunkle alte Tannenland über Nacht sein Kleid gewechselt. Brandenburgische Schiffe fuhren auf hohem Meer, Simon Dach kam als gekrönter Dichter an den Hof, und Canitz, der Poet, dichtete, fast vor den Toren Berlins, in der Zurückgezogenheit des schönen Blumberg seine ersten Lieder. Das Zeughaus, daneben die genialen Schöpfungen Schlüters stiegen empor, und die Orgelklänge des älteren Bach fanden ein geneigtes und hier und da ein verständnisvolles Ohr. *Ein* Mann hatte das alles gewirkt und geschaffen. Aber daß er es konnte, dazu hatten die voraufgegangenen Taten *derer* mitgewirkt, die den schöpferischen Fürsten mit Vertrauen zu dem Material, zu dem kernigen Rohstoff des Landes erfüllt hatten.

Die alte Mark Brandenburg, wie das Jahr 1630 sie gesehen hatte, versank mehr und mehr, und ein Land neuer Sitte und Gesittung stieg herauf. Wir leben in seinem Licht. Freuen wir uns des vollen Segens, aber bewahren wir die Namen derer in dankbarem Gedächtnis, die, bewußt oder unbewußt, die Fundamente legten, auf denen der neue Bau glänzend emporsteigen konnte.

ZUR VATERSCHAFT DES KINDES VON FEHRBELLIN

Sehr geehrter Herr Redakteur!

In Nummer 20 der »Gegenwart« veröffentlichen Sie eine Zuschrift des Herrn Martin Greif in München, in welcher derselbe über die Herausgeber des »Düsseldorfer Künstleralbums« Beschwerde führt und ihnen vorwirft, nicht nur ein ihnen zugesandtes Gedicht, »Das Kind von Fehrbellin«, verschleudert, sondern auch zu »Ausbeutung fremden geistigen Eigentums« die Hand geboten zu haben. Ich muß es, und zwar um so mehr, als die Dinge, der gegebenen Darstellung nach, doch ziemlich verwickelt liegen, dahingestellt sein lassen, ob und inwieweit Herr Martin Greif zu diesem Vorwurf berechtigt war, möchte aber doch die Vermutung aussprechen, daß sich der Kläger auf die erste Hälfte seiner Anklage: »Verschleuderung fremden Eigentums«, beschränkt haben würde, wenn ihm bekannt gewesen wäre, daß die Sage vom »Kinde von Fehrbellin« in norddeutschen, namentlich märkischen Lesebüchern nicht nur oft erzählt, sondern auch, in den fünfziger Jahren bereits, von *George Hesekiel* dichterisch behandelt worden ist. Dies Gedicht, sehr wahrscheinlich gleich damals in einer Berliner Zeitung veröffentlicht, erschien 1863 in einem Bande vaterländischer Dichtungen, die, seitens des Verfassers, unter dem Titel *»Zwischen Sumpf und Sand«* (Berlin, Behrsche Buchhandlung) herausgegeben wurden und, wie mir gestattet sein mag, hier zu bemerken, nicht nur zu dem Besten zählen, was Hesekiel geschrieben hat, sondern überhaupt unter unseren märkischen Liedern und Balladen einen Ehrenplatz beanspruchen dürfen. Aus diesem Bändchen »Zwischen Sumpf und Sand« ist »Das Kind von Fehrbellin« in verschiedene andere Bücher übergegangen, so beispielsweise in den ersten Band meiner »Wanderungen durch die Mark Brandenburg«, in denen sich auch die Sage selbst mitgeteilt findet. Es war also für die Herren in Düsseldorf keineswegs geboten, Information und Anregung aus dem Martin Greifschen Gedicht zu ziehen; ob es dennoch geschehen, entzieht sich wohl dem Wissen des Klageführenden ebensosehr wie meinem eigenen.

Th. Fontane

Berlin, 21. Mai 1877

VATERLÄNDISCHE REITERBILDER AUS DREI JAHRHUNDERTEN

Friedrich Wilhelm
Kurfürst von Brandenburg

Friedrich Wilhelm, Kurfürst von Brandenburg (»Der Große Kurfürst«), wurde am 6. Februar 1620 als ältester und einziger Sohn des Kurfürsten George Wilhelm und seiner Gemahlin Elisabeth Charlotte von der Pfalz auf dem Schlosse zu Cölln an der Spree geboren. Der Zeitunruhen halber hielt ihn sein Vater, der Kurfürst, von seiner Hauptstadt fern und ließ ihn durch ausgezeichnete Lehrer erst in Küstrin, dann in Stettin am Hofe des Pommernherzogs erziehn. Von Stettin war er wiederholentlich in Wolgast, wo er auch (1633) die Leiche seines großen Oheims Gustav Adolf sah, ehe dieselbe nach Schweden hinübergeschafft wurde.

Unter den Lehrern des Kurprinzen nahmen Johann von Borch, ein Westfale, und von Kalkhun, genannt Leuchtmar, den ersten Rang ein. Der letztere war es auch, der ihn 1634, als im Brandenburgischen die Pest ausgebrochen war, nach Holland begleitete. Vier Jahre dauerte dieser Aufenthalt, der von einem entscheidenden Einfluß auf das Leben und den Charakter Friedrich Wilhelms wurde. Er begann seine Studien in Leiden, lag in Arnheim ritterlichen Übungen ob, besuchte den Hof der vertriebenen Gemahlin seines Oheims Friedrichs von der Pfalz, Königs von Böhmen, und ging zuletzt in den Haag, wo er mit den Oraniern in enge Verbindung trat. Der Haag war zu jener Zeit eine Hohe Schule praktischer Politik, wo sich von nah und fern junge Fürsten und Kavaliere zusammenfanden. Es traf sich bei einem Abendbanquet, daß man den jungen Prinzen zu Debauchen verleiten wollte. Er riß sich aber mit den Worten los: »Ich bin es meinen Eltern, meiner Ehre und meinem Lande schuldig«, und begab sich zu dem Prinzen Heinrich Friedrich von Oranien, der eben damals im Feldlager vor Breda lag. Als dieser hörte, was den Prinzen hergeführt, klopfte er ihm auf die Achsel und sagte: »Eine solche Flucht ist heldenmütiger, als wenn ich Breda nähme. Vetter, Ihr habt *das* getan, Ihr werdet *mehr* tun. Wer sich selbst bezwingen kann, ist fähig zu großen Dingen.«

Dies Wort des oranischen Prinzen sollte sich bewahrheiten.

1638 verließ der Prinz Holland und begab sich erst ins Brandenburgische, dann nach Preußen, wo sein Vater, um den Unruhen des Krieges nach Möglichkeit zu entgehen, in Königsberg zu residieren pflegte. Hier verblieb er, bis der unerwartet früh erfolgende Tod seines Vaters (er war erst fünfundvierzig Jahr alt) den Prinzen auf den kurfürstlichen Stuhl berief. Er verließ nunmehr Ostpreußen und kehrte nach Berlin zurück, um die Regierung seines Erblandes 1640 anzutreten.

Die Schwierigkeiten, die sich ihm entgegenstellten, waren groß; aber es gelang ihm, derselben Herr zu werden. Er änderte das politische System, das Brandenburg in dem noch immer andauernden Dreißigjährigen Kriege bis dahin befolgt hatte, entfernte den ersten Minister seines Vaters, Adam von Schwarzenberg, und brach den Widerstand derer, die mehr dem Kaiser als ihrem unmittelbaren Landesherrn zu gehorchen trachteten. Um der Verheerung seines Landes auf der gefährlichsten Seite ein Ziel zu setzen, schloß er einen Waffenstillstand mit Schweden; zugleich aber, um in Wien jede daraus entstehende Mißstimmung klug zu balancieren, überließ er seine Regimenter dem Kaiser, dem sie schon vorher den Eid der Treue geleistet hatten.

Endlich schloß der Krieg, und sofort waren seine Bemühungen auf Bildung eines stehenden Heeres gerichtet, um bei künftig ausbrechenden Kämpfen nicht wieder wehrlos dem eindringenden Feinde preisgegeben zu sein. Aber nicht nur um *Schutzes* willen bedurfte er einer Armee, er bedurfte derselben auch, um seine politischen Ziele durchzuführen. Diese Ziele waren, neben andrem, vor allem auf den Besitz Magdeburgs, Pommerns und Preußens gerichtet. Letzteres war bereits 1618 an Brandenburg gefallen, ging aber bei der Krone Polen zu Lehn. Die freie Souveränität über dieses Herzogtum zu gewinnen war sein erstes Streben. Er verband sich zu diesem Zwecke mit Schweden gegen Polen und erhielt in der Tat, in Würdigung seines Anteils an der siegreichen dreitätigen Schlacht bei Warschau, die Aufhebung der Lehnsabhängigkeit von Polen zugesichert. So bedeutsam dies nun war, so hatte Schweden in dieser Zusicherung doch eigentlich nur *das* aus der Hand gegeben, was ihm der augenblicklichen Sachlage, keineswegs aber dem *Rechte nach* zugehörte, weshalb denn auch der Kurfürst sehr richtig empfand, daß es immer noch eines ausdrücklichen Verzichtes auch von seiten *Polens* bedürfen werde, um der Souveränität über Preußen wirklich sicher zu sein. Er wechselte deshalb die Rollen, trat, bei sich darbietender Gelegenheit, von der Seite Schwedens auf die Seite Polens über, diente *diesem* wie vorher *jenem* und erreichte dadurch seinen Zweck. Eine machiavellistische Politik, die heut unserer Empfindung widerstreitet, damals aber allgemeine Gültigkeit hatte.

Der Friede zu Oliva 1660 regelte endgültig alle hierbei in Betracht kommenden Fragen, und ruhigere Zeiten brachen an, bis das Jahr 1674 den epochemachenden fünfjährigen Krieg gegen Frankreich und Schweden einleitete.

Schon 1672 hatte sich der Kurfürst einem gegen Ludwig XIV. gerichteten Bündnisse angeschlossen, das indessen, bei der zweideutigen Haltung der Bundesgenossen, zu keinen sonderlichen kriegerischen Ergebnissen, vielmehr zu einem raschen Friedensschlusse Brandenburgs mit Frankreich (Vertrag zu Vossem 1673) geführt hatte. Dieser brandenburgischerseits aufrichtig gewollte Friede konnte jedoch, bei den fortgesetzten und immer bedrohlicher werdenden Übergriffen Ludwigs XIV., nur von kurzer Dauer sein, und schon im folgenden Jahre wurde der Reichskrieg gegen Frankreich beschlossen. Es war eine groß und bedeutsam und in ihren Anfängen auch unzweifelhaft ernsthaft geplante Sache. Die Holländer und Spanier, unter dem Prinzen Wilhlem von Oranien, stellten sich in den Niederlanden gegen den Prinzen Condé, die Kaiserlichen und Reichsvölker unter Bournonville am Oberrhein gegen Turenne auf. Bei diesem 60000 Mann starken Corps befanden sich auch die Brandenburger, unter persönlichem Befehl ihres Kurfürsten. Bournonville ging über den Rhein, um im Elsaß Winterquartiere zu beziehn. Aber Turenne griff ihn an, und obwohl die sich entspinnenden Gefechte mehr glücklich als unglücklich für die Kaiserlichen verliefen, so hielt es Bournonville nichtsdestoweniger für angemessen, seine sämtlichen Kriegsvölker über den Rhein ins Badensche und Pfälzische zurückzuführen. Der Kurfürst mit seinen Brandenburgern ging nach Franken. Dies war im Januar 1675.

Hier, in Nähe von Schweinfurt, empfing er Meldung, daß der Schwede, als Verbündeter Frankreichs, von Pommern aus in die Besitzungen des Kurfürsten eingefallen sei, um diesen vom Rheine fort und in seine Stammlande zurückzuziehn. Diese Absicht ward auch erreicht, und der Kurfürst brach am 26. Mai 1675 in Eilmärschen auf, um die Schweden, die die Greuel des Dreißigjährigen Krieges erneuern zu wollen schienen, aus dem Brandenburgischen wieder hinauszuwerfen. Sein Heer war 15000 Mann stark. Am 11. Juni traf er mit demselben in Magdeburg ein, dessen Tore er schließen ließ, damit dem in der Nähe stehenden Feinde keine Kunde von seiner Ankunft würde. Nach eintägiger Rast setzte er seinen Marsch fort. Mit ihm – unter Zurücklassung der Mehrzahl seines Fußvolks – waren nur 6000 Reiter, zwei Dragonerregimenter (damals eine Mischgattung von Kavallerist und Infanterist) und 1200 Musketiere. Dazu dreizehn Stück Geschütz. Die 1200 Musketiere, um keine Verzögerung eintreten zu lassen, wurden mittels Wagen befördert, auf denen man zugleich, der Flußübergänge halber, eine Anzahl Kähne mitführte. Die Schweden standen an der Havel hin, mit ihrem *linken* Flügel unter Waldemar Wrangel in Brandenburg, mit ihrem *rechten* Flügel unter Gustav Wrangel in Havelberg. Dazwischen hatten sie Rathenow mit einigen Fußtruppen und 600 Dragonern besetzt. Gegen diesen Zentrumspunkt (Rathenow) wandte sich der Kurfürst zuerst, überfiel die Stadt nächtlicherweile und ließ die Besatzung über die Klinge springen. Nur wenige retteten sich. Dadurch waren beide Flügel voneinander getrennt, und Waldemar Wrangel, in richtiger Würdigung der Gefahr, beeilte sich, um durch das schwer passierbare Havelländische Luch hin wiederum Anschluß an den rechten Flügel, der zugleich die schwedische Hauptmacht repräsentierte, zu gewinnen. Aber der Kurfürst seinerseits suchte, durch rasch angeordnete Wegestörungen, diesen Anschluß wenn nicht zu hindern, so doch hinauszuschieben, und drängte mit seiner Reiterei so rasch und so heftig nach, daß es ihm glückte, den Feind bei dem Dorfe *Hakenberg* einzuholen. Die Schweden zählten 4000 Reiter, 7000 Mann Fußvolk und 38 Geschütze, während der Kurfürst, dem seine Musketiere, trotzdem sie gefahren wurden, nicht zu folgen im Stande gewesen waren, nur noch über seine Reiter und Kanonen Verfügung hatte. Der eine Flügel des Feindes lehnte sich an das Luch, der andre an ein Gehölz, durch welche Aufstellung Waldemar Wrangel seine Schlachtlinie von links und rechts her gesichert glaubte. Der den Vortrab führende Prinz von Hessen-Homburg indes passierte das Wäldchen, und als es bald darauf auch gelang, unterm Schutz eines dichten Nebels einige der Avantgarden-Geschütze gut zu placieren, kam ein Schwanken in den zunächststehenden Teil der schwedischen Aufstellung. Der Kurfürst selber ging jetzt vor und geriet derartig ins Gedränge, daß ihn die Reiter seiner nächsten Umgebung aus einem Knäuel heraushauen mußten. Hier war es auch, wo Stallmeister von Froben von einer Kanonenkugel tödlich getroffen wurde. Nach halbstündigem Handgemenge, in dem namentlich das schwedische Regiment Dalwigk mehr als drei Viertel seiner Mannschaften einbüßte, begann der Feind zu weichen, und Waldemar Wrangel führte seine Reste unterm Schutze des unerschüttert gebliebenen linken Flügels nach Fehrbellin hinein. Ihm hierhin zu folgen verbot sich bei dem gänzlichen Mangel an Fußvolk, weshalb der Kurfürst sich mit Beunruhigung des Rückzuges begnügen mußte. Gefangene wurden wenig gemacht. Drittehalbtausend Schweden bedeckten das Schlachtfeld, während sich der diesseitige Verlust nur auf fünfhundert Mann an Toten und Verwundeten belief. Den Obersten Henning, der sich während der Bataille besonders ausgezeichnet hatte, erhob der Kurfürst auf dem Schlachtfelde, und zwar unter dem Namen von Treffenfeld, in den Adelsstand und stellte ihm am folgenden Tage das «Fehrbellin am 8. Juni« unterzeichnete Patent aus. Dem Landgrafen Friedrich von Hessen-Homburg soll er wegen allzu hitzigen Attakkierens allerdings Vorwürfe gemacht haben, nichts aber deutet auf ein *ernsteres* Zerwürfnis hin, wie ein solches wohl angenommen wird. Übrigens stand der Prinz damals bereits in seinem dreiundvierzigsten Lebensjahre, war zum zweiten

Male verheiratet, auch Vater von vier Kindern, und hatte sich schon siebzehn Jahre vorher im schwedischen Heere ausgezeichnet, bei welcher Gelegenheit er, vor Kopenhagen, ein Bein verloren hatte. Er trug seitdem ein künstliches und hieß deshalb der »Prinz mit dem silbernen Bein«.

Der Krieg gegen Schweden setzte sich auch in den folgenden Jahren noch fort, aber, zunächst wenigstens, mit nur spärlichen oder doch langsamen Resultaten. Die Hälfte des Jahres 1677 brachte der Kurfürst mit der Belagerung von *Stettin* zu, das sich, vom Juli bis Dezember, mit ausgezeichneter Tapferkeit verteidigte, endlich aber durch ein überaus zahlreiches Belagerungsgeschütz (200 Stück, größtenteils von Berlin aus zu Wasser herbeigeschafft) zur Ergebung gezwungen sah. Mannigfacher gestalteten sich die Vorgänge des folgenden Jahres. Die Schweden, um den Kurfürsten von Pommern abzuziehn, bewerkstelligten im November 1678 von Livland aus einen Einfall in Ostpreußen. Dies führte zu einem berühmt gewordenen *Winterfeldzuge*. Der Kurfürst, um der östlichen Provinz seines Landes Hülfe zu bringen, brach im Dezember letztgenannten Jahres von Pommern her auf und musterte am 19. Januar 1679 neuntausend Mann in Nähe von Marienwerder. Ungeachtet heftiger Kälte und tiefen Schnees waren alle unverdrossen und brannten vor Begierde, an den Feind zu kommen. Sobald dieser von dem Heranziehen des Kurfürsten hörte, beschloß er, zurückzugehn, weshalb sich alle diesseitigen Anstrengungen, ähnlich wie bei Fehrbellin, dahin richteten, ihn einzuholen und zum Stehen zu bringen. Der Kurfürst setzte sein Fußvolk auf Schlitten und ging, von Heiligenbeil aus, über das *Frische* Haff erst nach Königsberg, dann von Königsberg aus über Labiau und das *Kurische* Haff nach der Gilge. Hier holten die den Vortrab kommandierenden Generale Görtzke und Treffenfeld den Feind ein, hingen sich an ihn und nahmen ihm in einer Reihe kleiner Gefechte Gepäck und Mundvorrat, namentlich auch viele Kanonen ab. Der Ruin wäre vollkommen gewesen, wenn nicht das Hauptheer, unter dem Kurfürsten selbst, die Richtung, in der der Feind seinen Rückzug ausführte, verfehlt hätte. Trotzdem erreichten nur etwa 1000 schwedische Reiter und 500 Mann Fußvolk die livländische Grenze.

So glänzend all diese Kriegsführungen verliefen, so wenig entsprachen ihre Resultate den Opfern und Anstrengungen. Der Frieden zu St.-Germain-en-Laye, den der Kurfürst endlich zu unterzeichnen nicht umhinkonnte, zwang ihn, seine Eroberungen in Pommern an Schweden zurückzugeben. Sein Unmut darüber traf namentlich Österreich, und bei Unterzeichnung der Friedensratifikationen sprach er jenes: »Exoriare aliquis nostris ex ossibus ultor«, auf dessen prophetische Bedeutung seitdem so vielfach hingewiesen worden ist. Der tiefen Verstimmung des Kurfürsten entsprach es, daß er, von jener Zeit ab, eine Annäherung an Frankreich suchte, an dasselbe Frankreich, das er, durch so viele Jahre hin, im Interesse Österreichs bekämpft hatte. In der Tat kam es zwischen ihm und dem Versailler Hofe zu mehrjährigen freundschaftlichen Beziehungen, die sich erst 1685 wieder lockerten, als der Kurfürst den durch die Aufhebung des Ediktes von Nantes aus Frankreich vertriebenen Protestanten eine neue Heimat im Brandenburgischen gewährte. Dieser Schritt traf Ludwig XIV. an seiner empfindlichsten Stelle, und so kam es zuletzt von seiten Friedrich Wilhelms zu neuen Verträgen mit dem Kaiser, in denen man sich unter anderm auch über die vier schlesischen Fürstentümer Liegnitz, Brieg, Wohlau und Jägerndorf einigte.

Bald nach Abschluß dieser Verträge sah sich der Kurfürst von Gichtanfällen, die seine Gesundheit schon seit Jahren erschütterten, aufs neue heimgesucht, Anfälle, die schließlich zur Wassersucht führten. Dieser erlag er im Stadtschlosse zu Potsdam am 29. April 1688. Seine Beisetzung erfolgte am 22. September im alten Dome zu Berlin, nachdem der Sarg mehrere Monate lang in der Schloßkapelle gestanden hatte.

Friedrich Wilhelms äußere Erscheinung, trotzdem er nur von mittlerer Größe war, hatte nichtsdestoweniger den Stempel des Bedeutenden. Er war einfach, mäßig im Essen und Trinken, leutselig, wahrhaft fromm und seiner Kirche aufrichtig zugetan. Selbst tolerant, litt er in seinem Staate keine Unduldsamkeit der Religionsparteien untereinander. Das Land, das bei seinem Regierungsantritt nur eine Größe von 602 Quadratmeilen gehabt hatte, umfaßte deren bei seinem Tode 2046. Diejenigen Landesteile, worauf er von Anfang an sein Augenmerk gerichtet hatte, hatte er, mit Ausnahme von Vorpommern (das bei Schweden blieb), seinen Erblanden einzuverleiben gewußt.

Friedrich Wilhelm war zweimal verheiratet. Seine erste Gemahlin war Luise Henriette von Oranien, mit der er im Dezember 1646 seine Vermählung feierte. Sie starb nach einundzwanzigjähriger Ehe und hat sich durch ihre Frömmigkeit und Klugheit ein bleibendes Denkmal im Herzen unseres Volkes gegründet. Ihr Lieblingsaufenthalt war das vier Meilen nördlich von Berlin an der oberen Havel gelegene Dorf Bötzow, das ihr zu Ehren, nach vorhergegangener Anlage von Schloß und Park, den Namen *Oranienburg* empfing und mit Stadtgerechtigkeit ausgerüstet wurde. Ebendaselbst ist ihr auch in unsern Tagen ein Standbild errichtet worden. Das ihr zugeschriebene Lied »Jesus, meine Zuversicht« ist, aller Wahrscheinlichkeit nach, *nicht* von ihr gedichtet, vielmehr nur, als ihr besonders lieb und wert, in den Schatz ihrer Lieblingslieder aufgenommen worden. Von ihren Söhnen starb der ältere, Karl Emil, im Dezember 1674 an einem hitzigen Fieber zu Straßburg, während der jüngere, Friedrich, als Kurfürst Friedrich III. (später König Friedrich I.) seinem Vater in der Regierung folgte.

Die *zweite* Gemahlin Friedrich Wilhelms war Dorothea von Holstein-Sonderburg-Glücksburg, seit 1665 Witwe des Herzogs Christian Ludwig zu Lüneburg-Celle. Die Vermählung fand im Juni 1668 statt. Die aus dieser zweiten Ehe geborenen Kinder waren die Markgrafen Philipp, Albrecht, Karl Wilhelm und Christian Ludwig von Schwedt. Ihrem Gemahl mit großer Liebe zugetan, konnte sie doch im Volke nicht die Zuneigung finden, deren sich die »Oranierin« zu erfreuen gehabt hatte. Die *Dorotheenstadt* in Berlin führt nach ihr den Namen. Hundert Jahre später (1788) erlosch die Seitenlinie Brandenburg-Schwedt.

Der »Große Kurfürst« ist eine der bedeutendsten Erscheinungen in der langen Reihe der Hohenzollern, und nur der Ruhm seines Urenkels überstrahlt den seinen. Erwägt man, wie das Land nach den Verheerungen des Dreißigjährigen Krieges darniederlag, so steigert sich die Bewunderung vor dem, was er getan. Auf *jedem* Gebiete war er ein Förderer, gleich hervorragend in Krieg und Frieden. Er hinterließ ein vorzüglich geschultes Heer von 30 000 Mann, dessen Unterhalt eine Million Taler jährlich verlangte. Den Wohlstand des halb entvölkerten Landes zu heben, zog er protestantische Einwanderer herbei, namentlich, wie schon erwähnt, die um Glaubens willen ihre Heimat verlassenden »Refugiés«. Es waren teils Adlige, teils Künstler und Gelehrte, meist aber Kaufleute, Gewerbtreibende, Gärtner. Nicht nur durch ihren Fleiß und ihre Geschicklichkeit, sondern weit mehr noch durch ihre verfeinerte Sitte haben dieselben auf die Gestaltung unseres Lebens einen großen Einfluß geübt. Gleichzeitig wanderten auch viele Schweizer ein, ebenfalls ihres calvinistischen Bekenntnisses halber aus ihrer Heimat vertrieben, während schon früher, teils aus dem Bremischen, teils aus dem Holländischen, starke Einwanderungen stattgefunden hatten.

Neben seinen Taten wahrt ihm Schlüters berühmtes Reiterstandbild auf der »Langen Brücke« zu Berlin ein Gedächtnis im Herzen des Volkes. Friedrich II. preist ihn als Verteidiger und Wiederhersteller des Landes, zugleich als Schöpfer des Ruhmes und Glanzes seines Hauses. Als, nach Abbruch des *alten* Domes in Berlin, die Särge der Hohenzollern in die Gruft des neuen übergeführt wurden, ließ der große König den Sarg des Großen Kurfürsten öffnen. Man fand ihn in seinem Ornate: Kurmantel, große Halskrause, ein Paar großer Handschuhe mit Frangen, gelbe Stiefel und große Perücke. Das Gesicht war noch erkennbar. Als Friedrich den Toten sah, sagte er bewegt: »Messieurs, der hat viel getan.«

Friedrich der Grosse

Friedrich II., Sohn König Friedrich Wilhelms I. und der hannöverschen Prinzessin Sophie Dorothea, wurde den 24. Januar 1712 auf dem Schlosse zu Berlin geboren. Er war ein Sonntagskind. Eine Woche später, am 31. Januar, ließ ihn sein Großvater, der damals noch regierende König Friedrich I., durch den Bischof Ursinus taufen. Der Prinz hatte eine kleine Krone auf dem Haupte und trug ein Kleid von Silberstoff, mit Diamanten besetzt, dessen Schleppe von sechs Gräfinnen gehalten wurde. Friedrichs Paten waren:

der Kaiser Karl VI.; die verwitwete Kaiserin, Gemahlin Josephs I.; der Zar Peter der Große; die Generalstaaten; die Schweizer Kantone; der Kurprinz von Hannover, Georg I., und die verwitwete Herzogin von Mecklenburg, Mutter der Königin, der *dritten* Gemahlin Friedrichs I. Sämtliche Paten waren abwesend; ihre Stellen vertraten der König, die Königin, der Kronprinz und der Fürst von Dessau. »In dieser Suite«, so berichtet die »Europäische Fama«, »befanden sich außerdem noch alle Grandes von Hofe.« – »Inzwischen wurden die Glocken eine ganze Stunde lang gezogen, die Stücke von den Wällen dreimal herum abgefeuert, die vierundzwanzig Trompeter nebst zwei Pauken taten auch ihr Devoir, wie denn in der königlichen Kapelle eine vortreffliche und galante Musique zu hören war. Ein jeder rief diesem getauften Prinzen ein langes Vivat zu und ward bei Hofe splendid tractiret.«

Friedrich war ein sehr schönes Kind. Er kam mit großen, blauen, strahlenden Augen auf die Welt, Augen, die später bei dem Manne so streng und so durchbohrend wurden. Bis zum Anfang des siebenten Jahres ward er weiblichen Händen überlassen. Unter Aufsicht der Gemahlin des Grand Maître, der Frau von Kameke – und nach Friedrichs I. Tode der Oberhofmeisterin der neuen Königin, der Frau von Sacetot –, ward die verwitwete Oberstin Marthe de Rocoulles, die schon seines Vaters Jugendpflegerin gewesen war, ihm zur Gouvernante gegeben. Von seinem siebenten Jahre an erhielt er Duhan de Jandun, den Sohn eines nach Berlin geflüchteten französischen Protestanten, zum Informator. General Graf Finckenstein und Oberst von Kalckstein (ein naher Verwandter des unter dem Großen Kurfürsten wegen Hochverrats enthaupteten von Kalckstein) wurden gleichzeitig mit seiner militärischen Erziehung und Ausbildung beauftragt. Die Rocoulles sprach nur französisch, ebenso Duhan, und ihrem Einfluß auf Friedrich ist zu gutem Teile die durch sein Leben hin ihn begleitende Neigung für französischen Geschmack und französische Literatur zuzuschreiben. Sie waren es auch, die mit der Königin insgeheim einen Widerstand gegen die väterlichen Erziehungsgrundsätze wachriefen und nährten. Diese väterlichen Erziehungsgrundsätze nun, wie sie in einem »Reglement« unter der Überschrift

»Wie mein ältester Sohn Friedrich seine Studien zu Wusterhausen halten soll« niedergelegt wurden, atmeten alles andre eher als einen französischen Geist. In ihnen hieß es, daß er in der Furcht Gottes erzogen werden müsse, in welcher Gottesfurcht das einzige Mittel liege, die von menschlichen Gesetzen und Strafen befreite souveräne Macht in den Schranken der Gebühr zu erhalten. Nächst dieser Gottesfurcht aber halte nichts mehr vom Bösen ab als die wahre Gloire und die Begierde zu Ruhm, Ehre und Bravour, weshalb der Prinz vor allem aufgeblasenen Stolz und Hochmut wie auch vor Depensen hüten, vielmehr zu Menage, Sparsamkeit und Demut anzuhalten sei. Auch vor »Flatterien sei der Prinz bei höchster königlicher Ungnade zu bewahren, außerdem aber von *Opern, Komödien und andern weltlichen Eitelkeiten* fernzuhalten, »ja, soviel wie möglich ihm einen Degout davor zu machen«.

»Opern, Komödien und andere weltliche Eitelkeiten« waren nun aber umgekehrt gerade *das*, wohin es das Herz des Prinzen am meisten zog, und so bereiteten sich, bei sich immer steigernder Strenge des Vaters, jene bekannten Zerwürfnisse vor, die zu dem Fluchtversuche von Steinfurt (bei Sinzheim) aus und schließlich zu der Küstriner Gefangenschaft und Kattes Enthauptung »vor den Augen des Kronprinzen« führten. Das war im November 1730. 1731 erfolgte endlich die Versöhnung mit dem Vater, der Kronprinz wurde zum Obersten ernannt und erhielt das in Ruppin garnisonierende Regiment, allwo er nunmehr auf längere Zeit seinen Aufenthalt nahm. Den 12. Juni 1733 vermählte er sich mit der Prinzessin Elisabeth von Braunschweig, machte im Jahre 1734 mit 12000 Preußen die Rheincampagne im Reichsheer unter Prinz Eugen mit und ward 1735 zum Generalmajor befördert. Von 1736 an lebte er in *Rheinsberg*, das der König in Huld und Gnade für ihn erstanden hatte, und übernahm am 31. März 1740 die Regierung des Landes. Ein gefüllter Schatz und ein schlagfertiges Heer waren ihm vom Vater hinterlassen worden.

Der Tod Kaiser Karls VI. bot alsbald eine günstige Gelegenheit, um die Rechte des Hauses Brandenburg auf die schlesischen Fürstentümer Jägerndorf, Liegnitz, Brieg und Wohlau, deren Belehnung seine Vorfahren nicht hatten erlangen können, geltend zu machen. Gleichzeitig mit seinen Ansprüchen und Friedensvorschlägen, die er nach Wien hin machte, drang er im Dezember 1740 mit einer Armee von 30000 Mann in Niederschlesien ein, eroberte, da Maria Theresia seine Forderungen wegwerfend abwies, mit Ausnahme der drei Festungen Glogau, Brieg und Neiße, bis zum Januar 1741 ganz Schlesien und erzwang endlich durch die Siege bei Mollwitz und Chotusitz den Frieden von Breslau am 11. Juni 1742.

Indes rief ein zu Worms zwischen Österreich, Großbritannien, Sardinien und Sachsen abgeschlossenes Bündnis, welches Friedrich auch als *gegen sich* gerichtet ansehen mußte, ihn aufs neue zum Kriege für die Verteidigung von Schlesien. *Zweiter* Schlesischer Krieg. Er brach im August 1744 mit 80000 Mann in Böhmen ein, nahm Prag durch Kapitulation und siegte, obgleich zunächst aus Böhmen zurückgedrängt, in den Schlachten bei Hohenfriedberg am 4. Juni 1745, bei Soor am 30. September, bei Hennersdorf am 23. November und endlich bei Kesselsdorf am 15. Dezember über die Österreicher und Sachsen, so daß Österreich nichts übrigblieb, als am 25. Dezember 1745 den Frieden zu Dresden zu schließen, durch welchen dem siegreichen Könige der Besitz Schlesiens aufs neue bestätigt wurde.

Friedrich war damals im höchsten Grade populär, der Mann des Volkes. Er besaß nicht nur die Zuneigung und Liebe seiner Untertanen, sondern auch die Bewunderung der Welt. In diese Bewunderung aber mischten sich Neid und Furcht, und seine Gegner waren alsbald wenig gewillt, ihn im ruhigen Besitze von Schlesien zu belassen. Geheime Nachrichten über eine Verbindung zwischen Österreich, Rußland und Sachsen zeigten ihm das nahe Bevorstehen eines gegen ihn gerichteten Angriffs. Durch einen überraschenden Einfall in Sachsen wußt er seinen Feinden zuvorzukommen. Dies war am 24. August 1756. Nur von England unterstützt, behielt er bis 1759 die Offensive, mußte jedoch von 1760 an sich auf die Defensive zurückziehen. Nach sechzehn Hauptschlachten, die teils von Friedrich selbst, teils von seinen Feldherrn geliefert wurden und von denen er die bei Lobositz 1756, Prag, Roßbach, Leuthen 1757, bei Krefeld, Zorndorf 1758, bei Minden 1759, bei Liegnitz und

Torgau 1760 und endlich die bei Freiberg 1762 gewann, endigte dieser Krieg infolge allgemeiner Erschöpfung mit dem Hubertusburger Frieden am 15. Februar 1763, demgemäß alles auf dem alten Fuße verblieb. Friedrich trat aus diesem siebenjährigen Kampfe mit einem Ansehen heraus, das ihm für die Zukunft einen entscheidenden Einfluß auf die deutschen und europäischen Angelegenheiten zusicherte. Seine nächste Sorge galt der Unterstützung seiner durch den Krieg ausgesogenen und erschöpften Länder. Er öffnete seine Magazine, ließ eingeäscherte Dörfer und Städte neu aufbauen und errichtete Kolonien, Fabriken und Manufakturen. Schlesien erhielt auf sechs Monate, die Neumark und Pommern auf zwei Jahre Befreiung von allen Abgaben. Für den Adel ward ein Kreditsystem errichtet, das, während es den Preis der Güter erhöhte, den Zinsfuß niedriger stellte. 1764 schon begründete er die Berliner Bank und gab ihr acht Millionen zum ersten Fonds. Um Ostpreußen mit Pommern und der Mark zu verbinden, überhaupt um seinem Staatskomplex eine größere Abrundung zu geben, willigte er in die erste Teilung Polens, die, 1772 zu Petersburg verabredet, unmittelbar darauf durch den Einmarsch dreier Armeen ausgeführt wurde. Friedrich erhielt ganz Polnisch-Preußen samt Groß-Polen bis an den Netze-Fluß, nur mit Ausnahme von Danzig und Thorn. Die Beziehungen zu Österreich – namentlich nach einem Besuche Kaiser Josephs II. in Schlesien – schienen gesichert, bis sich 1778 der König gezwungen sah, gegen die Besetzung eines großen Teils von Bayern durch die Österreicher zu protestieren. Als dieser Protest ohne Folgen blieb, verbanden sich Sachsen und Preußen und rückten im Juli genannten Jahres mit zwei wohlgerüsteten Heeren in Böhmen ein. Der König wagte jedoch nicht, den in einem fest verschanzten Lager hinter der Elbe bei Jaromirz stehenden Kaiser Joseph anzugreifen. Nach wenigen unbedeutenden Gefechten, die den Inhalt des sogenannten »Bayerischen Erbfolgekrieges« bilden, kam es endlich, besonders auf Betrieb der Maria Theresia, zum Frieden, der zu Teschen am 13. Mai 1779 geschlossen wurde. Friedrich hatte gleich anfangs erklärt, daß er, wegen der aufgewendeten Kriegskosten, auf keine Entschädigung dringe. Dies erleichterte den Gang der Verhandlungen. In Verbindung mit

Sachsen und Hannover schloß der König, sechs Jahre später, am 23. Juli 1785, den *»Deutschen Fürstenbund«*. Dies war seine letzte politische Tat von Bedeutung. Eine Wassersucht, an der er litt, führte das Jahr darauf seinen Tod herbei. Er starb zu Sanssouci am 17. August 1786 und hinterließ seinem Neffen, Friedrich Wilhelm II., ein um 1325 Quadratmeilen vergrößertes Reich, einen Schatz von mehr als 70 Millionen, ein Heer von 200000 Mann und ein hohes Ansehen bei allen europäischen Mächten.

Sein Leben ist ein Vorbild. Mit- und Nachwelt haben ihn als Heerführer und Gesetzgeber, als Staatsmann und Organisator bewundert. Er gilt vor allem als einer der ersten Feldherrn aller Zeiten. Das eigentliche Wesen seiner Kriegführung tritt schlagend nur in den Schlesischen Kriegen und den ersten Feldzügen des Siebenjährigen Krieges hervor, als seine Armee noch ihren vollen Wert und in ihm das Mittel besaß, seinen Gegnern Gesetze vorzuschreiben. In der zweiten Hälfte des Krieges änderte sich das. Solange er aber freie Hand hatte, tritt das Prinzip der *Offensive*, die Bedeutung der Schlacht, das Zusammenwirken der Kriegführung mit der Politik in klaren Zügen hervor. In den späteren Jahren, wie angedeutet, konnte der König seinen Truppen nicht mehr das gleiche zumuten und dieselben nicht mehr so rücksichtslos einsetzen wie früher, da ihm die Möglichkeit ausreichenden Ersatzes fehlte und von der Erhaltung der Armee das Bestehen des Staates abhing. Er hat es freilich auch in dieser zweiten Periode noch meisterhaft verstanden, aus den pedantischen Anschauungen seiner Gegner Vorteil zu ziehen und dieselben mit ihrem eigenen veralteten System zu schlagen, aber charakteristisch für die eigentliche friderizianische Kriegführung sind diese späteren Feldzüge nur noch in einzelnen Momenten, nur *da* noch, wo der König günstige Augenblicke benutzte, um im Geiste seiner früheren kühnen und offensiven Kriegsweise zu handeln. Diese späteren Feldzüge haben daher vielfach Anlaß zu nicht zutreffenden Beurteilungen des Königs gegeben. Ebenso müssen seine militärischen Schriften unter Berücksichtigung der Entstehungszeit beurteilt werden. In den zuerst, etwa bis zum Jahre 1760 entstandenen weht überall der frische Hauch der Offensive, aus jedem Schriftzuge spricht der geniale Geist des Meisters.

Friedrich ist hier kein abstrakter Theoretiker. Er konstruiert nicht, von einigen Fundamentalsätzen ausgehend, ein zusammenhängendes System der Kriegskunst, sondern er stellt einfach diejenigen Grundsätze und Regeln zusammen, die er erprobt hat. In den späteren Schriften dagegen erkennt man vielfach den alternden König. Sie verlieren den konkreten, faßlichen Gehalt, und anstelle desselben treten rein theoretische Anschauungen, die des lebendigen Zusammenhanges mit der Wirklichkeit mehr oder weniger entbehren, wenn sie auch stets in hohem Grade geist- und lehrreich sind. Die Tendenz der Offensive aber bleibt in allen maßgebend.

Auch als Gesetzgeber erwarb er sich große Verdienste, und zwar dadurch, daß er erst durch den einsichtsvollen Großkanzler von Cocceji »das Projekt des Corpus juris Fridericiani« und späterhin, auf Grund dieser Vorarbeit, unter Leitung des Großkanzlers von Carmer ein neues Gesetzbuch unter dem Namen des »Preußischen Landrechts« ausarbeiten ließ.

Aus der Reihe jener Maßregeln, die seine glänzende Begabung für Verwaltung, Wirtschaft und Landesmelioration zeigen, sei nur der Entwässerung und Kanalisation des Oder- und Warthebruchs, ebenso des Havelländischen Luches gedacht, Maßregeln, mit deren Hülfe er, um seine eigenen Worte zu zitieren, »im Frieden Provinzen gewann«.

Selbstverständlich hat es ihm auch nicht an Neidern und Tadlern gefehlt. Unter den Tadlern stehen die Engländer — fast mit alleiniger Ausnahme Thomas Carlyles — obenan, die, bei Bewunderung seiner feldherrlichen Größe, doch andrerseits nicht müde geworden sind, ihn als einen Despoten zu schildern. »Er herrschte«, so schreibt Lord Malmesbury, »wie mit eiserner Rute und hatte sein Volk daran gewöhnt, ihn als eine Gottheit anzusehn.« Von einem spezifisch englischen Standpunkte aus mochten diese Worte nicht absolut unzulässig sein, vom Standpunkte wirklicher, will sagen, die gegebenen Verhältnisse richtig abwägender Geschichtschreibung aus sind sie sicherlich falsch. Friedrich fand bei seinem Regierungsantritt kein englisch-freiheitliches, sondern ein an blinden Gehorsam gewöhntes Volk vor, und so viele gescheite Leute sich im einzelnen in seinem Lande finden mochten, er war doch der weitaus Gescheiteste. Und der

Tüchtigste dazu. So *durfte* nicht nur, so *mußte* sich jenes umumschränkte, keinen andren Willen neben sich duldende Regiment ausbilden, das dem Gefühl Lord Malmesburys so widerstrebend war. Das damalige Preußen ließ ein andres Regiment nicht zu. Jedenfalls aber war es *seine* Saat, durch welche das preußische Volk zum Bewußtsein staatlicher Selbständigkeit, zu einem männlich kräftigen Sinn und, in natürlicher Konsequenz beider, auch zu dem Verlangen nach *politischer Freiheit* hingedrängt worden ist.

Prinz Heinrich von Preussen

Friedrich Heinrich Ludwig, Prinz von Preußen, der dritte Sohn König Friedrich Wilhelms I. und der Königin Sophia Dorothea, wurde am 18. Janaur 1726 geboren. Seine Erziehung, in französischem Formalismus befangen, blieb lückenhaft, bis König Friedrich, unmittelbar nach seiner Thronbesteigung, sich's angelegen sein ließ, die Lücken in den Disziplinen seines Bruders auszufüllen. Oberst von Stille wurde mit dem Unterricht des jungen Prinzen betraut und förderte namentlich seine Talente für die Militärwissenschaften. Als der Erste Schlesische Krieg begann, war der Prinz erst vierzehn Jahr alt; er nahm als Volontär daran teil und begleitete die Hauptarmee, die unter dem König und Schwerin in Mähren eindrang. Auch während des Zweiten Schlesischen Krieges war er anfänglich wenig mehr als ein Zuschauer. 1744 geriet er in Gefahr, in österreichische Gefangenschaft zu fallen. Er war krankheitshalber zu Tabor, im südlichen Böhmen, zurückgelassen worden, auf das nun ein Nadasdysches Streifcorps einen Angriff versuchte; aber der zu dieser Zeit schon genesende Prinz wie der ihm zur Seite stehende Oberst von Kalnein wiesen den Feind mit blutigen Köpfen zurück. 1745 befand er sich mit bei Hohenfriedberg, und zwar gerade da, wo die Schlacht zur Entscheidung kam. Die Kavallerie des preußischen linken Flügels war erst teilweis über das Striegauer Wasser, als die Brücke zusammenbrach und ein Stocken unseres Angriffs erfolgte. War jetzt der Feind attent, so konnte er unsern linken Flügel umfassen, und die Schlacht ging verloren. Aber Prinz Karl von Lothringen, der das österreichische Heer kommandierte, übersah den richtigen Moment, unsererseits wurde man aller Schwierigkeiten Herr, und die preußische Reiterei drang zu einem unvergleichlichen Siege vor. Nach der Schlacht avancierte der Prinz zum Generalmajor. Der noch im selben Jahre (1745) erfolgende Friedensschluß führte den Prinzen nach Berlin und Potsdam zurück, wo die drückende Abhängigkeit, in der der König den jüngeren Bruder zu halten wußte, die Keime zur Unzufriedenheit und Abneigung in diesen legte.

Im Siebenjährigen Kriege trat er zuerst in den Schlachten bei Prag und Roßbach, in der ersteren durch einen entschlossenen Angriff auf des Feindes Flanke, hervor und blieb dann, als der König nach Schlesien ging, mit 18000 Mann an der Saale zurück. Er behauptete Sachsen den Winter über und entledigte sich auch das Jahr darauf (1758) des gleichen Auftrages mit großem Geschick, wennschon ihm die Umstände nicht gestatteten, nach Böhmen hinein vorzudringen. Als im Herbste der König die Niederlage bei Hochkirch erlitten, vereinigte er sich schnell mit demselben, deckte seinen Marsch nach Schlesien und kehrte dann von Landeshut nach Sachsen zurück. Das Jahr 1759 begann mit glänzenden und glücklichen Diversionen nach Böhmen und nach dem Reiche hin; als der König dann sich gegen die Russen wandte, mußte der Prinz den Befehl in Schlesien übernehmen (»le seul à qui on pût la confier«, sagt Friedrich), deckte durch seine Aufstellung bei Schmottseifen diese Provinz und wußte Daun an der Vereinigung mit den Russen zu hindern. Zu gleicher Zeit entzog er sich geschickt einer Entscheidungsschlacht und eilte, als Friedrich bei Kunersdorf unterlegen war, an die Elbe, bei welcher Gelegenheit er durch entschlossene Offensivoperationen, insonderheit auch durch standhaftes Ausharren im Lager von Torgau, dem Könige Zeit verschaffte, neue Kräfte zu sammeln. Dieser erkannte die geleisteten Dienste an, indem er aussprach, daß der Prinz der einzige General gewesen sei, welcher in diesem Feldzuge keinen Fehler gemacht habe. Besonders wichtig war seine Geschicklichkeit in der Defensive zu Beginn des Feldzuges von 1760, um welche Zeit das Mißverhältnis der beiderseitigen Kräfte am größten war. Er befehligte zuerst wieder in Sachsen, dann an der Oder, wo er die Vereinigung von Soltikow und Laudon hinderte. Als aber der König, der nach großen Erfolgen verlangte (weil er sie brauchte), über die »vorsichtige Kriegführung« des Prinzen ungeduldig wurde und dieser Ungeduld in Briefen Ausdruck gab, bat der Prinz um Enthebung von seinem Kommando. Der König antwortete unterm 9. August von Hohendorf an der Katzbach aus: »Es ist nicht schwer, mein teurer Bruder, Leute zu finden, welche dem Staate in leichter und glücklicher Zeit dienen; gute Bürger sind aber nur diejenigen, deren Tätigkeit ihm in üblen Verhängnissen und auf Entscheidungspunkten gewidmet ist. Ich glaube also nicht, daß das, was Sie mir schreiben, Ihr Ernst ist. Gewiß werden Sie und ich, wenn wir alles taten, was in unseren Kräften lag, das Bewußtsein haben, für die Ereignisse der gegenwärtigen Situation nicht verantwortlich zu sein; unser Gewissen wird uns dann ebenso wie die öffentliche Meinung Gerechtigkeit widerfahren lassen. Was den gegenwärtigen Stand meiner Angelegenheiten betrifft, so werden sich dieselben, allem Anscheine nach, binnen wenig Tagen entscheiden. Wir werden für die Ehre und für das Vaterland kämpfen; alle Welt wird es für unmöglich halten, daß wir durchdringen, aber mich schreckt keine Übermacht, und trotz aller Schwierigkeiten verzichte ich nicht auf den Erfolg.« Dieser Brief überwand den Mißmut des Prinzen und hielt ihn im Kommando fest, bis der Ausbruch einer schon vorgefühlten Krankheit ihn schließlich dennoch zwang, zur Wiederherstellung seiner Gesundheit nach Glogau zu gehen. Erst bei Beginn des Feldzuges von 1761 erschien er wieder im Feldlager und hatte, mit 30 000 Mann, Sachsen gegen Daun und Serbelloni, Berlin und Magdeburg gegen Schweden und Franzosen zu dekken; die Verhältnisse wiesen ihn wieder auf die Defensive, und seine Kriegführung entbehrte der glänzenden, ins Auge fallenden Aktionen. Nichtsdestoweniger unterbrach er in richtig gewählten Augenblicken, durch blitzschnelle Offensivstöße, seine zuwartende Stellung, und Napoleon, sonst nicht sein Lobredner, sagt in seinen Memoiren: »Sa campagne de 1761 est celle où le Prince a vraiment montré des talents supérieurs.« Sobald 1762 die politischen Verhältnisse das beiderseitige Stärkeverhältnis wieder günstiger gestaltet hatten, ging er zum Angriff über, und der glänzende Sieg, welchen er zu Ende des Krieges bei *Freiberg* erfocht, krönte seine sechsjährige Feldherrnlaufbahn mit dem verdienten Erfolge.

Im Bayrischen Erbfolgekriege 1778 und 79 wurde ihm wieder das sächsische Kriegstheater angewiesen. 73000 Mann standen unter seinen Befehlen. Er führte seine Armee in sieben Tagen von Berlin nach Dresden, um Laudon zuvorzukommen, und dann in einem glänzenden Marsche über das Lausitzer Gebirge nach Böhmen hinein. Hier zeigte er sich während des ganzen Verlaufes des Feldzuges seines alten Ruhmes würdig und wußte seine Truppen ebenso geschickt nach Sachsen zurückzuführen.

Seit dem Siebenjährigen Kriege hatte der Prinz meist in Rheinsberg gelebt, von einem geistig hochstehenden Kreise umgeben, welcher seine Verbitterung gegen den königlichen Bruder teilte. Nach dem Tode desselben hoffte er größeren Einfluß zu erhalten. Friedrich Wilhelm II. aber, sein Neffe, scheute seinen Ehrgeiz und seine überlegenen Fähigkeiten. So blieb er auch dem neuen Hofe fern, dessen »Weiberwirtschaft« ihn indignierte. Besonders feindlich stand er zur Rietz, der späteren Gräfin Lichtenau. Des Prinzen allerernstlichste Absicht, nach Frankreich überzusiedeln, machte die Revolution unausführbar. Zu Rheinsberg ist er am 3. August 1802 gestorben. Sein Grabdenkmal daselbst, eine Pyramide, trägt eine von ihm selbst verfaßte französische Inschrift, deren erste und letzte Sätze hier stehen mögen:

Jetté par sa naissance dans ce tourbillon de vaine fumée,
Que le vulgaire appelle
Gloire et grandeur,
Mais dont le sage connoit le néant;
En proie à tous les maux de l'humanité;
Tourmenté par les passions des autres,
Agité par les siennes;
. . . .
Tel est l'abrégé de la vie de
Frédéric-Henri-Louis,
. . . .
Si je n'ai pu être le meilleur des hommes,

Je ne suis point au nombre des méchans;
L'éloge ou le blâme
Ne touchent plus celui
Qui repose dans l'éternité;
Mais la douce espérance
Embellit les derniers momens
De celui qui remplit ses devoirs;
Elle m'accompagne en mourant.
Né le 18. janvier 1726.
Décédé le 3. août 1802.

Schon elf Jahre vor seinem Tode hatte er, von den Fenstern des Schlosses aus sichtbar, den »Rheinsberger Obelisken« errichten lassen, der in achtundzwanzig Medailloninschriften eine lapidare Geschichte des Siebenjährigen Krieges, zugleich auch eine wenigstens angedeutete Kritik seines königlichen Bruders enthält.

Prinz Heinrichs äußere Erscheinung war nicht von besonderem Eindruck; weder Figur noch Gang und Haltung zeichneten ihn aus. Wie bei dem König selbst sprach sich seine bedeutende Natur nur im einzelnen der Erscheinung, nicht im ganzen aus. Seine hohe Stirn war imponierend, und seine großen blauen Augen hatten ein ähnliches Feuer wie die Augen Friedrichs. Haarscharf und nadelspitz, nerventätig und reizbar, war er zu Grillen und Eifersüchteleien geneigt. An Vielseitigkeit, Genialität und Popularität bleibt er weit hinter seinem königlichen Bruder zurück. Er hatte nicht wie dieser bei seinem Schwerte das Saitenspiel, las nicht den Horaz, während er die Feinde schlug, und entbehrte der wahrhaft großen Gedanken; aber er besaß mehr Vorsicht und Korrektheit fürs einzelne, verstand die Kunst des Abwartens und übereilte sich nie. Wenn Friedrich inmitten seiner Kühnheit bisweilen strauchelte, so erwies sich der Prinz als beinah fehlerlos in Plan und Ausführung. Er war ein weiser Feldherr, der mit Oranien, Catinat und Montecucculi auf gleiche Stufe zu stellen ist. Den Verteidigungskrieg, in dem er rechtzeitig auch zur Offensive überzugehen verstand, hat er wie kaum ein zweiter zu führen gewußt; war er zumeist ein Fabius, so war doch auch der Marcellische Geist in ihm lebendig. Niemand hat dies bereitwilliger anerkannt als sein

Bruder, der König. »Das schönste Lob, welches man dem Prinzen beilegen kann«, so schreibt er aus Anlaß des Sieges bei Freiberg, »ist die Erzählung seiner Taten; Kenner bemerken darin leicht jene glückliche Mischung von Vorsicht und Unternehmungsgeist, welche dazu gehört, um einen vollkommenen und großen Kriegshelden zu bilden.«

Leopold von Dessau

Leopold I., Fürst von Anhalt-Dessau (der *»Alte Dessauer«* in Lied und Volksmund), wurde am 3. Juni 1676 geboren. Sein Vater war Fürst Johann Georg II. von Dessau, preußischer Feldmarschall und Gouverneur von Berlin, seine Mutter eine oranische Prinzessin, Schwester der Luise Henriette, ersten Gemahlin des Großen Kurfürsten, wodurch er in einem nicht allzu entfernten verwandtschaftlichen Verhältnisse zum brandenburgischen Hofe stand. Er wurde von früh an auf Ausdauer und Abhärtung hin erzogen und zeigte sehr bald einen unwiderstehlichen Hang zum Soldatischen. Bereits 1688 ernannte ihn Kaiser Leopold I. zum Obersten und Chef eines österreichischen Reiterregiments. Als er fünf Jahre später (1693), nach dem Tode seines Vaters, unter mütterlicher Vormundschaft die Landesregierung übernehmen sollte, zog er es vor, in die Kriegsdienste des Kurfürsten von Brandenburg zu treten, der ihm das Regiment seines Vaters verlieh. Es war dies das zu Halle in Garnison stehende Regiment Anhalt, später Alt-Anhalt, das hundertundvierzehn Jahre lang von Prinzen des Hauses Anhalt kommandiert worden ist. Vierundfünfzig Jahre lang vom »Alten Dessauer«. Er besuchte bald darauf Deutschland und Italien, gab sich überall wilden Vergnügungen und Leidenschaften hin und kehrte 1695 wieder nach Dessau zurück, um bald darauf, nach erreichter Volljährigkeit, die Regierung seines Landes anzutreten. Er führte genaue Aufsicht, legte neue Dörfer und Vorwerke an, begann die Errichtung der Elbdämme samt einer Menge anderer Bauten, verordnete eine mäßigere Gerichtstaxe und trug überhaupt große Sorge, den Zustand des Volkes zu verbessern. Dieser schönen Wirksamkeit gegenüber zeigte er aber auch die ihm eigentümliche

Gewaltsamkeit und Härte. In der Meinung, er müsse der Alleinbesitzer aller in seinem Fürstentume gelegenen Rittergüter und anderer einträglicher Grundstücke sein, zwang er die adeligen Gutsbesitzer, bald mit Gewalt, bald durch Quälereien, ihm ihre Güter für den von seiner Kammer bestimmten Taxwert zu überlassen. Große Sorgfalt bei gleicher Gewaltsamkeit des Verfahrens widmete er auch dem Soldatenwesen. Sein Regiment zu Halle, durch unablässige Übung geschult, zeichnete sich in strenger Zucht, pünktlicher Ordnung und genauer Abrichtung aus. Im Januar 1701, bei Beginn des Spanischen Erbfolgekrieges, führte er, zur Unterstützung Österreichs, zwölf Bataillone preußisches Fußvolk an den Niederrhein. Hier zeichnete er sich 1702 vor Kaiserswerth, Venloo, Stephanswerth und Roermonde aus und rettete 1703, in dem ersten Treffen bei Höchstädt, durch einen meisterhaft exekutierten Rückzug das Heer vom Untergange. Im nächsten Jahre zum General der Infanterie ernannt, führte Leopold dem Prinzen Eugen 12000 Mann Preußen zu, gab in der *zweiten* Schlacht bei Höchstädt 1704 den Ausschlag zu dem vollständigen Siege und eroberte zuletzt durch einen eigenmächtigen, blutigen Angriff die Festung Landau. 1706 war er unter Eugen in Italien, überschritt den Oglio und kämpfte tapfer bei *Cassano.*

Dies Gefecht verlief nicht glücklich, mag aber in Kürze hier geschildert werden, weil sich der Charakter des Fürsten aus der Art ergibt, wie er dasselbe einleitete und durchführte.

Die Franzosen unter dem Marschall Vendôme standen mit 15 Bataillons in Cassano, auf welche Meldung hin seitens der Kaiserlichen der Entschluß gefaßt wurde, sie aus Cassano zu vertreiben. Um dies zu bewerkstelligen, mußte zuvor der Übergang über den *Ritorto* erzwungen, will sagen, die Brücke gestürmt oder aber der Fluß im feindlichen Feuer passiert werden. Fürst Leopold, mit der Ausführung betraut, wählte, seinem tollkühnen Mut entsprechend, das letztere. Er warf sich ohne weiteres in den Ritorto und suchte mit einigen seiner Bataillone das jenseitige Flußufer zu gewinnen. Eine große Menge der Seinen wurde dabei getötet, so daß der Fluß in kurzem vom Blute gefärbt und mit Toten überdeckt war. Diejenigen, welche glücklich das andere Ufer erreichten, konnten auch dort den Kampf nur unter den ungünstigsten Bedingungen fortsetzen, da ihre Patronen und Gewehre naß geworden waren. Endlich kam Befehl des Oberkommandierenden (Prinz Eugen), ein so nachteilig sich entfaltendes Gefecht abzubrechen, und Fürst Leopold führte unter neuen Einbußen seine Truppen an das diesseitige Flußufer zurück. Der Verlust an Mannschaften während dieses mit soldatischem Übermut durchgeführten Gefechtes war so groß, daß der Fürst es nicht wagte, dem Könige ein genaues Verzeichnis der Gebliebenen und Verwundeten einzuschicken. Als er sich endlich *doch* dazu gezwungen sah, gab ihm der König zu erkennen, daß er eine solche Hinopferung von Menschenleben um bloßer Bravour willen *nicht* billigen könne. Nur eins war erreicht: die Preußen hatten sich bei Freund und Feind einen Namen gemacht.

Nach Berlin zurückgekehrt, hatte er anfänglich Mühe, den über jene schweren Einbußen immer noch entrüsteten König zu versöhnen. Doch gelang es ihm schließlich, und er eilte 1707 aufs neue nach Italien. Hier nahm er an Eugens Einfall in die Provence Anteil, half Toulon berennen und eroberte Susa, kehrte jedoch, verstimmt und unwillig über die Lauheit, mit welcher der Herzog von Savoyen die Führung des Krieges betrieb, nach Deutschland zurück. 1709 machte er als Freiwilliger mit dem Kronprinzen, späteren König Friedrich Wilhelm I., den Feldzug in den Niederlanden mit, erhielt aber bald auf Eugens Fürsprache den Oberbefehl über die im englischen und holländischen Solde stehenden preußischen Truppen. Mit diesen eroberte er Doury und Aire und nahm 1711 an Marlboroughs glücklichen Operationen bei Arras gegen Villars Anteil. Eine Folge war, daß er im Dezember 1712 zum Feldmarschall und Wirklichen Geheimen Kriegsrat ernannt wurde.

Unterdessen war Friedrich Wilhelm I. zur Regierung gelangt, der, in allem, was Kriegsangelegenheiten anging, noch mehr als sein Vorgänger ein unbedingtes Vertrauen in die Fähigkeiten Fürst Leopolds setzte. Als Karl XII. von Schweden 1715 um Pommerns willen den Krieg mit Preußen veranlaßte, erhielt Leopold den Oberbefehl über 25000 Mann Preußen und 8000 Sachsen, mit denen er erst Rügen, dann

Stralsund eroberte, Kämpfe, denen ein vorteilhafter Friedensschluß folgte.

Nach dem Tode Friedrich Wilhelms I. schenkte ihm Friedrich II. zwar nicht gleiche Gunst, benutzte aber gern und oft seine Erfahrung. Derselbe übertrug ihm während des Ersten Schlesischen Feldzuges anfänglich die Deckung der brandenburgischen Lande gegen Hannover, später das Kommando in Oberschlesien. Überall bewährte sich des alten Fürsten Einsicht und Tüchtigkeit. Im Januar 1745 schlug er die Österreicher bei Neustadt in Schlesien, dann bei Jägerndorf und erfocht endlich am 15. Dezember 1745 mit 34000 Mann den Sieg bei Kesselsdorf über die mit den Österreichern verbündeten Sachsen, worauf Dresden in preußische Hände fiel.

Kesselsdorf, wie seine letzte, war auch seine glänzendste Schlacht. Er schlug selbständig, nach eigenen Dispositionen, weshalb eine kurze Schilderung derselben hier eine Stelle finden mag. Die Sachsen unter dem Feldmarschall Rutowski hatten eine Meile westlich von Dresden eine Hügelstellung besetzt und ihren linken Flügel an das Dorf Kesselsdorf gelehnt. In ihrer Front eine lange Artillerielinie, wurde Kesselsdorf selbst durch acht Grenadierbataillone, unter diesen das Regiment Sächsische Grenadiergarde, verteidigt. Die Preußen, als sie vorgingen, hatten erst eine jähe Bergwand hinabzusteigen und ein zwischenliegendes schmales Tal zu passieren, ehe sie sich zum Sturme gegen die feindliche Hochstellung anschicken konnten. Dieser erfolgte auf der ganzen Linie, richtete sich aber vorzugsweise gegen den linken Flügel: *Kesselsdorf.* Eine aus dem ganzen Regiment Anhalt und den drei Grenadierbataillonen Kleist, Plotho und Münchow zusammengesetzte Brigade erhielt Befehl zur Wegnahme des Dorfes. Die Grenadierbataillone hatten die Tête; unwiderstehlich schien ihr Angriff; fünf Geschütze wurden genommen, und die den Flügel deckende Reiterei suchte ihr Heil in der Flucht. So näherte sich die Sturmkolonne dem Dorfe selbst, um dessen Besitz nunmehr einer der blutigsten Kämpfe jener Epoche geführt wurde. Namentlich die Grenadierbataillone verloren bis zur Hälfte ihres Bestandes, und die Verluste des dicht aufschließenden Regiments Anhalt waren kaum geringer. Was noch übrig war, mußte zurückgenommen werden. Und doch entschied sich an dieser Stelle der momentan in Frage gestellte Sieg. Die sächsischen Bataillone nämlich drängten in Verfolgung errungener Vorteile heftiger nach, als die Klugheit gestattete, und sahen sich alsbald durch einen raschen Flankenstoß diesseitiger Bataillone, namentlich des pommerschen Regiments von Jeetze, von ihrer Schutz gewährenden Position abgeschnitten, niedergehauen und gefangengenommen. Diesem enormen Verluste an Mannschaften folgte der Verlust des Dorfes selbst. Und mit der Erstürmung Kesselsdorfs war die Schlacht zu unseren Gunsten entschieden. Scharf ins Feuer gekommen waren, außer den genannten drei Grenadierbataillonen, vorzugsweise die Regimenter *Alt-Anhalt*, Prinz *Leopold Maximilian* von Anhalt-Dessau und Prinz *Dietrich* von Anhalt-Dessau, so daß das Bestreben des alten Fürsten: die Schlacht womöglich allerpersönlichst durch die Prinzen seines Hauses gewinnen zu lassen, deutlich zutage tritt. Nur das Infanterieregiment von Jeetze hatte gleiche Verluste gehabt und gleich entscheidend zum Siege beigetragen, überhaupt eine so hervorragende Tapferkeit gezeigt, daß sämtliche Offiziere des Regiments den Orden Pour le mérite empfingen. Vor allem sprach der König dem Fürsten selbst seinen Dank und seine Anerkennung aus; dieser aber sollte den Tag seines höchsten Ruhmes nur noch um kurze Zeit überleben. Er starb 1747, siebzig Jahr alt, auf seinem Schlosse zu Dessau.

Fürst Leopold hatte sich, bald nach Antritt seiner Regierung, mit der Dessauer Apothekerstochter Anna Luise Fösin vermählt, aus welcher Ehe ihm, neben mehreren Töchtern, auch vier Söhne geboren wurden: Prinz Wilhelm Gustav, Prinz Leopold Maximilian, Prinz Dietrich und Prinz Moritz. Der Erstgenannte, Wilhelm Gustav, der sich, dem Beispiele seines Vaters folgend, mit einer Brauerstochter vermählt hatte, starb schon *vor* 1747, so daß Prinz Leopold Maximilian als Leopold II. in der Regierung folgte. Prinz Moritz, ein ausgezeichneter Soldat und Feldherr, erlag seinen in der Schlacht bei Hochkirch erhaltenen Wunden.

Fürst Leopold I. hat dem preußischen Staate unter seinen ersten drei Königen in hervorragender Weise gedient. Besonders unter Friedrich Wilhelm I., dem er persönlich nahestand, war er durch viele Jahre hin eine der einflußreichsten Persönlichkeiten. Vielleicht *die* einflußreichste. Sein Charakter ist sehr verschieden aufgefaßt worden, noch verschiedener als der seines königlichen Herrn und Freundes. Während einige Historiker von seiner Aufrichtigkeit und heiteren Leutseligkeit nicht genugsam zu sprechen wissen, wird er von anderen als überaus schlau und intrigant geschildert. Wahrscheinlich haben beide recht. Nichts ist häufiger als die Mischung dieser Gegensätze. Im Volke war er beliebt, weil er sich durch Witz, Derbheit und Sorge für den »gemeinen Mann« auszeichnete. Namentlich die Soldaten hingen an ihm, wie er denn in erster Reihe zu denen gehört, die den preußischen Militärtypus geschaffen haben.

Das meisterhafte Standbild auf dem Wilhelmsplatz zu Berlin, das Schadow von ihm entworfen, hat nicht wenig dazu beigetragen, seinen Namen im Munde des Volkes lebendig zu erhalten.

Zieten

Hans Joachim von Zieten, neben Seydlitz der vorzüglichste Reitergeneral Friedrichs des Großen, ward am 18. Mai 1699 auf dem väterlichen Gute Wustrau in der Grafschaft Ruppin geboren. Er begann früh seine militärische Laufbahn und trat schon mit vierzehn Jahren beim Infanterieregiment Schwendy ein. 1720 ward er zum Fähnrich ernannt. Als die Zeit da war, daß er Offizier werden mußte, sah er sich übergangen. Der General von Schwerin, der mittlerweile Chef des Regimentes geworden war, zog ihm mehr als einmal andere junge Leute vor und gab schließlich, als Grund für diese Zurücksetzung, offen und rückhaltlos an: »Der Fähnrich von Zieten ist eine kleine, unansehnliche Gestalt, hat eine dünne, schwache Stimme und ist ganz untauglich zum Kommandieren.« Auf diese Erklärung hin nahm Zieten den Abschied. Der General von Schwerin aber, der ihm, in gutem Glauben, das Rechte zu tun, diese Kränkung zugefügt hatte, war der nachmalige Feldmarschall Graf Schwerin.

Zieten ging auf sein väterliches Gut zurück und trat erst drei Jahre später, 1726, wieder in Dienst. Dies war im Dragonerregiment von Wuthenow. Aber wiederum ward er in seiner Laufbahn unterbrochen; durch das Benehmen eines unwürdigen Kameraden in Händel verwickelt, sah er sich anfänglich mit Festungsarrest, später sogar mit Kassation bestraft. Erst nach Jahr und Tag stellte sich Zietens Unschuld heraus, der nun, auf Verwendung einiger ihm wohlgesinnter Generale, bei der Leibhusarencompagnie, die der König ebendamals (1730) in Berlin errichten ließ, eingestellt wurde. Aus dieser Leibhusarencompagnie entwickelte sich das später so berühmt gewordene Zietensche Husarenregiment. 1731 zum Rittmeister befördert, machte er, vier Jahre später, unter dem Befehle des österreichischen Generals Barony, den Feldzug gegen Frankreich mit und wurde auf dessen Empfehlung 1736 zum Major ernannt. Im Laufe des Ersten Schlesischen Krieges erhob ihn Friedrich II. zum Oberstlieutenant und, als Zieten bald darauf, in der Affaire bei Rothschloß, sich besonders auszeichnete, zum Obersten. Im Feldzuge von 1742 drang er mit der Vorhut eines von Olmütz aus abgesandten Corps bis Stockerau, unfern Wien, vor. Im Zweiten Schlesischen Kriege – mittlerweile zum Generalmajor befördert – gelang ihm der so berühmt gewordene *»Zietenritt«*, bei dem wir, weil er, wie kaum etwas anderes, charakteristisch für *den* ist, der ihn ausführte, einen Augenblick verweilen wollen.

Dem Könige lag alles daran, die Verbindung mit dem in Jägerndorf stehenden Markgrafen Karl wiederherzustellen. Er entschloß sich deshalb in der Mitte Mai 1745, dem General Zieten Befehl zu geben: »Derselbe solle alles, was es auch koste, daransetzen, um sich mit seinem Regimente bis Jägerndorf durchzuschlagen. Dort angekommen, solle er dem Markgrafen melden, daß derselbe sofort aufzubrechen, sich mit den Feinden in nichts Ernsthaftes einzulassen und in forcierten Märschen zu dem in Frankenstein stehenden Könige zu stoßen habe.« Zieten wurde ferner beauftragt, diesen Befehl im ganzen Regiment bekanntzumachen, damit, »*wenn auch nur ein einziger Husar durchkäme*, der Markgraf auf jeden Fall von dem Willen des Königs unterrichtet würde«. Zieten erkannte die an Unmöglichkeit grenzende Schwierigkeit der Ausführung, als ihm plötzlich ein Gedanke kam, wie vielleicht zu helfen sei. Sein Regiment hatte im vorjährigen Feldzug *rote* Dolmans und gewöhnliche Filzmützen getragen. Kürzlich aber waren, von Berlin her, *blaue* Pelze und neue Schuppmützen eingetroffen. »Der Feind kennt meine Husaren in diesen Uniformen nicht«, sagte er, »unsere neuen Uniformen haben sogar mit denen eines österreichischen Regiments Ähnlichkeit. Vielleicht, daß es mir gelingt, die Feinde in ihrem eigenen Lager über mich und meine Husaren zu täuschen. Die Gefahr wird so nicht abgewandt, aber — sie wird geringer.« Und so gab er denn Befehl und brach in aller Stille auf. Sorglos und unbefangen ritten die Husaren daher: nicht Spitze, nicht Seitenpatrouille; schwadronsweise marschierten sie in vier, in zwei, in einzelnen, in ganzen und halben Zügen. Keiner durfte das Gewehr aufnehmen; der schärfste Befehl war ergangen, daß niemand, bei irgendeiner Veranlassung, sein Pistol abfeuern dürfe. Hier und dort mußten einige geborne Ungarn, die beim Regiment standen, vorausreiten, um die bei den Dörfern stehenden Feldwachen und Einzelposten in ihrer Sprache freundlich zu begrüßen. So ging der Zug, unter dem Anscheine größter Ruhe und Sicherheit, abwechselnd hinter den Feinden her und dann wieder mitten durch sie hindurch. Ein österreichisches Dragonerregiment stieß auf das Regiment Zieten; es hatte nicht den mindesten Verdacht, daß die blauen Pelze Preußen wären, und zog grüßend vorüber. Nachmittags, zwischen drei und vier, kam Zieten auf eine Anhöhe. Es war heller Sonnenschein. Er übersah das ganze österreichische Lager: links im Tale von Leobschütz die Hauptmasse, rechts aber Kroatenschwärme über das ganze Feld hin zerstreut. Zieten ließ unbemerkt die Schwadronen näher aneinanderrücken, daß sie im Notfall sich durchschlagen könnten. Aber wer von den Kaiserlichen konnte denken, daß Preußen unter ihnen wären? Ein Oberst, der das stattliche Regiment sah, ritt freundlich an Zieten heran, wünschte ihm einen guten Tag, freute sich, ihn wohl zu sehen, und sagte: »sein eigen Regiment käme bald nach«. — »Faßt ihn«, rief Zieten, und der Oberst, der Mühe hatte, sich in dem Vorgange zurechtzufinden, mußte den Zug als Gefangener mitmachen. Noch ging es eine Strecke ruhig weiter, bis das Kavallerieregiment, dem die Unserigen bis dahin ruhig gefolgt waren, nach links hin in das eigentliche Lager einbog. Zietens Weg aber führte geradeaus. Beim nächsten österreichischen Posten, auf den er stieß, wurden sie erkannt. Sogleich wurde Lärm geschlagen, und durchs ganze Lager hörte man den Ruf: »Zieten! Zieten! ... Die Preußen!« Jetzt hieß es rasch sein, und derweilen die Österreicher noch in voller Bestürzung waren, hatten unsere Husaren schon einen bedeutenden Vorsprung gewonnen. So heftig man ihnen schließlich auch nachsetzte, es war doch nur ein geringer Schade, der ihnen noch zugefügt werden konnte. Bald waren sie in Jägerndorf beim Markgrafen.

Ruhmvoll nahm er nach diesem »Ritt« an der Schlacht bei Hohenfriedberg teil und gewann, fast allein mit seinem Regiment, den Sieg bei Katholisch-Hennersdorf (23. November 1745), bei welcher Affaire er verwundet wurde.

In der Zeit zwischen dem Zweiten und Dritten Schlesischen Kriege traf den Helden viel Ungemach. Er verlor seine Gattin und seinen Sohn, außerdem aber gelang es seinen Neidern und Feinden, ihm die Ungnade des Königs zuzuziehen, die sich vielfach und höchst unangenehm äußerte. Erst bei Gelegenheit einer persönlichen Zusammenkunft wurde die Mißstimmung wieder beseitigt.

So kam das Jahr 1756 und mit ihm der Siebenjährige Krieg, der den »Alten Zieten« zum volkstümlichsten der friderizianischen Generale machte. Er wohnte zunächst dem Gefechte bei Reichenberg, dann der Schlacht bei Prag bei und befehligte bei *Kolin* die Kavallerie auf dem linken Flügel. Dreimal warf er von hier aus die österreichische Reiterei und behauptete das Schlachtfeld bis zum Abend, als der Rückzug schon angetreten war. Bei *Leuthen* brach er durch das Zurückwerfen des Nadasdyschen Corps die Bahn zum Siege und verfolgte nach der Schlacht den Feind. Am Tage von *Liegnitz* hielt er das österreichische Hauptheer während des Kampfes zurück, und in der Schlacht bei *Torgau* gelang es ihm, durch Erstürmung der Siptitzer Höhen, den schon verlorenen Sieg wieder auf unsere Seite zu bringen.

Dieser Tag von *Torgau* darf als sein eigentlichster Ruhmestag gelten, weshalb eine kurze Schilderung desselben hier Platz finden möge.

Zieten kommandierte den rechten Flügel und hatte das Lascysche Corps, besonders Kavallerie und Artillerie, sich gegenüber. Nach hinten zu gebogen stand die Daunsche Infanterie. Als die Österreicher das Anrücken der Preußen wahrnahmen, eröffneten sie das Feuer aus ihrem schweren Geschütz. Gleich der erste Schuß tötete einen Ordonnanzoffizier, was den jüngsten seiner Kameraden derartig in Schrecken setzte, daß er eiligst vorritt, um dem General den Tod des Offiziers zu melden. Zieten antwortete zutraulich und ruhig: »Es werden ihrer noch mehr erschossen werden.« Darauf schritt er zum Angriff, im Schutz einer schweren Batterie seine Truppen in zwei Treffen ordnend. Aber man konnte den Österreichern nicht nahe kommen: das wasserreiche Terrain hinderte jedes Vordringen. Endlich fanden die »Gensdarmes«, wie auch die Husaren des Obersten von Kleist, einen Durchgang und fielen dem Feinde in die Flanke. Bald zog er sich hinter Gräben und Teiche zurück und begnügte sich zunächst, von hier aus ein heftiges Artilleriefeuer gegen die Unserigen zu unterhalten. Einem Kürassier riß eine Kanonenkugel, als Zieten eben die Linie seiner Kavallerie langsam heruntertrabte, den Kopf vom Rumpf. »Kinder«, sagte er, »*der* hat einen sanften Tod!« Die Stunden des kurzen Tages vergingen, das Lascysche Corps wich mehr und mehr, und Zieten sah sich nun den Infanteriemassen gegenüber, mit denen Feldmarschall Daun auf den Höhen des Dorfes Siptitz eine feste und sichere Stellung genommen hatte. Von einer ersten Anhöhe gelang es die Feinde zu werfen. Aber sie zogen sich alsbald auf eine andere, noch vorteilhafter gelegene zurück und steckten den hier gelegenen Teil des Dorfes in Brand, wodurch ein Angriff von dieser Seite fast zur Unmöglichkeit wurde. Nach einiger Zeit fand zwar die Brigade von Saldern einen Zugang durch das Siptitzer Wäldchen und dirigierte sich gegen die Hauptmacht des Feindes, die auf den Weinbergen bei Siptitz stand. Aber sie wurden von einem furchtbaren Geschützfeuer empfangen und gänzlich zurückgeschlagen. Schon brach die Dämmerung herein, und es ließ sich erkennen, daß das Feuer am andern Flügel immer schwächer wurde. Zieten folgerte daraus, daß der Angriff des Königs unglücklich abgelaufen sei, um so mehr Grund für ihn, es koste, was es wolle, die Schlacht wieder herzustellen. Er bog immer weiter aus, um einen Zugang zu suchen, aber Teiche und Gräben deckten überall das Daunsche Corps. Endlich gelang es dem Obersten von Möllendorf, einen Damm zu finden, der zwischen zwei Teichen lief und vom Feinde nicht besetzt worden war. Hierher führte Zieten alle seine Brigaden, und Oberst von Möllendorf ging nun auf Leben und Tod zum Sturme vor. Er selbst geriet dabei in Gefangenschaft, aber seine Leute gewannen die vorderste Stellung des Feindes. Nur unsere Kanonen die steile, sandige Anhöhe hinaufzubringen, was zur Behauptung der unter ungeheuren Opfern eroberten Position durchaus nötig war, wollte nicht glükken; die Pferde waren nach der Anstrengung des Tages zu ermattet. Umsonst wurde auf Knechte und Pferde zugleich losgepeitscht; endlich spannten sich die braven Musketiere selber vor und schafften einiges Geschütz bergan. Zugleich auch konnte man sich einiger österreichischer Kanonen bedienen, die von dem Feinde im Stiche gelassen waren. Nun endlich formierte Zieten eine starke Linie und avancierte auf das Dorf Siptitz, um die feindliche Hauptbatterie im Sturm zu nehmen. Der Kampf war über alles blutig und schwer, aber zuletzt fiel er doch zu unseren Gunsten aus. Allmählich zog sich der Feind vom Kampfplatz fort, und um zwölf Uhr nachts führte Daun sein völlig aufgelöstes Heer durch Torgau über die Elbe. Zieten hatte den Unglückstag herrlich zum Siege gewandt.

Ruhmgekrönt und inzwischen zum General der Kavallerie emporgestiegen, kehrte Zieten nach Beendigung des Krieges in die Heimat zurück. In seinem fünfundsechzigsten Jahre vermählte er sich zum zweiten Mal. Den Sohn, der ihm aus dieser zweiten Ehe geboren wurde, hob Friedrich II. aus der Taufe und ernannte ihn in der Wiege zum Cornet. Überhaupt hatte von nun an der König nur Beweise der Gnade und Zuneigung für Zieten, der in strenger Pflichterfüllung und wahrhafter Frömmigkeit bis an seinen Tod beharrte. Gegen Schluß des Jahres 1785 sah er den König zum letztenmal. Am ersten Weihnachtsfeiertage versammelten sich die Prinzen und Generale in dem Parolesaale des Königlichen Schlosses zu Berlin. Schon hatte der König an die diensttuenden Generale seine Befehle ausgegeben und wollte sich eben gesprächsweise an die anwesenden Prinzen wenden, als er des sechsundachtzigjährigen Greises gewahr wurde.

»Da ist ja mein alter, lieber Zieten!« rief er und ging auf ihn zu und umarmte ihn herzlich. »Er hat sich bemüht, die vielen Treppen zu steigen«, fügte er im Tone eines liebevollen Vorwurfs hinzu. »Ich wäre ja gerne zu Ihm gekommen! Wie befindet Er sich?«

»Zu Dank, Euer Majestät! meine Gesundheit ist gut.«

»Das hör ich gern!«

»Aber meine Kräfte nehmen ab.«

»Ja, das Stehen muß Ihm sauer werden!« sagte der König. »Einen Lehnstuhl!« Und die Adjutanten flogen, einen Stuhl herbeizuschaffen. »Setz Er sich, mein lieber Zieten!«

Dem grauen Helden war es befremdlich, von seinem Könige diese Aufforderung zu hören.

»Ja, ja, setz Er sich nur, mein alter Vater!«

Aber die Würde des Alters wollte dem General noch immer nicht das Recht geben, vor seinem Könige Platz zu nehmen. »Sonst gehe ich weg!« fügte der König scherzend hinzu, »denn ich will Ihm nicht zur Last fallen. Setz Er sich, mein alter Zieten!« Und dabei war er ihm beim Niedersitzen behilflich.

Nun fragte ihn der König über sein Alter, seine Unterhaltung und Beschäftigung, über seine Erinnerung und sein Gedächtnis. Endlich schloß er: »Leb Er wohl, Zieten! Nehm Er sich ja in acht, sich nicht zu erkälten, und erhalt Er sein Leben noch recht lange, daß ich noch oft das Vergnügen habe, Ihn wiederzusehen!«

Es kam nicht dazu; des alten Helden Tage waren gezählt. Am 26. Januar 1786 starb er und wurde neben der Kirche zu Wustrau begraben. Im Innern derselben aber ward ihm, nach einer Zeichnung des Malers Bernhard Rode, ein Denkmal gesetzt, das folgende Inschrift trägt: »Mit Friedrich lebt Er im Jahrbuch der Geschichte, bewundert als Held, geliebt als Mensch und Christ. Glücklich waren durch ihn, die weinend dies Denkmal ihm setzten: Gattin und Kinder.«

Auf dem Wilhelmsplatze zu Berlin steht sein Bildnis aus Schadows Hand, und auf dem großen Obelisken zu Rheinsberg hat ihm Prinz Heinrich folgende Inschrift gewidmet: »Sein kriegerischer Scharfblick, vereinigt mit einer heroischen Tapferkeit, sicherte ihm den glücklichen Ausgang jedes Kampfes. Aber was ihn über alles erhob, war seine Redlichkeit, seine Uneigennützigkeit und seine Verachtung aller derer, welche auf Kosten der unterdrückten Völker sich bereicherten.«

Seydlitz

Friedrich Wilhelm von Seydlitz, preußischer General der Kavallerie, wurde den 3. Februar 1721 zu Kalkar bei Cleve geboren. Er trat jung in die Dienste des Markgrafen Friedrich Wilhelm von Schwedt und verriet schon als Page desselben in manchem Reiterstück den künftigen berühmten Reitergeneral.

Markgraf Friedrich Wilhelm von Schwedt war ein Neffe König Friedrichs I. und mütterlicherseits des Fürsten Leopold von Anhalt-Dessau. Er hatte die Ausgelassenheit seiner ungezähmten Jugend auch in das Mannesalter mit herübergenommen und übte fortwährend die tollkühnsten Streiche, den gewaltsamsten Übermut aus. Weder die strengen Formen des Kriegsdienstes noch das Mißfallen König Friedrich Wilhelms I., dessen jüngste Tochter ihm vermählt wurde, konnten diesen ungeordneten Geist mäßigen. Die rohesten Pferde wurden bestiegen, die halsbrechendsten Sprünge gewagt, überall Gefahr und Schwierigkeit aufgesucht, jeder Ordnung getrotzt; sogar in Liebesabenteuern nur Wildheit und Gewalt geschätzt. Solchem Herrn und solcher Lebensweise wurde Seydlitz übergeben, und diese Schule half seine Fähigkeiten, die zum Guten und Schlimmen nach derselben Seite hin lagen, entwickeln. Die Kühnheit, deren vervielfachte Proben jeden Zeugen staunen machten, entzückten den Markgrafen, und Seydlitz wurde ganz sein Liebling. Hiermit war indes keine Schonung oder Sorgfalt verbunden, im Gegenteil, nur vermehrte Anforderung und Rücksichtslosigkeit. Nicht zufrieden, dem Jünglinge das Zureiten der unbändigsten Pferde zuzumuten, zwang er ihn sogar, Hirsche im Tiergarten zu besteigen und bei deren wildem Toben und Rennen sich als Reiter zu behaupten. Bei Spazierfahrten ließ der Markgraf meist ins freie Feld lenken und den Wagen anhalten. Kutscher und Vorreiter mußten nun absteigen, die Zügel allen vier Pferden über den Hals werfen und diese heftig anpeitschen, daß sie über Stock und Stein dahinflogen, bis der Wagen endlich zerbrach oder umfiel, in welchem Augenblicke der Prinz sowohl wie der Page (der nach damaligem Gebrauch im Wagentritte stand) durch einen kühnen Sprung sich zu retten suchten. Sie hatten darin solche Fertigkeit erlangt, daß es nie mißglückte. Auch zwischen den sausenden Flügeln einer großen Windmühle ritten sie öfters durch, wobei Roß und Reiter jedesmal Gefahr liefen, durch ein geringstes Verfehlen in die Luft geschleudert zu werden; ein berühmtes Wagestück, welches Seydlitz noch in späteren Jahren, da er schon General der Reiterei war, in Woisselsdorf bei Grottkau vor vielen Zeugen wiederholte. Die Tollkühnheit erzog sich in solchen Ausübungen Gewandtheit und Geistesgegenwart zu Begleitern. Diese Eigenschaften dienten dem Markgrafen, der, obwohl General, doch nie eigentlich Kriegsmann gewesen war, nur zu unfruchtbarem Spiel; für Seydlitz aber wurden sie, wie schon angedeutet, die Grundlage der höchsten kriegerischen Tätigkeit, die keines Hindernisses und keiner Gefahr achtete. Nachdem er 1739 in preußische Dienste getreten, ward er im Ersten Schlesischen Kriege gefangengenommen, sehr bald aber freigegeben. In der Schlacht bei Hohenfriedberg nahm er seinerseits den sächsischen General von Schlichting mit eigener Hand gefangen und wurde hierauf zum Major ernannt. Auch in der Schlacht von Soor zeichnete er sich rühmlich aus. Dann kam das elfjährige Friedensinterregnum. Seine Tüchtigkeit veranlaßte 1752 seine Erhebung zum Oberstlieutenant. Bald darauf ward er Kommandeur des Dragonerregiments Württemberg, 1753 des Kürassierregiments von Rochow und 1755 Oberst. Als solcher zog er, das Jahr darauf, in den Krieg, wurde nach der Schlacht bei Kolin, in der er einen glänzenden Angriff ausführte, Generalmajor, warf am 7. September die feindliche Kavallerie bei Pegau und vertrieb am 19. den Marschall Soubise aus Gotha. Vom Könige mit dem Kommando über die gesamte Kavallerie betraut, feierte er seinen glorreichsten Tag in der Schlacht bei *Roßbach* am 5. November 1757. Versuchen wir eine kurze Schilderung derselben. Die Preußen hatten bis zwei Uhr nachmittags still gewartet; erst um diese Zeit erging der Befehl, die Zelte abzubrechen, das Lager war augenblicklich verschwunden, und die Truppen standen im Gewehr. Der König setzte sich an die Spitze des Fußvolks, das mit einer Viertelsschwenkung links treffenweise abmarschierte und derselben Richtung folgte, in welcher Soubise vorrückte. Die sämtliche Reiterei, mit Ausnahme einiger Schwadronen, die bei dem Dorfe Schortau zur Beobachtung des gegenüberstehenden Feindes zurückgeblieben, erhielt Befehl, dem Feinde die Straße nach Merseburg zu sperren; sie schwenkte sofort ebenfalls links ab und ging in raschem Trabe dem Fußvolke voraus. Seydlitz befehligte sie, der jüngste Reitergeneral, in den aber der König sein ganzes Vertrauen setzte. Beide Heere trennte zuvörderst eine morastige Niederung, die sich von Braunsdorf im Halbbogen nach Roßbach und Lunstädt zieht, dahinter aber übernahm ein leichter, von Lunstädt bis Reichertswerben laufender Höhenzug die Trennung, dessen höchsten Punkt der Janushügel bildet. Der König behauptete sich im Vorteil dieser Höhen, die den Anmarsch seiner Truppen verdeckten, und ließ auf dem Janushügel, unter dem Befehl des tapfern Obersten Moller, eine starke Batterie auffahren, die den unterhalb marschierenden Feind heftig beschießen mußte. Das Feuer, das dieser aufwärts richtete, blieb ohne jeden Erfolg. Die Spitzen beider Heere, *das preußische ungesehen*, sind inzwischen einander immer näher gekommen. Auch auf französischer Seite ist die Reiterei voraus; sie eilt, damit die Preußen nur nicht entkommen mögen, ohne Vortrab leichtsinnig einher, schwenkt bei Reichertswerben links und zieht gegen den Janushügel an, sich schon im Rücken der Preußen und des Sieges gewiß glaubend. Plötzlich dringt Seydlitz mit seinen Schwadronen im vollen Trab hinter dem Hügel hervor, sieht sich in der rechten Flanke des Feindes, erkennt die Wichtigkeit des Augenblicks und beschließt, *ohne das Fußvolk abzuwarten*, sogleich den Angriff. Er läßt einschwenken, fünfzehn Schwadronen stellt er ins erste Treffen, achtzehn ins zweite, fünf Schwadronen Husaren decken die linke Flanke. Zum ersten Male steht hier, wie fortan immer, die preußische Reiterei, statt wie bisher dreigliedrig, in zwei Glieder gereiht. Eine Seydlitzsche Neuerung. Beim Aufmarsch indessen, der sich in größter Schnelligkeit vollzieht, fällt noch ein Unheil vor: eine Schwadron vom Leibkürassierregiment, weil das Pferd des Rittmeisters scheu geworden, kommt etwas aus der Ordnung, die sich zwar augenblicklich herstellt, allein Seydlitz hat es gesehen, er sprengt heran, und im Vollgefühl des Meisters und Befehlshabers jagt er mit einem grimmigen »Er soll sich zum Teufel scheren« den bestürzten Rittmeister vor der Front weg, der sich auch niemals wieder beim Regimente hat sehen lassen! Eine Gewaltsamkeit und Eigenmacht, deren anmaßliches Beispiel der König zu rügen unterließ, vielleicht weil er darin nur denselben Heißsporn sah, der sich ebenso unbezwinglich in den Feind zu stürzen wußte. Und jetzt ist alles bereit, noch aber das Gewehr nicht aufgenommen, was Seydlitz stets dem letzten Augenblicke vorbehält; er reitet weit voran, der ganzen Linie sichtbar, und *durch Emporschleudern seiner Tabakspfeife* gibt er das entscheidende Zeichen, worauf alles die Säbel zieht und, im vollen Rennen, ihm nach, auf den Feind eindringt. Dieser ist zweiundfünfzig Schwadronen stark, die der Herzog von Broglio befehligt; sie versuchen, in der Eile rechts aufzumarschieren, allein Seydlitz läßt ihnen keine Zeit; ehe sie sich nur aufzustellen vermögen, sind sie niedergerannt und zusammengehauen. Zwei österreichische und zwei französische Reiterregimenter machen einen Versuch, dem Sturme zu begegnen, und eines der beiden französischen wirft in der Tat ein preußisches Regiment einen Augenblick zurück. Aber im nächsten Augenblick ist der Echec ausgeglichen, und alles flieht in größter Verwirrung. Der Hohlweg bei Reichertswerben hemmt die Flüchtigen, und viele werden hier gefangen. Die geschlagene Reiterei flieht bis zur Unstrut und zeigt sich an diesem Tage nicht wieder; Seydlitz, der sie bis jenseits Reichertswerben verfolgt, sammelt seine atemlosen Scharen, führt sie dann wieder vor und steht alsbald im *Rücken* des feindlichen Fußvolkes. Dieser Angriff hatte die Schlacht entschieden. Von der preußischen Infanterie waren nur sieben Bataillons unter der Anführung des Prinzen Heinrich von Preußen zum Feuern gekommen; zehn Bataillons auf dem rechten Flügel hatten, gleich dem linken der Franzosen, gar keinen Teil an der Schlacht genommen; diese war einfach durch die klugen Anordnungen des Königs, die richtige Bewegung der Truppen, durch die gute Aufstellung des Geschützes und vor allem durch den entschlossenen Angriff der Reiterei gleich im Beginn entschieden worden. Der Feind hatte gegen

3000 Mann an Toten und Verwundeten, über 5000 Gefangene (worunter 5 Generale und 300 Offiziere), 67 Kanonen, 7 Fahnen und 15 Standarten nebst unendlichem Gepäck verloren. Die Preußen zählten 165 Tote, worunter 3 Offiziere, und 376 Verwundete. Unter diesen war auch Seydlitz, der beim Einhauen in das feindliche Fußvolk einen Flintenschuß in den Arm bekommen hatte. Selten ist eine Schlacht so rasch und vollständig gewonnen worden, selten ein Sieg so glänzend erschollen, so eindrucksvoll und weithin genannt worden. Roßbach wurde zur deutschen Volkslustbarkeit, an der sich, fünfzig Jahre später, nach dem Tage von Jena, jenes von den Franzosen verletzte Gefühl wieder aufrichtete. In Frankreich selbst sah die Nation den Krieg gegen die Preußen mehr als Sache des Hofes an, dem allein die Schmach der Niederlage angerechnet und sogar gegönnt wurde; während Neigung und Bewunderung sich vielfach und laut für Friedrich und seine Helden aussprachen. Auch die gefangenen Generale und Offiziere, welche der König ehrenvoll behandelte, teilten diese Gesinnung. Nach dem Könige stand Seydlitz in ihrer Meinung am höchsten, von dem es in bezug auf seine noch so jungen Jahre hieß: »que ce garçon était né général«. Der König dankte allen Truppen für den erfochtenen Sieg, insbesondere der Reiterei, die an diesem Tage in einer vorher nie gesehenen Größe erschienen war und im neuen Vollbewußtsein ihres Vermögens unter solchem Anführer sich fortan unüberwindlich glaubte. Seydlitz empfing vom Könige mit den huldreichsten Worten, denen dieser eine so ganz eigene Anmut zu leihen wußte, den Schwarzen Adlerorden, den noch niemals ein Generalmajor bekommen hatte. Nach einigen Tagen ward er übrigens Generallieutenant und zugleich Inhaber des Kürassierregiments, das er bis dahin kommandiert hatte. Wenn es möglich war, seinen Reiter- und Feldherrnruhm noch zu steigern, so geschah es bei *Zorndorf*, am 25. August 1758. Der russische General Fermor hatte in dem an Sümpfen und Niederungen reichen Terrain über Nacht seine Stellung geändert und war über den sogenanten »Zabergrund« hinausgegangen. In Front desselben stand er, alle seine Massen in ein schachbrettartiges Viereck zusammengedrängt. Der König erkannte den *rechten* Flügel des Feindes als besten Angriffspunkt und ließ den diesseitigen linken über *Zorndorf* hinaus vorrücken; seine Avantgarden-Bataillone, links an den Zabergrund gestützt, drangen mutig vor und warfen die erste Linie des Feindes. So begann die Schlacht.

Fast alle Reiterei war inzwischen unter Seydlitz' Anführung auf dem äußersten linken Flügel aufgestellt worden, bereits *jenseits* des Zabergrundes, der sich von dem Fußvolke, dem sie Unterstützung sein sollte, beim weiteren Vorgehen desselben mehr und mehr trennte. Zudem erhielten, gleich bei Beginn des Gefechtes, drei Kürassierregimenter und bald darauf auch zwei Dragonerregimenter Befehl, sich auf den rechten Flügel hinzuziehen. Der König, welcher die ganze Truppenlinie übersehen konnte, bemerkte, daß die Reiterei nicht gehörig vorgehe, und ließ Seydlitz sagen, daß er dem Fußvolke nachrücken solle. Dieser aber wollte seine Reiter, für die es noch nichts zu tun gab, nicht unnütz dem feindlichen Kanonenfeuer aussetzen und weigerte sich, selbst dem wiederholten Befehle des Königs zu folgen; er antwortete, »es solle von der Reiterei nichts versäumt werden; er hoffe überall, wo und wann es not tue, mit ihr zur Hand zu sein, und nach der Schlacht werde er sich rechtfertigen«. Friedrich sandte nochmals und ließ ihn wissen, »er werde es nach der Schlacht mit seinem Kopfe zu verantworten haben«, worauf Seydlitz ruhig erwiderte: »Sagen Sie dem Könige, *nach* der Schlacht stehe ihm mein Kopf zu Befehl, *in* der Schlacht aber möge er mir noch erlauben, in seinem Dienste guten Gebrauch davon zu machen.« Im Vorrücken hatte jedoch das preußische Fußvolk die befohlene Linie nicht gehörig eingehalten und seine linke Flanke, welche an den Zabergrund angelehnt bleiben sollte, dem feindlichen Feuer bloßgegeben; das Vordertreffen fand sich in seinem Angriffe nicht unterstützt, indem das Fußvolk, welches *hinter* ihm nachfolgen sollte, statt dessen *neben* ihm in dieselbe Linie eingerückt war. So vermochten denn die wenigen Bataillone die zweite russische Linie nicht gleich der ersten zu werfen. Im Gegenteil, der Feind, in dichten Massen aufgedrängt, wird sich plötzlich seiner Übermacht bewußt und ersieht seinen Vorteil; das russische Fußvolk bricht mit großem Geschrei hervor, wirft das preußische zurück, und die russische Reiterei stürmt in diesem Augenblicke rasch heran und vermehrt die Verwirrung, die schnell über den ganzen linken Flügel der Preußen sich ausbreitet und mehrere Bataillone zur Flucht fortreißt. Die Russen nehmen 26 Kanonen und verfolgen ihren Sieg. Aber nicht auf lange. Seydlitz, der mit 31 Schwadronen immer noch jenseits des Zabergrundes hält, hat mit scharfem Aug und Urteil den Gang des Gefechtes beobachtet; der Befehl des Königs, das feindliche Fußvolk, sobald es erschüttert zu weichen anfinge, mit allem Nachdruck anzufallen, findet sich durch die Notwendigkeit überboten, den siegestrunkenen und auch hie und da schon ordnungslos vorrückenden Feind zu hemmen und den auf dieser Seite fast schon verlorenen Kampf wiederherzustellen. Mit heller Einsicht erkennt er die Größe des Augenblicks und seiner Aufgabe, mit Ruhe ordnet er seine Mittel, mit der Sicherheit des Meisters schreitet er zur Ausführung. Schon ist er mit seinen Schwadronen näher herangerückt; einige Stellen des Zabergrundes, wo Reiterei durchzudringen vermag, sind aufgefunden, im schnellen Fluge ziehen die Scharen hinüber, stehen drüben gleich wieder schlagfertig, und auf das gegebene Zeichen stürzt alles mit verhängtem Zügel dem voranstürmenden Führer nach. In seiner kundigen Besonnenheit hatte er den Angriff gleich zwiefach geordnet, er selbst, an der Spitze zweier Husarenregimenter und seines Kürassierregiments, fällt mit erhobenem Säbel in die russische Reiterei, die vor dem ungeheuren Stoße zerstiebt, in die sumpfigen Wiesengründe versprengt und auf der Flucht niedergemacht wird; die Regimenter Garde du Corps und Gensdarmes aber haben sich inzwischen, seinem Befehle folgend, gegen das russische Fußvolk gewandt, das nun von den Rossen zertreten wird, nichtsdestoweniger aber nicht wankt und weicht, vielmehr hartnäckig im Kampfe beharrt. Seydlitz sieht es, überläßt die russische Reiterei ihrer wilden Flucht und greift nun mit seinen rasch wieder geordneten Schwadronen ebenfalls das feindliche Fußvolk an. Zu gleicher Zeit brechen weitere fünfzehn Schwadronen hervor, die hinter dem preußischen linken Flügel nachrückten, und es entspinnt sich nun ein Kampf, der einer der blutigsten und verzweifeltsten ist, die jemals zwischen Reiterei und Fußvolk gestritten wurden. Die Russen scharen sich in dichte Klumpen, aus denen kein Entweichen, in denen keine

Schonung möglich ist, die Getöteten und Verwundeten stürzen, aber die Stehenden rücken immer aufs neue dicht zusammen und nähren die Wut des Kampfes mit ausdauernder Gegenwehr. Husaren von Zieten dringen in solche Klumpen ein, werden darin umzingelt und müssen sich mit größter Anstrengung wieder heraushauen. Endlich aber siegt doch der Grimm und die Kraft der preußischen Reiter, ganze Massen des Feindes werden vertilgt, die Knäuel, zu welchen die zerstörten Ordnungen sich zusammengeballt, erliegen dem Schwerte, Tausende bedecken den Boden, wenige letzte Haufen fliehen, und auf dem ganzen Raume zwischen dem Zaber- und dem Galgengrunde steht kein Feind mehr. Das war um Mittag. Am Spätnachmittage riß Seydlitz die Schlacht, die durch Anfälle des Fußvolks abermals auf dem Punkt stand, verlorenzugehen, durch eine große, mit 61 Schwadronen unternommene Attacke zum *zweiten* Mal heraus. Endlich gegen acht Uhr abends war der Feind im Weichen; 103 Geschütze samt 22 Fahnen und Standarten waren erobert. Alle durch die Reiterei, die hier, wie bei Roßbach, abermals auf dem Gipfel ihres Ruhmes erschien und Erfolge aufzuweisen hatte, wie die neuere Geschichte keine ähnlichen verzeichnet. Sie hatte jeden Preis errungen, den des Mutes, des Ungestüms, der Ausdauer; mit jeder Waffengattung war sie im Kampf gewesen, gegen jede siegreich geblieben, und jede Probe hatte sie doppelt und dreifach geleistet. Keine Schwadron hatte gewankt, keine gezaudert, kein Angriff mißlang, keiner war fruchtlos, sondern notwendig; rechtzeitig und entscheidend jeder.

Im Glanze des Sieges strahlte vor allen Seydlitz, dessen Name mit Begeisterung genannt wurde. Nach der Schlacht umarmte ihn der König, dankte ihm in den gnädigsten und rührendsten Ausdrücken und sagte: »Auch *diesen* Sieg hab ich Ihm zu danken.« Seydlitz aber, im Gefühl der Anerkennung fremden Verdienstes mit dem Könige wetteifernd, rief bewegt: »Nicht mir, allergnädigster König! sondern den braven Leuten, die ich anführte. Euer Majestät Reiterei hat den Sieg erkämpft und sich der größten Belohnung wert gemacht; vor allen der Rittmeister von *Wakenitz*, der wie ein Löwe gefochten und die größten Taten verrichtet hat.« Rittmeister von Wakenitz war nämlich an diesem Tage, als ältester Schwadronsführer, immer an der Spitze des Regiments Garde du Corps gewesen, welches besonders im Überwältigen des russischen Fußvolks den unerschrockensten Mut und beispiellose Kraft gezeigt hatte. Der König ernannte ihn sogleich zum Oberstlieutenant und die beiden anderen Schwadronsführer desselben Regiments, von Posadowsky und von Schätzel, zu Majors. Noch viele andere Offiziere, die Seydlitz zu Belohnungen vorschlug, erhielten Beförderung, andre den Verdienstorden, die Ausgezeichnetsten beides. Noch auf dem Schlachtfelde traf den König mit seinen Generalen der großbritannische Gesandte, Sir Andrew Mitchell, der ihn im Kriege begleitete, und begrüßte ihn mit den Worten: »Der Himmel hat uns einen schönen Tag gegeben«; der König aber, noch ganz erfüllt von dem Eindruck, zeigte auf Seydlitz und sagte: »Ohne *diesen* da würd es schlecht mit uns aussehen.«

Das Jahr darauf, in der Schlacht bei Kunersdorf, wurde Seydlitz verwundet und mußte nach Berlin gebracht werden. Da man öffentlich den Verlust der Schlacht dem zur Unzeit an Seydlitz erlassenen königlichen Befehle, eine vorteilhafte Stellung aufzugeben, zuschrieb, so benahm sich der König sehr kalt gegen ihn und ließ ihn an mehreren Gefechten keinen Teil nehmen. Bald aber waren beide wieder versöhnt, und in der Schlacht bei Freiberg, 1762, fand Seydlitz abermals Gelegenheit, seine Umsicht in Verwendung der Infanterie wie der Kavallerie in glänzender Weise zu bewähren. Nach dem Frieden übertrug ihm der König die Inspektion aller in Schlesien stehenden Kavallerieregimenter und ernannte ihn 1767 zum General der Kavallerie. Seydlitz starb am 7. November 1773. Sein Grab in dem Garten seines Landguts Minkowsky bei Namslau in Schlesien bezeichnet ein einfaches Denkmal. In Berlin ließ ihm der König auf dem Wilhelmsplatze ein marmornes Denkmal errichten.

Die Geistesbildung darf bei Seydlitz nur nach dem Maße seiner Zeit gemessen werden. Sie war für seine Stellung und Aufgabe genügend, allein es bleibt ein fruchtloses Bemühen, in diesem Betreff ihn besonders rühmen zu wollen. Seine natürlichen Anlagen nach dieser Richtung waren nicht groß und die vorhandenen kaum entwickelt; er war kein weiter und umfassender, doch innerhalb gegebener Schranken ein vortrefflicher Kopf, wie nicht bloß seine Taten, sondern auch seine Antworten und selbst seine kurzen schriftlichen Äußerungen dartun. Die französische Sprache war ihm geläufig genug. Daß er Kenntnis von französischer Literatur gehabt, ist nicht vorauszusetzen, und gewiß von deutscher ebensowenig. Es ist möglich, daß er bei einem Gespräch über die Ehre, welche der Sohn eines reichen Finanzmannes herabsetzen wollte, die zwei Verse von Haller, wie Blankenburg berichtet, zitiert habe:

»Der Held, der sucht sein Glück auf hunderttausend
Leichen,
Und vieler Dörfer Not macht einen einz'gen Reichen.«

Solche Zeilen konnte jedoch ein bloßer Zufall ihm zugeworfen haben. Andrerseits ist es sicherlich nicht mehr als ein Märchen, wenn uns derselbe Schriftsteller überreden will, Wielands »Agathon« sei ein Lieblingsbuch des Reitergenerals gewesen! Indes erkannte Seydlitz genugsam den Wert wissenschaftlichen Unterrichts, um diesen im Kriegswesen gern zu fördern. Er gründete für die Offiziere seines Regiments eine Büchersammlung, aus welcher bloße Unterhaltungsschriften ausgeschlossen blieben. Von einem größeren Plane zur Ausbildung junger Offiziere erzählt Warnery: »Seydlitz hatte in Schlesien unter seiner Inspektion ungefähr hundert junge Leute, welche Standartenjunker waren. Diese adligen Unteroffiziere wollte er sämtlich nach Ohlau ziehen, wo er sie nach seiner Art zu unterrichten, zu exerzieren und auszubilden gedachte. Sie sollten fremde Sprachen, Mathematik und alle nötigen Leibesübungen lernen, und zwei Monate vor der Musterung, wo sich die Regimenter zum Exerzieren zu versammeln pflegten, sollten sie bei diesen wieder einrücken. Sie hätten bei Seydlitz große Fortschritte machen können, ohne daß es dem Könige mehr als höchstens fünfzig Dukaten für die Lehrmeister gekostet hätte. Allein Ränke vereitelten die gut geplante Sache.«

Über seine kavalleristischen Verdienste sind die Zeugnisse aller Urteilsfähigen, von Friedrich dem Großen bis auf unsre Zeit, einstimmig zu seinem Ruhme. Canitz, in seinen Betrachtungen über die Taten und Schicksale der Reiterei, hat mit geistreicher Schärfe das Bezeichnendste darüber ausgesprochen. Er war ein Reiter ohnegleichen, und als solcher auch Feldherr, der mit stürmender Gewalt Schlachten entschied; groß als Kampfesheld, groß als Waffenmeister, der die preußische Reiterei auf den Gipfel der Vortrefflichkeit erhob. Unter den Kriegsgehülfen Friedrichs stehen Winterfeldt und Seydlitz in erster Reihe. Die Eigenschaften dieser beiden, ihre Taten und Erfolge, Neigungen und Lebensgeschicke sowie auch ihr Tod geben reichen Stoff zu vergleichender Betrachtung.

Zu Berlin auf dem Wilhelmsplatze ließ der König am 2. Mai 1784 ein von dem Bildhauer Tassaert in Marmor ausgeführtes Denkmal für Seydlitz aufstellen. Ein dem Lord Marishal (Bruder Keiths) gehöriges Bildnis war dazu benutzt worden. – Der zu Rheinsberg, seitens des Prinzen Heinrich, den Helden des Siebenjährigen Krieges errichtete Obelisk nennt den Namen *Seydlitz* mit höchstem Ruhm.

Keith

Jakob Keith, jüngerer Bruder von *George* Keith, genannt »Lord Marishal«, wurde den 11. Juni 1696 auf dem Schlosse Fetteresse in der westschottischen Grafschaft Kincardine geboren. Seine Eltern waren protestantisch, zählten aber nichtsdestoweniger zur Stuartischen Partei. Der junge Jakob Keith schloß sich deshalb dem Aufstande von 1715 an, der die Wiedereinsetzung der Stuarts bezweckte, und focht unter dem Grafen von Marr in der Schlacht bei Sherifmuir. Es war dies die Schlacht, die resultatlos verlief, weil hüben und drüben die linken Flügel geschlagen wurden, eine *beiderseitige* Flucht, die viel Spott erfuhr und bis diesen Tag in einem bekannten schottischen Volksliede fortlebt:

Die einen sagen, wir haben gewonnen,
Die andern sagen, sie haben gewonnen,
Ich aber sage das eine nur:
Es ward viel gelaufen bei Sherifmuir;
Wir sind gelaufen und sie sind gelaufen,
Gelaufen einzeln und in Haufen.

Wir haben den linken Flügel geschlagen,
Der rechte Flügel hat uns geschlagen,
Eine Rennbahn war die ganze Flur,
Es ward viel gelaufen bei Sherifmuir;
Wir sind gelaufen und sie sind gelaufen,
Gelaufen einzeln und in Haufen.

Keith, auf dem rechten Flügel der Schotten, errang einen Vorteil, sah sich aber, gegen den Ausgang des Gefechtes hin verwundet, mit in die rückgängige Bewegung hineingezogen. Als bald darauf alles gescheitert und die Partei des Prätendenten geächtet war, verließ Jakob Keith das Land und begab sich nach Frankreich, um unter Maupertuis' Anleitung Mathematik zu studieren. Er widmete sich diesem Studium mit Auszeichnung, begab sich aber zwei Jahre später nach Spanien, um an einer neuen Stuartischen Unternehmung, die von hier aus, unter Anregung des Kardinals Alberoni, geplant wurde, teilzunehmen. In der Tat war er mit unter denen, die den 6. März 1719 von Cadix aus auf zehn gut armierten Kriegsschiffen ausliefen und die Westküste von Schottland zu gewinnen trachteten; als aber ungünstiger Wind und Wachsamkeit des Feindes daran hinderten, kehrte Keith nach Spanien zurück, um aus dem Dienste des Prätendenten, dessen Sache für immer verloren schien, in die Dienste Philipps V., Königs von Spanien, einzutreten. Er stieg bis zum Obersten auf und würde, bei dem guten militärischen Ansehen, dessen er genoß, sehr bald in höhere Stellungen eingetreten sein, wenn nicht die Zumutung eines Religionswechsels ihn verstimmt und zum Austritt aus der spanischen Armee veranlaßt hätte. Er ging 1728 nach Rußland und gewann die Gunst des jungen Kaisers Peter II. in so hohem Grade, daß er seitens desselben, nach bald erfolgtem Rücktritte des Grafen von Löwenwalde, zum Obersten der Leibwache ernannt wurde. 1730 starb Peter II.; aber die Kaiserin Anna Iwanowna bestätigte ihn nicht bloß in seinen Stellungen, sondern ließ ihn schon 1734 zum Generallieutenant aufrücken. Als solcher war er im Frühjahr 1737 bei dem großen Heere, das General Münnich gegen die Türken führte. Anfang Mai wurde der Dnjepr, am 20. Juni der Bug überschritten, an dessen Ufern hin die Russen gegen Oczakow rückten. Diese Festung war von 20000 Mann Türken und Tataren besetzt. Am 29. traf Münnich vor derselben ein, und schon zwei Tage später wurden die Laufgräben und das Feuer eröffnet. Am 2. Juli brannte die Stadt, und als zwei Pulvermagazine in die Luft geflogen waren, rückten die Russen zum Sturme vor. General Romanzow führte den rechten, General Keith den linken Flügel, und mit dem Degen in der Faust wurden die Wälle und Mauern der Stadt erstiegen. Ein Kampf Mann gegen Mann. Unter den Schwerverwundeten war auch Keith, der sich, um eben seiner Wunden willen, an weiterer Kriegsteilnahme verhindert sah, vielmehr, zu völliger Wiederherstellung seiner Gesundheit, einen Aufenthalt in Frankreich wählte. Hier empfing er die Huldbeweise, die die Kaiserin Anna in Anerkennung seiner glänzenden Haltung bei Oczakow für ihn bestimmt hatte, darunter einen goldenen Degen von hohem Werte. Zugleich wurde er mit einer gesandtschaftlichen Mission an den Hof von St. James, den er in seiner Jugend, in der Zeit der jakobitischen Unruhen, bekämpft hatte, betraut. König Georg II. empfing ihn mit Auszeichnung, und im Juni, nach Erledigung seiner Aufträge, kehrte er nach Petersburg zurück. Er kam eben rechtzeitig, um an dem bald darauf ausbrechenden Kriege gegen Schweden teilzunehmen. Die vorderste Staffel des schwedischen Heeres stand unter Generalmajor Wrangel bei Wilmanstrand. Ihm entgegen rückten die Russen unter Lascy, Liewen, Fermor, Üxküll und Keith. Sie waren an Zahl den Schweden überlegen, die, zum Ausgleich, den Vorteil einer vorzüglich gewählten Stellung hatten. Am 3. September erfolgte der Sturm; die Schweden, die wie die Löwen fochten, wurden geworfen, und Keith empfing neue kaiserliche Gnaden. 1743 ward er Feldmarschall. Aber als Ausländer mehr als einmal empfindlich verletzt, bat er nichtsdestoweniger um seinen Abschied, den er endlich nach vielen Mühen und unter der Bedingung, niemals gegen Rußland fechten zu wollen, erhielt. Keith begab sich nun nach Berlin, wo ihn Friedrich II. mit Freuden aufnahm, 1747 zum Feldmarschall, 1749 zum Gouverneur von Berlin ernannte und ihn überhaupt seines vertrauten Umganges würdigte. Beim Beginn des Siebenjährigen Krieges führte Keith das Heer nach Sachsen, wo nunmehr Friedrich II. den Befehl übernahm.

Während der Schlacht von Prag 1757 war er mit einem Corps auf dem linken Moldauufer zur Beobachtung der Stadt detachiert, befehligte die Blockade, als der König gegen Daun marschierte, und vereinigte sich nach der Niederlage von Kolin wieder mit ihm auf dem Rückzuge nach Sachsen. Er begleitete den König später nach Thüringen gegen Soubise und die Reichsarmee, wurde mit 6000 Mann an der Saale zurückgelassen, als Friedrich durch die feindliche Bedrohung Berlins abgerufen wurde, und mußte bis Leipzig weichen. Hier aber behauptete er sich und folgte, bei dem Wiedereintreffen des Königs, diesem bis zur Schlacht von Roßbach. Den Marsch nach Schlesien deckte er darauf mit einem detachierten Corps durch einen Einbruch in Böhmen. Im Feldzuge von 1758 belagerte er Olmütz und leitete den musterhaften Rückzug des Belagerungscorps. Als Friedrich im Oktober bei Hochkirch gegen Daun das stark gefährdete Lager bezog, warnte ihn Keith vergebens. So kam jener furchtbare nächtliche Überfall am 14. Oktober, den wir, in nachstehendem, nach der Schilderung eines Augenzeugen geben. »Die Österreicher, wie aus der Erde gestiegen, waren plötzlich um uns und unter uns. In diesem Momente bedeutete Mut wenig, *Disziplin alles.* Von Sammeln der Regimenter war keine Rede; in einzelnen Haufen, oft kaum halb bekleidet, warf man sich dem Feinde entgegen. Dabei völlige Dunkelheit. Die Österreicher griffen nach den Blechmützen der preußischen Grenadiere, diese nach den Bärenmützen der Kaiserlichen, um sich einander zu erkennen und zu ermorden. Seydlitz, in diesem Chaos, flog hin und her und warf mit dem Kürassierregiment Schönaich eine ganze Linie kaiserlicher Infanterie über den Haufen, wobei er fünfhundert Gefangene machte. Hochkirch stand in Flammen und diente als Fanal. Von dem Besitz des Dorfes, das hoch lag und außer durch Infanteriehaufen auch durch eine große, hier befindliche Batterie verteidigt wurde, schien der Ausgang des Kampfes abzuhängen. Daun führte ganze Brigaden heran, denen zuletzt die 600 Preußen unterlagen, die das Dorf besetzt hielten. Alles war tot, verwundet, die Batterie genommen, Hochkirch in Händen des Feindes. Aber was verlorengegangen war, konnte wiedererobert werden, und die mittlerweile im Lager selbst zu Bataillonen zusammengetretenen Preußen rückten jetzt zum Sturme vor. Der Dorfeingang war so schmal, daß nur sieben Mann nebeneinander marschieren konnten; dennoch formierte man sich zum Angriff, und Dorf Hochkirch wurde zum *zweiten* Male der Schauplatz des blutigsten Kampfes. Eine Kanonenkugel nahm dem Herzog von Braunschweig den Kopf fort, gleich darauf fiel Fürst Moritz von Anhalt-Dessau, tödlich getroffen. Der König in Person führte frische Truppen vor, aber die Kaiserlichen behaupteten sich, nachdem sie in dem erneuten Gemetzel den Kern ihrer Grenadiere eingebüßt hatten. Unter denen, die neben dem Herzoge von Braunschweig ihr Leben gelassen hatten, war auch Keith. Er focht« – so schreibt Pauli – »mitten unter den Feinden, die seine Kommandoworte hören und ihn persönlich zum Gegenstand ihres Angriffs wählen konnten. Eine Stückkugel riß ihn vom Pferde, nachdem er schon vorher zwei Stichwunden in den Unterleib erhalten hatte. Sein Läufer, der ihm zunächst stand, hob ihn auf und war bemüht, unter dem Beistand einiger Soldaten, ihn wieder aufs Pferd zu heben, aber umsonst. Der Feldmarschall sank abermals aus dem Sattel und verblutete sich, da niemand zur Stelle war, der sich des ohnehin tödlich Getroffenen hätte annehmen können. Nach der Schlacht ward er von dem österreichischen General Lascy erkannt, der ihn, im Laufe desselben Tages noch, mit allen seinem Range gebührenden Ehren begraben ließ. Dreimal zwölf Kanonen wurden gelöst, und die Brigade des Generals Colloredo feuerte mit dem Kleingewehr. Berlin aber wollte den Tapferen, der sich um König und Land so hoch verdient gemacht hatte, in seiner Mitte haben, und so erfolgte die Exkavation der Leiche und ihre Überführung in die Hauptstadt. Am 1. Februar 1759 traf sie am Köpnicker Tore ein und wurde am 3., unter dem Läuten aller Glocken, in der Gruft der Garnisonkirche beigesetzt.«

Einer zeitgenössischen Schilderung entnehmen wir über die Persönlichkeit Keiths das folgende: »Er war groß, brünett, von starken Augenbrauen, die niemanden erschreckten, aber jedermann in Schranken hielten. Er hatte ein weichgeschaffenes Herz und neigte den Frauen zu. Niemals vermählt, unterhielt er doch, bis an seinen Tod, ein intimes Verhältnis zu Eva Mertens, einer Dame, deren Verstand, Schönheit und Artigkeit er zu Abo in Finnland kennengelernt hatte. Bedeutende Kenntnisse, die sich über alle Gebiete des Wissens erstreckten, zeichneten ihn aus, und er sprach gälisch, englisch, französisch, spanisch, russisch, schwedisch, deutsch, lateinisch und griechisch. Gewöhnlich – wenn nicht mit schottischen oder englischen Landsleuten – unterhielt er sich französisch. Dienste in vieler Herren Länder, dazu Reisen und Gesandtschaften hatten es ihm verhältnismäßig leicht gemacht, sich diesen Schatz des Wissens anzueignen, denn er kannte fast alle Höfe Europas: Avignon, Berlin, Dresden, Kopenhagen, London, Madrid, Paris, Petersburg, Rom, Stockholm, Warschau. Selbst der Residenz des Tatar-Khans hatte er einen Besuch abgestattet. Gottsched, als er Gelegenheit fand, sich mit dem Feldmarschall über griechische Dichter zu unterhalten, sprach gegen den König seine Verwunderung aus, daß er einen so gründlichen Kenner der klassischen Literatur unter seinen Generalen habe.«

Auf dem Wilhelmsplatze zu Berlin ward ihm ein Standbild durch König Friedrich II., in der Kirche zu Hochkirch aber ein Denkmal durch seinen älteren Bruder, den »Lord Marishal«, errichtet.

Schwerin

Kurt Christoph Graf von Schwerin wurde den 26. Oktober 1684 geboren. Sein Vater war Ulrich von Schwerin, Erbküchenmeister des Herzogtums Pommern und Schloßhauptmann zu Stettin, seine Mutter Anna Lukrezia von Ramin. Der junge Kurt Christoph erhielt eine sehr sorgfältige Erziehung, auf die – da sein Oheim, Detlof von Schwerin, sich fürsorglich des Neffen annahm – der frühe Tod seines Vaters ohne nachteiligen Einfluß blieb. Kurt Christoph ging zunächst an den Haag, um auf dieser Hohen Schule junger Edelleute seine Studien fortzusetzen, dann nach Leiden, Greifswald, Rostock, um sie daselbst zu vollenden. In seinem siebzehnten Jahre trat er als Fähnrich in ein Infanterieregiment, das unter dem Befehle seines ältesten Bruders stand. Er hatte hier überaus schwere Tage, da sein Eintritt in die

Armee gegen den Wunsch und Willen der Familie, besonders auch jenes ältesten Bruders, erfolgte. Aber aller Beschwerlichkeiten unerachtet, blieb er bei seinem Entschluß, ja, dieselben Intrigen und Quälereien, die darauf berechnet waren, ihm den Dienst zu verleiden (die Familie hatte ihn für die *Zivil*carrière bestimmt), steigerten nur seinen Eifer. Während des bald darauf ausbrechenden Spanischen Erbfolgekrieges besserte sich seine Stellung im Regiment, dessen erste Schlachten er unter Prinz Eugen und Marlborough mitmachte. 1706 trat er als Oberstlieutenant in die Dienste von Mecklenburg-Schwerin, avancierte das Jahr darauf zum Obersten und wurde 1712, seitens seines Herzogs, mit geheimen Aufträgen an Karl XII. nach Bender geschickt, wo er sich, in seiner Eigenschaft als Ambassadeur intime, ein volles Jahr aufhielt. Nach seiner Rückkehr ernannte ihn der Herzog zum Brigadier und bald darauf zum Generalmajor. Als solcher schlug er 1719 das kaiserliche Kommissionsheer (13000 Hannoveraner), welches die Streitigkeiten zwischen dem Herzog und seinen Landständen beilegen sollte. Als aber ein Teil von Vorpommern, und zwar *der*, in dem Schwerins Güter gelegen waren, an Preußen fiel, trat er in preußische Dienste. Friedrich Wilhelm I. schickte ihn als Gesandten nach Warschau, wo er die Unruhen in Thorn zum Besten der Evangelischen beizulegen hatte, ernannte ihn 1730 zum Gouverneur von Peitz, 1731 zum Generallieutenant und schenkte ihm – zumal nachdem es ihm 1733 geglückt war, die hannoverschen Truppen abermals aus Mecklenburg zu vertreiben – sein ganz besonderes Vertrauen bei Beratung aller militärischen Angelegenheiten.

Bei der Thronbesteigung Friedrichs II. zum Feldmarschall und in den Grafenstand erhoben, führte Graf Schwerin im Ersten Schlesischen Kriege den rechten Flügel des preußischen Heeres, warf den österreichischen General Browne zurück und drang bis tief in Mähren ein. Er war es auch, der am 10. April 1741 durch kräftigen Angriff die fast verlorene Schlacht bei *Mollwitz* wiederherstellte und gewann. Einer Schilderung dieses Tages entnehmen wir das folgende: »Unsere Schlachtlinie war bereits in Unordnung geraten, und das Gefecht schien, namentlich am rechten Flügel, einen für uns nachteiligen Ausgang nehmen zu sollen, als der Feldmarschall im Zentrum zu avancieren beschloß. Er stellte sich, zweimaliger Verwundung unerachtet, an die Spitze der Infanterie und führte sie, wie auf dem Paradeplatz, unter dem heftigsten Geschütz- und Musketenfeuer auf den Feind. Endlich glückten seine Anstrengungen, und gegen sieben Uhr abends wurde der Feind aus dem Dorfe Mollwitz hinausgeworfen. Auch die Verfolgung wurde noch persönlich durch ihn geleitet. Der Besitz von ganz Schlesien war das Resultat dieses Tages; was aber wichtiger war als alles: ein *Sieg* der ›Berliner Wachtparade‹, des bis dahin geringgeachteten und verspotteten Preußens, hatte den Feldzug gegen das übermächtige Österreich eröffnet.«

Beim Ausbruch des Zweiten Schlesischen Krieges rückte Schwerin durch die Grafschaft Glatz in Böhmen ein und vereinigte sich vor Prag mit dem Könige, worauf die Belagerung der Stadt begann, die am 18. September 1744 mit ihrer Kapitulation schloß. Diesem glänzenden Anfang entsprach jedoch der weitere Lauf der Dinge nicht. Durch geschickte Manöver gelang es den österreichischen Generalen, die bis dahin siegreichen Preußen nach Schlesien zurückzudrängen, und selbst Prag mußte wieder aufgegeben werden. Schwerin zeichnete sich auf diesem Rückzuge aus, begab sich aber bald danach, und jedenfalls lange bevor die glänzenden Aktionen des Jahres 1745 begonnen, zur Herstellung seiner Gesundheit auf seine Güter.

Erst beim Ausbruch des Siebenjährigen Krieges rückte er wieder ins Feld und verhinderte, nach der Lobositzer Schlacht, die Vereinigung Piccolominis und Brownes. Den Feldzug des nächsten Jahres (1757) eröffnete er an der Spitze eines Corps, das sich, nach einigen voraufgegangenen Gefechten, mit den von Sachsen aus in Böhmen einmarschierten Armeecorps des Königs und des Prinzen Moritz von Anhalt vereinigte. Auf den Höhen bei Prag stand der Herzog von Lothringen mit dem österreichischen Heere in einem stark verschanzten Lager, und in aller Frühe des 6. Mai wurde diesseitig der Angriff beschlossen, der nur auf dem feindlichen rechten Flügel, aber auch *hier* nur mit der äußersten Gefahr, geschehen konnte. Schon begann, nachdem mehrere Sturmversuche mißlungen, die preußische Schlachtordnung auf unserem linken Flügel zu wanken, als der greise Schwerin die Fahne nahm und seine Krieger aufs neue gegen die Verschanzungen vor führte.

Diesen großen Moment, in Bild und Lied so oft verherrlicht, geben wir nach einer zeitgenössischen Schilderung: »Um diese Zeit hatten sich die Grenadier-Bataillons unseres linken Flügels, nebst den Regimentern Fouqué, Kreuzen und Schwerin, über eine Wiese gezogen und hatten nur noch einen schluchtartigen Weg zu passieren, um sich dann en ligne mit anderen bereits aufmarschierten Truppenteilen unserer Armee zu befinden. Aber im selben Augenblicke, wo die Grenadiers am Eingange des schmalen Tiefweges erschienen, wurden sie von einem solchen Kartätschfeuer empfangen, daß alles wich und sich über die Teichdämme wieder zurückziehen mußte. Die nachrückenden Regimenter Fouqué und Kreuzen teilten alsbald das Schicksal der Grenadiere; nur das zweite Bataillon Schwerin hielt sich noch im Feuer. Als aber auch *dieses* schließlich rückwärts prallte, nahm der hart an dem Schluchteneingang haltende Feldmarschall dem Fahnenjunker die Fahne aus der Hand und brachte dadurch die Wankenden wieder zum Stehen. Aufmunternd ritt er ihnen vorauf und bog eben in die verhängnisvolle Schlucht ein, als er von fünf Kugeln eines Kartätschenschusses gleichzeitig in Hals, Herz und Unterleib getroffen wurde. Leblos sank er vom Pferde. Der General von Manteuffel nahm ihm die Fahne aus der Hand und gab sie dem Junker zurück, der aber in demselben Augenblicke von einer Kanonenkugel niedergeworfen wurde. So kritisch der Moment war, so war er dennoch zugleich der Wendepunkt der Schlacht. Unmittelbar darauf ging die ganze Linie zum Sturme vor, unsere Geschütze setzten erfolgreicher als vorher ihr Feuer fort, und der König selbst avancierte mit den ihm zunächst stehenden Regimentern. Es kam zum Handgemenge, und die Zahl der auch unsererseits im Bajonettkampfe gebliebenen Leute war entsetzlich. Sonderlich bei Einnahme der großen Redoute waren hundert gefallen, meist vom Regiment Prinz Heinrich, das hier Wunder der Tapferkeit tat.«

Der Sieg war unser. Aber mit welchen Opfern war er errungen! Schwerin lag auf der Walstatt. Der König trat an seinen Feldmarschall heran, und Tränen füllten sein Auge. »Ich werde Seinesgleichen nicht wiedersehen.« Ähnlich erschüttert zeigte sich Prinz Heinrich, als er des toten Schwerin ansichtig wurde. Es scheint, daß der Feldmarschall selbst eine Vorahnung seines Todes gehabt habe. Am 31. März schrieb er an seine Gemahlin: »Ich habe mich in etwas wieder erholet und in den Willen Gottes ergeben. Ich erwarte von seiner Gnade *das*, was Ihm über mich zu verhängen gefallen wird. Wie glücklich sind die, die bei Jesu Christo sind.« Und am 27. April, zehn Tage vor seinem Tode, hieß es in einem zweiten Briefe: »Gott, der uns bis hierher geführet, wird uns weiter zur Seite stehn. Wo der Feind nicht weicht, werde ich mich ihm mit herzhaftem Mut entgegensetzen, um mein Ziel selig zu beschließen und mit Ehren zu enden. Warum ich Gott mit Inbrunst täglich anrufe.« Schwerins Leiche wurde zunächst nach Dresden übergeführt, wo, durch einen zufälligen Umstand, sein Einzug der ruhmvollen Veranlassung seines Todes entsprach. Denn mit ihm zugleich wurden die während der Schlacht eroberten österreichischen Fahnen und Standarten eingebracht. Von Dresden aus setzte sich der Trauerkondukt auf Frankfurt an der Oder zu in Bewegung, in welcher Stadt das Regiment Schwerin eine Garnison gehabt hatte. Hier stand der Sarg zwei Tage lang in Parade, bis er, am 22. Mai, auf die Schwerinschen Güter weitergeführt wurde. Alle Glocken läuteten, und der Zug war der folgende: Erst fünf Bürgercompagnien mit verkehrtem Gewehr, gedämpften Trommeln und den Stadthautboisten, die das Lied: »Ich bin ja, Herr, in deiner Macht« spielten. Dann das Magistratskollegium in schwarzen Kleidern, nebst einigen Gliedern der Kaufmannschaft und der Schule. Drittens die Leiche des Feldmarschalls. Neben dem Sarge ritten zwölf an der Universität Frankfurt studierende Cavaliers, die von dem Stallmeister Irminger geführt wurden. Viertens das Corpus academicum in schwarzer Kleidung mit einem sehr zahlreichen Gefolge der in Frankfurt studierenden Grafen, Barons und Edelleute sowie der übrigen Angehörigen der Alma mater, worauf ein zweites Kommando der Bürgerschaft den Schluß machte. Draußen am Lebuser Tore traten die Corpora der Universität und des Magistrates ab, während die Bürgerschaften den Sarg bis an die Stadtgrenze begleiteten und erst nach dreimal abgegebener Salve unter klingendem Spiel in die Stadt zurückkehrten.

Schwerin, so schildert ihn ein Zeitgenosse, war von mittlerer Größe. Aus seinem feurigen Auge sprachen Freundlichkeit und Leutseligkeit. Er war immer heiter und haßte Müßiggang, langen Schlaf und jede Verzärtelung. Daher war sein eigener Körper abgehärtet und fähig, alle Beschwerlichkeiten zu ertragen. Er besaß einen scharfen und eindringenden Verstand, mit dessen Hülfe er sich in den verworrensten Dingen leicht zurechtfinden und zu klaren Entschlüssen kommen konnte. Und was mit kaltem Blute beschlossen war, vollzog er mit erstaunlichem Feuer. Sein erworbenes Wissen war groß und gab ihm Gelegenheit, wie als Feldherr so auch als Staatsmann, Gelehrter und Volkswirt sich zu betätigen. Er besaß ein ebenso großes Geschick, diplomatische Verhandlungen zu führen wie Armeen zu kommandieren; dazu schrieb er Bücher und machte seine Landgüter zu Mustern wohleingerichteter Wirtschaft. Er sprach lateinisch und französisch, schrieb ein Werk über die Kriegskunst und verfaßte mehrere geistliche Lieder. Die Beziehungen zwischen seinem Regiment und der Universität Frankfurt waren immer die freundlichsten; entstanden ausnahmsweise Zwistigkeiten, so wußt er sie zu schlichten. Sowohl Professoren wie Studenten empfing er mit Merkmalen ausnehmender Gnade, zog sie zur Tafel und sprach mit ihnen über Themata der Philologie und Religion. Seine Prediger und Sekretärs verstunden alle mehr als bloß Predigen und Schreiben und behaupteten unter den Gelehrten einen ansehnlichen Rang. Er starb in seinem 73. Lebensjahre und hinterließ keine Leibeserben; die Güter fielen an seine Vettern und Neffen. Wohl kein anderer Held des Siebenjährigen Krieges ist gleich ihm betrauert worden, und zahlreiche Volkslieder brachten sein Gedächtnis von Kind auf Kindeskind. In einem dieser Lieder, das sich in Willibald Alexis' »Cabanis« findet, heißt es:

General Schwerin ergriff die Fahn:
»Allons, Grenadiers, ich geh voran!«
Vier Kugeln, ach, von heißem Blei,
Die rissen dem General die Brust entzwei.
Schwerin ist tot!

Auf dem Wilhelmsplatze zu Berlin steht sein Denkmal, »Der Schwerin mit der Fahne«.

Gneisenau

August Wilhelm Anton Neidhart Graf von Gneisenau wurde am 28. Oktober 1760 zu Schilda in Sachsen geboren, wo sein Vater, ein österreichischer Hauptmann, in Winterquartier lag. Nach seiner Mutter bald darauf erfolgtem Tode ward er von seinem Großvater, dem Artillerie-Oberstlieutenant Müller in Würzburg, erzogen. Er studierte in Erfurt, trat 1780 in österreichische, 1781 in ansbach-bayreuthische Dienste, ging 1782, in Folge einer ansbachschen Konvention mit England, nach *Amerika*, kam aber, da bald darauf der Frieden geschlossen wurde, zu keiner kriegerischen Verwendung. Sein Aufenthalt in Amerika war nichtsdestoweniger von höchster Bedeutung für ihn, indem er daselbst bei seinem Scharfblick Anschauungen über die Vorzüge eines Volksheeres gewann, die später in großartiger Weise durch ihn verwirklicht werden sollten. Nach seiner Rückkehr 1785 trat er in preußische Dienste, erst à la suite der Armee in Potsdam, 1786 bei einem neu formierten Füsilierregiment in Schlesien. Er stand in Löwenberg, woselbst er auch 1789 zum Hauptmann avancierte. 1796 vermählte er sich mit einem Fräulein von Kottwitz, kaufte mit deren Vermögen ein kleines Gut und bewirtschaftete es. Zugleich war er wissenschaftlich tätig. Neben dem zerstreuten Gefechte, das er dringend empfahl, beschäftigte ihn die Politik Preußens nach dem Frieden von Basel. Er sah den Konflikt mit Frankreich und dessen unglückliche Folgen voraus. Bei Saalfeld leicht verwundet, wurde er im November 1806 zum Major ernannt, mit der Organisation zweier Reservebataillons beauftragt und kam dann als Kommandant nach Kolberg, dessen glänzende Verteidigung ihn zuerst berühmt machte. Er wurde Oberstlieutenant und erhielt den Orden Pour le mérite. Mit Scharnhorst, Boyen, Bülow und Lottum gehörte er während der folgenden Jahre zur Reorganisationskommission der Armee; sein freier, lebendiger Geist, seine Energie, dazu sein festes Vertrauen auf die Befreiung des Vaterlandes machten ihn zu einem der geistigen Führer der Patriotenpartei. 1809 verließ er den Militärdienst, blieb aber im Staatsrat, dem er angehörte. 1812, immer sein großes Ziel im Auge, ging er nach Rußland, Schweden und England, kehrte nach dem Untergange der Großen

Armee nach Preußen zurück, wurde nach Scharnhorsts Verwundung Chef des Generalstabes in Blüchers Armee und trat bei der Bildung der Schlesischen Armee in gleicher Eigenschaft bei dieser ein. Müffling wurde, auf Knesebecks Rat, statt des von Gneisenau und Blücher erbetenen Clausewitz, Generalquartiermeister. Müffling, in seinen Memoiren, hat sich später für die Stellung zu rächen gesucht, die er, einem Gneisenau gegenüber, in Blüchers Hauptquartier notwendig einnehmen mußte. Er konnte dort eben nur das rechnende Element sein, wo Blücher das handelnde, Gneisenau das beseelende war. In den schwierigen Verhältnissen zu Yorck, Langeron und Sacken bewährte Gneisenau seltenen Takt und große Klugheit. *Wie* schwierig diese Verhältnisse waren, davon geben zahlreiche Gneisenausche Briefe den Beweis. Unmittelbar nach der Schlacht an der *Katzbach* schrieb er an Knesebeck: »Meine Stellung ist kritisch ..., Widerspruchsgeist und böser Wille treiben ihr Spiel«; und wenige Tage später fügte er in einem anderen Briefe hinzu: »Yorck und Langeron halten mich für einen ehrgeizigen Verwegenen, und mein Oberfeldherr, im Gegensatz zu ihnen, dringt auf immer neue Angriffsdispositionen. Da gehört wirklich Glück dazu, um aus einer so gefährlichen Lage unversehrt hervorzugehen. Bis hierher ist mir solches immer günstig gewesen. Aber«, so schließt er, »wird es mir immer günstig bleiben?« Es blieb es. Nach dem Siege bei Leipzig drang er auf energische Verfolgung, ebenso auf Überschreitung des Rheins. An allen großen Entschlüssen und Taten Blüchers im Feldzuge 1814 nahm er teil oder regte selbst dazu an. Nach dem Frieden ward er in den Grafenstand erhoben und erhielt die Domaine Sommerschenburg als Dotation. Mit Blücher und den Monarchen im Sommer 1814 nach England hinübergegangen, begab er sich von dort nach Aachen. Den Winter verbracht er in Berlin. Als Napoleon von Elba nach Frankreich zurückkehrte, erhielt er zunächst Befehl, die Armee in den Rheinlanden auf den Kriegsfuß zu setzen, dann, abermals als Chef des Generalstabes in Blüchers Armee, die Leitung der Operationen zu übernehmen. Nach der Schlacht bei Ligny faßte er den bedeutsamen und rettenden Entschluß, den Rückzug auf Wavre zu richten, wodurch allein der Sieg bei Belle-Alliance ermöglicht wurde. Nach dem

Siege leitete er »bis zum letzten Hauch von Mensch und Pferd« die energische Verfolgung, die zur Vernichtung oder doch zur Auflösung des französischen Heeres führte. Zum General der Infanterie erhoben, erhielt er zunächst das Generalkommando am Rhein, ging aber bald nach Schlesien, wo er Erdmannsdorf kaufte. 1818 Gouverneur von Berlin; 1825 Generalfeldmarschall. 1831 war er zum Oberbefehlshaber der vier Armeecorps ernannt, die in Posen gegen die polnische Insurrektion in Rußland zusammengezogen wurden. Um dieselbe Zeit war in unseren östlichen Provinzen die Cholera ausgebrochen. Er erlag ihr am 24. August 1831, wie kurz vor ihm Diebitsch und bald nach ihm sein Freund und Generalstabschef Clausewitz. Es scheint, daß er ein Vorgefühl hatte, daß diese Krankheit ihn fortraffen würde. Bald nach ihrem Auftreten sagte er zu seinem Adjutanten, Major von Brandt: »Es ist eine böse Kankheit; aber ich glaube fest, daß sie mehr auf die Einbildungskraft als auf den Körper selbst wirkt.« Und nun erzählte er eine Menge von Beispielen, die dies bestätigen sollten. Dann fuhr er fort: »Ich sage mir oft, daß eine gute Schlacht in einigen Stunden oft mehr Menschen frißt als dies Ungetüm in mehreren Monden, und doch hat sie etwas Unheimliches. Wer weiß«, schloß er dann, »wen man hier noch begräbt und ob man *nicht selbst daran heimgeht.*« — »Nun«, antwortete Brandt, »an einen Feldmarschall hat sich die Krankheit noch nicht gewagt und wird es auch nicht.« — »Hoffen wir's«, erwiderte er.

»Der Ruhm des Feldmarschalls«, so erzählt von Brandt in seinen Memoiren, »bedarf keiner Worte; seine Taten zeugen für ihn. In Kolberg hatte seine Laufbahn begonnen, und er sprach gern von jenen Tagen seines ersten Ruhmes. Wiederholt teilte er mir mit, daß er durch das Zerspringen eiserner Geschütze mehr Artilleristen verloren habe als durch das feindliche Feuer und daß ihm der alte Nettelbeck anfangs mehr Verdrießlichkeit gemacht habe als die Franzosen. Dagegen sprach er nur selten über Strategie, Taktik und Kriegsgeschichte, trotzdem er das Allgemein-Historische liebte und in eminentem Grade die Gabe der ›éloquence anecdotique‹ besaß. Das Studium großer Epochen, ganz besonders großer Gestalten, interessierte ihn am meisten; aller Theorie und

Ideologie aber war er von Grund aus abhold. In allem, was Gewandtheit des Geistes und die Fähigkeit betrifft, entweder die Gesinnungen des Tages zu erraten oder die Ereignisse von ihrer praktischen Seite her zu erfassen und zu behandeln, darf er den hervorragendsten Generalen aller Zeiten verglichen werden. Mag mitunter, wie seine Gegner sagen, etwas leichter Sinn in seinen Anschauungen gelegen haben, er hat trotzdem die Aufgabe seines Lebens glücklich gelöst, und sein Name lebt in Verbindung mit den Triumphen einer großen Zeit.«

Über die Feldherren und Staatsmänner, die mit und neben ihm an dem Befreiungswerke tätig gewesen waren, sprach er nicht allzu häufig. Geschah es ausnahmsweise, so hob er ihre guten Seiten hervor und lobte, was zu loben war. Nur gegen Yorck behielt er eine Abneigung bis zuletzt. »Das war ein alter, grober Geselle«, pflegte er zu sagen, »und ich habe ab und zu manchen Strauß mit ihm gemacht. Er und Sacken waren ein paar höchst renitente Generale. Kurz vor der Schlacht an der Katzbach, als wir eben bei Tische saßen, öffnete sich plötzlich die Tür, und Yorck trat ein. Da unser englischer General mit bei Tische war und ich an dem ganzen Wesen Yorcks sah, daß es eine Szene geben werde, stand ich auf, ging ihm entgegen und führte ihn in ein kleines Seitengemach, wohin Blücher unmittelbar folgte. Hier fing der General sofort seine Vorwürfe über unerhörte, unnützige Fatiguen, über Mangel an Verpflegung etc. an und schloß dann mit der Versicherung, daß die ganze Armee sich auflöse und er dergleichen nicht länger verantworten könne, daß er deshalb dem Könige seinen Bericht darüber machen werde. Nun aber«, so fährt Gneisenau fort, »nahm ich ihn mir ins Gebet, obwohl ich nur Generalmajor und er Generallieutenant war, rekapitulierte ihm kurz das, was geschehen und *warum* es geschehen, und daß man immer denselben Widerstand und dieselbe Renitenz im General gefunden, die nicht selten an Ungehorsam gestreift. Dann machte ich die Türe auf und fragte: ›Haben Euer Exzellenz noch etwas zu befehlen?‹, worauf er mit einer kalten Verbeugung gegen den Feldmarschall abging. Seit jener Zeit haben wir nicht wieder miteinander gesprochen.«

Gneisenau war ein großer, schöner Mann, eine echt militärische Erscheinung. Seine Charakterstärke, die Freiheit seines Geistes, der Adel und die Liebenswürdigkeit seines Wesens wie die seltene Uneigennützigkeit und die Wärme seines Patriotismus sichern ihm eine hervorragende Stellung in unserer Geschichte. »Wenn es wahr ist«, so schreibt von Brandt am Schlusse seines vorzitierten Werkes, »daß sich die Seele, wie griechische Philosophen behaupten, den Körper baue, so hatte der Feldmarschall eine edle Seele. Unter den Marschällen«, so fährt er fort, »die ich in meinem Leben gesehen: Soult, Massena, Gouvion St. Cyr, Victor, Ney, Lefèbre, Suchet, Paskewitsch, Diebitsch etc., überragte er hinsichtlich der äußeren Erscheinung *alle*. Es ist wahrscheinlich, daß mancher von diesen in einzelnen Disziplinen mehr zu leisten im Stande gewesen wäre als er, aber in seiner Totalität aufgefaßt, übertrifft er sie alle an Seelenadel und Größe des Geistes. Er hat unbedingt eines der schönsten Probleme gelöst. Von zweiter Stelle aus eine aus mehreren Nationen zusammengesetzte Armee, an deren Spitze sehr renitente Generale standen, unter den schwierigsten Verhältnissen zur Einheit verbunden und zum Siege vereint gehalten zu haben setzt eine hohe Begabung, eine große Umsicht und ebensoviel Menschenkenntnis als Takt in Behandlung der Menschen voraus. Ohne Blücher irgendwie beeinträchtigen zu wollen, darf man behaupten, daß der damalige Chef seines Stabes die Cheville ouvrière des Heeres war. Alle Welt wußte dies, erkannte dies an, ohne daß Blüchers Autorität dadurch gelitten hätte. Die kühnsten Pläne Gneisenaus fanden in Blücher stets ihren Widerhall und, was mehr ist, ihren Vertreter. Der milde Ernst und die Würde Gneisenaus aber wirkte wie eine unwiderstehliche Macht auf *alle*, die in seine Nähe kamen, und trug schließlich über das schroffe Benehmen auch der Widerstrebendsten den Sieg davon.«

Am 26. August, am Jahrestage der Schlacht an der Katzbach, ward er auf dem Kirchhof St. Martin zu Posen beigesetzt.

Blücher

Gebhard Leberecht von Blücher wurde am 16. Dezember 1742 zu Rostock geboren. Sein Vater, ein ehemaliger Rittmeister in hessischen Diensten, hatte daselbst seinen Wohnsitz genommen, und hier war es, wo der junge Blücher seine Kinder- und Knabenjahre unter sehr einfachen Verhältnissen verlebte. Denn die Eltern hatten mit bescheidenen Mitteln für sieben Söhne und zwei Töchter zu sorgen. Gebhard Leberecht, der Jüngste, wurde zum Landwirt bestimmt und schien schon aus diesem Grunde ein gelehrtes Wissen entbehren zu können. Aber das elterliche Haus gab ihm etwas Besseres: ein strenges, unwandelbares Ehr- und Pflichtgefühl, rückhaltlose Wahrheitsliebe, echt menschenfreundlichen Sinn und ein fröhliches Herz. Auch ein frommes. Denn trotz alles Unbändigen und Zügellosen in Wort und Sitte, trotz jenes Wetterns und Fluchens, worin er sich all sein Lebtag gefiel, war er eine aufrichtig religiöse Natur. Sein langjähriger Leibarzt Bieske bezeugt, daß er nie ohne sein Gebetbuch war und, wie morgens und abends, so auch vor und nach der Schlacht nicht zu beten vergaß. Mit vierzehn Jahren wurde Blücher »zur Erleichterung des elterlichen Haushalts« zu einem der Familie verschwägerten Gutsbesitzer nach Rügen gesandt, wo von einem wissenschaftlichen Unterricht vielleicht noch weniger als in der Mecklenburger Heimat die Rede war. Noch in demselben Jahre sah er hier ein schwedisches Husarenregiment, das einen so unwiderstehlichen Zauber auf ihn ausübte, daß er, trotz aller Abmahnungen, sich anwerben ließ und als Junker eintrat. Als er bald danach ein auf Vorposten ihm gegenüberstehendes preußisches Husarenpiquet in jugendlichem Übermute neckte und verhöhnte, ward er, mit dem Pferde stürzend, gefangengenommen und vor Oberst von Belling, den Kommandeur des Regiments, geführt.

Dieser treffliche, von dem großen Könige hochgeachtete Offizier hatte seine Freude an dem schönen, mutvollen Jüngling und trug ihm an, in sein Regiment einzutreten. Dies geschah denn auch, und mit diesem Eintritt begann für ihn die schönste Zeit seines Lebens, seine »Blütezeit«, wie er sie im Alter gern nannte. »Der mir unvergeßliche Belling war ein wahrer Vater gegen mich und liebte mich so unbegrenzt, daß es schon hart kommen mußte, durch muntere Jugendstreiche ihn zum Unwillen zu reizen.« Bald zum Offizier befördert, machte Blücher, als Adjutant des Obersten, die beste Schule durch und blieb auch in der Nähe seines Gönners, als dieser zum General erhoben wurde. Von Kunersdorf bis Freiberg nahm er an manchen Schlachten und Gefechten des Siebenjährigen Krieges teil und tat sich wiederholt durch Mut und Entschlossenheit hervor. Aber allzu bereit, bei dem geringsten Anlaß den Degen zu ziehen, vergaß sich der leicht aufbrausende Husarenlieutenant einmal so weit, daß er sogar seinen General zum Duell herausfordern wollte.

So kam der Frieden, und Blücher stand in den stillen Jahren, die nun folgten, als Stabsrittmeister an der polnischen Grenze, als ihm auf Antrag des Generals von Lossow, der an Bellings Stelle getreten war, ein Herr von Jägersfeld im Avancement vorgezogen wurde. Blücher, in seinem sehr empfindlichen Ehrgefühle dadurch verletzt, schrieb an den König: »Der von Jägersfeld, der kein anderes Verdienst hat, als der Sohn des Markgrafen von Schwedt zu sein, ist mir vorgezogen; ich bitte Ew. Majestät um meinen Abschied.« Der König, welcher weder den Rittmeister verlieren noch sich von ihm Trotz bieten lassen wollte, reskribierte in seiner Weise, Blücher solle so lange in Verhaft gesetzt werden, bis er sich eines Besseren besinne. Dies blieb aber aus, und als der Rittmeister nach neunmonatlicher Haft noch immer auf seinen Abschied beharrte, wurde ihm derselbe durch folgende Ordre bewilligt: »Der Rittmeister von Blücher ist aus dem Dienste entlassen und kann sich zum Teufel scheren.« Blücher ging nun und erwarb ein kleines Landgut in Pommern, auf dem ihn der König, wenn er zur Revue kam, alles Vorgefallene vergessend, zu besuchen pflegte. Aber zu einer Wiederanstellung kam es nicht.

Und das kränkte und quälte den aus dem Dienste entlassenen Rittmeister. Alles häusliche Glück, die Liebe der Gattin und das fröhliche Gedeihen einer zahlreichen Kinderschar boten, trotz des innigen Familiensinnes, der ihm eigen war, auf die Dauer keinen Ersatz. Unbefriedigt, griff Blücher wieder zum Spiele, dem er eine Reihe von Jahren ganz entsagt hatte, und begann überhaupt ein ungeregeltes Leben, bis ihm endlich, zwei Jahre vor dem Tode seiner ersten Gattin, das Ableben Friedrichs des Großen die Aussicht auf die Rückkehr in den Militärdienst eröffnete. 1787 ward er wieder in dem Schwarzen (jetzt Roten) Husarenregimente angestellt, und zwar als Major, um schon bald darauf zum Oberstlieutenant und 1790 zum Obersten und Befehlshaber des Regiments zu avancieren. Er lebte nun wieder ganz als Soldat, tüchtig im Dienst und frisch und mutig dem Augenblicke hingegeben.

Erst in den Jahren 1793 bis 1794 bot sich eine langersehnte Gelegenheit zu kriegerischen Taten. An der Spitze seines Regiments nahm er – meist in der Vorhut des vereinigten österreichisch-preußischen Heeres – an den Feldzügen gegen das revolutionäre Frankreich, erst in den Niederlanden, dann am Oberrheine, teil. Überall aber tat er sich, während der Krieg für die Verbündeten im ganzen nicht glänzend verlief, durch seinen entschlossenen Mut, seinen kräftigen Willen und seine unübertreffliche Husarenlist hervor.

Wie er selbst Todesfurcht nicht kannte – oft genug setzte er das eigene Leben fast tollkühn auf das Spiel –, so gewöhnte er auch seine Leute (die er, mit Hülfe eines kräftigen Witzworts, zu allem hinzureißen verstand) an jede Gefahr. Zugleich aber war er auch sorglich und vorsichtig, und nie verleitete ihn sein verwegener Mut und sein Vertrauen auf das Glück, die Verantwortung des Führers aus dem Auge zu lassen. Bei mehr als einer Gelegenheit fügte der am 4. Juni 1794 zum Generalmajor ernannte Blücher dem Feinde empfindliche Verluste zu. So beispielsweise in dem Gefechte bei Moorlautern, wo er sich durch eine glänzende Kavallerieattacke hervortat. Ebenso bei Kirrweiler und Kaiserslautern. In ersterem Gefecht, wo er den General Desaix zurückschlug, erbeutete er sechs Kanonen nebst Wagen und Pferden und machte gegen 500 Gefangene. 1795 stand er bei dem Beobachtungscorps am Niederrhein, wurde 1801 zum Generallieutenant befördert, nahm 1802 Erfurt und Mühlhausen für Preußen in Besitz und war 1803 Gouverneur von Münster. Beim Ausbruch des Krieges von 1806 stieß er mit den westfälischen Truppen in Thüringen zum Herzoge von Braunschweig und führte bei Auerstedt den ersten Kavallerieangriff aus, der aber verunglückte. Auf dem Rückzuge trennte er sich von der Hohenloheschen Armee, der er zugehörte, und rückte mit seinem Corps durch das Mecklenburgische in das Gebiet der Freien Reichsstadt Lübeck ein. In Eile ward die Stadt etwas befestigt. Doch die Franzosen nahmen sie im Sturm, so daß sich Blücher bei Ratkau, wohin er sich mit einigen Truppen gerettet, am 7. November ergeben mußte. Er tat dies jedoch erst unter der Zusatzbedingung, »daß ihm die Kapitulation vom Prinzen von Pontecorvo angetragen und von ihm nur wegen Mangels an Munition, Proviant und Fourage angenommen worden sei«. So war er denn Gefangener. Am 27. Februar ward er gegen den von Schill aufgehobenen französischen General Victor ausgewechselt und gleich zu Schiffe nach Schwedisch-Pommern gesandt, um die Unternehmungen der Schweden zu unterstützen. Nach dem Tilsiter Frieden arbeitete er in Königsberg und Berlin im Kriegsdepartement und erhielt später das Generalkommando in Pommern. In dieser Stellung aber machte er sich durch seine freien Äußerungen den Franzosen verdächtig, was den König 1812 veranlaßte, ihn außer Tätigkeit zu setzen, worauf er ganz zurückgezogen in Breslau lebte.

Diese Zeit hat er selbst die schrecklichste seines Lebens genannt. Es war die, wo sich sein Franzosenhaß bis zu einem denkbar höchsten Grade entwickelte. Mit Scharnhorst und anderen Patrioten aber bereitete er alles zur Befreiung des Vaterlandes vor. Als endlich 1813 der Krieg erklärt wurde, äußerten sich in der Umgebung des Königs viele Bedenken gegen Blücher: er sei zu alt, um ihm ein Kommando anzuvertrauen, oder zu tollkühn oder zu rücksichtslos. Dennoch erhielt er den Oberbefehl über die in Schlesien gebildete Armee, welche durch das russische Corps von Wintzingerode verstärkt wurde. Bei der Vereinigung der verbündeten Armeen übernahm übrigens Wittgenstein das Oberkommando. Unter ihm befehligte Blücher bei Lützen und Bautzen und schlug auf dem Rückzuge die französische Vorhut bei Haynau. Nach dem Waffenstillstande erhielt er, nunmehr selbständig im Kommando, den Oberbefehl über das Schlesische Heer, das aus einem preußischen, dem Yorckschen, und zwei russischen Corps: Sacken und Langeron, bestand. Allem Besserwissen anderer zum Trotz griff er am 26. August an der Katzbach an und errang jenen glänzenden Sieg, welcher Macdonalds Heer vernichtete. Dann rückte er gegen Dresden vor, wich aber einer Schlacht gegen Napoleons Übermacht aus und erzwang sich endlich, nach einem sehr geschickten Flankenmarsch, am 3. Oktober den Elbübergang bei Wartenburg. Als Napoleon, der wohl wußte, von welcher Seite her ihm der erbitterte Feind drohe, sich wiederum gegen ihn wandte, ging er nicht über die Elbe zurück, sondern vorwärts bis hinter die Saale, von der aus er dann zur Schlacht bei Leipzig marschierte. In dieser schlug er am 16. Oktober Marmont bei Möckern und gab am 18. eins seiner drei Corps an den Kronprinzen von Schweden ab, um diesen endlich zu energischem Handeln zu bewegen.

Nach dieser Schlacht, an deren Schluß er zum Feldmarschall ernannt wurde, war sein Name der gefeiertste in Deutschland, und Ernst Moritz Arndt gab der allgemeinen Empfindung in seinem schönen Liede, dem wir hier einige Strophen entnehmen, Ausdruck:

O schaut, wie ihm leuchten die Augen so klar!
O schaut, wie ihm wallet sein schneeweißes Haar!
So frisch blüht sein Alter wie greisender Wein,
Drum kann er Verwalter des Schlachtfeldes sein.

Am Wasser der *Katzbach* hat er's bewährt,
Da hat er den Franzosen das Schwimmen gelehrt;
Fahrt wohl, ihr Franzosen, zur Ostsee hinab,
Und nehmt, Ohnehosen, den Walfisch zum Grab.

Bei *Leipzig*, auf dem Plane, o herrliche Schlacht,
Da brach er den Franzosen das Glück und die Macht,
Da lagen sie sicher nach blutigem Fall,
Da ward der Herr Blücher ein Feldmarschall.

Mit der Leipziger Schlacht – der größten, um den »Marschall Vorwärts« selbst sprechen zu lassen, »die ni uf der erde stattgefunden hat« – war die Befreiung Deutschlands im wesentlichen vollendet, und am 3. November schrieb er von Gießen aus: »Nun ist das große unternehmen geendigt; die franzosen sind gentzlich über den Rein gejagt; 8 tage hinter einander habe ich stets mein quartier dess Abends da genommen, wo es Napoleon verlassen, und stets uf derselben stelle geschlaffen. Er hat den größten theill seiner Armeh verlohren, besonders seine attellerie, und wenn nicht große Fehler begangen wehren, so wehre er selbst mit allen verlohren gewesen ... Den nächsten Briff, den ich Dich schreibe, will ich vom jenseitigen Uffer datiren.«

Aber die Dinge gingen weniger schnell, als er wünschte. Er hatte »mit der verdammten Festung Mainz« viel zu tun, mußte wochenlang in Höchst liegen und war nur froh, daß die großen Heere, die ihn so sehr »genirten«, sich endlich entfernten und ihn allein ließen.

Endlich konnte der von ihm ersehnte Rheinübergang stattfinden. Es war in der Neujahrsnacht 1814, und er schrieb am Abend selbigen Tages: »Der frühe neujahrsmorgen war vor mich erfreulig, da ich den Stoltzen Rein Passirte, die uffer ertöhnten vor Freudengeschrey, und meine braven Truppen Empfingen mich mit Jubel. Der Lehrm ist so groß, daß ich mich verbergen muß ... Die jenseitigen Deutschen Bewohner Empfangen uns mit freudenträhnen.«

Am 1. Februar wurde bei La Rothière mit nicht ungünstigem Erfolg geschlagen, und Blücher drang an der Marne hin vor, während sich die Hauptarmee unter Schwarzenberg an der Seine hin gegen Paris vorbewegte. Blüchers getrennte Corps indessen sahen sich rasch hintereinander von Napoleon geworfen und erkämpften sich nur unter großem Verlust den Rückzug nach Châlons. Da beinah gleichzeitig auch die Hauptarmee einen Echec erfahren hatte, so wurde beschlossen, beide Armeen wieder mehr ostwärts, auf Deutschland und den Rhein zu, zurückzuführen. In diesem gefährlichen Augenblicke erklärte Blücher auf das bestimmteste, daß er diese rückgängige Bewegung *nicht* mitmachen würde. Er rückte vielmehr seinerseits wieder *vor*, ging bei Soissons über die Aisne und vereinigte sich mit dem eben aus Belgien eintreffenden Bülowschen Corps. In der Tat errang er am 9. und 10. März in der Schlacht bei Laon einen Vorteil über Napoleon, und nachdem auch Schwarzenberg bei Arcis-sur-Aube gesiegt hatte, drangen nunmehr beide Armeen wieder gegen Paris vor. Die Marschälle, die Napoleon, während er selbst in unserm Rücken operierte, zum Schutze der Hauptstadt zurückgelassen hatte, waren zu schwach, unser Vordringen aufzuhalten, und nachdem am 25. März bei La Fère Champanoise siegreich gekämpft, am 30. der Montmartre erstürmt worden war, hielten tags darauf die verbündeten Monarchen ihren Einzug in Paris. Blücher, unzufrieden mit der Kapitulation und den Zugeständnissen, die darin gemacht worden waren, schloß sich von dem Einzuge aus und bezog abends in aller Stille sein Quartier. Die Haltung der Diplomaten oder der »Federfuchser«, wie er sie nannte, war ihm überhaupt ein Greuel. Im übrigen war er persönlich mehr denn je der Gegenstand unablässiger Huldigungen. Am wenigsten wollte der König selbst mit seinem Danke zurückbleiben. Er erhob Blücher zum Fürsten von Wahlstatt und sicherte ihm eine Dotation in liegenden Gütern zu. Dies geschah tags vor der Überfahrt nach England (Anfang Juni), wohin er sich, auf Einladung des Prinzregenten, in Begleitung seines Königs begab.

Schon in Boulogne erfuhr Blücher Proben des beispiellosen Enthusiasmus, womit die Engländer zu seiner Erscheinung emporblickten. »Gestern habe ich hier in Boulogne mit dem Herzog von Klarentz uf das Linien Schiff Imprenabel gegessen; noch bin ich taub von allen Kanonendonner, und bey nah gestört von alle Ehrenbezeugungen. Wenn daß so fohrt geht, so werde ich in Engeland verrückt. In london soll ich mit Teuffels gewald beim Printz Regenten logiren; ich werde aber suchen, davon los zu kommen. Die Engelländer«, so schreibt er weiter, »kommen hier zu hunderten um mich zu sehen, und jeden muß ich die Hand geben und die Damen machen mich förmlich die Cour. Es ist das nerrischste Volk, was ich kenne. Ich bringe einen Degen und einen Säbell mit, woran vor 40 000 Thaler Juwelen befindlig. Die Stadt London hat mich gleichfalls einen Degen geschenkt. Ich bin schon jetzt, eh ich noch da bin in die Cloubs zu London ohne Ballotage aufgenommen worden und in Schottland hat man mich zu Edenburg zum Ehren mit glid der gelehrten gesellschaft Creirt. Wenn ich nicht tohl werde, so ist es ein wunder.«

Es sollte noch ganz anders kommen von dem Augenblick an, wo er in Dover den britischen Boden betrat. Nicht allein daß man ihn am Ufer mit dem ungestümsten Freudengeschrei empfing, sondern er wurde auch im eigentlichen

Sinne vom Volke gehoben und getragen. Jeder wollte ihn berühren, ja jeder etwas von ihm zum Andenken haben. Er mußte zuletzt den Überrock preisgeben, den die zudringlichen Verehrer in Fetzen zerrissen. Und die Festjungfrauen Dovers gingen in ihrer schwärmerischen Begeisterung so weit, daß sie den Helden nicht passieren ließen ohne Händedruck oder noch lieber einen Kuß. Geduldig ließ der ehrwürdige Greis die Zudringlichen gewähren. Als andere aber, die ihn vor seinem Quartier feierlich begrüßten, gar nach einer Locke begehrten, nahm er lächelnd seine Kopfbedekkung ab und sagte: »Es tut mir leid, daß ich in dieser Hinsicht so arm bin. Betrachten Sie selbst meinen Scheitel, nicht wahr? Wenn ich jedem dieser schönen Kinder auch nur ein einziges Haar geben wollte, so müßte ich aus England kahl von dannen gehen.«

Vergebens suchte Blücher inkognito nach London zu kommen. Seine eigentümliche Erscheinung verriet ihn der harrenden Menge, und so mußte er bis nach London und hier erst vollends den ganzen Sturm des Volksjubels aushalten. »Liebes malchen«, so schrieb er aus London, den 6. Juni, »gestern bin ich in Engeland gelandet, aber ich begreiffe nicht, daß ich noch lebe; das Volk hat mich beynahe zerrissen; man hat mich die Pferde ausgespannt und mich getragen; so bin ich nach London gekommen. Wider meinen willen bin ich vor den Regenten sein Schloß gebracht, von ihm den Regenten bin ich Empfangen, wie ich es nicht beschreiben kann. Er hink mich am dunkelblauen bande sein Portrait, was sehr Reich mit Brillianten besetzt wahr, um den Halss und sagte: ›Glauben sie, daß Sie keinen treuern Freund uf Erden haben wie mich.‹ Ich logire bei ihm. Dein Bruder (Major von Colomb) ist bei mich und grüßt. Er ist Zeuge von allen Dehm, wass mit mich vorgeht. Das Volk trägt mich uf henden. Ich darff mich nicht sehen lassen, so machen sie ein Geschrey und sind gleich 10 000 zusammen. In mondirung darf ich gar nicht erscheinen. Nun lebe wohl, ich kann nicht mehr schreiben, denn ich bin völlig betäubt.«

Nach der Rückkehr Napoleons von Elba übernahm Blücher abermals den Oberbefehl und führte das Heer schnell in die Niederlande. Am 16. Juni verlor er die Schlacht bei Ligny, in der er durch den Sturz seines von einer Kugel getroffenen Pferdes, unter welches er zu liegen kam, persönlich in große Gefahr geriet. Dagegen hatte sein noch rechtzeitiges Eintreffen am Abend des 18. den alles entscheidenden Sieg der Verbündeten bei Waterloo zur Folge. Den nachgesuchten Waffenstillstand zurückweisend, marschierte er wieder gegen die Hauptstadt Frankreichs und widersetzte sich, bei dieser zweiten Einnahme von Paris, nachdrücklich dem im vorigen Kriege ausgeübten Schonungsprinzip. Auch diesmal verhehlte er keineswegs sein Mißtrauen in die Diplomatie, und auf einem Feste, welches der Herzog von Wellington gab, brachte er, gegen Lord Castlereagh, den englischen Minister des Auswärtigen, gewandt, den berühmten Toast aus: »Was die Schwerter uns erwerben, laßt die Federn nicht verderben!«

Um Blüchers abermalige Verdienste um Preußen und die allgemeine Sache zu belohnen, schuf Friedrich Wilhelm III. eigens ein Ordenszeichen, das in einem von goldenen Strahlen umgebenen Eisernen Kreuze bestand. Generalstabschef Blüchers war, zu Beginn des Befreiungskrieges, Scharnhorst, nach dessen Tode Gneisenau, dessen Verdiensten er stets unumwunden volle Anerkennung zollte. »Was ist's, das ihr rühmt? Es ist meine Verwegenheit, Gneisenaus Besonnenheit und des großen Gottes Barmherzigkeit.« Nach dem zweiten Pariser Frieden lebte er meist auf seinen Gütern. Er starb am 12. September 1819 nach einem kurzen Krankenlager auf seinem Gute Krieblowitz in Schlesien.

Blücher war zweimal verheiratet: in erster Ehe mit einem sächsischen Fräulein von Mehling, in zweiter mit einem Fräulein von Colomb. Die beiden Söhne, die er hinterließ, entstammten der ersten Ehe.

Treitschke, in seiner eben erschienenen »Geschichte des 19. Jahrhunderts«, gibt folgende Charakteristik des alten Helden: »Es war doch mehr als die bloße Haudegenschaft, was die Treuen und Furchtlosen so unwiderstehlich anzog. Aus Blüchers ganzem Wesen sprach die innere Freudigkeit des geborenen Helden, jene unverwüstliche Zuversicht, welche das widerwillige Schicksal zu bändigen scheint. Den Soldaten erschien er herrlich, wie der Kriegsgott selber, wenn der schöne, hochgewachsene Greis noch mit jugendlicher Kraft und Anmut seinen feurigen Schimmel tummelte; gebieterische Hoheit lag auf der freien Stirn und in den großen, tiefdunklen, flammenden Augen; um die Lippen unter dem dicken Schnurrbart spielte der Schalk der Husarenlist und die herzhafte Lebenslust. Gewaltig war der Eindruck, wenn er zu sprechen anhob, mit seiner schönen, mächtigen Stimme, ein Redner von Gottes Gnaden, immer der höchsten Wirkung sicher, mochte er nun in gemütlichem Platt mit Wachtstubenspäßen und heiligen Donnerwettern die ermüdeten Truppen aufmuntern oder den Offizieren klar, bündig, nachdrücklich seine Befehle erteilen oder endlich in festlicher Versammlung mit schwungvollen Worten einen vaterländischen Ehrentag verherrlichen.«

In Berlin ward ihm am 18. Juni 1826 eine von Rauch modellierte eherne Statue, in Breslau, das Jahr darauf, eine andere, ebenfalls von Rauch herrührende, errichtet. Noch bei seinen Lebzeiten (am 26. August 1819) war seine Geburtsstadt Rostock mit einem Marmorstandbild von der Hand Schadows voraufgegangen. Die Inschrift desselben rührt von Goethe her und lautet:

In Harren und Krieg,
In Sturz und Sieg
Bewußt und groß,
So riß er uns vom Feinde los.

Wilhelm, König von Ppreussen und Kaiser von Deutschland

Wilhelm Friedrich Ludwig, König von Preußen und Kaiser von Deutschland, wurde den 22. März 1797 als zweiter Sohn Friedrich Wilhelms III. und der Königin Luise, Tochter des Herzogs Karl von Mecklenburg-Strelitz, zu Berlin im Kronprinzlichen Palais geboren. Am 3. April erfolgte der Taufakt in der Schloßkapelle. Seine erste Erziehung war, nach den Traditionen des Hauses, eine durchaus militärische, und schon mit sechs Jahren trug er die Husarenuniform des Regiments von Rudorff, jetzt (wie auch vorher) Zietensches Husarenregiment. Im Herbste 1806 wohnte er der Revue der ausmarschierenden Armee bei und sah sich, wenige Wochen später, nach der Katastrophe von Jena, mit in die bis Königsberg und Memel gehende Flucht hineingerissen. An seinem zehnten Geburtstage, 22. März 1807, ward er Fähnrich in der damals zu Memel stehenden Garde zu Fuß, kehrte am 25. Dezember 1809, inzwischen zum Sekondelieutenant avanciert, nach Berlin zurück und ging zu Beginn des Jahres 1813 in Begleitung seines Vaters nach Breslau; später nach Glatz und Neiße. An dem bald darauf ausbrechenden Kriege nahm er zunächst keinen Teil, rückte aber 1814 mit in Frankreich ein und wohnte verschiedenen Aktionen bei, namentlich der Schlacht bei Arcis-sur-Aube, dem Gefecht bei La Fère Champanoise und der Erstürmung des Montmartre. Während seiner Anwesenheit in Paris nahm er Wohnung im Hôtel de la Légion d'Honneur. Ende Mai zum Major erhoben, ging er unmittelbar darauf zum Besuche des Hofes von St. James mit nach England hinüber und wohnte, wenige Wochen später nach Berlin zurückgekehrt, am 7. August dem Einzuge der Garden bei. Sein erster Siegeseinzug. Am selben Tage wurde die wieder zurückgeholte Viktoria auf dem Brandenburger Tore enthüllt. Das Jahr 1815 gab ihm keine Gelegenheit, sich im Felde zu bewähren. Als er am 22. Juni die Hauptstadt verließ, um sich zur Armee zu begeben, waren vier Tage vorher (18. Juni) schon die Würfel der Entscheidung gefallen. In Paris eingetroffen, bezog er das Hôtel d'Avray, das er bis zum 1. Oktober bewohnte. Er führte um diese Zeit das erste Bataillon [des] Ersten Garderegiments. Am 30. März 1817 zum Obersten und Mitglied des Staatsrats ernannt, ging er am 12. Juni nach Petersburg, um seiner Schwester Charlotte, der späteren Kaiserin von Rußland, das Brautgeleite zu geben. Er blieb ein halbes Jahr lang am russischen Hofe, besuchte Moskau und kehrte über Warschau und Posen nach Berlin zurück. 1818 zum Generalmajor, 1825 zum Generallieutenant und Kommandierenden General des Dritten (Brandenburgischen) Armeecorps ernannt, vermählte er sich am 11. Juni 1829 mit der Prinzessin Marie Luise *Augusta* Katharina, Tochter des Großherzogs Karl Friedrich von Sachsen-Weimar-Eisenach. Während der dreißiger Jahre wurden seine Besuche am russischen Hofe verschiedentlich wiederholt. Am Tage der berühmt gewordenen Parade preußischer und russischer Truppen im Lager bei Kalisch (14. September 1835) führte er eine kombinierte Reserve-Kavallerie-Division, wohnte wenige Wochen später der Enthüllung des Denkmals auf dem Schlachtfelde von Kulm bei und war am 18. Oktober desselben Jahres bei der Einweihung von Schloß Babelsberg. Am 7. Juni 1840, dem Sterbetage seines Vaters, erhielt er den Titel »Prinz von Preußen« und wurde gleichzeitig zum General der Infanterie und Statthalter von Pommern erhoben. Im September 1841 begab er sich, in seiner Eigenschaft als Bundesinspekteur, zur Besichtigung österreichischer Truppen nach Wien und Böhmen (Kolin), bei welcher Gelegenheit er, inmitten der stattfindenden Manöver, durch einen Schuß verwundet wurde. 1846 in den ersten Vereinigten Landtag berufen, nahm er an den öffentlichen Angelegenheiten lebhaften Anteil. Indessen, um seiner militärischen Vorliebe willen, wenn auch irrtümlich, als Hauptträger aller in unserem Staatsleben sich geltend machenden absolutistischen Tendenzen angesehen, war *er* es, gegen den sich in den Märztagen 1848 vorzugsweise die demokratisch-liberale Strömung richtete. Ihr auszuweichen, begab er sich nach England an den Hof der Königin Victoria, verweilte mit ihr und ihrem Gemahl einige Wochen in Schloß Balmoral und kehrte erst im Juni nach Berlin zurück. Im Sommer 1849 erhielt er den Oberbefehl über die zur Niederwerfung des Badischen Aufstandes bestimmte Truppenmacht. Auf der Reise dahin sah er sich zu Nieder-Ingelheim durch einen Mordversuch bedroht. In wenigen Wochen unterwarf er die aufständische Pfalz samt Baden und leitete vom 14. bis 30. Juni jene Reihe von Gefechten: bei Kirchheim-Bolanden, Wiesenthal, Ubstadt, Durlach, Bischweyer und Kuppenheim, die zu dieser Unterwerfung führten. Am 23. Juli kapitulierte Rastatt auf »Gnade und Ungnade«. Damit war der Feldzug geschlossen. Im Oktober 1849 zum Militärgouverneur am Rhein und in Westfalen ernannt, nahm er seinen regelmäßigen Wohnsitz in Koblenz, wurde jedoch bei allen wichtigen Angelegenheiten, die in den nächsten Jahren die preußische Politik beschäftigten, zu Rate gezogen. Außerdem erhielt er 1854 die neu kreierte Würde eines Generalobersten der Infanterie zugleich mit der Gouverneurschaft über die Bundesfestung Mainz. Auch die öffentliche Meinung begann sich anders zu stellen. Die frühere Mißstimmung gegen den Prinzen schlug allmählich in Vertrauen und Popularität um, zumal seit sich bei verschiedenen Angelegenheiten gezeigt hatte, wie sehr er allen Parteiextremen abhold und nur auf die Förderung der Macht und Wohlfahrt Preußens gerichtet war. Und in der Tat, eine »neue Ära« kündigte sich in ihren ersten Anfängen an, als der Prinz am 23. Oktober 1857 an Stelle seines erkrankten königlichen Bruders die Regierungsgeschäfte, wenn auch zunächst nur mit »beschränkter Vollmacht«, übernahm. Die zunehmende Krankheit Friedrich Wilhelms IV. führte dann das Jahr darauf, am 9. Oktober 1858, zu einer verfassungsmäßig geordneten Regentschaft. Sie war von längerer Dauer, bis endlich am 2. Januar 1861 *König Wilhelm* den erledigten Thron bestieg. Am 18. Oktober erfolgte seine feierliche Krönung zu Königsberg.

Unterdessen war an der Durchführung einer *Reorganisation des preußischen Heerwesens* gearbeitet worden, eine Maßregel, die, trotzdem sie König Wilhelm als »sein eigenstes Werk« bezeichnete, vom Abgeordnetenhause aus sachlichen und noch mehr aus politischen Gründen beanstandet wurde. Man begann, die konstitutionellen Absichten des Königs ernsthaft in Zweifel zu ziehen, und das Vertrauen, das die Jahre seiner Regentschaft begleitet hatte, schlug wieder in früheres Mißtrauen um. Die Folge war, daß die Mittel zur *Aufrechthaltung* der Heeresorganisation (ihre erste Durchführung war bereits erfolgt) von der fortschrittlichen Majorität des Hauses verweigert wurden. Der Streit um das Budgetrecht, der sich nun auf Jahre hin entspann, bildet den Inhalt der sogenannten »Konfliktszeit«. Nachdem bereits im März 1862 das altliberale Ministerium zurückgetreten war, ward ein neues konservatives Cabinet gebildet, in welchem Otto von Bismarck-Schönhausen, der kurz zuvor erst den Botschafterposten in Petersburg mit dem zu Paris vertauscht hatte, am 24. September den Vorsitz übernahm. Inzwischen begann, um der neu gefährdeten »Herzogtümer« willen, der Krieg gegen Dänemark, aber selbst die glänzenden Resultate dieses Feldzuges vermochten keinen Ausgleich zwischen Regierung und Abgeordnetenhaus herbeizuführen. Im Gegenteil, die Opposition ging in ihrer Leidenschaftlichkeit so weit, daß sie, das Staatsinteresse außer acht lassend, nur darauf bedacht war, dem Ministerium eine Niederlage zu bereiten. Erst der Sechsundsechziger Krieg gegen Österreich war berufen, die Versöhnung zu bringen. Als der König am 18. Juni sein Volk zu den Waffen rief, ließ die von außen drohende Gefahr den inneren Streit vergessen, und die ersten Siegesnachrichten wurden mit allgemeinem Enthusiasmus aufgenommen. Am 2. Juli traf der König in Gitschin ein; tags darauf erfolgte die Entscheidungsschlacht bei Königgrätz und am 26. desselben Monats der Abschluß der Friedenspräliminarien in Nikolsburg. Den 4. August nach Berlin zurückgekehrt, hielt er am 21. September den Siegeseinzug, bei welcher Gelegenheit die Begeisterung den höchsten Grad erreichte. Wenige Wochen später schloß das mit dem Landtage vereinigte *Indemnitätsgesetz* die fünfjährige Konfliktszeit zur Zufriedenheit beider Teile ab. Die militärische Fürsorge des Königs hatte sich herrlich bewährt; der »Norddeutsche Bund« trat ins Leben, während in Preußen selbst die Regierung wieder in liberale Bahnen einzulenken begann. Die Gesamtheit dieser Vorgänge indes, vor allem der glänzende Tag von Königgrätz, hatte die Rivalität Frankreichs wachgerufen, welches letztere, bei Gelegenheit der spanischen Thronkandidatur, ein gegen das Haus Hohenzollern gerichtetes Veto beanspruchend, durch diese seine Prätensionen den Siebziger Krieg heraufführte. Einen Krieg, der das »eigenste Werk des Königs«: die *Heeresorganisation*, abermals in glänzender Weise rechtfertigen sollte. Der König übernahm, wie vier Jahre vorher im Kriege gegen Österreich, so auch diesmal wieder den Oberbefehl über die gesamte in Frankreich einrückende Armee und war mit bei Gravelotte und Sedan. Diesen denkwürdigen Tag geben wir, einen an die Königin gerichteten Brief zugrunde legend, nach seiner (des Kaisers) eigenen Schilderung.

»*Vendresse*, 3. September 1870. Du kennst nun durch meine drei Telegramme den ganzen Umfang des großen geschichtlichen Ereignisses, das sich zugetragen hat! Es ist wie ein Traum, selbst wenn man es Stunde für Stunde hat abrollen sehen!

Wenn ich mir denke, daß nach einem großen glücklichen Kriege ich während meiner Regierung nichts Ruhmreicheres mehr erwarten konnte und ich nun diesen weltgeschichtlichen Akt erfolgt sehe, so beuge ich mich vor Gott, der allein mich, mein Heer und meine Mitverbündeten ausersehen hat, das Geschehene zu vollbringen, und uns zu Werkzeugen *Seines* Willens bestellt hat. Nur in diesem Sinne vermag ich das Werk aufzufassen, um in Demut Gottes Führung und Seine Gnade zu preisen.«

Der König gibt nun ein Bild der Schlacht in gedrängter Kürze und fährt dann fort: »Da sich der Rückzug des Feindes auf vielen Stellen in Flucht auflöste und alles, Infanterie, Kavallerie und Artillerie, in die Stadt und nächste Umgebungen sich zusammendrängte, aber noch immer keine Andeutung sich zeigte, daß der Feind sich durch Kapitulation aus dieser verzweifelten Lage zu ziehen beabsichtige, so blieb nichts übrig, als durch die genannte große bayrische Batterie die Stadt bombardieren zu lassen; da es nach zwanzig Minuten ungefähr an mehreren Stellen bereits brannte, was mit den vielen brennenden Dörfern in dem ganzen Schlachtkreise einen erschütternden Eindruck machte – so ließ ich das Feuer schweigen und sendete den Oberstlieutenant von Bronsart vom Generalstabe als Parlamentär mit weißer Fahne ab, der Armee und Festung die Kapitulation antragend. Ihm begegnete bereits ein *bayerischer Offizier, der mir meldete, daß ein französischer Parlamentär mit weißer Fahne am Tore sich gemeldet habe.* Der Oberstlieutenant von Bronsart wurde eingelassen, und auf seine Frage nach dem General en Chef ward er unerwartet vor den Kaiser geführt, der ihm sofort einen Brief an mich übergeben wollte. Da der Kaiser fragte, was für Aufträge er habe, und zur Antwort erhielt: ›Armee und Festung zur Übergabe aufzufordern‹, erwiderte er, daß er sich dieserhalb an den General von Wimpffen zu wenden habe, der für den blessierten MacMahon soeben das Kommando übernommen habe, und daß er nunmehr seinen Generaladjutanten Reille mit dem Briefe an mich absenden werde. Es war sieben Uhr, als Reille und Bronsart zu mir kamen; letzterer kam etwas voraus, und durch ihn erfuhren wir erst mit Bestimmtheit, daß der Kaiser anwesend sei. Du kannst Dir den Eindruck denken, den es auf mich vor allem und auf alle machte! Reille sprang vom Pferde und übergab mir den Brief seines Kaisers, hinzufügend, daß er sonst keine Aufträge habe. Noch ehe ich den Brief öffnete, sagte ich ihm: ›Aber ich verlange als erste Bedingung, daß die Armee die Waffen niederlege.‹ Der Brief fängt so an: ›N'ayant pas pu mourir à la tête de mes troupes je dépose mon épée à Votre Majesté‹, alles weitere mir anheimstellend.

Meine Antwort war, daß ich die Art unserer Begegnung beklage und um Sendung eines Bevollmächtigten ersuche, mit dem die Kapitulation abzuschließen sei. Nachdem ich dem General Reille den Brief übergeben hatte, sprach ich einige Worte mit ihm als altem Bekannten, und so endigte dieser Akt. – Ich bevollmächtigte Moltke zum Unterhändler und gab Bismarck auf, zurückzubleiben, falls politische Fragen zur Sprache kämen, ritt dann zu meinem Wagen und fuhr hierher, auf der Straße überall von stürmischen Hurras der heranziehenden Trains begrüßt, die überall die Volkshymne anstimmten. Es war ergreifend! Alles hatte Lichter angezündet, so daß man zeitweise in einer improvisierten Illumination fuhr. Um elf Uhr war ich hier und trank mit meiner Umgebung auf das Wohl der Armee, die solches Ereignis erkämpfte.

Da ich am Morgen des 2. noch keine Meldung von Moltke über die Kapitulationsverhandlungen erhalten hatte, die in Donchery stattfinden sollten, so fuhr ich verabredetermaßen nach dem Schlachtfelde um acht Uhr früh und begegnete Moltke, der mir entgegenkam, um meine Einwilligung zur vorgeschlagenen Kapitulation zu erhalten, und mir zugleich anzeigte, daß der Kaiser früh fünf Uhr Sedan verlassen habe und auch nach Donchery gekommen sei. Da derselbe mich zu sprechen wünschte und sich in der Nähe ein Schlößchen mit Park befand, so wählte ich dies zur Begegnung. Um zehn Uhr kam ich auf der Höhe vor Sedan an; um zwölf Uhr erschienen Moltke und Bismarck mit der vollzogenen Kapitulations-Urkunde; um ein Uhr setzte ich mich mit Fritz in Bewegung, von der Kavallerie-Stabswache begleitet. Ich stieg vor dem Schlößchen ab, wo der Kasiser mir entgegenkam. Der Besuch währte eine Viertelstunde; wir waren beide sehr bewegt über dieses Wiedersehen. – Was ich alles empfand, nachdem ich noch vor drei Jahren Napoleon auf dem Gipfel seiner Macht gesehen hatte, kann ich nicht beschreiben.

Nach dieser Begegnung beritt ich von halb drei bis halb acht die ganze Armee vor Sedan.

Der Empfang der Truppen, das Wiedersehen des dezimierten Gardecorps, das alles kann ich Dir heute nicht beschreiben; ich war tief ergriffen von so vielen Beweisen der Liebe und Hingebung.

Nun lebe wohl. Mit bewegtem Herzen am Schlusse eines solchen Briefes Wilhelm.«

Von Sedan aus am 4. September aufbrechend, führte der König demnächst die III. und IV. Armee bis vor Paris, nahm sein Hauptquartier erst in Ferrières, dann in der Präfektur zu Versailles und leitete von hier aus mit unermüdlicher Arbeitskraft die militärischen Operationen auf den verschiedenen Kriegsschauplätzen; ebenso die politischen Verhandlungen über die Herstellung des Deutschen Reichs. Durch die Kaiserproklamation, welche am 18. Januar 1871 im Versailler Schlosse stattfand, nahm König Wilhelm für sich und seine Nachfolger an der Krone Preußen den Titel eines »Deutschen Kaisers« an und versprach, »allzeit Mehrer des Deutschen Reichs zu sein, nicht an kriegerischen Eroberungen, sondern an den Gütern und Gaben des Friedens auf dem Gebiete nationaler Wohlfahrt, Freiheit und Gesittung«. Am 16. Juni 1871 hielt er seinen glänzenden Einzug in Berlin. Rastlos widmete er sich alsbald wieder den Regierungsgeschäften, die sich, neben inneren Reformen im preußischen Staatswesen, vor allem auch auf die Versöhnung gegensätzlich gestimmter Nachbarmächte zu richten begann. So gelang es ihm, im September 1872 den »Dreikaiserbund« zu Stande zu bringen, welcher Rußland und Österreich wieder näherte und sich die Aufrechterhaltung des Friedens zur Aufgabe stellte. Demselben Zwecke sollten die Besuche dienen, die er 1873 in Petersburg und Wien, 1875 in Mailand abstattete. Sein achtzigster Geburtstag wurde in ganz Deutschland gefeiert.

So kam der Sommer 1878, und der Tag, an welchem — behufs Abschlusses der türkisch-orientalischen Wirren — ein *Europäischer Kongreß* in Berlin zusammentreten sollte, stand nahe bevor, als der einundachtzigjährige Kaiser innerhalb weniger Wochen das Ziel eines zwiefachen Attentates wurde. Am 11. Mai war es der Klempnergeselle Max Hödel, am 2. Juni der Dr. phil. Karl Nobiling, der die Mordwaffe gegen ihn richtete. Hödel schoß fehl, aber Nobiling, der aus einem Fenster des Hauses No. 18 Unter den Linden zwei Schüsse abfeuerte, verwundete den Kaiser schwer, indem dreißig Schrotkörner in Kopf und Arm eindrangen. Sein Leben schien gefährdet, um so mehr, als die schwere Verwundung von einer moralischen Erschütterung begleitet war; aber er überwand glücklich die Gefahr, in der er geschwebt, und erschien bereits am 20. September bei Wabern an der Front der vereinigten Truppen des XI. Armeecorps und der 31. (Großherzoglich-Hessischen) Division, um Revue über dieselben abzunehmen. Er begab sich bald darauf nach Koblenz, Baden-Baden und Wiesbaden und kehrte am 5. Dezember, nach völlig erlangter Gesundheit, in seine Hauptstadt zurück. Es war der feierlichste Einzug, den er je gehalten. Selten ist es, gleich ihm, einem Fürsten zuteil geworden, noch am Spätabend seines Lebens seinem Lande so reichen Ruhm zu erringen. Nicht nur als der mächtigste, auch als der gefeiertste Monarch Europas steht er da. Ein glänzendes Beispiel, daß im Staatsleben ein Charakter mehr bedeutet als ein Talent. »Einfach, bieder und verständig«, so ward er von seiner Mutter in einem ihrer letzten Briefe geschildert, und dieser Schilderung hat er sein Lebtag entsprochen. Geregelte Tätigkeit und mäßige Lebensweise haben ihm bis in sein hohes Alter hinein eine seltene körperliche Rüstigkeit und geistige Frische bewahrt. Was ihn vor allem in seinem an Wandlungen so reichen Leben auszeichnete, war: *Standhaftigkeit in gefährlichen und Mäßigung in glücklichen Lagen.* Und daneben jenes strenge Pflichtgefühl, das ihm die Wohlfahrt und Größes seines Landes als einzige Richtschnur seines Denkens und Handelns erscheinen läßt.

Am 23. Februar 1879 hatte er den Schmerz, seinen »Hauptmitarbeiter am großen Werke der Armeereorganisation«, den Feldmarschall Grafen von Roon, aus dieser Zeitlichkeit scheiden zu sehen. Am 22. März feierte er seinen zweiundachtzigjährigen Geburtstag, am 11. Juni das Fest seiner goldenen Hochzeit. Dasselbe gestaltete sich zu einer deutsch-nationalen Feier, während sich zugleich alle europäischen Höfe beeiferten, ihre Huldigungen und Glückwünsche darzubringen. Der Kaiser von Rußland, an persönlichem Erscheinen verhindert, schickte zwei seiner Großfürsten; alle Marschälle und Generäle, die »Paladine« des Reichs, waren erschienen und umstanden den Thron. Zahllose wohltätige Stiftungen, teils von Städten und Genossenschaften, teils von Privaten ausgegangen, verherrlichten den Tag, und unterm 13. Juni sprach das von so vielen und echten Liebesbezeugungen tiefbewegte kaiserliche Paar seinen Dank in folgenden Worten aus:

»Dank dem Walten der göttlichen Vorsehung ist es Uns vergönnt gewesen, am 11. Juni das fünfzigjährige Jubiläum Unsrer Vermählung zu begehen und dabei zu beobachten, wie dieser Tag Unsrer persönlichen Erinnerungen sich im ganzen deutschen Vaterlande und weit hinaus über dessen Grenzen, wo Deutsche beisammen weilen, zu einem Festtage von allgemeiner Bedeutung gestaltet hat. Mehr als je ist Uns kundgeworden, von welcher Liebe und Anhänglichkeit das deutsche Volk für seinen Kaiser und dessen Haus erfüllt ist. Eingedenk des in bedrängten Zeiten mehr und mehr steigenden Bedürfnisses nach energischem hilfereichenden Wirken hat man dem Gedanken Raum gegeben, Unser Jubiläum zum Anlaß zu nehmen, um ein über das gesamte Reich sich erstreckendes Netz von Stiftungen zu mannigfaltigen, dauernden Zwecken der Humanität zu begründen. Wir fühlen Uns gedrungen, auch an dieser Stelle zu versichern, daß hierdurch mit besonderer Wärme von Uns gehegte Wünsche ihre Erfüllung erhalten haben. In welchem Maße und in welcher Weise sich aber auch die Teilnahme an Unserm Jubeltage geltend gemacht hat – Wir wollen allen, den Nahen wie den Fernen, für ihre Aufmerksamkeiten danken.«

Kronprinz Friedrich Wilhelm

Friedrich Wilhelm Nikolaus Karl, Kronprinz des Deutschen Reiches und von Preußen, wurde als einziger Sohn des damaligen Prinzen Wilhelm von Preußen und der Prinzessin Marie Luise Augusta von Sachsen-Weimar am 18. Oktober 1831 im Neuen Palais bei Potsdam geboren.

Seine erste Erziehung erhielt der Prinz durch Frau Godet. Acht Jahre alt, begannen für ihn, in Genossenschaft Rudolf von Zastrows und des Grafen Adolf von Königsmarck, welche mit ihm in gleichem Alter standen, die ersten Exerzierübungen. Als es bei einer dieser Übungen regnete und ein Lakai einen Schirm für den Prinzen brachte, erwiderte dieser: »Hast du je einen preußischen Soldaten unter einem Regenschirm gesehen?« Am 18. Oktober 1841, zehn Jahr alt, trat der Prinz, nach dem Herkommen des Hauses, in das Erste Garderegiment zu Fuß. Sein Militärgouverneur war Oberst von Unruh, während seine wissenschaftliche Ausbildung von dieser Zeit ab durch Professor Curtius geleitet wurde. Er trieb mit Vorliebe historische Studien. Im Jahre 1847 und 48 nahm der Prinz an den Schießübungen und Exerzitien mit gemischten Waffen teil und wurde am 2. Mai 1849 der Leibcompagnie des Ersten Garderegiments zu »dauernder Dienstleistung« überwiesen. Bei dieser Gelegenheit war es, daß sein Vater folgende Worte an die Offiziere des Regiments richtete: »Zu dauernder Dienstleistung tritt nunmehr mein Sohn in Ihre Reihen ein. Ich hoffe, er wird seinem Namen und seinen Ahnen Ehre machen. Dafür bürgt mir der Geist, den *Gott* in ihn gelegt hat, nicht wir. Und *dir*, mein Sohn, wünsche ich, daß du dereinst dasselbe erfährst, was dein Vater inmitten seiner Kameraden erfahren hat! Meine Herren, es ist die schönste Freude meines Lebens gewesen, zu sehen, wie die Treue und innige Teilnahme meiner Untergebenen sich in schweren Tagen in der Nähe und in der Ferne nicht verleugnet hat! Das wünsche ich auch *dir*! Und so *tue* nun *deine* Schuldigkeit.«

Nachdem der Prinz 1851 zum Hauptmann, 1853 zum Major, 1855 zum Obersten (in welcher Eigenschaft er das 11. Infanterieregiment zu Breslau kommandierte) aufgerückt war, ward er 1858 zum Generalmajor und 1860 zum Generallieutenant, bald darauf auch zum Statthalter von Pommern ernannt.

Seine ersten kriegerischen Erfahrungen sammelte er 1864 im Feldzuge gegen Dänemark, den er im Hauptquartier des Generals von Wrangel mitmachte. – Zwei Jahre später, im Kriege gegen Österreich, erhielt er das Kommando über die aus den Garden, dem I., V. und VI. Armeecorps zusammengesetzte II. Armee. Das Hauptquartier des Prinzen, unmittelbar vor Ausbruch der Feindseligkeiten, befand sich, halben

Wegs zwischen Breslau und der böhmischen Grenze, zu Schloß *Fürstenstein*, dem alten Sitze der Grafen von Hochberg. Am 19. Juni 1866 erschien die Ordre zum Vormarsch, am 23. gab der Prinz von Neiße aus Befehl, sich zum Einrücken in Böhmen bereitzuhalten. Bevor er persönlich aufbrach, traf ihn ein harter Schlag: Prinz Sigismund, sein jüngster Sohn, war im Neuen Palais zu Potsdam am 18. Juni gestorben, und noch denselben Abend hatte sich Königin Augusta nach Neiße begeben, ihrem Sohne die Trauerkunde und mütterlichen Trost zu bringen. Zwei Tage später erschien der Kronprinz bei der Armee und erließ folgende Proklamation: »Soldaten der II. Armee! – Ihr habt die Worte unseres Königs und Kriegsherrn vernommen! Die Bemühungen Sr. Majestät, den Frieden dem Lande zu erhalten, waren vergeblich! Mit schwerem Herzen, aber stark im Vertrauen auf die Hingebung und Tapferkeit seiner Armee, ist der König entschlossen, zu kämpfen für die *Ehre* und *Unabhängigkeit Preußens* wie für die *machtvolle Umgestaltung Deutschlands*! Durch die Gnade und das Vertrauen meines Königlichen Vaters an Eure Spitze gestellt, bin ich stolz darauf, als der *erste Diener* unseres Königs mit Euch Gut und Blut einzusetzen für die heiligsten Güter unseres Vaterlandes! Soldaten! Zum ersten Male seit über fünfzig Jahren steht uns ein ebenbürtiger Feind gegenüber. Vertrauet auf Eure Kraft, auf unsere bewährten vorzüglichen Waffen und denkt, es gilt *denselben* Feind zu besiegen. *den einst unser größter König mit einem kleinen Heere schlug*! Und nun vorwärts mit der alten preußischen Losung: ›Mit Gott für König und Vaterland!‹«

Am 26. Juni war er an der Spitze des Einmarsches in Böhmen. Er passierte die gefahrvollen Gebirgspässe, siegte am 27. bei Nachod, am 28. bei Skalitz, Burkersdorf und Alt-Rognitz, am 29. bei Schweinschädel und Königinhof, am 30. bei Gradlitz und trug am 3. Juli in dem großen Entscheidungskampfe bei *Königgrätz* (wo ihm die Rolle Blüchers bei Waterloo zufiel) durch sein rechtzeitiges Erscheinen auf der Höhe von Chlum wesentlich zum Siege bei. Seine Erlebnisse während des Feldzugs legte er in einem nur für einen engen Kreis bestimmten Werke, »Erinnerungen aus dem Kriegsjahre« nieder.

Nach vier Jahren der Ruhe, während der er eine Reise zur Eröffnung des Suezkanals nach Ägypten und Palästina unternahm (»Meine Reise nach dem Morgenlande«; nur in vierzig Exemplaren abgezogen), erhielt er 1870 bei Ausbruch des Deutsch-Französischen Krieges den Oberbefehl über die III. Armee und damit über die süddeutschen Truppen. Am 26. Juli verließ er Berlin, um sich über Leipzig, München, Stuttgart, Karlsruhe nach dem Standorte der III. Armee zu begeben. Während der Reise schon hatte sich ihm die erhebende Stimmung des süddeutschen Volkes gezeigt. An jedem Haltepunkte begrüßten ihn enthusiastisch bewegte Volksmassen, und sein Empfang in München glich einem Jubelrausch. Man sah in ihm den lebendigen Ausdruck des deutschen Einheitsgedankens. Am nächsten Tage stellte er sich den in Ingolstadt versammelten süddeutschen Offizieren als Oberstkommandierenden der bayrischen Armee vor. »Ich kann Ihnen nicht genug sagen«, redete er sie an, »wie hoch ich mich geehrt fühle, daß Ihr König mir seine Armee anvertraut hat! Verhehlen wir uns nicht, daß wir einem schweren Kampfe entgegengehen, aber die allgemeine Begeisterung, die uns aus allen Gauen Deutschlands entgegenkommt, läßt mich hoffen, daß es mit Gottes Hülfe ein sieggekrönter Kampf sein wird, der uns zu einem endlichen, das deutsche Vaterland beglückenden Frieden führen wird!«

Und in der Tat, gleich die ersten Erfolge des Krieges wurden *ihm* zuteil. Unter seinen Augen errang die III. Armee am 4. August einen glänzenden Erfolg durch Erstürmung Weißenburgs und des dahinter liegenden Gaisberges und trug am 6., unter seiner persönlichen Führung, den großen Sieg bei *Wörth* über MacMahon davon. Zwei Adler, sechs Mitrailleusen, fünfunddreißig Geschütze und über sechstausend Gefangene waren in unsere Hände gefallen. Am 16. August rückte der Kronprinz in Nancy ein, blieb daselbst als Flankendeckung, bis sich die Kämpfe vor Metz entschieden, und ging dann auf einer südlichen Linie über Commercy, Bar-le-Duc und Vitry vor, um, unter Mitwirkung der mittlerweile gebildeten Vierten oder »Maas-Armee«, einerseits eine Vereinigung zwischen Bazaine und MacMahon zu hindern, andrerseits dem letzteren den Rückzug nach Paris hin abzuschneiden. Beides gelang. Am 2. September schlugen er und der Kronprinz von Sachsen, unter dem Oberbefehle König Wilhelms, den Feind gänzlich bei Sedan. Gleich darauf erfolgte der Vormarsch gegen Paris, das am 19. September von den Vortruppen der III. und IV. Armee erreicht wurde. Noch am selben Tage fanden die Gefechte bei Villeneuve und Montrouge statt, denen die Einschließung der Hauptstadt, erst im Süden, bald auch im Norden, folgte. Der Kronprinz hielt in dem großen Zirkel die Linie Bougival – Sèvres – Meudon – Bourg-l'Hai – Chevilly – Thiais – Choisy-le-Roi – Bonneuil besetzt. Vom Ende September an im Großen Hauptquartier des Königs zu Versailles, ward er zugleich mit seinem Vetter, dem Prinzen Friedrich Karl, am 28. Oktober zum Generalfeldmarschall ernannt, welche höchste militärische Stufe bis dahin keinem Prinzen des regierenden Hauses zuteil geworden war. Während der Belagerungswochen war es das »Hôtel des Reservoirs«, welches von ihm bewohnt wurde. Am Tage der feierlichen Proklamierung des Deutschen Kaiserreiches, 18. Januar 1871, wurde dem Kronprinzen die Würde eines »Kronprinzen des Deutschen Reiches« mit dem Prädikat »Kaiserliche Hoheit« beigelegt. Nach Unterzeichnung der Friedenspräliminarien verließ er am 7. März 1871 Versailles und kehrte am 20. nach Berlin zurück. Die Reise war ein Triumphzug gewesen. Am 22. empfing er das Großkreuz des Eisernen Kreuzes. Bei den festlichen Einzügen der rückkehrenden Truppen in Berlin (16. Juni) und München (16. Juli) ward er vom Volke mit immer erneutem Jubel begrüßt.

Wenn schon jeder eines festen Haltes in der öffentlichen Meinung bedarf, so doppelt der Fürst. Zumal in unserer Zeit. *Heute* vermag nur *der* glücklich und segensreich zu regieren, der, wie der alte Greiner von Württemberg, jedem Untertanen »sein Haupt kühnlich in den Schoß legen darf«. Und das *darf* Kronprinz Friedrich Wilhelm. Er hat die Liebe seines Volkes. Ein bekannter Heerführer aus dem Kriege von 1866 charakterisiert ihn dahin: »Unser Kronprinz ist wirklich ein *ganzer* Prinz! Stets gut und liebenswürdig, verletzt er niemals. Edel und menschenfreundlich, zeigt er sich in seinem Benehmen immer gleich. Ebenso fest und unverrückbar ist sein Wille. Was er beschließt, führt er aus. Ich habe mich unter seinem Kommando stets wohl gefühlt. Er kennt keinen Groll, keinen Neid des Ruhms. Was einer Gutes schafft, erfreut ihn, als wär es seine eigene Tat! Ein Prinz soll um so edelsinniger sein, je weniger es anderen gegeben ist, für erlittene Kränkungen von ihm Genugtuung fordern zu dürfen. *Diesen* Edelsinn besitzt unser Kronprinz.« Mit diesem Urteile stimmen die Schilderungen anderer überein. »Er ist ein vorzüglicher Soldat, dabei von unendlicher Anspruchslosigkeit und liebenswürdigster Einfachheit. Als Feldherr zeichnet ihn Ruhe aus. Er hat kaltes Blut in heißen Stunden. Selbst die schwierigste Situation bringt ihn nicht einen Augenblick aus der Fassung. – ›Ich habe nach meinen Kräften alles getan, was ich zu tun vermochte; das übrige liegt bei Gott, nicht bei mir‹, so waren seine Worte, als sich's am 28. Juni 1866 entscheiden mußte, ob die Operation seiner Armee: der Durchmarsch durchs Gebirge, glücken werde oder nicht. Mit seinem Vater hat er den Tätigkeitstrieb gemein, und sein Eifer legt ihm beständig die Frage vor: ›Was hab ich noch zu tun?‹ Dem Offizier wie dem Soldaten gegenüber ist er von äußerster Leutseligkeit. Er unterhält sich gern mit dem gemeinen Mann, nimmt Anteil an allem, was diesen betrifft, und hat stets ein Wort der Aufmunterung und Anerkennung. In seiner Umgebung befindet man sich völlig ungezwungen. Er liebt es, daß man offen und ungeschminkt mit ihm spricht, und verträgt nicht nur jede Einrede, sondern hat es sogar gern, wenn ihm solche in angemessener Form entgegentritt. Wem er sein Vertrauen einmal schenkte, dem bewahrt er es unwandelbar, wie er überhaupt ein treues Gedächtnis allen denen sichert, mit welchen er im Leben zusammentraf.«

Und noch ein drittes Urteil. »Er ist eine offene, fröhliche Natur. Bei jedem ernsteren Anlaß aber verändert sich sein Wesen und versenkt sich in die Sache. Mit großer Einsicht und Vorliebe wendet er sich künstlerischen, namentlich auch sozialen Erörterungen zu. Seine Gedanken über literarische Forschung und die geistigen Bedürfnisse nationaler Entwikkelung sind klar, frappant und eindringend. Mit Abneigung erfüllen ihn die Verirrungen unseres modernen Geschmacks, und kommende Jahrzehnte dürfen sich versichert halten, daß der Sieger von Königgrätz und Sedan mit aller Kraft bestrebt sein wird, uns auf den verschiedensten Gebieten des Lebens einen idealeren Inhalt zurückzuerobern.«

Der Kronprinz vermählte sich am 25. Januar 1858 mit Victoria, Princess Royal von Großbritannien und Irland. Der Einzug des Paares fand am 8. Februar statt, und die Segenswünsche, die damals laut wurden, sollten sich in einer allerglücklichsten Ehe erfüllen. Aus derselben entsprangen:

Prinz Friedrich Wilhelm, Premierlieutenant im I. Garderegiment zu Fuß;

Prinzessin Charlotte, seit dem 18. Februar 1878 vermählt mit dem Erbprinzen von Sachsen-Meiningen und Hildburghausen;

Prinz Heinrich, Unterlieutenant zur See. Zur Zeit (Ende 1879) an Bord Sr. Majestät Schiff »Prinz Adalbert« auf einer Reise um die Welt begriffen;

Prinz Sigismund †;

Prinzeß Victoria;

Prinz Waldemar, Sekondelieutenant im I. Garderegiment †;

Prinzeß Sophie;

Prinzeß Margarethe.

Prinz Friedrich Karl

Friedrich Karl Nikolaus, Prinz von Preußen, einziger Sohn des Prinzen Karl und der Prinzessin Marie Luise Alexandrine von Sachsen-Weimar, wurde den 20. März 1828 zu Berlin geboren. Seine Erziehung wurde nach strengen, vielleicht nach allzustrengen Grundsätzen geleitet, und voll Mißtrauen in die wohlwollenden Absichten seiner Umgebung zog er sich auf sich selbst zurück. Auch als er mit sechzehn Jahren Berlin verließ, um in Bonn an den Vorlesungen der Universität teilzunehmen, änderte sich sein verschlossenes Wesen nicht, ja seine misanthropische Gemütsbeschaffenheit steigerte sich noch unter dem Eindruck schmerzlichen Undanks, den er bei mehr als einer Gelegenheit erfahren mußte.

Inzwischen im I. Garderegiment, in das er an seinem zehnten Geburtstage als Sekondelieutenant eingetreten war, zum Hauptmann und Compagniechef aufgerückt, nahm er

1848 an dem ersten Feldzuge gegen Dänemark teil, wohnte den Gefechten bei Schleswig, Oeversee und Fridericia bei und empfing den Pour le mérite. Das Jahr darauf (1849) mit in Baden, fand er Gelegenheit, sich in dem Gefechte bei Wiesenthal an der Spitze einer Husarenschwadron auszuzeichnen. Während der folgenden Friedensjahre stieg er bis zum Brigadekommandeur auf, erhielt 1859, bei der Mobilmachung der Armee, den Befehl über die III. (Pommersche) Division und bei der bald darauf erfolgenden Demobilisierung das Kommando über das III. (Brandenburgische) Armeecorps. Von ganzer Seele Soldat, bildete er sich durch gründliche kriegswissenschaftliche Studien und teilte die Früchte derselben einem engeren Kreise von Offizieren in Vorträgen oder kleinen lithographierten Abhandlungen mit. Eine derselben: »Über die Kampfweise der Franzosen und die beste Art, ihr zu begegnen«, erschien ohne Vorwissen des Prinzen in Frankfurt a. M. mit der auf ihn deutenden Chiffre P.F.K. Das Schriftchen machte Aufsehen und rief eine französische Antwort hervor, während sich die Kritik überhaupt lebhaft damit beschäftigte. Wahrscheinlich durch ein ihm untergeschobenes Vorwort bewogen, das seinen politischen und militärischen Anschauungen sehr fremd war, erhob der Prinz eine gerichtliche Klage gegen den Verleger, die aber mit einer Freisprechung desselben endigte.

Beim Ausbruche des zweiten Krieges gegen Dänemark, 1864, wurde der Prinz mit dem Befehl über die preußischen Truppen betraut, die den rechten Flügel der alliierten Armee bildeten. Nach Überschreitung der Eider- und Erreichung der Schlei-Linie unternahm er am 2. Februar einen Versuch gegen Missunde und wandte sich dann, nachdem der bedeutende Artilleriekampf keinen Erfolg gehabt hatte, weiter rechts nach Arnis, wo er den Schlei-Übergang am 6. Februar bewirkte und dadurch die Dänen veranlaßte, das Danewerk zu räumen. Demnächst rückte er gegen die befestigte Stellung von Düppel, welche erst nach einer förmlichen Belagerung und einer Reihe voraufgegangener Gefechte (Ravenskoppel, Oster-Düppel, Rackebüll) am 18. April erstürmt wurde. Am 24. Juni wurde der Prinz, als Feldmarschall von Wrangel sein Kommando niederlegte, als Oberbefehlshaber der alliierten Armee ernannte.

Der Sechsundsechziger Krieg gegen Österreich bot ihm binnen kurzem Gelegenheit zu weiterer Auszeichnung. Als Führer der aus dem II., III. und IV. Armeecorps gebildeten I. Preußischen Armee überschritt er am 23. Juni von der Sächsischen Lausitz aus die böhmische Grenze und schlug die Österreicher am 26. Juni bei Liebenau und Podol, am 28. Juni bei Münchengrätz und tags darauf bei Gitschin. Am 30. Juni ließ er seine ganze Armee weiter vorrücken, schob seine Vorposten bis Horsitz und focht am 3. Juli im Zentrum der Entscheidungsschlacht bei *Königgrätz.* Nach derselben drang er bis in die Nähe von Wien vor und beschloß die Feindseligkeiten durch das mit Truppen des IV. Armeecorps geführte Gefecht bei Preßburg.

Im Deutsch-Französischen Kriege von 1870 und 71 ward er zum Oberbefehlshaber der aus sechs Armeecorps gebildeten und im Zentrum unserer Gesamtaufstellung operierenden II. Deutschen Armee ernannt. Diese kam am 16. August bei Vionville, am 18. bei Gravelotte zum Kampf. Der Feind wurde nach *Metz* hineingeworfen. Es folgte nun die zehnwöchentliche Belagerung dieser Festung, die sich dem in seinem Hauptquartiere zu Corny weilenden Prinzen am 27. Oktober mit 173000 Mann, 3 Marschällen, 6000 Offizieren und einer großen Anzahl Adler, Geschütze, Gewehre und Rohmaterial ergab.

Am folgenden Tage wurde der Prinz zum Generalfeldmarschall ernannt und erhielt Befehl, seine Armee westlich, in der Richtung auf Orléans zu führen. Er verlegte sein Hauptquartier von Corny nach Pont-à-Mousson und hielt am 10. November seinen Einzug in Troyes. Unaufhaltsam drang er von hier aus gegen die sich stündlich an Zahl und Macht ergänzende Loire-Armee des Generals Aurelle de Paladines vor, erfocht, nach voraufgegangenen kleineren Gefechten, am 28. November den Sieg bei Beaune-la-Rolande und warf am 3. Dezember, im Verein mit dem Großherzog von Mecklenburg-Schwerin, den Feind bis in den Wald von Orléans zurück. Am 5. Dezember zog er in die Loire-Hauptstadt (Orléans) ein, von wo aus er gegen Tours weiterrückte und sein Hauptquartier in der Mitte des Monats nach Beaugency verlegte. Am 4. Januar 1871 wandte er sich loireabwärts, um die Offensive gegen den General Chancy, der inzwischen, an

General Aurelle de Paladines' Stelle, das Oberkommando übernommen hatte, zu ergreifen. Er traf ihn am 6. bei Vendôme. Nachdem er zwei seiner Armeecorps zurückgeworfen, Azay und Mazange genommen, auch bei Epuisay und Champagné hitzige Gefechte gehabt hatte, hielt er am 12. Januar seinen Einzug in *Le Mans.* Damit endigten die Feindseligkeiten auf dieser westlichen Seite des Kriegsschauplatzes. Als bald darauf am 26. Februar die Friedenspräliminarien unterzeichnet wurden, trat er am 6. März seinen Rückmarsch nach Norden an. Am 22. erhielt er das Großkreuz des Eisernen Kreuzes; am Einzugstage (16. Juni 1871) wurde er zum Generalinspekteur der III. Armeeinspektion ernannt. In dieser hohen Stellung ist er noch. Der bevorzugte Aufenthalt des Prinzen ist sein Gut »Dreilinden« bei Zehlendorf. Als Besitz ist es ziemlich wertlos, und er erwarb es nur, um *ländlichen Verhältnissen* praktisch näherzutreten. Nicht nur den Sommer über, fast zu jeder Jahreszeit ist er dort, oft einzelne Tage nur, oft wochenweise. Ein Diener, höchstens ein Adjutant begleiten ihn; er vergißt dann den Prinzen und Soldaten völlig, um seine Bäume zu beschneiden, nach seiner Wirtschaft zu sehen, kurz, Landmann zu sein. Ein anderer Cincinnatus. Ist er in Berlin, so bezieht er seine Wohnung im Königlichen Schloß. Sein dreifenstriges Arbeitszimmer macht den Eindruck der Traulichkeit. Man sieht, hier lebt der Prinz sich selbst. Die Wand, den Fenstern gegenüber, hat in der Mitte den alten, hell prasselnden Kamin mit den Rokoko-Emblemen des ersten preußischen Königtums; Waffenschränke sind unfern sichtbar. An einem großen runden Tisch vor dem Kamine wird soupiert. Derselbe hat etwa Raum für sieben bis neun Personen, und allabendlich findet sich hier ein kleiner Kreis von Herren ein: Freunde Friedrich Karls oder Leute, die ihn anderweitig interessieren. Unter ihnen gibt er sich offen, ohne jegliche Prätension, so daß das Gespräch, einmal im Fluß, eine Leichtigkeit annimmt, welche man gewöhnlich nur in den Salons des Pariser Ancien régime vorfand. Der Prinz liebt ein pointiertes Geplauder, das die Mitte hält zwischen Ernst und Heiterkeit. Dabei bedient er sich gern eines leichten, halben Tons. Heißblutig von Natur, nimmt er manches schärfer, als es gemeint ist; wird ihm aber fein und dennoch ehrlich pariert, so begegnet er seinem Gegner mit höchster Liebenswürdigkeit. Andrerseits ist nicht zu verkennen, daß sein Ernst leicht etwas Herbes annimmt, sobald er findet, daß man ihn nicht richtig zu nehmen weiß. Immer aber verbleibt ihm eine sich ganz ungekünstelt gebende Anspruchslosigkeit, Humanität und geistige Klarheit. Niemand hat jemals eine Zweideutigkeit aus seinem Munde gehört. Versuchen andere diesen Ton, so nimmt er es übel, weil er darin einen Mangel an Respekt gegen seine Person erblickt. Seine natürliche Vorliebe für das Soldatentum hält ihn nicht ab und hat ihn nie abgehalten, sich der Literatur, den Künsten, der Verwaltungsbranche zuzuwenden. Und zwar mit vollem Ernst. Er liebt die Wissenschaften aus innerem Bedürfnis, aber zugleich auch, um sie sich praktisch nutzbar zu machen. Dabei übt er die Tugend, nichts wissen zu wollen, was nicht innerhalb des Kreises seiner fürstlichen Selbsttätigkeit liegt. Bunsens Werke sind ihm ebenso vertraut wie die Bibel, der Sachsenspiegel und die Werke Friedrichs II. Militärische Fragen bilden selbstverständlich, wie den Hauptinhalt seiner Studien, so auch den Hauptinhalt seines Gesprächs. Als die Rede davon war, daß besonders unsere Beweglichkeit entscheidend für unsere Kriegserfolge gewesen sei, bemerkte er: »Die Hauptsache bleibe immer die, daß sich der Soldat als *selbständigen Organismus fühlen* und ins Ganze *verschmelzen* lerne. Der Handwerksbursche, der nach viermeiligem Marsche marode ins Quartier komme, mache als Soldat die doppelte Tour mit viel schwererem Gepäck und nehme daran wahr, daß seine Körperkräfte durch die militärische Ausbildung *gestählt* worden seien. Der Vorzug des alten Soldaten vor dem Rekruten liege vornehmlich in dem *Verständnis der Notwendigkeit* der ihm zugemuteten Strapazen. Wir hatten Truppenteile im Kriege«, so schloß er, »in die man einen Ersatz hineinstecken konnte, *welchen* man wollte, er wurde von den ›Alten‹ mit fortgerissen. Dem gemeinen Manne das Bewußtsein seines *Wertes* und seiner *Kraft* beibringen, das ist die Aufgabe derer, die Armeen zu bilden haben.« Als bei anderer Gelegenheit über den Parlamentarismus gesprochen und tadelnd hervorgehoben wurde, daß viele Sprecher nur um Redens willen zu reden schienen, entgegnete der Prinz: »Mag sein, aber es schadet nichts. Jeder soll alles aus sich herausreden! *Das Verweilen in einer legislativen Versammlung hat doch immer etwas Imponierendes.«*

Der Prinz vermählte sich am 29. November 1854 mit der Prinzessin Marie Anna von Anhalt. Aus dieser Ehe wurden folgende Kinder geboren:

Prinzeß Marie, vermählt am 24. August 1878 mit Heinrich, Prinzen der Niederlande; verwitwet seit dem 13. Januar 1879.

Prinzeß Elisabeth, vermählt am 18. Februar 1878 mit August, Erbgroßherzog von Oldenburg.

Prinzeß Louise Margarethe, vermählt am 13. März 1879 mit dem Prinzen Arthur von Großbritannien, Herzog von Connaught.

Prinz Friedrich Leopold, geboren am 14. November 1865, Sekondelieutenant im I. Garderegiment zu Fuß.

Moltke

Helmuth Karl Bernhard Graf von Moltke wurde den 26. Oktober 1800 zu Parchim in Mecklenburg-Schwerin als Sohn des dänischen Generallieutenants Viktor von Moltke geboren. Die Moltkes, ursprünglich auf der dänischen Insel Moen seßhaft, führen deutungsreich den Spruch: »Candide et caute« (»*Aufrichtig und vorsichtig*«) in ihrem Wappen.

Helmuth von Moltke verbrachte seine Kindheitsjahre auf dem Gute seiner Eltern in Mecklenburg, dann in Holstein und trat 1812 in das Kopenhagener Kadettencorps, 1818 in die dänische Armee ein. Aber schon vier Jahre später, 1822, vertauschte er den dänischen Dienst mit dem preußischen und ward als Sekondelieutenant im 8. (Leib-)Infanterieregiment zu Frankfurt a. O. angestellt. Nachdem er zum Hauptmann aufgerückt, unternahm er 1835 eine Reise nach dem Orient, wo er dem Sultan Mahmud vorgestellt wurde, der ihn sehr auszeichnete und ihn bald darauf, um seinen Rat bei den durchzuführenden militärischen Reformen zu hören, von der preußischen Regierung für sich erbat. Moltke wohnte, nachdem ihm ein dreijähriger Urlaub bewilligt worden war, mit mehreren anderen preußischen Offizieren dem Feldzuge in Syrien bei (1839), in welchem freilich der Oberfeldherr der Pforte, guten Rat verschmähend, bei Nisib geschlagen wurde. Die Stellung des türkischen Heeres war unklug gewählt und ohne Rückzugslinie. Moltke sah die Gefahr, fand aber, bei dem schlechten Geist, der ohnehin eingerissen war, einen Trost in der Erwägung: »Jetzt weiß jeder einzelne, daß er stehen oder verderben muß!« Schlimmer als alles war, daß das türkische Heer von vier Generalen befehligt wurde, während das der Ägypter, ohnehin an Zahl überlegen, unter alleinigem Befehle Ibrahim Paschas stand. Moltke suchte durch eine Frontveränderung wenigstens einer Umgehung von seiten des Feindes vorzubeugen, die Verwirrung aber, welche sich gleich bei Beginn der Schlacht gezeigt hatte, dazu das Weichen des türkischen Zentrums, ließen all seine Anstrengungen scheitern. Er und seine Genossen langten zum Tode erschöpft in Marrasch an; fünf Sechstel der türkischen Armee war verlorengegangen, weil auf der Flucht alles auseinander- und nach Hause lief. Auf diesem Rückzuge hatte Moltke den unersetzlichen Verlust eines Teils seiner kostbaren Karten zu beklagen, der Arbeit von Jahren. Die Trümmer des Heeres erreichten Konstantinopel. Nach einer Abschiedsaudienz bei Sultan Mahmud kehrte Moltke am 13. September 1839 endlich in die Heimat zurück. Hier trat er wieder in den preußischen Generalstab ein, dem er schon von 1828 bis 35 angehört hatte, empfing den Pour le mérite, avancierte 1842 zum Major und war 1845 Adjutant des in Rom lebenden Prinzen Heinrich von Preußen. Neuerdings (in J. Rodenbergs »Deutscher Rundschau«, März- und Aprilheft 1879) sind unter Benutzung damals von ihm gemachter Aufzeichnungen seine »Wanderungen um Rom« veröffentlicht worden. Nach dem 1846 erfolgten Tode des Prinzen Heinrich wurde Moltke dem Generalstabe des 8. Armeecorps aggregiert und rückte zwei Jahre später (1848) zum Generalstabschef des IV. Armeecorps, 1850 zum Oberstlieutenant, 1851 zum Obersten auf. 1855 Erster Adjutant des Prinzen (späteren Kronprinzen) Friedrich Wilhelm, ward er 1856 zum Generalmajor, 1859 zum Generallieutenant ernannt. Schon einige Zeit vorher, am 18. September 1858, hatte seine definitive Ernennung zum *Chef des Generalstabes der Armee* stattgefunden. Bei dem Feldzugsplane von 1859, der bekanntlich in Folge des

Friedens von Villafranca nicht zur Ausführung kam, hatte Moltke bereits seinem umfassenden Wirkungskreise entsprochen. Dem Generalstabe galten von jetzt ab alle seine Anstrengungen. Durch Vorträge, mehr noch durch geistvolle Leitung der den Generalstabsoffizieren obliegenden Arbeiten und Studien wußte er im Frieden das Corps wesentlich zu fördern. Bei Ausbruch des Krieges gegen Dänemark half er den gemeinsamen Operationsplan feststellen und wurde Ende April, als Prinz Friedrich Karl den Oberbefehl über die gesamten in Schleswig-Holstein und Jütland stehenden österreichischen und preußischen Corps erhielt, zum Chef des Generalstabes für die »Alliierte Armee« ernannt.

Über Erwarten – so hoch alle Erwartungen auch gespannt waren – entfaltete sich Moltkes strategische Begabung im Kriege gegen Österreich. Im Juni 1866 zum General der Infanterie ernannt, begleitete er den König in das Lager und wohnte der entscheidenden Schlacht von *Königgrätz* bei, die recht eigentlich ein Resultat seiner glänzenden Kombinationen, das Zusammentreffen dreier Armeen auf einem vorausberechneten Schlachtfelde, war. Nach dem »Tage von Königgrätz« leitete er den Vormarsch der Preußen gegen Wien und Olmütz und führte die Verhandlungen in Nikolsburg, welche den Waffenstillstand am 2. August zur Folge hatten. Als Auszeichnung für seine Verdienste empfing er den Schwarzen Adlerorden und wurde zum Chef des Kolbergschen Grenadierregiments Nr. 9 erhoben. Unermüdlich tätig, wandte er sich, unmittelbar nach dem Friedensschlusse, der Beseitigung àll der Mängel zu, die sich, trotz unserer glänzenden Erfolge, auf mehr als einem Gebiete herausgestellt hatten. Zugleich bereitete er alles für den Entscheidungskampf mit Frankreich vor, arbeitete bereits 1868 einen genauen Mobilmachungs- und Feldzugsplan auf diese Eventualität hin aus und erntete, und das Land mit ihm, die Früchte seiner Friedenstätigkeit, als der längst als unausbleiblich erkannte Kampf endlich eintrat. Das Heranführen ungeheurer Heeresmassen mit Hülfe der Eisenbahn, der Aufmarsch der drei Armeen am Rhein, endlich der Beginn der Kriegsoperationen selbst erfüllten alle Welt mit Bewunderung und Vertrauen in seine Leitung. Wurde durch blinde Kampfbegier einer seiner Pläne gestört, so wurde sofort die notwendig gewordene Änderung getroffen. Eine vortreffliche Verwendung der Reiterei lieferte Notizen über den Feind, aus denen mit nie fehlgreifendem Scharfsinn die Stärke, Bewegungen und Absichten desselben kombiniert wurden. Die durch einfachen, klaren Stil ausgezeichneten Befehle des Generalstabes verloren sich nicht in Details, sondern gaben Direktiven, welche die Heerführer zugleich über den Zweck der Befehle unterrichteten. »Getrennt marschieren, vereint schlagen« war seine Maxime, und die Siege der deutschen Armee haben sie bewährt. Vorzüglich die große Rechtsschwenkung der III. und IV. (Maas-)Armee, die zur Einschließung MacMahons bei Sedan führte, wird als ein strategisches Meisterstück anerkannt. Die Ehren und Auszeichnungen, die ihm zuteil wurden, waren zahlreich. Am 28. Oktober 1870 in den Grafenstand erhoben, erhielt er am 22. März 1871 das Großkreuz des Eisernen Kreuzes und ward am 16. Juni, dem Einzugstage, Generalfeldmarschall. Zugleich empfing er eine bedeutende Dotation, die bald darauf zur Stiftung eines Familienfideikommisses von ihm verwandt wurde. Zahlreiche deutsche Städte machten ihn zu ihrem Ehrenbürger. Seine Geburtsstadt Parchim errichtete ihm ein Denkmal, und der Kaiser von Rußland überschüttete ihn, bei Gelegenheit eines in Petersburg abgestatteten Besuches, mit Ehrenbezeugungen aller Art. Auch politisch ist er tätig gewesen und noch tätig. Seit 1867 gehört er dem Reichstage, seit 1872 dem Preußischen Herrenhause an. Aufsehen erregte seine am 16. Februar 1874 gehaltene Reichstagsrede »Über die politische Lage und die militärischen Pflichten des deutschen Volks«. Seine vielseitige Geistesbildung gibt sich auch in seinen Werken zu erkennen. Die »Geschichte des italienischen Feldzuges von 1859«, des »Krieges von 1866«, endlich die des »Deutsch-Französischen Krieges«, welche der Generalstab unter seiner Leitung herausgab, sind, auch in bezug auf Stil und Darstellung, als mustergültige Werke anzusehen.

Moltkes hervorragendste Charakterzüge sind Einfachheit und Anspruchslosigkeit. Daß er wenig spricht, ist bekannt. Sein Geist umfaßt alle Möglichkeiten, und die Tatsachen, wie scheinbar befremdlich sie auftreten mögen, *ihn* überraschen sie nie. Denn auch das von andern Unerwartetste, *er* hat es erwogen und gibt ohne Zögern den nunmehr einzuschlagenden Weg an. Als in der Nacht vor Königgrätz die Meldung von seiten der I. Armee einlief, »daß die Österreicher diesseits der Bistritz ständen und Prinz Friedrich Karl sich gegen sie konzentrieren werde«, bedurfte es für ihn keines Augenblicks der Überlegung, um sofort sämtliche Streitkräfte zur entscheidenden Aktion (Königgrätz) in Bewegung zu setzen. Ferner, als 1870 gegen Erwarten nach Bar-le-Duc hin gemeldet wurde, daß MacMahon den Entsatzversuch Bazaines unternähme, stand für Moltke sofort der Entschluß fest, den vielbewunderten »Rechtsabmarsch«, der zur Katastrophe von Sedan führte, dem Könige vorzuschlagen. In diesem wie in jenem Falle hatten die bis dahin eingelaufenen Meldungen auf ganz andere Bewegungen des Feindes hingedeutet, und so charakterisieren sich denn die beiden größten Unternehmungen in beiden Feldzügen als blitzschnell entstandene Impromptus. Im Gefecht, in der Gefahr überhaupt von größter Kaltblütigkeit, zeigt er sich unbekümmert um das, was um ihn her passiert. Statt vom grünenTisch aus, wie die Welt glaubt, alles zu leiten, besitzt er vielmehr eine Neigung, mit vorzugehen und sich persönlich von allem zu überzeugen. So ritt er, im Walde von Sadowa, bis fast an die vorderste Schützenlinie heran. Ihn einfach als den »ersten Strategen« unserer Zeit zu bezeichnen, erschöpft weder seine Begabungen noch seine Verdienste. Er zählt überhaupt zu den hervorragenden Naturen. Voll echter Seelengröße, dient er, wie nicht leicht ein zweiter, der *Sache* allein. Selbstlos und bedürfnislos, lagert eine unerschütterliche, wohltuende Ruhe über seiner ganzen Persönlichkeit. Wohl niemand hat ihn je heftig oder auch nur auffahrend gesehen; er ist frei von Leidenschaft. Dabei hat er volle Anerkennung für die Leistungen anderer. Den strategischen Meisterzug General von Manteuffels, der die Bourbakische Armee zum Übertritt auf Schweizer Gebiet zwang, erkannte er, noch ehe das Resultat da war, in seiner Bedeutung und gab ihm rückhaltlos seine Zustimmung. Gegen Personen, die sich, durch vieljährig bewährte Haltung, sein Vertrauen zu erwerben wußten, tritt er mehr aus sich heraus. Namentlich aber hat er ein Herz für den gemeinen Mann und ist überhaupt voll höchster Anerkennung für die Taten der Armee. Als in den schweren Tagen an der Loire der Telegraph eines Abends neue Siege nach Versailles hin meldete, rief er aus: »Vor dem letzten dieser braven Leute müßte man den Hut ziehen!« – Er kannte die Armee und baute darauf seine kühnen Pläne, »denn«, so waren seine Worte, »es gibt keine Aufgabe, welche man mit solchen Truppen nicht zu lösen vermöchte; sie sind einer jeden gewachsen!«

Über die Art seiner Heeresleitung begegnen wir folgender Charakterisierung: »Wie uns scheint, besteht gerade darin die Eigentümlichkeit dieses wundervoll klaren und übersehenden Geistes, daß er in jedem vorliegenden Falle das Einfachste und Zweckmäßigste, ohne Vorliebe für irgendwelche künstliche Operationsweise, anordnet. Man hat oft als seine Virtuosität hervorgehoben, daß er, seine getrennten Heeresteile rechtzeitig vereinigend, alles durch den *konzentrischen* Angriff bewirkte, und hat namentlich auch aus dem Einmarsch in Böhmen, anno 70 aber aus der Turnierung Bazaines und der Einschließung MacMahons eine Vorliebe für diese Operationsweise – die seine besondere Merthode und in Wahrheit eine ziemlich gewagte Methode sei – herleiten wollen. Und in der Tat, wer ihm diese Weise des Angriffs urteilslos wie ein Kunststück nachmachen wollte, würde sie zu seinem Schaden sehr gewagt finden. Moltkes Stärke liegt einfach darin, daß er die Leistungsfähigkeit der einzelnen Führer und Truppen im Marsche und Gefecht, die Straße, die Verpflegung, die möglichen Hemmnisse durch Terrain, Wetter etc., dazu die Beschaffenheit des Feindes mit einer Gründlichkeit erwägt, welche seinen Berechnungen einen sehr hohen Grad von Wahrscheinlichkeit gibt, und sein Genie gipfelt in der Begabung, daß ihm alle diese bestimmenden Verhältnisse *schnell zu einem sehr deutlichen und richtigen Gesamtbilde der Situation werden.*« Weitab davon, in ein bestimmtes Verfahren nie ausschließliches oder auch nur vorzugsweises Vertrauen zu setzen, ist seine Größe vielmehr in der Vorurteilslosigkeit, in einer durch keine theoretischen Liebhabereien eingeengten Freiheit zu suchen, die, je nach der Sachlage, sich heute zu *diesem* und morgen zu *jenem* entschließt. Die Strategie ist eben keine Wissenschaft, sondern eine Kunst. Wie bei allen Künsten gibt es für sie wohl gewisse herkömmliche Formen, aber keine Regeln, die den

Erfolg ein für allemal sicherstellen. Dem Genius liegt es ob, bekannte, verwandte und dann wieder entgegengesetzte Formen im rechten Augenblicke zu finden, je nach den Fällen, wie sie der Krieg in seinen Überraschungen, jedenfalls aber in dem ewigen Wechsel seiner Ereignisse zu bieten pflegt.

Bismarck

Otto Eduard Leopold Fürst von Bismarck wurde den 1. April 1815 auf dem Familiengute Schönhausen, Kreis Jerichow des Regierungsbezirkes Magdeburg, geboren. Sein Vater war der Rittmeister a. D. Karl Wilhelm Ferdinand von Bismarck, der sich 1806 mit einer Tochter des Geheimen Cabinetsrats Menken vermählt hatte.

Otto von Bismarck kam 1822 in die Plamannsche Erziehungsanstalt, besuchte von 1827 an das Friedrich-Werdersche Gymnasium, von 1830 an das »Graue Kloster«, bezog Ostern 1832 die Universität Göttingen, um Jura und Kameralia zu studieren, und ging im Herbst 1833 zu gleichem Zwecke nach Berlin. Nach absolviertem Examen wurde er 1835 Auskultator an dem Berliner Stadtgericht, 1836 Referendar an der Regierung zu Aachen, 1837 bei der zu Potsdam. Im Frühjahr 1838 ließ er sich nach Greifswald versetzen, um neben dem Waffendienste landwirtschaftliche Studien an der Akademie Eldena zu betreiben, wozu ihn die Verhältnisse der väterlichen Güter veranlaßten, an deren Bewirtschaftung er sich dann von 1839 an beteiligte. 1841 erhielt er Schönhausen, wurde Deichhauptmann und 1846 ritterschaftlicher Abgeordneter für die Provinz Sachsen. Politische Bedeutung aber gewann er erst auf dem Vereinigten Landtage von 1847, die sich steigerte, als er, das Jahr darauf in die Zweite Kammer gewählt, als energischer und beredter Gegner der fortschrittlichen Bestrebungen jener Epoche auftrat. Dem entsprach nicht nur sein Votum für die Verlängerung des Belagerungsstandes, sondern auch der Widerstand, welchen er 1850 im Erfurter Parlament den Unionsbestrebungen der preußischen Regierung entgegensetzte, und sein bei den Kammerverhandlungen vom 3. Dezember 1850 offen ausgesprochener Anschluß an die vom Minister Manteuffel in Ölmütz vertretene und durch den Freiherrn von Vincke hart angegriffene Politik. Mit Rücksicht auf diese Haltung, die namentlich auch die besondere Zustimmung König Friedrich Wilhelms IV. gefunden hatte, erfolgte im Mai 1851 Bismarcks Ernennung zum Ersten Legationssekretär bei der preußischen Bundesgesandtschaft mit dem Range eines Geheimen Legationsrats und drei Monate später zum preußischen Bundestagsgesandten selbst. Als solcher suchte er die Gleichstellung Preußens mit Österreich am Bundestage mit Nachdruck zu verteidigen und geriet darüber mit dem österreichischen Gesandten, dem Grafen Rechberg, in mancherlei persönliche, zu pikanten Anekdoten führende Zerwürfnisse. In der Bundespolitik selbst ging er jedoch Hand in Hand mit Österreich. Die »neue Ära« konnte nicht ohne Einfluß auf ihn und seine Stellung bleiben. Unter Hervorhebung, daß er in der italienischen Angelegenheit eine zu prononcierte Haltung *gegen* Österreich gezeigt habe, ward er 1859 aus Frankfurt abberufen und als preußischer Gesandter nach Petersburg geschickt. Im Frühjahr 1862 erfolgte seine Ernennung zum Botschafter in Paris. Aber nur wenige Monate durfte er in dieser neuen Stellung tätig sein. Der in Folge der Armee-Reorganisation immer brennender werdende Konflikt zwischen der königlichen Gewalt und dem Abgeordnetenhause wurde Veranlassung, auf den kühnen und unternehmenden Diplomaten das Auge zu richten, und als am 18. September die Minister von der Heydt und von Roon aus dem Ministerium schieden, weil sie die Bewilligung der Ausgaben für die Militärorganisation im Abgeordnetenhause nicht hatten durchsetzen können, rief man Bismarck von Paris herbei, der nunmehr mit Herrn von Roon ein neues Cabinet bildete, in welchem er selbst das Ministerium des Auswärtigen übernahm, zugleich auch am 24. September die Stelle des Ministerpräsidenten erhielt. Aber weder einen Ausgleich noch einen Sieg vermochte er augenblicklich zu schaffen. Sein unbeugsamer Charakter einerseits, die geschlossene Opposition des Abgeordnetenhauses andererseits steigerten nur den Konflikt, und eine Einigung über das Budgetrecht und die Militärorganisation schien weiter hinausgerückt denn je zuvor.

Die Wendung indes, welche im Spätherbst 1863 die

Schleswig-Holsteinische Frage durch den Tod des Königs von Dänemark anzunehmen begann, drängte momentan den inneren Streit zurück und brachte überhaupt den Leiter der preußischen Politik in eine ganz neue Situation. Bismarck stand trotz des bisherigen Zwiespalts nicht an, sich sofort mit Österreich zur gemeinsamen Entscheidung des deutsch-dänischen Streites auf Grund des Londoner Vertrages von 1852 zu einigen. Diese Einigung ging dahin, daß Herzog Friedrich von Augustenburg seine Holstein'schen Lande verlassen, Österreich-Preußen aber zur Okkupierung Schleswig-Holsteins schreiten solle. Der Übergang über die Schlei führte nunmehr zum Kriege gegen Dänemark und ein halbes Jahr später zum Wiener Frieden, der, vorbehaltlich anderer Festsetzungen, vorläufig Österreich und Preußen als »Condomini« zu gemeinschaftlichen Herren von Schleswig-Holstein machte. Rivalitätsfragen konnte nicht ausbleiben und führten endlich zu dem »Tage von Königgrätz« (3. Juli 1866), der nicht nur einen uns um drei Provinzen reicher machenden Frieden, sondern auch eine Stimmungsänderung gegen Bismarck und seine Politik zur Folge hatte. Schon das unmittelbar vor Beginn des Krieges gegen ihn ausgeführte Attentat Cohen-Blinds – eines Stiefsohnes Karl Blinds – war nach dieser Richtung hin nicht ohne Einfluß geblieben. Jetzt, angesichts der Wandlung der Verhältnisse, erfolgte die Auflösung des Abgeordnetenhauses, und bereits Anfang August konnte ein neu gewähltes Haus zusammentreten. Abweichend von den in absolutistisch-militärischen Kreisen bestehenden Anschauungen, wünschte Bismarck der neuen Volksvertretung versöhnlich entgegenzukommen und beantragte deshalb in der am 5. August eröffneten Session »Indemnität« für alle seit Beginn des Konflikts ohne Landtagsbewilligung verwendeten Beträge. Diese dem konstitutionellen Prinzip gemachte Konzession führte zur Bildung einer die deutsche Politik Bismarcks unterstützenden »Nationalliberalen Partei«, die nicht nur die Indemnität genehmigte, sondern auch außerordentliche Kredite für Heer und Marine bewilligte und bei Einverleibung der annektierten Länder als Regierungspartei mitwirkte. Zugleich wurde nach Herstellung einer Bundesverfassung und Einberufung eines aus direkten Wahlen hervorgegangenen Parlaments der

»Norddeutsche Bund« unter dem Präsidium und der Kriegsoberhoheit des Königs von Preußen organisiert. Bismarck wurde zum Bundeskanzler ernannt und übernahm den Vorsitz des Bundesrats und der Verwaltung der Bundesangelegenheiten.

Der Sechsundsechziger Krieg, mehr noch die Gründung des Norddeutschen Bundes, hatte mittlerweile die Mißstimmung Frankreichs in so hohem Grade wachgerufen, daß, vom Tuilerienhofe aus, ein förmliches System der Einmischung und Bevormundung begann. Bismarck seinerseits wußte vier Jahre hindurch diesem System mit ebenso großer Festigkeit wie diplomatischer Feinheit entgegenzutreten. Als aber im Sommer 1870 bei dem Bekanntwerden der spanischen Thronkandidatur des Erbprinzen von Hohenzollern der französische Gesandte Benedetti dem Könige Wilhelm gegenüber einen nicht ganz passenden Ton anschlug und in dem Könige von Preußen zugleich das preußische Volk verletzte, erschien dem Grafen Bismarck (er war am 15. September 1865 in den Grafenstand erhoben worden) dieser Zeitpunkt als der geeignetste, um es zum Bruche mit Frankreich kommen zu lassen, zu einem Bruche, den er seit lange für unvermeidlich gehalten, aber möglichst weit hinauszuschieben gesucht hatte. Die süddeutschen Staaten schlossen sich uns an, und der im Juli 1870 erklärte Krieg gestaltete sich, wie bekannt, nicht nur zu dem waffenglänzendsten, den Preußen und Deutschland je geführt, er war auch reich an Erfolgen, weil [die] geschickte und entschlossene Politik Bismarcks, der in der Begleitung des Königs dem ganzen Feldzuge beiwohnte, alle fremde Einmischung fernzuhalten gewußt hatte. Der größte Erfolg war die volle politische Einigung Deutschlands. Am 18. Januar 1871 wurde König Wilhelm im Hauptquartier zu Versailles als Deutscher Kaiser proklamiert, Bismarck aber sah sich am 21. März 1871, am Tage der Eröffnung des ersten Deutschen Reichstags, vom Kaiser Wilhelm in den erblichen Fürstenstand erhoben. Im Mai desselben Jahres wurde sein bisheriger Titel »Bundeskanzler« in den eines »Reichskanzlers« verwandelt.

Die Friedensjahre, die seitdem vergangen, sind seinerseits an zwei große Aufgaben gesetzt worden: Reform auf dem Gebiet unserer *kirchlichen* und unserer *wirtschaftlichen* Politik. Beide Fragen harren noch ihres Abschlusses, und der, der sie angeregt, steht noch mitten im Kampf.

Wenden wir uns seiner Erscheinung, seinem Charakter zu. Wer ihn sieht, empfängt unmittelbar den Eindruck: »Das ist ein gewaltiger Mann.« Er ist groß und schwer, aber in jedem Teile seiner hünenhaften Figur wohlproportioniert: ein mächtiger Kopf auf starkem Nacken, die Schultern breit und gedrungene Glieder. Die Last, die er zu tragen gehabt hat, war eine ungewöhnliche; aber obgleich sein Gang langsam und schwer geworden ist, so geht er dennoch gehobenen Hauptes einher, selbst auf *die* herabblickend, die physisch so groß sind wie er.

Das Bild, das wir von ihm geben, stellt ihn als einen mittleren Fünfziger dar. Es ist ein seltenes Gesicht, welches allenthalben Aufmerksamkeit erregen würde, selbst wenn es nicht einem Manne gehörte, dessen Taten die moderne Welt verändert haben. Es sind Züge, die man nicht wieder vergißt, durchaus nicht schön, aber noch weniger häßlich. In längst vergangenen Tagen war dieses Gesicht auffallend klar, voller Fröhlichkeit, ja selbst Ausgelassenheit; jetzt ist es ernst geworden, beinahe feierlich, mit einem Ausdruck unerschrockenster Energie und Kühnheit. Die kahle Stirn, für den Phrenologen ein Gegenstand der Bewunderung, ist von ganz ungewöhnlichem Umfang. Die großen und hervortretenden blauen Augen scheinen, ohne zu blinzeln, in die Sonne sehen zu können; sie sind nicht schnell, sondern wandern langsam von einem Gegenstande zum andern. Aber wenn sie auf einem menschlichen Antlitz ruhen bleiben, werden sie in so hohem Grade forschend, daß mancher, welcher diesen Blick auszuhalten hat, sich darunter unbehaglich fühlt. Jeder, er sei, wer er sei, wird sich dabei bewußt, in Gegenwart eines Mannes zu sein, mit dem es am besten ist, offen zu verkehren, da er wahrscheinlich den unscheinbarsten Hintergedanken bald entdeckt haben würde.

Fürst Bismarck hat von sich selbst gesagt, daß er »der bestgehaßte Mann in Europa« sei. Er hat in der Tat viele heftige Gegner in den verschiedensten Teilen der Welt, und wenn er unter seinen wenigen persönlichen und intimen Freunden sitzt, frei von allem Zwang seine lange Pfeife rauchend, den Kopf seines großen Hundes streichelnd und mit halber Aufmerksamkeit der in gedämpftem Ton geführten Unterhaltung zuhörend, legt es sich über sein kaltes Gesicht wie ein leichter, durchsichtiger Schleier, hinter welchem seine harten Züge weicher werden und einen ungeahnten Ausdruck von gedankenvoller Traurigkeit annehmen. Denn obgleich einer der sachlichsten Menschen, welche die Welt je gekannt hat, birgt er in seiner Brust eine Ader tiefen Gefühls. Und so gewiß es ist, daß dieses Gefühl nichts gemein hat mit krankhafter Sentimentalität, so gewährt es ihm doch die Möglichkeit, alles nachzuempfinden, was ein Herz während der Reise durch das Leben zu ertragen hat.

Er war der Abgott seiner Bauern, solange er unter ihnen auf seinen Gütern in der Mark und Pommern lebte. Obgleich sein Leben mit der äußersten Genauigkeit von seinen Freunden sowohl wie von seinen Feinden durchforscht worden ist, ist doch niemals etwas entdeckt worden, was ihn in einem anderen Lichte als dem eines gütigen und leutseligen Herrn hätte erscheinen lassen. Er ist durchaus nicht, was man hin und wieder »streng, aber gerecht« nennt und was in den meisten Fällen einfach »sehr hart« bedeutet. Er war umgekehrt von jeher schutz- und hülfebereit allen denen gegenüber, welche ein Recht hatten, auf seinen Schutz zu vertrauen. So kam er eines Tages, als er die Deiche von Schönhausen inspizierte, an eine Stelle, wo die Elbe ein Stück Land mit etwa ein Fuß Wasser bedeckt hatte. Er wollte hinüber und suchte nach einer möglichst leicht passierbaren Stelle. Ein in der Nähe angelnder Bauer sah die Schwierigkeit. »Steigen S' man auf meinen Rücken, gnädiger Herr«, sagte er zu dem etwa vierundzwanzigjährigen jungen Bismarck, »ich trag Sie rüber.« – »Du weißt nicht, was du anbietest«, antwortete Bismarck lachend, »ich wiege 13 Stein.« – »Tut nichts, wir alle würden Sie überall durchtragen, und wenn Sie noch ein gut Teil schwerer wären.« Bismarcks Güte gegen Niedrigstehende ist in allen Lebenslagen unverändert geblieben, und seine alten Diener sprechen von ihm mit jener eigentümlichen, ehrerbietigen Familiarität, welche zwischen einem guten Herrn und ergebenen Hausleuten besteht.

Ein anderer, durchaus deutscher Zug in Bismarck ist seine Liebe für den Wald, für die Natur überhaupt. In vielen

Briefen an seine Frau aus Biarritz, Fontarabia, San Sebastian und anderen Plätzen spricht er mit Enthusiasmus von der Herrlichkeit der See: »Mein Gewissen quält mich«, sagt er in einem dieser Briefe, »daß ich alle diese Schönheiten für mich allein genieße, daß ich sie ohne Dich sehe.«

Bismarck ist ein ausgezeichneter Briefschreiber. Seine Handschrift ist ungewöhnlich groß, energisch und bestimmt; sie sieht nicht aus wie die Handschrift eines Schnellschreibenden. Es ist wahrscheinlich, daß er so schreibt, wie er spricht, langsam, immer nach dem möglichst klaren Ausdruck seiner Gedanken suchend. Weitschweifigkeiten sind ihm ganz besonders zuwider. Da er vor dem Sprechen oder Schreiben weiß, was er zu sprechen oder zu schreiben hat, so gibt er sich nicht eher zufrieden, bis er für die Wiedergabe seiner Ideen das präziseste Wort gefunden hat. Daher sein Stocken während des Redens und daher wahrscheinlich auch seine Langsamkeit im Schreiben. Indessen zeigt sein Stil keinerlei Spuren von Zögern oder Unschlüssigkeit; er ist vielmehr umgekehrt durchsichtig und fließend. In seinen Privatbriefen gibt er sich witzig, voll lebhaftem Humor, ohne sarkastisch zu sein, ein scharfer Beobachter von Menschen und Dingen, voller Verachtung alles Niedrigen. Seine Briefe enthalten selten mehr als Tatsachen und Beschreibungen; nur hin und wieder begegnet man einer kurzen Stelle, welche echtes, den Tiefen des Herzens entsprungenes Gefühl verrät. Seine Bilder und Vergleiche sind meistens sehr gut und oft ungewöhnlich humoristisch.

Seine amtliche Korrespondenz zeichnet sich durch Korrektheit und Bestimmtheit aus und läßt niemals im Zweifel über das, was er zu sagen beabsichtigt; dabei ist seine Ausdrucksweise derartig prägnant, daß es schwer sein würde, selbst aus seinen längsten Depeschen auch nur wenige Worte zu streichen, ohne dem Sinne des Ganzen Eintrag zu tun. Er hat eine starke Abneigung gegen Übertreibungen und wendet nur selten irgendeinen Superlativ an; wenn er aber einen starken Ausdruck gebraucht, so ist dieser sicherlich ernsthaft gemeint. In den letzten Jahren schreibt er seine Depeschen nicht mehr persönlich. Nur bei ganz hervorragenden Gelegenheiten greift er zur Feder oder schreibt mit Bleistift kurze Notizen nieder, die für die Depeschen verwendet werden sollen. Er tut dies nur, wenn er wünscht, daß seine Meinung über einen gewissen Punkt mit seinen eigensten Worten ausgedrückt werde, in den meisten Fällen jedoch begnügt er sich damit, seinem für diese Arbeit sorgfältig erzogenen Sekretär mündlich Instruktionen zu erteilen. Dabei geht er im Zimmer auf und ab oder sitzt an seinem Pult, mit einem Papiermesser spielend. Der diensttuende Beamte – oft selbst von hohem Range – hört zu, während der Kanzler spricht, und macht sich kurze Notizen. Der Gesichtsausdruck Bismarcks während dieser Art von Arbeit ist sehr merkwürdig. Wäre es statthaft, ihn bei einer derartigen Veranlassung zu malen und dem Bilde hinterher einen abstrakten Namen zu geben, so würde man es »Konzentration des Gedankens« nennen müssen.

Wie alle Männer, die Großes geleistet haben, besitzt auch Bismarck die Kraft, in einem gegebenen Augenblick seine ganze Geisteskraft auf einen bestimmten Punkt zu konzentrieren, und es ist wunderbar, wie klar und richtig er dann diesen einen Punkt sieht. Er kann freilich nicht ein halbes Dutzend Briefe gleichzeitig diktieren, wie Cäsar oder der erste Napoleon, ja es ist sogar wahrscheinlich, daß er dies als eine Art von Humbug betrachten würde, nur darauf berechnet, den Zuschauer in Erstaunen zu versetzen, im übrigen aber völlig wertlos sei. Denn Bismarck hat mehr als einmal die Meinung geäußert, daß eine Sache nur *dann* gut durchgeführt ist, wenn die Durchführung so gut als möglich geschehen ist, und daß keine Sache, sei es auch die kleinste, so gut als möglich durchgeführt werden kann, wenn ihr nicht die *ungeteilteste Aufmerksamkeit* geschenkt wird.

Viele von Bismarcks Eigentümlichkeiten als Schriftsteller können auch an Bismarck dem Redner wahrgenommen werden. Es fehlen ihm einige der Eigenschaften, welche man als von dem Redner unzertrennlich zu betrachten geneigt ist. Er spricht nicht nur langsam, sondern er stockt auch, wenigstens im Beginn seiner Rede, bei jedem dritten oder vierten Wort; man meint, er habe irgendeine organische Schwierigkeit beim Aussprechen der Worte zu überwinden, dabei wiegt er sich langsam nach vorn und rückwärts, dreht seine Daumen und sieht von Zeit zu Zeit auf ein Blatt Papier, welches einige Notizen enthält. Nach und nach erwärmt er sich aber, und der Schluß einiger seiner Reden ist ausgezeichnet, selbst von einem ausschließlich rednerischen Standpunkte aus angesehen. Der größte Teil des in der Debatte Gesprochenen liest sich gut; es ist voll von gesundem Menschenverstand und richtiger Logik und ist durchaus frei von hochtönenden leeren Phrasen. Man mag Bismarck lieben oder ihn hassen, so muß doch immer zugestanden werden, daß intellektuell dasselbe von ihm gilt, was in physischer Beziehung von ihm gesagt worden ist: ein gewaltiger Mann! Er selbst ist sich dessen wohl bewußt und verläßt sich auf seine Kraft in ungewöhnlichem Maße; daher auch seine Kühnheit, welche einen hervorstechenden Zug seines Charakters bildet. Bismarcks Leben bildet eine lange Reihe untrüglicher Beweise für diese in ihrer Art einzig dastehende Furchtlosigkeit. Diese »historische Kühnheit«, wenn man den Ausdruck gestatten will, hat ihren Ursprung in einem an- und eingeborenen Mut. Es ist nicht schwer, furchtlos zu erscheinen, wenn man sicher ist, der Stärkste zu sein. In einem solchen Falle ist Kühnheit beinahe identisch mit Dünkel und Anmaßung; aber etwas anderes ist es, wenn ein allem Anscheine nach Schwacher in der Verteidigung dessen, was er als recht erkannt hat, mächtigen Feinden entgegentritt. Und dies paßt in eminentem Grade auf Bismarck. Er hat seine Stimme nicht erst *dann* laut und stolz erhoben und ist nicht *dann* erst in den Streit eingetreten, als er ein großer Mann geworden war; im Gegenteil, er konnte sich nur zu seiner jetzigen Höhe erheben, weil er kühn gesprochen und stolz gehandelt hat zu einer Zeit, als er noch eine unbedeutende Persönlichkeit war. In dieser Zeit fürchtete er sich ebensowenig vor seinem Pferde, vor seinen Lehrern, seinen älteren Studenten, vor dem Ertrinken, vor Volkshaufen als in späteren Jahren vor dem auf ihn feuernden Mörder, vor einer Parlamentsmajorität, vor dem Haß einer mächtigen politischen Partei oder endlich vor den großen Nationen, die sich in Waffen gegen seine Politik erhoben. Er hat jeder Art von Gefahr, ungeachtet er nicht blind dafür war, mit dem gleichen unerschrockenen Mute ins Auge geblickt. Er war nicht mutlos, als ihn seine Landsleute einen Verräter nannten und ihn anklagten, die preußische Verfassung verletzt zu haben, und er zeigte eine merkwürdige Ruhe in den ereignisvollen Tagen, als König Wilhelm auf seinen Rat gegen Österreich und dann zum Kriege gegen Frankreich zog. Preußen bewies sich stärker als diese Reiche, stärker auch, als es sich selbst geglaubt hatte. Denn viele bezweifelten einen glücklichen Ausgang. Bismarck aber war von jenem grenzenlosen, beinah an Wahnsinn streifenden Optimismus durchdrungen, ohne welchen große Taten nie vollbracht worden sind und den wir namentlich bei allen großen Eroberern finden, bei Alexander, bei Cäsar und bei Napoleon. Er hoffte mit Bestimmtheit, sein Spiel zu gewinnen, und dem Manne gleich, welcher stets bereit ist, seinen Einsatz zu verdoppeln, hat er immer höher und höher gespielt. Was wäre Bismarck heute, wenn Preußen, nach dem Erfolge von Düppel und Alsen, bei Sadowa, und nach dem Erfolge von Sadowa, bei Gravelotte geschlagen worden wäre? Er dachte daran, aber er war nie zaghaft. Man erzählt von dem Marschall Soult, daß er seinen durch wiederholt zurückgeschlagene Sturmangriffe eingeschüchterten Soldaten zugerufen habe: »Ihr habt Furcht! Warum? Könnt Ihr doch nur gewinnen; Ihr seid nichts und Ihr habt nichts. Ich aber bin Marschall von Frankreich mit zweimal hunderttausend Francs Einkommen. Ich kann nichts gewinnen, ich kann nur verlieren, und ich habe doch keine Furcht. Also vorwärts!« Und er führte sie an und gewann die Schlacht. Ein solcher Mann ist Fürst Bismarck.

Wenn er sich auf dem Lande befindet, so führt er das Leben eines Landedelmannes aus der alten Schule; er kümmert sich um sein Eigentum, nimmt lebhaftes Interesse an den Bauern, reitet, jagt, schießt und ist kein Freidenker. Von jeher hat er sich mit großem Ernst als einen gläubigen Mann bekannt. »Das Leben hätte keinen Wert«, schrieb er an seinen Schwager, »wenn der Tod hier unten das letzte wäre.« Kühn, fromm, loyal – ein solcher Mann ist Fürst Bismarck.

Im Juni 1878 präsidierte er dem in Berlin zusammentretenden Kongreß, der bestimmt war, die türkisch-orientalische Frage zu ordnen. Das Resultat des Kongresses war der *Berliner Frieden.*

Fürst Bismarck ist seit dem 28. Juli 1847 vermählt mit Johanna von Puttkamer. Aus dieser Ehe wurden geboren:

Gräfin Marie von Bismarck (vermählt an den Grafen Kurt von Rantzau),

Graf Herbert von Bismarck, Legationssekretär, und
Graf Wilhelm von Bismarck, Referendar beim Kammergericht und Premierlieutenant der Reserve des I. Gardedragonerregiments.

Goeben

August Karl von Goeben wurde den 10. Dezember 1816 zu Stade geboren. Sein Vater, Major in hannöverschen Diensten, hatte von 1809 bis 15 in der Deutsch-Englischen Legion die Kriege gegen den ersten Napoleon mitgemacht. Der junge Goeben, von früh auf voll ausgesprochener Vorliebe für Preußen, trat, nachdem er das Gymnasium zu Celle besucht, noch nicht volle siebzehn Jahr alt, als Avantageur in das zu Neuruppin garnisonierende preußische Infanterieregiment No. 24 und ward innerhalb desselben am 15. Februar 1835 zum Lieutenant befördert.

Aber schon ein Jahr später nahm er den Abschied, um nach Spanien zu gehen und daselbst in die Dienste des Don Carlos zu treten. In Bauerntracht, durch Schmuggler geführt, überschritt er, von Frankreich aus, die spanische Grenze, wurde vom Prinzen empfangen und erhielt sein Patent. Cabrera, der an der Brille Anstoß nahm, die von Goeben schon damals trug, hatte *gegen* seine Aufnahme in die Armee gesprochen. Vier Jahre lang blieb von Goeben im Dienste des Don Carlos, avancierte, 21 Jahr alt, zum Oberstlieutenant im Generalstabe, wurde viermal verwundet und zweimal gefangengenommen. Die Christinos schleppten ihn nach Cadix und sperrten ihn in einen unter dem Spiegel der See gelegenen Kerker. Später, nach Saragossa übergeführt, litten seine Augen auf dem Marsche dahin unter dem Einflusse der glühenden Sonne dermaßen, daß er nahe am Erblinden war und kurzsichtig blieb. Nach Beendigung des Krieges wies ihn die Regierung Isabellens aus dem Lande. Einem meuchlerischen Überfall, der sein Leben bedrohte, entging er mit genauer Not.

Absolut mittellos kehrte er über Barcelona zunächst nach Frankreich zurück. Das waren harte Tage, kaum besser als die Tage im Gefängnis. Er lebte von Brombeeren und von dem, was ihm gutmütige Weiber am Wege gaben, die mit dem gespensterhaft hinschleichenden Wanderer Mitleid hatten. So kam er nach Perpignan. Hier bot man ihm an, in die Fremdenlegion zu treten, unter Beibehaltung seines Ranges. Als er dies ablehnte, schaffte man ihn (er hatte gebeten, in Perpignan Briefe aus der Heimat abwarten zu dürfen) mittelst Zwangspaß zu *Fuß* nach Lyon. Seine Füße waren wund, er litt namenlos. Aber Hoffnung und gute Natur überdauerten alles. In Lyon fand er Briefe, Geld – es war überstanden. Dennoch brauchte er ein Jahr, sich von dem Elend und den Überanstrengungen seines Marsches durch Südfrankreich zu erholen. Dann trat er wieder, in seiner alten Charge, als Sekondelieutenant in die preußische Armee. Er hatte sich in dem wechselvollen spanischen Kriegsleben eine genaue Kenntnis des kleinen Krieges erworben und den Grund gelegt zu den militärischen Eigenschaften, die ihn später auszeichneten.

Von Goebens Erfahrung und wissenschaftliche Tüchtigkeit führten ihn alsbald in den Generalstab der Armee. Nur eine kurze Zeit kommandierte er, als Hauptmann, eine Compagnie im 16. Infanterieregiment. Den Feldzug in Baden, namentlich die Gefechte bei Ludwigshafen und Waghäusel, bei Durlach und Kuppenheim, machte er als Stabsoffizier des jetzigen Kaisers und Königs, damaligen Prinzen von Preußen, mit, zu dem er auch später noch, als derselbe Militärgouverneur der Rheinprovinz wurde, in ein näheres dienstliches und persönliches Verhältnis trat. Innerhalb kurzer Zeit avancierte von Goeben erst zum Stabschef des IV., dann des VIII. Armeecorps und ward als solcher zum General befördert.

Um diese Zeit war es, daß Spanien den bekannten glücklichen Feldzug gegen Marokko unternahm. Von Goeben wurde seitens der preußischen Regierung dorthin abkommandiert und machte den ganzen Feldzug mit, begleitet vom Major Grafen Canitz und dem Lieutenant von Jena, einem Bruder des vor Düppel gefallenen, ausgezeichneten Offiziers. Über die Teilnahme an diesem Kriege sagte von Goeben später selbst: »Wer hätte prophezeien mögen, als die Regierung der Königin Isabella mich gleich einem Vagabunden aus Spanien wegjagte, daß ich zwanzig Jahre später als preußischer General im Lager ihrer Truppen aufs liebenswürdigste würde aufgenommen werden; ja noch mehr, wie hätt ich es glauben können, daß ich, in Gemeinschaft mit meinen preußischen Kameraden, mich würde hinreißen lassen, inmitten des Gefechtes, unter den Fahnen der Königin Isabella blankzuziehen und mit preußischem Hurra auf die Söhne der Wüste einzudringen.«

Während des vier Jahre später ausbrechenden Krieges gegen Dänemark kommandierte von Goeben die 26. Infanteriebrigade, Regimenter 15 und 55, welche sich überall, besonders beim Übergange nach Alsen, rühmlichst auszeichnete, und wurde bald darauf Kommandeur der 10. (Posenschen) Division. Aber nicht lange verblieb er in dieser Stellung. Kurze Zeit vor Ausbruch des Krieges gegen Österreich ward er zum Generallieutenant ernannt, nachdem ihm schon vorher, im Austausch gegen die 10. Division, der Oberbefehl über die 13. (Westfälische) Division anvertraut worden war. Zu dieser Division gehörte auch die 26. Brigade, die keinen Augenblick zweifelte, daß ihr gefeierter General sie wie bei Düppel und Alsen abermals zum Siege führen werde. Und diese Zuversicht sollte sich erfüllen. An der Spitze seiner Division rückte von Goeben am 17. Juni in Hannover ein und schlug dann im Mainfeldzuge beinah selbständig eine Reihe von Gefechten, namentlich bei Dermbach, *Kissingen*, Laufach, Aschaffenburg, Tauberbischofsheim, Gerchsheim und Würzburg. Das bedeutendste unter diesen Gefechten war das bei Kissingen. Es hatte etwas von einer großen Aktion, deren Einzelmomente sich alle durch eine besondere dramatische Lebendigkeit, überhaupt durch ein poetisches Gepräge auszeichneten. Das Malerische der Szenerie wirkte dabei mit. Die verbarrikadierte Steinbrücke, der »Lindelsmühl-Steg«, über dessen Gebälk hin die Westfalen ihre Umgehung ausführten, die Gradierhäuser, hinter deren schützendem Schirm die bayrischen Jäger, eben erst hervorgetreten, auch schon wieder verschwanden, der Kurgarten, zwischen dessen Bäumen und Pfeilern die Schützen ihren tiraillierenden Krieg führten, der mit Kapellen und Monumenten geschmückte Kirchhof, durch dessen Portal die Unseren eindrangen, um dann zwischen den Grabsteinen zu fechten, endlich unsere in breiter Front anstürmenden Bataillone, während schon die Dunkelheit sich auf Dorf Nüdlingen und die einfassenden Höhen niederließ – welche Fülle von Bildern! Das Ganze so recht ein Kampf, um *volkstümlich* zu werden und, ähnlich wie Fehrbellin oder die Sendlinger Bauernschlacht, in Liedern und Legenden fortzuleben von Kind auf Kindeskind. Und mit ihm der Held dieses Kampfes: von Goeben.

Während der folgenden vier Friedensjahre blieb er an der Spitze seiner 13. Division, bis er, bei Ausbruch des Krieges gegen Frankreich, zum Kommandierenden General des 8. (Rheinischen) Armeecorps ernannt wurde. Diese Ernennung war von einem Aufrücken zum General der Infanterie begleitet.

Beinah unmittelbar nach Ausbruch der Feindseligkeiten fand von Goeben Gelegenheit, seinen alten Ruhm zu erneuern, indem er am 6. August schon, mit Teilen seines Corps, der hartbedrängten 14. Division zu Hülfe kommen und den Sturm auf die Höhen von Spichern nicht bloß anordnen, sondern auch mit größter Energie durchführen konnte, bis das Eintreffen älterer Generale den Oberbefehl in deren Hände übergehen ließ. Von Goeben nahm danach an der Schlacht von Gravelotte und der Belagerung von Metz teil, bis er, nach der Kapitulation dieser Festung, mit seinem Corps unter den Oberbefehl General von Manteuffels, Kommandierenden der I. Armee, trat. Das Aktionsfeld dieser Armee lag bekanntlich im Norden Frankreichs. Bei Amiens wurde den 27. November, an der Hallue den 23. Dezember, bei Bapaume den 2. und 3. Januar die zum Entsatz von Paris anrückende französische Nordarmee zurückgeschlagen, und deutsche Truppen drangen bis Dieppe, Rouen und Havre vor. Erfolge, die nicht zum geringsten Teil dem General von Goeben zugeschrieben werden müssen, da von den dort kämpfenden drei Divisionen zwei von ihm befehligt wurden.

Nachdem zu Beginn des neuen Jahres General von Manteuffel behufs Führung der neugebildeten Südarmee abberufen worden, ward am 9. Januar von Goeben mit dem Oberbefehl der I. Armee beauftragt. Er hatte diesen kaum übernommen, als sich die Festung Peronne ergab, woran sich zehn Tage später (am 19.) die Schlacht bei *St. Quentin* reihte. Die französische Nordarmee unterlag hier in siebenstündigem Kampfe, und General Faidherbe, der sie führte, führte die Trümmer nach Lille und Valenciennes zurück.

Was im Kriege gegen Dänemark der »Übergang nach Alsen«, im Kriege gegen Österreich der »Kampf bei Kissingen« gewesen war, war im Kriege gegen Frankreich *St. Quentin*: von Goebens glänzendster Tag. Die Dispositionen waren so klar und umsichtig getroffen, daß, als sie ausgegeben wurden, jeden einzelnen das Vertrauen erfüllte, der bevorstehende Kampf werde die Dinge, wenigstens auf *diesem* Teile des Kriegsschauplatzes, zur Entscheidung bringen. Und der Ausgang rechtfertigte dies Vertrauen. Auch der allgemeine Gang der Ereignisse wurde dadurch beschleunigt, und die Niederlage Bourbakis und Faidherbes, Belfort und St. Quentin, waren es recht eigentlich, die zur Kapitulation von Paris und dadurch unmittelbar zum Frieden führten.

Bald nach Abschluß des Friedens wurde von Goeben mit dem Großkreuz des Eisernen Kreuzes geschmückt, 1875 durch Verleihung des Schwarzen Adlerordens ausgezeichnet. Schon vorher war er zum Chef des 2. Rheinischen Infanterieregiments No. 28 ernannt worden. Das frühere Fort Queulen bei Metz erhielt seinen Namen und heißt jetzt »Fort Goeben«.

Die Persönlichkeit des Generals wird wie folgt geschildert: »Er ist groß und schlank; die Brille gibt ihm, auf den ersten Blick, mehr vom Gelehrten als vom Soldaten. Und doch ist er durchaus Soldat. An Strapazen jeder Art gewöhnt und sie stets mit seinen Soldaten teilend, besitzt er in gleichem Grade jene kaltblütige Ruhe und jene nachdrückliche Energie, die nichts tollkühn aufs Spiel setzt, das einmal Angefangene aber stets vollendet und das einmal Erfaßte nicht wieder fahrenläßt.«

Von Goeben ist auch als Schriftsteller aufgetreten. Über seine Kriegserlebnisse unter Don Carlos, dann später über den marokkanischen Feldzug von 1860 hat er in zwei Werken berichtet: »*Vier Jahre in Spanien*« und »*Reise- und Lagerbriefe aus Spanien und vom spanischen Heere in Marokko*«. In der Darmstädter »Allgemeinen Militär-Zeitung« erschienen vortreffliche Essays aus seiner Feder, in denen er eine Darstellung der verschiedenen Gefechte des Mainfeldzuges von 1866 gegeben hat.

Werder

Karl Friedrich Wilhelm Leopold August von Werder wurde am 9. Dezember 1808 zu Norkitten in Ostpreußen geboren. Mit sechzehn Jahren trat er in das Regiment Garde du Corps, aus dem er jedoch, nach kurzer Zeit schon, in das I. Garderegiment zu Fuß versetzt wurde. Nachdem er 1833 zur Kriegsschule, 1839 zum Lehrer am Kadettencorps kommandiert worden war, ward ihm 1842, in Gemeinschaft mit anderen Offizieren der Potsdamer Garnison, unter denen sich auch der später, als General, bei Chlum gefallene Hiller von Gärtringen befand, ein Urlaub bewilligt, um den russischen Feldzug im Kaukasus mitmachen zu können. Bei Gelegenheit eines Festungsbaues am Kefar ward er verwundet und erhielt den Wladimir-Orden. 1846, mittlerweile zum Hauptmann aufgerückt, kam er in den Generalstab des I. Armeecorps (Königsberg), wurde 1851 Major im 33. Infanterieregiment, 1856 Kommandeur des 4. Jägerbataillons und 1858, unter gleichzeitiger Ernennung zum Oberstlieutenant, Kommandeur des Füsilierbataillons im 2. Garderegiment zu Fuß, 1859 Oberst und Inspekteur der Jäger und Schützen, 1863 Generalmajor und Kommandeur der 3. (Pommerschen) Division. Diese führte er bei Ausbruch des Krieges gegen Österreich am 29. Juni ruhmreich in dem blutigen Gefechte bei Unter-Lochow, das uns, gleichzeitig mit der Erstürmung der Brada-Höhe durch die 5. (Brandenburgische) Division, die Besetzung von Gitschin ermöglichte.

Am 3. Juli nahm er teil an der Schlacht bei Königgrätz.

Gleich nach Beginn des Siebziger Krieges gegen Frankreich ward er mit Führung eines aus dem württembergischen und badischen Kontingent gebildeten Armeecorps betraut, mit dem er zunächst am 6. August bei Wörth eingriff, dann aber, während die III. Armee (Kronprinz) ihren Vormarsch fortsetzte, zur Belagerung von Straßburg abkommandiert wurde. Nach siebenwöchentlicher Belagerung fiel Straßburg am 27. September, und von Werder erhielt nun Befehl, sein, nach Abmarsch der Württemberger, aus einer preußischen und drei badischen Brigaden gebildetes Corps, das XIV., durch den Elsaß und die Franche-Comté gegen *Dijon* zu führen. Er führte diesen Auftrag aus, schlug den Feind in einer Reihe zum Teil nicht unblutiger Gefechte bei Etival, Etuz, Pin und Voray und hielt am 30. Oktober seinen Einzug in die alte burgundische Hauptstadt *Dijon*. Um ebendiese Zeit hatten aber die neuen Corpsbildungen im südlichen und westlichen Frankreich begonnen, auch Garibaldi war mit seinen Freischaren an der Saône erschienen, und durch zwei Monate hin sah sich von Werder in einer allerexponiertesten Stelle und, nur auf sich selber angewiesen, von drei Seiten her bedroht. Um sich Luft zu schaffen, ging er, unerachtet der schwachen Kräfte, über die er Verfügung hatte, zur Offensive über, die sich namentlich gegen die südlich von Dijon stehende Division des Generals Cremer richtete, eine Offensive, die am 18. Dezember zu dem überaus blutigen Gefechte bei Nuits führte. General Cremer wurde zwar zurückgeworfen, aber immer neue Feinde zogen von Süden und Westen her heran, so daß sich von Werder, um einer immer drohender werdenden Katastrophe zu entgehen, schließlich zum Rückzuge entschließen mußte. Dieser ging über Vesoul, Lure und Villersexel auf Belfort zu, das wir mit Landwehrbrigaden unter General von Tresckow seit mehreren Monaten eingeschlossen hielten und zu dessen Entsatz – vielleicht auch zu gleichzeitigem Vordringen in Süddeutschland – die große, 150 000 Mann starke Bourbakische Armee herbeieilte. Das eine wie das andere zu hindern war jetzt die von General von Werder zu lösende Aufgabe, weshalb derselbe, unmittelbar westlich von *Belfort*, an dem Lisaine-Flusse hin eine der Verteidigung günstige Höhenstellung einnahm, um daselbst dem Feinde die Schlacht zu bieten. Dieser griff denn auch am 15., 16. und 17. Januar 1871 mit großer Energie an, vermochte jedoch, trotz einzelner am linken Flügel errungenen Vorteile, den Flußübergang *nicht* zu forcieren, weshalb er sich am 18. Januar, nach sehr erheblichen, zum Teil auch durch Witterungsunbilden erlittenen Verlusten, zurückzuziehen gezwungen sah. General Bourbaki meldete diesen Rückzug in folgenden Worten: »Wir fanden einen viel stärkeren und mit einer zahlreicheren Artillerie versehenen Feind vor uns, als die eingelaufenen Nachrichten erwarten ließen. Von allen Seiten her waren ihm Verstärkungen zugegangen. Sowohl durch die Gunst dieser Umstände wie auch bei der Stärke seiner Position und den schon bestandenen, teils natürlichen, teils durch ihn künstlich vermehrten Hindernissen widerstand er allen unseren Anstrengungen. Indes hat er beträchtliche Verluste erlitten. Nach dem erfolglosen Angriff am 15. Januar setzte ich den Kampf am 16. und 17., somit drei Tage, fort. Ungeachtet der bewiesenen Tapferkeit haben unsere wiederholten Versuche kein besseres Resultat gehabt. Der Feind fand es für gut, sich fast ausschließlich auf die Defensive zu beschränken. Die Witterung ist gleichfalls so schlecht wie nur möglich. Unsere Zufuhren von Lebensmitteln und Munition gelangen nur unter großen Schwierigkeiten zu uns. Außer den durch das feindliche Feuer verursachten Verlusten haben Kälte, Schnee, die Märsche und Bivouacs unter so ausnahmsweisen Verhältnissen bedeutende Leiden im Gefolge gehabt. Auf Rat der Corpskommandanten beschloß ich, zu meinem großen Bedauern, die Armee einige Lieues rückwärts von der jetzigen Position eine neue beziehen zu lassen. So werden wir uns leichter retablieren können. Wir bedürfen dieser Retablierung, sowohl was Offiziere und Mannschaften wie auch die Pferde anbelangt. Ich werde mein Hauptquartier morgen nach Arcey verlegen.«

Der Entsatz Belforts war gescheitert und Süddeutschland vor einer Invasion bewahrt. Werders glänzende Verteidigung der Lisaine-Linie hatte zu diesem Resultate geführt, und der Freude darüber entsprach die Begeisterung in allen Schichten unseres Volkes. Auch der Dank seines Kriegsherrn. Eines der Forts von Straßburg erhielt den Namen »Werder«. Bei Gelegenheit seines fünfzigjährigen Dienstjubiläums empfing er den Schwarzen Adlerorden; schon vorher war er zum Chef des 4. Rheinischen Infanterieregiments No. 30 ernannt worden.

Bis April 1879 verblieb er im Kommando jenes 14. (Badischen) Armeecorps, das er, in den Kämpfen gegen Frankreich, so ruhmreich geführt hatte. Um diese Zeit aber ward ihm, seinem wiederholten Ansuchen nachgebend, von seiten des Kaisers der Abschied bewilligt. Und zwar in folgendem gnädigen Handschreiben: »Ich ersehe mit lebhaftem Bedauern aus Ihrem Schreiben vom 30. März dieses Jahres, daß Sie den Zeitpunkt für die Beendigung Ihrer so ehrenvollen und an Verdiensten so reichen Dienstzeit für gekommen erachten. Es wird Mir sehr schwer, dem zuzustimmen, aber Ich muß es tun, denn je ehrenvoller die Dienstzeit, je größer auch der Anspruch auf Ruhe im Alter; es würde eine Härte gegen einen hochverdienten General sein, wenn Ich Ihnen die wohlverdiente Ruhe vorenthalten wollte. Ich bewillige Ihnen also hiermit den nachgesuchten Abschied, indem Ich Sie mit der gesetzlichen Pension zur Disposition stelle und indem Ich – um Ihren gefeierten Namen der Armee zu erhalten – bestimme, daß Ihre Stellung als Chef des 4. Rheinischen Infanterieregiments No. 30 hierdurch *nicht* verändert wird. Zugleich erhebe Ich Sie in den Grafenstand, welcher in Ihrer direkten männlichen Nachkommenschaft nach dem Rechte der Erstgeburt forterben soll, und wünsche hierdurch Ihnen, der Armee und dem Vaterlande zu be[s]tätigen, daß Ich Ihrer hervorragenden Verdienste in dem letzten Feldzuge und insbesondere Ihrer heldenmütigen Abwehr des Feindes von dem Eindringen in das Vaterland jederzeit mit warmem Dank und lebhafter Anerkennung eingedenk bin. Möge Ihnen nach allem, was Sie getan, noch ein ruhiger und langer Lebensabend beschieden sein, in welchem Sie der herzlichen Wohlgeneigtheit Ihres Königs und der ehrenvollsten Erinnerung in der Armee versichert sein dürfen.

Berlin, den 15. April 1879. Ihr dankbarer König Wilhelm.«

DAS ZIETENSCHE HUSARENREGIMENT VON 1730 BIS 1880*

1730, mutmaßlich im Spätherbst, trat der Lieutenant *Hans Joachim von Zieten* in die kurz vorher errichtete Compagnie Leibhusaren. Aus dieser *einen* Compagnie wurden alsbald mehrere, die, nach Ablauf von elf Jahren und unter Heranziehung anderer Abteilungen, zu einem »Husarenregiment« formiert wurden. Zieten, nunmehr Oberst, als Kommandeur. Dies geschah durch eine Cabinetsordre vom 24. Juli 1741. Dieselbe lautete:

»Nachdem wir Allergnädigst gut befunden, mit Unserm Leibcorps-Husaren eine Änderung zu treffen und mit bewegenden Gründen resolviret, den Obersten v. Wurmb von dem bisherigen Kommando desselben gänzlich zu dispensiren, so haben Wir bei dieser Gelegenheit die von Unserm bisherigen Oberstlieutenant bei gedachtem Leibcorps-Husaren, dem *Hans Joachim von Zieten*, Uns und Unserm Königlichen Hause geleisteten, treu unterthänigsten Dienste erwogen und billig zu sein erachtet, denselben als einen tapfern und braven Officier, welcher bei so vielen Kriegsbegebenheiten eclatante Proben seiner besondern Tapferkeit und Bravour bezeigt, zu rekompensiren und denselben nicht allein zu Unserm Obersten zu ernennen, sondern ihm auch die 3 Schwadronen von Unserm Leibcorps-Husaren *nebst noch 3 andern Schwadronen* als ein besonderes Regiment zu konferiren.«

Diese »drei anderen Husaren-Schwadronen«, von denen die Cabinetsordre spricht, waren *ostpreußische*. Mit ihnen gemeinschaftlich hatten sich die Leibhusaren am 22. Juli 1741 bei Rothschloß ausgezeichnet, und es war unter dem unmittelbaren Eindruck des Gefechtes, daß Friedrich II. die Bildung eines »Husarenregiments« veranstaltete.

Von diesem Tage an (24. Juli 1741) gab es Zietenhusaren.

* Das Material zu dem vorstehenden Aufsatze wurde zu größerem Teil dem trefflichen Buche des Freiherrn von *Ardenne*, »Geschichte des Zietenschen Husarenregiments« (Berlin, 1874. E. S. Mittler und Sohn), entnommen.

DAS ZIETENSCHE HUSARENREGIMENT WÄHREND DES ERSTEN UND ZWEITEN SCHLESISCHEN KRIEGES

Der Verlauf des Ersten Schlesischen Krieges gab dem neu errichteten Regiment keine Gelegenheit mehr, sich in besonderem Grade hervorzutun. Desto mehr war dies während des Zweiten Schlesischen Krieges der Fall. Man wird sagen dürfen, daß die glänzendsten und poetischsten, wenn auch vielleicht nicht die herrlichsten und opfervollsten Kämpfe des Regiments dieser Epoche seiner ersten Jugend angehören. Besonders leuchtet das Schlußjahr des Zweiten Schlesischen Krieges hervor: das Jahr 1745. In dies Jahr fallen der bekannte *»Zietenritt«* und das *»Gefecht bei Katholisch-Hennersdorf«*.

Der Zietenritt

Im April 1745 kantonierte die Hauptarmee in der Gegend von *Frankenstein.* Ein Corps von beinahe zehntausend Mann aber, unter dem Markgrafen Karl, lagerte bei *Jägerndorf.* Die Österreicher schoben sich geschickt dazwischen. Dem König lag alles daran, die Verbindung wiederherzustellen und den Markgrafen dies wissen zu lassen. Aber wie? Jeder Versuch scheiterte an der Wachsamkeit der Österreicher. Da beschloß der König, den General *Zieten* und seine Husaren abzusenden. Sie sollten coûte que coûte bis Jägerndorf zum Markgrafen vordringen. In dem betreffenden Befehle hieß es beinahe wörtlich: »Er solle, was es auch kosten möge, alles daran wagen, um dem Markgrafen den Befehl zu überbringen, daß dieser sogleich aufbrechen, die Magazine zerstören und sich mit den Feinden in nichts Ernsthaftes einlassen, wohl aber in forcierten Märschen nach Frankenstein marschieren solle.« Hinzugefügt war: »Zieten solle diese Ordre dem ganzen Regiment bekanntmachen, damit, wenn auch nur *ein einziger Husar* durchkäme, der Markgraf auf alle Fälle von dem Willen des Königs unterrichtet würde. Namentlich dieser letzte Zusatz war nicht gerade geeignet, zu ermutigen. Zieten indes wußte sich zu helfen. Der Feind kannte nämlich die diesseitigen Husaren bloß in ihrer roten

Uniform und ihren Feldmützen. Sie hatten dieselbe auch noch im Winter getragen, da eine Garnitur Winterpelze, die in Berlin für sie angefertigt wurde, noch nicht angekommen war. Gerade um diese Zeit aber traf sie ein, sowie eine Garnitur Pelzmützen. In der neuen Tracht sahen die Husaren aus wie die vom ungarischen Regiment Spleny, was, wie man wußte, mit im Lager zu Leobschütz stand. Auf alle diese kleinen Umstände gründete Zieten seinen Plan, dessen Grundgedanke war, sich als Österreicher aufzuspielen und den Feind durch diese Maskerade zu überlisten.

In dem Befehl des Königs gefiel ihm sehr wenig, daß er jeden einzelnen Husaren mit seinem Auftrag bekanntmachen sollte; dies würde die Leute nur stutzig gemacht und ihnen einen Teil ihrer Zuversicht geraubt haben. Er zog deshalb mit dem Regimente (nach einigen Nachrichten waren es nur sieben Eskadrons des damals zehn Eskadrons starken Regiments) aus, ohne auch nur einem seiner Offiziere mitgeteilt zu haben, um was es sich handele.

Bei Ottmachau wurde die Neiße passiert, und man kam rasch in die Gegend von Neustadt, das noch von den Preußen besetzt war, und endlich in die Stadt selbst, wo Zieten den Kirchturm bestieg. Von hier aus sah er den Feind, der kurz vorher Neustadt angegriffen hatte, in zwei getrennten Kolonnen dem Lager von Leobschütz zumarschieren. Hier durchfuhr ihn der Gedanke, *sich dreist einer dieser Kolonnen anzuschließen*, die ja nach Süden, also in der Richtung seines Zieles marschierten, und kaum war der Gedanke da, so traf er auch schon die nötigen Vorkehrungen, ihn auszuführen. Er verhehlte sich dabei nicht, daß, wenn man ihn erkenne, sein Los ein sicherer Untergang sein würde; aber sei es, daß er in der Tat keine andere Möglichkeit sah, seinem Auftrage nachzukommen, oder sei es, daß die Eigentümlichkeit der Gefahr, die übermütige Keckheit seines Planes auf ihn den kitzelnden Reiz ausübte, dem große Männer so oft geneigt sind, nachzugeben, kurz, er scheute vor der Gefahr nicht zurück.

Die speziellen Anordnungen, die er nun traf, um die Österreicher irrezuführen, zeugen wieder von seiner besonderen Schlauheit. Die Eskadrons marschierten einzeln, in beliebiger Formation, hatten aber den Befehl, in der Nähe des Lagers etwas aufzuschließen und näher aneinander sich zu halten. Einige geborene Ungarn mußten vorausreiten und ihre Landsleute in ihrer Landessprache anreden – an der Tete der Eskadrons mußten nach Ungarn reiten, um ungarische Lieder zu singen –, es war ausdrücklich verboten, den Säbel zu ziehen oder gar einen Schuß abzugeben. So marschierte man mit absichtlich zur Schau getragener Sorglosigkeit, ohne alle Sicherheitsmaßregeln, kühn mit dem Feinde, der es sich natürlich nicht träumen ließ, daß Zieten ihm auf den Fersen säße.

Das Regiment zog an einem österreichischen Dragonerregiment vorbei, ohne daß dieses irgendwelche Notiz von ihm nahm, mehrere Feldwachen und Dorfposten wurden passiert, ohne daß diese den leichtesten Verdacht schöpften.

Nachmittags zwischen drei und vier Uhr befand sich unser Held *in der Mitte seiner Feinde.* Die Sonne schien hell und klar und beleuchtete das rege militärische Treiben. Das Schauspiel, das sich dem Auge darbot, war höchst interessant, aber nichts weniger als beruhigend für unsere Preußen. Der ganze Plan wimmelte von Sereschanern und Kroaten, die in ihren blutroten Mänteln weithin leuchteten. Der Weg führte über einen Berg, dem zur Linken Leobschütz in einem Tale lag. An die Stadt angelehnt war das Lager für die regulären österreichischen Truppen.

Man hatte einen vollständigen Einblick und sah, wie alles in vollster Tätigkeit war. Die Infanterie kochte schon ab, und die Kavallerie war größtenteils beim Absatteln begriffen, während einige Regimenter noch gesattelt standen und wieder andere eben erst im Begriff waren, in ihr altes Bivouac zurückzukehren. Rechts von dem Berge lagen verschiedene Teiche und ein stark von Kroaten besetztes Dorf. Ein österreichischer General kam harmlos des Weges geritten, fing mit Zieten ein Gespräch an, freute sich sehr seines Wohlseins und tat ihm zu wissen, daß sein Regiment auch bald nachkäme. Er war wie vom Donner gerührt, als Zieten seinen Husaren zurief: »Nehmt ihn gefangen!« Zeit zum Entfliehen war nicht mehr vorhanden, und so mußte er sich wohl entschließen, den sonderbaren Zug als Gefangener mitzumachen.

Noch eine gute Weile marschierte Zieten unerkannt durch

die Kroaten, indem er immer das österreichische Hauptlager auf tausend Schritt zu seiner Seite hatte, da schwenkte ein Dragonerregiment, das unmittelbar vor Zieten marschierte, *links* ab, um in das Lager einzurücken. Nun kam der kritische Moment. Zieten hatte die Eskadrons schon vorher etwas mehr zusammengezogen; er marschierte ruhig den Weg weiter und fing an anzutraben. Das war natürlich sehr auffällig; ein österreichischer Posten erkannte jetzt den Feind, und wie Lauffeuer ging der Ruf: »Zieten! Zieten!« durch das Lager, das bald einem aufgestörten Ameisenhaufen ähnlich sah. Zieten ließ die Pferde gehörig austraben und gewann in der ersten allgemeinen Verwirrung einen tüchtigen Vorsprung. Bald aber saßen ihm mehrere Regimenter in den Eisen, und es begann ein fortwährendes scharfes Scharmutzieren seiner Arrièregarde, welche der Oberst von Billerbeck führte. Die Preußen durften sich natürlich auch nicht auf die kleinste Attacke einlassen, mußten sich vielmehr begnügen, den möglichst ausgedehnten Gebrauch von ihren Karabinern und Pistolen zu machen. Die Lage des Regiments war überaus kritisch. Der Kreis der Verfolger zog sich mehr und mehr zusammen, und die eigenen Pferde waren durch den langen Marsch äußerst ermüdet.

Zur Linken Zietens breitete sich in großer Ausdehnung ein tiefer Sumpf aus, in dessen Längenrichtung ein kleiner Bach floß. Als nun der General eine *Brücke* bemerkte, die über den letztern führte, verließ er kurz entschlossen den Weg, zog darüber und ließ durch die Billerbecksche Schwadron den nachrückenden Feind aufhalten, bis die Brücke abgebrochen war. Er gewann dadurch Deckung seiner rechten Flanke, und wenn die Arrièregarde-Schwadron auch einigermaßen litt und der Oberst selbst ziemlich stark verwundet wurde, so hatte das Regiment doch beinahe gewonnen Spiel. Es machte sogar noch einen Offizier und mehrere Gemeine zu Gefangenen, die trotz des eiligen Ritts mitgenommen werden konnten. Der General hatte übrigens während des Kampfes die Freude, einem seiner alten Kriegskameraden vom Rhein Leben und Freiheit zu schenken. Dieser lag auf der Erde, ohne sich aufrichten zu können, und Zietens Pferd, das vor dem liegenden Manne scheute, machte einen gewaltigen Sprung. Dadurch wurde dieser bewogen, sich nach der Ursache umzusehen, und nun gleich von dem andern erkannt und mit den Worten: »Zieten, Zieten rettet« um Hilfe angefleht. Es ist einer der schönsten Züge in Zietens Charakter, daß er selbst in der größten eigenen Not und Gefahr stets andere zu beschützen und zu bewahren trachtete, und er gab somit einem Husar den Befehl, rasch abzusitzen, dem Liegenden aufzuhelfen und dafür zu sorgen, daß er unverletzt und frei bliebe.

Der Markgraf unterdessen, der das häufige Schießen vernommen hatte, war mit einem Teil seiner Garnison aus Jägerndorf ausgerückt, und als er erkannte, daß ein preußisches Regiment vom Feinde verfolgt werde, schickte er ein Kürassierregiment entgegen, um dasselbe aufzunehmen. Leider aber verwickelten sich diese in einen Kampf, in dem sie den kürzeren zogen, und Zieten, dem geholfen werden sollte, mußte nun selber helfen. Es gelang ihnen auch, die Kürassiere zu degagieren, und endlich stand der ersehnten Vereinigung mit dem markgräflichen Corps nichts mehr entgegen.

Welch ein Moment! Der Jubel war grenzenlos. Instinktiv fühlte jeder Soldat des Markgrafen, daß die Kühnheit der Husaren ihm selbst zugute komme, und deshalb bewies er den kühnen Reitern in stürmischer Soldatenart seine Dankbarkeit. Als nun gar bekannt wurde, wie man die Österreicher getäuscht und an der Nase herumgeführt habe, wie man mitten durch ihr Lager marschiert sei, da wollte das Lachen und Frohlocken kein Ende nehmen, und in der Ausgelassenheit wurden die Husaren von den Pferden gerissen und von ihren begeisterten Kameraden umarmt und geküßt. Wie herzlich mag Zieten selbst sich gefreut haben, daß er seine gefürchteten Gegner Festetics, Gilhani, Karoli etc. so meisterhaft überlistet hatte. Wie warm mag auch der Dank des Markgrafen gewesen sein, daß er ihn durch sein Geschick und seine Kühnheit endlich aus der quälenden Ungewißheit gerissen, die so verderblich zu werden drohte.

Dies der berühmte Zietenritt. An welchen zwei Tagen er ausgeführt wurde, habe ich nicht ermitteln können. Wahrscheinlich am 20. und 21. April. Am 22. (dies Datum steht wieder fest) brach der Markgraf auf und führte sein Corps zum Könige. Dieser beschloß nun eine Schlacht. Am 3. Juni wurde der große Sieg bei *Hohenfriedberg* errungen.

Katholisch-Hennersdorf, den 23. November 1745

Nach der Schlacht bei Soor, am 30. September, schien der Krieg beendet. Im November jedoch erfuhr der König, daß sich zwei neue Armeen der Österreicher und Sachsen gegen ihn in Bewegung setzten, und zwar auf Berlin zu. Der einen feindlichen Armee stellte er den Alten Dessauer, zunächst abwartend, gegenüber; gegen die andere Armee ging er selbst. In der Avantgarde waren die *Zietenschen* Husaren. Hinter ihnen eine starke Infanteriekolonne. Am 23. November stießen die Husaren bei Katholisch-Hennersdorf in der Lausitz auf den Feind, der das lange Dorf mit den sächsischen Kavallerieregimentern von Dalwitz, von O'Byrn und von Vitzthum sowie mit dem Infanterieregimente Sachsen-Gotha besetzt hatte.

Das Dorf war eine halbe Meile lang und lag in seiner Längenrichtung quer vor den Preußen. Zieten teilte nun sein Regiment in drei Teile: eine Abteilung sollte das eine Drittel des Dorfes, welches rechter Hand lag, angreifen, eine zweite das Drittel zur Linken. Diese Schwadronen sollten alle in langem Galopp die breite Dorfstraße herunterjagen und überall die feindliche Kavallerie am Aufsitzen hindern und in der ersten Verwirrung möglichst vernichten. Zieten selbst behielt sich mit einigen Schwadronen die Mitte des Dorfes vor, wo er mit Recht die Infanterie vermutete. Als die preußischen Scharen sich zeigten, war diese rasch auf dem Platze, und Zieten, der nun im Marsch-Marsch in das Dorf hineinjagte, erhielt von den Regimentsgeschützen ein mörderisches Kartätschenfeuer. Es zeigten sich bereits einige sächsische Reitertrupps, die sich zu Schwadronen zusammenzuziehen anfingen. Die sächsische Infanterie stand in dicht gedrängter Masse auf der Dorfstraße; es kam zu einer furchtbaren Attacke, die der General in Person weit vor der Spitze seiner Braven führte. Selten mag wohl Kavallerie in feindlicher Infanterie ein solches Blutbad angerichtet haben; der Kampf gehört zu den erbittertsten, die Zieten je zu bestehen hatte. Dafür war aber auch der Erfolg ein glänzender und vollständiger. Fast das ganze feindliche Regiment wurde in Stücke gehauen und der ganze Rest samt allen Kanonen, Fahnen, und was sonst das Regiment noch mit sich führte, gefangengenommen. Die übrigen Eskadrons hatten ihren Auftrag nicht so rasch ausführen können; das Dorf war lang, ehe man an die Enden kam, war es dem sächsischen Obersten O'Byrn gelungen, ein gut Teil der sächsischen Kavallerie zu sammeln und die nun ihrerseits zerstreuten Zietenschen Husaren zum Dorf wieder hinauszuwerfen. So gingen auch die schon eroberten sächsischen Kanonen wieder verloren. Die Reste der sächsischen Infanterie sammelten sich zum Carré hinter einem Zaun, ihre Kavallerie stand ihr zur Linken. Zieten hatte mittlerweile auch wieder gesammelt. Zwei Attacken hielten die Sachsen noch mutvoll aus und wehrten sich brav; als aber die Schwarzen Husaren von Ruesch und noch andere preußische Kavallerieregimenter heranjagten, da schwand für die Sachsen die letzte Hoffnung auf Erfolg, und ein jeder wandte sich zu wilder Flucht. Der Feind verlor vier oder sechs Kanonen (die Angaben differieren), zwei Standarten, drei Fahnen, mehrere Paar *Pauken* und allein an Gefangenen 1050 Mann.

Als der König noch an demselben Abend im Triumph seinen Einzug in das eroberte Dorf hielt, hatte Zieten die Freude, ihm die große Menge der eroberten Trophäen selbst zu Füßen legen zu können. Er bat sich als Lohn für sein Regiment ein Paar der eroberten *silbernen Pauken* aus, eine Bitte, die auch der General Ruesch auszusprechen sich erlaubte. Der Monarch willfahrte gern diesem Anliegen, und seit dieser Zeit führen beide Regimenter bis auf den heutigen Tag bei ihrer Musik zwei Pauken zum ewigen Andenken an den ruhmreichen Tag von *Katholisch-Hennersdorf*.

Es ist vielleicht hier der Ort, über die dem Regiment verliehenen *Pauken* noch einiges anzuführen. Die Auszeichnung war an und für sich eine große. Die leichte Kavallerie führte sonst keine Pauken, da sie zu ihren Pferden und ihrem Dienst nicht passen. Friedrich der Große suchte aber, wo es nur immer anging, den esprit de corps zu heben und zu fördern, in richtiger Erkenntnis, daß in ihm kein unwichtiger Faktor des Sieges liege. Allemal wenn das Regiment in den Krieg zog, deponierte es die Pauken mit angemessenen Feierlichkeiten im Berliner Zeughaus, und so geschah es auch, als es im verhängnisvollen Jahre 1806 gegen die Franzosen zog. Aus diesem verschwanden sie, und lange Zeit hatte man keine Ahnung, wo sie hingekommen waren. Der verstorbene Generallieutenant von Corswandt, welcher 1809 zum Kommandeur des Regiments ernannt wurde, gibt aber in einem Schreiben vom 18. März 1821 an, daß er in Erfahrung gebracht: »Sie wären, nachdem 1806 Berlin von den Franzosen bedroht worden, aus dem Berliner Zeughause nach Spandow gebracht und von dem damaligen Kommandanten vor Übergabe der Festung ins *Wasser versenkt worden.«*

Dort ruhen also die wertvollen Trophäen des Regiments auf dem stillen Grunde der Havel oder der Spree, und wenn je in spätern Jahrhunderten eine glückliche Hand sie wieder ans Tageslicht fördert, wird man in ihnen wohl nicht mehr die beredten Zeugen des Ruhmes vom alten Zietenschen Regiment erkennen. Als das Regiment im Jahre 1819 aus Frankreich zurückkehrte, wurde ihm vom 4. Departement des Kriegsministeriums ein Paar *kupferner* Pauken übersandt, die ihm aber, als nicht passend für den Dienst der leichten Kavallerie, durch eine Cabinetsordre vom 15. August 1821 wieder entzogen wurden. Mit tiefem Bedauern sah das Regiment die Erinnerung an einen seiner ruhmvollsten Tage schwinden. Mit desto größerer Freude wurde es erfüllt, als am 23. November 1857 des Königs Gnade ihm wieder das Führen der Pauken gestattete. Seit dieser Zeit begleiteten diese das Regiment bei allen Friedensübungen, und der echt militärische Klang, den diese Instrumente der Feldmusik verleihen, ruft wohl oft ein freudiges Erinnern an die Großtaten der früheren Kameraden wach. Wenn das Regiment in den Krieg zieht, bleiben sie natürlich in der Garnison zurück. Im Jahre 1874 endlich beschenkte Seine Königliche Hoheit der Prinz *Friedrich Karl* das Regiment mit einem Paar außerordentlich kostbarer und kunstreich gearbeiteter *silberner Pauken*, die wohl selbst die bei Katholisch-Hennersdorf erbeuteten weit in den Schatten stellen dürften.

Das Zietensche Husarenregiment während des Siebenjährigen Krieges

Zehn Schwadronen stark, unter Führung des Majors von Seelen (Zieten blieb Chef, kommandierte aber, als nunmehriger Generallieutenant, größere Kavalleriecorps), zog das Zietensche Husarenregiment in den Siebenjährigen Krieg und war, mit Ausnahme von Lowositz und Hochkirch, bei allen großen Affairen. An einzelnen Haupttagen, wie bei Zorndorf und Kunersdorf, erlitt es enorme Verluste. Dennoch tritt es in dieser langen Kriegsepoche, wenigstens an dem Ruhme gemessen, den es sich im Jahre 1745 errungen hatte, in gewissem Sinne zurück, einfach deshalb, weil es in die großen Kavalleriemassen einrangiert wurde, die jetzt anfingen, die Schlachten zu entscheiden. Es zeichnete sich nach wie vor aus, aber in Gemeinschaft mit *anderen*, und so verschwinden solche leuchtenden Einzelbilder wie »Zietenritt« und »Katholisch-Hennersdorf«. Es existiert davon nur eine Ausnahme (Kunersdorf), auf das ich zurückkomme. Zunächst mag ein Tableau einen kurzen Überblick geben, an welchen Aktionen das Regiment im Laufe des Siebenjährigen Krieges überhaupt teilgenommen hat.

1756 stand das Zietensche Leibhusarenregiment bei dem Einschließungscorps des sächsischen Lagers bei *Pirna*.

1757 brach es nebst den Schwarzen Husaren von Ruesch und denen von Warnery am 6. Mai bei *Prag* durch die schon triumphierende feindliche Kavallerie die Bahn zum Siege für die Preußen. In der unglücklichen Schlacht von *Kolin* am 18. Juni behauptete das Leibhusarenregiment seinen Platz auf dem Schlachtfelde und ließ sich nicht davon verdrängen. Bei dem Siege von *Leuthen* am 5. Dezember hatte das Regiment seinen Anteil an dem allgemeinen Ruhm der ganzen Armee. *Nach* diesem Siege gehörte das Regiment mit zu dem Kommando, mit dem Zieten die fliehenden Feinde aus Schlesien trieb.

1758 warfen sich die Zietenhusaren in der Schlacht bei *Zorndorf* am 25. August mit außerordentlichem Mut auf die russische Kavallerie und richteten eine Niederlage an. In der Schlacht bei *Hochkirch*, am 14. Oktober, retteten sie, durch

Zietens Wachsamkeit, die Armee vor der gänzlichen Vernichtung.

1759 waren fünfhundert Pferde von ihnen in dem Treffen von *Kay*, das der Generallieutenant von Wedell am 23. Juli gegen die Russen verlor. Ebenso viele in der unglücklichen Schlacht bei *Kunersdorf* am 12. August. An diesem Tage rettete der Lieutenant *von Velten* und der Rittmeister *von Prittwitz* von den Zietenschen Husaren den König vor Gefangenschaft und Tod.

1760 war das Regiment mit beim Dresdener Bombardement. Ebenso am 15. August mit bei Liegnitz. Vor der Schlacht von Torgau am 3. November, auf dem Marsche zum Kampfplatz, stieß eine Seitenpatrouille des Zietenschen Regiments auf das feindliche Dragonerregiment von St. Ignou und nahm sogleich den General, einen Oberst, zwei Majore, achtzehn Offiziere und vierhundert Mann gefangen. Die übrigen vom Zietenschen Regiment, außer denen, die zur Bedeckung dieser Gefangenen zurückgeblieben, machten in der Schlacht selbst die Avantgarde des Corps, das der König kommandierte. Sie deckten den Aufmarsch der preußischen Armee, hielten ein Corps feindlicher Infanterie zurück, das die abgewiesenen Preußen verfolgen wollte, und schlugen es in die Flucht.

Darauf griffen sie eine ganze Kolonne feindlicher Kürassiere an und warfen sie. Endlich schlossen sie sich an die preußische Reiterei an und setzten dem bis dahin siegreichen Gegner auf dem Schlachtfelde Grenzen.

1761 trat das Regiment den Marsch nach dem Thüringischen an und wurde dort zum Kampf gegen die Reichsarmee verwendet. Bei *Langensalza* nahm das erste Bataillon des Zietenschen Regiments die sächsische Garde nebst einem Grenadierbataillon gefangen und eroberte sechs Kanonen. Ein paar Wochen darauf bei *Saalfeld* griff dasselbe erste Bataillon die Reichsarmee an. Zwei Schwadronen des Bataillons hieben auf zwei Schwadronen feindlicher Kürassiere und sechs Compagnien Grenadiere ein, machten diese letzteren gefangen und eroberten vier Kanonen und zwei Fahnen. Als darauf die Reichsarmee die Flucht ergriff, schwamm das zweite Bataillon der Zietenschen Husaren über die Saale, verband sich mit dem ersten, und beide holten die Arrièregarde der Feinde bei Hoheneiche ein, nahmen neunhundert Mann gefangen, eroberten sechs Kanonen und zwei Fahnen.

1762 befand sich das Regiment wieder in Schlesien und half die Österreicher hier und dort vertreiben. Besonders bei den *Leutmannsdorfer* und *Burkersdorfer* Anhöhen war ihre Mitwirkung bedeutend. Darauf marschierte es wieder nach Sachsen zur Armee des Prinzen Heinrich. Bei *Spechtshausen* am Tharandter Wald griffen fünf Schwadronen Zietenscher die feindliche Avantgarde an, machten viele Hundert Gefangene und eroberten sechs Kanonen.

Dies waren die bedeutendsten Aktionen der Zietenschen im Siebenjährigen Kriege.

Die Verluste, die das Regiment erfuhr, entsprechen den Anstrengungen. Von den Offizieren, mit denen es 1756 ausgerückt war, waren 1763 nur noch vier in der Front: Major von Rohr und die Rittmeister von Barner, Wichert und Weser. Alles andre (mit Ausnahme weniger, die zu anderen Regimentern versetzt worden waren) war tot. Dreimal hatte es seinen Kommandeur gewechselt: *von Seelen* fiel 1758 bei Hochkirch, von Zettmar 1760 bei Torgau, von Hundt 1761 bei Plauen.

Die blutigsten Tage waren die bei Zorndorf, Hochkirch und Kunersdorf. Der letztere Tag (Kunersdorf) ist insoweit zugleich der wichtigste für das Regiment, als es ihm an diesem Tage vergönnt war, den König vor Gefangenschaft zu retten. Hierüber noch ein Kurzes.

Die Rettung des Königs bei Kunersdorf

Als gegen Abend die preußischen Truppen nach übermenschlicher Anstrengung und Tapferkeit endlich zurückgeworfen waren und fast aufgelöst das Schlachtfeld verließen, war der König in Verzweiflung, und man hörte ihn die Worte rufen: »Kann mich denn heute keine verwünschte Kugel treffen!« Zwei Pferde waren ihm unter dem Leibe erschossen worden, und eine dritte Kugel hatte ihm ein goldenes Etui in seiner Westentasche zerdrückt. Nach dem schnellen Rückzuge des Heeres streifte noch Joachim Bernhard von *Prittwitz* mit einem Trupp von etwa fünfzig seiner

Zietenschen Husaren auf dem Schlachtfelde umher. Als auch er sich endlich vor den andrängenden Kosakenschwärmen zurückziehen wollte, rief ihm der Unteroffizier *Velten*, der, später geadelt, als Major in der Rheincampagne fiel, zu: »Herr Rittmeister, da steht der König!« Sich umwendend, erblickte Prittwitz den König, der fast allein und nur in Begleitung eines Pagen, welcher sein Pferd hielt, auf einem Sandhügel des sogenannten Mühlberges stand. Er hatte seinen Degen vor sich in die Erde gestoßen und blickte mit verschränkten Armen dem herannahenden Verderben entgegen. Eilig sprengte Prittwitz auf ihn zu, doch nur mit Mühe vermocht er ihn zu überreden, sich aufs Pferd zu werfen und auf seine Rettung bedacht zu sein. Endlich folgte der König seinen Bitten, indem er rief: »Nun, Herr, wenn Ihr meint, vorwärts.« Aber schon waren die Kosaken ganz nahe gekommen. Prittwitz wandte sich um und schoß den feindlichen Offizier vom Pferde. Dies machte die Verfolger einen Augenblick stutzen, der König gewann mit seiner kleinen Schar einen Vorsprung, und jene vermochten ihn nicht wieder einzuholen. Mehrmals rief er dabei aus: »Prittwitz, ich bin verloren!« Auf diese Weise rettete sich Friedrich vom Mühlberg herab ins Tal über die sogenannte große Mühle, hinter deren Defileen er vorläufig sicher war. Hier ritt er auf die erste Anhöhe und sah auf die zerschossenen Bataillone, die vorüberzogen. Mit Tränen in den Augen rief er ihnen zu: »Kinder, verlaßt mich heute nicht, euren König, euren Vater!« Und dann ritt er weiter und kam spät abends nach dem Dorfe Oetscher. Auf Prittwitz' Rücken schrieb er hier mit Bleistift an den Minister Finckenstein in Berlin die berühmt gewordenen Worte: »Alles ist verloren; retten Sie die königliche Familie; Adieu für immer.« Während in Oetscher der unglückliche König, nur von wenigen Getreuen umgeben, sich aufs Stroh warf, sammelte Prittwitz die aufgelösten Trümmer der Armee, etwa drei- bis viertausend Mann, so daß ihm nicht nur der Ruhm gebührt, den König, sondern auch den Rest der Armee gerettet zu haben. Denn wurden diese Truppenreste nicht in der Nacht noch nach Oetscher, wo die Schiffsbrücken waren, dirigiert, so waren sie auf dem rechten Oderufer verloren. Als er dem Könige melden wollte, daß sich einige Bataillone gesammelt hätten, verhinderten ihn die Adjutanten daran, die bei der verzweifelten Stimmung des Königs fürchteten, derselbe werde, sobald er erführe, er habe noch Truppen in Händen, den unglücklichen Kampf von neuem beginnen.

DAS ZIETENSCHE HUSARENREGIMENT VON 1763 BIS 1806

Es folgte nun ein fünfzigjähriger Friede, nur durch verhältnismäßig unbedeutende kriegerische Vorgänge unterbrochen. Es waren:

der Bayerische Erbfolgekrieg 1778;
die Expedition gegen Holland 1787;
der Feldzug in der Champagne 1792;
der Feldzug am Rhein 1794 und 95.

In all diesen Kämpfen, selbst die Bataillen von Pirmasens und Kaiserslautern mit eingerechnet, kam es zu nichts Erheblichem, und nur der »Promenadenfeldzug« nach Holland kann in gewissem Sinne als eine Ausnahme gelten. So militärisch bedeutungslos er, aufs Große hin angesehen, unzweifelhaft war, so gewiß gestattete er doch gerade dem Zietenschen Regimente, sich in Husarenweise auszuzeichnen. Deshalb ein paar Worte darüber.

Rittmeister von *Meckling* erhielt am 14. September Befehl, mit einer Avantgarde von hundert Husaren und sechzig Mann Infanterie bis nach Vianen vorzugehen, einer kleinen, wenige Meilen von Utrecht gelegenen Stadt, die, schwach befestigt und am Lek gelegen, eine relative Wichtigkeit hatte. Die Rekognoszierung ergab, daß der Feind auch *diesen* Ort geräumt habe. Jedenfalls war er schon in Eile gewesen, denn unsere Husaren fanden noch zwölf Kanonen, zwei Haubitzen, mehrere hundert Gewehre und viel Munition vor. Das Glück schien aber diese Avantgarde ganz besonders begünstigen zu wollen, denn Meckling erhielt hier die Nachricht, daß eine große feindliche *Fregatte* im Lek aufgefahren sei und auf einer Sandbank festsitze. Es wäre nicht gerade das erste Mal gewesen, daß Husaren feindliche Kriegsschiffe erobert hatten, wenigstens hatten es schon im Siebenjährigen Kriege die *Belling*schen Husaren ausgeführt.

Meckling schickte deshalb zunächst dreißig Infanteristen unter Befehl des Lieutenants von Hollmann an Ort und Stelle. Dieselben wurden von der Fregatte mit Kanonenschüssen empfangen und mußten nach einem ziemlich vergeblichen Feuer auf die Schiffsluken wieder abziehen. Mittlerweile hatte Meckling aber an den General Eben Meldung geschickt, und dieser beeilte sich natürlich mit allem, was er an Truppen hatte, seinen Rittmeister zu unterstützen. So langte er mit der Leibschwadron, einiger Infanterie und mehreren Bataillonsgeschützen am Ufer des Lek an und ließ den Capitain der Fregatte durch einen Trompeter auffordern, sich zu ergeben. Nach einigem Parlamentieren hißte dieser dann wirklich die Orangeflagge auf als Zeichen der Kapitulation und gab sich ohne weiteren Widerstand gefangen. Das Schiff führte zehn Kanonen und war außer dem Capitain mit einem Lieutenant, fünfzig Soldaten, einem Steuermann und zwanzig Matrosen bemannt. Das war ein prächtiger Fang, und an diesem Tage mag im Bivouac unserer Husaren viel gelacht worden sein. Der Herzog von Braunschweig hatte übrigens die Gnade, die Fregatte an General von Eben zu schenken. Die Ladung im Werte von 10000 Gulden kam unseren Husaren zugute.

An ähnlichen »Coups« war dieser Feldzug reich. Doch blieb die Wegnahme einer Fregatte durch Husaren das frappanteste Ereignis. All das erinnerte an die Jugendtage des Regiments und ließ die Niederlage nicht ahnen, die, vor Ablauf zweier Jahrzehnte, der Tag von Jena brachte. Die Zietenschen selbst waren an diesem Unglückstage abkommandiert, sahen sich aber alsbald in den Rückzug hineingezogen und waren mit unter den Truppen, die am 7. November bei Ratkau kapitulierten.

Damit war der Strich unter das alte Preußen gemacht: Die friderizianische Armee war hin und mit ihr auch die »Zietenhusaren«. Selbst der Name verschwand, und das Regiment, das bei Neuformierung der Armee an seine Stelle trat, hieß: Brandenburgisches Husarenregiment. Erst in verhältnismäßig neuer Zeit nahm es den Namen »Zietenhusaren« wieder auf.

Das Brandenburgische Husarenregiment (Zietenhusaren) von 1812 bis 15

Das neuformierte Regiment »Brandenburgische Husaren« nahm mit zwei seiner Schwadronen (3. und 4.) an dem Feldzuge gegen Rußland teil. Die beiden genannten Schwadronen, jede sechs Offiziere, fünfzehn Unteroffiziere, drei Trompeter und hundertvierundvierzig Husaren stark, wurden mit zwei Schwadronen der Pommerschen (Blücherschen) Husaren zu einem Regimente kombiniert, welches nun, unter dem Kommando des Obersten von Czarnowski, zur »Großen Armee« stieß. Es kam *nicht* zu den Truppen des General Yorck, die, dem X. französischen Corps (Macdonald) eingereiht, abgetrennt an der Düna fochten, sondern machte den Zug auf Moskau mit, und zwar im 1. französischen Kavalleriecorps Nansouty, das aus zwei Kürassier- und einer leichten Division bestand. In diese letztere wurde es einrangiert, focht alle Bataillen mit und war auch mit bei Borodino. Schon vorher verlor es auf eine besonders schmerzliche Weise den Lieutenant Abraham. Inmitten eines Gefechts durchstach ihn ein französischer Offizier von hinten, weil er ihn für einen *russischen Husaren* (deren Uniform der unsrigen sehr ähnlich war) gehalten hatte. Als er seinen Irrtum erkannte, war er untröstlich, bat ihn auf den Knien um Vergebung und trug ihn auf seinen Schultern in eine benachbarte Wassermühle. Umsonst. Abraham starb. Das Ganze, nach der *guten* Seite hin, sehr charakteristisch für französisches Empfinden.

Endlich am 26. Dezember 1812 trafen die Reste des Regiments wieder in Königsberg ein. Von den dreihundertsechsunddreißig Mann der beiden Schwadronen existierten noch: fünf Offiziere, sechs Unteroffiziere, dreizehn Husaren. Alles andere war tot oder lag krank und verwundet in den Lazaretten, was beinahe gleichbedeutend war mit tot. – Ein besonders ruhmreiches Jahr des Regimentes, ruhmreich durch besonderes Eingreifen wie 1745 und 1759, war das Jahr 1813.

Die *Brandenburgischen Husaren*, unter Führung des Majors von Sohr, gehörten mit zum *Yorck*schen Corps und hatten das Glück, an dem blutigen Tage von Möckern die Entscheidung zu geben. Wir verweilen bei dieser Bataille und geben den Hauptmoment.

Das Brandenburgische Husarenregiment bei Möckern am 16. Oktober 1813

Unsere Husaren hatten den Gang der Schlacht mit steigender Spannung verfolgt. Als in diesem verhängnisvollen Momente Steinmetz' Bataillone fluchtartig zurückwichen und Marschall Marmont seine starken Reserven in dichten Bataillonsmassen die Höhen herabwälzte, fing auch die Besatzung des Dorfes an, die sich bis dahin noch gehalten hatte, dasselbe nach und nach zu verlassen. Sohr sagt in seiner Relation: »In dem Augenblick, wo die feindlichen Batterien die unsrigen zum Schweigen gebracht hatten, unsere Infanterie aber durch das Vordringen der feindlichen Carrés und Batterien zum Weichen gebracht worden war, schwenkten die drei Eskadrons rechts ab, stellten sich bei dem Dorfe Mökkern, dicht hinter unsere Infanterie, auf und verhinderten dadurch deren weiteres Zurückgehen.«

Plötzlich kam der General Yorck herangeritten und rief: »Major Sohr, attackieren! Wenn die Kavallerie nicht noch etwas tut, so ist alles verloren!«

Hier zeigte sich Sohr als echter Reiterführer.

Mitten in dem betäubenden Lärm eines rasenden Feuers, mitten in dem greulichen Wirrwarr einer Niederlage, einem General gegenüber, der selbst in den ruhigsten Verhältnissen keinen Einwand ertragen konnte, wagte er es, darauf aufmerksam zu machen, daß, wenn seine Attacke glücken solle, die Reservekavallerie, die noch bei Wahren stand, ihm auf dem Fuße folgen müsse. Bis sie heran sei, müsse die Attacke aufgeschoben werden. Ein Freiwilliger Jäger unseres Regiments beschreibt den Vorgang folgendermaßen: »Wir hörten nicht deutlich, was Sohr erwiderte, da er von uns abgewendet sprach, doch wir sahen, daß er den Befehl nicht gleich ausführte, daß er sein Pferd links wendend mit dem Säbel auf die rückwärts stehende Kavallerie zeigte, hörten einige Donnerworte des Generals, sahen einen Adjutanten (es schien Major von Schack zu sein) nach der Kavallerie fortjagen und wenige Augenblicke darauf den Kommandanten links vorwärtsreiten.«

Minuten ängstlicher Spannung verstrichen. Dicker Pulverdampf lagerte sich vor den Schwadronen, Gewehrkugeln pfiffen hindurch und verrieten die Nähe des Feindes.

Ein Adjutant des Generals kam mit dem erneuten Befehl, sofort einzuhauen. Sohr erwiderte: »Sagen Sie dem General, ich gäbe ihm mein Ehrenwort, ich würde einhauen, nur möchte er mir erlauben, den günstigsten Moment dazu auszuwählen.«

Endlich schien dieser gekommen. Etwa zehn Minuten mochten seit Yorcks erstem Befehl verflossen sein, als Sohr sich im Sattel hob und dem Stabstrompeter ein lautes Trab zurief. Das Regiment ging in musterhafter Ordnung in Linie vor. Durch den Pulverdampf hindurch tauchten zwei dunkle Massen auf, die sich langsam vorwärtsbewegten – die Reste der eigenen Infanterie hatte man schon passiert –, es war der *Feind*, der mit zwei Carrés hier vorbrach. Näher gekommen, gewahrte man den gelben Besatz an den Czakos. Es waren Marinetruppen. Da warf Sohr den Säbel weit vor und gab mit laut schallendem »Marsch, Marsch« das Signal zum Einhauen. Wie ein brausendes Ungewitter stürzten sich die Schwadronen auf den Feind. Zwei bis drei Salven knatterten fast ohne Wirkung über die Köpfe. Man war am Feinde, ehe man selbst es dachte. Ein erbitterter Kampf mit der blanken Waffe entspann sich. Die Pferde traten die feindlichen Infanteristen nieder und Hunderte von ihnen sanken unter den erbitterten Hieben der Husarensäbel.

Der flüchtende Rest maskierte das Feuer der eigenen Batterien. In heller Siegesfreude folgten unsere Husaren bis zu den Kanonen, deren gleich im Anfang sechs genommen wurden. Eine Kugel hatte Sohrs rechten Arm zerschmettert; er nahm den Säbel in die linke Hand. Das Signal Appell ward gegeben, rasch sammelte sich das Regiment nach vorwärts.

Aber unmittelbar nach dem Siege drohte eine neue große Gefahr. Die feindliche Kavallerie stand dem Regiment in der linken Flanke und attackierte dasselbe nach Sohrs eigenem Bericht »mit größter Entschlossenheit«. Knapp gelang es noch, die Schwenkung zu machen und dem neuen Feind entgegenzugehen. Mittlerweile war auch das Brandenburgische Ulanenregiment herangekommen, als zweites Echelon folgten die Mecklenburgischen Husaren und die bekannten Litauischen Dragoner.

Mit gewaltigem Stoß wurde die feindliche Kavallerie auseinandergetrieben und auf ihre Infanterie und Artillerie geworfen. Unsere Husaren hatten das Glück, noch mehrere Carrés total zu überreiten und noch neun Kanonen und viele Munitionswagen zu erobern. Da Sohr den ausdrücklichen Befehl gegeben hatte, wegen der geringen Stärke der Eskadrons sich nicht mit den Gefangenen und eroberten Geschützen zu befassen, so konnten bei letzteren nur die Blessierten zurückgelassen werden. Daher kam es, daß nach der Schlacht nur eben im ganzen fünfzehn Kanonen als vom Regiment erobert betrachtet wurden, obgleich es, nach dem übereinstimmenden Bericht sämtlicher Schwadronchefs, deren eine unverhältnismäßig große Zahl genommen hatte, die aber frei stehend von den nachrückenden Regimentern in Empfang genommen wurden. Ein Streit darüber wäre müßig, hatte doch das Regiment an diesem Tage Ehre genug. Auch nach der zweiten Attacke rasch gesammelt, ging das Regiment wieder vor. Sohr hatte sich nach der zweiten Attacke halb ohnmächtig nach einem Verbandplatz begeben müssen; freilich sehr gegen seinen Willen.

Sein einfacher Bericht schließt mit den Worten: »Eine zweite feindliche Kavallerielinie und drei in Carrés aufgestellte Bataillone wurden nach meinem Weggange noch geworfen und bis an die Defileen dicht vor Leipzig verfolgt. Vier feindliche Kanonen, welche, durch die üble Beschaffenheit eines engen Weges am weitern Zurückgehen verhindert, schon von den Artilleristen verlassen, nur durch einige Chasseurs und eine dahinterstehende feindliche Tirailleurlinie verteidigt wurden, wären auch in unsere Gewalt gefallen, wenn namentlich der Kommandeur des 1. Westpreußischen Dragonerregiments, nach Aussage mehrerer Offiziere, die Attacke nicht refüsiert hätte.«

Dies Regiment ließ das unsrige in der Folge noch mehrmals im Stich und hatte überhaupt das Unglück, während der Freiheitskriege auch nicht einen einzigen Erfolg zu erringen.

Als Sohr gerade zum Verbandplatz ritt, begegnete er dem General Yorck, der freudig bewegt den veränderten Schauplatz betrachtete. Als er Sohr erkannte, ritt er auf ihn zu und sagte: »Ihnen allein habe ich den Sieg des heutigen Tages zu danken, und ich werde es Ihnen und Ihrem braven Regimente nie vergessen.«

Dabei gab er Sohr die Hand und drückte sie herzlich. Das war von seiten des alten Isegrim eine Auszeichnung der allerseltensten Art. Sohr erwiderte in tiefster Rührung: »Ich bedaure am meisten, wahrscheinlich nicht bei meinem Regiment bleiben zu können, und wenn ich im Bewußtsein, nur meine Pflicht erfüllt zu haben, auch für meine Person gern auf alle Auszeichnungen verzichte, so bitte ich Eure Exzellenz doch, sich bei Seiner Majestät dahin zu verwenden, daß die Bravour meiner Offiziere und Husaren durch eine vorzügliche Auszeichnung öffentlich anerkannt wird.«

Nach dem langen Siegesritte sammelten sich die drei Schwadronen Sohrs bei Möckern, um dort zu bivouakieren. Das Schlachtfeld war grausig. Der falbe Schein vieler brennender Dörfer beleuchtete unsägliches Elend. Man wußte nicht, wie die Schlacht bei der Großen Armee ausgefallen war. Ein Tagebuch jener Zeit schreibt: »Das Corps bivouakierte auf dem Schlachtfelde, erschöpft von der Blutarbeit des heißen Tages.«

Dies war bei *Möckern* am 16. Oktober 1813.

An den blutigen Gefechten im Februar und März 1814 nahm das Regiment teil und zeichnete sich besonders bei Chateau Thierry aus. Es rettete hier die schlesische Armee durch seine Haltung vor einer totalen Deroute. Bei dem *Einzuge in Paris* war es nicht zugegen. Es gehörte dem *Yorck*schen Corps an und teilte denn auch das Schicksal desselben.

Das Jahr darauf, 1815, waren die Zietenschen mit bei Ligny und Waterloo und nahmen teil an dem Vorgehen gegen Planchenoit, dessen Wegnahme die Schlacht entschied. Die Verluste des Regiments an diesem Tage waren gering gewesen; desto größer waren sie vier Wochen später bei *Versailles* in einem Gefechte, das dem Abschlusse des Waffenstillstandes unmittelbar voraufging. Es handelte sich um die Besetzung der Stadt. Diese geschah. Leider aber fanden die Zietenschen innerhalb der Stadt noch keine Infanterie vor. Die auf dem großen Platze angeordnete Aufstellung wurde um so bedrohlicher, als bereits aus den Häusern geschossen wurde. So beschloß Oberstlieutenant von Sohr, sich aus der

Stadt heraus und auf St. Germain zurückzuziehen. Aber feindliche Kavallerie attackierte jetzt in der Front, während von den Flanken her Infanteriesalven abgegeben wurden. Es war ein verzweifelter Moment. Als Sohr aufgefordert wurde, sich zu ergeben, antwortete er mit einem wilden Fluche. Der tödlichen Kugel entging er durch eine rasche Wendung wenigstens insoweit, daß sie ihn nur schwer verwundete. Eine wehmütige Freude ward ihm in diesem Augenblicke dadurch, daß sein schöner tatarischer Streithengst alle Franzosen abwarf, die ihn zu besteigen suchten. Seit drei Jahren hatte Sohr dieses edle Tier fast täglich geritten. Nur seinem Herrn war es gehorsam. Sohr bot dem, der es erbeutet hatte, einen enormen Preis, den er nach Abschluß des Friedens zu zahlen sich auf Ehrenwort verpflichtete. Der durch die Wildheit des Hengstes erboste Franzose lehnte aber den Handel ab, und Sohr hörte nie wieder von dem Schicksal seines Lieblingspferdes.

Der Unglückstag war reich an absonderlichen Schicksalen. Im Regimente diente der älteste Sohn des General Yorck. Er war erst sechzehn Jahre alt und wurde mit noch mehreren Husaren der 4. Eskadron von zahlreichen Haufen französischer Chasseurs umringt. Ein feindlicher Offizier forderte ihn auf, sich zu ergeben, erhielt aber die stolze, von wütenden Säbelhieben begleitete Antwort: »Je ne me rends pas. Je me nomme Yorck.« Ein französischer Pallasch durchbohrte ihn bald, er sank vom Pferde. Seinen Kameraden gelang es, trotz der feindlichen Übermacht, ihn aus dem Getümmel zu schleppen, und der nachmalige Unteroffizier Reinhardt blieb bei ihm, aller Bitten des Verwundeten unerachtet, doch an seine eigene Rettung zu denken. Reinhardt fand endlich einen Wagen und führte Yorck mit seltener Aufopferung nach Versailles zurück. Auf dem Wege dahin jedoch erschien plötzlich wieder französische Kavallerie. Die inständigen Bitten Yorcks vermochten Reinhardt, sich auf das freie Feld zu retten, und sah dieser nur noch, wie die Franzosen mit drohender Gebärde den Wagen umringten. Wenige Tage darauf starb Yorck zum unsäglichen Schmerz seines Vaters, dessen Stolz er gewesen war.

Anders gestaltete sich das Schicksal des Lieutenant *von Probst*, der ziemlich schwer blessiert und halb ohnmächtig gefangengenommen war. Probst, ein tollkühner Charakter, mochte alles eher ertragen als Gefangenschaft. Dem Franzosen, der die Kandarenzügel seines Pferdes über den Kopf gestreift hatte und ihn so mit sich führte, herrschte er nach einigem Nachsinnen plötzlich zu, »was ihm einfiele, ihn so zu behandeln; er sei le prince Probst«. Da Probst sehr jung und zart aussah, dabei aber viele Orden auf der Brust trug, mochte der Franzose ihm glauben und gab ihm unter Entschuldigungen die Zügel in die Hände. Kaum fühlte Probst sich wieder Herr seines Pferdes, so gab er diesem die Sporen, sprang über einen Graben und war bald außer dem Bereich des verblüfften Franzosen.

Die Haltung des Regiments, insonderheit seines Kommandeurs, des Oberstlieutenants von Sohr, hatte übrigens dem Gegner derartig imponiert, daß noch, Anfang der fünfziger Jahre, der greise General Graf *Exelmans*, der die französische Kavallerie bei Versailles kommandiert hatte, zu einem preußischen Offizier sagte: »Vos hussards me culbutèrent deux régiments. Principalement je me souviens d'un colonel enragé comme tous les diables à leur tête, qui se jetait avec une vraie fureur sur nos chasseurs. J'ai très bien retenu son nom, c'etait un Monsieur de Sohr.«

Das Zietensche Husarenregiment von 1864 bis 1870

Ein langer Friede folgte, dreiunddreißig Jahre lang, nur durch Mobilmachungen unterbrochen. 1849 war das Regiment mit in Baden, 1864 mit in Schleswig-Holstein, 1866 mit in Böhmen. Im badischen Feldzug nahm es gleich anfangs sechshundert Freischärler in Mannheim gefangen; im dänischen Feldzuge stand es mit bei Missunde und zeichnete sich durch Verfolgung der Dänen bis Flensburg hin aus; im Kriege gegen Österreich gehörte es zur I. Armee, Prinz Friedrich Karl, und griff in den großen Reiterkampf mit ein, der bei Stresetitz (Königgrätz) einige der schönsten österreichischen Reiterregimenter vernichtete.

So kam das Jahr 70 und mit ihm der Tag von Mars-la-Tour und Vionville, 16. August. Das Regiment focht nicht glücklich an diesem Tage, aber doch ruhmvoll, wie immer, und mit einer Schilderung der betreffenden Vorgänge schließen wir, nach dem Ardenneschen Buche, unseren Bericht.

»Es war fast schon dunkel geworden und alle Gegenstände kaum auf fünfzehn Schritt noch erkennbar, als die Brigade von Rauch, der wir angehörten, abermals vortrabte. Den rechten Flügel hatten diesmal die 16. Husaren – unser Regiment den linken. Zwischen dem brennenden Flavigny und der Straße Rezonville-Vionville trabten die Regimenter in geöffneter Schwadronskolonne vor; die Chaussee ward überschritten, dabei aber die Direktion auf Rezonville festgehalten. Etwa dreihundert Schritt nördlich der Straße zeigten sich dunkle Schatten. Es war unmöglich zu sehen, ob es Freund oder Feind sei. Die vorausgerittenen Führer konstatierten endlich, daß es Bataillone unserer 6. Infanteriedivision seien. Unser Regiment passierte speziell das 20. Infanterieregiment. Die braven Leute hatten seit dem Morgen ununterbrochen gekämpft und enorme Verluste erlitten. Jetzt lagen sie, fast ganz ohne Patronen, zum Tode erschöpft am Boden und erwarteten den Angriff französischer Kavallerie, die sich vor Rezonville bereits gezeigt hatte. Unsere Husaren brachen in ein donnerndes Hurra aus, als sie die Linien dieser Infanterie passierten. Auch diese, in dem Augenblick schwerster Bedrängnis durch das Erscheinen der eigenen Kavallerie gerettet, jubelte laut auf.

Unter dem Eindruck dieser soldatischen Begrüßung und zum Äußersten angestachelt durch den Gedanken, hier vor den Augen preußischer wohlbekannter Regimenter die französische Kavallerie auseinanderzujagen, stürzten sich nun die Schwadronen nach vorwärts. Eine neue dunkle Masse tauchte auf; wohl mußte es der Feind sein, von dem kaum noch ein Zwischenraum von hundert Schritt trennte. Dem Zweifel machte eine krachende Salve ein Ende, die über die Köpfe der galoppierenden Reiter hinwegsauste. Major *von Hänlein* warf den Säbel vor, kommandierte »Marsch, Marsch«, und mit brausendem Hurra folgte das Regiment seinem helleuchtenden Schimmel. Eine dichte Tirailleurkette des Feindes war im Nu überritten, dahinter geschlossene Massen. Wie Spreu zerstoben sie unter dem Anprall der in vollem Lauf befindlichen Pferde oder wurden niedergehauen. Es war ein großer Moment, und mit leichter Mühe hätte ein nachfolgendes zweites Kavallerietreffen die zersprengten und in vollständiger Panik umherlaufenden Franzosen vernichten können. Blessierte Kameraden, die hinter der Front des dahinbrausenden Regiments liegengeblieben waren, können nicht genug davon erzählen, wie die Franzosen in vollem Schrecken sinnlos durcheinandergelaufen wären, sich zu zwei und zwei mit dem Rücken zusammengestellt und in die Luft gefeuert hätten. Da aber kein zweites Treffen der Brigade folgte, raillierten sich die Überrittenen bei dem unablässigen Geschrei ihrer Offiziere und schickten uns nun einen Kugelregen nach. Bis dicht vor Rezonville kamen unsere siegenden Husaren; kaum hundert Schritt vor der Enceinte lagen am andern Morgen ihre letzten Leichen. Allein hier dicht vor dem Dorfe standen die intakten Bataillone der Garde-Zuaven, welche die gelichteten und ungeordneten Reihen der Unsrigen nicht zu durchbrechen vermochten. Vor dem sprühenden Feuer machten die Vordersten kehrt, und die Attacke flutete zurück. In den Wirbel der Einzelkämpfe, die sich nun hier mit aller Wut abspielten, krachten die Salven eines links stehenden Soutiens.

Oberst *von Schmidt* von den 16. Husaren ritt vergeblich mit etwa fünfzig gesammelten Husaren gegen dasselbe an — die vorher niedergerittenen Feinde schossen in gleicher Weise in den Wirrwarr hinein, der sich endlich dadurch entwirrte, daß die Masse unserer Husaren in der Richtung auf die preußischen Stellungen zurückjagte, jeden Schritt rückwärts mit mehr Blut besiegelnd, als die stürmische Vorwärtsbewegung gekostet hatte. Nachdem die Regimenter einigermaßen geordnet waren, was nach dem Abgehen des Appellsignals wohl zwanzig Minuten dauern mochte, wurde im Schritt durch die eigenen Infanterielinien zurückgegangen. Daß die Husaren das Gefühl hatten, sich brav geschlagen zu haben, bewies das neue und stürmische Hurra, in das sie hier ausbrachen. Wer sich auf den Soldatengeist versteht, wird wissen, daß eine geschlagene deutsche Truppe schweigt. Eine geschlagene französische schreit über Verrat.

Welche Fülle von Erlebnissen, welche reiche Gelegenheit zu Auszeichnung und Bravour hatte aber diese Attacke den einzelnen Mitgliedern des Regiments gebracht. Wie viele sind vergessen oder ganz unbekannt geblieben. Nur einzelne Züge können hier Erwähnung finden.

Das Pferd des Standartenträgers, Unteroffizier Grothe, erhielt inmitten der Franzosen zwei Kugeln, so daß es zusammenbrach. Schon packten zwei derselben die Standarte, um sie den Händen Grothes zu entreißen. In dieser verzweiflungsvollen Lage verließ diesen braven Mann weder Geistesgegenwart noch Körperkraft. Mit herkulischer Stärke ergriff er die Fahnenstange, schlug damit seine beiden Gegner zu Boden, dann sein Pferd emporreißend und durch heftige Sporenstreiche zur Aufbietung der letzten Kräfte zwingend, rettete er die Standarte aus dem Gewühl.

Unwillkürlich steigt die Betrachtung auf, wie leicht selbst das bravste Kavallerieregiment seine Standarte bei ernsten Attacken, besonders bei Nacht und Nebel, verlieren kann. In vielen Armeen führen daher die Kavallerieregimenter keine Feldzeichen mehr, oder sie lassen dieselben bei der Attacke unter Bedeckung zurück.

Vielen Offizieren wurden die Pferde erschossen, so dem Lieutenant von Schaper, Graf Kanitz, Mühlberg usw. Einige gerieten dabei in wunderbare Situationen, aus denen sie sich aber sämtlich zu retten wußten. Lieutenant *von Schaper* lag drei Stunden unter seinem sterbenden Tier. Nach unausgesetzter Anstrengung gelang es ihm, den einen Schenkel unter dem Pferde herauszuziehen, freilich mit Zurücklassung eines Stiefels. Im Dunkel der Nacht und vermöge einer vielfach geübten Jägerkunst des Schleichens gelang es ihm dann, teilweise auf Händen und Füßen kriechend, durch die Franzosen glücklich hindurchzukommen. Da das Pferd beim Niederstürzen sich überschlagen hatte, so war Lieutenant von Schaper so arg zerquetscht worden, daß er einige Zeit keinen Dienst tun konnte.

Graf *von Kanitz* erlebte eine noch wunderbarere Rettung. Nachdem er sich unter seinem toten Tiere herausgearbeitet hatte, ging er, nur mit seinem Revolver bewaffnet, auf der Chaussee Rezonville-Vionville zurück. Als er unter dem Vorgeben, ein guide imperial zu sein, mehrere Anfragen begegnender Franzosen beschwichtigt, wurde er doch endlich von zwei Franzosen, einem Kürassier und einem Infanteristen, gepackt und niedergeworfen. Am Boden liegend und halb erwürgt, gelang es ihm, die eine Hand, die den Revolver hielt, freizumachen und einen der Feinde durch den Leib zu schießen, worauf der andere entfloh. In eiligem Laufe rettete sich Graf von Kanitz dann zu den preußischen Linien.

Lieutenant der Reserve *Mühlberg* war dicht vor Rezonville gestürzt. Die dort stehenden Franzosen fielen über ihn her und nahmen ihn gefangen. Mit zweien unserer Husaren ward er in ein Haus in Rezonville eingeschlossen. Unter dem Vorgeben, nicht gehen zu können, gelang es Mühlberg, seinen Transport nach Metz zu verzögern. Der französischen Sprache in hohem Grade mächtig, überredete er sodann die Wirtin des Hauses, und als diese den Curé herbeiholte, auch diesen, ihn und die beiden Husaren auf dem Heuboden zu verstecken. Er versprach dabei, Dorf und Kirche gegen Brand und Plünderung zu schützen, wenn die Preußen am andern Morgen es nehmen würden. Mit leicht erklärlicher Spannung schaute Lieutenant Mühlberg, als der Tag graute, nach dem preußischen Lager. Bald zeigten sich einige Ulanen. Die Franzosen wurden lebendig, wollten abziehen und suchten nun ihre Gefangenen. Tief im Heu versteckt, entgingen die drei Verborgenen den Späheraugen des Feindes und waren gerettet, als eine Ulanenschwadron wirklich bald darauf in Rezonville einzog.

Wunderbar genug ward auch Lieutenant von Bülow gerettet. Ein Prellschuß hatte ihn vom Pferde geworfen; halb betäubt lag er mitten unter den Franzosen. Als das Regiment zurückbrauste, gewahrte Bülow den Sergeanten Mux der 4. Schwadron. Auf seinen Hilferuf zögerte dieser brave Mann keinen Augenblick, seinem Offizier Hilfe zu bringen. Er brach sich Bahn, und Lieutenant von Bülow gelang es, auf der Kruppe des Pferdes von Mux aufzusitzen. Trotz des wütenden Feuers der Franzosen kamen beide unversehrt davon und schlugen sich glücklich durch. Der brave Mux, das Vorbild eines pflichttreuen und vollkommenen Husaren, fiel leider später auf einer Patrouille in der Nähe von Orléans.

Der Lieutenant *von Wedell*, seinem Zug in der Attacke weit vorauseilend, sprang über die ersten Reihen der feindlichen Bajonette hinweg. Im Sprunge legte er sich vornüber und tat einen Hieb nach unten. Das vorn belastete Pferd sprang auf einen Haufen Tornister und stürzte. Als Lieutenant von Wedell sofort aufsprang, ward er von seinem Zuge, der heranbrauste, überritten und lag mitten zwischen den Franzosen, die ihn für tot hielten. Er hörte alle ihre Reden und war so Zeuge, welchen Eindruck die Attacke auf sie machte. Leider kamen nur wenige Soldaten an diese Stelle zurück. Waffenlos (sein Säbel war beim Sturz zersplittert) fiel er in Gefangenschaft, und nur durch das Bemühen eines französischen Offiziers wurde er vor dem Schicksal bewahrt, wehrlos niedergestoßen zu werden. Die Franzosen hatten ihm alles geraubt, selbst die Silberschnüre vom Attila geschnitten. Glücklicherweise ward er mit zwölf Husaren, die mit ihm das Los der Gefangenschaft teilten, bereits nach einigen Tagen wieder ausgewechselt, nachdem er in Metz in den Kasematten streng bewacht und schlecht verpflegt worden war.

Dem Lieutenant *von Arnim* der Reserve war es gelungen, einen berittenen Offizier, wahrscheinlich den Führer des feindlichen Regiments (es soll das 91. Infanterieregiment gewesen sein), zu töten. Dieser Offizier hatte bereits die Campagnen von 1864 und 1866 bei dem Regiment mitgemacht und diente 1870/71 mit großer Auszeichnung bis zu Ende der Feindseligkeiten, ohne verwundet zu werden.

Der Stabstrompeter *Günther* zeichnete sich durch große Bravour aus, indem er dem Führer des Regiments nicht von der Seite wich und wohl der einzige Trompeter gewesen ist, dessen Signale allgemein hörbar waren.

Einen rührenden Zug von Treue und Bravour referiert Rittmeister von Thümen: ›Bei der Attacke wurde dem Husaren Rothenberg das Pferd unter dem Leibe getötet, welches über ihn hinstürzte, so daß es ihm erst nach vielen erfolglosen Bemühungen gelang, sich unter demselben hervorzuarbeiten. Trotz der gefahrdrohenden Nähe der wieder anrükkenden feindlichen Infanterie stand Rothenberg im Begriff, Sattel und Gepäck seinem toten Pferde abzunehmen, als er neben sich den klagenden Hilferuf eines Kameraden, des Husaren Franke, hörte, der durch eine Gewehrkugel, die ihm Brust und Schulter durchbohrt hatte, schwer verwundet und regungslos am Boden lag. Rothenberg, rasch entschlossen, ließ seinen Sattel und sein Gepäck im Stich und trug mit unsäglicher Mühe, da er selbst sehr zart gebaut, der Verwundete aber der anerkannt schwerste Husar in der Eskadron war, den sterbenden Kameraden zum nächsten Feldlazarett nach dem eine Viertelstunde entfernten Vionville. Von dort aus kehrte er sofort aufs Schlachtfeld zurück und holte sich daselbst, trotz der umherschwärmenden feindlichen Tirailleurs, die zurückgelassenen Effekten, mit welchen schwer bepackt er dem Regimente nacheilte, das inzwischen nach Gorze abgerückt war. Leider hatte die tapfere und kameradschaftliche Tat Rothenbergs keinen Nutzen gehabt, denn Franke starb kurze Zeit nachher an den Folgen seiner schweren Verwundungen.‹

Wie wenig übrigens der Mut des Regiments durch die großen Verluste alteriert war, zeigte sich, als beim Rangieren Rittmeister *von Thümen* rief: ›Wer von euch will mit mir in Metz schlafen?‹

Dieser Aufforderung zu einer neuen Attacke folgten alle Husaren, die sie gehört hatten. Durch die Vorstellungen anderer Schwadronschefs kam dieser wenig glückverheißende, wenn auch heroische Versuch zu neuem Angriff nicht zur Ausführung. Die Verluste des Regiments waren allerdings herbe. Der hochbeliebte Rittmeister *von Grimm*, ingleichen der Lieutenant *von Klenke* waren gefallen. Der Avantageur Graf *Itzenplitz*, Vize-Wachtmeister *Mertens*, eine Anzahl hervorragender Unteroffiziere, darunter die Sergeanten Staniek, Kluge, Eckert und eine Menge braver Husaren hatten das gleiche Schicksal.

Die Attacke von *Rezonville* ist somit die blutigste und verlustreichste, die das Regiment je geritten hat. In dieser Beziehung lassen sich ihr nur die Attacken von *Zorndorf* und *Kunersdorf* an die Seite stellen, bei denen man aber in Rechnung ziehen muß, daß das Regiment in ihnen mit zehn resp. fünf Eskadrons auftrat. Jedenfalls ist das Regiment am Morgen des 16. August mit nicht mehr als fünfhundert Pferden in den Kampf gezogen.

Nachdem das Appellsignal die Zerstreuten zusammengerufen hatte, zog Major *von Hänlein* mit dem Regiment über das Schlachtfeld hinab nach Gorze, um dort zu tränken, da die Pferde seit 2 ½ Uhr morgens keinen Tropfen Wasser bekommen hatten. Die Nacht war dunkel, und der Ritt über das Schlachtfeld, das allein sechzehntausend Preußen mit ihren Leibern deckten, bot schauerliche Szenen in Menge. Nachdem die Pferde getränkt waren, bivouakierte das Regiment ohne Feuer und Stroh, die Zügel am Arm, in der Nähe von Gorze.«

Die »Zietenschen« waren immer eine Lieblingstruppe des Volks, durchaus populär. Selbst in den schlimmsten Zeiten des Siebenjährigen Krieges fehlte es ihnen nie an Ersatz. Zu den »Husaren« wollte man immer noch, und während andere Regimenter aus Fremden bestanden, waren die Zietenhusaren immer Landeskinder. Von tausend in der Regel neunhundert.

Zum Schluß gebe ich noch, ebenfalls nach dem Ardenneschen Buch, ein Verzeichnis der *Chefs* und *Kommandeure* des Regiments.

Chefs:
von Zieten, 1741–86.
von Eben, 1786–94.
von Goecking, 1794–1805.
von Rudorff, 1805–1806.
Herzog *von Cumberland* (später *Ernst August*, König von Hannover), 1823–51.
Georg V., König von Hannover, 1851.

Von 1786 an wechselte, durch gerade zwanzig Jahre hin, der Name des Regiments mit dem Namen seiner Chefs. Nur bis 86 heißt es »Zietensche Husaren«; von da ab wird, in den Schriftstücken jener Zeit, von den *Eben*schen, den *Goecking*schen, den *Rudorff*schen Husaren gesprochen. Von 1806 an hört die Benennung nach den Chefs auf, und erst von 1861 an wird, wie schon hervorgehoben, die Bezeichnung »Zietenhusaren« offiziell wieder aufgenommen.

Kommandeurs:
von Zieten, 1741–56
von Seelen, 1756–58
von Zettmar, 1758–60
von Hundt, 1760–61
von Rohr, 1761–63
von Corswandt, 1807–11
von Hobe, 1811–13
von Sohr, 1813–15
von Klinkowström, 1815–32
von der Horst, 1832–41

von Prittwitz, 1763–75
von Probst, 1775–79
von Eben, 1779–83
von Wolffrath, 1783–91
von Berge, 1791–92
von Lenz, 1792–93
von Lestocq, 1793–94
von Goecking, 1794–1805
von Rudorff, 1805–1806
von Loeben, 1806–1807
von Dobeneck, 1841–43
von der Goltz, 1843–48
Prinz Solms-Braunfels, 1848–53
von Griesheim, 1853–54
von Pfuhlstein, 1854–58
Graf *von der Groeben*, 1858–64
von Kalckreuth, 1864–67
von Zieten, 1867–70
von Rauch, 1871.

Der gegenwärtige Kommandeur ist der Oberstlieutenant *von Rosenberg*.

KOLONIE ZEUTHENSEE

Zu den reizendsten Plätzen in der Umgegend von Berlin gehört »Hankels Ablage«, eine auf einem schmalen Uferstreifen zwischen der Görlitzer Bahn und dem Zeuthener See gelegene Villenkolonie, deren einzige partie honteuse ihr Namen ist: »Hankels Ablage«. Jeder vermutet danach einen Müllhaufen mit etwas Nachtschatten oder Stechapfel darauf, und doch ist umgekehrt alles gestriegelt und gebügelt an dieser Stelle, gehackt und gejätet und so frisch und rein wie die Wald- und Seeluft, die hier weht. Ich sage »weht«, denn eine Brise geht hier immer, auch wenn anderswo die Luft steht wie eine Säule. Mit dem Namen »Hankels Ablage« hat es folgende Bewandtnis. Vor gerade hundert Jahren war hier die Stelle, wo die reichen Walderträge der mehrere Quadratmeilen großen Herrschaft Königs Wusterhausen »abgelagert« wurden, um dann auf Spreekähnen in die große Welt oder doch wenigstens nach Berlin hin exportiert zu werden. Das gab denn einen großen Verkehr von Schiffern und Fuhrknechten, und einem an dieser *Ablagestelle* wohnenden Fischer oder Holzwärter oder Waldhüter (gleichviel) wurde, mit Rücksicht auf den Verkehr und die Bedürfnisse dieser entschiedenen No-Temperance-Männer, die Schenkgerechtigkeit erteilt. Der so Bevorzugte hieß Hankel, und weil die Stätte dieser Schenkgerechtigkeit die »Ablage« war, so hatten wir von dem Tag an, wo der erste »Korn« in einem Spitzglase verschenkt wurde (Gilka ruhte noch in der Zeiten Schoße), ein Wirtshaus, einen Krug, der sich nunmehr »Hankels Ablage« nannte. Dieser Krug hat denn auch – von Vater auf Sohn forterbend – bis ganz vor kurzem, wo eine Feuersbrunst das reizend unter alten Ulmen gelegene Haus mit seinem Schilfdach verzehrte, fortbestanden, und erst neuerdings ist »Hankels Ablage« seines alten Charakters entkleidet worden. Krug und »Ablage« sind hin, und auf demselben entzückenden Uferstreifen, auf dem sonst nichts als das eine hochdachige Wirtshaus stand, steht jetzt eine reizende Straße, deren Villen eine Doppelfront haben und einerseits auf den Wald und die Görlitzer Bahn, andrerseits auf den schönen Zeuthener See blicken. Alle Bewohner dieser Villen schwelgen in so viel Glück, wie das Leben in einem märkischen Idyll und vielleicht das Leben überhaupt nur irgendwie gewähren kann, und nur eines ist da, was diese Glücklichen in Traum und Wachen quält. Und das eine ist der Name: »Hankels Ablage«. Dieser Name schädigt die Bewohner und Interessenten, da jeder, der ihn hört, entweder lächelt oder erschrickt, und so beschäftigt sich die »Kolonie« schon lange mit einer Umtaufung. Viele Vorschläge sind gemacht worden, unter allen aber hat der Vorschlag, den unschönen Hankels-Ablage-Namen in *»Zeuthensee«* zu verwandeln, am meisten Stimmen auf sich vereinigt. Und diesem Vorschlage möchte Schreiber dieser Zeilen von Herzen zustimmen. Wir hätten dann einen »Zeuthener See« und an diesem Zeuthener See die Kolonie Zeuthensee – jener (der See) mit dem Akzent auf der ersten, diese (die Kolonie) mit dem Akzent auf der letzten Silbe. Die nahe Namensverwandtschaft kann kein Hindernis sein. Müssen wir doch auch den Tollen-see von der Tollense unterscheiden.

Tympanum marchicum. Th. F.

DIE MÄRKER UND DIE BERLINER UND WIE SICH DAS BERLINERTUM ENTWICKELTE

I

Die Märker haben viele Tugenden, wenn auch nicht voll so viele, wie sie sich einbilden, was durchaus gesagt werden muß, da jeder Märker ziemlich ernsthaft glaubt, daß Gott in ihm und seinesgleichen etwas ganz Besonderes geschaffen habe. So schlimm ist es nun nicht. Die Märker sind gesunden Geistes und unbestechlichen Gefühls, nüchtern, charaktervoll und anstellig, anstellig auch in Kunst, Wissenschaft und Religion, aber sie sind ohne rechte Begeisterungsfähigkeit und vor allem ohne rechte Liebenswürdigkeit. Auch ohne *Stammesgenie*; – die Schwaben und Rheinländer haben entschieden mehr davon. Und was nun die vielzitierten militärischen Tugenden angeht, so mag ich über diese, die ja zweifellos existieren, nicht immer wieder wie über etwas einzig Dastehendes sprechen. Alle Stämme haben gute Soldaten und auch nicht, je nachdem. Man muß viel alte Militärs kennengelernt und ihren vertraulichen Mitteilungen gelauscht haben, um mit der Legende von der grenzenlosen Tapferkeit irgendwelches Komplexes von Menschen ein für allemal fertig zu sein. Wär auch unnatürlich, wenn es anders wäre. Die Märker haben viel Pflichtgefühl und verstehen zu gehorchen und zu befehlen, und das ist besser als der »Mut ohne Ende«. Das Pflichtgefühl der Märker, ihr Lerntrieb, ihr Ordnungssinn, ihre Sparsamkeit – das ist ihr Bestes. Und das sind die Eigenschaften, wodurch sie's zu was gebracht haben. Im übrigen sind sie neidisch, schabernackisch und engherzig und haben in hervorragender Weise den ridikülen Zug, alles, was sie besitzen oder leisten, für etwas ganz Ungeheures anzusehen. Eine natürliche Folge früherer Ärmlichkeit, wo das Kleinste für wertvoll galt. Es gibt in der Mark bis diesen Tag zahllose Leute, die mit ihren 100000 Mark ganz aufrichtig glauben, »sie kämen gleich nach Gould oder Vanderbilt«. Was aber auch nicht ganz richtig ist, wenigstens nicht im Ausdruck, weil der echte Märker weder Gould noch Vanderbilt kennt, sondern alle Größen, wenn er vergleichen will, aus seiner eigenen Provinz und am liebsten aus seinem Kreise nimmt. Ja, es sind tüchtige, aber eingeengte Leute. Wenn sie einem eine Tasse Kaffe präsentieren, so rechnen sie *sich's* an, nicht dem, der den Mut hat, diesen Kaffe zu trinken, und gab es gar noch eine geschmierte Semmel dazu, so wird es als ein »Mahl«* angesehen, das Anspruch darauf hat, in die Stadt- und Dorfchronik eingezeichnet zu werden.

Nach dieser Seite hin hat Baron von Seld, der bekannte Temperenzapostel, die Märker am treffendsten geschildert.

Dieser (Baron Seld) war einmal einen Winter lang auf einem sogenannten märkischen »Schloß« zu Besuch, und weil ihm (er hatte viel Zeit) zu Ohren kam, die Krügersfrau wolle, nächste Ostern, ihren Jungen auf die Stadtschule schicken, so bot er sich an, den Jungen dazu vorzubereiten. Er gab ihm täglich zwei Stunden, von zehn bis zwölf. Das ging so monatelang. Eines Tages trat die Krugwirtin um elf ins Zimmer und brachte Herrn von Seld ein Ei zum Frühstück. Es war so klein, daß er nicht wußte, ob es ein Hühner- oder Taubenei sei; er dankte indes und aß es. Sieben Jahre später, der Junge war schon lange wieder von der Schule herunter, begegnete Baron Seld, und zwar in Berlin in der Leipziger Straße, der Krugwirtin, die nun mit jener naiven Ungeniertheit, die ebenfalls zu den charakteristisch märkischen Zügen gehört, auf ihn zutrat und ihm ihre Patsche reichte. Fing auch sofort an zu sprechen. Wovon sie aber sprach, das war weder der Junge noch der Unterricht, den Baron Seld dem Jungen aus gutem Herzen gegeben, sondern war das Ei. »Wissen Sie wohl noch, Herr Baron, wie ich Ihnen damals das Ei brachte?«

Die häßlich egoistische Seite des märkischen Wesens, der eitle Glaube, mit dem Kleinsten etwas Großes getan zu haben, ist nie besser geschildert worden.

* Auch in Berlin, sosehr es sich von dem spezifisch Märkischen im Laufe der Zeit entfernt hat, kommen immer noch Dinge vor, die dem vorstehenden in Kleinlichkeit und Enge durchaus entsprechen. Ein Oberprimaner, Sohn wohlhabender Eltern, der sich zum Abiturientenexamen vorbereitete, lud zwei Kameraden ein, mit denen er gemeinschaftlich arbeiten wollte. Dabei tranken sie drei »Weiße«, was den Vater, als er am andern Tag die Flaschen sah, zu der Bemerkung veranlaßte: er verbäte sich solche »Bacchanale« ein für allemal.

II

So sind die Märker in Gutem und Nicht-Gutem, und ein paar Jahrhunderte zurück waren die Berliner ebenso. Berlin mit seiner von jenseits der Elbe, Weser und Rhein eingewanderten Bevölkerung, in der das Niedersächsische vorherrschte, war noch eine rein märkische Stadt, die sich, natürlich mit Ausnahme des Hofes, von den kleinen und Mittelstädten in Prignitz, Ruppin und Havelland nur wenig unterschied. Nichts ist beispielsweis überliefert worden, woraus man schließen könnte, daß beim Regierungsantritte George Wilhelms (1620), oder auch später noch, etwas von dem dagewesen wäre, was dem heutigen Berliner eine so bestimmte Physiognomie gibt. Berlin war in der zweiten Hälfte des 17. Jahrhunderts noch durchaus unberlinisch (schon die Schärfe der damaligen konfessionellen, aller Lachlust und Leichtlebigkeit sehr ungünstigen Kontroverse sorgte dafür) und war auch noch unberlinisch während des Großen Kurfürsten letzter Regierungsjahre.

Da kamen 1685 die Refugiés ins Land, und zu den 8 oder 10000 alten Berlinern gesellten sich auf einen Schlag 5000 Franzosen, woraus es sich erklären mag, daß, seitens so vieler Beurteiler, von dieser großen Einwanderung her (jeder dritte Mensch war ein Franzose) die Wandlung in dem geistigen Leben Berlins gerechnet und ein Uranfang des modernen Berlinertums angenommen wird. Nach dem Maße meiner Kenntnis aber durchaus mit Unrecht.

Die große Bedeutung der französischen Einwanderung von 1685 ist unbestreitbar und unbestreitbar auch, daß sie sich zum Segen für Stadt und Land gestaltete. Die Refugiés waren Muster von Loyalität, ohne je servil zu werden, und gaben ein gutes Beispiel nach mehr als einer Seite hin. Aber der »richtige Berliner« stammt nicht von ihnen her, kann nicht von ihnen herstammen. Alles, was damals aus Frankreich kam, waren keine parisischen, sondern puritanische Leute, steif, ernsthaft, ehrpußlig, was sie vielfach bis auf diesen Tag geblieben sind. Ihr Haupteinfluß, neben feineren Umgangsformen, für die sie das Vorbild gaben, war ein gewerblicher; sie führten vieles ein, was bis dahin gar nicht da war, und anderes hoben sie durch ihre Geschicklichkeit und ihren Geschmack auf eine höhere Stufe. Die Vornehmeren, deren es auch eine beträchtliche Zahl gab, legitimierten sich auf geistigen Gebieten, und einige, wie Jordan, Erman, Fouqué, Forcade, Ancillon, Lecoq, Lancizolle und Michelet, spielten als Lehrer und Kanzelredner, als Militärs, Juristen und Staatsmänner eine Rolle. Dazu kamen Baumeister und Dichter wie Gontard und der jüngere Fouqué, Enkel des Generals. Aber keiner ist unter ihnen, von dem sich sagen ließe, daß er an Herstellung des spezifisch berlinischen Geistes mitgearbeitet hätte. Ja, die meisten würden dagegen protestieren. Und nach meinen persönlichen Erfahrungen auch mit vollstem Recht.

Seit nahezu sechzig Jahren bin ich in der Lage gewesen, »Kolonisten« kennenzulernen, von jenen frühen Tagen an, wo ich mit jungen Leuten aus den alten Koloniefamilien, mit Jordans, Devarannes, Chartons, Briets, Sarres, erst auf der Schul- und dann auf der Konfirmandenbank saß. Alle waren sehr wohlerzogen und einige sehr gescheit, aber ohne jede Spur von »Berliner Geist«, trotzdem wir doch damals (Mitte der dreißiger Jahre) bereits in einer Zeit standen, wo dieser Berliner Geist da war und von den obengenannten jungen Leuten, bei gutem Willen und Beanlagung dafür, wenigstens angenommen werden konnte. Sie standen aber der Sache so total fremd gegenüber, daß sie nicht einmal die An- und Aufnahmefähigkeit dafür besaßen.

Und so waren alle Kolonisten und sind es geblieben. Natürlich wird es heutigen Tages auch Ausnahmen geben, wie, kurz zurückliegend, Faucher und St. Paul, aber nicht allzu viele. Man nehme nur die Berliner Koloniegeistlichen seit sechzig Jahren: Palmié, Théremin (am Dom), Saunier, Souchon, Henri, Barthélemy, Cazalet, Doyé, Tournier, Fournier. Stöcker und Kögel, trotzdem ihre Wiege weitab von Berlin stand, haben mehr Berlinertum als alle die Genannten zusammengenommen. Fournier galt für einen ausgesprochenen Berliner, aber er war's doch nur in dem Sinne, daß er Berliner Leben und Gesellschaft wundervoll kannte. Sonst war er in Haltung und Vortrag ein genferischer Professor: von Berlinertum nichts oder doch nur wenig.

III

Also die Kolonisten waren es nicht.

Aber wenn es die Kolonisten nicht waren, wer war es *denn?*

Und hierauf möcht ich antworten dürfen:

Das Berlinische wurde doch schließlich zu großem und jedenfalls zu bestem Teil aus dem spezifisch Märkischen heraus geboren, wenn auch erst sehr allmählich und auf einem weiten Umwege.

Die frühsten Anfänge gehen bis auf die Zeit unter König Friedrich I. zurück, bis auf die philosophische Königin, die nicht bloß philosophisch, sondern, ihrer märkischen Umgebung vorauseilend, auch sehr witzig* war, gehen zurück bis auf das Kolbe-Wartenbergsche Haus, darin namentlich die Frau etwas von einem Kraftgenie hatte. Damals fing es an, um sich dann, unter des ersten Königs Nachfolger, rasch weiterzuentwickeln. Dieser (Friedrich Wilhelm I.) versicherte freilich bei jeder Gelegenheit, »daß er ein gut holländisch Herz habe«, was einem Protest gegen das Französische, will sagen gegen das Espritvolle ziemlich gleichkam, aber dafür desto besser zu dem im niederdeutschen Wesen tief begründeten Till-Eulenspiegeltum paßte, das alsbald in seinen unter dem Zeichen der holländischen Tonpfeife stehenden Versammlungen zum Ausdruck kam, also in seinem Tabakskollegium, das nun eine Schule der Schlagfertigkeit und Geistesgegenwart und dadurch zur ersten Grundlage des Berlinertums wurde. So daß die Geburtsstätte dieses Berlinertums eigentlich auch wieder in Potsdam zu suchen ist, in Potsdam, aus dem schließlich alles stammt oder doch das meiste.

Das Tabakskollegium war nach einer bestimmten Seite hin nichts als eine Wiederbelebung des Hofnarrentums einer früheren Epoche, zugleich aber war es etwas durchaus andres, was in der eigenartigen, alle Klassen der Gesellschaft (das Bürgertum als solches zählte noch nicht mit) umfassen-

* Noch kurz vor ihrem Tode soll Sophie Charlotte gesagt haben: »Ich sterbe nun also und tue damit alles, was ich für Seine Majestät zu tun imstande bin, indem ich ihn nicht bloß von einem Druck befreie, den er in meiner Gegenwart immer empfand, sondern ihm auch Gelegenheit zu einem ›pomphaften Begräbnis‹ gebe, was für ihn, bei dem Geschmacke, den er nun einmal hat, immer das Wichtigste bleibt.«

den Zusammensetzung dieses Konviviums lag. Eine Welt Shakespearescher Figuren war darin vertreten, am wenigsten vielleicht der »Narr«, gleichviel ob wir den Learschen mit seinen geistreichen Unverständlichkeiten oder den italienischen in »Was ihr wollt« im Auge haben, wogegen sich Falstaff, Polonius und Kent am stärksten vertreten fanden. Es genügt, unter vielen ihnen gleich oder ähnlich gearteten Personen wie Faßmann, Gundling, Grumbkow, Pannewitz und Leopold von Dessau zu nennen, um zu wissen, wie sich die Rollen ungefähr verteilten. Der Ton, in dem alle diese sprachen, drang auch nach außen und übte da seine Macht, die Hauptsache blieb aber doch der König selbst, der an Originalität und deshalb an Einwirkung auf die Volksseele seiner Umgebung weit überlegen war, was in jedem seiner intimen Gespräche, vor allem aber in seinen großen Regierungsakten, in seinen von ihm persönlich redigierten Erlassen zum Ausdruck kam. »Seine Königliche Majestät sind in der Jugend auch durch die Schule geloffen und haben das lateinische Sprichwort gelernt: Fiat justitia et pereat mundus. Also wollen Sie hiermit, daß der Katte mit dem Schwerte vom Leben zum Tode gebracht werden solle. Wenn das Kriegsrecht aber dem Katte die Sentenz publiziert, so soll ihm gesagt werden, daß es Seiner Königlichen Majestät leid täte, daß es aber besser sei, daß er stürbe, als daß die Justiz aus der Welt käme« – ein Cabinetserlaß* ohnegleichen, aus dem ich hier zitiere, nicht bloß um seines historischen Gehalts, sondern vorwiegend um seines Ausdrucks willen, als eine merkwürdige Stilprobe voll dämonischen Humors, der, in seiner phrasenlosen Kerngesundheit, für alles, auch für Leben und Sterben, einen freien, darüberstehenden und an das Rechtsgefühl des Verurteilten appellierenden Ausdruck hat. Ich frage jeden, der neben den bedenklichen auch die guten Sei-

* In diesem königlichen Erlasse, der, in seiner äußersten Strenge, doch noch immer einen echt und schön menschlichen Ton anschlägt, tritt uns, neben vielem anderen, auch ein Etwas in wundervoller Ausgesprochenheit entgegen, auf das ich hier noch eigens hinweisen möchte: der persönliche Stempel, den die Hohenzollern-Könige, fast ausnahmslos, ihren »Ordres« zu geben gewußt haben. Andre Könige haben meist etwas Abstraktes und sind bloße Träger des Königtums an sich. Die Hohenzollern aber sind in erster Reihe allemal Menschen und erst in zweiter Reihe Spezial- und Übermenschen mit Königspflichten. Ihre Persönlichkeit geben sie nicht auf. Deshalb ist denn auch alles voll Leben und Interesse, selbst bei solchen, die nicht allzu populär waren, wie beispielsweise bei Friedrich Wilhelm IV.

ten des Berlinertums kennt, ob er in dem hier gegebenen Zitate nicht etwas Vorbildliches für das findet, was diese guten Seiten ausmacht?

IV

Die Vertrauten aus dem Tabakskollegium – sie bildeten, zu nicht geringem Teil, das Armee- und Regierungsmaterial, das Friedrich der Große 1740 vorfand, energische, lebenslustige Herren mit Pontacnasen (man sehe nur ihre Bilder in den Galerien) und einer ganz eigentümlichen Seelenverfassung, von der man vielleicht sagen konnte:

Klug auf der Hut
Und immer voll Mut.

Jeder kannte die Gefahr, in der er stand, und ging ihr nach Möglichkeit aus dem Wege, sobald aber Pflicht und Ehre das Gegenteil forderten, war ihnen eine Widerstandskraft eigen, nach der man heutzutage vergeblich suchen würde. Sie hingen an Vermögen, Stellung und Einfluß und waren doch auch wieder, in richtiger Taxierung alles Irdischen, von der »Wurstigkeit« aller dieser Dinge tief durchdrungen. Etwas Bismarcksches, in Erscheinung, Anschauung und Lebensweise, war ihnen eigen, und das neuste Kanzlerwort: »Sei mäßig in der Arbeit, mäßig im Essen und mitunter auch im Trinken«, war recht eigentlich der Bannerspruch, unter dem die damaligen Paladine kämpften und siegten. Es herrschte jene merkwürdige Freiheit, die, nach der Lehre vom Druck und Gegendruck, unter dem Absolutismus am besten zu gedeihen scheint. Ausgesprochene Charaktere, das Individuum in Blüte.

So war, um es zu wiederholen, das Material, das Friedrich der Große vom Vater her übernahm und das, bis zum Siebenjährigen Kriege, ziemlich unverändert dasselbe blieb, auch bleiben mußte, weil der Sohn in der einen Hälfte seiner Doppelnatur sehr viel Ähnlichkeit mit dem Vater hatte. Ganz zuletzt erst, als Voltaire nicht mehr bloß persönlicher Gast in Sanssouci, sondern die geistig bestimmende Macht in den Köpfen des märkischen Adels und der zu Hofe gehenden

Generäle geworden war, vollzog sich der Umschwung, und dieselben Kreise, die bis 1740 Repräsentanten der ausgelassensten Till-Eulenspiegelei, des »bon sens« und der »practical jokes« gewesen waren, dieselben Kreise wurden jetzt Repräsentanten des Witzes, der Pointe, der Antithese. Vor allem des Reparti. Die vornehme Welt, bis dahin im wesentlichen tot für Kunst und Dichtung, war in weniger als einem Menschenalter literarisch geworden, und zwar in einem Grade, wovon sich nur der eine richtige Vorstellung machen kann, der auf unseren alten Edelhöfen über und über verstaubten und wurmzernagten Bibliothekschätzen aus der Friderizianischen Zeit begegnet ist, Büchermassen, um die sich heute niemand mehr kümmert. Aus der Epoche des glücklichsten und gelegentlich auch übermütigsten Humors war man in die der Geistreichigkeit getreten, und alles durfte gewagt werden, wenn das »Reparti« witzig war. »Wieviel hat Er denn eigentlich aus der Hubertsburger Plünderung herausgeschlagen?« fragte der König, über die Tafel hin, einen seiner alten Generäle. »Das müssen Majestät am besten wissen; wir haben ja geteilt.« In ähnlichen Wendungen ging vielfach die Tischunterhaltung, und wer Esprit hatte, war schon dadurch gefeit.

Der Ton auf Sanssouci während der zweiten Hälfte des Friderizianischen Regierung war die literarisch verfeinerte Fortsetzung des Tons im Tabakskollegium, und mit Hülfe dieser auf das Pointierte gestellten Sanssouci-Sprache war man, so möcht ich sagen dürfen, dem »Berlinischen« abermals um einen guten Schritt näher gerückt. Aber freilich, diese pointierte Sanssouci-Sprache war immerhin nur die Sprache bestimmter Gesellschaftsschichten, deren Verbindung mit dem eigentlichen Volke gering war, und wenn sich's, um ebendiese Zeit, auch in diesem letzteren bereits witzig zu regen begann, so konnte dies nur, wenn überhaupt, in einem losen Zusammenhange mit dem Hof- und höheren Gesellschaftsleben stehen und mußte noch andere Quellen haben.

Und in der Tat, diese anderen Quellen waren vorhanden und fanden sich vor allem in der Friderizianischen Armee, besonders in den potsdam-berlinischen Elitetruppen.

Außer dem, was der »Kanton« hergab, fanden sich in der Armee die wunderlichsten Existenzen zusammen; alle Sprachen wurden gesprochen, und das preußische Werbesystem, das sich über halb Europa hin ausdehnte, stellte nicht bloß verlorene, sondern oft auch, soweit Moral mitsprach, durchaus unanfechtbare und nur leider vom Unglück verfolgte Genies unter die Fahne. Nun standen sie in Reih und Glied, in vielen Stücken bevorzugt, aber doch immer noch einer eisernen Disziplin unterworfen, und bildeten jenen merkwürdigen Geist einerseits militärisch-friderizianischen Selbstgefühls, andererseits innerster Auflehnung aus, einer gedanklichen Opposition, die vor nichts und niemandem zurückschreckte. So verging ihr Leben. Alt geworden, traten sie dann in die bürgerliche Gesellschaft zurück, um nun in dieser, so gut es ging, ihr Dasein zu fristen, als Lohndiener und Tafeldecker, als Schreib- und Sprachlehrer, als Teppichflechter und Stiefelputzer. Das waren die Leute, die, nach einer ganz bestimmten, und zwar im wesentlichen immer Kritik übenden Seite hin, die Lehrmeister des Berliner Volkes wurden, die den König heut in den Himmel hoben und morgen das fabelhaft Tollste von ihm aussagten, alles in einer zynisch rücksichtslosen Sprache, die bei dem Rest höherer Bildung, der vielen unter ihnen verblieben war, oft einer allerwitzigsten Zuspitzung nicht entbehrte. Diese zu Spießbürgern umgemodelten Friderizianischen Grenadiere waren es, die den berlinischen Raisoniercharakter und vor allem auch den alsbald von alt und jung begierig angenommenen berlinischen Ausdruck für dies Raisonnement schufen. Ein Umwandlungsprozeß, der bald nach dem Siebenjährigen Kriege seinen Anfang nahm und sich derartig rasch entwickelte, daß, als der große König seinen stillen Platz unter der Kanzel der Potsdamer Garnisonkirche bezog, der erste Berliner Schusterjunge bereits geboren war.

V

So stand es in der Oberschicht bei Hof und Adel, und so stand es unten beim Volk und Kleinbürger. Aber es gab auch eine breite Mittelschicht, und die Frage will beantwortet sein, wie stand es mit dieser? wie stand es mit dem gebildeten Bürgertum.

Nun, in dieser Mittelschicht des gebildeten Bürgertums hatte sich, während der letzten Regierungsjahre des großen Königs, die Wandlung vielleicht am gründlichsten vollzogen, weil sie hier nicht aus der Berührung mit einzelnen Persönlichkeiten resultierte, sondern fast ausschließlich literarisch vermittelt wurde.

Nun ist es zwar zweifellos, daß epochemachende Persönlichkeiten eine große Wirkung auch nach der geistigen Seite hin ausüben, in Ton und Anschauung; aber epochemachende Bücher sind ihnen in diesem Punkte doch meist voraus, besonders was die Nachhaltigkeit der Wirkung angeht. Und ein solches epochemachendes Buch wurde denn auch dem gebildeten bürgerlichen Berlin am Ende der Friderizianischen Zeit geboten, und zwar in Lessings »Nathan«. Ob dies Buch, mit seinem Evangelium der Aufklärung und religiösen Gleichberechtigung, ein Segen oder ein Unsegen, ein Fortschritt oder ein Rückschritt war, darauf geh ich hier nicht ein, und zwar um so weniger, als diese Frage zu dem Zwecke dieses Aufsatzes in keiner Beziehung steht. Mir genügt die Tatsache, daß der »Nathan« erschien. Daß dieses Buch in das märkisch-berlinische Volk, damals oder später, eingedrungen sei, wird sich nicht behaupten lassen; desto größer war seine Wirkung auf die gebildete berlinische Mittelklasse, ganz besonders auf bestimmte Kreise derselben. Es war nun mit einem Male das da, was man den berlinisch-jüdischen Geist nennen kann; ja, der Geist war da, daraus das Buch hervorgegangen und den es andererseits nun weiter pflegte. Vielfache Wandlungen (auch Eroberungen, die von ihm ausgingen) standen diesem Geiste noch bevor, trotzdem wird sich sagen lassen, daß der berlinisch-jüdische Geist eben damals, in seinen vergleichsweisen Anfängen, seine feinste Form und seine höchste gesellschaftliche Geltung hatte. Die zwanzig Jahre später fallende, speziell auch nach der kulturhistorischen Seite hin ihren hohen Wert habende Korrespondenz zwischen Rahel Levin und Alexander von der Marwitz war ein letzter Ausläufer dieser durch Lessings »Nathan« eingeleiteten Aufklärungs- und religiösen Gleichberechtigungsepoche, wie sie (die Korrespondenz) andererseits ein Vorläufer der Nivellierungsepoche war, die kam.

Ja, »Nathan« war ein die Richtung des berlinischen Geistes, wenn auch zunächst nur in der Mittelschicht der Bevölkerung bestimmendes Buch, ein Buch, zu dem wir, was Einwirkung angeht, seit jener Zeit nur zwei Seitenstücke gehabt haben: Strauß' »Leben Jesu« seinem Inhalt und Goethes »Faust« sowohl seinem Inhalt wie seiner Form nach. Andere literarische Beeinflussungen liefen nebenher, aber sie lagen doch mehr nach der künstlerisch-ästhetischen Seite hin, und die Gedanken (im Gegensatz zu Gefühl und Phantasie) wurden selbst durch Schiller, so gern man aus ihm zitierte, vergleichsweise wenig beeinflußt. Noch geringer war der Einfluß der Französischen Revolution. Man war in eignen Strebungen und Wünschen noch zu weit ab davon und sah in dem großen Drama jenseits des Rheins eben nur ein »Schauspiel«, dem man mit wechselnden Empfindungen folgte, zunächst mit Entzücken und dann mit Empörung. Man hatte sechsundvierzig Jahre lang den für alles Sorge tragenden großen König gehabt, und so war denn, mit verschwindenden Ausnahmen, nicht einmal das Bedürfnis nach einem freieren Volksleben vorhanden. Das geistige Bedürfnis, das da war, beschränkte sich auf innerlich raisonieren können. Negation, Kritik, Schabernack und – gelegentlich ein Witz.

VI

So kamen die letzten Jahre des Jahrhunderts, und als Friedrich Wilhelm II. starb, existierte, so wenig politische Freiheit da war oder, wie schon hervorgehoben, auch nur ersehnt wurde, doch bereits viel von dem, was wir heutigen Tages unter »Berlinertum« verstehen. Aber es war noch dreigeteilt, und bei viel Verwandtschaft der Teile mit- und untereinander zeigte sich trotzdem eine große Verschiedenheit in der Anschauung der Dinge. Noch waren keine Schlag- und Witzworte da, die vom Thron bis zur Hütte gingen; man sprach noch sozusagen in drei Sprachen; es fehlte noch die Verschmelzung.

Aber auch diese kam, und zwar kam sie mit und unmittelbar nach Jena. Was die herüberklingende Revolution nicht vermocht hatte, die Herstellung eines bis dahin ungekannten Volkstums, das vermochte nun die gemeinsame Not, und der Aufruf vom Frühjahr 1813, der sich an alle Klassen und Stände richtete, riß mit einem Male die die Geister trennenden Schranken und beinahe auch die gesellschaftlichen nieder. Die Befreiungskriege, mit ihrem einheitlichen Fühlen und Denken, besiegelten dann das Geschehene, ganz speziell in der Hauptstadt.

Und wie's war, so blieb es, was in einem ganz besonderen Glücksumstande – der die gegenteiligen, in General von der Marwitz (Bruder von Alexander) gipfelnden hochtoryistischen Bestrebungen zunichte machte – seinen Grund hatte. Dieser Glücksumstand war der ausgesprochen bürgerliche Charakter Friedrich Wilhelms III., der nicht bloß durch Beispiel und Anordnung einen Rückfall in alte Scheidungszustände zu hindern, sondern auch überallhin neue Verbindungsbrücken zu schlagen wußte.

Von Beispielen scheint mir das kleinste, das sich darbietet, zugleich das lehrreichste zu sein, indem sich mir die sogenannten »Subskriptionsbälle«, des Königs eigenstes Werk, wo Hof, Adel und Bürgertum sich fanden, als ebenso charakteristisch für diesen Hang nach Herstellung einer gewissen gesellschaftlichen Gleichheit erweisen, wie sie nicht minder der vielleicht vollendetste Ausdruck jenes nun beginnenden väterlichen Regimentes sind, das doch etwas sehr anderes war als das gerade hundert Jahre vorher in Blüte gestandene »patriarchalische« Regiment Friedrich Wilhelms I. Unter diesem (Friedrich Wilhelm I.) konnte noch, patriarchalisch-abrahamitisch, in dem ehrlichen Glauben, daß Gott es so wolle, der Versuch einer Opferung Isaaks gemacht werden – unter Friedrich Wilhelm III. gab es von diesem alttestamentarischen Patriarchalismus nichts mehr. Gerechtigkeit herrschte; noch viel mehr aber herrschte Duldsamkeit und Liebe. Nie hat die Welt etwas Ähnliches gesehen, auch in Duodezstaaten nicht, wie das damalige Verhältnis des preußischen Volkes, speziell der Bewohner der Hauptstadt, zu ihrem Könige. Auch das Konfessionelle, speziell das Jüdische (die Lessing-Mendelssohnsche* Zeit hatte dafür vorgearbeitet), schuf keine Schwierigkeiten mehr. Es war die recht eigentliche Zeit der jüdisch-christlichen Eheschließungen, von denen man jetzt nur um deshalb so wenig weiß, weil alles, was derartig vorkam, ganz natürlich gefunden und nicht als etwas Besonderes in die Herzen oder Zeitungen eingetragen wurde. Ja, »väterliches Regiment«, das alle Klassen gleich herzlich umfaßte, für alle Sinn und Verständnis hatte. Nicht nur das Bürgertum, auch das eigentliche Volk nahm an dieser Verbrüderung, an dieser von Demut und Liebe getragenen Anerkennung des Menschlichen, im Gegensatz zu der nur Phrase gebliebenen Proklamierung der Menschenrechte, teil, und jene merkwürdige Epoche brach an, wo nicht bloß »Willem, der vons Gerüste gefallen«, sondern, literarisch angesehen, auch der Eckensteher Nante hoffähig wurde. Kein Offizierskasino, das damals nicht einen ausgezeichneten Nante gehabt hätte. Die Tage des Königsstädtischen Theaters, die Tage, wo der zu spät zur königlichen Tafel kommende Kronprinz sich mit den Worten: »Na Meester, darum keene Feindschaft nich«, bei seinem Vater entschuldigte, worauf dieser gnädig antwortete: »Ach, Fritze, du kennst mir doch« – diese Tage des »Fests der Handwerker«, der »Wiener in Berlin«, der »Reise auf gemeinschaftliche Kosten« brachen jetzt an und schufen, indem sie die Verschmelzung vollendeten, jene weltbekannte Anschauungs- und Ausdrucksweise, die sich mit dem Begriffe des richtigen Berliners deckt, des »richtigen Berliners«, der nun bei Hofe (man denke nur an den damaligen Kronprinzen) geradesogut existierte wie draußen bei Liesens oder auf dem Wollankschen Weinberg. Das Jahr 30, vielleicht das ganze Jahrzehnt von 30 bis 40, war der Höhenpunkt dieser eigenartigen Erscheinung, ein Höhenpunkt der Familiarität, der freilich – was auch damals schon von sehr vielen empfunden wurde – keineswegs ein Höhenpunkt in allen Stücken war. Vielfach das Gegenteil. Es war, und zwar in einem unglaublichen und

* Auch diese Zeit unter Friedrich Wilhelm III. hatte wieder, wie hier beiläufig erzählt werden mag, einen hervorragend espritvollen Mendelssohn, Abraham Mendelssohn, wenn er auch minder zu Ruhm und Ansehen kam als sein Vater Moses Mendelssohn und sein Sohn Felix. Dieser Abraham Mendelssohn liebte deshalb, als alter Herr, zu sagen: »Es ist mir eigen in meinem Leben ergangen; in meiner Jugend war ich nichts als der Sohn meines Vaters, und in meinem Alter bin ich nichts als der Vater meines Sohnes.«

auf die Dauer hin geradzu staatsgefährlichen Grade, die Herrschaftszeit der Mittelmäßigkeit, Verschwommenheit und Trivialität, die Herrschaftszeit des Witzes quand même, des Witzes, dem jede Rücksicht auf andres, unendlich Wichtigeres untergeordnet wurde. Jeder Minister war langweilig, ledern und gleichgültig, aber Beckmann war ein Gott. Ich glaube, daß man diesen Satz, soweit Berlin in Betracht kommt, zur Formel für jenes Jahrzehnt erheben kann. Dazu kam, daß die Witze, auch rein als Witze angesehen, meist sehr anfechtbar und einer aufbessernden Veränderung dringend bedürftig waren. Und diese Veränderung kam denn auch. Aber während dieselbe für eine literarisch gebildetere Form sorgte, ließ sie doch alles, was im Kern der Sache Gutes gewesen war, fortbestehen, will sagen, es blieb in Berlin im wesentlichen, wenn auch verfeinert, bei dem Typus, den besonders die letzten fünfzig Jahre, also die Jahre seit dem Tode Friedrichs des Großen, herangebildet hatten. An die Stelle des Witzes von Angely, Beckmann, Glaßbrenner (der, als jugendlicher »Brennglas«, ein ganz anderer wie später unter seinem richtigen Namen war) trat der Heinrich Heinesche Witz, der, gemeinschaftlich mit den Mephistopartien aus Goethes »Faust«, alle Klassen, bis weit hinunter, zu durchdringen begann, bis abermals einige Jahre später der politische Witz den literarischen ablöste. Die mit 48 ins Leben tretenden Witzblätter, dazu die das Berliner Leben schildernden Stücke (David Kalisch voran) und schließlich das wohl oder übel immer mehr in Mode kommende, sich aller Tagesereignisse bemächtigende Couplet-Wesen schufen das, was wir das moderne Berlinertum nennen, ein eigentümliches Etwas, drin sich Übermut und Selbstironie, Charakter und Schwankendheit, Spottsucht und Gutmütigkeit, vor allem aber Kritik und Sentimentalität die Hand reichen, jenes Etwas, das, wie zur Zeit Friedrich Wilhelms III. (nur witzig geschulter und geschmackvoller geworden), auch heute wieder alle Kreise durchdringt, bei hoch und niedrig gleichmäßig zu finden ist und bereits weit über den unmittelbaren Stadtkreis hinaus seine Wirkung äußert.

Vor vierhundert und auch noch vor zweihundert Jahren war Berlin eine märkische Stadt und stand unter dem Einfluß märkischen Lebens, jetzt ist das Berlinertum eine selbständige, von dem ursprünglich Märkischen durchaus losgelöste Macht geworden, die nun ihrerseits auf dem Punkte steht, zu vielem andrem auch die nur hier und da noch Widerstand leistende Mark zu erobern und die Märker nolens volens früher oder später zu Berlinern zu machen.

VII

In vorstehendem, wie mir jeder, der ähnliches versucht, zugestehen wird, hab ich mich an eine ziemlich schwierige Frage gewagt, und weil sie schwierig war, bin ich weit ab von dem Glauben, sie gelöst zu haben. Ich bin schon zufrieden, wenn ich einen Beitrag geliefert und es, nach der Meinung von Kennern, in diesem und jenem getroffen habe. Darf ich selbst eine Stellung zu meiner Arbeit einnehmen, so möcht ich aussprechen dürfen, daß mir das in I, II und VI Gesagte, weil es im wesentlichen auf Beobachtung beruht, leidlich sicher dazustehen scheint, jedenfalls sicherer als das Mittelstück, wo sich's um Schlüsseziehen aus historisch Überliefertem handelte. Leicht möglich deshalb, daß ich bei III, IV, V allerlei Bedenken und Zweifeln begegnen werde, hinsichtlich deren ich heute schon versichern möchte, daß ich ihnen, auch wenn die Widerspruch erhebenden Ansichten mich schließlich nicht überzeugen sollten, ein offenes Ohr entgegenbringe.

MEIN ERSTLING: »DAS SCHLACHTFELD VON GROSSBEEREN«

Es ist schwer, die erste Liebe festzustellen; hat man sie oder glaubt man sie zu haben, so findet sich in der Regel, daß es noch eine allererste gab. Ein verstorbener Freund von mir war denn auch wirklich bei dieser retrospektiven Untersuchung bis an sein viertes Lebensjahr zurückgeraten.

Mit der ersten literarischen Arbeit verhält es sich ähnlich. Wenn man eben seinen Erstgebornen in einem auf liniiertem Papier geschriebenen Geburtstagscarmen entdeckt zu haben glaubt, ergibt sich plötzlich, daß man schon anderthalb Jahre vorher zu einer »Wilhelm-Tell«-Puppentheater-Vorstellung einen Prolog gedichtet hat, drin, unter mehr oder weniger deutlichen Anspielungen auf Klassenlehrer, Tyrannenmord als einziges Rettungsmittel gepredigt wird. Wirklich, es ist schwer, seinem ersten literarischen Sündenfall ein präzises Datum zu geben. Ich laß es aber darauf ankommen und bemächtige mich ohne weiteres eines Sonnabendnachmittags, an dem ich, als Untertertianer, eine Fußpartie nach dem mir durch Familienbeziehungen bekannten und befreundeten Dorfe Löwenbruch hin unternahm, um mich daselbst, einen Tag lang, all meiner Schulsorgen, unter denen ein »Deutscher Aufsatz nach selbstgewähltem Thema« voranstand, zu entschlagen.

Löwenbruch liegt drei Meilen südlich von Berlin und ist eines jener vielen Teltowplateau-Dörfer, durch die König Friedrich Wilhelm I. eine prächtige Doppelallee von Kastanien und Linden ziehen ließ, um, wenn er von Potsdam aus nach dem Duberow-Walde bei Königs Wusterhausen fuhr, immer einen grünen Schirm zur Seite zu haben. Er kam freilich, was seine Person angeht, nicht recht in die Lage, sich dieser schönen Anlage zu freuen (es dauert eben lange, bevor Bäume sich dankbar erweisen), jetzt aber, nach anderthalb Jahrhunderten, spenden die damals gepflanzten Kastanien und Linden uns Nachgeborenen einen reichen Schatten, und jeder, der in heißen Sommertagen diese Dörferreihe passiert, wird des grünen Schirmes froh und segnet den König, unbeschadet der Tatsache, daß man sich bei seinen Lebzeiten vor ihm fürchtete.

Nach diesem schattigen Löwenbruch hin also richteten sich meine Schritte, dessen prächtige Bäume samt saurer Milch und gelben Pflaumen – eine Zusammenstellung, vor der ich keinen Augenblick erschrak – mein Leben wieder froh machen sollten.

Es war ein scharfer Nachmittagsmarsch. Etwa gegen drei war ich am Halleschen Tor, dem zu jener Zeit noch zwei griechisch angekränkelte Torhäuser als architektonische Zierde dienten, und passierte gleich den trägen Nebenlauf der Spree, der damals, statt der späteren Bezeichnung »Kanal«, noch den anspruchsloseren Namen »Schafgraben« führte. Dahinter kamen Kreuzberg und Tempelhof, auch noch andere Dörfer, bis ich, angesichts von Großbeeren, auf einem zusammengeharkten Haufen kleiner Chausseesteine Rast machte. Neben mir erhob sich eine Pappel, dran ich, zu größerer Bequemlichkeit, mich anlehnte. Die Sonne war eben im Untergehen, und über den schon wieder umgepflügten Acker, der in voller Breite vor mir lag, zogen dünne Nebel und bewegten sich langsam auf die leis ansteigende Großbeerener Kirchhofshöhe zu. Die Kirche selbst, von der scheidenden Sonne beschienen, stand im letzten Tagesschimmer.

Über ebendies Feld hin waren zwanzig Jahre früher (es stimmte fast auf den Tag) unsre preußischen Bataillone, meist Landwehr, unter strömendem Regen angerückt, auch auf jene Großbeerener Kirche zu, denselben Weg, den jetzt die Nebel zogen.

Es war nicht viel, was ich von der Schlacht als solcher wußte, nur das eine, daß der König von Schweden bis hinter die Spree zurückgewollt, General von Bülow aber ihm geantwortet hatte: »Er würde vorziehn, die Gebeine seiner Landwehrmänner *vor* als *hinter* Berlin bleichen zu sehen.« Auch *das* wußt ich, daß da, mehr nach rechts hin, ein Prinz von Hessen-Homburg – ganz wie sein Ahnherr bei Fehrbellin – an der Entscheidung teilgenommen und den Hügel, auf dem sich jetzt die Windmühle drehte, mit ein paar havelländischen Bataillonen genommen hatte. Dazu kamen noch ein paar Namen: Gagern, Thümen, Borstell. Mehr aber als all dies auf die Schlacht selbst Bezügliche war mir, aus frühesten Kindheitserzählungen her, ein kleiner Vorgang in Erinnerung geblieben, den meine Mutter, am Tage nach der Großbeeren-Affaire, persönlich erlebt hatte. Die war damals, noch halb ein Kind, mit auf das Schlachtfeld hinausgefahren, um den Verwundeten Hilfe zu leisten, und der erste, dessen sie gewahr geworden, war ein blutjunger Franzose gewesen, der – kaum noch einen Atemzug in der Brust – sich, als er sich plötzlich in seiner Sprache angeredet hörte, wie verklärt aufgerichtet hatte. Dann, mit der einen Hand den Becher Wein, mit der andern die Hand meiner Mutter haltend, war er, eh er trinken konnte, gestorben.

Als ich bei Dunkelwerden in Löwenbruch ankam und eine Stunde danach mich behaglich in meinem Bette streckte, kam mir die Frage: »Wäre das nicht ein Stoff?«

Und kaum in meine Berliner Pensionsöde zurückgekehrt, schrieb ich den unter meinen Schulsorgen obenanstehenden »Deutschen Aufsatz nach selbstgewähltem Thema« im Fluge nieder, ein phantastisches Skriptum, dem es, die Wahrheit zu gestehn, an Anklängen an die Zedlitzsche »Nächtliche Heerschau« nicht fehlte. Der Tambour ging in einem fort wirbelnd um, und die Knochenhände streckten, mehr als nötig, die langen Schwerter empor. Denn Kavallerie war kaum zur Aktion gekommen.

Nach acht Tagen erhielt ich aus den Händen Philipp Wakkernagels, meines hochverehrten Lehrers, meinen Aufsatz zurück, und wer beschreibt mein Entzücken, als ich, der ich bis dahin über ein »vidi W.« nie hinausgekommen war, jetzt zum ersten und leider auch einzigen Male las: »Recht gut. W.«

Daß meine »Wanderungen durch die Mark Brandenburg« auf dieses »Recht gut« zurückzuführen seien, will ich nicht gerade behaupten, aber daß der Aufsatz, der den forschen Titel: »Auf dem Schlachtfelde von Großbeeren« führte, meine erste Wanderung durch die Mark Brandenburg gewesen ist, das ist richtig.

ANHANG

ZU DIESER AUSGABE

Obwohl Fontane lediglich vier Bände mit der Sammelbezeichnung »Wanderungen durch die Mark Brandenburg« herausgegeben hat, gruppiert die vorliegende Edition insgesamt sieben Bände unter diese Überschrift. Sie bietet in den Bänden 1 bis 4 die »Wanderungen durch die Mark Brandenburg«, wie sie Fontane von 1862 bis 1882 unter den Titeln »Die Grafschaft Ruppin« (so erst von der zweiten Auflage an), »Das Oderland«, »Havelland« und »Spreeland« veröffentlichte. Band 5 bringt das Buch »Fünf Schlösser. Altes und Neues aus Mark Brandenburg«, das Fontane im Herbst 1888 (mit der Jahreszahl 1889) erscheinen ließ, Verwandtschaft und zugleich Unterschiede zu den »Wanderungen« betonend. Die Bände 6 (»Dörfer und Flecken im Lande Ruppin. Unbekannte und vergessene Geschichten aus der Mark Brandenburg I«) und 7 («Das Ländchen Friesack und die Bredows. Unbekannte und vergessene Geschichten aus der Mark Brandenburg II«) schließlich vereinigen erstmals jene über 60 Texte, die in einem direkten oder indirekten Kontext mit den »Wanderungen« stehen, bisher in keiner Ausgabe systematisch erfaßt und zu beachtlichen Teilen noch nie gedruckt worden sind.

In einer ersten Abteilung *(Nachlese: Ausgeschiedenes, Vorbereitendes, Vorgesehenes)* sind alle Kapitel zusammengestellt, die im Prozeß vielfältiger Überarbeitungen und geographischer Umordnungen aus einzelnen Teilen der »Wanderungen« ausgeschieden und nicht wieder aufgenommen wurden (unter anderem deshalb, weil der einst geplante Band »West-Havelland« nie geschrieben worden ist); darunter befinden sich ausgesprochene Kabinettstücke wie die ausführliche Fassung von »In den Spreewald«, »Das Schildhorn bei Spandau«, die »Fehrbellin«-Passagen und »Gütergotz«. Hinzu kommen die eindeutig für die »Wanderungen« vorgesehenen, doch zu Lebzeiten des Autors nicht aufgenommenen Aufsätze (wie der Porträtessay über »Mathilde von Rohr«) sowie die zahlreichen für die »Wanderungen« bestimmten, aber nicht ausgeführten und nur im Entwurf überlieferten Kapitel.

Eine zweite Abteilung *(Arbeiten und Entwürfe zum thematischen Umfeld)* erfaßt stofflich und methodisch verwandte Aufsätze aus dem Umkreis der »Wanderungen«. Sie reichen von »Luch im Walde« im Süden über die Berliner Studien »Der Korso«, »Der Wollmarkt«, »Am Wannensee« über »Stendal und die Winckelmann-Statue« bis zu den Aufzeichnungen über Schwerin und Dobbertin im Norden, vom umfangreichen Fragment »Das Ländchen Friesack und die Bredows« über das erstmals komplett wiedergegebene Thaer-Buch und die »Vaterländischen Reiterbilder« bis zu den umfangreichen Materialien zu dem Projekt »Geschichten aus Mark Brandenburg« und diversen späten Berlin-Arbeiten, die über aufschlußreiche Entwürfe hinaus nicht gediehen sind.

In einer dritten Abteilung *(Anzeigen und Rezensionen Fontanes)* werden Fontanesche Kritiken zum Thema Mark Brandenburg/Berlin und zur methodischen Behandlung historisch-geographischer Gegenstände dargeboten. In diesen Beiträgen hat sich der Autor oft prononciert und meist deutlicher als in den »Wanderungen« selbst zum Anliegen und zur Methode dieser Literaturgattung geäußert.

Schwierig war die sinnvolle Anordnung der heterogenen Texte, die aus Archiven und teilweise schwer zugänglichen Periodika zu ermitteln und zu beschaffen waren. Als effektiv für die übersichtliche Gruppierung des Stoffes erwies sich die Trennung in eine Nachlese und in Arbeiten aus dem Umkreis, wobei in der Nachlese jene nachweisbar aus den »Wanderungen« stammenden oder einwandfrei für sie bestimmten oder wenigstens gedachten Beiträge zusammengestellt werden und der thematische Umkreis sehr großzügig bemessen wird. Zur Nachlese sind auch stark veränderte frühe Fassungen unter anderem aus den Notizbüchern gestellt, sofern sie bereits ein komplettes Entwurfsstadium erreicht haben und interessante Aufschlüsse über die schriftstellerische Arbeitsweise geben. In beiden Abteilungen werden die Texte jeweils in zu Lebzeiten Fontanes Gedrucktes und Veröffentlichungen aus dem Nachlaß eingeordnet; innerhalb der Gruppen sind die Texte chronologisch sortiert.

Band 6 (mit dem vom Herausgeber gewählten Titel »Dörfer und Flecken im Lande Ruppin«) bringt die »Nachlese« und die zu Lebzeiten des Autors publizierten Texte aus dem thematischen Umfeld. Band 7 (mit dem ebenfalls vom Herausgeber festgelegten Titel »Das Ländchen Friesack und die Bredows«) enthält die aus dem Nachlaß stammenden Materialien zu diesem Komplex sowie die thematisch zugehörigen »Anzeigen und Rezensionen Fontanes« und eine Übersicht mit Daten zur brandenburgisch-preußischen Geschichte.

Mit den Bänden 6 und 7 liegt jetzt die *zweite Abteilung in der Fontane-Ausgabe des Aufbau-Verlages* komplett vor. Sie schließt sich an die »Romane und Erzählungen in acht Bänden« an, herausgegeben von Peter Goldammer, Gotthard Erler, Anita Golz und Jürgen Jahn (zuerst 1969; zweite Auflage 1973; dritte Auflage 1984). Die dritte Abteilung, »Autobiographische Schriften«, erschien dreibändig (in vier Teilen) 1982, herausgegeben von Gotthard Erler, Peter Goldammer und Joachim Krueger, die vierte, sämtliche »Gedichte« umfassend, in drei Bänden 1989, herausgegeben von Joachim Krueger und Anita Golz.

Die Textgrundlage bildet für die Bände 1 bis 4 der »Wanderungen« die jeweils letzte Auflage, an der Fontane nachweislich durch Änderungen oder Durchsicht der Korrekturfahnen mitgewirkt hat. Der Text von »Fünf Schlösser« folgt der einzigen zu Fontanes Lebzeiten erschienenen Ausgabe (1889). Über die Textgrundlagen in den Bänden 6 und 7 geben die Anmerkungen detailliert Auskunft.

Die Texte werden vollständig und kritisch geprüft dargeboten. Orthographie und Interpunktion haben wir – unter sorgfältiger Wahrung des Lautstandes und unter Beibehaltung Fontanescher Eigenheiten (z. B. Anführung von indirekter Rede; Doppelpunkt vor Apposition) – dem heutigen Gebrauch weitgehend angeglichen, nachweisbare Druckfehler stillschweigend beseitigt und fehlende Anführungszeichen ergänzt. Die Modernisierung der Schreibweise betrifft auch – ausgenommen einige wenige Brief-, Tagebuch- oder amtliche Dokumente, bei deren Abdruck Fontane selbst auf das historische Kolorit Wert legte – Zitate und Inschriften, die der Autor oft nicht originalgetreu wiedergibt. Konserviert wurden die französischen Formen zahlreicher Wörter (z. B. Billet, Cabinet, Compagnie, Corps, Lieutenant) sowie die für Fontane charakteristischen Mischformen (z. B. Affairen, Défiléen, Domainen, Façaden, Gensdarmen). Zahlen bis 100 wurden (außer bei statistischen Aufzählungen, Datumsangaben oder Regimentsnumerierungen) ausgeschrieben, häufig (und uneinheitlich) gebrauchte Abkürzungen (v., geb., z. B., d. h., vgl., resp., S. K. M. [Seine Königliche Majestät]) bei der Wiedergabe gedruckter Texte aufgelöst, bei Texten, die aus den Handschriften übernommen wurden, dagegen erhalten. In der Vorlage gesperrt gedruckte Textstellen werden (sofern es sich um echte Hervorhebungen handelt) kursiv, Orts- und Personennamen in der heute üblichen Schreibweise wiedergegeben.

Da Fontane ständig nicht nur an der Gruppierung des Stoffes, sondern auch an der Textkonstitution gearbeitet hat, wurden für die Bände 1 bis 4 die einschlägigen, textgeschichtlich relevanten Publikationen (namentlich alle Buchausgaben; in einzelnen Fällen auch die Zeitungs- und Zeitschriftenvorabdrucke) zum Vergleich herangezogen. Die dabei ermittelten Varianten werden für die Bände 1 bis 4 im Zusammenhang der Textanmerkungen mitgeteilt, soweit sie interessante inhaltliche oder stoffliche Ergänzungen oder Veränderungen bieten. Auch für die Bände 5, 6 und 7 wurden sämtliche Abdrucke ausgewertet; über wichtige Abweichungen informieren die jeweiligen entstehungsgeschichtlichen Vorbemerkungen. Bei der Wiedergabe von nur handschriftlich überlieferten Texten werden Varianten in [] direkt im Text mitgeteilt; stehen mehrere komplette Versionen nebeneinander, wurde im Prinzip die vermutlich letzte Fassung übernommen.

Die Anmerkungen, für die u. a. Fontanes Notizbücher im Theodor-Fontane-Archiv der Deutschen Staatsbibliothek, Potsdam (FAP), ausgewertet werden konnten, geben jeweils die Entstehungs- und (sofern möglich) die Wirkungsgeschichte der Bände beziehungsweise der Kapitel und Entwürfe und bringen alle zum Textverständnis notwendigen sachlichen Erläuterungen. Dabei werden Erklärungen zu Personennamen nur gegeben, wenn sie zum Verständnis der Textstelle unbedingt erforderlich sind. Knappe biographische Angaben und Auskünfte über alle weiteren Personennamen sind für ein gesondertes Personenregister vorgesehen. Um die Praktikabilität des Gesamtwerkes für den Benutzer zu erhöhen, haben wir uns bemüht, bei den von Fontane beschriebenen oder erwähnten Baulichkeiten knappe Angaben über Bauzeit und Baustil, Erhaltungszustand und heutigen Verwendungszweck mitzuteilen; nach den Veränderungen auf dem Gebiet der ehemaligen DDR können solche Informationen in zahlreichen Fällen nur vorläufigen Charakters sein.

Mit Auskünften und Hinweisen waren für den vorliegenden Band in dankenswerter Weise behilflich: Prof. Dr. Helmut Börsch-Supan (Berlin), Günter de Bruyn (Berlin), Dr. Joachim Kleine (Zeuthen), Pfarrer Helmut Kulla und Frau Eva-Maria Kulla (Güterfelde), Bettina Machner (Berlin), Wolfgang Ritschel (Weimar), Prof. Dr. Jost Schillemeit (Braunschweig), Klaus Täubert (Berlin), Dr. Otto Wermter (Berlin).

Zu danken ist Frau Ingeburg Hofmann für sorgfältige Abschriften und ganz speziell dem Leiter des Theodor-Fontane-Archivs der Deutschen Staatsbibliothek, Potsdam, Herrn Dr. Manfred Horlitz, sowie vor allem seinem Mitarbeiter Herrn Peter Schaefer; das Archiv stellte großzügig zahlreiche Materialien zur Verfügung.

Für die Anmerkungen zum vorliegenden Band haben wir u. a. folgende Publikationen dankbar genutzt:

Theodor Fontane, Werke, Schriften und Briefe, Abteilung II: Wanderungen durch die Mark Brandenburg, Band 1–3. Herausgegeben von Walter Keitel und Helmuth Nürnberger, Anmerkungen von Jutta Neuendorff-Fürstenau. Carl Hanser Verlag, München 1977 (2. Auflage);

Theodor Fontane, Sämtliche Werke, Band XVIII und XVIII a. Gesammelt von Kurt Schreinert †, fortgeführt und herausgegeben

von Jutta Neuendorff-Fürstenau. Nymphenburger Verlagshandlung, München 1972;
Georg Dehio, Handbuch der deutschen Kunstdenkmäler. Bezirke Berlin/DDR und Potsdam. Bearbeitet von der Abteilung Forschung des Instituts für Denkmalspflege. Akademie-Verlag, Berlin 1983.

Um einen Einblick in handschriftliche Vorarbeiten, Lage- und Umrißskizzen in Fontanes Manuskripten und Notizbüchern zu geben, bringt auch dieser Band eine kleine Auswahl von Faksimiles, die wir mit freundlicher Genehmigung des Theodor-Fontane-Archivs der Deutschen Staatsbibliothek, Potsdam, veröffentlichen. Zum vorliegenden Band gehören:

1. Jagdschloß Stern. Bleistiftskizze im Notizbuch A 15, Blatt 10.
2. Der Küster in Blankenfelde und der Stein über der Kirchentür. Bleistiftskizze im Notizbuch A 9, Rückseite von Blatt 27.
3. Aus den »Ziebingen«-Aufzeichnungen im Notizbuch A 12, Blatt 74.
4. Lageskizze Schönhausen im Notizbuch A 9, Blatt 27.
5. Lageskizze Sonnenburg im Notizbuch A 9, Rückseite von Blatt 32.
6. Johanniterschloß in Sonnenburg im Notizbuch A 9, Blatt 33.
7. Titelblatt des Bandes »Denkmal Albrecht Thaers zu Berlin«.
8. Titelblatt des Bandes »Vaterländische Reiterbilder aus drei Jahrhunderten«.

Die vorliegende Ausgabe setzt die 1976 begonnene Edition fort und schließt sie, wie gesagt, mit den Bänden 6 und 7 zugleich ab. Die Bände 1 bis 4 liegen bereits in drei, der Band 5 in zwei Auflagen vor. Der Verlag hat sich entschlossen, Ausstattung und Format zu ändern und alle Bände in der neuen Version vorzulegen.

In den Anmerkungen ist, entsprechend den historischen Umständen während der Entstehung der Edition, stets vom Theodor-Fontane-Archiv der Deutschen Staatsbibliothek in Potsdam die Rede (FAP). Inzwischen gehört das Archiv in Potsdam (wie die Deutsche Staatsbibliothek Unter den Linden) zur Stiftung Preußischer Kulturbesitz.

Berlin, Frühjahr 1991

G. E.

ANMERKUNGEN

Nachlese: Ausgeschiedenes, Vorbereitendes, Vorgesehenes

Zu Lebzeiten Fontanes gedruckte Texte

In den Spreewald

Nach der ersten »Wanderung« in der engeren Heimat im Juli 1859 unternahm Fontane vom 5. bis 8. August einen Ausflug in den Spreewald. Sein Bericht entstand unmittelbar nach der Rückkehr und erschien als erstes märkisches Reisefeuilleton des Dichters am 31. August sowie 1. und 3. September 1859 unter dem Titel »In den Spreewald. Vier Reisekapitel von Th. F.« in der »Preußischen Zeitung« (Nr. 405, 407 und 408). Am 20. September schrieb Fontane an seine Frau: »Der Spreewald hat 10 Rtr. gekostet und 21 Rtr. eingebracht, geschäftlich genommen also ein ziemlich trauriges business, denn 8 Tage Zeit waren nötig, um die 4 Kapitel zu schreiben. Ich darf aber die Dinge nicht so auffassen; ich muß solche Aufsätze als Visitenkarten ansehn, die ich bei den Redaktionen abgebe. Wenn man auch nicht an Ansehn wächst, so bleibt man wenigstens im Gedächtnis der Leute und hält sich die Möglichkeit eines angemessenen Placements offen.«

Erst 1881 bei der Vorbereitung des vierten Bandes der »Wanderungen«, »Spreeland«, griff Fontane wieder auf den Aufsatz zurück, den er zu Recht in einem Brief an seinen Verleger Wilhelm Hertz vom 26. Februar 1861 zu den »reise-frischesten« gezählt hatte. Er strich nun den vierten Teil gänzlich, arbeitete die ersten drei Kapitel erheblich kürzend um, versah sie mit neuen Überschriften und stellte sie an den Beginn des Buches, das im November 1881 (mit der Jahreszahl 1882) ausgeliefert wurde (vgl. »Spreeland«; Band 4 dieser Ausgabe). Dieser ersten Buchveröffentlichung ging unter dem Titel »In den Spreewald« ein Abdruck in der »Vossischen Zeitung« (Nr. 359 und 361, 5. und 6. August 1881) voraus, der mit der Fassung im »Spreeland«-Band weitgehend übereinstimmt.

Der Text der vorliegenden Ausgabe folgt der Veröffentlichung in der »Preußischen Zeitung« von 1859.

7 *österreichische Landwehr ... »langsam voran«* – Anspielung auf das 1813 entstandene volkstümliche Lied »Der Krähwinkler Landsturm« mit den oft zitierten und variierten Zeilen »Immer langsam voran, immer langsam voran, / Daß der Krähwinkler Landsturm nachkommen kann!« Unter der Überschrift »›Immer langsam voran‹ und – die Londoner Feuerwehr« hatte Fontane am 12. Juni 1858 einen Aufsatz über Unzulänglichkeiten der Londoner Feuerwehr in der »Neuen Preußischen (Kreuz-)Zeitung« veröffentlicht.
in blauer Stattlichkeit am Stralauer Kirchturm – Die Kirche auf der Halbinsel Stralau, nach Fontane das »Ideal einer Dorfkirche«, stammt aus dem Jahre 1464. Der Turm-Neubau von 1823/24, der lange Zeit irrtümlich Schinkel zugeschrieben wurde, geht auf Karl Ferdinand Langerhans zurück. Die damalige Landschaftsszenerie hat Fontane in einem Bericht über »Das ›Treptow-Fest‹ des Sternschen Gesangvereins« für die »Neue Preußische (Kreuz-)Zeitung« geschildert (29. Juni 1860).
Rückert – Fontane spielt auf eine Folge von Gedichten an, die Friedrich Rückert 1843 teils im »Album der Tiedge-Stiftung« (»Ein Winter in Berlin«), teils im Berliner Taschenbuch veröffentlicht hatte und in denen er sich sarkastisch über Berliner Lebensformen aussprach. Fontane wird vor allem das Gedicht Nr. XII des Tiedge-Albums in Erinnerung gewesen sein:

Der Spree
Ist's weh,
Sie kann sich nicht entschließen,
In Berlin hineinzufließen,
Wo die Gossen sich ergießen.
Wer mag es ihr verdenken?
Sie möchte lieber, wenn sie dürft, umlenken.
Hindurch doch muß sie schwerbeklommen;
Sie kommt beim Oberbaum herein
Rein wie ein Schwan, um wie ein Schwein
Beim Unterbaum herauszukommen.

»Streusandbüchse des Heiligen Römischen Reiches« – Der Ursprung dieser Formulierung ist nicht nachweisbar. Sie war im 18. Jahrhundert bereits üblich und ist im »Volkstümlichen Wörterbuch der deutschen Sprache« (1818–1822) von Theodor Heinsius erstmals belegt.
8 *Lübbener Jäger* – In der Lübbener Garnison war das Brandenburgische Jägerbataillon Nr. 3 stationiert, kenntlich an grü-

nen Uniformen mit roten Schulterstücken und roten Aufschlägen.

8 *par excellence ... par force* – (franz.) vorzugsweise ... unbedingt.

dieser Zeitung – »Preußische Zeitung«.

Torweg eines Hauses ... Dienste eines Stadttors – Gemeint ist das 1850 erbaute ehemalige Rathaus, das schon in den neunziger Jahren des vorigen Jahrhunderts Sitz des Kreisgerichts Calau wurde. Die Aufgabe eines Stadttors hat das Gebäude zu keiner Zeit gehabt. – Große Teile der Stadt Lübben wurden 1945 zerstört.

9 *Erfurt oder Bamberg ... Kongresse und Konferenzen* – Gedacht ist an den »Erfurter Kongreß«, zu dem im September/Oktober 1808 Napoleon den russischen Zaren sowie Fürsten und Könige deutscher Staaten eingeladen hatte, sowie an das »Erfurter Parlament«, den im März/April 1850 tagenden Reichstag der Union, der eine Verfassung für Deutschland unter preußischer Führung beschloß. Auf der »Bamberger Konferenz« Ende Mai 1854 erörterten die deutschen Mittelstaaten ihre Haltung gegenüber Preußen und Österreich im Krimkrieg.

itio in partes – (lat.) Trennung in zwei Teile (zwei Parteien).

Schock – Altes Zählmaß; ein Schock = 60 Stück.

»jede Stelle hat ihre Elle« – Soviel wie: die Maßstäbe variieren nach den Umständen von Zeit und Ort.

Teltower Rübe – Früher beliebte, kohlrübenartige Gemüsepflanze, die bis zum Anfang des 18. Jahrhunderts eine ausschließliche Spezialität von Teltow war.

Goethe, der so wenig ... – Anspielung auf Goethes 1796 entstandenes Gedicht »Musen und Grazien in der Mark«, das die platte Nützlichkeitspoesie verspottete, wie sie unter anderem von Pastor Friedrich Wilhelm August Schmidt, genannt Schmidt von Werneuchen, in dem »Kalender der Musen und Grazien für das Jahr 1796« präsentiert worden war. Goethe hat seine Vorliebe für die »märkischen Rübchen« ausdrücklich in den »Maximen und Reflexionen« bekannt (Goethe, Berliner Ausgabe, Band 18, Berlin und Weimar 1972, S. 636).

Gasthof »Zum braunen Hirsch« – Er wurde bereits vor Jahrzehnten vom damaligen Besitzer des daneben gelegenen Restaurants »Zum Deutschen Haus« hinzuerworben und beherbergte später die »Spreewald-Lichtspiele«.

10 *Lübbenauer Kirche* – Sankt Nikolai wurde 1738–1741 erbaut; der Turm stammt aus dem Jahre 1778. Innen- und Außenarchitektur sind seither kaum verändert worden.

10 *Lynarsches Schloß* – Graf zu Lynar ließ 1817 von Karl Benjamin Siegel die alte Wasserburg im Renaissancestil abtragen und an gleicher Stelle ein klassizistisches Schloß bauen (1817–1820), das 1839 sein endgültiges Aussehen erhielt. Zwischen 1918 und 1945 beherbergte es das Schloßmuseum, später wurde es von der Wirtschaft genutzt.

Tracht des märkischen Bauern – Vgl. »Das Oderland«, Kap. »Das Oderbruch«, Abschnitt 3 »Die alten Bewohner«; Band 2 dieser Ausgabe.

11 *Professor Weiß* – Der Maler und Kunstschriftsteller Hermann Weiß arbeitete seit 1855 an einem dreibändigen Handbuch der »Kostümkunde. Geschichte der Tracht, des Baues und des Geräts«, das er 1872 abschloß.

12 *Fernambuk-Kattun* – Leinwandartig gewebter, meist bedruckter Stoff, der aus Baumwolle aus dem brasilianischen Küstenstaat Pernambuco hergestellt war.

kirchenvisitatorisch geängstigter Geistlicher – Pfarrer, der die Überprüfung seiner Amtsführung und des Zustandes der Gemeinde fürchtet.

13 *»Herr Oberpfarrer«* – Christian Friedrich Stempel (geb. 1787), 1823–1864 Oberpfarrer in Lübbenau, trat energisch für die Sorben ein und zeichnete zahlreiche sorbische Fabeln, Sagen und Märchen auf. Er war der letzte sorbisch predigende Geistliche in Lübbenau.

In der Oberlausitz ... wird das Wendische ... noch gepflegt – Vgl. »Das Oderland«, Kap. »Das Oderbruch« und die in den Anmerkungen dazu abgedruckte Notiz »Die letzten Wendenreste in Sachsen und Preußen«; Band 2 dieser Ausgabe.

Coopersche Romane – Der amerikanische Schriftsteller James Fennimore Cooper veröffentlichte von Anfang der zwanziger bis zum Beginn der vierziger Jahre des 19. Jahrhunderts eine Fülle von See-, Grenzer- und Indianerromanen, die internationale Resonanz fanden und besonders häufig ins Deutsche übersetzt wurden.

Kantor C. – Christian August Clingestein war 1834–1876 Kantor in Lübbenau. Er gründete einen renommierten Männerchor.

ex abrupto – (lat.) unangemeldet.

14 *Haushaltworte* – Alltägliche, selbstverständliche Worte.

Im Spreewald mußt du ... – Die Verse stammen offensichtlich von Fontane.

Mentor und Alterspräsident unseres Kreises – Fontane reiste in Begleitung des Berliner Pädagogen Karl Bormann, der das verbreitete »Schulblatt für die Provinz Brandenburg« mit herausgab. Im 11./12. Heft des 19. Jahrgangs (November/Dezember 1854, S. 761 f.) veröffentlichte er Text und Noten des im dritten Kapitel erwähnten »Seelenbräutigams (Für Männerchor)« und leitete sie mit folgender Bemerkung ein: »Auf einer Inspektionsreise habe ich jüngst zum erstenmal den Choral ›Seelenbräutigam‹ mit dem Text ›Jesu, geh voran!‹ rhythmisch singen hören, und er hat nach Text und Melodie auf mich einen so erhebenden Eindruck gemacht, daß ich nicht umhin kann, ihn zu weiterer Erbauung in Kirche und Schule hier mitzuteilen.«

15 *Stern* – Heck des Bootes.

16 *Butomus* – Schwanenblume (Wasserliesch).

Sagittaria – Pfeilkraut.

krummgebogenes – In der Textgrundlage: krummgeborenes.

auf dem Quivive – auf dem Posten.

18 *Convolvulus* – Winde.

Le Nôtresche Parkanlagen – Der Schöpfer des französischen Gartenstils, André Le Nôtre, beeinflußte nachhaltig die Anlage der europäischen Barockparks.

19 *nach »Der Eiche«* – Das Gasthaus ist heute noch eine Touristenattraktion; der Spruch über der Eingangstür ist nicht mehr vorhanden.

Spezimen – Probestück.

20 *zwischen Ober- und Unterbaum* – An den Ufern der Spree im Stadtgebiet (zwischen Oberbaum- und Unterbaumbrücke) hatten sich zahlreiche Industrien angesiedelt (Kalkbrennereien, Zuckersiedereien, Wäschereien, Färbereien), die das Wasser verschmutzten.

21 *Puck* – Elfenartiges Wesen aus der nordischen und angelsächsischen Sagenwelt; auch eine Gestalt aus Shakespeares »Sommernachtstraum«.

Probatum est – (lat.) Es hat sich bewährt.

Leberreim – Scherzhafte zweizeilige Stegreifgedichte, die im 17. Jahrhundert aufkamen und nach dem von Fontane vorgeführten Schema gedichtet wurden.

22 *Schloß des letzten Wendenkönigs* – Der Schloßberg, etwa 800 Meter vom Spreehafen entfernt, ist das älteste sorbische Bodendenkmal. Nach einer noch heute lebendigen Sagentradition soll dort vor 1000 Jahren ein Wendenkönig gelebt haben, der nach einer verlorenen Schlacht gegen deutsche Ritter auf seiner Holzburg letzte Zuflucht fand.

wie die Preußen auf dem Marsche nach Waterloo – Bei strömendem Regen und auf aufgeweichtem Boden marschierten die preußischen Truppen, von Blücher, dem »Marschall Vorwärts«, angefeuert, nach Waterloo, wo sie gerade noch rechtzeitig eintrafen, um die Schlacht gegen Napoleon entscheiden zu helfen (18. Juni 1815).

22 *Terra incognita* – (lat.) Unbekanntes Land.

Kolumbus … gen Westen – Christoph Kolumbus versuchte, auf dem Westweg nach Indien zu gelangen (wobei er 1492 Amerika, das heißt einige westindische Inseln, entdeckte).

23 *rekolliieren* – rekolligieren: sich fassen.

Patois – Hier etwa: umgangssprachliche Mischung.

24 *Dzien dobry* – (niedersorbisch) Guten Tag.

Magenta und Solferino – Hier erlitten die österreichischen Truppen am 4. und 24. Juni 1859 Niederlagen gegenüber den Franzosen, die unter dem Vorwand, die italienische Nation befreien zu wollen, in den Krieg gegen Österreich eingetreten waren.

Villafranca – Hier schlossen Frankreich und Österreich am 11. Juli 1859 einen Präliminarfrieden ab.

Jesu, geh voran – Von Nikolaus Ludwig Graf von Zinzendorf, dem Gründer der pietistischen Brüdergemeine Herrnhut.

26 *Krollscher Garten* – Teil des 1844 von Joseph Kroll im Berliner Tiergarten eröffneten Vergnügungsetablissements.

»das Feuer und das Licht zu bewahren« – Formel aus dem alten Nachtwächter-Ruf.

Lynarscher Park – Er erhielt seine heutige Gestalt nach 1817 im Zusammenhang mit dem Schloßneubau.

27 *Lisière* – (franz.) Grenze, Rand.

Warwick Castle – Schloßanlage aus dem 14./15. Jahrhundert, die als einer der malerischsten englischen Feudalsitze gilt.

Venus von Milo – Statue aus hellenistischer Zeit im Louvre zu Paris.

der jetzt lebende Graf – Hermann Rochus Graf zu Lynar, der ein Vermögen durch die Ablösegelder erworben hatte, die die Bauern bei der Aufhebung der Leibeigenschaft zu zahlen hatten, und der 1848 von den empörten Lübbenauer Bürgern für etwa ein Jahr vertrieben wurde. Später war er Abgeordneter im Preußischen Herrenhaus.

28 *wie die Königstochter im Märchen* – Im Märchen vom »Froschkönig«, das die Brüder Grimm als Nummer 1 in ihre Sammlung aufgenommen haben.

29 *Lazerten* – Eidechsen.

Kaufmann in Lübbenau – Über Fontanes Quelle ist nichts bekannt. Das Märchen vom Schlangenkönig wurde in Lübbenau mit dem Reichtum der Grafen zu Lynar in Verbindung gebracht, und zwar soll der erste Lynar dem Schlangenkönig die Krone geraubt haben, als er vor Jahrhunderten in den Spreewald kam.

30 *auf, in den Spreewald!* – Der Spreewald wurde 1991 von der UNESCO als »Biosphärenreservat« anerkannt.

Das Schildhorn bei Spandau

Fontane besuchte das Schildhorn am 28. April 1860; kurz darauf dürfte er den Text geschrieben haben, wobei ihm als Materialgrundlage das »Landbuch der Mark Brandenburg« von Heinrich Carl Berghaus und die »Märkischen Sagen und Märchen« von Adalbert Kuhn dienten.

Der Aufsatz »Das Schildhorn bei Spandau«, in dem Fontane die erst im 18./19. Jahrhundert aufgetauchte Sage um Jaczko rekapitulierte, erschien zuerst am 19. August 1860 im »Morgenblatt für gebildete Leser« (Nr. 34) und war Teil der Folge »Bilder und Geschichten aus der Mark Brandenburg«, die das »Morgenblatt« vom 12. August 1860 an veröffentlichte. Fontane übernahm den Text in den ersten Teil seiner »Wanderungen durch die Mark Brandenburg« (1862), wo er ihn im Abschnitt »Der Teltow« placierte. Bei der »wesentlichen Umgestaltung« des Bandes für die zweite Auflage (1865) entfernte er ihn wieder (vgl. die Anmerkungen zu »Die Grafschaft Ruppin«; Band 1 dieser Ausgabe). Fontane klebte Abzüge des Buchtextes auf (im FAP unter der Signatur Kf 2 erhalten) und versah sie mit der handschriftlichen Notiz: »Fällt weg. Gehört zu Havelland und muß dann umgearbeitet werden« – was indes nicht geschehen ist. Im gleichen Konvolut Kf 2, einer von Fontane angelegten »Mappe für die ›Wanderungen‹, alle 4 Teile (Bei *jeder* neuen Auflage durchzusehn)«, findet sich auch noch folgende Bemerkung: »Schildhorn. Havelland. Mal später (aber sehr gekürzt u. verändert) in Band III hineinnehmen.« In einer der Stoffdispositionen für das Projekt »Geschichten aus Mark Brandenburg« findet sich das Stichwort »Schildhorn. Oder eine Brennibor-Geschichte«; vgl. Band 7 dieser Ausgabe.

Der Text der vorliegenden Ausgabe folgt dem Abdruck im ersten Band der »Wanderungen« von 1862; er ist, von wenigen kleineren Korrekturen abgesehen, identisch mit dem Vorabdruck. Allerdings fehlt im »Morgenblatt« noch das Motto, und statt des ersten Absatzes »Spandau ist ... halten zu müssen« (S. 31) heißt es abweichend und ausführlicher:

»Jede Haupt- und Residenzstadt pflegt in ihren zunächst gelegenen Städten und Dörfern eine Art Satellitenschar zu besitzen, die ihr in der allgemeinen Vorstellung als unzertrennlich zugehört; ihre Vielheit geht gleichsam in eine höhere Einheit auf. Wer hörte von Paris, ohne nicht gleichzeitig an Versailles und St. Cloud zu denken, und wer spräche von Berlin, ohne nicht zugleich die Bilder Potsdams und Charlottenburgs vor seiner Seele zu haben? Als drittes im Bunde, wenigstens in der Vorstellung eines Berliners, gesellt sich ›Festung Spandau‹ hinzu. Hat doch der Volksreim schon, wenn auch freilich in wenig verbindlicher Weise, beide Städte zusammengeschmiedet:

Berliner Kind und Spandauer Wind,
Alle beid nichts nutze sind.

Spandau ist eine der ältesten Städte in der Mark, und seine Lokalgeschichte zählt zu den interessanteren. Hier waltete (schon um 1295) Hennekin von Gröben als Schloßhauptmann, hier suchten die Markgrafen Johann und Otto Schutz, nachdem sie bei Plaue an der Havel vom magdeburgischen Erzbischof geschlagen worden waren, und hier bezeigten sie der Stadt ihre Dankbarkeit durch allerlei Stiftungen und Geschenke, unter denen das ›brandenburgische Recht‹ das wertvollste war. 1583 wurde die Stadt eine Festung. Rocco Guerini von Lynar, der Schlüter jener Epoche, baute die Zitadelle, deren großer Rundturm, gemeinhin der *Juliusturm* geheißen, zu dem Volksglauben geführt hat, Julius Caesar sei bis an die Ufer der Spree und Havel vorgedrungen. Hier faßte (fünfzig Jahre früher) die Reformation zuerst festen Fuß in brandenburgischen Landen. Matthias von Jagow, wiewohl Spandauer Domprobst und später Bischof, war der neuen Lehre von Herzen zugetan, so daß Luther ausrufen konnte: ›Gott gebe uns solcher Bischöfe mehr‹, und wenige Jahre später (1535) gesellte sich hier Melanchthon zu der frommen und glaubensstarken Kurfürstin Elisabeth und hielt die Schwergeprüfte aufrecht, sie festigend in ihrem Bekenntnis.«

31 *Spandau ist eine der ältesten Städte der Mark* – Bei Spandau, das erst 1920 nach Berlin eingemeindet wurde, überquerte die alte, von Magdeburg nach dem Osten führende Handelsstraße die Havel, woraus sich die strategische Bedeutung des Ortes ergab. 1197 werden die Burg (auf dem Gebiet der späteren Zitadelle), 1232 die Stadt erstmals erwähnt.

Kämpfe zwischen Christen und Wenden – Albrecht der Bär aus dem altsächsischen Geschlecht der Grafen von Ballenstedt, auch Anhaltiner oder Askanier (nach der Burg Ascania bei Aschersleben) genannt, war 1134 von Kaiser Lothar III. mit der Nordmark (dem westlichen Brandenburg) belehnt worden. Von hier aus betrieb er seine Expansionspolitik gegen die Elbslawen, die bis 1157 völlig unterworfen wurden.

31 *hier faßte die Reformation zuerst festen Fuß* – 1539 unter Kurfürst Joachim II.

Zeit voll Elend und Erniedrigung – Da die Mark durch die Ereignisse des Dreißigjährigen Krieges völlig verwüstet war, wuchs der junge Friedrich Wilhelm außerhalb des Hofes in sehr einfachen Verhältnissen auf und erhielt seine Erziehung teilweise in den Niederlanden. 1640 wurde er mit zwanzig Jahren Kurfürst von Brandenburg. Vgl. seine Biographie in den »Vaterländischen Reiterbildern aus drei Jahrhunderten«, S. 415ff. dieses Bandes.

Kaiser – Ferdinand III., 1637–1657 römisch-deutscher Kaiser.

Schreckensvorstellungen unserer Jugend – Spandau war noch zu Beginn des 20. Jahrhunderts Sitz des Zentralfestungsgefängnisses und verfügte über »Besserungsanstalten« (Korrektionshäuser) für Kriminelle und verwahrloste Jugendliche.

Das Haupt Tschechs fiel – Der Storkower Bürgermeister Heinrich Ludwig Tschech hatte im Juli 1844 ein Attentat auf König Friedrich Wilhelm IV. von Preußen unternommen und war am 14. Dezember des gleichen Jahres in Spandau enthauptet worden.

32 *Auskunftsmittel* – Hier soviel wie: Variante, Lösung.

Schwäne (die Havel hat deren Tausende) – Vgl. »Havelland«, Kap. »Die Havelschwäne« (Band 3 dieser Ausgabe), das Fontane weitgehend und zum Teil ohne Kennzeichnung aus Louis Schneiders Feuilleton »Die Schwanenfütterung bei Potsdam« zusammengestellt hat.

33 *Werder* – Baum- oder Schilfinsel bzw. -halbinsel.

wunderliches Bildwerk – Das Schildhorn-Denkmal, 1845 von August Stüler auf einer Landzunge an der Havel installiert, 1945 zerstört, 1954 restauriert, ist eine baumartige Säule, die von einem gleichschenkligen Kreuz bekrönt wird.

34 *Brennibor* – Der älteste schriftlich überlieferte Name für Brandenburg ist Brendanburg. Bei dem Geschichtsschreiber Widukind von Corvey findet sich die Schreibung Brennaburg (um 967). Brennabor und Brennibor sind Erfindungen aus spätmittelalterlicher Zeit.

Bei Spandau kam es zu einer letzten Schlacht – Wahrscheinlich fand die Schlacht in der Nähe von Kladow statt.

35 *Kloeber … malte den Gegenstand zweimal* – Das bekannteste Gemälde, »Jaczko, durch die Havel schwimmend«, stammt aus dem Jahre 1856.

Fehrbellin

Offenbar besuchte Fontane Fehrbellin und Hakenberg bereits bei seinem ersten »Ruppiner Ausflug«, den er vom 18. bis 23. Juli 1859 gemeinsam mit Bernhard von Lepel unternahm (der ihn im Jahr zuvor durch Schottland begleitet hatte). Die Beschreibung entstand im Herbst 1859. In einem Brief vom 1. November an Tuiscon Beutner, den Chefredakteur der »Neuen Preußischen (Kreuz-)Zeitung«, nannte Fontane unter den »Aufsätzen, die ich im Lauf der nächsten 4 Wochen zu beenden gedenke (die Mehrzahl ist bereits halb fertig)«, auch »Das Land Bellin. Fehrbellin und Hakenberg«. Die Arbeit wurde jedoch nicht in die Folge der »Märkischen Bilder« eingereiht, die seit Oktober 1859 in der »Neuen Preußischen (Kreuz-)Zeitung« erschienen; Fontane stellte sie vielmehr Hermann Hauff zur Verfügung, der in Stuttgart Cottas »Morgenblatt für gebildete Leser« redigierte. »Fehrbellin« dürfte mit dabei gewesen sein, als er Hauff am 20. Mai 1860 »einige auf unsre Mark Bezug habende kleine Arbeiten« schickte. Unter dem Titel »Bilder und Geschichten aus der Mark Brandenburg« begann das »Morgenblatt« im August mit dem Abdruck; »Fehrbellin« erschien am 26. August 1860 (Nr. 35). Fontane übernahm den Text in den ersten Teil seiner »Wanderungen durch die Mark Brandenburg« (1862), wo er ihn zwischen die Kapitel »Ganzer« und »Das Wustrauer Luch« stellte. Für die zweite Auflage (1865) ergänzte er ihn um das Kapitel »Fehrbellin in Sage, Kunst und Dichtung« (vgl. die Vorbemerkung dazu, S. 599f. dieses Bandes) und placierte ihn unter dem Hauptabschnitt »Die Grafschaft Ruppin« zwischen »Radensleben« und »Wustrauer Luch«. Von der dritten Auflage an (1875) wurden die Texte zu »Fehrbellin« ausgeschieden, weil sie eigentlich zu dem inzwischen publizierten Band »Havelland« gehört hätten.

In den Anmerkungen zum ersten Band der »Wanderungen« gibt Fontane an, daß er »Mündliche Mitteilungen« benutzt habe, die er, wahrscheinlich, auch von Landrat Siegfried von Quast erhalten hatte. Vgl. auch »Fehrbellin in Sage, Kunst und Dichtung« und »Zur Vaterschaft des Kindes von Fehrbellin«, S. 46ff. und S. 413f. dieses Bandes, sowie »Fehrbellin, Stallmeister Froben und Landjäger Uhle«, Band 7 dieser Ausgabe.

Der Text von »Fehrbellin« in der vorliegenden Ausgabe folgt dem Abdruck in der zweiten Auflage (1865), der bis auf ganz wenige unbedeutende Veränderungen mit dem der ersten Ausgabe identisch ist. Fontane hat den Vorabdruck im »Morgenblatt« noch einmal präzisierend und stilistisch verbessernd überarbeitet und die Fußnote auf S. 40 dazugeschrieben. Der Anfang (»Schon im Havelland … vorgeschobenen Parkanlage.« S. 37) lautet im »Morgenblatt«: »Im Nordwestwinkel des havelländischen Kreises liegt das Ländchen *Bellin.* So hübsch wie der Name, so reizend ist das Ländchen selbst. / Wir kamen von Wustrau her, dem ehemaligen Besitztum des alten Zieten, passierten etwas südlicher die Grenze zwischen der Grafschaft Ruppin und dem Lande Bellin und fuhren nun, am Westrande des durch seine Torflager berühmten Rhin-Luches entlang, über einen langen, mit Weiden besetzten Damm hin, der uns rasch dem Städtchen Fehrbellin zuführte. Die Einfahrt in die Stadt ist reizend. Zur Linken, im Schmucke hoher Silberpappeln, streckt sich vom Ufer her eine Halbinsel in das schilfige Flüßchen hinein, das hier die Stadt umzirkt, und gibt dem Ganzen den Charakter einer ins Wasser vorgeschobenen Parkanlage.« – Nach der Denkmalsinschrift (»... Rochow auf Rekahn, 1800.«, S. 39) folgt im »Morgenblatt«: »Es ist heutzutage wirklich nur wenig wert noch, die Grenzlinie zwischen Dativ und Akkusativ gewissenhaft innehalten zu können, aber es ist viel, das Herz auf dem rechten Fleck zu haben. Des dürfen sich die Rochows rühmen.« – Nach dem Satz »Wir verachten den König Gambrinus und seine Feier nicht, aber man soll auch *unsere* Art und Weise gelten lassen« (S. 42) folgt im »Morgenblatt«: »wenn auch die Buntheit unserer Volksfeste, der ganze Theateraufzug in nichts weiter als zwölf alten Uniformen bestehen sollte.« – Nach den Worten »Kommt dieser Plan zur Ausführung« (S. 43) folgt im »Morgenblatt«: »(was dringend zu wünschen ist und eine Kirchenkollekte in brandenburgischen Landen rechtfertigen würde)«. – Statt des Schlußsatzes (»Der Kurfürst hatte ... der Schutzgeist der Hohenzollern.« S. 45) heißt es im »Morgenblatt«: »Für *den* aber ist sie nicht erzählt, der noch zu wissen verlangt, wer der Blondkopf gewesen sei.«

Als Fontane 1882/83 den Stoff für das Projekt »Geschichten aus Mark Brandenburg« disponierte, sah er in verschiedenen Entwürfen auch ein Fehrbellin-Kapitel vor (vgl. Band 7 dieser Ausgabe). In vorbereitenden Notizen zu »Ketzer-Angermünde« (FAP, Signatur L 25, Rückseite von Blatt 3; verwendet im »Quitzöwel«-Teil von »Fünf Schlösser«) ist folgende Gliederung erhalten geblieben:

9. Fehrbellin
   a. Die Situation
   b. Rathenow
   c. Die Verfolgung durch das Havelland. Stand bei Linum
   d. Das Treffen bei Hakenberg (Schlacht bei Fehrbellin)
   e. Flucht der Schweden. In Fehrbellin
   f. Personalien
      1. Gefallen waren: (Die Stätten anführen, wo diese Gefallenen zu suchen sind.)

2. Froben
3. Prinz v. Hessen-Homburg
4. Henning v. Treffenfeld

g. Fehrbellin in Sage, Kunst und Literatur.

Aufschlußreich für seine Haltung zum preußischen Rummel um die Schlacht ist ein Brief, den Fontane am 10. August 1878 an seine Frau schrieb, nachdem er vom Hakenberger Kantor ausführliche Berichte (»sehr dicke blaue Hefte, aktenartig«) über die Fehrbellin-Feier von 1875 erhalten hatte: »Dazu die mit den Behörden geführte, endlose Korrespondenz. In der Regel um einen Nasenpopel. Ich hatte zunächst einen unangenehmen Eindruck davon und sah recht deutlich wieder, daß die Pflege des ›Patriotischen‹ in unsrem Lande Sache der Stümper, der Bedienten, der armen Teufel ist. Es hätte dies unter Umständen was Erfreuliches; aber überall kuckt das Eselsohr der Eitelkeit, der Wichtigtuerei, der Ordenssucht heraus. Auch wohl eine Art Bettelei. Und aus den prinzlichen ›Schatullen‹ etc. werden dann von einem Hofrat zwei Taler geschickt. Alles unsagbar miserable. An ein paar Stellen amüsierten mich diese langweiligen Aktenstücke aber doch; dem Kantor war wirklich ›der *Adler* zum Hausorden der Hohenzollern‹ zubewilligt worden, und dem Fehrbelliner Superintendenten ging Ordre zu, dem zu Dekorierenden diesen ›Adler‹ feierlich zu behändigen. Über die Art und Weise, wie diese Feier in Szene zu setzen sei, wechseln nun der Fehrb. Superintendent und der Hakenberger Prediger Briefe, die von Spott und Verdruß eingegeben sind und in denen der zu feiernde Kantor immer nur der ›patriotische Kugelsucher‹ genannt wird. Ich würde ganz auf seiten der beiden Schwarzröcke stehn, wenn nicht Neid und der Hochmut der ›Studierten‹ zu sehr hervorträte.«

37 *Das war ein rasches Reiten ...* – Fontane hat das Gedicht von Julius Minding unter dem Titel »Fehrbellin« in den Anmerkungen zur zweiten Auflage der »Grafschaft Ruppin« (1865) abgedruckt. In Mindings Sammlung »Fünf Bücher Gedichte« (1841) trägt es den Titel »Froben«.

Wustrauer Luch – Vgl. »Die Grafschaft Ruppin«, Kap. »Das Wustrauer Luch«; Band 1 dieser Ausgabe.

»Ländchen Bellin« – Diluviale Insel zwischen dem Havelländischen und dem Rhinluch; ihr Hauptort Bellin war zunächst nur durch eine Fähre (Fehrbellin) mit dem Umland verbunden, die 1616 durch Brücken ersetzt wurde. Vgl. auch die Stoffdispositionen zum Projekt »Geschichten aus Mark Brandenburg«; Band 7 dieser Ausgabe.

glau – hell, freundlich.

37 *Vogel Ledas* – Nach der griechischen Sage verführte Zeus die Leda, Königin von Sparta, in Gestalt eines Schwans.

38 *nicht voll so schlecht ... Olympier in Weimar* – Fontane spielt auf Goethe und Schiller an, die in den »Xenien« spöttisch gegen die oft hausbackene Lyrik Schmidts von Werneuchen polemisiert hatten. Goethe griff das Thema der platten Nützlichkeitspoesie märkischer Dichter auch in seinem Gedicht »Musen und Grazien in der Mark« auf. Vgl. Anm. zu S. 9.

die berühmte Schlacht – In der Schlacht bei Fehrbellin (28. Juni 1675) schlugen die brandenburgischen Truppen unter Kurfürst Friedrich Wilhelm die Schweden, die während des Holländischen Krieges (1672–1679) in das mit Holland verbündete Brandenburg eingefallen waren. Das schwedische Infanterieregiment Dalwigk wurde von der brandenburgischen Reiterei unter Prinz Heinrich von Hessen-Homburg vernichtet. Mit dem Sieg von Fehrbellin wurde die Mark Brandenburg von der schwedischen Besetzung befreit. Vgl. die Biographie Friedrich Wilhelms in den »Vaterländischen Reiterbildern aus drei Jahrhunderten«; S. 415 ff. dieses Bandes.

das Monument – Das Vasenpostament an der Straße von Fehrbellin nach Nauen wurde im Jahre 1800 aufgestellt, das Gitter 1857 gestiftet. 1875, zum 200. Jahrestag der Schlacht, kam der säulenförmige Aussichtsturm hinzu, den ein Bronzenachguß der Rauchschen Viktoria von August Wolff krönt.

Oblong – Rechteck.

39 *»Prinz von Hessen-Homburg«* – Kleists Schauspiel »Prinz Friedrich von Homburg«, 1810/11 entstanden, wurde 1821 gedruckt und in Wien uraufgeführt. Über den historischen Prinzen schrieb Fontane in der »Grafschaft Ruppin«, Kap. »Neustadt a. D.«; Band 1 dieser Ausgabe.

Lehre von der Fruchtfolge – Die vor allem von Albrecht von Thaer (vgl. S. 290 ff. dieses Bandes) geforderte und praktizierte rationelle Nutzung des Bodens durch einen bestimmten, wissenschaftlich begründeten Wechsel beim Anbau von Feldfruchten.

40 *Prinzessin Clotilde* – Offenbar eine Verwechslung mit der Prinzessin Natalie von Oranien. Die Schauspielerin könnte Lina Fuhr gewesen sein, die 1850–1860 am Berliner Schauspielhaus engagiert war.

Auf der Fehrbelliner Flur ... – In erweiterter und veränderter Fassung und mit dem Titel »Vom Fehrbelliner Schlachtfeld« nahm Fontane das Gedicht in der Gruppe »Märkische Reime« 1889 in die dritte Auflage seiner »Gedichte« auf.

Bett der Maria Stuart in Holyrood Palace – Vgl. Fontanes Beschreibung in seinem Buch »Jenseit des Tweed. Bilder und Briefe aus Schottland«, Kap. »Holyrood Palace«.

40 *Tage von Großbeeren und Dennewitz* – Im Jahre 1813, als während der Befreiungskriege gegen Napoleon der Vorstoß der Franzosen nach Berlin am 23. August bei Großbeeren gestoppt und die Truppen des Marschalls Ney am 6. September bei Dennewitz (südwestlich von Jüterbog) geschlagen wurden. Vgl. das Kapitel »Großbeeren«; S. 123ff. dieses Bandes.

Schwedenzeit – Der Zeitraum im 17. Jahrhundert, als Brandenburg von schwedischen Truppen besetzt war.

41 *Klänge des »Alten Dessauers«* – Mit dem »Dessauer Marsch« (»So leben wir ...«) wurde Leopold I. von Anhalt-Dessau, genannt der Alte Dessauer, 1706 beim Einzug in Turin empfangen.

Kurfürst – Friedrich Wilhelm.

»Stralauer Fischzug« – In dem ehemaligen Fischerdorf Stralau bei Berlin fand bis 1892 jeweils am 24. August das gleichnamige Volksfest statt, das mehr und mehr zum bloßen Rummel verkam.

42 *Theresienwiese ... König Gambrinus* – Gemeint ist das Oktoberfest in München. Gambrinus, ein der Sage zugehöriger flandrischer König aus der Zeit Karls des Großen, gilt als Erfinder des Bierbrauens und ist Schutzherr der Brauer.

Kunersdorfer Höhen ... unglückliche Schlacht – In der Schlacht bei Kunersdorf erlitten die Truppen Friedrichs II. am 12. August 1759 (während des Siebenjährigen Krieges) gegen österreichische und russische Verbände eine schwere Niederlage. Über die Rettung des Königs durch Prittwitz berichtet Fontane in »Oderland«, Kap. »Quilitz oder Neu-Hardenberg«; Band 2 dieser Ausgabe.

Backsteinbau einer alten gotischen Kirche – Die heute noch existierende Hakenberger Dorfkirche stammt aus dem Jahre 1874. Im Turmgeschoß werden Erinnerungsstücke an die Schlacht aufbewahrt.

44 *»dalbern«* – sich ausgelassen, albern benehmen.

Geschichte von Froben – Emanuel von Froben soll nach einer weitverbreiteten preußischen Legende gefallen sein, nachdem er sein Pferd mit dem besonders auffälligen Schimmel des Kurfürsten getauscht hatte. Vgl. Fontanes Notiz über »Fehrbellin, Stallmeister Froben und Landjäger Uhle«; Band 7 dieser Ausgabe.

Geschichte vom Hakenberger Bauernkind – Vgl. Fontanes offenen Brief »Zur Vaterschaft des Kindes von Fehrbellin«; S. 413f. dieses Bandes.

Fehrbellin in Sage, Kunst und Dichtung

Nachdem Fontane bereits im Juli 1859 in Fehrbellin gewesen war (vgl. die Vorbemerkung zum Kapitel »Fehrbellin«, S. 594 dieses Bandes), suchte er den Schauplatz der Schlacht von 1675 erneut auf, als er vom 28. Mai bis 4. Juni 1861, in Begleitung der Berliner Verleger Wilhelm Hertz und Adolf Enslin, wiederum eine Reise in seine engere Heimat unternahm. Im Jahr darauf, am 25. November 1862, wandte er sich an seinen Verleger Hertz:

»Ich möchte einen kleinen Aufsatz über die ›Schlacht bei Fehrbellin‹ schreiben und in diesem Aufsatz ganz kurz und trocken zusammenstellen, zu wie vielen Produktionen in Kunst, Wissenschaft und Dichtung der Fehrbellinstoff hat herhalten müssen. Also

1. Historische Abhandlungen
2. Sagen, Legenden etc.
3. Balladen etc.
4. Bilder und Stiche.

Wegen No. 1, wenn es sein kann, auch wegen 2 u. 3, wend ich mich nun an Sie, ehrlich gestanden, nicht in der Erwartung, daß Sie allerpersönlichst die betreffende Literatur im Kopf haben werden, sondern mit der ergebensten Bitte, daß Sie bei einem der ›Gelehrten der Besserschen Buchhandlung‹, vielleicht bei Professor Gosche, gelegentlich deshalb anfragen. Übersendung dieser Zeilen und ein empfehlendes Wort wäre vielleicht das beste. / Ich brauche Ihnen wohl nicht erst zu sagen, daß ich – da es mir darauf ankommt, die in der Tat *frappante Fülle* des Materials zu zeigen – sowohl das Wort ›Fehrbellin‹ wie die Bezeichnung ›historische Abhandlung‹ im allerweitesten Sinne nehme und z. B. alles, was sich auf Rathenow, Landrat v. Briest, Froben, Treffenfeld und überhaupt auf die hervorragenden Führer (brandenburgische *und* schwedische) bezieht, gern mit hineinziehn würde. Um ein Beispiel zu geben: es fiel, wenn ich nicht irre, schwedischerseits ein Prinz von Kurland und wurde in der Kirche zu Linum begraben. Würde nun ein Büchelchen existieren: ›Leichenpredigt, gehalten am Grabe des verstorb. Prinzen‹ etc. etc., so würd ich diese Leichenpredigt auch mit zur Fehrbellin-Literatur zählen, so wie ich einer Biographie von Froben und Treffenfeld (weil in diesen Biographien der Tag von Fehrbellin notwendig die Hauptsache sein würde) ebenfalls einen Platz in dieser Literatur anweisen würde.«

Offenbar reagierte Hertz nicht gerade begeistert auf dieses Ansinnen, denn Fontane schrieb am 28. November beschwichtigend an ihn: »So scharf schießen die Preußen nicht! Es war wirklich nicht so gemeint, daß dieser Fehrbellin-Aufsatz Ihnen oder irgendeinem andern irgendeine wesentliche Mühe und Arbeit machen soll; – *das* ist die ganze Geschichte nicht wert. Ich dachte, die Idee einmal da, würde der Stoff wie von selber anschießen. Auch glaub ich es noch, wenn ich das Glück habe, an den richtigen Bücherwurm zu kommen. Ich dachte, Gosche wär ein solcher. Die beiden Berühmtheiten Ranke und Droysen werden schwerlich auf solche Spezialitäten zugeschnitten sein, auch der letztre nicht trotz Yorck und seiner brandenburgisch-preuß. Geschichte.«

Es läßt sich nicht ermitteln, wann Fontane die kurzen Notizen niedergeschrieben hat, für die er wohl auch die Schrift »Hennings von Treffenfeld und seine Zeit« (1863) von Gustav von Kessel benutzt hat. »Fehrbellin in Sage, Kunst und Dichtung« erschien zum ersten (und einzigen) Mal im Anschluß an das Kapitel »Fehrbellin« in der zweiten, stark veränderten Auflage des ersten Bandes der »Wanderungen« (1865) und wurde von der dritten Auflage an (1875) wieder ausgeschieden (vgl. die Vorbemerkung zum Kapitel »Fehrbellin«, S. 594 dieses Bandes). In den Dispositionen für das vierbändige Projekt »Geschichten aus Mark Brandenburg« (vgl. Band 7 dieser Ausgabe) sah Fontane es für den zweiten Band vor.

Der Text der vorliegenden Ausgabe folgt dem einzigen Abdruck zu Fontanes Lebzeiten.

46 *Großes zählt zu den fremden Dingen* ... – Vermutlich im August/September 1864 bei der Vorbereitung der zweiten Auflage des ersten Bandes der »Wanderungen« (1865) entstanden.

»Davidtum, das den Goliath schlug« – Gemeint ist die moralische und letztlich tatsächliche Überlegenheit des vermeintlich Schwachen über die scheinbare Unbezwinglichkeit der etablierten Macht; in Anlehnung an das Alte Testament, Samuel 1, Kap. 17.

unsere Kriege von 1793 bis 95 – Fontane meint Preußens Teilnahme am ersten Koalitionskrieg gegen das revolutionäre Frankreich, die am 5. April 1795 mit dem Baseler Sonderfrieden endete, bei dem Preußen seine linksrheinischen Besitzungen verlor.

Schlacht bei Wittstock – Sie fand am 4. Oktober 1636 während des Dreißigjährigen Krieges statt und brachte einen Sieg der schwedischen über die kaiserlichen Truppen.

Tag von »Fehrbellin« – Vgl. Anm. zu S. 38.

Banier – Johan Banér.

47 *Tage von Prag und Leuthen* – Schlachten im Siebenjährigen Krieg. Am 6. Mai 1757 siegte die preußische Armee bei Prag

über die Österreicher, die sich in die Stadt zurückzogen und von den Preußen eingeschlossen wurden; vgl. die Biographie von Schwerin in den »Vaterländischen Reiterbildern aus drei Jahrhunderten«; S. 462ff. dieses Bandes. Die verlustreiche Schlacht bei Leuthen (westlich von Breslau) am 5. Dezember 1757 konnte Friedrich II. für sich entscheiden; damit kam Schlesien wieder in preußischen Besitz.

47 *Tage von Leipzig und Waterloo* – Schlachten in den Befreiungskriegen gegen Napoleon. Die »Völkerschlacht« bei Leipzig (16.–19. Oktober 1813) besiegelte die Niederlage der Franzosen, die sich hinter den Rhein zurückziehen mußten. Bei Waterloo besiegten die alliierten Truppen am 18. Juni 1815 die Verbände Napoleons endgültig; er wurde nach Sankt Helena verbannt.

Überrumpelung von Rathenow – Rathenow, während des Dreißigjährigen Krieges mehrfach von verschiedenen Truppen besetzt, geriet 1675 für kurze Zeit wiederum in schwedische Hände. Am 25. Juni 1675 wurden die Schweden von den Brandenburgern unter Derfflinger überfallen und aus der Stadt vertrieben. In den Anmerkungen am Schluß der zweiten Auflage des ersten Bandes der »Wanderungen« (1865) heißt es: »Landrat von Briest, auf Nennhausen im Havelland, bekannt durch den klugen Beistand, den er der Armee des Großen Kurfürsten erst bei der Überrumpelung von *Rathenow* und dann später auf ihrem Marsche nach *Fehrbellin* leistete.«

Hakenberger »Bauernkind« – Vgl. Anm. zu S. 44.

Kurfürst – Friedrich Wilhelm.

Sage von dem Ungehorsam … des Prinzen von Hessen-Homburg – Vgl. Anm. zu S. 39.

Froben-Sage – Vgl. Anm. zu S. 44.

48 *mein auf dem Felde des Dramas wohlbewanderter Gewährsmann* – Fontane könnte sich an den Dramatiker Julius Klein gewandt haben, der ab 1865 eine »Geschichte des Dramas« veröffentlichte.

51 *Denkmal in Rathenow* – Sandstein-Denkmal für den Großen Kurfürsten Friedrich Wilhelm, 1736–1738 von Johann Georg Glume geschaffen.

Denkmal auf dem Fehrbelliner Schlachtfeld – Vgl. Anm. zu S. 38.

Dörfer und Flecken im Lande Ruppin

Die in diesem Kapitel behandelten Orte hat Fontane bei seinen Ausflügen »ins Ruppinsche« zwischen 1859 und 1864 besucht. Vor allem während der Reise im Juni 1864 dürfte er das meiste Material gesammelt haben. Mitte Juni 1864 schrieb er an Mathilde von Rohr: »Der Druck meines Buchs [zweite Auflage vom ersten Teil der »Wanderungen»] soll am 1. Juli beginnen, ich *muß* noch nach Ruppin, *kein* Kapitel ist geschrieben ...« Diese Bemerkung zielte sicher auch auf die vorliegenden Beschreibungen, und Mathilde von Rohr wurde am 4. Juli, nach Fontanes Rückkehr, in bezug auf Walsleben ausdrücklich nach Informationen befragt. Während bei G. Bernstein in Berlin der Satz begann, arbeitete Fontane noch intensiv an neuen Manuskriptteilen. Am 21. August teilte er Mathilde von Rohr mit: »Über eine ganze Anzahl Ruppiner Dörfer gedenke ich in einem großen General-Kapitel hintereinanderweg eine Menge einzelner Notizen zu bringen. Und zwar alphabetisch. Also: Barsikow, Bechlin, Binenwalde, Buskow, Campehl etc. Darunter sind nun 2, in betreff deren ich mich an Sie wende: *Buskow* und *Hoppenrade.* / In Buskow war ich, konnte aber nicht in die Gruft hinein. Nun hab ich mir die Finger zerschrieben. Alles vergeblich. Das Gut gehört einer Frau v. Kröcher. Könnten Sie nun diese Dame (die Sie ja wohl kennen) veranlassen, daß sie kategorisch an den Pächter oder an den Küster schreibt: ich *will* wissen, ob die Särge des Feldmarschall v. Dossow und des General v. Schwendy in der Gruft stehn, und *will* wissen, welche Inschriften diese Särge (wenn überhaupt welche da sind) tragen.«

Demnach wurde das Kapitel »Dörfer und Flecken im Lande Ruppin« erst Anfang September 1864 abgeschlossen. Am 3. September schrieb Fontane an seinen Verleger Wilhelm Hertz: »Die Korrektur von dem langen Kapitel ›*Dörfer und Flecken*‹ im Lande Ruppin hätte ich gern selber gemacht, aber es ist nicht zu machen; es wird gerade dann gedruckt, wenn ich zu Schiffe gehe.« Offenbar sandte Fontane das Manuskript tatsächlich erst kurz vor seiner Abreise nach Dänemark (8. September) an den Verlag. Am 6. September hieß es in einem Brief an Hertz: »Ich schicke morgen den Aufsatz ›Ruppiner Schweiz‹. Fehlt es nun aber morgen schon an M. S., so kann Bernstein den Aufsatz ›Die Dörfer und Flecken‹ *erst* drukken und mit diesem Aufsatz (die ›R. Schweiz‹) *abschließen.*« An einen Vorabdruck war bei diesen Terminnöten nicht zu denken, und das Kapitel erschien im Oktober 1864 in der »zweiten, vermehrten Auflage« des ersten Teils, der nun zum erstenmal den Titel »Die Grafschaft Ruppin« führte (datiert auf 1865). »Dörfer und Flecken im Lande Ruppin«, in einer Fußnote ausdrücklich als

»bloßer *Versuch*« charakterisiert, stand am Schluß der Abteilung »Die Grafschaft Ruppin«.

Als Fontane sich 1873 mit den Vorarbeiten für eine »totale Neugestaltung dieses Bandes« (an Hertz, 14. Januar 1873) beschäftigte, dachte er zunächst an eine wesentliche Erweiterung des Kapitels. Am 4. Oktober 1873 bat er den Pfarrer Gottlieb Wilhelm Schinkel, ihm ein Vortragsmanuskript zum Thema »Die Mark während des Dreißigjährigen Krieges« zur Verfügung zu stellen. »Mein Zweck dabei ist folgender. In viel größerer Zahl, als ich es bei dem Erscheinen der 2. Auflage tat, werde ich die einzelnen Dörfer aufmarschieren lassen, um jedem einzelnen dann sein Quentchen historische Notiz zuwiegen zu können. Wo nun die Schweden ganz besonders schlimm gehaust haben, soll diese Notiz der Schwedenzeit entlehnt werden, ebenso wie bei einigen andern Dörfern das Jahr 1806 (Durchzug der Hohenloheschen Armee) eine Rolle spielen wird. In Ihrem Vortrage hoffe ich nun Angaben in Fülle zu finden, die ich, parzelliert, an die betr. Ortschaften austeilen kann.«

Im Zusammenhang mit diesem Plan legte Fontane, offenbar 1873, das im Fontane-Archiv erhaltene Konvolut »Die Dörfer im Ruppinschen« an (Signatur Ka). Er benutzte dazu die Rückseiten von quergelegten und gefalteten Manuskriptteilen vom »Krieg gegen Frankreich 1870–71«. Er erfaßte, alphabetisch geordnet, über hundert Orte, schrieb kurze Bemerkungen zur Orts- und Personalgeschichte sowie Hinweise auf Sekundärliteratur und auf Personen dazu, die Auskünfte geben könnten; auf zahlreichen Blättern ist nur der Name aufgeführt. Vielfach finden sich Notizen von fremder Hand, die nach einem Brief von Friedrich Fontane vom 16. August 1937 von Alexander Gentz stammen, der Fontane bei der Materialbeschaffung behilflich war; zudem sind gelegentlich Angaben in einer weiteren Handschrift vorhanden, die nicht identifiziert werden kann.

Auf einem ausgeschnittenen und aufgeklebten, an den Rändern bereits beschädigten Zettel bemerkte Fontane auf dem Umschlag des Konvoluts: »Enthält eine Menge kleiner Notizen. Vielleicht am Ende meiner Tage ist dies zu einem *selbständigen Buche* (unabhängig von den ›Wanderungen‹) mal auszuführen. In diesem Bande müß[ten] Wustrau, Carwe etc. alle noch [*Textverlust*] [auf]tauchen, aber eben nicht in Kapiteln, sondern nur *Notizen*, wie die andern Dörfer.« Auf dem ersten Blatt ist folgendes notiert: »Allgemeine Charakteristik. Grundlage wendisch, wie überall. Dazu aber schon aus alter Zeit her *viele deutsche* Dörfer: Radensleben, Walsleben, Grüneberg, Meseberg, Lüdersdorf, Heinrichsdorf etc. Dazu dann seit 1680 or so about *mehr* Kolonisten-Etablissements als überall mit alleiniger Ausnahme des Oderbruchs. Es wimmelt von Dörfern und Etablissements, die durch Pfälzer, Schweizer, Holländer, Franzosen entweder neu gebaut oder doch neu besetzt wurden. Dann sie in Gruppen aufführen

a. Pfälzer
b. Schweizer
c. Holländer
d. Franzosen.«

Im folgenden geben wir das Konvolut wieder; die Zusätze von Alexander Gentz sind jeweils in [] durch *»Gentz«*, die in einer weiteren, nicht identifizierten Handschrift durch *»Von anderer Hand«*, ebenfalls in [], gekennzeichnet.

Die Dörfer im Ruppinschen

Alt-Friesack

(Götzenbild.)
[*Gentz:* Schön gelegenes Fischerdorf.]
[*Von anderer Hand:* Frankendorf – Niquet.]

Alt-Ruppin

Französisches Lager. 1807 oder so about siehe Heydemann. Wohlweislich [?]. Die Gegend hat einen Defilé-Charakter. Siehe Heydemann.

Die Insel vor Alt-Ruppin. Vor 30 Jahren *Urnen* gefunden. Ebenso im Tornow- und im Lindowschen See. Heidnisch. Dann alte Kolonisationspunkte. Später (alle diese Inseln) bevorzugte Zufluchtsstätten in Kriegszeiten.

Siehe Schwartz' Sagen. Auch Norddeutsche Sagen.

Domainenrat *v. Schmidt* in Alt-Ruppin. – Oberförsterei. An beide Grüße von W. Schwartz.

Siehe auch Schwartz S. 128–31.

Ruppiner
1. Der alte Zieten
2. Feldmarschall v. d. Knesebeck
3. General v. Günther
4. General v. Quast
5. Geh.Rat v. Quast
6. General v. Jürgaß
Vielleicht einer von den Hertefelds

1. Andreas Fromm
2. Schinkel
3. Geh.Rat Wagener (Segeletz)
4. Geh.Rat v. Quast (Radensleben)
5. Gustav Kühn
6. Wilhelm Gentz
[*Gentz:* Schulz-Schulzenstein.]

[*Gentz:* Das Domainen-Amt wird am 1. April aufgehoben und verkauft. Es steht an derselben Stelle, wo das Schloß der Grafen von Ruppin gestanden. Schöne Lage. Bureaukratische Wirksamkeit des Domainen-Rat von Schmidt (einige 30 Jahre). Oberförster Berger, als energischer Forstmann bekannt, bei der Aristokratie beliebt, von den kleinen Leuten gehaßt. Schmidt und Berger Feinde. Neue Mühle, Etablissement von Carl Kohlfrank. Gebürtig aus Alt-Ruppin. Rechtsanwalt Meyen, Justizrat Degler in Berlin.]

Baberow

Barsikow

[*Gentz:* Besitzer von Kriegsheim, hat die Nichte der Frau Generalin von Zieten zur Frau, ein liebenswürdiger Mann, ebenso liebenswürdig als sein Bruder in Dessow.

Superintendent Schinkel, hat vor kurzem einen Vortrag gehalten »Die Dörfer Ruppins nach dem 30jährigen Kriege«.]

Barzendorf

Baumgarten

Bechlin

Das Wahrzeichen. Schwartz S. 141.

Binenwalde

[*Gentz:* Geburtsort von Schulz-Schulzenstein, Blutschulze.]

[*Von anderer Hand:* Urnen. Schmucksachen (Gymnasium). Bach aus dem Binenwalder See, der bei seinem Eingang in den Tornow-See die Boltenmühle treibt. Halbinsel im Tornow-See mit Eichen u. Fischerhütten. Nun der malerische Blick in den mit hohen und buchenbestandenen Ufern umgebenen Boltenwinkel des Sees.

Ruppiner Schweiz	Kunsterspring. Mühle im Wiesental. Die verhältnismäßig romantisch-wilden »Springe« des Kunsterbaches zwischen »Hohle Baum« und Kunsterspring. Steinberg mit See Rottstiel.]

Blankenberg

[*Gentz:* Jetziger Besitzer H. von Kriegsheim/Dessow. Ein Sandgut mit großer Forst.]

Braunsberg

Französische Refugiés.

[*Gentz:* Wurst-Niquet, hält sich in Berlin mehrere Orgeln und läßt sich von einem Fachmann alle Sonntag etwas vorspielen.]

[*Von anderer Hand:* Steinreich.]

Brunn

(v. Romberg.)

[*Gentz:* Schwiegersohn von Graf Itzenplitz, früheren Handelsminister. Seine Verhältnisse sollen durch Börsenspekulationen jetzt brouilliert sein. Er galt als der reichste Aristokrat des Kreises.]

(Siehe Notizbuch.)

Bückwitz

Buskow

[*Von anderer Hand:* v. Kröcher.]

[*Gentz:* Rumpelkammer von Mausoleum, nachdem Frau von Kröcher gestorben, vermauert. Jetzt eine Stiftung für die Kröchersche Familie, errichtet von der letzten Besitzerin. Die Beträge kommen erst zur Auszahlung nach ca. 100 Jahren.]

Campehl

[*Gentz:* Familie Crell. Die Frau ist Tochter der Wagenfabrik Neuß, jetzt Aktiengesellschaft. Verhältnisse gehn rückwärts.]

Cantow

[*Gentz:* Besitzer Herr von Görtzke, ein nobler Edelmann (jetzt in Berlin wohnhaft).]

Carwe

v. d. Knesebeck: Geschichte des Orts Carwe. (Interessantes aus der Schwedenzeit. Auch im dortigen Kirchenbuch.)

[*Gentz:* Schloß umgebaut im Renaissance-Stil. Kronprinz und Kronprinzessin waren vor 2 Jahren dort, vor 6 Wochen der Kronprinz mit seinen beiden Söhnen eine Nacht.]

Cremmer Damm

Eine ganze Literatur. Das Bild in der Berliner Klosterkirche.

[*Gentz:* Bei Cremmen beginnt das Rhinluch. Ruppiner Kanal von Oranienburg bis Cremmen (erbaut 1796 ?).]

Dabergotz

(Altwendisch.) Gut = Gott.

[*Gentz:* Besitzer Rittmeister a. D. Rohloff; sein Großvater war Barbier in Ruppin. Man sagt, daß er nach dem Brande von Ruppin den Abbruch der Pfarrkirche mit solchem Nutzen besorgt hat, um damit Dabergotz kaufen zu können.]

Dargitz

oder jetzt Darritz. Regiment Dargitz 1637 siehe Mörner. Schon 1350 wird ein v. Dargitz genannt.

Dessow

Die Kirche. Die Wirtschaftsanlage.

[*Gentz:* Besonderes Kapitel. Die Anlage ist großartig, mit künstlerischem Verständnis und in großen Dimensionen. v. Kriegsheim, der liebenswürdigste aller hiesigen Edelleute, hat mit einem Vermögen von 5000 Rtr. die Güter Dessow, Gartow, Metzelthin, Blankenberg, *Lögow* (durch Erbschaft), einen Grundbesitz von 11000 Mrg. besten Bodens, die ein Kapital von 1 Million repräsentieren, erworben. Leider befindet er sich stets in Geldverlegenheit. – Prinz Friedrich Karl besucht ihn mit seinen Töchtern häufig.]

Dierberg

Der Pferdehirt zu Dierberg. (Siehe W. Schwartz' »Sagen« S. 147.)

Diese Sage ist *sehr* gut, nur muß sie umgearbeitet werden, um sie klarer und poetisch wirksamer zu machen.

Dolgow

Siehe Engelien und Lahn S. 63 (recht gut).

Dreetz

Viele alte Familien früher Besitzer von Dreetz. Jetzt Kröcher.

1806 zwei Franzosen zurückgeblieben. Der eine nahm einem Bauer das Pferd aus dem Stall, dieser, heimkehrend vom Felde, erkannte das Pferd, remonstrierte und hieb ihn mit der Sense in zwei Hälften. Doch unterschied er sich von dem durch Uhland verherrlichten »Schwäb. Ritter« [»Schwäbische Kunde«] dadurch, daß dieser letztre vertikal, unser Dreetzer Bauer aber horizontal operierte. Das letztre Bild ist entschieden häßlicher, der rechte Unterschied zwischen einem Ritter- und Bauernhieb. An der Kirchtür wurde der Franzose eingescharrt, wo neuerdings seine Gebeine gefunden wurden. An eben dieser Stelle ist nun das Denkmal (Obelisk) für die 70 u. 71 Gefallenen am 2. September 73 errichtet [worden]. Dem zweiten Franzosen wollte das Dreetzer Volk ein gleiches Schicksal bereiten; Antonio Cochius rettete ihn, barg ihn in seinem Hause und lieferte ihn später an den franz. kommandierenden General ab, zugleich Gnade für das Dorf erbittend. Wurde gewährt.

Siehe das einliegende Blatt [*das auf der Rückseite einer Verlobungsanzeige Georg von Ciesielskis vom 20. September 1873 folgende Version enthält:*]

Der Dreetzer Bauer Stern hieb den Franzosen mit einer Kornsense quer durch, da er in dem Pferde, das dieser ritt, sein tags vorher gestohlenes wiedererkannte, der Franzose aber nicht gewillt war, es herauszugeben. Den Begleiter desselben schützte der Vater des jetzigen Oberamtmanns Cochius vor der Wut der Bauern, indem er ihn in sein Haus nahm, dort tagelang verbarg und schließlich mit einem Bittgesuch, den Dreetzern diesen Mord nicht nachzutragen, an den Kommandierenden ablieferte.

Fehrbellin

Froben. *Uhle.* W. Schwartz in der Zeitschrift für Preuß. Geschichte von Foß. Zwei Aufsätze 1865 oder 66.

[*Gentz:* Bildhauer Albert Wolf (Tierwolf). Pachtherr[...] Vinzelberg hat eine Geschichte von Fehrbellin geschrieben.]

Vinzelberg, Geschichte von Fehrbellin.

Der Kantor. Auch ein Fehrbellin-Kundiger.

Pastor Quehl in Hakenberg und der Küster beim angekündigten Besuch des Kronprinzen.

Küster. Hier die Kugeln.

Quehl. 'is ja alles unecht.

Küster. Was unecht? Haben Sie nicht jahrelang darauf an jedem 18. Juni [!] hingewiesen und zu der Gemeinde gesprochen: Seht hier die stummen Zeugen brandenburgischer Heldenschaft!

Ganzer

Der Brief Blüchers an Hohenlohe.

Am 26. Oktober $10^1/_2$ Uhr früh empfing der General Blücher, der die Nacht vorher in Ganzer zugebracht hatte, den Befehl des

Fürsten *Hohenlohe*, unverzüglich mit seinen Truppen nachzurükken, wo möglich bis über Ruppin hinaus. Der General Blücher antwortete sofort dem Fürsten. Der Brief lautete: Ganzer, 26. Oktober, 11 Uhr früh. S. 157.

[*Gentz:* Besitzer von Rohr auf Meyenburg.]

Der Besitzer von Ganzer, Major *Jürgaß* im Regiment Gensdarmes, hatte am Tage darauf bei *Wichmannsdorf* (wahrscheinlich Uckermark) ein Gefecht gegen die Kavallerie-Division Grufy (Grouchy). Major *Löschbrandt*, ältester Offizier des Regiments, führte 3, Major *Jürgaß* 2 Schwadronen. Beide erlagen der Übermacht. Die Majors Schack und Arnstedt vom selben Regiment waren geblieben.

Gartow

[*Gentz:* Jetzt von Kriegsheim. Die Familie von Winterfeldt hat verkaufen müssen.]

Garz

[*Gentz:* Predigerwitwe Ilanes, Schweizerin oder Französin, jetzt 87 Jahr alt.]

Vielleicht die Kirchenbuch-Notiz, von der Superintendent Kirchner sprach in betreff eines Bredow. *[Im Umschlag liegen zwei Briefe des Pfarrers Gerlach aus Garz und ein Schreiben von Superintendent Kirchner sowie ein Auszug aus dem Garzer Kirchenbuch mit einem Bericht über einen tödlichen Unfall des Seconde-Lieutenants Carl August von Bredow am 11. März 1833.]*

Gentzrode

Glambeck

Schweizerkolonie.

Globsow (Alt)

[*Gentz:* Lietzmann früher Assessor.]

Gnewkow

[*Gentz:* Wilhelm Jacobs.]

Gottberg

[*Gentz:* Pastor Buchholz.]

Grieben

Großmutz

Rübendorf.

Grüneberg

v. Arnstedtsche Erben.

Gühlen

Schweizerkolonie.

Gutengermendorf

Kirchturm. Glocke mit darin eingelassener Münze.

General Schimmelpfennig rückt am 25. in *Gutengermendorf* ein; alles richtig.

Abends um 10 Uhr trifft der Hauptmann *Liebhaber* vom Generalstabe ein. S. 143, ziemlich interessante Situation.

Germendorf gehört seit 1664 der Familie v. Hertefeld. Dazu Häsen. Vielleicht auch die Cleveschen Häuser. Hier, oder bei Löwenberg, einiges über die Hertefelds.

Oberjägermeister Wasserslaute, Rhinluch-Verbesserer. Die Geschichte mit den Papierschnitzeln. Siehe auch die von Ludchen [Ludovica Hesekiel] geschriebenen Notizen.

Heinrichsdorf

W. Schwartz erzählte darüber einiges. Hab's aber vergessen.

Herzberg

Hindenberg

Hohenofen

früher Eisenwerk.

Hoppenrade

(Arnstedtsch.)

Filial von Grüneberg.

Herr Rittergutsbesitzer *Berr* zu Löwenberg in/M. gibt Auskunft über dies Gut, das jetzt dem Herrn v. Heyden-Linden gehört oder gehörte.

Kagar

Katerbow

Wichtig in der Desertions-Zeit, als letzte (preußische) Station vor Netzeband (Schwerin-Walsleben gehörig).

Keller

Kerkow

(Arnstedtsch) zu Löwenberg.

Kerzlin

Klosterheide

1650 mit Schweizern besetzt.

Königstädt

Schweizerkolonie.

Köpernitz

v. Zeuner. Siehe mein Notizbuch.

Köritz

v. Platen.

Kraatz

Der Gräfin Anna Jacobina von Ruppin gehörig.

Es scheint, daß kurz vor 1500 zwei Brüder regierten: Graf *Jacob* und Graf *Johann*. *Jacob* starb 1499. S. 221. Seine Gemahlin war Anna Jacobina. *Johann* starb 1500.

Johann hatte Kinder, war auch der ältre Bruder, so daß jedenfalls seine vorgingen. Sein Sohn (der einzige) hieß *Joachim*. Er kam 1500, etwa 26 Jahr alt, zur Regierung. *Anna Jacobina* war also seine Tante. Joachim starb schon 1507. In diesem Jahre war *Wichmann*, sein einziger Sohn, vielleicht 7 Jahr (sogar erst 4 Jahr) alt, und Anna Jacobina war seine *Großtante*.

Anna Jacobina, 1478 vermählt, war also wahrscheinlich 1458 geboren. Sie war also 1507, als Großtante, erst 49 Jahr alt. 1524 war die alte Gräfin wahrscheinlich 66 Jahr alt.

Gräfin Anna Jacobina

Die meistgenannte unter den Frauen der Ruppiner Grafen war eine geb. Gräfin Stolberg-Wernigerode. Ihr Taufname war Anna, Anna *Jacobin*, oder auch nur Jacobin, hieß sie vermutlich erst nach ihrer Vermählung mit dem Grafen Jacob. Diese Vermählung fand 1478 statt, sie war also etwa um 1458 geboren. Ihr wurde in dem Ehepakt das alte Schloß zu *Wildberg* (das ihr zugleich als Witwensitz zufallen sollte) sowie Orbede und Zins aus den verschiedensten Städten und Dörfern zum Unterhalte zugewiesen. Der letzte Graf von Ruppin, Graf Wichmann, der 1524, zwanzig Jahr alt, starb (vgl. S. ...), war ihr Großneffe. Sie lebte von 1499 an, in welchem Jahre ihr Gemahl Graf Jacob starb [*Dazu am Rand:* Seine Revenüen zog dieser von dem Frühmeß-Altar in Wildberg.], auf dem sogenannten *Grafenhofe* in Neu-Ruppin, der Pfarrkirche gegenüber. Hier starb sie 1526 und ward in der Klosterkirche beigesetzt. Sie hatte angesehene Revenüen und einen eignen Geheim-Sekretär, den Meß-Priester *Franz Reiber.* In alten Handschriften wird sie als sehr herrschsüchtig geschildert, als eine Dame, die sich gern in Regierungsangelegenheiten gemischt habe. Einige wollen sogar die Stelle in dem S. ... mitgeteilten Mönchslied: »Eine falsche Frau ließ er zu Haus«, auf *sie* beziehen. Aber dies ist bestimmt falsch. Eine »Falsche Frau« bedeutete damals Maitresse (die »schöne Gießerin« wird eigens die falsche Frau Joachims II. genannt); außerdem zeigt der Schluß jenes Liedes, der sich direkt auf die alte Gräfin bezieht, daß die Mönche sehr gut von ihr und der Aufrichtigkeit ihrer Trauer dachten.

Unter *Wildberg* steht nichts Näheres über [die] Jacobin.

In Bratring heißt es S. 424 ganz kurz: Kraatz war der alten Gräfin *Anna Jacobina* zum Leibgeding verschrieben, wahrscheinlich von 1524 an, wo ihr Großneffe starb und Grafschaft Ruppin an den Kurfürsten fiel. Sie hätte dann noch 2 Jahr lang die Einnahmen von diesem Leibgedinge gehabt. Bis 1526, wo sie starb.

Bei der Übernahme (1524) wurden auf Befehl des Kurfürsten 1 000 Gulden an die alte Gräfin ausgezahlt, doch machte sich's der Kurfürst bequem und befahl dem *Ruppiner Magistrat,* diese Zahlung zu leisten.

Unter Alt-Ruppin steht auch nichts.

Da in dem Ehepakt nur von dem *Wiesenzins* von Kraatz wie von dem vieler andrer Dörfer die Rede ist, später aber (unter Kraatz) es einfach heißt: Kraatz war Leibgedinge, so ist es wahrscheinlich wirklich so, daß ihr 1524 Kraatz als Leibgedinge zufiel.

Krangen

Kränzlin

(Der Räuberberg.) Siehe Schwartz S. 142. H. Scherz und der junge Hartmann.

Küdow

Langen

v. d. Hagen.

[*Gentz:* Inhaber des Christus-Orden. Kathedrale von Langen

⟨*Dazu von anderer Hand:* Kirche⟩ kostet 50 000 Rtr. Bei deren Einweihung trug H. v. Hagen weiße Casimirhosen.]

[*Von anderer Hand:* Die Luchdörfer.]

Leddihn

v. Rohr.

Lichtenberg

Schulze Haase.

[*Von anderer Hand:* Alter Stein an der Dorfstraße mit Schriftzeichen.]

Linde

Zu Beetz (v. Quast) gehörig.

Lindow

Kloster.

[*Von anderer Hand:* Gudelack-See mit dem Werder.]

[*Gentz:* Janensch-Brauerei. Ziegelei von Baumann aus Berlin, großartiges Etablissement.]

Siehe Bratring
– Schwartz (?)
– Engelien u. Lahn.

Linow

[*Gentz:* Konsistorialrat Marot war daselbst Hauslehrer Ende vorigen Jahrhunderts und hat noch mit Prinz Heinrich verkehrt.]

An Dr. Neuhaus in Rheinsberg darüber schreiben, der selbst Schweizer ist.

Das Gedicht (heitre Ballade) im Gesellschafter.

Wichmann wegen Marot fragen.

Lögow

Vielleicht war dieser Zieten der, der 1806 das Regiment Königin-Dragoner bei Zehdenick kommandierte.

Oberst *Zieten* vom Regiment Königin-Dragoner brachte die Nacht vom 25. auf den 26. in Meseberg zu.

Die Zieten-Inschriften in Wustrau, Wildberg, Lögow in Beziehung bringen.

1688 von Franzosen wieder aufgebaut.

Neu-Lögow. Schweizerdorf; dann Franzosen, dann Pfälzer.

Der *Oberst v. Zieten,* der 1806 die Königin-Dragoner kommandierte, ist wahrscheinlich der spätre Feldmarschall, der bei Belle Allianz den Ausschlag gab.

Löwenberg

Darüber weiß *Banchet* am meisten, der dort gelebt hat.

Vielleicht auch Rittergutsbesitzer *Stropp* (doch ist dies vielleicht *der* Mann, der, nach Schwartz, Auskunft über die Gläser der Zechliner Glashütte geben kann).

Sage von der Familie der Trotts. Auch Ledebur befragen.

[*Gentz:* Auskunft bei Berr in Löwenberg. Interessant das mit Tagelöhnern bewohnte Schloß auf einem Burgwall; ein Bild für Riefstahl.]

Lüchfeld

[*Gentz:* Besitzer Friedrich Kohlbach; früher v. Teifelsche Familie (letzte ⟨*Ein Wort nicht entziffert.*⟩ Teifel).]

Dies bei Wulkow benutzen.

[*Von anderer Hand:* Vorwerk »Blücher«.]

Lüdersdorf

Das Vorwerk mit Schweizerfamilien besetzt 1691.

[*Gentz:* Jetzt Oberförster von Stosch, Bruder des Marineministers. Der alte Oberförster Sonnenberg lange Jahre dort, wohnt jetzt in Ruppin, 86 Jahr alt; hat zum Kongreß von Verona den Staatskanzler von Hardenberg begleitet, ist zweimal von Wien nach Konstantinopel als Courier *geritten.*]

Manker

Torfdorf.

[*Gentz:* Der Torf hört hier auf. Beste Wirtschaften von allen Luchdörfern. Pastor Kornemann; starb im vorigen Jahre in Ruppin. Die ganze Gemeinde kam zu seinem Leichenbegängnis, was viel sagen will.]

Menz

Das Blüchersche Corps, das am 27. früh bei Alt-Ruppin stand (wo es am Abend vorher von Gantzer eingetroffen war) marschierte an diesem Tage (27.) bis *Menz.* Der Weg dahin – namentlich bei Lindow – geschah unter Plänkeln und kleinen Gefechten, in denen sich die Blücher- und die Usedom-Husaren auszeichneten.

Der Forst, ich glaube 24000 Morgen groß, der See 1600 bis 2000 Morgen, 400 Fuß tief an den tiefsten Stellen. Wild am Tage des Lissabonner Erdbebens. Das war des Stechlin »großer Tag«. Die Sage vom großen Hahn, der wütend kräht und mit den Flügeln schlägt, wenn man die Tiefe des Sees messen oder an Stellen fischen will, die ihm nicht passen. Absolute Einöde; wir fuhren 5 Stunden im Wald, ohne einen Menschen zu sehn, das gibt der

Gegend ihren Charakter, der allerdings an den größeren märkischen Seen fast ausnahmelos immer derselbe ist. Wasser, Wald, Stille – [*Ein Wort nicht entziffert.*] der Wunsch wird angeregt, hier in Wald- und See-Geheimnisse einzudringen, aber sie geben nichts heraus, weil, die wenigen Geheimnisse der Natur abgerechnet, nichts da ist.

[*Gentz:* Größte Forsten im Kreise. Friedrich der Große richtete schon hierauf seine Aufmerksamkeit. Stechlin-See.]

Meseberg

Das Denkmal im Park; eine Arbeit vom Geh.R. Salzenberg.

Metzelthin

[*Gentz:* von Kriegsheim/Dessow.]

Molchow

[*Gentz:* Schulze Wernike, das Schulzengut seit mehreren hundert Jahren im Besitz der Familie.]

Nackel

[*Gentz:* Jetzt Herr von Lupinsky. Bei der Wahl zum neuen Kreistage erklärte er, wenn er nicht gewählt würde, wolle er sein Gut verkaufen.]

Netzeband

Burgwälle. Rettungshafen der Deserteure.

[*Gentz:* Graf Königsmarck.]

Neustadt a. D.

Im Johanniterblatt Aufsatz von W. Schwartz.

Mühlenbesitzer Elfreich.

Gestüt außerhalb.

[*Gentz:* Frau von Bätzendorf auf *Spiegelberg*, Rokoko-Besitz; derselbe ist jetzt an die Verwandten übergegangen, welche sie um den Besitz betrogen haben. Rechtsanwalt Teubner gibt bestimmte Auskunft darüber.

Von Wulfen, Schwiegersohn.

Frau von Bätzendorf jetzt an einen Prof. der Geschichte in Prag verheiratet.]

[*Eingelegt ein Brief von Henriette Cochius an Elise Fontane vom 2. November 1873 über die Kirche in Neustadt.*]

Nietwerder

Pahlzow

Filial von Walsleben.

Pfalzheim

Pfälzerkolonie bei Rägelin.

Plänitz

Die Rathenows. Seit 400 Jahren im Besitz der Rathenows. Also noch wenigstens zwei alte Familien in der Grafschaft: die *Rathenows* (Plänitz), die *Wuthenows* (wahrscheinlich Wuthenow).

Protzen

[*Gentz:* Frau v. Drieberg, Valesca. Herr Kammerherr von Drieberg hatte vor 20 Jahren den bekannten Zeitungsstreit wegen des Luftdrucks.

Familie Westphal. Pastor.

Die Wiesen von Protzen kommen jetzt in Torfstich und wird hierfür ca. 600000 Rtr. ⟨*Ein Wort nicht entziffert.*⟩.

Valesca hat H. von Oppen geheiratet.]

Es hatte es Ende des vorigen Jahrhunderts, glaub ich, ein v. Kleist, dann vielleicht ein Interregnum, dann v. Drieberg, dann v. Seydlitz.

Radensleben

An Herrn v. Quast schreiben, was inzwischen *Neues* gemacht und geschehen ist. Auch anfragen wegen Wulkow und des Duells des Herrn v. Schenkendorff.

Rägelin

Sehr interessant.

[*Gentz: Nichts* Interessantes; die dürftige Kirche ist etwa 1670 wieder aufgebaut; im 30jährigen Kriege zerstört.]

Rönnebeck

Rüthnick

Nichts.

Schönermark

(bei Gransee.)

Um 9 Uhr früh am 26. Oktober 1806 stand die Infantrie der Hohenloheschen Hauptkolonne auf dem Rendezvous Schönermark, untern Gransee. Der Fürst (Hohenlohe) hielt an jedes Bataillon eine Ansprache: »Sie würden noch einige beschwerliche Tage zu bestehen haben; er fordre sie auf, auch diese mit dem gewohnten Mut und mit Beharrlichkeit durchzumachen; sowie sie über die Oder sein würden, wolle er dafür sorgen, daß sie gute Quartiere, Verpflegung und Ruhe bekämen.« Es zeigte sich nirgends eine Spur von Mißvergnügen; einige Bataillone zeigten sogar wieder den besten Geist.

Von *Schönermark*, statt auf Zehdenick zu gehn, bog Hohenlohe – auf Massenbachs Rat – links aus und ging auf Fürstenberg.

Am 26. bei Dorf Schönermark im Ruppinschen war die Stimmung noch gut, zwei Tage später (am 28.), als der Fürst aus Dorf Schönermark (bei *Prenzlau*) herausritt, murrten die Soldaten laut. Sie erklärten, sie könnten es nicht mehr aushalten; das sei keine Kunst, wenn die Generäle auf den Schlössern säßen und sich's wohl sein ließen. Der Fürst selbst erzählt in seinem Bericht über den Feldzug von 1806, er habe beim Abmarsch von Schönermark die schreckliche Szene erlebt, daß einige Soldaten sich ums Leben brachten, weil ihnen ein augenblicklicher Tod ein geringeres Übel geschienen als die Fortdauer solcher Anstrengungen und Entbehrungen.

Bratring 303.

Henning v. *Zernickow* auf Schönermark wurde 1560 von Hartwig v. *Bredow* auf Friesack erstochen. Die Sache wurde durch gute Freunde beigelegt, und Bredow zahlte »zur Ehre Gottes« eine Strafe von 800 Rtr.

Schulzendorf

(Gut.)

Seebeck

(Gut.)

Segeletz

Geburtsort des Geh.Rat Wagener.

[*Gentz:* ich glaube, auch der Schauspielerin Bährendorf. Früherer Landrat von Wulfen jetzt Präsident in Elsaß. Zu erfragen Bahnhof Neustadt.]

Wegen *Wagener* siehe das *Wagenersche* Konversationslexikon, oder George kann Hesekiel fragen.

Bährendorf siehe Theaterlexikon.

[*Der Text von einem zweiten Blatt zu Segeletz, das im Konvolut außerhalb der alphabetischen Reihung ganz vorn liegt, ist in den Anmerkungen zu »Segeletz. Geh.Rat Wagener« abgedruckt, S. 677 dieses Bandes.*]

Sieversdorf

(Gut.)

[*Gentz:* Prediger Arndt.]

Lina Totts Onkel, weil er eine Ramdohr zur Frau hatte, geb. 1808, gestorben 1867. Siehe seine Gedichte.

Sonnenberg

Stöffin

(von Königsmarck. Scherz.)

Storbeck

Schweizerkolonie.

[*Gentz:* Wolfsgarten. Wolfsgruben zum Einfangen.

1870 Dankfest, seit 100 Jahren kein Feuer. Höfe im alten Besitz. Auskunft bei Pastor Braun.]

[*Von anderer Hand:* Sprichwörtlich in Ruppin in nicht schmeichelhafter Beziehung: »Du bist wohl aus Storbeck«, »Storbecker Segnungen«.]

Strubensee

Teschendorf

Tramnitz. Trieplatz

Siehe das braune Notizbuch!

v. Rohr.

Hier nur der »wilde Kirchhof« und die Geschichte mit der Fahne.

Und das Bildnis einer Dame von Hackert. Hans v. Rohrs Brief hier eingeschlossen. [*Liegt im Umschlag.*]

Hier saß Hans usw. v. Rohr. Tante *Fiekchen Trenck.* Der wilde Kirchhof. Die Denkmäler. Die neue Kirche. Die Fahne. Das Bild von Hackert.

Vielitz

Schweizerdorf.

Walchow

1680 mit holländischen, 1699 mit pfälzischen Kolonisten besetzt.

[*Gentz:* Frau Schulze Hälsche, Denkmal. Torfdorf. Superintendent Kirchner Pfaffe, wie er im Buche steht. Naturhistoriker, Archiv[...?], Kunstkenner u. Geschichtsschreiber der preußischen Prinzessinnen.]

Walsleben

[*Von anderer Hand:* Tramnitz. Altes Sonnenberg ⟨*Dazu von Gentz:* Ökonomierat⟩-Denkmal im Dorf.]

Zur *»Wilden-Jagd«-Sage.* (Wahrscheinlich in W. Schwartz' Sagen: Vom Wilden Jäger.

v. Walsleben

v. Schwerin-Walsleben

(S. Heydemann 67)

[*Einliegend Originalbrief aus Walsleben.*]

Werder

[*Gentz:* Besitzer Bauer.]

Wildberg

W. Schwartz, Sagen.

(Wahrscheinlich *nicht* nehmen oder doch nur das Topographische.)

[*Gentz:* Familie von Zieten. Der letzte Zieten (stand bei den roten Husaren in Rathenow) ist bei Mars la Tour gefallen und in Wildberg beigesetzt.]

An den Prediger oder Superintendenten Hohenhorst, der früher in Kraatz war, in dieser Angelegenheit schreiben. [*Briefe von diesem und anderen liegen im Umschlag.*]

Woltersdorf

(Groß- und Klein-)

Und dann noch ein *andres* Groß-Woltersdorf bei Zernikow.

Wulkow

[*Von anderer Hand:* v. Schenkendorf-Rettingshaus.]

[*Gentz:* Duell des H. von Schenkendorf.]

Dann waren sie *zwei* Duells [!]. Herrn v. Quast fragen.

Gobelins in einem Zimmer, die vielleicht interessant sind.

Wustrau

Mühle. Burgwälle. Die alten Familien v. Rohr, v. Zühlen oder Gühlen etc.

[*Von anderer Hand:* Torfdorf.]

Die Grabschrift, die mir Frl. Kirchner verschaffen will. Siehe die Innenseite [*mit Brief von Matwina Kirchner vom 12. Oktober 1873*].

Wuthenow

[*Von anderer Hand:* Die Lanke. Der Galgen(?)-Berg. Glocke u. Bild v. Ruppin in d. Kirche. Fähre. Die Wuthenower »Tennen«.

Wutzetz

Zechlin

Interessante Gläser aus Anno 13 befinden sich im Zieten-Museum.

[*Von anderer Hand:* Flecken Zechlin. Dorf Zechlin. Glashütte Zechlin b. Rheinsberg. Der Wurmsee $^3/_4$ Meile v. Z.]

[*Gentz:* Oberförster Maron. Pastor Nalop 30 Jahre lang im Dorf Zechlin mit seinen 7 Frauen; lebt jetzt auf Spiegelberg, wohin Frau von Bärendorf alle emeritierten Pastoren zog.]

Zechow

Das Dorf, in dessen Kirche wir mit dem jungen Lehrer waren und wo Herr v. Quast einen Bauernhof gekauft hat. Wir kamen von *Schwanow*, wo wir den Pächter (Stotterbock) sprachen.

Zermützel

[*Von anderer Hand:* Früher der Stadt Neuruppin gehörig.]

[*Gentz:* Schöne Lage. Totenberg. Gutsbesitzer Schmidt. Stendenitz. Kirchhof.]

Zühlen

[*Danach liegen im Konvolut noch folgende Notizen:*]

Der Schmiet im Mond
(Eine Ruppinsche Sage)

Schwartz S. 137. Dies wahrscheinlich *nicht* nehmen; – es müßte sich denn eine besonders passende Stelle dafür noch finden.

»Die Märkischen Forschungen«

enthalten allerlei Brauchbares von W. Schwartz.

Bibliothekar Hoffmann am Ruppiner Gymnasium

Geschichte der Grafschaft aus dem vorigen Jahrhundert.

Die Geschichte vom Superintendenten Woltersdorff und dem eingeschlafenen Burgemeister.

Feldmanns Aufzeichnungen

Die letzte Seite enthält die *Zahlen* von W. Schwartz' Hand, die die Seiten angeben, wo etwas Brauchbares steht.

Fontane gab das breitangelegte Vorhaben indes wieder auf. Am 1. Juli 1874, als er den letzten Korrekturbogen für die dritte Auflage der »Grafschaft Ruppin« (erschien im Herbst 1874 mit der Jahreszahl 1875) an den Verleger zurückschickte, bemerkte er: »Es ist mir selbst sehr lieb, daß es nicht mehr geworden ist. Den Kleinkram der Dörfer en masse hab ich mir verkniffen.« Teile des nun wieder ausgeschiedenen Abschnitts gingen in andere Texte ein oder wurden zu selbständigen Kapiteln ausgearbeitet wie Gottberg, Kränzlin, Gentzrode.

Der Text der vorliegenden Ausgabe folgt dem einzigen zu Fontanes Lebzeiten erschienenen Druck in der zweiten Auflage von »Grafschaft Ruppin« (1865).

53 *Agende* – Altar-, Handbuch.
auszugsweise in den Anmerkungen – Dort wird unter dem Titel »Alte Kirchen-Agende zu Barsekow« auf den Seiten 524–526 folgendes abgedruckt:

Über die älteren kirchlichen Verhältnisse und Einrichtungen von Barsekow findet sich von der Hand des Prediger[s] Michael Stechow, im ältesten Kirchenbuche, ein im Jahre 1670 geschriebener Aufsatz, der die Überschrift führt: »Kirchen-Agende zu Barsekow.« Ich teile daraus Charakteristisches und von der Gegenwart Abweichendes hier mit.

Kap. 1, vom Prediger heißt es: *»Die Salverei oder Kinderlehre«* hält er (der Pfarrer) in den Fasten des Freitags um 12 Uhr, und muß der Küster allemal das Stück aus dem Katechismus vorher ablesen, woraus die Jugend und das Gesinde gefragt und unterrichtet wird.

Die Bußpredigten werden auch in der Frühe alle 4 Wochen gehalten; und hernach gehet ein jeder an seine Arbeit.

Kap. 2, *»vom Taufen der Kinder«*, wird erwähnt, da nach kurfürstl. Spezialbefehl nur 3 Paten zugelassen werden, wenn aber ein Vater noch einige mehr haben wolle, er dafür dem Prediger für jeden 1 Gr. geben müsse.

Kap. 3, *»Tauf-Gebühr«*. Dabei steht unter anderem: Bei der Taufe werden die Ehelosen examiniert und muß der Küster bei der Taufe das Kirchenbuch halten. Hierneben wird der Herr Pfarrer zum Gastmahl geladen, und hat er Macht, mit Weib und Kinder hinzugehen, nimmt am Tisch die Oberstelle, trinkt aus seinem eigenen Kruge, den er bei seinem Abtreten gefüllt mit zu Hause tragen läßt. Das Gebet vor und nach der Mahlzeit verrichtet der Küster. Es muß auch der Küster den

Prediger hin und her nach Hause begleiten; auch wenn er sonsten opus naturae reddieret, dem Prediger auf dem Fuß folgen. Also hoc passu auch bei anderen Conviviis. Von unehelichen Kindern oder denen »Frühlingen« (zu früh gekommenen), qui ex anticipatione ortum traxere, hat er 1 Taler (?) Taufgeld, welchen er sofort in der Kirche vor dem Patengelde nimmt. Er muß ihnen aber so viel Paten vergönnen, als sie bitten wollen.

Kap. 4, *»Vom Beichten«*, heißt es: Die Beichtkinder müssen sich, Adele und Unadele (Adlige und Unadlige), nachdem es der Pfarrer öffentlich abgekündigt von der Kanzel, bei dem Pfarrer im Hause angeben, da er sie dann aufzeichnet und zu rechtschaffener Buße vermahnt und anfangs sich ziemlich hart in Worten und Gebärden erweiset. Wenn einige beichten wollen, so sich miteinander gezanket oder geschmähet haben, die läßt der Pfarrer durch den Küster vor sich fordern und befragt sie: Ob es ihnen leid, daß sie sich so unchristlich gegeneinander erwiesen. Si affirmant, geben sie einander die Hände und werden admittiret, sonsten wird der unversöhnliche Teil abgewiesen und dieser absque respectu personarum.

Öffentliche Sünder, Hurer, Diebe etc. werden eher nicht zum Beichten verstattet, bis sie öffentliche Kirchenbuße getan.

Kap. 6, *»Vom Abendmahl«*. Die von Adel machen in und allewege bei Genießung des Abendmahls eine Mengerei und kommunizieren, Männer und Weiber, vorher, ehe ein Bauer hintreten darf. Es ist aber kein Pfarrer schuldig, die vom Adel *vor* der Predigt *insonderheit allein* zu kommunizieren. Manche suchen ihre Hoheit dadurch an Tag zu geben, daher es kein Pfarrer salva conscientia tun kann. Die Männer kommunizieren erst, hernach das Weibervolk. Die Pfarrfrau gehet bei dem Kommunizieren vor allem Bauer-Weibervolk her.

Kap. 7, *»Vom Aufbieten«*. Die, so sich aufbieten lassen wollen, müssen sich mit beiderseits Eltern oder den nächsten agnaten bei dem Pfarrer persönlich angeben, da er ihnen dann ins Gewissen redet: Ob sie sich auch anderweit und mit andern Personen allschon verlobet; et si non ita, und die Beistände dafür cavieren, wünschet er ihnen Glück und bekömmt pro labore 6 gr. vors Aufbieten. Ein Edelmann aber lässet sich *nicht* aufbieten. *Wiewohl es billig sein sollte. Nunmehr* aber, auf Sr. Kurf. Durchlaucht gnädigste Verordnung müssen sie sich lassen aufbieten etc.

Hurer und Buben werden nicht proklamieret, sondern entweder über dem Schweinstrog oder auf öffentlicher Straße vertrauet und kopulieret. Nunmehr aber müssen sie dreimal proklamieret werden.

Kap. 8, »*Von Hochzeiten*«. Wer sich vertrauen läßt wie Hans und Grete im Catechismo, der gibt dem Prediger 6 gr. *Wer aber eine recht derbe Traupredigt haben will, der gibt 1 Taler.* Der Pfarrer gehet mit Frau und Kinder frei zur Hochzeit und darf keiner der Aufsehenden etwas einreden. Hat des anderen Tages sowohl als des ersten (wie am ersten Tage) die Brautsuppe durch den Küster abzufordern, *und wenn er die mit seinem Hause verzehret, gehet er wieder mit den Seinigen zur Hochzeit.* Es muß ihm auch vor der Kopulation ein *feines welsches Schnupftuch und »Rauchpüschel von Gewürz«* ins Haus geschickt werden, welches die Braut zu geben schuldig ist. Uneheliche werden nicht in der Kirchen, sondern auf dem Kirchhofe vertrauet und müssen pro copulatione dem Pfarrer 1 Taler, dem Küster aber geben 6 gr.

Kap. 11, »*Von der Kirchenbuße*«. Die öffentlichen Sünder müssen in der Kirche öffentlich Buße tun. Durch den Prediger erstlich expannisieret (?) und von der Gemeine excludieret. Des folgenden Sonntags soll durch den Prediger für sie gebeten werden, daß sie Gott bekehre, ihnen die Sünde verzeihe; darauf werden sie den dritten Sonntag durch den Küster, den sie außerhalb der Kirche erwarten müssen, eingebracht und müssen vor dem Altar knieen. Darauf exaggerieret pastor das vitium, so sie begangen, und fragt, ob es ihnen leid. Si affirmant, fragt pastor die Gemeine, ob sie ihnen das datum scandalum verzeihen wollen; si affirmant, so spricht der pastor: Weil euch diese nicht verdammen, so will ich euch auch nicht verdammen. Darauf wird ihnen eine Beichte, so sonderlich auf das scelus gerichtet, vorgelesen, welche sie öffentlich nachsagen müssen, und dann werden sie öffentlich absolvieret und die Gemeine ermahnt, ihnen den Fall nicht vorzuwerfen. Wenn das geschehen, so gehen sie wieder an ihre Stelle in der Kirche und wird gesungen Te Deum laudamus. Darauf folgt die predigt. Es müssen aber die Edelleute hierin consentieren.

53 *langjährigen ... Prozeß* – Vgl. »Ein Prozeß im 16. Jahrhundert zwischen Barsekow und Reimer von Winterfeldt«; S. 73ff. dieses Bandes.

Musterstück romanischen Baustils – Die Bechliner Kirche stammt aus der Mitte des 13. Jahrhunderts. Der erwähnte hölzerne Kanzelaltar ist erhalten.

Ober-Barnim – Der Barnim ist die historische Landschaft nördlich und nordöstlich von Berlin zwischen Oder, mittlerer

Spree, Havel und Uckermark. Das Gebiet wurde verwaltungstechnisch in Nieder- und Ober-Barnim eingeteilt.

53 *Munifizenz* – Freigebigkeit.

54 *Anno 13, 14 und 15* – Die Zeit der Befreiungskriege gegen Napoleon 1813–1815.

Düppel – Im Dänisch-Deutschen Krieg von 1864, den Preußen und Österreich um den Besitz der Herzogtümer Schleswig und Holstein gegen Dänemark führten, eroberten preußische Truppen unter beträchtlichen Verlusten am 18. April die Düppeler Schanzen, die Befestigungsanlagen, die die Dänen zur Verteidigung des Alsensundes gebaut hatten.

auf »Alsen« – Am 29. Juni 1864 eroberten die Preußen die strategisch bedeutsame Insel Alsen. Fontane hat den Vorgang, an dem vor allem Truppen des 24. und 64. Infanterieregiments beteiligt waren, in seinem Buch »Der schleswig-holsteinsche Krieg im Jahre 1864« (1866) beschrieben.

55 *Friedrich in Rheinsberg* – Von 1736 bis 1740.

Zietensches Wustrau – Vgl. »Die Grafschaft Ruppin«, Kap. »Wustrau«; Band 1 dieser Ausgabe.

Buskower Kirche – Der Feldsteinbau stammt aus der Mitte des 13. Jahrhunderts, wurde aber im 18. Jahrhundert verändert. Das Kircheninnere wurde 1877 und 1965 ausgestaltet. Aufzeichnungen und Bleistiftskizzen finden sich in Fontanes Notizbuch A 1, Blatt 35 und 36. Vgl. »Die Grafschaft Ruppin«, Kap. »Wustrau« und die Anm. dazu; Band 1 dieser Ausgabe.

56 *Campehl* – Die frühere C-Schreibung von Kampehl wird hier übernommen, um die alphabetische Ordnung beibehalten zu können.

Kahlebutz, der … eine Compagnie … kommandierte – In der Textgrundlage, der zweiten Auflage der »Grafschaft Ruppin«, gibt Fontane einen Verweis auf S. 61. Dort steht: »In einem Reskripte vom 30. November 1733 heißt es: ›Von den 5 Compagnien des kronprinzlichen Regiments, die zu Nauen liegen, soll eine Compagnie, und zwar die des von Kahlebutz, nach Neuruppin verlegt werden.‹ «

Sehenswürdigkeit von Campehl – Die Kahl(e)butz-Mumie im Gruftkapellenanbau der Kirche wird noch immer gezeigt. Fontane hat Teile des vorliegenden Textes über Kahlbutz als Fußnote in dem Band »Spreeland«, Kap. »Buch«, verwendet; vgl. Band 4 dieser Ausgabe.

57 *Translozierung* – Ortsveränderung.

Carwe – Auch hier wird, wie bei Campehl, die frühere C-Schreibung übernommen, um die alphabetische Ordnung beibehalten zu können. In der Textgrundlage, der zweiten Auflage der »Grafschaft Ruppin«, gibt Fontane einen Verweis auf das Kapitel »Karwe«; vgl. Band 1 dieser Ausgabe.

57 *Carwer Kirche* – Im Kern spätgotische Feldsteinkirche, die im 17. und 18. Jahrhundert verändert und erweitert wurde. Altarkruzifix und Leuchterpaar sind erhalten.

58 *König* – Friedrich Wilhelm III.

59 *Missunde* – Stark befestigtes Dorf am Südufer der Schlei (Schleswig-Holstein), bei dem die preußischen Truppen am 2. Februar 1864 während des Dänisch-Deutschen Krieges zurückgeschlagen wurden.

Düppel – Vgl. Anm. zu S. 54.

Garz – Vgl. »Die Grafschaft Ruppin«, Kap. »Garz«; Band 1 dieser Ausgabe

Turm ... aus dem 14. Jahrhundert – Das noch vorhandene Bauwerk stammt wohl aus dem 15./16. Jahrhundert.

Der Treppenanbau ist später – Der Anbau erfolgte 1681.

Klein-Machenow – Vgl. »Spreeland«, Kap. »Kleinmachenow oder Machenow auf dem Sande«; Band 4 dieser Ausgabe.

60 *Gentzrode* – Vgl. »Die Grafschaft Ruppin«, Kap. »Gentzrode« und die Anm. dazu; Band 1 dieser Ausgabe.

friderizianischer Garten ... »Tempel« – Die heute noch vorhandene Anlage, seit Jahrzehnten schon Tempelgarten genannt, wurde 1735 von Georg Wenzeslaus von Knobelsdorff geschaffen. Der ursprünglich offene Säulentempel, das Erstlingswerk Knobelsdorffs (ebenfalls 1735 errichtet), wurde später in einen geschlossenen Pavillon umgebaut und der verwilderte Garten von Wilhelm Gentz umgestaltet, der auch das Innere der Tempelkuppel mit einem kreisförmigen Gemälde schmückte.

Seite xx – Bezog sich in der Textgrundlage, der zweiten Auflage der »Grafschaft Ruppin«, auf S. 69 (Beschreibung des Tempelgartens im Abschnitt »Kronprinz Friedrich in Ruppin« im »Neuruppin«-Kapitel).

historisch berühmtere »Rehberge« – In den »Rehbergen« im Norden Berlins beschäftigte der Magistrat im Revolutionsjahr 1848 zahlreiche (Erd-)Arbeiter, die, in zerschlissener Kleidung, durch politische Demonstrationen auf sich aufmerksam machten.

62 *Sprüche* – Sie stammten aus Goethes »West-östlichem Divan«.

Gnevkow – Heute: Gnewikow. Aufzeichnungen und Bleistiftskizzen finden sich in Fontanes Notizbuch A 1, Blatt 27–30. Vgl. »Die Grafschaft Ruppin«, Kap. »Wustrau« und die Anm. dazu; Band 1 dieser Ausgabe.

62 *letzter Zieten-Wustrau* – Friedrich Christian Emil von Zieten.
Ich komme ... auf diese Vorfälle zurück – Geschah offenbar nicht.

63 *Kirche* – Feldsteinbau aus dem Anfang des 16. Jahrhunderts.
von seinem Könige – Friedrich Wilhelm II.
Exmission – Entfernung.
Gottberg – Vgl. »Die Grafschaft Ruppin«, Kap. »Gottberg« und die Anm. dazu; Band 1 dieser Ausgabe.
Kirche – Im Kern Feldsteinbau aus dem 13. Jahrhundert, der aber 1902 völlig umgestaltet wurde.
damaliger Gottberger Prediger – Emanuel Collasius (Kohlhase).
Bratring – Friedrich Wilhelm August Bratring, »Die Grafschaft Ruppin in historischer, statistischer und geographischer Hinsicht«, Berlin 1799.

64 *Kränzlin* – Vgl. »Die Grafschaft Ruppin«, Kap. »Kränzlin« und die Anm. dazu; Band 1 dieser Ausgabe.
Seeschloß zu Alten-Ruppin – Vgl. das Stichwort *Ruppin (Alt-)* im vorliegenden Text und die Anm. dazu.
Wildberg – Vgl. das Stichwort *Wildberg* im vorliegenden Text.
Feldsteinkirche – Sie stammt im Kern aus dem späten 13. Jahrhundert, wurde aber 1895/96 weitgehend verändert. Der vergoldete Silberkelch mit reich ausgebildetem Knauf und sechspaßförmigem Fuß, auf dem sich die Inschrift und die Wappen befinden, ist erhalten.
Kapitel »Kloster Friedland« – Vgl. »Das Oderland«, Kap. »Friedland« und die Anm. dazu; Band 2 dieser Ausgabe.
das Gold abgekratzt – Die Notiz über diesen Wunderglauben, von dem Fontane durch seinen Kränzliner Freund Hermann Scherz unterrichtet worden war, findet sich im Notizbuch A 1, Rückseite von Blatt 40.

65 *Lögow* – Aufzeichnungen finden sich am Anfang des Notizbuches A 1.
Kirche – Spätgotischer Feldsteinbau, der in nachfolgenden Zeiten verändert wurde.
alte Kanzel – Sie stammt aus dem Jahre 1636 und wurde von Johann Protzen gefertigt.
pinxit – (lat.) [sie hat es] gemalt.
Planitz – Heute: Plänitz.
Andreas Fromm – Vgl. »Die Grafschaft Ruppin«, Kap. »Neuruppin«, Abschnitt »Andreas Fromm« und die Anm. dazu; Band 1 dieser Ausgabe.
kirchliche Kämpfe der Paul-Gerhardt-Zeit – Gemeint sind

die oft fanatisch geführten Auseinandersetzungen zwischen den orthodoxen Lutheranern und den Reformierten (den Anhängern der Schweizer Reformatoren Calvin und Zwingli) im 17. Jahrhundert. Zu Paul Gerhardt vgl. »Spreeland«, Kap. »Eine Pfingstfahrt in den Teltow«, Abschnitt »Mittenwalde« und die Anm. dazu; Band 4 dieser Ausgabe.

65 *Schulz* – Otto Schulz, »Die Lehninische Weissagung«; in: »Schulblatt für die Provinz Brandenburg«. Jg. 11, 1846, Heft 3, S. 348–357.

Lehninsche Weissagung – Dieses Hexameter-Gedicht, das angeblich von dem Mönch Hermann um 1300 verfaßt worden sein soll, tauchte nach 1690 handschriftlich auf und wurde 1723 erstmals gedruckt. Darin wird das Aussterben der Askanier in Brandenburg beklagt und das Emporkommen der Hohenzollern bedauert, die, so wurde »geweissagt«, in der elften Generation untergehen würden. Das Dokument, mit dem sich mehrfach die antipreußische Opposition identifizierte, ist tatsächlich erst um 1690 entstanden. Vgl. »Havelland«, Kap. »Die Lehninsche Weissagung«; Band 3 dieser Ausgabe.

(Vgl. S. xx) – Bezog sich in der Textgrundlage, der zweiten Auflage von »Grafschaft Ruppin«, auf S. 46 (Beginn des Abschnitts »Andreas Fromm« im »Neuruppin«-Kapitel).

Radensleben – Vgl. »Die Grafschaft Ruppin«, Kap. »Radensleben« I und II; Band 1 dieser Ausgabe.

Kirche – Feldsteinbau aus dem 13./14. Jahrhundert, 1865–1870 von Ferdinand von Quast, dem ersten preußischen Konservator, restauriert.

66 *Mollwitz* – Bei Mollwitz (nahe Brieg) wurde im Ersten Schlesischen Krieg ein österreichisches Heer von den Preußen geschlagen (10. April 1741). Vgl. die Biographie von Schwerin in den »Vaterländischen Reiterbildern aus drei Jahrhunderten«; S. 462 ff. dieses Bandes.

Hohenfriedberg – Bei Hohenfried(e)berg besiegten preußische Truppen unter Friedrich II. am 4. Juni 1745 die österreichisch-sächsischen Verbände. Vgl. die Biographie des Prinzen Heinrich von Preußen in den »Vaterländischen Reiterbildern aus drei Jahrhunderten«; S. 430 ff. dieses Bandes.

Pour le mérite – (franz.) Für das Verdienst; 1740 von Friedrich II. gestifteter preußischer Orden.

Schloß Alt-Ruppin – Es war bis 1624 die Residenz der Grafen von Arnstein und politischer Mittelpunkt der Herrschaft Ruppin. Nach dem Aussterben des Grafengeschlechts schlug Kurfürst Joachim I. die bis dahin selbständige Herrschaft Ruppin zu seinem Landbesitz, und zeitweilig wurde das Schloß von der kurfürstlichen Familie genutzt. Die Anfänge des Bauwerks gingen in das 13. Jahrhundert zurück. Während des Dreißigjährigen Krieges wurde ein Teil der Anlage bei einem Brand vernichtet. 1675 richteten die Schweden weitere Zerstörungen an. Nachdem 1779 das Dach eingestürzt war und die Decken durchschlagen hatte, gab man die Ruine 1788 als »Steinbruch« frei. Aus dem gewonnenen Material wurde das »Königliche Amt Alt Ruppin« (heute Sitz des Staatlichen Forstwirtschaftsbetriebes Neuruppin) gebaut und die Stadtmauer ausgebessert; außerdem wurden die Steine beim Wiederaufbau der 1787 abgebrannten Stadt verwendet. So sind nur noch spärliche Reste der ehemaligen Grundmauern erhalten geblieben. Vgl. auch »Die Grafschaft Ruppin«, Kap. »Neuruppin«, Abschnitt »Die Grafen von Ruppin«; Band 1 dieser Ausgabe.

66 *(Vgl. S. xx)* – Bezog sich in der Textgrundlage, der zweiten Auflage der »Grafschaft Ruppin«, auf S. 35 (Graf Wichmann am Schluß des Abschnitts »Die Grafen von Ruppin« im »Neuruppin«-Kapitel).

67 *Leibgedinge* – Ein auf Lebenszeit für eine Person festgesetztes Einkommen.

Bratring – Vgl. Anm. zu S. 63.

68 *Anno millino ...* – (lat.) Füge dem Jahr eintausendfünfhundert dreimal fünf Jahre / an, als die Sonne die Mitte des leuchtenden Stieres gewahrte, / als unser edler Graf Wichmannus erreichte sein zwölftes / Jahr, wurde diese Kapelle so kunstvoll geschmückt mit Gemälden. (Übersetzung von Wolfgang Ritschel.)

Rudera – Reste, Trümmer.

Walsleben ... Kirche daselbst – Verputzter Feldsteinbau von 1586. Der Grabstein für A. von Klitzing (gest. 1586) ist erhalten.

Wildberg – Aufzeichnungen finden sich am Anfang des Notizbuches A 1.

69 *Brechen der Quitzow-Schlösser* – Zu Beginn des Jahres 1414. Vgl. »Fünf Schlösser«, Teil »Quitzöwel« und die Anm. dazu; Band 5 dieser Ausgabe.

(vgl. S. xx) – Bezog sich in der Textgrundlage, der zweiten Auflage der »Grafschaft Ruppin«, auf S. 35 (Graf Wichmann am Schluß des Abschnitts »Die Grafen von Ruppin« im »Neuruppin«-Kapitel).

70 *Kirche in Wildberg* – Im Kern Feldsteinbau aus der ersten Hälfte des 13. Jahrhunderts, später mehrfach verändert. Der Turmhelm stammt aus dem Jahre 1698.

70 *Hochkirch* – Bei Hochkirch in Sachsen gelang den Österreichern im Siebenjährigen Krieg (14. Oktober 1758) ein Überraschungsangriff auf die Preußen, die sich nach schweren Verlusten zurückziehen mußten. Vgl. die Biographie von Keith in den »Vaterländischen Reiterbildern aus drei Jahrhunderten«; S. 457ff. dieses Bandes.

Wustrauer Herrenhaus – Vgl. »Die Grafschaft Ruppin«, Kap. »Wustrau«; Band 1 dieser Ausgabe.

vgl. S. xx und xx – Bezog sich in der Textgrundlage, der zweiten Auflage der »Grafschaft Ruppin«, auf S. 7 und 8 (Darstellung der Sehenswürdigkeiten in Schloß Wustrau im »Wustrau«-Kapitel).

71 *Kapitel Geist von Beeren* – Vgl. »Großbeeren«; S. 123ff. dieses Bandes; ferner »Spreeland«; Band 4 dieser Ausgabe.

Wuthenow ... Kirche – 1835/36 von Christian Ludwig Jacobi im Stil der Schinkel-Schule gebaut. Das beschriebene Gemälde, die älteste Ansicht von Neuruppin, ist erhalten.

Filiale – Gemeinde ohne eigenen Geistlichen, die vom Pfarrer eines Nachbarortes mit betreut wird.

Behüt das Feuer ... – Formel aus dem alten Nachtwächter-Ruf.

Ein Prozeß im 16. Jahrhundert zwischen Barsekow und Reimer von Winterfeldt

Der Bericht entstand im Zusammenhang mit dem Kapitel »Dörfer und Flecken im Lande Ruppin« im Sommer 1864 (vgl. Vorbemerkung und Anmerkungen dazu, S. 602ff.) und wurde zum ersten Mal in der »zweiten, vermehrten Auflage« des ersten Teils der »Wanderungen« innerhalb der Anmerkungen veröffentlicht (im Oktober 1864 mit der Jahreszahl 1865 erschienen). Offensichtlich hat Fontane ohne größere Veränderungen Aufzeichnungen des Barsikower Pfarrers Gottlieb Wilhelm Schinkel zugrunde gelegt. Als er diesem am 17. November 1864 das ihm »gütigst anvertraute Manuskript« zurückschickte, schrieb er: »Ich hatte eigentlich eine Überarbeitung des Prozesses vor, ein Zurechtmachen, wohl oder übel, nach meiner Art. Eine Reise nach Kopenhagen aber kam dazwischen, so daß ich nur eben noch Zeit und Gelegenheit fand, Ihr M.S. für die Anmerkungen zu benutzen. Eine dritte Auflage, wenn sie je erscheint, wird vieles gutzumachen haben.«

Der Text des Aufsatzes in der vorliegenden Ausgabe folgt dem einzigen zu Fontanes Lebzeiten erschienenen Druck in der zweiten Auflage von »Grafschaft Ruppin« (S. 526–531).

73 *Barsekow* – Heute Barsikow.

74 *Wandelitz* – Über ein Jagdschloß beziehungsweise einen Sommersitz in Wand(e)litz (im Norden Berlins) war nichts zu ermitteln; allerdings stiftete der B.C. Mundkoch M. Adolph Willke (oder Wilcke) 1657 der Kirche des Orts einen Abendmahlskelch.

d.d. – de dato (lat.): vom Tage der Ausfertigung.

Laurentii – Laurentiustag: 10. August.

Kiliani – Kilianstag: 8. Juli.

76 *Walpurgis* – Walpurgistag: 1. Mai.

Johanni – Johannistag: 24. Juni.

Valentin – Valentinstag: 14. Februar.

77 *lange denken* – Hier: nachtragend sein.

praktizieret – Hier: zugesetzt.

78 *Jagdschloß Letzlingen* – In der einst wildreichen Letzlinger Heide (Hofjagdrevier) bei Gardelegen; 1650 begonnen, in der jetzigen Gestalt 1843 von Stüler umgebaut.

raden – schneiden, mähen.

Hufenzahl – Hufe: altes Flächenmaß, das regional sehr unterschiedliche Größen bezeichnete (70000 bis 250000 Quadratmeter).

Pastor Moritz zu Fahrland
Ein märkisches Charakterbild

In Fahrland und nahegelegenen Orten war Fontane im Sommer 1869 gewesen, und Pfarrer Friedrich Heinrich Meyeringh, mit dem er im Juli und August korrespondierte, hatte ihm die Fahrlander Chronik zur Verfügung gestellt. Wann der Autor mit der Niederschrift eines entsprechenden Kapitels begann, läßt sich nicht ermitteln, sicher scheint jedoch zu sein, daß er (nach Frikkes Fontane-Chronik) im Sommer 1870 im Evangelischen Verein der Gustav-Adolf-Stiftung den Vortrag über »Pastor Moritz zu Fahrland« hielt. Außer der Chronik wird er die Hinweise des Potsdamer Garnisonschullehrers Heinrich Theodor Wagener genutzt haben, der 1869 in den »Mitteilungen des Vereins für die Geschichte Potsdams« eine Abhandlung über Sacrow veröffentlicht und Fontane bei den Wanderungen in die Umgebung Potsdams begleitet hatte (vgl. das »Schlußwort« zu den »Wanderungen«; Band 4 dieser Ausgabe).

Den Vortrag ließ Fontane im April 1871 im »Johanniterblatt« abdrucken. Unter der Überschrift »Fahrland und die Fahrlander Chronik« brachte das »Johanniterblatt« im November/Dezember 1875 eine stark veränderte und erweiterte Version davon, bevor

Fontane dann in die zweite Auflage des »Havelland«-Bandes (1880) die beiden (wiederum wesentlich veränderten) Kapitel »Fahrland« und »Die Fahrlander Chronik« aufnahm. Auch »Sacrow«, auf das der Vortrag von 1870 partienweise einging, erschien als Buchkapitel erstmals in der »Havelland«-Ausgabe von 1880.

Der Vortragstext »Pastor Moritz zu Fahrland. Ein märkisches Charakterbild«, in der vorliegenden Ausgabe zum erstenmal wieder veröffentlicht, folgt dem Abdruck im »Wochenblatt der Johanniter-Ordens-Ballei Brandenburg« vom 12. April (Nr. 15, S. 101–104) und vom 19. April 1871 (Nr. 16, S. 109–112).

79 *Real* – Alte Nebenform zu Regal.

80 *Seegebart ... Etzin* – Vgl. »Havelland«, Kap. »Etzin«; Band 3 dieser Ausgabe.

Schlacht bei Czaslau – Bei Chotusitz, in der Nähe von Czaslau (Böhmen), errangen die Preußen am 17. Mai 1742, im Ersten Schlesischen Krieg, einen Sieg über die Österreicher.

König – Friedrich II. von Preußen.

81 *Bildnis ... in der Kirche zu Etzin* – Die Kirche, ein Putzbau von 1772, wurde 1945 zerstört, inzwischen großenteils wiederaufgebaut. Das Seegebart-Porträt ist erhalten.

direkt von Sanssouci – Soviel wie: unmittelbar vom König, der in Schloß Sanssouci seine Sommerresidenz hatte.

Potsdamer Kadettenhaus – Eine der bedeutenden preußischen Erziehungsanstalten, die vor allem Söhne von Offizieren und Beamten für die Offizierslaufbahn vorbereiteten.

insinuieren – Hier: beliebt machen.

Bau mit Brückentoren und Brückenhaus – Seit 1682 befand sich an dieser Stelle eine hölzerne Zugbrücke, an der Brükkengeld und Zoll kassiert wurden. Auch die unter der Brücke hindurchfahrenden Kähne mußten einen Zins bezahlen. Nach Fertigstellung der neuen Chaussee Potsdam-Nauen (1844) wurde auch eine massive Steinbrücke geplant und in den Jahren 1852–1854 nach einem Entwurf von Ludwig Persius errichtet. Diese Brücke, die sich in zwei großen Bogen über das Wasser spannt, wird noch heute benutzt. Unmittelbar neben der Steinbrücke steht ein dreistöckiges burgartiges, mit Zinnen versehenes Gebäude aus gelben Klinkersteinen, das gut erhalten ist.

Wirkungsstätte einer Fähre – Die Nedlitzer Fähre existierte schon im Mittelalter. Sie wird 1323 erstmals urkundlich erwähnt.

82 *Bornstedt ... Erbbegräbnis* – Der Bornstedter Friedhof, auf dem zahlreiche Persönlichkeiten aus der brandenburgisch-

preußischen Geschichte sowie aus der Kultur- und Kunstgeschichte begraben liegen, ist gut erhalten.

82 *Königswall* – Der Königswall, im Volksmund »Römerschanze« genannt, ist ein ovaler Ringwall, der zu den größten Wehranlagen aus frühgeschichtlicher Zeit im nördlichen Mitteleuropa gehört. Der jetzt von hohen Bäumen umgebene, mit Gesträuch bewachsene Wall ist verhältnismäßig gut erhalten. Vgl. »Havelland«, Kap. »Fahrland« und die Anm. dazu; Band 3 dieser Ausgabe.

Kirchberg – Vgl. »Havelland«, Kap. »Fahrland«, Abschnitt »Das Hainholz und der Kirchberg«; Band 3 dieser Ausgabe.

konjekturierend – mit Vermutungen, Spekulationen arbeitend.

Grenzscheide zwischen Wendentum und Christentum – Fontane denkt wohl vor allem an das 12. Jahrhundert, als die deutschen Kolonisatoren im Rahmen der Ostexpansion in die Gebiete der späteren Mark Brandenburg vordrangen, die bis dahin von slawischen Stämmen bewohnt gewesen waren.

Kirche – Die Fahrlander Kirche ist wahrscheinlich im 13. Jahrhundert erbaut worden; 1554 und 1663 wurde sie erneuert, 1709 vollständig umgebaut (im Barockstil); 1740 erhielt sie einen neuen Turm und wurde seitdem mehrfach (1742, 1774, 1869, 1930/31 sowie seit 1977) renoviert.

83 *Predigerhaus* – Das alte Pfarrhaus, in dem Fontane zu Gast war, existiert nicht mehr. Ende des 19. Jahrhunderts wurde ein neues Pfarrhaus gebaut. Im Notizbuch A 15, Blatt 67, findet sich eine Skizze des alten Gebäudes.

»Schmidt von Werneuchen« – Vgl. »Spreeland«, Kap. »Werneuchen« und die Anm. dazu; Band 4 dieser Ausgabe.

sein schönstes Gedicht – »An das Dorf Fahrland«.

85 *eine seiner Zeilen* – Aus dem Gedicht »An das Dorf Fahrland«.

86 *an andrer Stelle* – Vgl. weiter unten, S. 91 f.

der große Staatsmann unsrer Tage – Bismarck.

»Sumpf und Sand« – Wahrscheinlich in Anspielung auf den Titel von George Hesekiels Sammlung »Zwischen Sumpf und Sand. Vaterländische Dichtungen« (1863), aus der Fontane mehrfach Verse für die Mottos ausgewählt hat, die er seinen »Wanderungen«-Kapiteln voranstellte. Vgl. Fontanes Rezension des Buches; Band 7 dieser Ausgabe.

87 *Ich ging nach Worms wie Luther* – Soviel wie: Ich trat einen schweren Gang an. Luther hatte 1521 den Widerruf seiner reformatorischen Lehre vor dem Reichstag zu Worms abgelehnt (angeblich mit den Worten »Hier stehe ich, ich kann nicht an-

ders, Gott helfe mir! Amen!«), woraufhin Kaiser Karl V. über ihn und seine Anhänger die Reichsacht verhängte.

87 *bei den Kiezern* – Soviel wie: bei den einfachen Dorfleuten.
das neue Gesangbuch – Im 17. und 18. Jahrhundert gab die wechselnde religiöse Zeitströmung vielfach Anlaß zur Einführung neuer Evangelischer Gesangbücher, die die alten poesievollen Lieder des Lutherischen Gesangbuches von 1545 oft in geschmackloser, moralisierender Weise veränderten. 1783 wurde das im Geiste der Aufklärungstheologie zusammengestellte »Gesangbuch zum gottesdienstlichen Gebrauch in den königlich preußischen Landen« (1780) gegen den Widerstand zahlreicher Geistlicher durch königlichen Befehl eingeführt. Später mußte die Verfügung wieder aufgehoben werden.

88 *präkonisiert* – vorgeschlagen.

89 *als Hundstage ansehen* – Soviel wie: als Tage, an denen einer nicht zur Verfügung steht (wegen der Hundstagshitze zu Hause bleibt).
erlöse mich von dem Übel – Nach einer Wendung im Vaterunser.
Filial – Vgl. Anm. zu S. 71.

90 *Fahrlander Chronik* – Sie ist noch vorhanden und wird im Archiv des Pfarrhauses aufbewahrt. Arno Schmidt, der die »Fahrlander Chronik« für seinen biographischen Versuch über »Fouqué und einige seiner Zeitgenossen« (Karlsruhe 1958, S. 32f.) heranzog, hat als erster auf Auslassungen und mildernde Veränderungen Fontanes gegenüber dem Original hingewiesen. Vgl. »Havelland«, Kap. »Die Fahrlander Chronik«; Band 3 dieser Ausgabe.

91 *Grenzscheide der Friderizianischen und der Wöllnerschen Zeit* – Etwa die zweite Hälfte der achtziger Jahre des 18. Jahrhunderts. 1788 war Johann Christoph (von) Wöllner, einer der politisch einflußreichsten Günstlinge Friedrich Wilhelms II., zum preußischen Justizminister und Chef der geistlichen Angelegenheiten berufen worden. Er war u. a. der Verfasser des berüchtigten, gegen die Aufklärung gerichteten Religionsediktes vom 9. Juli 1788, das Friedrich Wilhelm III. nach seiner Thronbesteigung 1797 wieder aufhob.
Kadettencorps – Die militärisch organisierte Kadettenanstalt in Berlin, die den preußischen Offiziersnachwuchs ausbildete.
à la main – (franz.) in der Hand.

92 *berühmter General* – Heinrich August de la Motte Fouqué. Vgl. Fontanes Aufsatz über ihn; S. 155ff. dieses Bandes.

92 *berühmter Dichter* – Friedrich de la Motte Fouqué. Vgl. Fontanes Aufsatzentwurf; S. 172ff. dieses Bandes.

95 *Serenität* – Heiterkeit.

»Sie säen nicht ...« – Anspielung auf Matthäus 6, 25f. im Neuen Testament.

Gütergotz

Im Sommer 1869 wandte sich Fontane nach mehrjähriger Unterbrechung wieder dem 1863/64 begonnenen Band »Havelland« zu. Im Tagebuch notierte er resümierend: »Ende Juni [1869], nachdem ich mit der genauen Durchsicht meines Kriegsbuch-Manuskripts fertig bin, nehme ich meine märkischen Wanderungen wieder auf und setze sie fort bis Anfang August: Gütergotz, die Nutheburgen, Trebbin, der Schwielow-See und seine Dörfer, Werder, Glindow, Caputh, Bornstedt, Marquardt, Paretz, Fahrland. Garnisonschullehrer Wagener begleitet mich auf allen diesen Touren.«

Der Aufsatz über »Gütergotz« (sowie Kohlhasenbrück und Jagdschloß Stern) ist zwischen dem Besuch im Sommer 1869 und der ersten Veröffentlichung im »Wochenblatt der Johanniter-Ordens-Ballei Brandenburg« am 26. Juli 1871 (Nr. 30) entstanden. Auffällig ist, daß er in den Inhaltsübersichten für »Havelland« aus der Arbeitsphase 1869/70 noch nicht auftaucht (vgl. die Anmerkungen zu »Havelland«; Band 3 dieser Ausgabe).

Fontane übernahm den Text in den dritten Band der »Wanderungen durch die Mark Brandenburg«, »Ost-Havelland«, der im Oktober 1872 (mit der Jahreszahl 1873) erschien und wo »Gütergotz« zwischen die Kapitel »Etzin« und »Saarmund und die Nutheburgen« gestellt war. Die zweite Auflage, die 1880 unter dem endgültigen Titel »Havelland« herauskam, war erheblich umgearbeitet worden, und Fontane hatte, wie er im Vorwort bemerkte, »alles dem Spezialtitel *nicht* Entsprechende fortgelassen und durch ausschließlich Havelländisches oder doch dem Flußgebiet der Havel Angehöriges« ersetzt. »Gütergotz« wurde bei dieser Neuordnung des Bandes ausgeschieden.

Außer dem »Landbuch der Mark Brandenburg« von Heinrich Carl Berghaus hat Fontane, wie er in den Anmerkungen zu »Ost-Havelland« angibt, folgende Quellen benutzt: Baron von Ahlefeldt, »Hans Kohlhase«; in: »Mitteilungen des Vereins für die Geschichte Potsdams«, Teil 3, 1867, Nr. 128. – Garnisonschullehrer Wagener, »Das Plateau von Stolpe und Kohlhasenbrück«; in: »Mitteilungen des Vereins für die Geschichte Potsdams«, Teil 3, 1867, Nr. 127. – Leopold Freiherr von Ledebur, »Die Altertümerfunde bei Kohlhasenbrück«; in: »Mitteilungen des Vereins für die Geschichte Potsdams«, Teil 2, 1866, Nr. 47. – Briefliche Mitteilungen von Landrat von Albrecht. – Pastor Brodersen, »Die Geschichte von Gütergotz« (Manuskript); in der Reihe »Schriften des Vereins für die Geschichte der Stadt Berlin«, Heft XII, ist Heinrich Eduard Achatz Brodersens »Chronik von Gütergotz« (abgeschlossen »Gütergotz, den 24. Juni 1869«) 1874 in Berlin bei R. von Decker erschienen.

Der Text von »Gütergotz« in der vorliegenden Ausgabe folgt dem Abdruck in »Ost-Havelland« von 1873; er stimmt mit dem Vorabdruck im »Wochenblatt der Johanniter-Ordens-Ballei« überein, in dem lediglich die beiden Motti noch fehlen. Unter den Manuskriptteilen, die sich von »Ost-Havelland« im Märkischen Museum zu Berlin erhalten haben, befindet sich auch »Gütergotz« in der Abschrift von Emilie Fontane (mit einer Ergänzung von Theodor Fontanes Hand); diese Abschrift diente offenbar als Satzvorlage. Im Notizbuch A 15 im FAP sind Skizzen und Aufzeichnungen über Gütergotz usw. erhalten, die offensichtlich während jener Reise im Sommer 1869 entstanden. Auf den Blättern 12 und 13 hat Fontane folgendes notiert:

1. Bei »Unverworfen«.
2. Pastor Brodersen. Schleswig-Holstein. Ploen. Neuwied.
3. Breiter grüner Mittelstreifen mit Kirche und Kirchhof; links und rechts eine Häuser-Reihe und eine Reihe von Kastanien und Linden.
4. Kirche [mit Umrißskizze]. Behauener Feldstein. Alter Zisterzienser-Bau 1258.
5. Vor dem Pfarrhause eine selten schöne Akazie, hoch, groß, ein Blütendach und bis in die Krone und Zweige von Efeu derartig umrankt, daß man nur Efeublätter wahrnimmt und das Akazienlaub nicht sieht.

Fontane hatte »Jütergotz« als heidnische Kultstätte auch am Ende des Kapitels »Die Wenden in der Mark« erwähnt (vgl. »Havelland«; Band 3 dieser Ausgabe), und er zählte es im 10. Kapitel von »Dreilinden« als »jetzt von Bleichröderschen Besitz« mit auf. Im Vorabdruck dieses Textes in der »Vossischen Zeitung« (zum Jahreswechsel 1882/83) findet sich folgende Passage (vgl. »Fünf Schlösser«; Band 5 dieser Ausgabe):

»Daneben [neben Ruhlsdorf] liegt *Gütergotz*, alt-wendischen Ursprungs, an dessen See der ›Juthrie-Gotz‹, der dem Dorfe den Namen gab, eine berühmte Tempelstätte hatte. Der Tempel fiel und nahm seine Geschichte mit ins Grab; aber ein Herrenhaus entstand, und *seine* Geschichte lebt. Und nicht zum geringsten in an-

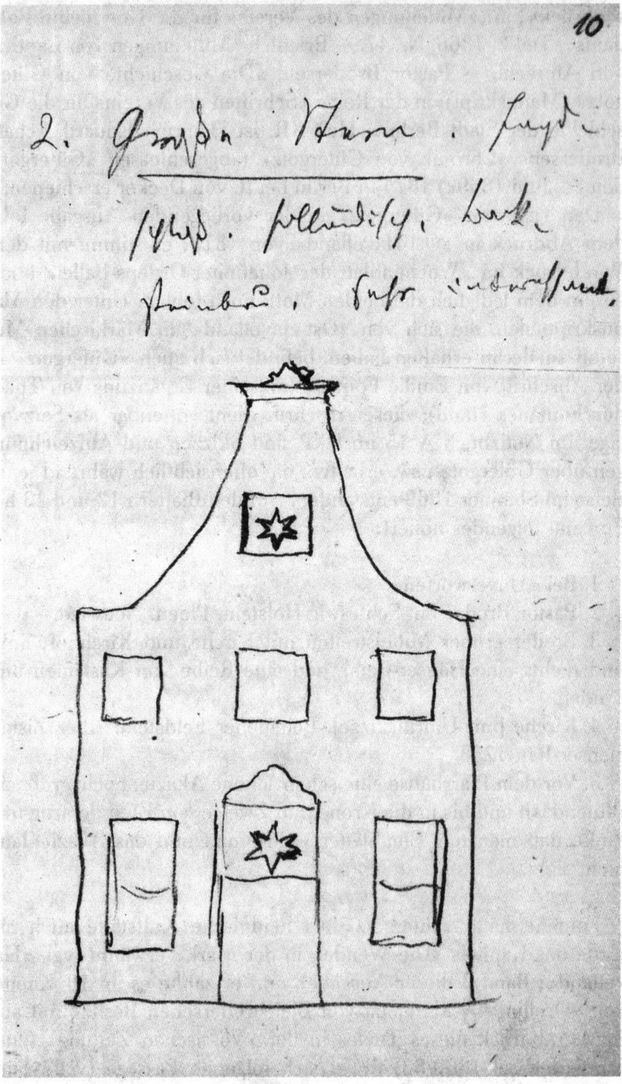

Jagdschloß Stern

ekdotischen Zügen. Um nur *ein* Beispiel zu geben: zu Beginn dieses Jahrhunderts wurden alle Zimmer im Herrenhause mit wertlos gewordenen Assignaten austapeziert, bis sechzig Jahre später andre Zeiten und andre Besitzer kamen, erst Graf *Roon* [der das Rittergut 1868/69–1873 besaß] und dann Baron *Bleichröder* [der Gütergotz 1873 für 430000 Reichstaler erwarb], jener der Waffenschmied und dieser der Säckelmeister unsrer letzten Kriege.«

97 *Und sie tragen ...* – Vermutlich im Mai 1872 bei der Vorbereitung des Bandes »Ost-Havelland« entstanden.
Juthrie-Gott – Morgengott der Wenden.
Lieben lerne! – Wohl ebenfalls im Mai 1872 mit Bezug auf die Lebensschicksale des im folgenden vorgestellten Pfarrers Brodersen entstanden.
Zauche – Soviel wie: Dürrland. Bezeichnung für die Kiefern- und Heidelandschaft südlich der Havel (zwischen Nuthe im Osten, Buckau im Westen und Fläming im Süden).
Land Teltow – Bezeichnung für das Gebiet zwischen den Flüssen Nuthe, Notte und Dahme.
Kohlhasenbrück – Zuerst 1700 als Teerofen genannt.
der trotzige märkische Roßkamm – Hans Kohlhase, dessen Rechtsstreit durch Kleists Novelle »Michael Kohlhaas« (mit irrtümlich verändertem Vornamen) in die Weltliteratur einging. Vgl. auch »Fünf Schlösser«, Teil »Dreilinden«; Band 5 dieser Ausgabe.
98 *im Jahre zuvor als Lazarett* – Im Gefolge des preußisch-österreichischen Krieges von 1866.
Kurfürst von Sachsen – Johann Friedrich.
zeitig – Hier: derzeitig, jetzig.
99 *Jagdschloß* – Jagdschloß Stern, heute zum Bereich der Schlösser und Gärten in Potsdam gehörend und im bewohnten Gebiet am Rande von Potsdam-Babelsberg gelegen, wurde 1730–1732 an einem 1724 bis 1729 angelegten Wegestern gebaut. Das Haus ist jeweils von Oktober bis Mai geschlossen. Vgl. Fontanes Skizze aus dem Notizbuch A 15, S. 636 dieses Bandes.
Soldatenkönig – Friedrich Wilhelm I.
propreté – (franz.) Reinlichkeit.
Jagdstücke irgendeines Leygrebe – Paul Carl Leygrebe war Hofmaler beim ersten preußischen König, Friedrich I. Die Gemälde im Jagdschloß Stern, die erhalten sind, werden Dismar Degen zugeschrieben. Im Notizbuch A 15 (Blatt 10, Rückseite) hat Fontane notiert: »*Die fünf Bilder:* a. Wildschweinsjagd / b. Auszug zur Jagd / c. Die Jagd. Das Hetzen des Hirsches /

d. Hat ihm schon / e. Wilde-Gans-Jagd. / *Der große Hans:* berühmter großer Hirsch. Fünf Geweihe von ihm von 1732–36, zuletzt 28 Enden.«

100 *Regierungsjahre des Großen Kurfürsten* – Friedrich Wilhelm war 1640–1688 Kurfürst von Brandenburg.

Bettsponde – Bettgestell.

Gütergotz – Gütergotz, das soviel wie »Morgengötze« bedeutet, wurde 1937 in Güterfelde umbenannt.

Gasthaus von »Unverworfen« – Der Gütergotzer Krug lag an der Ecke der nach Großbeeren führenden Chaussee. Er wurde in den achtziger Jahren des 19. Jahrhunderts abgerissen, um einem Wirtschaftsunternehmen Platz zu machen. Der Besitzer zur Zeit von Fontanes Besuch hieß Friedrich Wilhelm Unverworfen; er war der Sohn des Krügers Carl Friedrich Unverworfen, der 1867 gestorben war.

101 *Kirche* – Der Feldsteinbau aus der ersten Hälfte des 13. Jahrhunderts, im 19. Jahrhundert stark verändert, ist erhalten.

Schloß – Das ehemalige Gutshaus, heute als Alters- und Pflegeheim genutzt, wurde 1804–1815 nach einem Entwurf von David Gilly errichtet, 1868 aber völlig umgebaut (etwa heutiger Zustand).

Zisterzienserbau – Der asketische, im 12. und 13. Jahrhundert entscheidend an der »Germanisierung« der slawischen Gebiete östlich der Elbe beteiligte Zisterzienserorden war im Jahre 1098 aus dem Benediktinerorden hervorgegangen. Die Existenzgrundlage seiner Klöster war der wirtschaftliche Eigenbetrieb auf der Basis von Ackerbau, Viehzucht und Handelstätigkeit.

Kloster Lehnin – Vgl. das gleichnamige Kapitel in »Havelland«; Band 3 dieser Ausgabe.

Pfarrhaus – Gütergotz hatte bereits im 15. Jahrhundert eine eigene Pfarre. Das Pfarrhaus, in dem Fontane mit Brodersen sprach, stammt aus den Jahren 1826/27 und ist noch vorhanden (wenn auch ohne die beschriebene Laube und ohne die Akazie).

102 *Pfarrer* – Heinrich Eduard Achatz Brodersen, seit 1861 Pfarrer in Gütergotz, überließ Fontane sein Manuskript über die Geschichte des Ortes. Vgl. die Vorbemerkung.

Kurfürst – Joachim II.

103 *Oktober 1806* – Die Doppelschlacht von Jena und Auerstedt am 14. Oktober 1806 endete mit der vernichtenden Niederlage der preußischen Armeen und mit der Auflösung des morschen preußischen Staates.

Politik Haugwitz-Lombard – Der Kabinettsminister Christian

Graf von Haugwitz und der geheime Kabinettsrat für auswärtige Angelegenheiten Johann Wilhelm Lombard waren mitverantwortlich für die preußische Beschwichtigungspolitik gegenüber Napoleon und galten nach der Niederlage von Jena und Auerstedt als Hauptschuldige.

103 *enfiliert* – verwickelt.

glücklichere Verhältnisse – Nach Roon übernahm der Bankier Gerson Bleichröder das Gutshaus. Vgl. die Vorbemerkung.

104 *Tag von Idstedt* – In der Schlacht bei Idstedt siegte am 24./25. Juli 1850 eine überlegene dänische Armee über die schleswig-holsteinischen Truppen. Damit war die Niederlage der schleswig-holsteinischen Freiheitsbewegung zunächst besiegelt, und Dänemark besetzte die Grenzgebiete.

105 *Volksstamm ..., »der keinen Ketzer verbrannt ...«* – Die Herkunft der Sentenz konnte nicht ermittelt werden. Fontane zitiert sie auch im »Küstrin«-Kapitel des Bandes »Das Oderland« (vgl. Band 2 dieser Ausgabe), in der Skizze »Wie Klöster entstanden und lebten« (Band 7 dieser Ausgabe) und im »Stechlin«, Kap. 16. Paul Heyse übernahm das Wort aus den »Wanderungen« in seinen »Roman der Stiftsdame« (1886).

»Rigolette mit dem Vogelbauer« – Offenbar ein populärer, weitverbreiteter Stich.

Mathilde von Rohr

Mit Mathilde von Rohr war Fontane über drei Jahrzehnte bekannt und befreundet. Ihr verdankte er zahlreiche Details aus märkischen Familiengeschichten, die er in den »Wanderungen« und teilweise auch in den Romanen verwertete; die ursprüngliche Geschichte des »Schach von Wuthenow« hat sie ihm zuerst erzählt. Sie war einer der langjährig vertrauten Korrespondenzpartner Fontanes; weit über zweihundert bekenntnisreiche Briefe an die Rohr sind erhalten. Solange sie in Berlin wohnte, traf man sich häufig (vor allem in den Jahren 1859 bis 1869); nachdem sie 1869 als Konventualin nach Kloster Dobbertin übergesiedelt war, hat sie Fontane dort mehrfach besucht. Noch unmittelbar vor ihrem Tod war er am 16. August 1889 bei ihr, und die Dobbertiner Stiftsdame Jeannette von Bülow notierte darüber in einem dreißig Seiten umfassenden Schriftstück über Mathilde von Rohr (FAP, Signatur Ka 8): »Dann war es ihr noch vergönnt, den Besuch ihres alten Freundes des Herrn Fontane zu erhalten. Zwar nur einen halben Tag, aber es war noch der letzte Sonnenblick, der an frühere glückliche Zeiten erinnerte. Sie hatte die Gabe, die Zeit zu nutzen, viel zu geben und viel zu empfangen auch in wenigen Stunden. So waren ihr diese Stunden ein Schatz in der Erinnerung, und sie erkannte es immer wieder dankend an, daß Herr Fontane sich der Anstrengung der kurzen Reise ihretwegen unterzogen.«

Als sie am 16. September 1889 gestorben war, schrieb Fontane zwei Tage darauf an seinen Verleger Wilhelm Hertz: »[…] sie hatte das Pulver nicht erfunden, war aber ein rechter Beweis dafür, daß es darauf auch gar nicht ankommt. Ich war von ihrem guten Herzen, ihrem bon sens und ihrem Mut, wenn's galt, Farbe zu bekennen, überaus eingenommen, und das kleine Häuflein der Guten ist nun um eine Prachtnummer ärmer. Ich glaube, daß Sie meine Gefühle für dies Musterstück einer märkischen alten adligen Dame (zu deren Vollkommenheit auch ganz bestimmte Schwächen gehören) in allem geteilt haben.«

Fontane hatte, mit Unterstützung der Rohr, über ihre Familie in den Kapiteln »Trieplatz«, »Tramnitz« und »Ganzer« der »Grafschaft Ruppin« berichtet (vgl. Band 1 dieser Ausgabe), und es lag nahe, daß er auch die Freundin, die ihm so oft geholfen hatte, als eine typische Märkerin porträtieren wollte. Am 26. Dezember 1888 fragte er bei Hertz an, ob »eine neue Auflage vom Band Ruppin« denkbar sei, und ob er, um »das Werk abzurunden«, noch drei Kapitel aufnehmen dürfe: Wilhelm Gentz, Mathilde von Rohr und Gentzrode II. »Mathilde v. Rohr, ein wundervoller Stoff, kommt nur in Frage, wenn sie bis dahin nicht mehr unter uns weilen sollte, lebt sie länger, so kommt *dies* Kapitel in Wegfall.« Fontane veranschlagte sechs Seiten dafür, Hertz erklärte sich mit der Erweiterung einverstanden, und vermutlich in den ersten Monaten des Jahres 1889 entstand das Kapitel, wobei die bereits zitierten Aufzeichnungen der Jeannette von Bülow und ein Statement der Amalie von Romberg vom 4. Mai 1874 benutzt wurden, das diese nach der Lektüre des »Trieplatz«-Kapitels niedergeschrieben hatte (FAP, Signatur Ka 8). Als Fontane dann, Anfang 1892, die fünfte Auflage der »Grafschaft Ruppin« vorzubereiten begann, bat er seinen Verleger am 14. Januar, das *»wirklich neu Geschriebene«*, nämlich »Mathilde von Rohr« und »Gentzrode«, vorab setzen zu lassen, weil er diese Kapitel »noch erst verschiedenen Personen vorlegen möchte, um nachher keine Unannehmlichkeiten zu haben«. »Unsre Freundin Rohr, Alex. Gentz […] – alle diese Dinge sind heißes Eisen, daran man sich verbrennen kann.«

Am 18. Januar übergab Fontane das Manuskript des Bandes für die fünfte Auflage, eingeschlossen das neue Rohr-Kapitel. Er stellte angesichts des stark angewachsenen Umfangs, »wenn auch schweren Herzens«, anheim, die Gentz- und Rohr-Texte notfalls fallenzulassen. Am 6. Februar schickte Hans Hertz jedoch den Korrekturabzug des Rohr-Kapitels an den Autor, der zwei Tage darauf dem Verleger folgendes mitteilte: »Ich habe den Aufsatz gleich korrigiert und an die Erbin meiner Fräulein-v.-Rohr-Freundschaft: Fräulein Jeannette v. Bülow, zur Begutachtung geschickt, was bei der Kolossal-Liebe dieser trefflichen Dame zu der verstorbenen Freundin unerläßlich war. Diese diffizile Korrespondenz geht schon, mit Ruhepausen, seit einem ganzen Jahr. So wohlgesinnt mir diese liebenswürdige alte Dame ist (auch *darin* Remplaçant für die Verstorbene), so beklagt sie doch beständig meine bei aller Freundschaft etwas nüchterne Beurteilung der literarischen Gaben Mathilde v. Rohrs. Auch daß ich sie (ursprünglich wenigstens) als höchst herrschsüchtig schilderte, war nicht recht, und ich habe vieles streichen und ändern müssen. Aber ich tat und tue es gern, in dem Gefühl, auf *diese* Weise Dankesschulden zurückzuzahlen.«

Fontane wurde zunehmend ungeduldig und bemerkte am 12. Februar 1892 gegenüber Hans Hertz: »Fräulein v. Bülow, an die ich das Rohr-Kapitel schickte, hat mir noch immer nicht geantwortet. Vielleicht hat sie die Influenza, vielleicht aber kann sie nicht schlüssig werden. Es ist ein Elend. [...] Solche alte Quasseltante bringt einen mit Bedenken um und ist eine Geduldsprobe.« Erst sechs Wochen später indes fiel die Entscheidung; Fontane informierte seinen Verleger am 26. März 1892 mit folgendem Brief: »Ich rapple mich von meinem Influenza-Lager auf, auf dem ich nun schon fast 14 Tage liege, um Ihnen mit ein paar Begleitzeilen den einliegenden Brief unsres guten Fräulein v. Bülow zu schicken. Er ist eine Geduldsprobe für mich. Welch Aufwand von immer erneuter Mühe und Änderungsgeneigtheit und nun alles umsonst. Ich nehme an, daß das Fortlassen des Aufsatzes weiter keine Schwierigkeiten macht, und über die Tatsache, daß [der Drucker] Eupel 2 Bogen umsonst gesetzt hat, wird hinwegzukommen sein – es bleiben nun wenigstens 2000 Bogen Papier erspart.«

Inzwischen hatte die Zeitschrift »Daheim« den Vorabdruck übernommen, wo der Aufsatz »Mathilde von Rohr« am 12. und 19. März 1892 erschien (28. Jahrgang, Nr. 24, S. 374–376, und Nr. 25, S. 390f.). In den Band »Die Grafschaft Ruppin« kam der Beitrag erst postum von der achten Auflage an (1903), nachdem Jeannette von Bülow gestorben war; Fontanes Tochter Mete veranlaßte die Aufnahme in einem Brief vom 20. Mai 1902 an den Cotta-Verlag.

Der Text »Mathilde von Rohr« in der vorliegenden Ausgabe folgt dem Abdruck in »Daheim« von 1892. Aufzeichnungen über »Kloster Dobbertin in Mecklenburg-Schwerin« fertigte Fontane nach oder bei seinen Besuchen bei der Rohr 1870/71 an; vgl. Band 7 dieser Ausgabe.

106 *Konventualin* – Angehörige eines Stifts. Vgl. weiter unten, S. 115f.
G.-Gr.-Reg. – Garde-Grenadier-Regiment.
Trieplatz – Vgl. »Die Grafschaft Ruppin«, Kap. »Trieplatz. Ein Kapitel von den Rohrs«; Band 1 dieser Ausgabe.
die Franzosen im Lande – Nach der Niederlage der preußischen Armee bei Jena und Auerstedt im Oktober 1806 waren weite Teile Deutschlands von französischen Truppen besetzt. Vgl. »Fünf Schlösser«, Teil »Liebenberg«, sowie die Dokumentation »Vom 14. Oktober 1806 bis 18. Oktober 1813«; Band 5 dieser Ausgabe.

107 *Filial* – Vgl. Anm. zu S. 71.
Frau von Romberg ... mir ... schreiben konnte – Eine Abschrift dieses Briefes vom 4. Mai 1874 befindet sich im FAP (Signatur Ka 8).

108 *Bischof Roß* – Vgl. den gleichnamigen Text; S. 198ff. dieses Bandes.
Lina Tendering – Sie war die erste Frau des Verlegers und Politikers Franz Duncker.
Lassalle-Zeit – Gemeint sind die späten fünfziger und frühen sechziger Jahre des 19. Jahrhunderts, als Ferdinand Lassalle als einflußreicher politischer Theoretiker in Berlin wirkte (1863 Gründung des Allgemeinen Deutschen Arbeitervereins). Vgl. Fontanes Schrift »Christian Friedrich Scherenberg und das literarische Berlin von 1840 bis 1860«, Kap. 20.

109 *Müller* – Adolf Müller, Berliner Privatgelehrter, der sich später Schottmüller nannte.
intimidieren – einschüchtern.
»Lieder aus Rom« – Die Sammlung erschien 1846.
»Tunnel« – Der »Tunnel über der Spree«, 1827 von Moritz Gottlieb Saphir gegründet, war eine Berliner Vereinigung von Schriftstellern und vor allem dichtenden Dilettanten aus unterschiedlichen Gesellschaftsschichten. Lepel war seit 1839, Fontane seit 1844 Mitglied des Vereins. Vgl. Fontanes Autobiographie »Von Zwanzig bis Dreißig«.

110 *Tag und Stunde* – Wenn Fontanes Darstellung über den Tenzonen-Vortrag stimmt (vgl. die folgende Anm. zu S. 112), könnte diese Begegnung bereits im Winter 1854/55 stattgefunden haben. Wahrscheinlicher ist indessen das Jahr 1859, als sich nach Fontanes Rückkehr aus London engere und regelmäßigere Beziehungen entwickelten.
Introdukteur – Einer, der jemanden vorstellt oder einführt.
Wilhelmstraßenzirkel – Gesellige Kreise im Adels- und Regierungsviertel der alten Wilhelmstraße.

111 *Theater ... Hülsen* – Botho von Hülsen war 1851–1886 Generalintendant der Königlich-Preußischen Schauspiele in Berlin.
Saturn mit Urne – Als Symbole der Zeit und der Vergänglichkeit (Gleichsetzung der antiken Götter Saturn und Kronos).

112 *»Reden ist Silber ...«* – Die Tenzone entstand im November/Dezember 1854 und wurde am 3. Dezember im Tunnel vorgetragen. Die Tenzone ist ein von provenzalischen Troubadours entwickeltes Streitgedicht, in dem zwei oder mehrere Sprecher in gleichgebauten Strophen ihre entgegengesetzten Meinungen zu einer zur Debatte gestellten Frage äußern, entweder improvisiert oder vorher schriftlich ausgearbeitet.
Gräfin-Lichtenau-Tage – Wilhelmine Encke, der Form halber mit dem Kammerdiener Rietz verheiratet und später zur Gräfin von Lichtenau erhoben, war die Hauptmätresse Friedrich Wilhelms II. von Preußen (1786–1797).
das letzte Jahr unter des hochseligen Königs Majestät – 1839/40, dem letzten Regierungsjahr Friedrich Wilhelms III. von Preußen.
eine Pike haben – etwas gegen jemanden haben, jemanden nicht leiden können.

113 *Georg ... selbst Dichter* – Georg, Prinz von Preußen und General, verfaßte unter dem Pseudonym Georg Conrad zahlreiche Bühnenwerke.
Egeria – Soviel wie: guter beratender und helfender Geist; nach der römischen Sagengestalt Egeria, der Frau des Königs Numa.

114 *recte* – (lat.) geradezu.
Verzug – Liebling.
meine gegenwärtige Wohnung – Fontane wohnte seit Oktober 1872 in der Potsdamer Straße 134c in Berlin.

115 *Brief, der sich mit der Frau von Jürgaß ... beschäftigt* – Vgl. »Die Grafschaft Ruppin«, Kap. »Ganzer« und die Anm. dazu; Band 1 dieser Ausgabe.
Dobbertin ... Fräuleinstifte – Vgl. Fontanes Aufzeichnungen »Kloster Dobbertin in Mecklenburg-Schwerin«; Band 7 dieser Ausgabe.

116 *Anciennität* – Dienstalter.
Klosterpertinenzien – Soviel wie: Vorrechte. Eigentlich sind die Pertinenzien die zum Kloster gehörenden Grundstücke.

117 *Domina von Quitzow* – Hedwig von Quitzow.
berühmter alter Name – Über die Quitzows vgl. »Fünf Schlösser«, Teil »Quitzöwel« und die Anm. dazu; Band 5 dieser Ausgabe.

117 *Klosterhauptmann* – Er vertrat, wie Fontane formulierte, die »weltliche Macht« bei der Verwaltung des Stifts.
welfische Gesinnung – Das welfische Königshaus war durch die Angliederung Hannovers an Preußen 1866 entthront worden; seine Anhänger strebten jedoch die Wiederherstellung des Königreichs Hannover an.
118 *meinen ersten Besuch in Dobbertin* – Juli 1870. Vgl. »Kloster Dobbertin in Mecklenburg-Schwerin«; Band 7 dieser Ausgabe.
119 *Kunstkonservator* – Ferdinand von Quast.
Landrat – Siegfried von Quast.
120 *id est* – (lat.) das ist.
traitablere – umgänglichere.
121 *der älteste Sohn ihres alten Freundes* – Franz von Lepel.
122 *localiter* – Soviel wie: punktuell.

ENTWÜRFE, PLÄNE UND FRÜHE FASSUNGEN AUS DEM NACHLASS

Großbeeren

In der endgültigen vierteiligen Ordnung der »Wanderungen« stellte Fontane im Band »Spreeland« (1882) drei verschiedene Großbeeren-Kapitel zusammen, die teils 1860 (»Geist von Beeren«), teils 1881 (»Großbeeren« und »Berlin in den Tagen der Schlacht von Großbeeren«) entstanden waren (vgl. Band 4 dieser Ausgabe). Eine frühe, von diesem Buchtext erheblich abweichende, teilweise viel ausführlichere Fassung des Komplexes »Großbeeren«/»Geist von Beeren« ist im Notizbuch A 9 im FAP erhalten, das auf dem vorderen Deckel einen aufgeklebten Zettel mit folgender Notiz Fontanes aufweist:

Großbeeren }
Blankenfelde } ausgearbeitet.
Zepernick }

Dieser Text, von Emilie Fontane mit Tinte geschrieben und von Theodor Fontane mit Bleistift korrigiert, stammt offenbar aus den Jahren 1860/61, als der Autor den Ort mehrfach besuchte, den er seit seiner Kindheit kannte. Ein Großonkel Fontanes, der preußische Leutnant Mumme, besaß nämlich 1824–1827 das Rittergut Klein- und Großbeeren. »Ich entsinne mich«, heißt es in »Meine Kinderjahre«, »daß er [Onkel Mumme] neben allerhand Chaisen und Halbchaisen auch einen Char à banc mit langen, kirschroten Sammetpolstern besaß, und in diesem weithin leuchtenden Prachtstück, wenn wir in Berlin zu Besuch waren, nach Kleinbeeren hinaus abgeholt zu werden bedeutete uns allen, aber am meisten meiner Mutter, ein hohes Fest, nicht viel anders, wie wenn wir zu Hofe gefahren wären.« Wahrscheinlich aus familiären Rücksichten unterließ Fontane die Veröffentlichung der recht detaillierten personengeschichtlichen Darstellung. Vgl. auch »Mein Erstling: ›Das Schlachtfeld von Großbeeren‹ «; S. 574ff. dieses Bandes.

Der vorliegende, bisher unveröffentlichte Text folgt dem Notizbuch A 9, Blatt 1–24.

123 *Siegesdenkmal* – Das nach einem Entwurf von Karl Friedrich Schinkel ausgeführte und auf dem ehemaligen Friedhof (nördlich der Kirche) errichtete Siegesdenkmal ist erhalten. Es besteht aus einem gußeisernen Obelisken (1817) auf einem Sandsteinsockel (1853). Die Gedenkstätte auf der Dorfaue, ein Aussichtsturm von C. Lange, wurde erst 1913 gebaut.

Oblong – Rechteck.

Kreuzberg-Monument – Turmartiger neugotischer Bau aus Gußeisen; 1818–1821 auf dem Berliner Kreuzberg zur Erinnerung an den Befreiungskrieg 1813–1815 errichtet. Die in zwölf Nischen angebrachten, von Christian Daniel Rauch, Friedrich Tieck und Ludwig Wichmann geschaffenen Statuen symbolisieren die wichtigsten Schlachten des Krieges. In der Folgezeit wurde das Denkmal mehrfach verändert; die letzte große Restaurierung fand 1959 statt.

Hauptmomente der Schlacht – Im Verlauf der Befreiungskriege gegen Napoleon griff am 23. August 1813 der preußische General Friedrich Wilhelm von Bülow mit einem Korps der Nordarmee bei Großbeeren die französischen Verbände unter Marschall Oudinot an und besiegte sie. Karl Heinrich Ludwig von Borstell kommandierte im Rang eines Generalmajors unter Bülow.

Kirche – Der neugotische Putzbau von 1819/20 wurde 1929/30 restauriert. Die Innenausstattung stammt im wesentlichen aus der Bauzeit und geht teilweise ebenfalls auf Schinkel zurück.

Heinersdorfer Kirche – Vgl. »Heinersdorf«; S. 139f. dieses Bandes.

1760 durch die Russen eingeäschert – Während des Siebenjährigen Krieges.

Herrenhaus – Das um 1600 errichtete Haus, ein verputzter Fachwerkbau mit einem Renaissancegiebel, wurde im zweiten Weltkrieg stark beschädigt und 1958/59 abgerissen.

125 *Alräunchen* – Alraun: Wurzelstock von menschenähnlicher

Gestalt, der im Altertum als Zauberpflanze bekannt war und sich im Volksglauben als Zaubermittel erhalten hat.

127 *Pupillen-Kollegium* – Behörde, die die Aufsicht in Vormundschaftsangelegenheiten führte. Pupille war eine frühere Bezeichnung für Mündel.

Rancünen – boshafte Umtriebe.

128 *Malice* – Bosheit.

Kammergericht – Früher Bezeichnung für das höchste Gericht eines Territoriums. Das Kammergericht in Berlin war bis 1879 Appellationsgericht für Berlin und den Regierungsbezirk Potsdam (danach Oberlandesgericht für die Provinz Brandenburg). Friedrich Wilhelm I. ließ 1734/35 ein dreiflügliges Gebäude errichten, das Sitz des Kammergerichts wurde und heute, nach Beseitigung der Kriegszerstörungen in den Jahren 1963–1969, das Berlin-Museum beherbergt.

Okularinspektion – Augenschein.

bonité – bonté: (franz.) Güte. Hier: Qualität des Bodens.

Kienraupenjahr – Ein Jahr, in dem die Raupen der Kieferneule und des Kiefernspinners großen Schaden in den Wäldern anrichten.

129 *Kriegs- und Domainenkammer* – 1723–1808 preußische Provinzialbehörde zur Verwaltung von Steuern und Abgaben, die für die Armee bestimmt waren.

Probatum est! – (lat.) Es ist bewährt! Es hilft!

Lieutenant Mumme – Vgl. »Meine Kinderjahre«, Kap. 1.

die Elle … länger als der Kram – Berliner Redensart; soviel wie: Die Kosten wurden größer, als die Sache wert war.

Wirt – Hier im Sinne von: Landwirt, Ökonom.

130 *Wallmoden-Kürassiere* – Das österreichische 6. Kürassierregiment, dessen Inhaber der Kavalleriegeneral Ludwig Georg Thedel, Graf von Wallmoden (1769–1862), war.

131 *Krieg* – Der Befreiungskrieg gegen Napoleon 1813–1815.

132 *Kronprinz* – Als Friedrich Wilhelm IV. seit 1840 König von Preußen.

133 *Whig* – Alte Bezeichnung für die liberale Partei in Großbritannien; Gegenspieler der (konservativen) Tories.

Politik seit Olmütz – Die »Olmützer Punktation« zwischen Preußen und Österreich vom 29. November 1850, die eine vollständige politische Niederlage für Preußen bedeutete, legte den Verzicht Preußens auf die Unionspolitik fest; es mußte demobilisieren und die österreichischen Bedingungen zur Beilegung des kurhessischen Verfassungskonflikts akzeptieren.

Prinz Friedrich Wilhelm – 1888 als Friedrich III. deutscher Kaiser.

Blankenfelde

Der Text ist wahrscheinlich bald nach jener »märkischen Wanderung« entstanden, deren Stationen Fontane am 14. Juni 1860 seinem Verleger Wilhelm Hertz vorschlug. Danach sollte die gemeinsame Fahrt zunächst über Pankow und (Nieder-)Schönhausen direkt »nach Rosenthal und Blankenfelde (alte Kirche. Grumbkow etc.)« führen (und weiter nach Buch und Bernau). Die Aufzeichnungen, von Fontane mit Tinte geschrieben, finden sich, im Anschluß an das »Großbeeren«-Kapitel (vgl. S. 123ff. dieses Bandes), im FAP im Notizbuch A 9, das auf dem vorderen Deckel einen aufgeklebten Zettel mit folgender Notiz des Autors aufweist:

Großbeeren }
Blankenfelde } ausgearbeitet.
Zepernick }

Der vorliegende, bisher unveröffentlichte Text folgt dem Notizbuch A 9, Blatt 25–28.

134 *Nikolaikirche* – Sankt Nikolai ist die Pfarrkirche der nach 1230 entstandenen Altstadt Berlin. Die spätgotische dreischiffige Backsteinkirche entstand zwischen 1380 und 1470 anstelle einer Feldsteinbasilika aus dem ersten Drittel des 13. Jahrhunderts. 1944/45 weitgehend zerstört, wurde die Kirche seit 1981 wiederaufgebaut (Einweihung als Museum 1987).

Barnimscher Kreis – Vgl. Anm. zu S. 53.

Kirche – Die Kirche in (Berlin-)Blankenfelde, ein rechteckiger Feldsteinbau aus dem 13./14. Jahrhundert, erhielt um 1680 auf Veranlassung Joachim Ernst von Grumbkows einen Putzanbau auf der Südseite, in dem die Gutsloge untergebracht war und über dessen Eingang die im folgenden erwähnte lateinische Inschrift über dem Grumbkow-Wappen steht. Fontane schloß aus der Inschrift des Anbaus irrtümlich auf Grumbkows Urheberschaft für die ganze Kirche, die er übrigens in der Umgestaltung von 1854 kennenlernte, bei der die Feldsteine verputzt worden waren. Sie wurden bei einer durchgreifenden Renovierung 1938–1941 wieder freigelegt. Bei dieser Gelegenheit wurde der Grabstein über der Gruft (die zum Heizungskeller umgebaut wurde) entfernt und in die Nordwand der Kirche eingelassen. – Vgl. auch die Porträtskizze des Blankenfelder Küsters aus Fontanes Notizbuch, S. 649 dieses Bandes.

Inschrift – Fontane gibt den Wortlaut (bis auf eine Ausnahme: statt Cuno ist Lupo zu lesen) korrekt wieder und stellt die Angelegenheit auch sonst richtig dar: Grumbkows Leiche hat offenbar während der Überführung von Wesel nach Runow (wo sie am 1. Februar 1691 beigesetzt wurde) nur eine Nacht in Blankenfelde gestanden.

135 *Joachim Ernst von Grumbkow starb* ... — Den Anfang der Fußnote verwendete Fontane zu Beginn des »Friedrichsfelde«-Kapitels im Band »Spreeland«; vgl. Band 4 dieser Ausgabe.

Pöllnitz in seinen Memoiren — Charles Louis Baron de Poellnitz [d. i. Karl Ludwig Freiherr von Pöllnitz], »Mémoires pour servir à l'histoire des quatres derniers souverains de la maison de Brandebourg royale de Prusse« (Memoiren zum Nutzen der Geschichte der vier letzten Herrscher des brandenburgisch-preußischen Königshauses). Das zweibändige Werk erschien 1791 in Berlin.

»Akzise« — Sie wurde durch ein Edikt vom Januar 1684 eingeführt und war eine direkte Steuer für die Städte (auf dem Lande wurden dagegen Kontributionen erhoben).

136 *eingemauerte Sandsteinplatte* — Fontane hat im Notizbuch A 9 eine Skizze davon angefertigt; vgl. Abb. S. 649 dieses Bandes.

Has ego ... — (lat.) Dieses irdische Gotteshaus habe ich, Grumbkow, gebaut, damit du, Jehova, mir ein himmlisches geben wirst.

Rosenthaler Jagdschloß — Das um 1230 gegründete Angerdorf Rosenthal im Norden Berlins wurde 1694 von Kurfürst Friedrich III. (später König Friedrich I.) erworben, der dort ein (nicht erhaltenes) Lustschloß bauen ließ.

Berghaus — Heinrich Carl Berghaus, »Landbuch der Mark Brandenburg und des Markgraftums Niederlausitz in der Mitte des 19. Jahrhunderts oder Geographisch-historisch-statistische Beschreibung der Provinz Brandenburg«. Das dreibändige Werk erschien 1854—1856 in Brandenburg.

Zepernick

Der Text ist wahrscheinlich bald nach jener »märkischen Wanderung« entstanden, deren Stationen Fontane am 14. Juni 1860 seinem Verleger Wilhelm Hertz vorschlug. Danach sollte die gemeinsame Fahrt zunächst über Rosenthal, Blankenfelde und Buch »nach Zepernick und Schönow, zwei Dörfer mit sehr alten Kirchen«, und dann nach Bernau führen. Die Aufzeichnungen über Zepernick,

Küster in Blankenfelde / Stein über der Kirchtür

von Fontane mit Tinte geschrieben, finden sich, im Anschluß an das »Blankenfelde«-Kapitel (vgl. S. 134ff. dieses Bandes), im FAP im Notizbuch A 9, das auf dem vorderen Deckel einen aufgeklebten Zettel mit folgender Notiz des Autors aufweist:

Großbeeren
Blankenfelde } ausgearbeitet.
Zepernick

Der vorliegende, bisher unveröffentlichte Text folgt dem Notizbuch A 9, Blatt 29–31.

137 *Feldsteinkirche* – Sie stammt aus dem zweiten Viertel des 13. Jahrhunderts, wurde im 15. Jahrhundert auf rundem Mittelpfeiler kreuzgewölbt, aber durch einen Umbau von 1889 völlig verändert.

Totenkronen – Mit Perlen, farbigen Steinen und Flittern besetzte Kronen. Sie wurden Kindern und unverheiratet gestorbenen Frauen auf den Sarg gesetzt und dann in der Kirche aufbewahrt.

Rheincampagne – Zu Beginn des ersten Koalitionskrieges der europäischen Monarchien gegen das revolutionäre Frankreich (1792/93) fielen preußische Truppen im Sommer 1792 in die Champagne ein. Nach der erfolglosen Kanonade von Valmy (20. September 1792) wurden sie zum Rückzug gezwungen. Bis 1795 gelang es der französischen Revolutionsarmee, nach erbitterten Gefechten mit unterschiedlichem Ausgang, das gesamte linksrheinische Gebiet an sich zu bringen. Preußen schied durch den Baseler Friedensvertrag vom 5. April 1795 aus der konterrevolutionären Koalition aus.

Feldzug in Polen – Am 24. März 1794 hatten sich die Polen unter Führung des Generals Kościuszko zur Wiedererlangung ihrer nationalen Unabhängigkeit gegen die Fremdherrschaft erhoben. Im Juni 1794 rückten preußische Truppen in Polen ein und schlugen gemeinsam mit der russischen Armee den Aufstand nieder (Oktober/November 1794). Die polnische Niederlage hatte die dritte, endgültige Teilung des Landes durch Rußland, Österreich und Preußen (1795) zur Folge.

Bautzen – Während der Befreiungskriege gegen die französische Besatzung (vgl. Anm. zu S. 106) kam es am 20. und 21. Mai 1813 bei Bautzen zu einer verlustreichen Schlacht, in der Napoleon über preußische und russische Verbände siegte.

Leipzig – Vgl. Anm. zu S. 47.

Heinersdorf

Heinersdorf (östlich von Teltow, heute ein Ortsteil von Osdorf) spielte bei der Vorbereitung der Schlacht von Großbeeren am 23. August 1813 eine Rolle, und offenbar sind die Notizen im Zusammenhang mit dem »Großbeeren«-Kapitel 1860 entstanden (vgl. S. 123ff. dieses Bandes). Sie finden sich, von Fontane mit Tinte geschrieben, im FAP im Notizbuch A 8, das auf dem vorderen Dekkel einen aufgeklebten Zettel mit einer Inhaltsübersicht über A 8 von der Hand des Autors aufweist; als erste Position ist »Heinersdorf (ausgearbeitet)« vermerkt.

Der vorliegende, bisher unveröffentlichte Text folgt dem Notizbuch A 8, Blatt 1–3.

139 *Feldsteinkirche* – Sie stammte aus dem 13. Jahrhundert, erhielt 1944 bei einem Bombenangriff einen Volltreffer, und die Ruine wurde 1956 beseitigt.

Kirchen zu Mariendorf und Marienfelde – Vom Templerorden gegründet und um 1220 gebaut; beide sind erhalten.

140 *Tag Johannis* – 24. Juni.

Tag Margarethen – Zweiter Freitag nach Fronleichnam.

Bülowsches Corps ... die Schlacht – Vgl. Anm. zu S. 123.

Prinz von Hessen-Homburg – Friedrich V. Ludwig von Hessen-Homburg.

Küstrin

Fontane war 1860, 1862 und im Winter 1878/79 in Küstrin (dem heutigen polnischen Kostrzyń). Das Kapitel über die Stadt hat tiefgreifende Wandlungen erfahren, seit es erstmals am 14. Oktober 1860 in Cottas »Morgenblatt für gebildete Leser« und Ende 1861 im ersten Teil der »Wanderungen durch die Mark Brandenburg« (später »Die Grafschaft Ruppin«) erschien (vgl. »Das Oderland«; Band 2 dieser Ausgabe). Die hier mitgeteilten Aufzeichnungen dürften zu den frühesten Niederschriften aus dem Jahre 1860 gehören; sie sind, mit Bleistift geschrieben, im FAP im Notizbuch A 11 erhalten. Die Skizze stellt eine für Fontanes Arbeitsweise charakteristische Vorstufe dar. Ausgearbeitete Passagen wechseln mit bloßen Stichworten ab, und der Vergleich mit der zuerst veröffentlichten Fassung zeigt, wie sich der Autor Stoff und Darstellung erarbeitet hat.

Der vorliegende Text folgt dem Notizbuch A 11, Blatt 35–41 (Rückseite).

141 *Küstrin* – Küstrin wurde 1945 fast völlig zerstört und nach dem Krieg (zum Teil) als neue Stadt (Kostrzyń) wiederaufgebaut. Die Ruinen der ehemaligen Altstadt wurden seit 1970 eingeebnet. Nur von der Festung ist ein erheblicher Teil erhalten geblieben. Auf der nördlichen Bastion (»Königin«) befindet sich ein großes Ehrenmal für gefallene sowjetische Soldaten.

Katt hingerichtet – Das gespannte Verhältnis des Kronprinzen Friedrich zu seinem Vater, Friedrich Wilhelm I., hatte sich 1729/30 so weit zugespitzt, daß der Kronprinz die Flucht nach England vorbereitete. Der Plan wurde jedoch entdeckt, und der König ließ den 1704 geborenen Leutnant Hans Hermann von Katte (die Namensschreibung wechselt zwischen Katt und Katte), den Vertrauten und Freund des Kronprinzen, als abschreckendes Beispiel für künftige Gehorsamsverweigerung in Küstrin enthaupten. Auf Befehl des Königs mußte Friedrich von den Fenstern seines Gefängnisses aus der Hinrichtung am 6. November 1730 zusehen. Vgl. »Das Oderland«, Kap. »Küstrin«, Abschnitt »Die Katte-Tragödie«; Band 2 dieser Ausgabe. Vgl. ferner »Havelland«, Kap. »Wust. Das Geburtsdorf des Hans Hermann von Katte«; Band 3 dieser Ausgabe.

142 *au niveau* – (franz.) waagerecht.

1758 eingeäschert – Im Verlauf des Siebenjährigen Krieges wurde Küstrin im August 1758 von russischen Truppen beschossen und beträchtlich zerstört. Der Wiederaufbau vollzog sich vor allem 1768–1770.

Casinoökonom – Kasinowirt.

143 *Domainenkammer* – Vgl. Anm. zu S. 129.

Meß-room – Offizierskasino.

144 *Gerechtsame* – Rechtliche Ansprüche.

Oberst von Kracht – Hildebrand von Kracht. Vgl. S. 392 dieses Bandes.

5′10″ – Bezeichnet die alten Längenmaße Fuß und Zoll; vgl. S. 392 dieses Bandes.

nach Preußen gebracht – Katte wurde in der Familiengruft in Wust beigesetzt.

Portrait im Charlottenb. Schlosse – Im »Küstrin«-Kapitel (vgl. Band 2 dieser Ausgabe) schreibt Fontane: »Das *erste* Katte-Portrait ist königliches Eigentum und befindet sich zu Schloß Charlottenburg in dem, soviel ich weiß, bis diesen Augenblick unberührt erhaltenen Arbeitscabinette König Friedrich Wilhelms des Vierten. Es hing, als ich es vor einer Reihe von Jahren zum ersten Male sah, über der Eingangstür.« Nach Auskunft von Herrn Professor Helmut Börsch-Supan (Verwaltung der Staatlichen Schlösser und Gärten, Schloß Charlottenburg, Berlin) hing im Arbeitszimmer Friedrich Wilhelms IV. tatsächlich das Porträt eines Kürassieroffiziers, das jedoch um 1770 zu datieren ist und offensichtlich nicht Katte darstellt. Das Bild, 1945 letztmals registriert, scheint verschollen zu sein.

Ziebingen
Die Tieck-Zeit von 1809 bis 19

Am Schluß des »Tamsel«-Kapitels in »Oderland« (vgl. Band 2 dieser Ausgabe) nennt Fontane unter den Schlössern, »die hierlandes den schönen Künsten ihr gastliches Tor öffneten«, auch das heute in Polen gelegene Ziebingen (Cybinka) der ehemaligen Neumark, wo sich Ludwig Tieck zeitweilig aufgehalten hatte. Fontane wird den Ort bei seinen Lokalstudien für den Band »Oderland« kennengelernt haben, die er 1860–1862 mehrfach betrieb und die ihn unter anderem nach Küstrin, Schwedt, Tamsel und Zorndorf führten. Für Ende September 1861 ist ein Ziebingen-Besuch belegt; am Donnerstag, dem 19. September, schrieb der Autor an seinen Verleger Wilhelm Hertz: »Gegen Schluß der nächsten Woche (seit Montag hab ich Urlaub) will ich noch nach Ziebingen, Tamsel und Schwedt.« Die hier vorgelegten Aufzeichnungen über die Tieck-Familie, im FAP im Notizbuch A 12 überliefert, könnten Teil eines ursprünglich für den Band »Oderland« geplanten Ziebingen-Kapitels gewesen sein; in einem Brief vom 22. Februar 1861 an Hertz, der den »ohngefähren Inhalt des zweiten Bandes« skizziert, gibt es immerhin ein Stichwort »Ziebingen (die Burgsdorfs. Tieck)«. Fontane könnte aber auch eine jener »märkischen Biographien« beabsichtigt haben, die er in seinem Schreiben an Hertz vom 19. September 1861 in Aussicht stellte und die er, »ohne Betonung der *Lokalität*«, zu schreiben gedachte.

Der vorliegende, bisher unveröffentlichte Text folgt dem Notizbuch A 12, Blatt 65–85.

145 *Sophie Tieck* – Geboren am 28. Februar 1775. Sie war 1799–1807 mit dem Schriftsteller, Pädagogen und Sprachwissenschaftler August Ferdinand Bernhardi verheiratet.

mutmaßlich 1797 – Die Heirat mit Amalie Alberti fand 1798 statt.

zu Anfang dieses Jahrhunderts – Tieck lebte, mit Unterbrechungen, seit 1802 in Ziebingen.

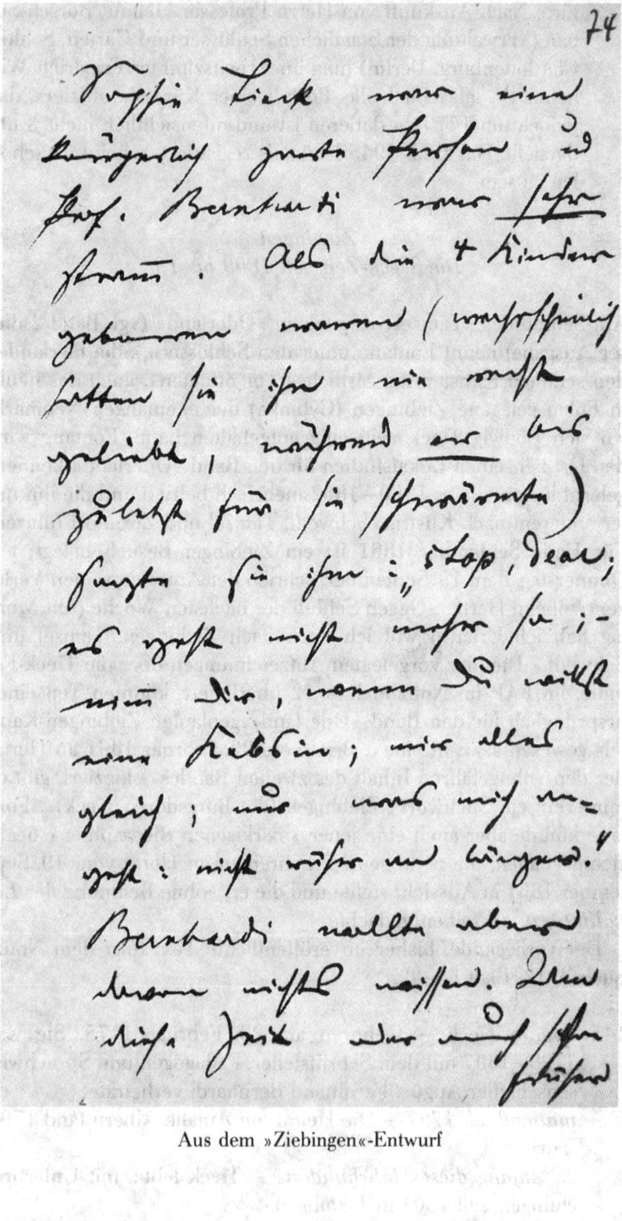

Aus dem »Ziebingen«-Entwurf

145 *Tunnel-Leisewitz* – Ludwig Tiecks Neffe, der Schriftsteller Wilhelm Bernhardi, der im Berliner Literatenverein »Tunnel über der Spree« den Namen Leisewitz führte (nach einem Dramatiker der Sturm-und-Drang-Bewegung).
wie Graf Gleichen – Nach einer später aufgekommenen Sage soll Ernst III. Graf von Gleichen eine Türkin mit nach Thüringen gebracht haben, die ihn aus der Gefangenschaft befreit hatte, in die er 1228 während eines Kreuzzuges geraten war. Er soll mit ihr und seiner Frau in harmonischer Ehe gelebt haben.

146 *Kammergericht* – Vgl. Anm. zu S. 128.
der jüngre – Der 1802 geborene spätere Diplomat und Historiker Theodor von Bernhardi.
Knorring – Sophie Bernhardi heiratete 1810 Johann Ludwig von Knorring aus Estland.

147 *König* – Friedrich Wilhelm III.
Humboldt – Wilhelm von Humboldt war 1801–1808 preußischer Ministerresident in Rom.

148 *Geldfrage ... Gemütlichkeit* – Nach dem Ausspruch des rheinischen Bankiers und Politikers David Hansemann in einer Rede vom 8. Juni 1847: »Bei Geldsachen hört die Gemütlichkeit auf.«
liking – (engl.) Vorliebe.

149 *Agnaten* – Juristische Bezeichnungen für Personen, die von einem gemeinsamen Stammvater in männlicher Linie abstammen.
Knorring starb – 1837.
»Evremont« – Ludwig Tieck gab diesen Roman seiner Schwester 1836 postum heraus.

Wie waren nun eigentlich die Wendenkirchhöfe?

Die Notizen, mit Bleistift geschrieben, wurden wahrscheinlich im Zusammenhang mit dem Aufsatz »Die Wenden in der Mark« gemacht, der im Winter 1863/64 niedergeschrieben, 1867 im »Wochenblatt der Johanniter-Ordens-Ballei Brandenburg« vorabgedruckt wurde und 1873 im Band »Ost-Havelland« erschien (vgl. Band 3 dieser Ausgabe). Die kommentierenden Exzerpte beziehen sich auf Johann Christoph Be(c)kmanns von Fontane vielfach benutzte »Historische Beschreibung der Kur und Mark Brandenburg ..., ergänzet, fortgesetzet und herausgegeben von Bernhard Ludwig Bekmann«, die in zwei Bänden 1751 in Berlin herausgekommen war.

Die Aufzeichnungen, im Märkischen Museum zu Berlin aufbewahrt, werden in der vorliegenden Ausgabe erstmals veröffentlicht.

150 *workmanship* – (engl.) Kunstfertigkeit.

Geschichte der bäuerlichen Rechtsverhältnisse in Mark Brandenburg

Die mit Bleistift geschriebenen Exzerpte aus einer (nicht identifizierten) Schrift von L. Korn bewahrt das Märkische Museum in Berlin auf. Sie werden in der vorliegenden Ausgabe erstmals veröffentlicht. Sie könnten in den Zusammenhang von Fontanes Studien zur »Grafschaft Ruppin« und zu »Oderland« (1863/64) gehören, der Begriff »Gründer« (zu Beginn) deutet aber möglicherweise erst auf die siebziger Jahre.

152 *Bede* – Bestimmte Abgabe, die der Landesherr dafür erhob, daß er die Landesverteidigung übernahm.
Landbuch Karls IV. – Eigentlich Landtafel: Seit 1309 in Böhmen, dem Stammland Kaiser Karls IV., geführtes Verzeichnis der Rittergüter. Nur der Adel und der hohe Klerus sowie später einige privilegierte Stände hatten die Landtafelfähigkeit, das heißt das Recht, die eingetragenen Güter zu erwerben. Die Mark Brandenburg, 1372–1378 im Besitz Karls IV., wurde 1375 in der Landtafel erfaßt.

153 *Quitzow-Zeit* – Die Jahre zu Beginn des 15. Jahrhunderts, als die Quitzows große Teile der Mark Brandenburg terrorisierten, aber ab 1414 vom Nürnberger Burggrafen Friedrich unterworfen wurden. Vgl. »Fünf Schlösser«, Teil »Quitzöwel«; Band 5 dieser Ausgabe.

Heinrich August de la Motte Fouqué

Im November 1863 war der zweite Teil der »Wanderungen«, »Das Oderland«, ausgeliefert worden, und Fontane hatte sich sogleich mit dem dritten Band, »Havelland«, zu beschäftigen begonnen. Im Winter 1863/64 schrieb er die Aufsätze über die Klöster Lehnin und Chorin sowie über die »Zisterzienser in der Mark«. »... diese Arbeiten sind nun beendigt«, teilte er am 3. März 1864 Alexander von Pfuel mit, »und ich habe noch 2 Monate Zeit, eh ich direkt wieder auf die Wanderschaft gehen kann. Bevor nicht die Bäume grün sind, verlohnt es sich nicht. Diese 2 Monate möchte ich nun gern an ein vorgängiges Studium havelländischer Familien resp. havelländischer Familien-*Geschichten* setzen, wo solche überhaupt existieren.« Sein Interesse galt unter anderem auch den Briests und den Fouqués. Er bat Pfuel um Literaturhinweise, »namentlich über Fouqué«; »vielleicht ist es noch alles zerstreut, und ich muß es aus Briefen und Memoiren jener Epoche (etwa von 1810–30) zusammensuchen.« Der Ritterschaftsdirektor Pfuel muß umgehend reagiert haben, denn Fontane schrieb ihm am 16. März: »Von den Büchern, die Sie [...] die Güte haben wollten mir zu leihen, bitte ich nur um 1 und 3, d. h. also um Fouqués Biographie seines Großvaters und seiner selbst. Das französische Werk [vgl. die folgenden Anmerkungen] durchzunehmen würde mich zu viel Zeit kosten; bei der Vielgegliedertheit des Stoffes, den ich in jedem einzelnen Band zu bewältigen habe, muß ich mich vor zu völliger Versenkung in das einzelne (wozu ich eigentlich eine Neigung habe) hüten.«

Ein Jahr später schickte Fontane die erwähnten Bände an Pfuel zurück: Friedrich de la Motte Fouqués »Lebensgeschichte« (1840) sowie die Biographie über seinen Großvater-General (1824). Fontane bemerkte dazu (12. Februar 1865): »Der Aufsatz über den General ist fertig geworden; bei der Biographie des Dichters aber bin ich steckengeblieben, da andre Arbeiten, die Umarbeitung des ersten Bandes meiner ›Wanderungen‹ (inzwischen in 2. Auflage erschienen) und eine längre Reise nach Kopenhagen und Jütland dazwischen kamen.« Die Fahrt nach Dänemark diente Lokalstudien für Fontanes Buch über den »Schleswig-Holsteinschen Krieg im Jahre 1864«, dessen Niederschrift alle »märkischen Arbeiten« zunächst zurückdrängte. Erst im Sommer 1869 nahm der Autor die Vorbereitung von »Havelland« wieder auf, und in einem Gliederungsentwurf im Notizbuch A 15 tauchte auch Fouqué im Zusammenhang mit Nennhausen wieder auf (vgl. Band 3 dieser Ausgabe). Als der Band dann 1873 erschien, enthielt er jedoch nichts über die Fouqués. Friedrich Fontane, der den Aufsatz über Heinrich August de la Motte Fouqué 1932 erstmals publizierte, nahm an, daß der Entwurf von 1864 zum Zeitpunkt der Manuskriptherstellung von »Havelland« verlegt gewesen sein oder daß Fontane mit der Fouqué-Familie Dispositionsprobleme gehabt haben könnte, die nicht zum alteingesessenen märkischen Adel gehörte.

Die von Friedrich Fontane besorgte Veröffentlichung aus dem Nachlaß erschien in der »Märkischen Zeitung«, Beilage »Kunst, Wissenschaft und Technik«, am 14. und 28. Mai sowie am 11. Juni 1932. Friedrich Fontane hat den Text von 1864, der noch nicht druckfertig war, vielfach redigiert. Um den originalen Zustand des Aufsatzes wiederzugeben, geht der Abdruck in der vorliegenden

Ausgabe auf die Handschrift im FAP zurück (Signatur M 1). Über gelegentlich notwendige Rückgriffe auf Friedrich Fontanes Redaktion verweisen die folgenden Anmerkungen.

155 *Dreimaster* – Um 1690 aufgekommene Hutform mit dreiteilig nach oben geklappter Krempe; dominierte bis um 1790 in der zivilen und militärischen Hutmode.

Rheinsberger Tage – Kronprinz Friedrich lebte 1736–1740 in Rheinsberg. Vgl. »Die Grafschaft Ruppin«, Kap. »Rheinsberg«; Band 1 dieser Ausgabe.

»Le Constant« – (franz.) Der Beständige.

156 *Aufhebung des Ediktes von Nantes* – Das 1598 vom französischen König Heinrich IV. erlassene Edikt von Nantes sicherte den Hugenotten freie Religionsausübung zu. Ludwig XIV. hob die Verfügung 1685 wieder auf und löste damit einen Strom von Flüchtlingen (Refugiés) aus, die Frankreich verließen. Viele der ihres kalvinistischen Glaubens wegen vertriebenen Hugenotten ließen sich in Brandenburg, vor allem auch in Berlin, nieder und gründeten dort eigene Wohnkolonien, in denen sie an den kulturellen und religiösen Traditionen ihres Heimatlandes festhielten. An der wirtschaftlichen und geistigen Entwicklung Brandenburg-Preußens hatten die »Koloniefranzosen« wesentlichen Anteil. Auch Fontanes Familie gehörte zur Kolonie.

etwa um 1710 – Es war 1706.

Herzogin von Dessau – Leopold I. von Anhalt-Dessau, genannt der »Alte Dessauer«, hatte 1698 die Dessauer Apothekerstochter Anne Luise Föse geheiratet, die 1701 in den Reichsfürstenstand erhoben worden war.

Seine Biographen – Die Biographie G. A. Büttners, der als Sekretär in Fouqués Diensten gestanden hatte, erschien 1788 in französischer Sprache: »Mémoires du Baron de la Motte Fouqué«; dies ist offenkundig das Werk, das Fontane nicht durchsehen wollte. Ebenfalls 1788 kam in Berlin eine deutsche Ausgabe mit dem Titel »Denkwürdigkeiten aus dem Leben des Königl. Preuß. Generals von der Infanterie Freiherrn de la Motte Fouqué. In welchem zugleich dessen merkwürdiger Briefwechsel mit Friedrich II. enthalten ist« heraus, deren vielfach inkorrekte Ortsnamen Fontane übernahm (zum Beispiel Landshut statt Landeshut). Friedrich de la Motte Fouqués Biographie über den Großvater wurde 1824 in Berlin veröffentlicht.

Schwedenkrieg – In den langwierigen Auseinandersetzungen zwischen Schweden und Brandenburg-Preußen um den Besitz

Pommerns eroberten preußische Truppen 1715 Greifswald, Anklam, Wolgast, Stralsund und Rügen.

157 *Universität ... damals in Blüte* – Die Universität Halle, 1694 eröffnet, entwickelte sich rasch zu einem Zentrum der deutschen Aufklärungsphilosophie.

Jupiter tonans – Der für das Gewitter »zuständige« römische Gott; hier ist im übertragenen Sinne der Feldherr Leopold I. von Anhalt-Dessau gemeint.

Debauchen – Ausschweifungen.

Bayard-Ordens-Idee – Kronprinz Friedrich gründete 1736 in Rheinsberg einen Orden, der nach dem französischen Heerführer Bayard benannt wurde, jenem »Ritter ohne Furcht und Tadel«, der sich Anfang des 16. Jahrhunderts in den Italienkriegen der französischen Könige ausgezeichnet hatte. Dem Orden gehörten zwölf Mitglieder mit eigenem Namen an.

le Chaste – (franz.) der Züchtige, der Ehrbare.

während des Krieges – Gemeint ist der Siebenjährige Krieg 1756–1763.

Tage der Gefangenschaft – 1760. Vgl. die folgende Schilderung.

Hinrichtung Kattes – Vgl. Anm. zu S. 141.

König – Friedrich Wilhelm I.

Geschichte mit dem Lichtausblasen – Viel kolportierte Anekdote, der zufolge Kronprinz Friedrich, nach der Entdeckung seines Fluchtplans unter harten Bedingungen gefangengesetzt, ab neun Uhr im Dunkeln sitzen sollte. Dieser königliche Befehl wurde umgangen, indem die diensthabenden Offiziere eigene Kerzen mitbrachten und diese sogleich nach dem Löschen des Zellenlichts ansteckten.

Preuß – Johann David Erdmann Preuß, »Friedrich der Große. Eine Lebensgeschichte«. Das vierbändige Werk, von Fontane viel benutzt, erschien 1832–1834 in Berlin.

158 *Schlesische Kriege* – Preußen führte sie 1740–1742 und 1744/45 gegen Österreich um den Besitz Schlesiens.

Mollwitz – Vgl. Anm. zu S. 66.

[geschickt mit den neu geschaffenen Verhältnissen auszusöhnen] – Fehlt in der Handschrift; Ergänzung von Friedrich Fontane.

Tag von Prag – Vgl. Anm. zu S. 47.

Schwerin ... mit der Fahne in der Hand – Vgl. Fontanes Gedicht »Schwerin« (1847).

159 *Erstürmung der ... Höhen* – Die österreichischen Stellungen befanden sich auf dem Žižka- und dem Taborberg.

159 *»Histoire de mon temps«* – (franz.) »Geschichte meiner Zeit« (1746).

Katastrophe von Landshut am ... 1760 – Am 23. Juni 1760 wurde bei Landeshut in Schlesien das von Fouqué befehligte preußische Korps von österreichischen Verbänden unter Gideon von Laudon aufgerieben. Die irrtümliche Schreibung Landshut (Stadt in Niederbayern) übernahm Fontane aus seinen historischen Quellen.

161 *Quarré* – Irrtümliche Schreibung für carré: (franz.) Quadrat. Bezeichnet hier eine bestimmte Kampfformation, bei der sich die Soldaten im Viereck aufstellten.

162 *Siehe Archenholtz* – Johann Wilhelm von Archenhol(t)z, »Geschichte des Siebenjährigen Krieges in Deutschland«. Das zweibändige, von Fontane viel benutzte Werk erschien 1793 in Berlin. Auf einem im FAP überlieferten Zettel (Signatur M 2) notierte Fontane: »Archenholtz (meine kleine Ausgabe), 2. Teil, S. 34–36. Kampf und Gefangennahme bei Landshut (1760). Sehr *interessant.*«

163 *Mekka-Balsam* – Seit dem Altertum verbreiteter Balsam, der im arabisch-ägyptischen Raum gewonnen wurde und (da er in Europa nicht gehandelt werden durfte) als besonders kostbares Heil- und Stärkungsmittel galt.

[bei der Kriegskorrespondenz der Fall war] – Fehlt in der Handschrift; Ergänzung Friedrich Fontanes.

Ritter-Kollegium – Die Ritterakademien waren Lehranstalten zur Vorbereitung junger Adliger auf die Offiziers- oder Universitätslaufbahn. Neben den üblichen humanistischen Fächern wurden auch Französisch und Italienisch sowie Reiten, Fechten und Tanzen gelehrt. Die Ritterakademie in Brandenburg bestand 1704–1937.

Manègepferde – Pferde für die Reitbahn.

164 *Kapitulation von Dresden* – Während des Siebenjährigen Krieges verteidigte Karl Christoph Reichsgraf von Schmettau erfolgreich das von preußischen Truppen besetzte Dresden, mußte jedoch am 5. September 1759 kapitulieren, wofür er in Ungnade aus der Armee entlassen wurde.

(ähnlich wie Finck wegen Maxen) – Während des Siebenjährigen Krieges sollte Friedrich August von Finck im November 1759 bei Maxen (südlich von Dresden) den österreichischen Verbänden den Rückzug abschneiden. Finck war zwar mit dem Befehl Friedrichs II. nicht einverstanden, gehorchte aber, wurde von den Österreichern angegriffen und geriet am 21. November mit dem Rest seines Korps in Gefangenschaft. Obwohl der König die Schuld trug, wurde Finck nach Kriegs-

ende zu einjähriger Festungsstrafe verurteilt. Fontanes Quelle war unter anderem Ferdinand Gottschalks Werk »Die Feldzüge Friedrichs des Großen im Siebenjährigen Kriege«, das 1847 in Zerbst erschien.

164 *Minierkrieg* – Krieg, den die Pionierabteilungen durch den Bau von Gräben führen.

165 *Korrespondenz aus diesen zehn Jahren* – Sie war in den »Denkwürdigkeiten ...« von G. A Büttner veröffentlicht worden. Vgl. Anm. zu S. 156.

China – Gemeint ist (das ursprünglich aus China stammende) Porzellan, das Friedrich aus den Manufakturen von Berlin und Meißen zu verschenken pflegte.

167 *Contenance* – (franz.) Beherrschung.

168 *Der Sohn* – Heinrich August Karl Baron de la Motte Fouqué.

169 *Gottschalk* – Vgl. Anm. zu S. 164. Das »Zitat« ist das Fontanesche Resümee einer entsprechenden Passage.

170 *Rancune* – (franz.) Rachsucht.

171 *Méprisez donc tous les traits* ... – (franz.) Verachte die Geschosse, die die Mißgunst abdrückt, dein Leben zu schänden; an deinen Tugenden werden ihre Zähne stumpf werden, sie werden dich vergebens anfallen. – So die Übersetzung in den G. A. Büttnerschen »Denkwürdigkeiten ...«.

Friedrich de la Motte Fouqué

Die Vorarbeiten zu dieser Studie über den Dichter Friedrich de la Motte Fouqué entstanden 1864 im Kontext des Aufsatzes über Heinrich August de la Motte Fouqué (vgl. S. 155 ff. dieses Bandes). Die Entstehungsgeschichte beider Kapitel, die offensichtlich als Einheit konzipiert waren, ist in den Anmerkungen zur Generalsbiographie dargestellt (vgl. S. 656 f. dieses Bandes). Das Konvolut über Friedrich de la Motte Fouqué befindet sich im FAP und enthält, teils mit Bleistift, teils mit Tinte geschrieben, im wesentlichen zwei Arbeitsstufen: die ziemlich sorgfältig ausgearbeitete Biographie Fouqués bis zur Übersiedlung nach Lentzke und eine Fülle von zusammenfassenden und interpretierenden Exzerpten aus Fouqués 1840 veröffentlichter »Lebensgeschichte«, die vielfach mit aufschlußreichen Arbeitsnotizen und Hinweisen auf die darstellerische Verwertbarkeit der Fakten versehen sind.

Der vorliegende, bisher unveröffentlichte Text folgt der Handschrift im FAP (Signatur M 2). Das biographische Fragment läßt mehrfach verschiedene Versionen offen; unser Abdruck gibt in solchen Fällen die vermutlich letzte Version wieder.

172 *im vorigen Kapitel* – Vgl. »Heinrich August de la Motte Fouqué«; S. 155ff. dieses Bandes.
sein Vater – Heinrich August Karl Baron de la Motte Fouqué.
die Mutter – Marie Louise de la Motte Fouqué, geborene von Schlegell.
Seine eignen Aufzeichnungen – Die 1840 in Halle veröffentlichte »Lebensgeschichte des Baron Friedrich de la Motte Fouqué. Aufgezeichnet durch ihn selbst«.

173 *glau* – freundlich.

174 *Roland vor dem Brandenburger Rathause* – Monumentale Sandsteinfigur in Rittertracht (1474) vor dem Backsteinbau des Rathauses (1470–1480). Der heutige Standort wurde erst 1946 gewählt.
Roué – (franz.) Taugenichts, Wüstling.

176 *ein Buch* – Eine Sammlung der altnordischen Sagas. Vgl. S. 180.
Remplaçant – (franz.) Stellvertreter.

177 *»Zauberring«* – Erschien 1813 in drei Bänden.
»Undine« – Erschien zuerst 1811.

179 *apprendre par cœur* – (franz.) auswendiglernen.
angeerbte altfranzösische Festigkeit – Fouqué entstammte einer normannisch-hugenottischen Familie.

180 *»Stillings Jugend«* – »Heinrich Stillings Jugend« (1777), die seinerzeit vielgelesene Autobiographie von Heinrich Jung, genannt Jung-Stilling.
»Ah vous faites ...« – (franz.) Ihr habt einen schönen Abgang, mein Bruder.

181 *reitet nun aus in den Krieg* – Bezieht sich auf Fouqués Teilnahme am Rheinfeldzug 1794. Vgl. Anm. zu S. 137.

182 *Emigré* – (franz.) Emigrant. Bezeichnet vor allem die während der Revolution aus Frankreich geflohenen Adligen.
Refugié – (franz.) Flüchtling. Bezeichnet vor allem die ausgewanderten Hugenotten. Vgl. Anm. zu S. 156.
Kantonnement – Einquartierung von Truppen.

183 *Rütli* – Hier soviel wie: kleine literarische Gesellschaft (in Anlehnung an die Rütli-Vereinigung, der Fontane seit den fünfziger Jahren in Berlin angehört hatte).
furor criticus – (lat.) kritische Begeisterung.
Coppet – Am rechten Ufer des Genfer Sees gelegenes Schloß der Madame de Staël, die dort einen Kreis berühmter Persönlichkeiten um sich scharte.
Tieck-Finckenstein in ... Ziebingen – Vgl. »Ziebingen«; S. 145ff. dieses Bandes.

184 *Rüchel ... Biographie* – »Ernst Friedrich Wilhelm Philipp v. Rüchel, Königl. Preuß. General der Infanterie. Militärische Biographie. Von Friedrich Baron de la Motte Fouqué, Major der Kavallerie a. D. und Ritter.« Das Buch erschien 1828 in Berlin.
Schlacht bei Jena – Vgl. Anm. zu S. 103.
»Sigurd, der Schlangentöter« – Erschien 1808.
(statt Pellegrin) – Unter diesem Pseudonym hatte Fouqué seit 1801 publiziert.
»Thiodolf der Isländer« – »Die Fahrten Thiodulfs des Isländers« erschienen 1815.

185 *der erste Freiwillige* – Für den Befreiungskrieg gegen Napoleon 1813–1815. Vgl. Anm. zu S. 106.
Lützner Schlacht – Bei Großgörschen in der Nähe von Lützen fand am 2. Mai 1813 das erste große Gefecht der Befreiungskriege statt.
Schlachtfeld bei Leipzig – Vgl. Anm. zu S. 47.
Johanniterritter – Angehöriger des Johanniterordens, der aus einem 1113 vom Papst bestätigten geistlichen Ritterorden hervorging, sich vor allem der Krankenbetreuung widmete und feudale Überlieferungen pflegte. 1810 wurde die Ballei Brandenburg des Ordens aufgelöst; an ihre Stelle trat 1812 der Königlich Preußische Johanniterorden, der sich seit 1852 erneut als Ballei Brandenburg bezeichnen durfte, die eingezogenen Güter aber nicht zurückerhielt. Vgl. »Sankt Johannistag in Sonnenburg«; S. 287 ff. dieses Bandes.
»Corona« – Erschien 1814.
»Undine« als Oper – In der Komposition von E.T.A. Hoffmann, 1816 in Berlin mit großem Erfolg uraufgeführt.
Schauspielhaus-Brand – Das von Carl Gotthard Langhans errichtete Schauspielhaus am Berliner Gendarmenmarkt brannte 1817 ab. An seiner Stelle baute Schinkel 1818–1821 das neue Haus (heute als Konzerthaus genutzt).

186 *Lalla-Rookh-Fest* – Bedeutendes künstlerisch-gesellschaftliches Ereignis in Berlin. Zu Ehren des russischen Großfürsten Nikolaus Pawlowitsch (später Zar Nikolaus I.) und seiner Frau wurde am 27. Januar 1821 im Schloß das Festspiel mit Gesang und Maskenzug »Lalla Rûkh« nach der gleichnamigen orientalischen Verserzählung von Thomas Moore aufgeführt. Gasparo Spontini hatte die Musik komponiert, Generalintendant Brühl führte Regie und 164 »Standespersonen« wirkten in verschiedenen Rollen mit.
»Das Fest der weißen Rose« – Zum Geburtstag der Zarin Alexandra Feodorowna (der preußischen Prinzessin Char-

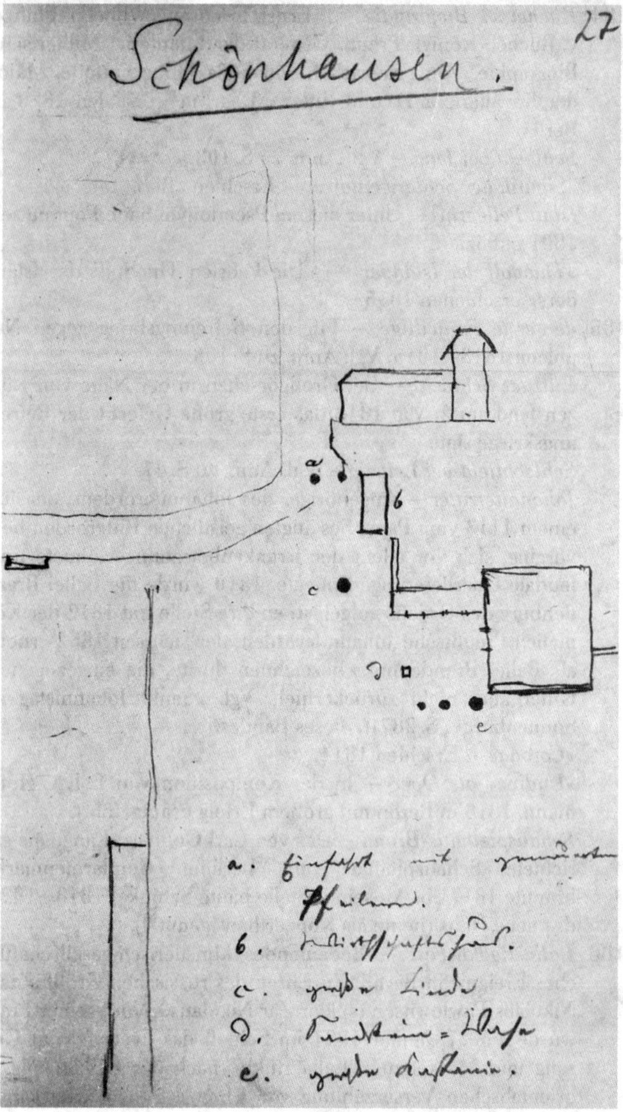

Lageskizze Schönhausen

lotte) veranstaltete Herzog Carl von Mecklenburg am 13. Juli 1829 im Neuen Palais in Potsdam ein Fest, das »Der Zauber der weißen Rose« genannt wurde und zu dem Schinkel die Dekorationen und Ausstattungsstücke schuf.

Schönhausen

Fontane besuchte Schönhausen, den Besitz der altmärkischen Familie Bismarck, auf dem Fürst Otto von Bismarck 1815 geboren wurde, im August 1867, als er sich auch in Scharteuke und Wust aufhielt. Die Aufzeichnungen über Schloß, Kirche und Dorf, die in der vorliegenden Ausgabe erstmals veröffentlicht werden, trug er mit Bleistift in das Notizbuch A 18 ein, wo sie zwischen den Angaben zu Wust und dem Beginn des Tagebuchs der Thüringenreise (Kösen, 18. August 1867) stehen (Blatt 27–42).

188 *Schönhausen* – Das Herrenhaus zu Schönhausen entstand nach 1680 anstelle eines 1672 abgebrannten »Hauptmannshauses«. Es war ein dreigeschossiger Putzbau mit Walmdach und einem Seitenflügel. Die chinesischen Seidentapeten (Fontane schreibt vom »Japanischen Zimmer«) stammten aus dem ehemaligen Auswärtigen Amt in Berlin. Schloß Schönhausen wurde 1945 bei den Kämpfen um den Brückenkopf Tangermünde beschädigt, die Ruine nach 1955 abgerissen.
der Katts – Fontanes Schreibung schwankt: Katt neben Katte. Vgl. Anm. zu S. 141.
Dreißig Jahre früher ... – Fontane bezieht sich vermutlich auf die Schaffung eines einheitlichen brandenburgischen Staates unter dem Großen Kurfürsten Friedrich Wilhelm.

191 *Kirche* – Der spätromanische Backsteinbau wurde 1212 geweiht, und von der mittelalterlichen Ausstattung ist manches erhalten. Die von Fontane erwähnten barocken Ausstattungsstücke sind ebenfalls noch vorhanden.

Potsdam

Bei der Vorbereitung des dritten Bandes der »Wanderungen« war für Potsdam schon früh ein eigenes Kapitel vorgesehen; die Notizbücher aus der Arbeitsphase von 1869/70 weisen entsprechende Dispositionen aus (vgl. die Anmerkungen zu »Havelland«; Band 3 dieser Ausgabe). In A 14 ist unter Nr. 22 für »Potsdam« vorgesehen: »a. Sanssouci / b. Das Schloß / c. Die Garnisonkirche / d. Die

Schwäne in der Havel / e. Das Tabaks-Kollegium / f. Die Pfauen-Insel / g. Charlottenhof und die Friedenskirche.« A 15 verzeichnet unter Nr. 18 folgende Abschnitte für »Potsdam«, wobei die die Reihenfolge verändernden kleinen Buchstaben von Fontane nachträglich mit Bleistift dazugeschrieben wurden: »a. Das Tabaks-Kollegium / b. Ein Zimmer im Stadtschloß (Fr. W. I.) / e. Die Garnisonkirche und Gruft / c. Sanssouci / d. Lord Mareschals Haus / f. Das Marmor-Palais / g. Die Pfauen-Insel. Die Havel-Schwäne / h. Charlottenhof / i. Die Friedenskirche.« Als das Buch jedoch, als Teilband konzipiert, im Oktober 1872 mit dem Titel »Ost-Havelland. Die Landschaft um Spandau, Potsdam, Brandenburg« erschien, fehlten die geplanten Passagen über Potsdam, die auch bei der zweiten, umgestalteten Ausgabe von »Havelland« (1880) nicht nachgeliefert wurden.

Der Ansatz eines Potsdam-Kapitels (2 Seiten folio), offenbar aus der Zeit von 1869/70, blieb erhalten; das eigenhändige Manuskript wurde bei der Auktion der Firma Stargardt vom 4./5. Oktober 1989 versteigert. Für die vorliegende Ausgabe standen nur die Auszüge zur Verfügung, die im Stargardt-Katalog Nr. 645 (1989), S. 39, abgedruckt wurden.

Vgl. auch die Texte »[Potsdam]« und »Potsdam. Garnisonkirche«; S. 193 und S. 194f. dieses Bandes.

[Potsdam]

Für das geplante, aber nicht ausgeführte Potsdam-Kapitel im Band »Havelland« (vgl. die Vorbemerkung zu »Potsdam«; S. 665f. dieses Bandes) sind, offenbar aus den Jahren 1869/70, einige wenige bibliographische Vorarbeiten im Märkischen Museum zu Berlin erhalten. Die Aufzeichnungen, die im vorliegenden Band erstmals veröffentlicht werden, sind mit Tinte und Blaustift gemacht und bestehen zum Teil aus ausgeschnittenen und aufgeklebten Seitenteilen. Fontane hat auf eine Banderole aus Zeitungspapier einen Zettel mit folgenden Stichworten aufgeklebt:

Potsdam
Sanssouci
Stadtschloß
Garnisonkirche.

193 *Potsdamer Stadtschloß* – Es wurde an Stelle einer mittelalterlichen Burganlage 1664–1670 gebaut und später mehrfach umgestaltet; es diente zeitweilig als Winterresidenz der preußi-

schen Könige. Das Schloß brannte im April 1945 nach einem Bombenangriff aus, die Ruine wurde 1960/61 beseitigt. Lediglich der ehemalige Marstall (1685) ist erhalten; er wurde 1977–1979 restauriert und beherbergt das Filmmuseum.

193 *»Mitteilungen«* – Es handelt sich um die »Mitteilungen des Vereins für die Geschichte Potsdams«. Fontane hat mehrere Teile der »Mitteilungen« in der »Neuen Preußischen (Kreuz-) Zeitung« angezeigt und dabei seine Sympathie für die Tätigkeit des von Louis Schneider 1862 gegründeten Vereins bekundet. Vgl. Band 7 dieser Ausgabe.

»Potsdamsche Quintessenz« – Eine 1740/41 in Potsdam erschienene Zeitung.

Schneiders Aufsatz – »Das Bibliothekzimmer in Sanssouci« von Louis Schneider in Teil III der »Mitteilungen«.

Garnisonkirche – Die Hof- und Garnisonkirche »Zum Heiligen Kreuz«, 1731–1735 gebaut und mit einem holländischen Glockenspiel ausgerüstet, brannte im April 1945 nach einem Bombenangriff aus; die Ruine wurde 1968 beseitigt. Im April 1991 wurde an der Potsdamer Dortu- / Ecke Yorckstraße, in unmittelbarer Nähe des ehemaligen Kirchenstandortes, ein Glockenturm mit in Holland gegossenen Nachbildungen des einstigen Glockenspiels eingeweiht, das die Melodien »Üb immer Treu und Redlichkeit« und »Lobe den Herrn« erklingen läßt. Vgl. Fontanes Aufzeichnungen »Potsdam. Garnisonkirche«; S. 194f. dieses Bandes.

Potsdam. Garnisonkirche

Der Garnisonkirche wollte Fontane innerhalb eines geplanten, aber nicht ausgeführten Potsdam-Kapitels im Band »Havelland« einen eigenen Abschnitt widmen (vgl. die Vorbemerkung zu »Potsdam«; S. 665f. dieses Bandes). Die Vorarbeiten fielen hauptsächlich in die Monate von 1869/70. Vermutlich aus dieser Zeit stammen auch die mit Tinte geschriebenen Notizen, die im Notizbuch A 11 im FAP erhalten sind.

Die vorliegenden, bisher unveröffentlichten Aufzeichnungen folgen dem Notizbuch A 11, Blatt 58–61.

194 *Fachwerkkirche* – Sie war 1722 vollendet worden, wurde aber wenig später durch die Garnisonkirche ersetzt.

Belamites (??) – Fontane bezieht sich auf das 1727 erschienene Gedicht »Das itzt-blühende Potsdam« von Bellamintes (d. i. Georg Belitz).

194 *neue Kirche* – Garnisonkirche. Vgl. Anm. zu S. 193.
Monarch – Friedrich Wilhelm I.
Gruft – Die Sarkophage Friedrich Wilhelms I. und Friedrichs II. (einst »Königliches Monument« vor der Turmwand) waren noch vor 1945 auf Burg Hohenzollern in Württemberg gebracht worden. Sie wurden im August 1991 nach Potsdam zurückgeführt. Friedrich II. fand, seiner vom Nachfolger mißachteten testamentarischen Bestimmung gemäß, seine letzte Ruhestätte bei Schloß Sanssouci.
Lamberquins – lambrequin: (franz.) Helmdecke.
»en philosophe« – (franz.) als Philosoph. – Friedrich II. pflegte sich als »Philosoph von Sansscouci« zu bezeichnen.
195 *Austerlitz* – Bei dieser in Südmähren gelegenen Stadt schlug Napoleon am 2. Dezember 1805 die verbündete österreichisch-russische Armee unter Franz II. und dem Zaren Alexander I. (»Dreikaiserschlacht«).
nach dem 24. Oktober 1806 – Nach der vernichtenden Niederlage Preußens bei Jena und Auerstedt am 14. Oktober 1806.
»Sic transit ...« – (lat.) So vergeht der Ruhm der Welt. – Alte Formel beim Zeremoniell der Papstkrönung.

Pichelsdorf

Bei der Vorbereitung des dritten Bandes der »Wanderungen« war für Pichelsdorf ein eigenes Kapitel vorgesehen; die Notizbücher A 14 und A 15 aus der Arbeitsphase 1869/70 weisen entsprechende Dispositionen aus (vgl. die Anmerkungen zum Band »Havelland«; Band 3 dieser Ausgabe). Der Aufsatz ist jedoch nicht ausgearbeitet worden, obwohl Fontane einen ersten, thematisch aufschlußreichen Ansatz niedergeschrieben hat. Diese Aufzeichnungen, wahrscheinlich um 1869/70 entstanden, haben sich im Märkischen Museum zu Berlin erhalten und werden in der vorliegenden Ausgabe erstmals veröffentlicht. Das Konvolut besteht aus der sehr flüchtigen Blaustift-Skizze »Pichelsdorf«, den mit Tinte geschriebenen Strophen, über die die beiden Verse »Wenn Hausherr ...« (mit Blaustift von anderer Hand) geklebt sind, und dem Rest einer Zeitungsbanderole (13. Februar 1870) mit einem aufgeklebten Zettel und der Aufschrift »Pichelsdorf« (darunter ist gestrichen: »Groß-Glienicke«).

196 *Pichelsdorf* – Beliebter Ausflugsort im Westen Berlins mit der Halbinsel Pichelswerder und dem Pichelsberg.

196 *Kaffe* – So stets in Fontanes Handschriften, der in Berlin üblichen Aussprache folgend.
Palazzo Strousberg – Das Palais von Bethel Henry Strousberg, der seit 1863 als spekulierender Eisenbahnbauunternehmer ein riesiges Vermögen erworben hatte, befand sich in der alten Berliner Wilhelmstraße.
Grooms – (engl.) Diener.
197 *Verte* – (lat.) Wende (das Blatt).

Bischof Roß

Die Aufzeichnungen sind, nach Fontanes eigner Angabe (vgl. S. 204), 1873 entstanden und sollten im Band »Oderland« zum Abschnitt »Falkenberg« im »Freienwalde«-Kapitel gestellt werden (vgl. S. 205). Sie blieben indes liegen und wurden offensichtlich auch für das Projekt »Geschichten aus Mark Brandenburg« (vgl. Band 7 dieser Ausgabe) nicht in Erwägung gezogen (diese Zuordnung nahm nur Joachim Schobeß im Bestandsverzeichnis der Handschriften im FAP, Potsdam 1962, S. 110, vor). Walter Keitel hat die Notizen 1968 im Band 3 der von ihm herausgegebenen Abteilung »Wanderungen durch die Mark Brandenburg« innerhalb der Fontane-Ausgabe des Münchener Carl Hanser Verlages erstmals aus dem Nachlaß im FAP veröffentlicht.

Der vorliegende Text folgt der Originalhandschrift, die im FAP in einer Mappe aufbewahrt wird, die Fontane mit der Aufschrift »Wanderungen« versehen hat (Signatur L 28).

198 *Familie der Grafen von Roß* – Nach den Ermittlungen von Jutta Neuendorff-Fürstenau (im obengenannten Band 3 der Hanser-Ausgabe) ist die Herkunft der Roß-Familie nicht sicher aufzuklären: »Fest steht, daß der Bischof Wilhelm Johannes Gottfried Roß, geb. Isselburg 7. 7. 1772, gest. Berlin 26. 10. 1854, und der ›bekannte, resp. berüchtigte‹ Graf Johannes Roß (1778–1848) Vettern zweiten Grades waren. Ihr gemeinsamer Großvater war der Pfarrer Wilhelm Roß, geb. Duisburg 1696, gest. Wesel 1768. [...] Auffällig ist, daß sowohl der Kunstmaler Johannes Roß in den Grafenstand erhoben wurde (1816), wie daß dem Bischof Wilhelm Roß die Zugehörigkeit zum schottischen Uradel bescheinigt und sein Grafenstand anerkannt wurde (1838), wovon er jedoch selbst keinen Gebrauch gemacht hat.« – Auch die folgenden Anmerkungen stützen sich teilweise auf den Kommentar von Jutta Neuendorff-Fürstenau.

198 *Carrière* – (franz.) erfolgreiche (politische) Laufbahn.
ging in die Quist – Im Berliner Sprachgebrauch: ging verloren.
Popograph – Kleinkram-Maler.
im Schindlerschen Waisenhaus – Severin Schindler (1671–1737) hatte in Schöneiche bei Berlin ein nach ihm benanntes Waisenhaus gegründet, das 1812 nach Berlin verlegt wurde (Friedrichsgracht Nr. 57). Es wurde vom jeweiligen Propst der Nikolaikirche und drei Kuratoren verwaltet.
»Union« – Wahrscheinlich ist die Unierte Evangelische Kirche gemeint, zu der Friedrich Wilhelm III. am 27. September 1817 Lutheraner und Reformierte in Preußen aufgerufen hatte.
persona gratissima – (lat.) höchst angesehene Persönlichkeit.
Fr. W. III. – König Friedrich Wilhelm III.
Kronprinz – Der spätere Friedrich Wilhelm IV.
der alte Prinz Wilhelm – Friedrich Wilhelm Karl von Preußen.

199 *Hengstenberg ... Stahl* – Beide wirkten als Professoren an der Berliner Universität, der Theologe Ernst Wilhelm Hengstenberg als Verfechter einer neulutherischen Orthodoxie, der Jurist Friedrich Julius Stahl als Theoretiker einer christlich-konservativen Staatslehre.

200 *Prinz von Preußen* – Der »Kartätschenprinz« Wilhelm, der spätere König und Kaiser.
Insult – Beschimpfung, Belästigung.
Major Wenzel – Fontane ist hier offensichtlich eine Verwechslung unterlaufen. Gemeint ist nicht der 1868 im Rang eines preußischen Generalleutnants gestorbene Carl Wilhelm Leopold Alexander von Wentzel (Kommandeur des 37. Infanterie-Regiments), sondern der preußische Oberst Gustav Wentzel (gestorben 1854).
Frl. v. R. – Fräulein von Rohr. Vgl. das Kapitel über sie; S. 106 ff. dieses Bandes.
simplig – einfältig.
Spichern – Zu Beginn des Deutsch-Französischen Krieges versuchten deutsche Verbände am 6. August 1870 unter hohen Verlusten die von den Franzosen gut befestigten Spicherer Höhen zu stürmen.

201 *Etwa 1854* – Das Gastspiel fand 1852 statt.
»Der Sohn der Wildnis« – Rührseliges Schauspiel (1842) des österreichischen Dramatikers Friedrich Halm.

202 *Bedburg* – Verwechslung Fontanes; gemeint ist Budberg bei Rheinberg.

202 *Franzosenzeit* – Vgl. Anm. zu S. 106.
Subhastation – Versteigerung.
Loë und ... – Loë und Pottdeckel.
Spiegel vom Desenberg – Freiherr Joseph Anton Graf Spiegel zum Desenberg und Canstein war 1824–1835 Erzbischof von Köln.

203 *Nathan-Figur* – Fontane hat seine skeptische Haltung gegenüber dem Toleranzgedanken von Lessings »Nathan dem Weisen« in einem Brief an seine Frau vom 12. August 1883 formuliert: »Das Unheil, das Lessing mit seiner Geschichte von den drei Ringen angerichtet hat, um nur *einen* Punkt herauszugreifen, ist kolossal. Das ›seid umschlungen, Millionen‹ ist ein Unsinn. Hoheitsaufgaben, die noch nicht gelöst werden können, verwirren die Menschen nur. Ganz, ganz allgemein aufgestellt, sind unerfüllbare Sätze wie ›liebet eure Feinde‹ groß und segensreich. Denn der einzelne kann sich daran in den Himmel hineinstrampeln. Und ich bewundre es dann. Aber sowie das praktische Leben für den Alltagsgebrauch danach eingerichtet werden soll, geraten wir in die Nesseln und schreien au.«
resolviert – entschlossen.

204 *verposamentieren* – verbrauchen, durchbringen.
Wadzecks-Anstalt – 1819 von dem Berliner Professor Wadzeck gestiftetes Pflege- und Erziehungsheim für Waisenkinder. Bischof Roß wurde 1833 Vorsteher der Anstalt, die unter dem Patronat der Kronprinzessin stand. In der Anstalt fand auch die Totenfeier für Roß statt.
Poteckel – Pottdeckel.
Hahn in der »Voss. Ztg.« 1856 – Nicht nachweisbar.

205 *»† Ztng.«* – »Neue Preußische (Kreuz-)Zeitung«.
1855 oder 56 völlig unten durch – Roß war bereits 1854 gestorben.
Ministerium – Im Kabinett des Ministerpräsidenten Manteuffel waren Westphalen Innen- und Raumer Kultusminister.
Gerlach – Leopold von Gerlach war der einflußreiche Führer der ultrakonservativen Hofkamarilla.
Sydow – Adolf Sydow, ein überaus populärer Theologe, war seit 1846 Prediger an der Neuen Kirche (dem »Deutschen Dom«) am Berliner Gendarmenmarkt.

206 *Büchsel* – Über Karl Büchsel, Generalsuperintendent und Autor der »Erinnerungen eines Landgeistlichen« (1865), bemerkte Fontane in seiner Autobiographie »Von Zwanzig bis Dreißig«: »Sein Kopf war wie der eines märkischen Schäferhundes oder noch richtiger einer Mischung von Neufundlän-

der und Fuchs. Der Fuchs wog aber sehr vor, wodurch, ich kann nicht sagen die Verehrung, aber doch das Interesse für ihn gewann. Er war die personifizierte norddeutsche Lebensklugheit, mit einem starken Stich ins Schlaue.«

bon sens – (franz.) gesunder Menschenverstand, Mutterwitz.

Tasdorf. Minister v. Meinders

Als Fontane im Januar 1879 neue, veränderte Auflagen von »Oderland« und »Havelland« vorzubereiten und den vierten Band der »Wanderungen«, »Spreeland«, zu konzipieren begann, entstand auch die Absicht, einen Aufsatz über Franz von Meinders zu schreiben, den von Geburt bürgerlichen Minister und Diplomaten des Großen Kurfürsten. Fontane wandte sich am 26. Januar 1879 an Friedrich Wilhelm Holtze mit der Bitte, ihm Literatur über Meinders zu beschaffen: »*Vehse, Pöllnitz, Cosmar* etc., sie alle enthalten nur Notizen; ich muß aber doch schließlich, der Aufsatz werde nun fett oder mager, doch wenigstens meinem Leser sagen können: besagter *Meinders* wurde dann und dann geboren und starb dann und dann. Kurzum, ich muß eine Art Brockhaus-Biographie von ihm haben, 20 Zeilen lang, das Gerippe des Mannes oder, da dies ängstlich klingt, seines Lebens. Bitte, wo nehm ich das her?« Holtze stellte sogleich das Buch »Das zweihundertjährige Bestehen des preußischen Staatsrats« von Christian August Ludwig Klaproth und C. W. Cosmar (Berlin 1805) zur Verfügung, und Fontane schrieb bekenntnisreich am 28. Januar an Holtze: »Ich weiß nun, wann er [Meinders] geboren wurde und wann er starb; freilich auch kaum mehr. Dürftig ist doch diese ganze Literatur und dabei so wenig Hoffnung da, sie je in ›frische grüne Weide‹ umgewandelt zu sehen. In jedem Wälzer steht immer dasselbe; Pöllnitz schreibt vier oder sechs Zeilen, und nun kehren in allen nachfolgenden Büchern, in Preuß, in Förster, in Vehse, in Berghaus, in Fidicin, in Fontane, immer dieselben 4 Zeilen wieder. Und dabei kann man nicht mal von Faulheit, Bequemlichkeit und bloßer Abschreibewut sprechen, nein, es ist einfach weiter nichts da. Bleiben dann noch die Archive; aber was diesen entnommen zu werden pflegt – natürlich statuiere ich Ausnahmen – ist von einer tödlichen Langenweile. Es fehlen uns durchaus die Leute, die voll Geist, Kombinations- und Gestaltungsvermögen aus einer Kralle oder einem Wirbelknochen ein ganzes lebendiges Wesen aufzubauen verstehn.«

Auf einem besonderen Blatt notierte Fontane, was er in Vehses »Geschichte der deutschen Höfe seit der Reformation« über die Besitzverhältnisse von Meinders gefunden hatte (1. Parkgarten in der

Stralauer Vorstadt; 2. Meierei und Garten Meinardshausen in der Friedrichstadt; 3. Haus in der Königsstraße, das später Grumbkow besaß). Fontane fuhr fort: »Könnten Sie, hochgeehrter Herr Professor, dies in einer Sitzung des Berl. Geschichtsvereins vielleicht zur Sprache und Punkt 1 u. 2 zu näherer Feststellung bringen. Zu meiner Beschämung gesteh ich, daß ich auch das Grumbkowsche Haus nicht kenne. Ist es die Post? oder das Haus daneben, in dem früher die Courtinsche Konditorei war? / Ferner: Wo ist Meinders begraben? Vielleicht in der Nikolaikirche. / Was die ›Gärten‹ angeht, so entsinn ich mich, vor 15 oder 16 Jahr[en], als ich das Wandern anfing, alte Bücher in blauen Pappdeckeln vom Ordensrat Koenig (Titel des Buchs vergessen) in Händen gehabt [zu] haben, die von diesen Gärten mancherlei erzählten.« Fontanes Fragen wurden in der Rubrik »Briefkasten« einer (nicht identifizierten) Zeitschrift veröffentlicht und in der folgenden Nummer unter der Überschrift »Anfragen in betreff des Staatsministers Franz v. Meinders«, gezeichnet »D.«, beantwortet. Fontane hat beide Texte ausgeschnitten und auf einem besonderen Blatt mit der Überschrift »Meinders-Lokalitäten« aufgeklebt:

Briefkasten

Anfragen in betreff des Staatsministers Franz v. Meinders

1. *Meinders* besaß einen Garten in der Stralauer Vorstadt. Wo?

2. *Meinders* besaß »die Meierei und den Garten Meinardshausen« (vielleicht Meindershausen) in der Friedrichsstadt. Wo?

3. *Meinders* besaß das spätere Grumbkowsche Haus zwischen der Heiligengeist- und Spandauer Straße. Welches ist es?

4. Er besaß *Tasdorf.* Ist über seinen Aufenthalt daselbst das eine oder andere bekannt?

5. Wo wurde *Meinders* begraben? Existiert ein Denk- oder Grabmal?

Antwort

1. 1683 legten Raulé und nach ihm *Meinders* in der Holzmarktstraße große Gärten an. Der Meinderssche lag auf dem Terrain, das jetzt von den Häusern der Raupachstraße eingenommen wird, beim Wallnertheater, und reichte bis zur Marcusstraße, wo sich ein Lusthaus befand. Nach Meinders' 1695 erfolgtem Tode bekam sein Schwiegersohn den Garten, der Schweizeroberst du Rosee [!], später kam der Garten an den Generalfiskal Gerbet, dann schuldenhalber an den Juden Abraham Meyer Jacob, der ihn »ausschlachtete« und in 4 Gärten an Just, Sprögel, Zietemann und Boucher verkaufte.

2. *Lindenstraße* bei der Kommandantenstraße. Beim Eingang dieser Straße lagen 2 Schützenplätze, weiter hinaus *Meindershau-*

sen, ein Garten und Meierei. Der Staatsminister hatte beides angelegt. Nach dem Absterben seiner Söhne fiel es 1699 an den Kurfürsten, welcher die Meierei verpachten, das Haus und den Garten aber für sich einrichten ließ und es später dem Staatsminister von Prinzen zum Nießbrauche verlieh.

3. lag zwischen Papen- und Heidereuterstraße in der Spandauer Straße. Ob es Grumbkow besessen hat, weiß ich nicht. Dasselbe baute Kurfürst Joachim II., und Kurfürst Johann Georg schenkte es 1578 der Frau von Kohl. Von dieser kam es durch Kauf 1610 an den Geheimrat von Dieskau, 1615 an Striepe, dann an Tornow und nun an *Meinders*, der es 1683 an den Staatsminister von Rheez verkaufte.

4. und 5. beantwortet Berghaus, »Landbuch der Mark Brandenburg«, oder Pöllnitz, »Memoiren«, deren Verfasser bekanntlich verwandt mit Meinders war.

Weitere Recherchen verliefen offenbar ergebnislos. Fontane teilte am 8. Juni 1879 seiner Frau mit, daß er andern Tags mit seinen »Vaterländischen Reiterbildern« fertig werde (vgl. S. 415ff. dieses Bandes): »Ich beginne dann gleich mit meinen für Band II [»Oderland«] noch zu schreibenden Kapiteln. Es wird weniger, als ich ursprünglich vorhatte; Tasdorf und den Minister v. Meinders – Seitenstücke zu Malchow und dem Minister v. Fuchs – will ich nämlich fallenlassen, da es mir nicht geglückt ist, über *Meinders* Nennenswertes zu erfahren. Wollt ich nun 3 Reisen machen, 6 Kirchen absuchen und 12 Bücher durchlesen, wo würd ich vielleicht einen einigermaßen ausreichenden Stoff finden, aber auf derartig unfruchtbare Arbeiten laß ich mich nicht mehr ein.«

Die Vorarbeiten zu dem für »Oderland« geplanten Aufsatz über Meinders und Tasdorf aus der ersten Hälfte des Jahres 1879 sind im Märkischen Museum zu Berlin erhalten. Sie liegen in einem Umschlag, auf dem Fontane vermerkt hat:

»Enthält:
Tasdorf
Franz v. Meinders
Vehse über Adel und Bürgerstand (als Appendix zu diesem Kapitel)

Da sich von Meinders biographisch nicht recht was finden läßt, am besten bloß eine lange Anmerkung zu Fuchs machen.« [Über Paul von Fuchs hatte Fontane in dem im Januar 1879 veröffentlichten Feuilleton »Malchow. Eine Weihnachtswanderung« geschrieben; vgl. »Spreeland«; Band 4 dieser Ausgabe.]

Das Konvolut, überwiegend mit Tinte geschrieben, nachträglich mit Blaustift ergänzt und insgesamt charakteristisch für Fontanes Arbeitsweise, weist zahlreiche Ansätze zur Erfassung und Bündelung des Stoffes auf. Es enthält kommentierende und zusammenfassende Exzerpte aus den Büchern von Vehse, Poellnitz und Klaproth.

Der vorliegende, bisher unveröffentlichte Text folgt den handschriftlichen Aufzeichnungen im Märkischen Museum; einige wenige unzusammenhängende Notizen wurden nicht berücksichtigt. Die Überschrift »Tasdorf. Minister v. Meinders« ist einer Umschlagnotiz entnommen.

207 *Krieg von 1672* – Vgl. Anm. zu S. 38.
Paul v. Fuchs – Vgl. »Spreeland«, Kap. »Malchow. Eine Weihnachtswanderung«; Band 4 dieser Ausgabe. Vgl. ferner Fontanes Rezension über die Fuchs-Biographie von F. von Salpius (»Zur brandenburgisch-preußischen Spezialgeschichte«); Band 7 dieser Ausgabe.
Vehse – Karl Eduard Vehse, »Geschichte der deutschen Höfe seit der Reformation« (Abt. 1: Preußen. Teil 1–6). Das von Fontane häufig benutzte Werk erschien 1851–1860 in Hamburg.
Frieden von Vossem – In Vossem, östlich von Brüssel, wurde am 16. Juni 1673 ein Sonderfrieden zwischen Kurfürst Friedrich Wilhelm und König Ludwig XIV. von Frankreich abgeschlossen.
Poellnitz – Vgl. Anm. zu S. 135.
Mastricht – Bezieht sich vermutlich auf die Eroberung von Maastricht durch die Franzosen 1673.

208 *St.-Germain-en-Laye* – Dort wurde, nach Beendigung des Holländischen Krieges, am 29. Juni 1679 der Friede zwischen Kurfürst Friedrich Wilhelm und König Ludwig XIV. von Frankreich geschlossen.

209 *Sophie Charlotte* – Sie heiratete 1684 den brandenburgischen Kurprinzen, den späteren König Friedrich I. von Preußen.

210 *Nimwegen* – Dort wurden 1678/79 die Friedensverträge zwischen Frankreich und den Niederlanden, Spanien, dem Deutschen Reich und Schweden geschlossen.

211 *Filial* – Vgl. Anm. zu S. 71.
Fortsetzung der Kalklager – Tasdorf liegt in unmittelbarer Nähe von Rüdersdorf (östlich von Berlin), wo vom 13. Jahrhundert bis zur Gegenwart Kalkstein gebrochen wird.

212 *Zollverein* – 1834 gegründete wirtschaftspolitische Vereini-

gung von 18 deutschen Staaten, die die Binnenzölle beseitigte und die Grenzzölle regelte. Der preußische Finanzminister Friedrich von Motz war wesentlich an der Vorbereitung des Abkommens beteiligt.

212 *fables convenues* – (franz.) Etwa: unablässig wiederholte Behauptungen.

213 *facts and figures* – (engl.) Tatsachen und Gestalten.

Segeletz. Geh.R. Wagener

In einem Brief vom 3. September 1889 an den preußischen Justizminister Heinrich von Friedberg, in dem Fontane auf den 1720 in Berlin hingerichteten ungarischen Abenteurer Clement einging, bekannte er: »Wäre ich 50 statt beinahe 70, so würde es mich locken, einen Aufsatz zu schreiben: ›Politisches Hochstaplertum in Preußen‹, ein Aufsatz, der, glaub ich, zeitgemäß sein würde; denn auch jetzt wieder treibt dies Hochstaplertum sein Wesen. Ich würde mich aber mehr historisch dabei verhalten und der Welt zu zeigen suchen, von welchen unglaublichen Existenzen die Politik zeitweilig gemacht oder doch wenigstens stark beeinflußt worden ist, selbst bei *uns* und nun gar erst an den kleinen Höfen. Ich nenne alle diejenigen Personen ›Hochstapler‹, die, ohne amtlichen Beruf zur Politikmacherei, dennoch Politikmacherei betreiben, aber nicht einer Idee, sondern nur ihrer Person und ihrem äußerlichsten Vorteil zuliebe. Es ist erquicklich, daß solche Figuren unter Fried. Wilh. III. gar nicht und unter Kaiser Wilhelm I. nur selten und immer nur unter halbamtlicher Deckung auftauchen konnten. Unter Fr. W. II. und IV. standen sie in Blüte. Natürlich untereinander, dem Grade nach, sehr verschieden. Streber (Estrebér) tunnelischen Andenkens, Dr. Widmann, Julius Faucher, die Bauers – namentlich *Edgar* Bauer –, der Kreuzzeitungs-Wagener (für den ich übrigens persönlich ein Tendre hatte) und namentlich etliche Wagenersche Kreaturen – waren alle Hochstapler. Sie schlugen den Esel (ihre sogenannte Idee) und meinten den Sack, den Geldsack. Ich glaube, ein lohnendes Thema.«

Diese Überlegungen fielen in eine Zeit, als Fontane an eine neue, erweiterte Ausgabe der »Grafschaft Ruppin« dachte, nach der er sich bereits am 26. Dezember 1888 bei seinem Verleger Wilhelm Hertz erkundigt hatte. Zwar wird in der Korrespondenz mit Hertz ein Artikel über den »Kreuzzeitungs-Wagener« nicht ausdrücklich erwähnt, aber offenbar rückte der Stoff wieder ins Blickfeld, als Fontane Anfang 1892 die fünfte Auflage von »Grafschaft Ruppin« ernsthaft vorzubereiten begann. Denn im Vorwort zu dieser »wohlfeilen Ausgabe«, datiert vom 9. März 1892, schrieb der Autor: »Ein weiterer Aufsatz, den ich mit Rücksicht auf die hervorragende Bedeutung des darin zu Schildernden: Geheimerat Hermann Wagener (›Kreuzzeitungs-Wagener‹, geboren am 8. März 1815 im Pfarrhaus zu Segeletz), diesem ersten Bande gerne noch hinzugefügt hätte, mußte mit Rücksicht auf den ohnehin überschrittenen Raum zurückgestellt werden. Vielleicht daß sich später, wenn auch von andrer Hand, eine Einreihung ermöglicht.« Am Vortag hatte Fontane seinem Verleger mit Bezug auf diese Stelle gestanden: »Ich habe den Schluß nur so hingequasselt, um doch *was* zu sagen. Es ist sonst so sehr kurz.«

Vermutlich sind die vorbereitenden Notizen über »Segeletz. Geh.R. Wagener« im Winter 1891/92 entstanden, dann aber liegengeblieben. Fontane hat sie wahrscheinlich wieder benutzt, als er seine Autobiographie »Von Zwanzig bis Dreißig« niederschrieb, in der er im Kapitel über »George Hesekiel« Wagener als Initiator der »politischen Ressourcen« in der »Kreuzzeitungs«-Redaktion schilderte.

Die Aufzeichnungen über Wagener wurden zuerst in der »Deutschen Rundschau« im Juli 1922 (Band 192) publiziert, freilich mit veränderter Überschrift, in falscher Reihenfolge der Teile und mit überaus zahlreichen fehlerhaften Lesungen und Auslassungen schwer zu entziffernder Partien; in dieser Version übernahm sie die Hanser-Ausgabe.

Bereits in dem 1873 angelegten Konvolut »Die Dörfer im Ruppinschen« (vgl. S. 604 ff. dieses Bandes) finden sich unter dem Stichwort »Segeletz« Aufzeichnungen zu Wagener. Auf dem Umschlag ist folgendes notiert: (»Siehe die Innenseite, die die nötigen Notizen und Ludchens [Ludovica Hesekiels] Zettel enthält.) / Siehe Brockhaus Convers. Lexikon. / An Frl. v. Rohr schreiben, damit der Bruder auf dem Voßchen Gut Auskunft gibt.« Auf einem besonderen Blatt finden sich folgende Angaben: »Friedrich Wilhelm Hermann *Wagener*, geb. zu Segeletz am 26. März (Brockhaus schreibt am 8. März) 1815. Sein Vater war Prediger daselbst. Er war der ... von fünf Brüdern. Der älteste verstarb als Superintendent in Ziebingen, der zweite als Landesökonomierat in ... Der dritte war *unser* Wagener (?). Der vierte, Prediger, befindet sich zur Zeit auf einem gräflich Voßschen Gut in der Prignitz; der fünfte war es, der bisher Eulenburg (?) und wohl auch Dummerwitz bewirtschaftete. / Unser Wagener hat jetzt ein Bauerngut bei *Spandau* (wo?) gekauft.«

Der Text in der vorliegenden Ausgabe folgt der Handschrift im FAP (Signatur Ka 6).

214 *Segeletz. Kirche* – Im Kern ein Feldsteinbau aus dem 13. Jahrhundert; nach der Zerstörung des alten Turms 1830 stark verändert.
W.sches Konversationslexikon – Hermann Wagener war der Herausgeber des konservativ orientierten »Staats- und Gesellschaftslexikons«, das in 23 Bänden 1858–1867 in Berlin erschien (Supplementband 1868).
Meine Begegnungen mit ihm – Wagener war Mitbegründer und erster Chefredakteur (1848–1854) der konservativen »Neuen Preußischen (Kreuz-)Zeitung«, bei der Fontane von 1860 bis 1870 den »englischen Artikel« redigierte.
Grausamkeiten gegen Harry Arnim – Harry Graf von Arnim, seit 1872 deutscher Botschafter in Paris und dort unabhängig von Bismarcks Weisungen operierend, wurde 1874 zurückberufen und verhaftet, als sich herausstellte, daß er amtliche Dokumente an sich genommen hatte. Er erhielt neun Monate Gefängnis, entzog sich der Strafe durch eine Reise ins Ausland und setzte dort seine publizistischen Angriffe auf Bismarck fort. Daraufhin wurde er vom Staatsgerichtshof zu fünf Jahren Zuchthaus verurteilt.
Geffcken – Der Heidelberger Völkerrechtler Heinrich Geffcken hatte 1888 im Oktoberheft der »Deutschen Rundschau« Auszüge aus dem Tagebuch des Kaisers Friedrich veröffentlicht, die sich unter anderem auf die Reichsgründung 1871 bezogen. Bismarck ließ Geffcken verhaften und ein Verfahren wegen Landesverrats gegen ihn eröffnen. Der Prozeß endete mit dem Freispruch Geffckens.
pekzieren – sündigen, sich vergehen.

215 *Schon zwei oder drei Jahre weg* – Bezieht sich auf Wageners Ausscheiden aus der Redaktion der »Kreuzzeitung«.
Chefredakteur B. – Tuiscon Beutner.
Stolberg – Eberhard Graf von Stolberg-Wernigerode war damals Präsident des Preußischen Herrenhauses.
Bonhomie – Gutmütigkeit, Biederkeit.
Forscheté – Scherzhaft französierte Form zu »forsch«.
grand – (franz.) großartig.

216 *fünfziger Jahre* – Versehentlich für: sechziger Jahre.
Vorbild Walter Scott – Als Scotts Verlag 1826 bankrott machte, mußte er als Gesellschafter der Firma für deren enorme Verluste haften. Er suchte die Schuld durch angespannte literarische Produktion abzutragen.
pur sang – (franz.) Vollblut.
sozialpolitische Fragen – Wagener war Bismarcks Berater in

diesen Angelegenheiten, für die er sich von konservativen Positionen aus engagierte.

216 *bei beiden Manteuffels* – Otto Theodor Freiherr von Manteuffel, der preußische Ministerpräsident, und Karl Otto Freiherr von Manteuffel, der preußische Landwirtschaftsminister in den fünfziger Jahren.

217 *Alexander Gentz* – Vgl. »Die Grafschaft Ruppin«, Kap. »Gentzrode« und die Anm. dazu; Band 1 dieser Ausgabe.

Peabody – George Peabody war ein englisch-amerikanischer Philanthrop, der im 19. Jahrhundert in London und Baltimore Wohlfahrtseinrichtungen gründete.

spekulativer Kopf – Wagener war seit 1866 Vortragender Rat im preußischen Staatsministerium, mußte aber 1873 zurücktreten, als seine Beteiligung an spekulativen Unregelmäßigkeiten bei Eisenbahnkonzessionen aufgedeckt wurde.

Bredow-Liepes Werk – Die Bredowsche Familienchronik von Friedrich Graf von Bredow-Liepe, den Fontane in einem Brief an Philipp zu Eulenburg vom 3. August 1884 als »einen etwas wunderlichen Heiligen und in seiner äußren Erscheinung mehr schlesischen Leineweber (klein, häßlich, mit rotblonder Perücke) als märkischen Edelmann« charakterisierte. Fontane las und exzerpierte das Buch im Zusammenhang seiner Studien über »Das Ländchen Friesack und die Bredows«; vgl. Band 7 dieser Ausgabe.

ARBEITEN UND ENTWÜRFE ZUM THEMATISCHEN UMFELD

I

ZU LEBZEITEN FONTANES GEDRUCKTE TEXTE

Ein Besuch im Zellengefängnis bei Berlin

Der Aufsatz, wohl im Sommer 1853 geschrieben, erschien unter Fontanes Namen im »Illustrierten Familienbuch zur Unterhaltung und Belehrung häuslicher Kreise«, herausgegeben vom österreichischen Lloyd, Trier 1853, Band 3, S. 306–309 (in der Rubrik »Leben und Wissenschaft«).

Der Text in der vorliegenden Ausgabe folgt diesem ersten und zu Fontanes Lebzeiten einzigen Druck.

221 *Es ist jetzt jährig ...* – Fontane hatte sich im Jahr zuvor von April bis September in England aufgehalten.

Billingsgate – Londoner Fischmarkt.

221 *Towertürme* – Der seit 1078 als Zwingburg für London gebaute, später vielfach erweiterte Tower war bis 1509 Haupt-, bis 1685 gelegentliche königliche Residenz und bis 1820 Staatsgefängnis und Hinrichtungsstätte. Vgl. »Ein Sommer in London« (1854), Kap. »Der Tower«.

in der Nähe Berlins – Der Ort Moabit, wo die »Neue Strafanstalt« 1842–1847 gebaut wurde, kam erst 1861 zu Berlin.

belegen – Ältere Nebenform zu: gelegen.

»Pennsylvanien« – Das pennsylvanische System des Strafvollzugs beruhte auf dem Isolier- und Zellenprinzip. Das erste entsprechend geführte Gefängnis existierte seit 1791 im amerikanischen Staat Pennsylvanien.

222 *jetzt lebender König* – Friedrich Wilhelm IV.

Pentonville-Gefängnis – Eine englische Musterstrafanstalt (1840–1842 gebaut), in der das pennsylvanische System in modifizierter Form angewandt wurde.

Hochverratsprozeß gegen Mieroslawski – Der polnische Revolutionär Ludwig Mieroslawski war einer der Führer der polnischen Befreiungsbewegung von 1846. Er wurde in Berlin zum Tode verurteilt, danach zu lebenslänglicher Gefängnisstrafe begnadigt und 1848 durch die Ereignisse der Märzrevolution befreit.

223 *Hamburger Bahnhof* – Erbaut 1845–1847 für die Verbindung Berlin–Hamburg. Später wurde er als Güterbahnhof, danach als Verkehrs- und Baumuseum genutzt. Nur der Mittelteil der Fassade überstand den zweiten Weltkrieg.

Kaserne – Erbaut 1846–1848 für das 2. Garde-Ulanen-Regiment.

Per me si va ... – (ital.) Durch mich gelangt man zu der Stadt der Schmerzen. – Zitat aus Dantes »Göttlicher Komödie«, »Hölle«, 3. Gesang, Vers 1.

Worte Platens – Anfang des siebenten »Venedig«-Sonetts von August Graf von Platen-Hallermünde.

224 *Sommerhaus eines Freundes* – Das (nicht mehr vorhandene) »Schlößchen« Bellevue in Berlin-Köpenick, das Bernhard von Lepel gehörte, der 1847 die zwanzigjährige Hedwig von Lepel-Wieck geheiratet hatte.

225 *»Lebenswierig«* – Alte Nebenform zu: lebenslänglich.

Direktor der Anstalt – Ein Offizier a. D. namens C. Bormann.

nach biblischem Wort – Fontane zitiert nach Matthäus 5,45.

226 *Hamlet-Phantasie* – Nach Shakespeares »Hamlet« (II,2).

227 *»Wer über gewisse Dinge ...«* – Zitat aus Lessings Trauerspiel »Emilia Galotti« (IV,7).

227 *Botany Bay* – 1787 eingerichtete englische Verbrecherkolonie in Australien.
vis inertiae – (lat.) Beharrungsvermögen.
229 *Festmarsch ... Meyerbeer* – Giacomo Meyerbeer war seit 1842 Generalmusikdirektor in Berlin und damit zu Gelegenheitskompositionen bei höfischen Festen verpflichtet.
Vermählung der Prinzessin Anna – Anna heiratete 1853 den Landgrafen Friedrich von Hessen.

Ein Stündchen vor dem Potsdamer Tor

Der Aufsatz, am 22. Juni 1859 entstanden, erschien am 29. Juni 1859 in der »Vossischen Zeitung« (Nr. 148, Erste Beilage; gezeichnet: Th. F.). Den Titel wählte Fontane möglicherweise in Anlehnung an das gleichnamige Vaudeville von Carl Wilhelm August Blum (1786–1844), das seit der Uraufführung 1823 in Berlin jahrzehntelang erfolgreich gespielt wurde (und das Fontane am 1. September 1861, als ihm sein Verleger ein Exemplar geschickt hatte, mit den Worten kommentierte: »Was unsre Eltern doch amüsiert hat! wie dünn, wie mager!«). Dem einzigen Druck zu Fontanes Lebzeiten folgt der Text der vorliegenden Ausgabe.

231 *Potsdamer Tor* – Es war 1824 nach einem Entwurf Schinkels gebaut worden (auf dem Potsdamer Platz, am Ende der Leipziger Staße) und ersetzte das frühere Tor von 1735.
bald vielleicht der Krieg – Fontane schildert die Situation nach der Mobilmachung in Preußen (5. Juni 1859), das sich mit einer »bewaffneten Vermittlung« zugunsten Österreichs in dessen Krieg gegen Frankreich und Sardinien eingeschaltet hatte. Nach den Schlachten von Magenta und Solferino (vgl. Anm. zu S. 24) kam es jedoch zu keinen weiteren Kampfhandlungen; am 11. Juli 1859 wurde der Frieden von Villafranca geschlossen.
Potsdamer Bahnhof – Er war, am Potsdamer Platz gelegen, Ausgangspunkt der 1838 eröffneten Eisenbahnverbindung Berlin–Potsdam. Im zweiten Weltkrieg wurde er zerstört.
Landwehrkreuze – Weiße Kreuze an der Kopfbedeckung kennzeichneten die Landwehrsoldaten, die sich, im Unterschied zu den Angehörigen des stehenden Heeres, aus älteren Jahrgängen rekrutierten und ihre Dienstzeit in der Armee sowie die Reserve bereits absolviert hatten.
blaue Blouse – 1848 charakteristische Bekleidung der proletarischen Revolutionäre (»Blusenmänner«).

232 *der Verwogene* – Bei Fontane meist gebrauchte Nebenform zu »verwegen«.
Gorgo-Schild – In der griechischen Sage Schild der Athene, auf dem das abgeschlagene Haupt der Medusa befestigt war, dessen Anblick versteinernd wirkte.
Erstürmung des Malakoff – Der französische Marschall Patrice Maurice, Marquis de Malakoff, leitete die Eroberung der Bastion Malakoff (8. September 1855), die während des Krimkrieges eine Schlüsselposition der russischen Festung Sewastopol war.

233 *Diogenes* – Der griechische Philosoph soll zum Zeichen seiner absoluten Bedürfnislosigkeit in einem Faß gelebt haben.
»o Herr, den Kopf ...« – Zitat aus Gottlieb Konrad Pfeffels Gedicht »Die Tobakspfeife«.
Tête – (franz.) Spitze.
»Leipzig« ... gutes Omen – Anspielung auf die »Völkerschlacht« bei Leipzig, die 1813 den Sieg über Napoleon brachte. Vgl. Anm. zu S. 47.

Stendal und die Winckelmann-Statue

Der Aufsatz erschien am 16. Oktober 1859 in der »Neuen Preußischen (Kreuz-)Zeitung« (Nr. 242, Beilage; gezeichnet: Te.). Diesem einzigen Druck zu Fontanes Lebzeiten folgt der Text der vorliegenden Ausgabe.

234 *Akademiegebäude* – Die Königliche Akademie der Künste in Berlin hatte ihren Sitz im ehemaligen Marstallgebäude Unter den Linden 38, bevor sie 1907 in ein Palais des Pariser Platzes am Brandenburger Tor umzog. Das Haus Unter den Linden wurde 1902 abgerissen und an seiner Stelle das Gebäude der Staatsbibliothek gebaut.
Die beiden erstern ... längst ihren Stand – Die Bronzestandbilder von Yorck und Gneisenau stammen von Christian Daniel Rauch. Sie wurden 1855 aufgestellt und befinden sich heute in der Grünanlage zwischen Staatsoper und Operncafé an der Straße Unter den Linden.
Büste Lord Byrons – Die Büste, 1834 von Thorvaldsen geschaffen und für Westminster Abbey in London bestellt, wurde vom Dekan von Westminster nicht akzeptiert, zunächst in den Gewölben des Custom House eingelagert und dann in der Bücherei von Trinity College in Cambridge aufgestellt.

234 *Poet's Corner* – Fontane hat in seinem Buch »Ein Sommer in London« (1854) diesem »Poetenwinkel« in Westminster Abbey ein eigenes Kapitel gewidmet.
Statue des großen Schöpfers der Kunstgeschichte – Seit den zwanziger Jahren des 19. Jahrhunderts waren mehrfach Versuche unternommen worden, in der Geburtsstadt Johann Joachim Winckelmanns ein Denkmal für ihn zu errichten. Der Schadow-Schüler Ludwig Wichmann schuf 1842 das Modell, aber erst in den fünfziger Jahren wurde die Statue im Eisenwerk Lauchhammer gegossen. Sie kam im April 1858 nach Stendal und wurde endlich am 18. Oktober 1859 östlich der Marienkirche aufgestellt.
durchgelegen – Soviel wie: wundgelegen.
Wichmann ... hinausgetragen – Ludwig Wichmann war am 29. Juni 1859 in Berlin gestorben.
jenem großen Meister – Christian Daniel Rauch war am 3. Dezember 1857 gestorben.

235 *das bekannte Bildnis Winckelmanns* – Gemeint ist das 1767/68 in Wien entstandene Gemälde von Anton Maron.
Marienkirche – Ein Anfang des 15. Jahrhunderts begonnener spätgotischer Bau, der der Blütezeit Stendals in jener Zeit gemäß war; die Stadt war damals dank ihres Tuchhandels der größte und reichste Ort der Mark. Die Kirche wurde 1834–1844 und 1965–1971 umfassend renoviert.
Ungeschlachtetheit – So in der Textgrundlage.
Roland zu Stendal – Aus dem Jahre 1525.

236 *Enthüllung in den nächsten Tagen* – Die »Neue Preußische (Kreuz-)Zeitung« schrieb darüber in ihrer Ausgabe vom 23. Oktober 1859. Der Bericht ist nicht gezeichnet und stammt wahrscheinlich nicht von Fontane.
etwa wie in Gent – Auf der Reise nach England hatte Fontane Gent im April 1852 besucht.

237 *zwei Tortürme* – Beide sind erhalten. Der Tangermünder Torturm stammt aus dem Anfang des 13. Jahrhunderts, der Uenglinger Tortum wurde um 1450 bis 1460 errichtet.
Friedrich Wilhelm bei Gelegenheit seiner Vermählung – Kronprinz Friedrich Wilhelm, der spätere Kaiser Friedrich III., hatte 1858 die englische Kronprinzessin Victoria geheiratet.
Dom – Der Dom Sankt Nikolai wurde 1258 geweiht, später vielfach verändert und nach den Zerstörungen im zweiten Weltkrieg umfassend renoviert.
»Great Eastern« im Themse-Fahrwasser – Über den mißglückten Stapellauf des riesigen Dampfers im November 1857 hat

Fontane in einem Artikel für die »Neue Preußische (Kreuz-) Zeitung« am 7. November berichtet.

238 *Grabstätte des Markgrafen Johann* – Es handelt sich in Wirklichkeit um den Markgrafen Konrad von Brandenburg.

Blut ist ein ganz besonderer Saft – Zitat aus Goethes »Faust«, Erster Teil, Paktszene, Vers 1740.

Großer Kurfürst – Friedrich Wilhelm.

Peterskirche – Der Hauptaltar der Petrikirche wurde 1306 geweiht.

Commis voyageurs – (franz.) Handlungsreisende.

sämisch gegerbt – Spezielles Verfahren in der Gerberei, wobei mit Hilfe von Fett oder Öl besonders weiches Leder gewonnen wird.

Bischöfe aus Avignon – Avignon war 1309–1417 Sitz der Päpste.

Der Korso

Der Aufsatz erschien am 10. Mai 1860 in der »Neuen Preußischen (Kreuz-)Zeitung« (Nr. 109, in der Rubrik »Berliner Zuschauer«; gezeichnet: Te.). Diesem einzigen Druck zu Fontanes Lebzeiten folgt der Text der vorliegenden Ausgabe.

239 *Jupiter pluvius* – Jupiter in seiner Eigenschaft als Regen (und damit Fruchtbarkeit) spendender Gott.

Friedrich Wilhelm nebst Gemahlin – Vgl. Anm. zu S. 237.

Tochter ihrer Mutter – Victoria, die Tochter der englischen Königin Victoria.

To say it ... – (engl.) Um es kurz zu sagen, das Wetter wurde »diesig«.

»Rotten Row« – Name einer Promenade (Reitweg) im Londoner Hyde Park (entstanden aus »route de roi«: Königsweg).

240 *tiraillieren* – in kleinen Gruppen agieren.

Vorstadtboutiquers – Kleine Kaufleute aus der Vorstadt. Die Schreibung ist eine deutsch-französische Mischform.

241 *Garde du Corps* – Eigentlich die (von Friedrich II. 1740 geschaffene) berittene Leibwache des Monarchen. Das Regiment Garde du Corps (Garde-Kürassierregiment) galt als preußische Elitetruppe und war wegen der dünkelhaften, reaktionären Gesinnung seiner Offiziere berüchtigt. Es wurde nach dem ersten Weltkrieg aufgelöst.

Victoria-Chaise – Besondere, sehr weich gefederte Kutsche, wie sie von der englischen Königin Victoria bevorzugt und daher nach dieser benannt wurde.

241 *Linumer Torf* – Torf aus der Gegend um Linum war damals das wichtigste Heizmaterial. Vgl. »Die Grafschaft Ruppin«, Kap. »Das Wustrauer Luch«; Band 1 dieser Ausgabe.

Der Wollmarkt

Der Aufsatz erschien am 21. Juni 1860 in der »Neuen Preußischen (Kreuz-)Zeitung« (Nr. 143, in der Rubrik »Berliner Zuschauer«; gezeichnet: Te.). Diesem einzigen Druck zu Fontanes Lebzeiten folgt der Text der vorliegenden Ausgabe.

242 *Wollmarkt* – Er fand bis 1872 jeweils im Juni auf dem Berliner Alexanderplatz und in umliegenden Straßen statt (später zwischen Brunnen- und Ackerstraße). In der gleichen Ausgabe der »Kreuzzeitung« hieß es: »Die Zufuhr zum *Wollmarkt* belief sich bis gestern auf ungefähr 75000 Zentner Wolle. Die gezahlten Preise sollen um 20 bis 25 Prozent höher sein als im vorigen Jahre.«

Königsstädter Theater – Das Königsstädtische Theater in der Alexanderstraße am Alexanderplatz, das vorwiegend Unterhaltungsstücke spielte, wurde 1824 eröffnet. Der ehemalige Pferdehändler Friedrich Cerf leitete es bis zu seinem Tode 1845, danach wirtschaftete es sein Sohn Rudolf Cerf völlig herunter, und erst Franz Wallner brachte es ab 1855 als Heimstatt der Berliner Lokalposse wieder zur Blüte. Der beliebte Schauspieler Friedrich Beckmann, der dem Theater 1824–1846 angehörte, hatte vor allem in der Rolle des Ekkenstehers Nante anhaltenden Erfolg. Victoria- und Wallner-Theater waren spätere Konkurrenzunternehmen.

der wachsende literarische Ruhm Louis Druckers – Drucker, exzentrischer Inhaber eines Berliner Weinlokals, schrieb humoristische Texte für seine Gäste.

243 *kupiertes Terrain* – Im militärischen Sprachgebrauch ein mit Hindernissen durchzogenes, schwieriges Gelände.

schwedische Heilgymnastik – Sie wurde von dem 1839 gestorbenen schwedischen Schriftsteller Pehr Henrik Ling begründet und seit 1846 von Hugo Rothstein in Preußen propagiert.

Jahn – Friedrich Ludwig Jahn, der Begründer der patriotischen Turnbewegung, hatte 1811 in der Berliner Hasenheide den ersten Turnplatz eröffnet.

Maßmann – Auch Hans Ferdinand Maßmann gehörte zu den Mitbegründern der Turnbewegung in Deutschland und war ab

1843 in Berlin an der Wiedereinführung des Turnunterrichts an den Schulen beteiligt.

243 *Fallhut* – Kleiner Hut, der den Kopf der Kinder beim Fallen schützen sollte.

»Ring des Polykrates« – Ballade von Schiller (1797).

Ein englischer Lord auf seinem Wollsack – Der Lordkanzler im englischen Oberhaus saß auf einem mit Wolle ausgestopften Kissen. Als »Wollsäcke« wurden die Mitglieder des Oberhauses bezeichnet.

244 *Konsequenzen des »Markts«* – Anspielung auf die damals als unschicklich empfundene Abwicklung von Geschäften auf dem offenen Markt.

Lazzarone – Proletarischer Gelegenheitsarbeiter.

Sodanymphe – Verkäuferin von kohlensäurehaltigen Getränken.

enfin – (franz.) schließlich.

veuve Cliquot – Französische Sektmarke.

Graf von Bernstorff

Durch die Vermittlung von Wilhelm Wolfsohn war Fontane im Winter 1859/60 Mitarbeiter an dem Sammelwerk »Männer der Zeit. Biographisches Lexikon der Gegenwart« geworden, das der Verleger Carl Berend Lorck in Leipzig herausgab (August 1858 bis Anfang 1862 in 21 Lieferungen, mit zwei Supplementheften »Frauen der Zeit«; die Hefte 1–12 wurden mit der Jahreszahl 1860, die Hefte 13–21 mit der Jahreszahl 1862 zusammengefaßt). Fontane steuerte von Heft 16 an, das Ende 1860 erschien, etwa vierzig Artikel bei, darunter unter der Chiffre 71 die über Bernstorff und Raumer (vgl. S. 250ff. dieses Bandes).

Die Autorschaft an der Bernstorff-Biographie ist durch Fontanes Brief an seinen Verleger Wilhelm Hertz vom 9. Juli 1861 belegt: »Ich habe eine B[ernstorff]sche Biographie geschrieben, die in dem Lorckschen Werke ›*Männer der Zeit*‹ erschienen ist, wahrscheinlich in einem der Hefte zwischen Heft XV und Heft XX. B. möchte die Arbeit gern sehn, einiges ändern und andres hinzufügen. Meine Bitte geht nun dahin, daß Sie mir zuliebe, der ich dem Grafen sehr gern diesen kleinen Dienst erweisen möchte, gleich nach Leipzig hin schreiben und durch Ihren dortigen Commissionair, unter Androhung von Strafen, wenn er sich nicht sputet, das betreffende Heft anschaffen lassen. Es liegt mir sehr daran, es in ein paar Tagen zu haben; die kleinen Kosten kommen natürlich auf mein Konto.« Fontane fügte erklärend hinzu, er lege Wert darauf, sich »Personen, die mich jahrelang in London mit großer Rücksicht behandelt haben, trotzdem ich ihnen halb aufgedrängt war, durch kleine Dienste … erkenntlich zu zeigen«. Fontane hatte während seines dritten England-Aufenthaltes 1855–1859 eng mit dem Gesandten Bernstorff zusammengearbeitet.

Der Artikel über Bernstorff ist mithin vor dem 9. Juli 1861 bereits veröffentlicht gewesen. Der Text der vorliegenden Ausgabe folgt Lorcks »Biographischem Lexikon der Gegenwart«.

245 *Auskultator* – Bis 1869 Titel von Juristen, die ihre erste Staatsprüfung bestanden hatten und in juristischen Gremien als Beisitzer ohne Stimmrecht mitwirkten (später: Referendar).
attachiert – zugeordnet.
247 *Novemberkatastrophe* – Gemeint ist die »Olmützer Punktation«. Vgl. Anm. zu S. 133.
248 *Krieg gegen Rußland* – Der nach dem Hauptschauplatz benannte Krimkrieg, den Rußland zwischen 1853 und 1856 gegen die Türkei sowie gegen Großbritannien und Frankreich um die Vorherrschaft im Nahen Osten führte.
249 *Prinz von Preußen* – Wilhelm, der 1857 die Stellvertretung für den erkrankten Friedrich Wilhelm IV. übernahm, 1858 Regent und 1861 als Wilhelm I. preußischer König wurde.

Otto von Raumer

Fontane schrieb diese Biographie, vermutlich 1860/61, für das Sammelwerk »Männer der Zeit. Biographisches Lexikon der Gegenwart«, das der Verleger Carl Berend Lorck in Leipzig herausgab. Vgl. die Vorbemerkung zu dem Artikel über »Graf von Bernstorff«, S. 686f. dieses Bandes. Der Text der vorliegenden Ausgabe folgt Lorcks Lexikon.

250 *Salus intrantibus …* – (lat.) Heil beim Eingang, Friede beim Ausgang.
251 *bona fide* – (lat.) in gutem Glauben.
Eintritt der Regentschaft – Vgl. Anm. zu S. 249.

Am Wannensee

Gemeinsam mit dem Verleger Wilhelm Hertz besuchte Fontane den Großen Wannsee am 1. Oktober 1861. Am Vorabend hatte er Hertz für »die kleine Grunewald-Fahrt« folgenden Plan entwickelt, der aber (siehe den Text) noch geändert wurde:

»1. Um Punkt 11 Uhr Rendezvous am Potsdamer Tor.

2. Fahrt in Droschke oder Torwagen nach Steglitz.

3. Von Steglitz zu Fuß über Dahlem nach Schloß Grunewald (kleine halbe Meile).

4. Von Schloß Grunewald, am Schlachtensee vorbei, durch den Grunewald bis an den Wannensee (eine kleine Meile).

5. Vom Wannensee bis nach Zehlendorf (eine halbe Meile) und von da per Eisenbahn zurück.«

Der Aufsatz erschien am 4. Dezember 1861 in der »Neuen Preußischen (Kreuz-)Zeitung« (Nr. 283, Beilage; gezeichnet: Te.). Diesem einzigen Druck zu Fontanes Lebzeiten folgt der Text der vorliegenden Ausgabe.

Die Gegend um den Wannsee fand in den achtziger Jahren noch einmal Fontanes Interesse, als er über das Jagdschloß Dreilinden und den Prinzen Friedrich Karl schrieb. Vgl. »Fünf Schlösser«, Teil »Dreilinden«; Band 5 dieser Ausgabe.

254 *neues Eisenbahnprojekt* – Die Stadtbahnstrecke Charlottenburg–Wannsee–Potsdam.

255 *Stolper Loch* – Der Kleine Wannsee.

moros – mürrisch, verdrießlich.

256 *Sommerwohnungen vieler ... Residenzler* – Um den Großen und den Kleinen Wannsee entstanden damals rasch Villenkolonien, die 1898 zum Amtsbezirk Wannsee zusammengefaßt wurden.

Lisière – (franz.) Grenze, Rand.

257 *Stralauer Kirchturm ... Feinheit Schinkels* – Die Stralauer Kirche, auf der Halbinsel zwischen Spree und Rummelsburger See gelegen und 1459–1464 erbaut, erhielt 1823/24 durch Karl Ferdinand Langerhans einen neugotischen Turm an der Westfront, dessen Entwurf lange Zeit irrtümlich Schinkel zugeschrieben wurde.

Pfaueninsel – Vgl. »Havelland«, Kap. »Pfaueninsel«; Band 3 dieser Ausgabe.

Kleinmachnow – Das Dorf war im Besitz der Familie von Hake. Die folgende Bemerkung über Steinkreuze bezieht sich auf ein Sühnekreuz auf dem Kleinmachnower Kirchhof. Vgl. »Spreeland«, Kap. »Kleinmachenow oder Machenow auf dem Sande«; Band 4 dieser Ausgabe.

Friedrich Wilhelm – Friedrich Wilhelm III.

258 *Villeggiatur* – Landaufenthalt.

Die Mark und märkische Kriegsobersten zur Zeit des Dreißigjährigen Kriegs

Die Arbeit ist vermutlich in den ersten Wochen des Jahres 1862 als Vortrag entstanden. Am 3. April schrieb Fontane an Hermann Hauff, den Redakteur des Cottaschen »Morgenblatts« in Stuttgart: »Anbei hab ich die Ehre, Ihnen einen ›Vortrag‹, den ich im Lauf des Winters zum Besten des hiesigen Gustav-Adolfs-Vereins gehalten habe, mit der ergebensten Anfrage zu übersenden, ob Sie ihn zum Abdruck in den Spalten des ›Morgenblatts‹ für geeignet halten? Der Inhalt, denk ich, wird schon passen; ein andres ist die *Form.* An einigen Stellen tritt doch deutlich hervor, daß es ein *Vortrag* ist, der vor einem brandenburgisch-preußischen Publikum gehalten wurde.« Hauff übernahm den Text offensichtlich ohne Änderungen, und der Aufsatz erschien am 7., 14. und 21. Mai 1862 im »Morgenblatt für gebildete Leser«. Am 17. Juni teilte Fontane seiner Frau mit, daß ihn Cotta »mit einer kleinen Anweisung von 25.15 [Rtr./Sgr.] für den Aufsatz, den ich im Gustav-Adolf-Verein vorgelesen hatte«, überrascht habe.

Der Text der vorliegenden Ausgabe folgt der Veröffentlichung im »Morgenblatt« von 1862.

Zehn Jahre später arbeitete Fontane den Aufsatz um: er ließ die ausführlichen kulturgeschichtlichen Betrachtungen weg, erweiterte die Zahl der »Kriegsobersten« um sechs und veränderte Reihenfolge und zahlreiche Details. In dieser Fassung mit dem Titel »Märkische Kriegsobersten während des Dreißigjährigen Krieges« erschien er in den Sonntagsbeilagen Nr. 51 vom 22. Dezember und Nr. 52 vom 29. Dezember 1872 in der »Vossischen Zeitung« (vgl. S. 382 ff. dieses Bandes). In einer wiederum veränderten, vor allem stark verkürzten Version mit der Überschrift »Die Mark Brandenburg um 1630. Ein kulturhistorischer Versuch« ließ Fontane den Aufsatz noch einmal am 9. Juli 1873 im »Wochenblatt der Johanniter-Ordens-Ballei Brandenburg« veröffentlichen. Er merzte dazu aus dem »Morgenblatt«-Text eingangs einige zum Vortrag gehörende Floskeln aus und reduzierte den Aufsatz auf den kulturgeschichtlichen Teil (bis S. 268 »... sie waren *Bauern*«), dem er noch die vier Absätze vom Schluß anfügte.

Fontane dachte Anfang der achtziger Jahre daran, den Aufsatz in sein Projekt »Geschichten aus Mark Brandenburg« einzugliedern (vgl. Band 7 dieser Augabe).

259 *Schwedenkönig* – Während des Dreißigjährigen Krieges war Gustav II. Adolf am 4. Juli 1630 in Pommern gelandet, um auf protestantischer Seite gegen die kaiserlichen Truppen zu kämpfen.

259 *schlagfertig* – Hier im Sinne von: schnell zum Zuschlagen bereit.
Das vielzitierte Wort – Vgl. Anm. zu S. 7.
260 *Kuppe der Müggelsberge* – Vgl. »Spreeland«, Kap. »Die Müggelsberge«; Band 4 dieser Ausgabe.
Kranichberge – Die Kranichsberge liegen südöstlich von Berlin am Flakensee (nördlich von Erkner).
Spandauer Kirchturm – Vgl. »Havelland«, Kap. »Sankt Nikolai zu Spandau«; Band 3 dieser Ausgabe.
261 *Torfpyramiden* – Die pyramidenförmig zum Trocknen aufgestellten Torfstücke, die als Brennmaterial dienten. Vgl. »Die Grafschaft Ruppin«, Kap. »Das Wustrauer Luch«; Band 1 dieser Ausgabe.
Großer Kurfürst – Friedrich Wilhelm.
von Klöden – Fontane bezieht sich vermutlich auf Karl Friedrich Klödens »Beiträge zur mineralogischen und geognostischen Kenntnis der Mark Brandenburg. 5. und 8. Stück. Programm zur Prüfung der Zöglinge der Gewerbeschule am 31. März 1832 und 1. April 1835«. Berlin o. D.
262 *Dobrilug* – Dobrilugk: Heute Doberlug-Kirchhain.
Luckenwalde – Vgl. »Luch im Wald«; S. 362 ff. dieses Bandes.
263 *Löwenbruch* – Vgl. »Spreeland«, Kap. »Löwenbruch«; Band 4 dieser Ausgabe.
Blankenfelde – Vgl. den gleichnamigen Entwurf; S. 134 ff. dieses Bandes.
264 *kleine Klosterkirche* – Die Franziskaner-Klosterkirche, um 1250 bis 1265 als frühgotischer Backsteinbau entstanden, wurde 1945 schwer beschädigt und ist nur als (gesicherte) Ruine erhalten.
drei Gotteshäuser – Erhalten (und restauriert bzw. wiederaufgebaut) sind die Marien- und die Nikolaikirche; die Sankt-Petrikirche (1853 eingeweiht) wurde im zweiten Weltkrieg zerstört.
Rathaus – Es befand sich in der Spandauer Straße / Ecke Königsstraße und stammte im Kern aus dem späten 13. Jahrhundert. 1866 bis 1871 wurde es abgebrochen und durch das »Rote Rathaus« (1861–1869) ersetzt.
265 *Königsschloß* – Die Berliner Residenz der Hohenzollern ging auf Bauten aus der Mitte des 15. Jahrhunderts zurück, die später vielfach um- und ausgebaut wurden. Das Schloß brannte 1945 aus, die Ruine, die durchaus ausbaufähig gewesen wäre, wurde 1950/51 beseitigt.
Aufhebung des Edikts von Nantes – Vgl. Anm. zu S. 156.

266 *Zeit des zweiten Joachim* – Joachim II. Hektor war 1535–1572 Kurfürst von Brandenburg.
Vanität – Eitelkeit.

269 *Tempel ... Vingt-un ... »Blüchern«* – Glücksspiele.

270 *»Jungfrau von Orleans«* – Das Schillersche Stück gehörte zum Bildungskanon des Bürgertums.

271 *»Interessen«* – Hier in alter Bedeutung: Zinsen, Geld.

272 *malpropre* – (franz.) unreinlich, unanständig.
Land Barnim – Vgl. Anm. zu S. 53.
Friedländer – Wallenstein, der den Titel eines Herzogs von Friedland führte.

273 *im Lebusischen* – Als Land Lebus bezeichnete man die historische Landschaft zwischen Oderbruch und Spreewald.
Mordnacht im Schlosse zu Eger – Als Wallenstein umgebracht wurde. Vgl. Fontanes Gedicht »Schloß Eger« (1849).
»Spät kommt Ihr ...« – Zitat aus Schillers »Piccolomini« (I,1).

274 *Oranienburg, dem damaligen Bötzow* – Vgl. »Havelland«, Kap. »Schloß Oranienburg«; Band 3 dieser Ausgabe.
einige harmlose Worte – Zitate aus den »Piccolomini« (IV,6).
Tag von Nördlingen – Bei Nördlingen mußten die Schweden am 6. September 1634 ihre erste Niederlage auf deutschem Boden hinnehmen.
Schicksal Magdeburgs – Magdeburg war 1631 von den Truppen Tillys erobert und geplündert worden und dabei in Brand geraten.

275 *Schlacht bei Lützen* – Am 16. November 1632 zwischen den Truppen Wallensteins und Gustav Adolfs, der in dieser Schlacht fiel.
Bedeutung Sparrs – Vgl. »Das Oderland«, Kap. »Prenden«; Band 2 dieser Ausgabe.
Schlacht bei Warschau – Während eines Krieges, in den Schweden, Polen, Brandenburg und Dänemark verwickelt waren, besiegte in der Schlacht bei Warschau (28.–30. Juli 1656) das vereinigte schwedisch-brandenburgische Heer die Polen.

276 *Sparrsches Erbbegräbnis* – Das Marmordenkmal befindet sich auch heute noch in der Marienkirche. Es wurde 1662/63 in Antwerpen von Artus Quellinus d. Ä. gefertigt.
großes Postgebäude – Es existiert nicht mehr.
Görtzke – Vgl. »Das Oderland«, Kap. »Schloß Friedersdorf«; Band 2 dieser Ausgabe.

277 *Fehrbellin* – Vgl. Anm. zu S. 38.

277 *Prinz von Hessen-Homburg* – Friedrich von Hessen-Homburg.

278 *Halle des Friedersdorfer Schlosses* – Das im 17. Jahrhundert errichtete, im 19. Jahrhundert von Schinkel umgebaute Herrenhaus wurde 1945 zerstört und in den nachfolgenden Jahren abgetragen.

279 *Kaiser* – Ferdinand II.

281 *das Wort Piccolominis* – »Die Piccolomini« (V,1).

jener berühmten Aurora – Marie Aurora Gräfin von Königsmarck war 1694 nach Dresden gekommen und für kurze Zeit die Geliebte Augusts II. (des Starken) von Sachsen geworden.

»Atalante!« – Nach einer griechischen Sage besiegte die schöne und sehr behende Atalante ihre Freier im Wettlauf und tötete sie. Erst Hippomenes konnte sie überlisten, indem er ihr goldene Äpfel in den Weg warf, nach denen sie sich bückte.

Philipp Christoph – Er stand als Oberst im Dienst des Kurfürsten von Hannover und soll ein Verhältnis mit Sophie Dorothea, der Frau des Kurprinzen Georg, gehabt haben. Er fiel 1694 einem Mordanschlag zum Opfer. Vgl. »Fünf Schlösser«, Teil »Plaue a. H.«; Band 5 dieser Ausgabe.

283 *zweite Schlacht bei Leipzig* – Gemeint ist die Schlacht von Breitenfeld (in der Nähe Leipzigs) im September 1631, als Gustav Adolf den kaiserlichen Truppen unter Tilly eine vernichtende Niederlage zufügte.

284 *drei Schlesische ... Kriege* – Preußen führte sie 1740–1742, 1744/45 und 1756–1763 gegen Österreich um den Besitz Schlesiens.

285 *sein Vater* – Kurfürst Georg Wilhelm.

286 *Blumberg* – Vgl. »Spreeland«, Kap. »Blumberg«; Band 4 dieser Ausgabe.

Zeughaus – Das Zeughaus Unter den Linden in Berlin, als Waffenmagazin und Kriegsarsenal zwischen 1695 und 1706 gebaut, stammt nur teilweise von Andreas Schlüter. In der Zeit der DDR diente es als Museum für deutsche Geschichte. Künftig wird es als Deutsches Historisches Museum genutzt.

Sankt Johannistag in Sonnenburg

Fontane besuchte Sonnenburg am Beginn einer Reise durch das Oderland am 24. Juni (Johannistag) 1862 und verfaßte noch am gleichen Abend den Artikel. In einem Brief an seine Frau Emilie vom 30. Juni schrieb er über diesen Tag: »*Dienstag.* Um 6 Uhr in

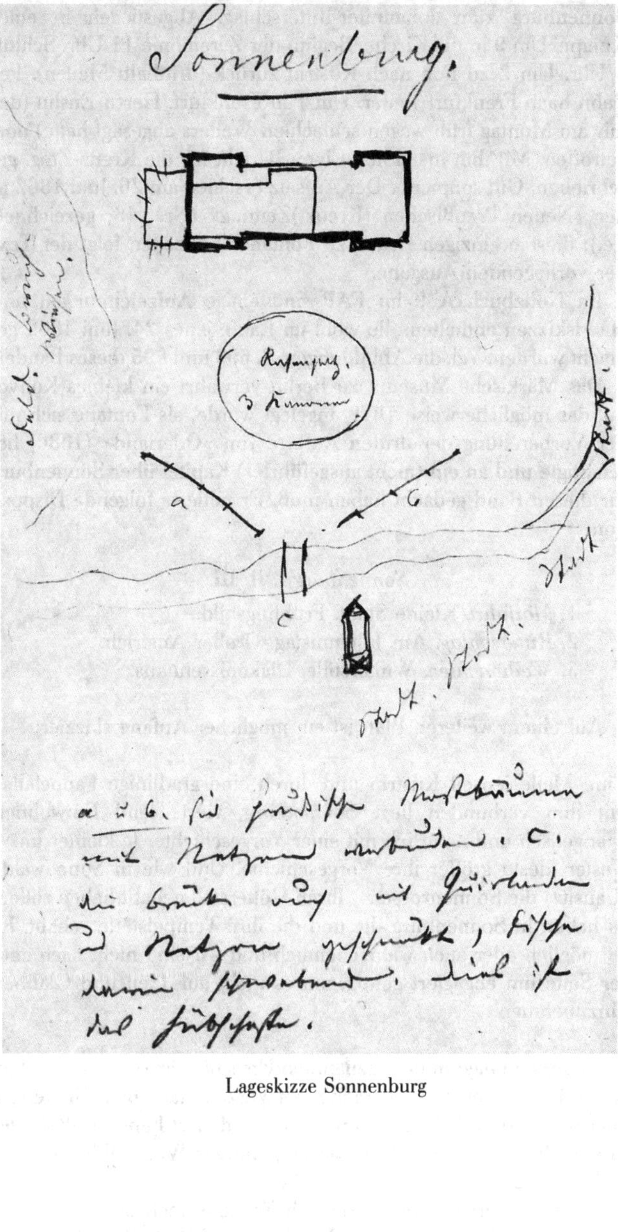

Lageskizze Sonnenburg

Sonnenburg zum Johanniter-Ritterschlag. Abgestiegen in einer Kneipe. Um 9 in die Kirche. Beginn der Zeremonie 11 Uhr. Schluß 1 Uhr. Um 2 zu Fuß nach Küstrin zurück (dritthalb Meilen). Per Bahn nach Frankfurt weiter. Um 7 in Frankfurt. Herrn Enslin (der mir am Montag früh wegen schlechten Wetters abgesagt hatte) dort getroffen. Mit ihm ins Hôtel. Einen Bericht für die Kreuz-Ztng. geschrieben. Gut soupiert.« Der Aufsatz erschien am 26. Juni 1862 in der »Neuen Preußischen (Kreuz-)Zeitung« (Nr. 146; gezeichnet: Te.); diesem einzigen Druck zu Fontanes Lebzeiten folgt der Text der vorliegenden Ausgabe.

Im Notizbuch A 9 im FAP sind einige Aufzeichnungen und Handskizzen enthalten, die wohl im Laufe jenes 24. Juni 1862 gemacht wurden. Vgl. die Abbildungen, S. 693 und 695 dieses Bandes.

Das Märkische Museum zu Berlin verwahrt ein kleines Konvolut, das möglicherweise 1879 angelegt wurde, als Fontane sich mit der Vorbereitung der dritten Auflage von »Oderland« (1880) beschäftigte und an ein (nicht ausgeführtes) Kapitel über Sonnenburg für diesen Band gedacht haben muß. Er notierte folgende Disposition:

Sonnenburg I. II. III.

1. *Maifahrt.* Kleine Stadt. Frühlingsbild.
2. *Ritterschlag.* Am Johannistag. Großer Anstrich.
3. *Weihnachten.* Winterstille. Diakonissenhaus.

Auf einem weiteren Blatt ist ein möglicher Anfang skizziert:

Eine Meile jenseit Küstrin und durch eine gradlinige Pappelallee mit ihm verbunden liegt *Sonnenburg*, viertausend Einwohner, evangelisch und natürlich mit einer Vorgeschichte. Je kleiner unsre Nester, desto größer ihre Vorgeschichte. Und wie in Sonnewalde (Lausitz) die Sonnenrosse … ihren Götterstall gehabt haben sollen, so haben in Sonnenburg die und die ihre Tempelstätte gehabt. Es ist möglich oder auch wahrscheinlich und wir sind nicht nach andrer Seite hin engagiert genug, um es nicht auf Treu und Glauben hinzunehmen.

Außerdem liegt in dem genannten Umschlag im Märkischen Museum der Artikel »Aus Sonnenburgs Vorzeit, nach den Kirchenbücher und andern Quellen« von Klingbeil, datiert Februar 1878, der in der »Beilage zu Nr. 20 des ›Sonnenburger Wochenblattes‹ « abgedruckt war.

Erstaunlicherweise erinnerte sich Fontane noch bei der Niederschrift seiner Autobiographie »Von Zwanzig bis Dreißig« (1898) an

Johanniterschloß in Sonnenburg

Reise und Bericht von 1862 und an die Reaktion seines Freundes Bernhard von Lepel. Im Lepel-Kapitel heißt es: »Ich war mit meinem dicken Hesekiel nach Sonnenburg hinübergefahren, um dort einer Feierlichkeit des Johanniterordens beizuwohnen. Der alte Prinz Karl, damals Herrenmeister, erteilte den Ritterschlag. Ich schrieb einen Bericht darüber in der ›Kreuzzeitung‹, in dem ich hervorhob, daß der Prinz diesen Ritterschlag mit ›Geschicklichkeit und Würde‹ – oder so ähnlich – vollzogen habe. Den nächsten Tag kam Lepel zu mir, breitete das Blatt vor mir aus und sagte: ›Fontan [!], du hast dich da vergaloppiert; wenn ein preußischer Prinz einen Ritterschlag vollführt, so ist es immer voll ›Geschicklichkeit‹ und ›Würde‹, selbst dann noch, wenn es ausnahmsweise nicht der Fall sein sollte. So was sagt man einem Prinzen nicht. Lob der Art wirkt im günstigsten Falle komisch.‹ / Er hatte vollkommen recht, und ich habe denn auch nie wieder dergleichen geschrieben. Eher kann man einen Prinzen tadeln.«

287 *Johanniter-Ordens-Ballei Brandenburg ... Sonnenburg* – Der Johanniterorden (vgl. Anm. zu S. 185) hatte seinen Sitz 1427–1810 in der Kleinstadt Sonnenburg in der Neumark (heute Polen), wo er auch nach der Wiederherstellung der Ballei Brandenburg (1852) residierte. Das Johanniter-Ordensschloß stammt von 1652, die Ordenskirche von 1475. Da der Orden 1530–1798 die Insel Malta besaß, wurde er auch Malteserorden genannt. Ballei ist die Bezeichnung für einen Verwaltungsbezirk geistlicher Ritterorden, der jeweils mehrere Komtureien zusammenfaßt.
über der Oder – jenseits der Oder.
Corps de logis – Mittelbau eines Schlosses.
Risalit – Aus der Flucht eines Gebäudes herausragende Bauteile.
Köpenicker Schloß – Frühbarockbau von Rütger von Langerfeld, gebaut 1681–1688. Vgl. »Spreeland«, Kap. »Schloß Köpenick«; Band 4 dieser Ausgabe.
288 *Herrenmeister* – Prinz Karl von Preußen.
Besingkuchen – Heidelbeerkuchen.
289 *als ich vor Jahren Lord Palmerston das englische Reichsschwert tragen sah* – Am 28. Januar 1858, als Fontane in London als Berichterstatter der »Zeit« den Feierlichkeiten zur Hochzeit des Prinzen Friedrich Wilhelm von Preußen mit der englischen Prinzessin Victoria beiwohnte. In seinem Bericht »Die ›Kolonnade‹ von St. James am Vermählungstage« hatte er geschrieben: »Teilnahmvoll folgten ihr [der Königin] die Blicke aller und vergaßen unzweifelhaft

Lord Palmerston, der das Reichsschwert trug, als ob er es ziehen wollte [...].«

289 *Tower in London* – Vgl. Anm. zu S. 221.

Holyrood Palace – Die ehemalige Residenz der schottischen Könige in Edinburgh, hauptsächlich 1670–1679 gebaut. Vgl. »Jenseit des Tweed. Bilder und Briefe aus Schottland« (1860), Kap. »Holyrood Palace«.

Denkmal Albrecht Thaers zu Berlin

Zwei Briefe Fontanes an seine Frau belegen, daß er Ende Juli 1862 an der vorliegenden Schrift gearbeitet hat. Am 29. Juli schrieb er an Emilie: »Ich möchte diese Thaer-Denkmal-Geschichte gern hinter mir haben.« Im Berliner Verlag von Gustav Bosselmann erschien der Text, offensichtlich 1862, in einem großformatigen Buch mit folgendem Titel: »Denkmal Albrecht Thaers zu Berlin. Nach dem Entwurfe von Chr. Rauch ausgeführt von H. Hagen. Nach Photographieen von L. Ahrends gezeichnet von Professor Holbein und in Holz geschnitten von C. Glantz. Mit Text von Th. Fontane«.

Diese Publikation ist als eine Art Vorabdruck für den Abschnitt »Albrecht Daniel Thaer« im »Möglin«- sowie für die Lebensbilder der »Frau von Friedland« und des Grafen und der Gräfin Itzenplitz im »Kunersdorf«-Kapitel des Bandes »Das Oderland« (vgl. Band 2 dieser Ausgabe) anzusehen, der 1863 zuerst erschien. Fontane besuchte Möglin, die Wirkungsstätte Thaers, wohl erst nach Abschluß des »Denkmal«-Manuskripts im September 1862. Für die Darstellung benutzte der Autor Wilhelm Körtes Buch »Albrecht Thaer. Sein Leben und Wirken als Arzt und Landwirt«, Leipzig 1839.

Der Text der vorliegenden Ausgabe folgt erstmals wieder vollständig der Veröffentlichung von 1862.

290 *Leipziger Denkstein* – Bronzestatue von Ernst Rietschel (1850).

Landesökonomiekollegium – 1842 gegründete Dachorganisation der landwirtschaftlichen Vereine in Preußen.

landwirtschaftliches Ministerium seit seiner Errichtung – Seit 1848.

Lebensende – Beckedorff starb 1858.

Standbild Beuths – Es stammt von August Kiß und wurde 1861 aufgestellt (heute im Hof des Märkischen Museums in Berlin). Beuth war der bedeutendste Förderer der preußischen Industrie in der ersten Hälfte des 19. Jahrhunderts.

290 *Bauakademie* – Viergeschossiger quadratischer Backsteinbau mit Innenhof, errichtet 1832–1835 nach den Plänen Schinkels. Portale, Fensterbrüstungen und -bögen waren mit Terrakottaschmuck versehen. Das für die Backsteinarchitektur der folgenden Jahrzehnte richtungweisende Bauwerk erfuhr nach Schinkels Tod im Innern zahlreiche Veränderungen. Am 3. Februar 1945 durch Bomben stark beschädigt, wurde es 1961 abgetragen. Etwa an der Stelle, wo die Bauakademie, eins der Hauptwerke Schinkels, stand, wurde 1964–1967 das Gebäude für das ehemalige Ministerium für Auswärtige Angelegenheiten der DDR errichtet.

291 *auch ihm ... ein Standbild* – Es wurde von Friedrich Drake in Bronze ausgeführt und 1869 aufgestellt (heute in der Nationalgalerie in Berlin).

damaliger Prinzen-Regent – Wilhelm, der spätere preußische König und deutsche Kaiser.

$9^1/_2$ Fuß – Etwa drei Meter.

seine letzte Arbeit – Rauch starb 1857.

Thaer-Statue ... Zeugnis von der Größe des Künstlers für alle Zeiten – Rauchs Thaer-Statue befindet sich heute im Lichthof der Landwirtschaftlichen Fakultät in der Berliner Invalidenstraße.

schwere Krankheit – Nach einem Schlaganfall im Sommer 1857 litt König Friedrich Wilhelm IV. zunehmend an einer Gehirnerweichung, so daß sein Bruder Wilhelm zunächst die Stellvertretung, dann die Regentschaft übernahm.

Todesfall in der königlichen Familie – Am 1. November 1860 war die russische Zarin Alexandra gestorben, eine Schwester Friedrich Wilhelms IV. und des Prinzregenten Wilhelm, die 1817 den späteren Zaren Nikolaus I. geheiratet hatte.

292 *Landesökonomierat Thaer* – Albrecht Philipp Thaer.

Hôtel d'Angleterre – Es war 1858 durch den völligen Umbau eines alten Hauses am Schinkelplatz entstanden.

Akademie in Tharandt – Die 1811 gegründete Forstakademie.

293 *»Lobe den Herrn ...«* – Evangelisches Kirchenlied von Joachim Neander (1679).

»Einleitung in die Kenntnis ...« – »Einleitung zur Kenntnis der englischen Landwirtschaft und ihrer praktischen und theoretischen Fortschritte, in Rücksicht auf Vervollkommnung deutscher Landwirtschaft für denkende Landwirte und Cameralisten von Albrecht Thaer, d. A. D. [der Arzneikunst Doktor]«, 3 Bände, 1801–1804.

DENKMAL ALBRECHT THAER'S ZU BERLIN.

ENTWORFEN VON **CHR. RAUCH.**

AUSGEFÜHRT VON **HUGO HAGEN.**

Nach Photographieen von L. Ahrends gezeichnet von Professor Holbein und in Holz geschnitten von C. Glantz.

Mit Text von Th. Fontane.

BERLIN.
VERLAG VON WIEGANDT U. HEMPEL
(FRÜHER: G. BOSSELMANN).

Titelblatt zu »Denkmal Albrecht Thaers«

295 *Volkshymne* – Gemeint ist wahrscheinlich das Nationallied »Ich bin ein Preuße, kennt ihr meine Farben« von Bernhard Thiersch (1830) mit der Melodie von August Neithardt (1832).

Ceres – Altitalische Göttin des Pflanzenwachstums.

296 *Ackergeräte* – »Abbildung und Beschreibung der nutzbarsten neuen Ackergerätschaften«, 3 Hefte, Hannover 1803 und 1806.

Annalen. 1805 – »Annalen des Ackerbaus«, 12 Bände, 1805–1810; 1811/12 in 4 Bänden unter dem Titel »Annalen der Fortschritte der Landwirtschaft in Theorie und Praxis« fortgesetzt.

Grundsätze der rationellen Landwirtschaft – Dieses Hauptwerk Thaers, in zahlreiche Sprachen übersetzt, erschien in 4 Bänden in Berlin 1809–1812.

Hygieia – Griechische Göttin der Gesundheit.

Industrie – Hier in altem Sinne: Gewerbefleiß.

Schafrace – Race: Fontane benutzte meist das französische Wort für »Rasse«.

297 *Jubelfeier* – Thaers fünfzigjähriges Doktorjubiläum 1824.

hiesiger Gewerbeverein – Der 1821 von Beuth in Berlin gegründete »Verein zur Beförderung des Gewerbefleißes«.

Gönner, Freunde, Gehülfen ... – Ihre Biographien stellt Fontane im zweiten Teil der vorliegenden Schrift dar.

299 *Landrentmeister* – Vorsteher des Rentamtes, einer Rechnungs- und Verwaltungsbehörde, die die landesherrlichen Einkünfte einzog.

300 *»Julius von Tarent»* – Das 1776 entstandene Trauerspiel wirkte auf die Dramatik des Sturm und Drang ein und beeinflußte namentlich Schillers »Räuber«.

301 *»Berliner Theologen«* – Gemeint ist die Berliner Gruppe der sogenannten Neologen (u. a. Sack, Spalding), die in der Aufklärungsphilosophie und -theologie des 18. Jahrhunderts eine gemäßigte Richtung vertraten. Sie bekämpften den kirchlichen Dogmatismus und die überlieferten Offenbarungslehren, hielten aber (im Gegensatz zu den Rationalisten) am Begriff der Offenbarung fest, dem sie einen neuen, »vernünftigen« und »sittlichen« Inhalt zu geben suchten.

»Fragmente eines Wolfenbüttelschen Unbekannten« – Die von Lessing 1774–1778 herausgegebenen »Fragmente aus den Papieren eines Ungenannten« stammen aus einem Manuskript (»Apologie oder Schutzschrift für die vernünftigen Verehrer Gottes«) von Hermann Samuel Reimarus (1694–1768), der darin den Offenbarungsglauben scharf angreift.

301 *Thaerscher Schwiegersohn und Biograph* – Zu Wilhelm Körte vgl. die Vorbemerkung.
»Erziehung des Menschengeschlechts« – Erschien 1780. Die These von der Urheberschaft Thaers wurde nicht bestätigt.
»De actione …« – (lat.) »Über die Funktion des Nervensystems bei Fieberzuständen«.
Der Prophet galt nichts in der Heimat – Sprichwörtlich nach Matthäus 13, 57 im Neuen Testament.
303 *»Baue dein Gehöft so …«* – Zitat aus Marcus Portius Catos (des Älteren) Werk »De agri cultura« (Über den Ackerbau).
304 *Zimmermann* – Offenbar der Arzt und Schriftsteller Johann Georg Ritter von Zimmermann, der Friedrich II. kurz vor dessen Tod mit behandelt und darüber ein Buch veröffentlicht hat.
305 *die Brache entbehrlich* – In der bis Anfang des 19. Jahrhunderts üblichen Dreifelderwirtschaft lag stets ein Drittel der Getreideanbaufläche brach, damit sich der Boden regenerieren konnte.
308 *Cameralisten* – Kameralismus: ökonomische Lehre von der Hebung der Staatseinkünfte durch Förderung der Wirtschaft und Vervollkommnung des Steuersystems im Interesse der feudalen Landesherren.
309 *»Der isolierte Staat«* – »Der isolierte Staat in Beziehung auf Landwirtschaft und Nationalökonomie« (3 Bände; 1826, 1850, 1863).
Schlacht von Torgau – In der verlustreichen Schlacht von Torgau besiegten die Truppen Friedrichs II. am 3. November 1760 die Österreicher. Vgl. die Biographie Zietens in den »Vaterländischen Reiterbildern aus drei Jahrhunderten«; S. 440 ff. dieses Bandes.
Besetzung Hannovers – Nach der (dritten) Kriegserklärung Englands an Frankreich (18. Mai 1803) ließ Napoleon das Kurfürstentum Hannover, das von 1714 bis 1837 in Personalunion mit Großbritannien verbunden war, besetzen und Elbe und Weser für den englischen Handel sperren.
312 *Koppe (vergl. dessen Biographie)* – Vgl. S. 329 ff. dieses Bandes.
Berliner Wollmarkt – Vgl. »Der Wollmarkt«; S. 242 ff. dieses Bandes.
314 *unglücklicher Krieg von 1806* – Am 14. Oktober 1806 wurde die preußische Armee in der Schlacht bei Jena und Auerstedt von den Truppen Napoleons vernichtend geschlagen. Die Niederlage hatte den Zusammenbruch des morschen absolutistischen Staatsapparates, eine panikartige Auflösung der Armee

sowie die Besetzung des preußischen Territoriums durch die Franzosen zur Folge.

315 *»Sumimus pecuniam ...«* – (lat.) Wir nehmen das Geld und schicken einen Esel zurück in die Heimat.

316 *»Forstakademie«* – Zentrale Hochschule für Forstwissenschaft, die Kandidaten für den höheren Staatsforstdienst ausbildete.

Apologia confessionis – Nachtrag zur »Confessio Augustana« (Augsburger Konfession), einer grundlegenden Bekenntnisschrift der lutherischen Kirche. Die 28 Artikel der (ebenfalls von Philipp Melanchthon) in lateinischer und deutscher Sprache abgefaßten »Augsburger Konfession«, die Kaiser Karl V. 1530 auf dem Reichstag zu Augsburg von den evangelischen deutschen Fürsten und Städten überreicht wurde, betonen bei aller Kritik an kirchlichen Mißständen das Gemeinsame von Protestanten und Katholiken.

317 *Brochüre* – Für Fontane typische deutsch-französische Mischform.

Gemeinheitteilungsordnung – Gemeinheitsteilung: Aufteilung gemeinschaftlich genutzter Gemeindeländereien (besonders Weideland und Wald) an die Anteileigner.

Roter Adlerorden – 1705 gestiftet und seit 1792 der zweithöchste preußische Orden; er wurde in 5 Klassen und 40 Abstufungen verliehen.

Wer müht sich wohl ... – Goethe, »Zu Thaers Jubelfest, dem 14. Mai 1824«, Vers 1f. Das Gedicht erschien am 16. Mai 1824 in den »Festgaben, dem königlich preußischen Geheimen Oberregierungsrate Herrn Albrecht Thaer zur Feier seines fünfzigjährigen Wirkens dargebracht von seinen Freunden und Schülern«.

daß unser Leben köstlich gewesen – Anspielung auf Psalm 90, 10 im Alten Testament.

319 *Der ist beglückt ...* – Friedrich Hagedorn, »Horaz« (aus der Sammlung »Moralische Gedichte«), Vers 263–266.

Allodialrittergut – Rittergut, das frei war von Lehns- oder gutsherrlicher Abhängigkeit.

320 *Blumberg* – Vgl. »Spreeland«, Kap. »Blumberg«; Band 4 dieser Ausgabe. Blumberg gehörte dem Grafen Friedrich Ludwig von Arnim.

Regiment »König« – Das Zweite Infanterie-Regiment (Königs-Regiment).

Siegenscher Wiesenbau – Die Wiesenbauschule in Siegen (Westfalen).

321 *nach Hofwyl zu Fellenberg* – Der Landwirt und Sozialpäd-

agoge Philipp Emanuel von Fellenberg hatte in seinem Mustergut Hofwyl bei Bern eine Erziehungsanstalt eingerichtet.

321 *dieses ... Gewächs ausführlich besprach* – »Einige Bemerkungen über grüne Düngung, bes. über die Benutzung der weißen Lupine«, veröffentlicht 1811 im Band 1 der »Annalen der Fortschritte der Landwirtschaft in Theorie und Praxis«. 1828 veröffentlichte er die Schrift »Über den Anbau der weißen Lupine im nördlichen Deutschland«.

»Aufruf des Königs an das Volk« – Der Aufruf »An mein Volk«, den Friedrich Wilhelm III. am 17. März 1813 erließ.

Landwehr – Ebenfalls am 17. März 1813 wurde das von Scharnhorst entworfene Landwehredikt veröffentlicht. Es verpflichtete jeden Preußen bis zum 40. Lebensjahr (sofern er nicht dem stehenden Heer angehörte) zum Dienst in dieser milizartigen Organisation.

Schlacht bei Reims – Die Schlacht fand nicht am 16., sondern bereits am 13. März 1814 statt; Napoleon besiegte russische Verbände.

Einzug der Verbündeten in Paris – Paris hatte am 30. März 1814 kapituliert; am Tag darauf marschierten die Verbündeten ein.

Wiederausbruch des Krieges – Nach der Rückkehr Napoleons von der Insel Elba am 1. März 1815.

322 *Schlacht bei Ligny* – Am 16. Juni 1815 schlug Napoleon die preußische Armee unter Blücher bei Ligny (Belgien).

Mergellager – Mergel wurde als Kalkdünger verwendet.

323 *Belagerung von Wittenberg* – Napoleon hatte das damals zu Sachsen gehörende Wittenberg zur Festung ausgebaut, die von den Preußen am 12./13. Januar 1814 erobert wurde.

»Versuch einer Theorie ...« – Die Schrift erschien 1815 in Berlin.

324 *mäßig* – Hier: maßvoll, bescheiden.

325 *Mecklenburgscher patriotischer Verein* – Er ging 1817 aus der »Mecklenburgischen Landwirtschafts-Gesellschaft« hervor.

Flattbode – Gemeint ist wohl Flottbek, wo Thünen die landwirtschaftliche Lehranstalt besuchte.

belegen – Von Fontane häufig benutzte Nebenform zu: gelegen.

Reepkow (?) – Gemeint ist Rubkow bei Anklam.

326 *»Mecklenburger landwirtschaftliche Annalen«* – »Annalen der Mecklenburgischen Landwirtschafts-Gesellschaft«, herausgegeben von Franz Christian Lorenz Karsten (seit 1803, ab 1814 als »Neue Annalen ...« weitergeführt.

326 *Thaer sagte von diesem Buch* – In den »Möglinschen Annalen der Landwirtschaft«, 1827, Band 19, S. 2.
Wulffen … in … einem seiner … Briefe – Zitiert nach der Thaer-Biographie von Wilhelm Körte, S. 262f.
Petarde – Sprengkörper.

327 *Korn-Bill* – 1822 in Kraft gesetzte Verordnung zum Schutz der englischen Landwirtschaft gegen die Konkurrenz des preisgünstigen ausländischen Getreides. Thünen hatte bereits 1819 in den »Neuen Annalen der Mecklenburgischen Landwirtschafts-Gesellschaft« seine »Ansichten über die Wirkung der englischen Korn-Akte auf Mecklenburg« veröffentlicht.

328 *Provisorat* – Stelle des ersten Gehilfen in einer Apotheke.
jüngste Tochter Thaers – Sophie Caroline Louise, seit 1809 mit Georg Ernst Wilhelm Crome verheiratet.
Thaer … über Einhofs Tod – Im Februarheft 1808 der »Annalen des Ackerbaus« hatte Thaer »Einhofs Tod« angezeigt, im Märzheft folgte ein Nachruf.

329 *Beesdau* – Bei Frankfurt/Oder.
Tod des letzten Königs – August III., König von Polen, war als Friedrich August II. Kurfürst von Sachsen. Er starb 1763.

330 *drittehalb* – anderthalb.

335 *»Der Ackerbau auf dem hohen Fläming«* – Gemeint sind wohl folgende Schriften in den »Annalen des Ackerbaus«: »Bericht über die Ernte auf dem Flemming bei Jüterbog im Jahre 1806« (1807, Band 5) und »Landwirtschaftlicher Bericht von dem hohen Flemming bei Jüterbog« (1807, Band 6).
Gesetz von 1811 – Das »Regulierungsedikt« vom 14. September 1811, von der Regierung Hardenberg erlassen, hob die bäuerlichen Feudallasten auf, wurde aber durch den Widerstand der Gutsherren weithin wirkungslos gemacht.
zweite Auflage – Berlin 1818.
3. Auflage – Berlin 1829.
»Mitteilungen aus dem Gebiet der Landwirtschaft« – Leipzig 1819–1825.

336 *Landschaftskollegium* – Öffentlich-rechtliches Kreditinstitut, das Hypotheken für den ländlichen Grundbesitz beschaffte.

337 *Kloster Sankt Michaelis* – In Lüneburg.

338 *Penetration* – Verstandesschärfe, Scharfsinn.
der Blöde – Hier in alter Bedeutung: der Schüchterne.
der bekannte preußische Finanzminister – Hans Graf von Bülow.
Oberforstmeister zu Thale – Christian von Bülow.

339 *Bonitierungsgeschäft* – Schätzung, Beurteilung der Tiere nach bestimmten Kriterien.

339 *Remontedepot* – Pferde-Ersatz- bzw. Ergänzungsdepot.
Trakehnen – Mittelpunkt der berühmten ostpreußischen Pferdezucht.

340 *»Ökonomische Neuigkeiten«* – Die Zeitschrift erschien 1811–1848 und wurde zunächst von Christian Karl André, später von dessen Sohn Emil herausgegeben.
»Schlesische Monatsschrift« – Die »Schlesische landwirtschaftliche Monatsschrift« erschien 1829–1831 und wurde von Friedrich Benedikt Weber redigiert.

341 *»Allgemeine Zeitung ...«* – Vermutlich ist die »Allgemeine Zeitung für die deutschen Land- und Forstwirte« gemeint, die seit 1839 erschien. Es gab aber auch eine »Landwirtschaftliche Zeitung« mit dem Untertitel »Repertorium alles Neuen und Wissenswürdigsten in der Land- und Hauswirtschaft für praktische Landwirte, Kaufleute und Fabrikanten« (1803–1840).
»Spenersche« – »Haude- und Spenersche Zeitung« (1740–1874).
»Preußische Staatszeitung« – »Allgemeine Preußische Staatszeitung«, erschien seit 1819 mit wechselnden Titeln.

343 *Philanthropium* – Gemeint ist das 1774 von Johann Heinrich Basedow in Dessau gegründete Philanthropinum, eine Erziehungsanstalt im Geiste der Aufklärung.
Ritterakademie – Die Ritterakademie in Brandenburg, 1704 gegründet, war eine Bildungsanstalt für junge Adlige. Vgl. Anm. zu S. 163.

345 *Tod seines Vaters* – Hans Ernst von Arnim starb 1782.
Regulierungsverhältnisse – Gemeint ist das Regulierungsedikt von 1811. Vgl. Anm. zu S. 335.
Scharnweber – Christian Friedrich von Scharnweber war der wichtigste Mitarbeiter Hardenbergs bei der Agrarreform.
Schlacht bei Kunersdorf – Dabei erlitten die Truppen Friedrichs II. am 12. August 1759 gegen Österreicher und Russen eine schwere Niederlage.
»ukasmäßigen« – vorschriftsmäßigen, gesetzlichen.

346 *Major à la suite* – Ehrenstellung für preußische Offiziere, die ohne dienstliche Verpflichtung in bestimmten Truppenteilen geführt wurden.
Bayerscher Erbfolgekrieg – Militärische Auseinandersetzung zwischen Preußen und Österreich (1778/79), ausgelöst durch den Versuch Josephs II., nach dem Aussterben der bayrischen Wittelsbacher einen Teil Bayerns zu annektieren. Der Konflikt wurde durch Vermittlung Frankreichs und Rußlands beigelegt.

346 *Schafzucht … ein Werk schrieb* – »Versuch über die Schafzucht in Preußen«, Leipzig 1800.
polnische Revolution – 1794 kam es im okkupierten Polen zu einem Volksaufstand unter Führung von Tadeusz Kościuszko. Die Erhebung wurde blutig niedergeschlagen, und Rußland, Österreich und Preußen teilten Polen 1795 unter sich auf.
pour le mérite – (franz.) für das Verdienst. 1740 von Friedrich II. gestifteter preußischer Kriegsorden.

347 *Elefantenorden* – 1559 gegründeter dänischer Orden, dem außer dem König und den Prinzen jeweils 30 Ritter angehören.

348 *Quilitz (später Neu-Hardenberg)* – Vgl. »Das Oderland«, Kap. »Quilitz oder Neu-Hardenberg«; Band 2 dieser Ausgabe.
Friedland – Vgl. das gleichnamige Kapitel in »Das Oderland«; Band 2 dieser Ausgabe.
Kunersdorf – Vgl. das gleichnamige Kapitel in »Das Oderland«; Band 2 dieser Ausgabe.

349 *spätere Gräfin von Itzenplitz* – Im Notizbuch A 21, Blatt 51–53, hat Fontane eine ausführliche Charakteristik über sie aufgeschrieben. Vgl. »Das Oderland«, Kap. »Kunersdorf« und die Anm. dazu; Band 2 dieser Ausgabe.
Marwitz … in seinen Memoiren – Friedrich August Ludwig von der Marwitz' zum Teil recht eigenwillige Lebenserinnerungen erschienen unter dem Titel »Aus dem Nachlasse« zweibändig zuerst 1852 in Berlin. Vgl. dazu Friedrich August Ludwig von der Marwitz, »Nachrichten aus meinem Leben. 1777–1808«, herausgegeben von Günter de Bruyn, Berlin 1989.

353 *Französische Revolution … Schreckenshöhe* – Gemeint ist die Zeit der Jakobinerdiktatur, die radikal-demokratische Phase der Französischen Revolution (Juni 1793–Juli 1794), in der zahlreiche Konterrevolutionäre hingerichtet wurden.

354 *Veräußerung der königlichen Domainen* – Die preußischen Domänen, der land- und forstwirtschaftlich genutzte Grundbesitz des Staates, wurden auf Grund eines Kabinettsbeschlusses vom 6. November 1809 verkauft oder verpfändet, der Erlös zur Zahlung von Kriegskontributionen verwendet.
Hofedienste – Die Dienstleistungen unfreier Bauern für den Gutsbesitzer.
Servitutsablösungen – Aufhebung der bäuerlichen Dienstleistungen.

355 *Mergelungen* – Vgl. Anm. zu S. 322.

356 *Friedrichsfelde* – Vgl. die gleichnamigen Kapitel in »Spreeland«; Band 4 dieser Ausgabe.

358 *König* – Wilhelm I.
Allgemeines Ehrenzeichen – Eine Silber-Gold-Medaille mit der Inschrift »Verdienst um den Staat«, die bis 1899 an verdiente Persönlichkeiten verliehen wurde, denen die eigentlichen Orden aus »Standesrücksichten« nicht zustanden.
Pückler – Erdmann III., Reichsgraf Pückler.
Oberbarnimscher und Lebuser Kreis – Vgl. Anm. zu S. 53 und S. 273.

Bilderaltäre

Fontane erfuhr bei den Recherchen für die »Wanderungen« immer wieder von mittelalterlichen Kunstdenkmälern, die auf Kirchendachböden oder an anderen ungeeigneten Orten lagerten und dort dem Verfall oder gar der Vernichtung preisgegeben waren. Dieser kunsthistorisch wertvolle »Kirchenschmuck aus der katholischen Zeit« paßte nach damaliger Auffassung nicht in das nüchterne protestantische Gotteshaus. Fontane, der ohnehin stets gegen das bornierte »antikatholische Gefühl« polemisierte und um den Wert jener alten Holzskulpturen wußte, schloß sich den Bemühungen preußischer Konservatoren und Kunsthistoriker um deren Rettung an und dachte wohl zeitweise daran, sie nicht nur zu verzeichnen, sondern über sie eine Arbeit zu verfassen. Eine 1863 angefertigte Zusammenstellung von Aufsätzen, die er zu schreiben beabsichtigte, enthält unter Nummer 10 »Geschnitzte Bilder-Altäre« (Notizbuch A 7, Blatt 28/29; vgl. »Havelland«, Anmerkungen zum Kapitel »Die Zisterzienser in der Mark«, Band 3 dieser Ausgabe). Von gelegentlichen Beschreibungen in den »Wanderungen« abgesehen, finden sich in seinen Notizbüchern (vor allem A 7 von 1863) zahlreiche, meist unsystematische Aufzeichnungen, über die Sonja Wüsten in ihrem Aufsatz »Schnitzaltäre in märkischen Kirchen. Zu unveröffentlichten Notizen Theodor Fontanes« berichtet hat (Fontane-Blätter, Band 12, Heft 5, 1971, S. 308ff.).

Als der Kunstgeschichtler Carl Schnaase (C.S.) am 20. Januar 1863 in der ständigen Rubrik »Berliner Zuschauer« der »Neuen Preußischen (Kreuz-)Zeitung« einen Bericht über die in der Akademie ausgestellten Altäre der Dorfkirchen in Bollersdorf und Wilkendorf veröffentlicht hatte, schrieb Fontane den unter [I] abgedruckten Brief, der am 25. Januar 1863 in der »Kreuzzeitung« erschien (Nr. 21, Beilage; gezeichnet: Te.). Ebenfalls mit Bezug auf die Akademie-Ausstellung verfaßte Fontane den unter [II] aufgenommenen Aufruf, den er im »Schulblatt für die Provinz Brandenburg«

(5./6. Heft, Mai/Juni 1863) einrücken ließ. Diesen beiden Veröffentlichungen folgt der Text der vorliegenden Ausgabe.

Die Notiz im »Schulblatt« brachte Fontane eine Reihe von Zuschriften ein, die er in ein abgelegtes Manuskriptkonvolut der »Wanderungen«-Kapitel »Quilitz oder Neu-Hardenberg« und »Kienbaum« einklebte, dessen Umschlag er mit der Aufschrift »Schnitzaltäre in märkischen Kirchen« versah und das unter der Signatur Kb 1 im FAP erhalten ist (siehe weiter unten). Darunter befindet sich der Brief des Kantors Matthiolius aus Fliet vom 26. Januar 1863, den dieser direkt an die Redaktion der Kreuzzeitung gerichtet hatte. Zwei weitere Briefe in dieser Angelegenheit sind nur in der Schrift von Jutta Fürstenau, »Fontane und die märkische Heimat«, Berlin 1941, S. 258, erwähnt.

Im Notizbuch A 7 (Blatt 77–79) hat Fontane mit Tinte die folgenden Übersichten notiert:

Schnitzaltäre in märkischen Städten

Frankfurt a/O reich-einfach; große Figuren; sehr schön
Werben in der Altmark
Neuruppin
Mittenwalde
Beeskow (?)
Perleberg (?)
Luckenwalde
Strausberg
Brandenburger Dom (der berühmte Schrein aus Lehnin)

Schnitzaltäre in märkischen Dörfern

Regierungsbezirk Frankfurt
1. Heckelberg (siehe dies Buch)
2. Schulzendorf (dto)
3. Reichenow (dto) aus dem Jahre 1622
4. Reichenberg (dto) jetzt ausquartiert
5. Buckow (dto) sehr spät; *Rokoko*, dadurch wichtig
6. Wilkendorf (siehe †-Ztng. Januar 1863)
7. Bollersdorf (dto den Aufsatz von Geh. R. Schnaase)

(Diese hier aufgeführten, mit Ausnahme Buckows, im *Barnim* gelegen, gehören auch noch sämtlich zum Regierungsbezirk *Potsdam*, so daß ich aus R. B. Frankfurt noch weiter keine aufgeführt habe als in den Städten Frankfurt u. Buckow.)

Schnitzaltäre in märkischen Dörfern

Im Regierungsbezirk Potsdam

1. *Meßdunk*, Parochie Krahne (Rochowscher Besitz), siehe den ausführl. Brief von Prediger *Hermanni* in Krahne

2. *Trechwitz* bei Groß Kreutz bei Brandenburg siehe den Brief des Lehrers *Schumacher*

3. *Rottstock* bei Brück, Ephorie Belzig, siehe den ausführl. Brief des Küster *Lehmann*

4. *Bornow* bei Beeskow, siehe den Brief des Prediger *Heinrich*

5. *Mesendorf* bei Pritzwalk, siehe den Brief des Prediger Brandenburg in Pritzwalk

6. *Kuhsdorf* bei Pritzwalk. Dasselbe Dorf, wo der junge Ramdohr Prediger ist. Siehe denselben Brief

7. *Fliet* bei Angermünde (Arnim-Suckow), siehe den Brief des Kantor Matthiolius

[Notiz am unteren Rand:] Schnitzaltar zu Kölleda in Thüringen siehe den Brief des Oberpfarrer Grüning.

Auf den Blättern 82–96 von A 7 bereitete Fontane weitere Listen vor, die sein weitgespanntes Interesse im vorliegenden Zusammenhang belegen:

Alte Taufsteine

1. Wilkendorf. Große granitne (Feldstein-)Taufe
2. Müncheberg (?) ebenso. Bruchstück
3. Gielsdorf. Große Taufe von Kalkstein.

Alte Taufbecken

mit Reliefbildern und nicht zu entziffernder Umschrift

Alte Abendmahlskelche, Altarleuchter etc. etc.

1. Kloster Friedland. 3 schöne Kelche
2. Frankfurt a. O. 1 oder 2 Kelche, nicht voll so schön wie in Friedland.

Alte Deckenmalereien in gotischen Kirchen

1. Strausberg
2. In der Sakristei der Frankfurter Oberkirche.

In A 7 schließen sich folgende Überschriften an, zu denen nichts notiert ist: Alte Kirchenbilder kirchlichen Inhalts; Alte Kirchenbilder profanen Inhalts (Portraits); Skulpturwerke kirchlichen Inhalts, mit Ausnahme der Schnitzaltäre etc.; Skulpturwerke profanen Inhalts (Portraits etc.); Alte Glocken und ihre Inschriften; Grabsteine und ihre Inschriften.

Fontane hat dieses und anderes Material später nicht verwertet, aber er weist in seinem Werk mehrfach auf die kulturhistorische Bedeutung alter Dorfkirchen und ihres Interieurs hin. So heißt es zum Beispiel in »Vor dem Sturm« (Band 1, Kap. 5, »In der Kirche«): »Nur unsere Dorfkirchen stellen sich uns vielfach als die Träger unserer *ganzen* Geschichte dar, und die Berührung der Jahrhunderte untereinander zur Erscheinung bringend, besitzen und äußern sie den Zauber historischer Kontinuität.«

359 *Dorfkirchen in Bollersdorf und Wilkendorf* – Eine Notiz in Nr. 19 der »Neuen Preußischen (Kreuz-)Zeitung« vom 23. Januar 1863 verweist darauf, daß C[arl] S[chnaase] die Orte Wilkendorf und Bollersdorf verwechselt hatte. Vgl. auch »Das Oderland«, Kap. »Der große und kleine Tornow-See«; Band 2 dieser Ausgabe.

Berichterstatter, ... dessen Anschauungen und Wünschen ich mich in jedem Punkte anschließe – Carl Schnaase schreibt zu Beginn und am Schluß seines Artikels: »Die beiden durch die treue und geschickte Hand des Bildhauers *Holbein* vortrefflich restaurierten Altäre, welche jetzt für einige Tage im Gebäude der Akademie öffentlich ausgestellt sind, haben zwar nicht die hohe künstlerische Schönheit oder den gewaltigen Umfang und Reichtum des Inhalts wie die Altäre von Tribsee und von Greifswald, die wir früher ebenfalls bei Gelegenheit ihrer Restauration hier sahen; aber sie geben doch wieder eine Anschauung jener in Deutschland einst so viel geübten und beliebten *Holzskulptur* mit ihrem Gold- und Farbenglanz, von der in den wenigen alten Kirchen Berlins kein einziger Überrest erhalten ist und die sich in unserer Stadt nur zeigt, wenn auswärtige Werke dieser Art zur Herstellung in die für diese Aufgabe mit Recht berühmte Werkstatt des genannten Bildhauers gelangen. Auch enthalten sie manche interessante Einzelheiten und sind jedenfalls dadurch wichtig, daß sie in der

Mark Brandenburg entdeckt und mutmaßlich gearbeitet sind und also zu den spärlichen Überresten unserer eigenen Vorzeit gehören. [...] Übrigens läßt das Beispiel dieser beiden Altäre vermuten, daß auch sonst noch in Dorfkirchen unserer Provinzen hin und wieder, bestäubt und an dunklen Stellen, mittelalterliche Kunstwerke erhalten sind, welche, mit geringem Aufwande hergestellt, den Kirchen zu großer Zierde gereichen könnten. Freilich werden sie meistens, wie die beiden erwähnten, auch Heiligenbilder oder Andeutungen ihrer Bestimmung für den Kultus der alten Kirche enthalten. Allein auch dann wird häufig auch jetzt noch Geltendes daneben stehen, und jedenfalls sollten sie schon als Monumente unserer Vorfahren und als Zeugnisse für die Kontinuität christlicher Frömmigkeit uns ehrwürdig sein und an ihrer Stelle erhalten werden. Es ist daher zu wünschen, daß die Patrone solcher Kirchen dem Beispiele, welches ihnen hier gegeben ist, folgen, nach ähnlichen Werken nachforschen und sie hergestellt den Kirchen zurückgeben möchten.«

359 *Im Lebusischen* – Vgl. Anm. zu S. 273.

Oberbarnim – Vgl. Anm. zu S. 53.

Beeskow-Storkow – Bis zum Ende des zweiten Weltkrieges Kreis im Regierungsbezirk Potsdam. Die historische Herrschaft Beeskow-Storkow, 1349 geschaffen, gehörte seit 1556 zur Neumark, seit 1576 zur Kurmark.

aus der katholischen Zeit – Sie ging in Brandenburg 1539 mit der Einführung der Reformation zu Ende.

Itzenplitz – Heinrich August Friedrich von Itzenplitz.

Pfuel – Gustav Felix Bertram von Pfuel.

360 *»Nun haben wir Licht«* – Fontane hat sich zu diesem Thema mehrfach polemisch geäußert. In »Havelland«, Kap. »Alt Geltow«, heißt es: »Die buntbemalten Fenster, die großen Steinkruzifixe, die Grabsteine, die vor dem Altar lagen, die Schildereien, mit denen Liebe und Pietät die Wandpfeiler schmückte – sie sind alle längst hinweggetan; ›sie nahmen das Licht‹, oder ›sie waren zu katholisch‹, oder ›die Fruen und Kinner verfierten sich‹. Nur die Braut- und Totenkronen blieben noch. Sollen nun auch *diese* hinaus? Soll alles fort, was diesen Stätten Poesie und Leben lieh?« Im gleichen Band, Kap. »Petzow«, bemerkt Fontane: »Der moderne Basilika-Erbauer mag ein gotisches Gewölbe niederreißen, das nun mal schlechterdings in die gestellte Aufgabe nicht paßt; aber das halbverblaßte Freskobild, die Inschrifttafel, der Grabstein mit der Plattenrüstung – *ihnen* hätte er auch in dem Neubau ein Plätzchen gönnen können. Er ver-

sagt dies Plätzchen ohne Not, er versagt es, und daran knüpfen wir unsern Vorwurf. Die historische Pietät ist fast noch seltener als die künstlerische. So entstehen denn entzauberte Kirchen, die helle Fenster und gute Plätze haben, die aber den Sinn kalt lassen, weil mit der Vergangenheit gebrochen wurde.«

360 *Provinzial-Volksschul-Blätter* – Vgl. den folgenden Aufruf, der im »Schulblatt für die Provinz Brandenburg« erschien.

361 *Alte Jakobstraße 171* – Die Fontanes waren dort 1862 eingezogen. Sie behielten die Wohnung bis Herbst 1863 und wohnten dann Hirschelstraße 14; 1872 zogen sie in die Potsdamer Straße 134 c um.

Luch im Wald

Emilie Fontane hielt sich mehrfach bei der Familie Knochenhauer in Luckenwalde auf, und auch Fontane selbst ist in der ersten Hälfte der fünfziger und zu Beginn der sechziger Jahre verschiedentlich dort gewesen. Laura Knochenhauer, die Frau eines Färbereibesitzers, war eine weitläufige Verwandte von Emilie (Schwägerin ihres Halbbruders Hermann Müller) und stand dieser in schwierigen familiären Situationen bei (unter anderem während Fontanes England-Aufenthalt). Nach Hermann Frickes Chronik hat Fontane an »Luch im Wald« im Herbst 1862 gearbeitet; veröffentlicht wurde das Feuilleton am 17. April 1864 in der »Neuen Preußischen (Kreuz-)Zeitung« (Nr. 90, Beilage; gezeichnet: Te.). Diesem einzigen Druck zu Fontanes Lebzeiten folgt der Text der vorliegenden Ausgabe.

Wie Jutta Neuendorff-Fürstenau für die Bände XVIII/XVIIIa der Nymphenburger Ausgabe ermitteln konnte, hat Fontane vor allem die »Chronik der Fabrikstadt Luckenwalde« von Werner Reinhold benutzt, die in zwei Bänden 1845/46 in Luckenwalde herauskam, sowie den ersten Band des »Landbuchs der Mark Brandenburg und des Markgraftums Niederlausitz in der Mitte des 19. Jahrhunderts oder Geographisch-historisch-statistische Beschreibung der Provinz Brandenburg« von Heinrich Carl Berghaus, das in drei Bänden1854–1856 in Brandenburg erschien.

362 *»Luch im Wald«* – Fontane hat die Formel von Berghaus übernommen: »… halb slawisch, halb deutsch … Lug oder Luch im Walde, d. h. Sumpfwiese im Walde …« (Band 1, S. 519).

Landschaftsbild – Vgl. »Die Mark und märkische Kriegsobersten zur Zeit des Dreißigjährigen Kriegs«; S. 259ff. dieses Bandes.

362 *Elsengebüsch* – Weidengestrüpp.

Torfpyramide – Vgl. Anm. zu S. 261.

der alte Kirchturm ... am Marktplatz – Der um 1200 gebaute Wartturm einer alten Burganlage wird seit 1484 als Glockenturm genutzt. Nachdem der obere Teil 1625 eingestürzt war, wurde der Turm in der heute noch erhaltenen Gestalt erneuert.

als die Mönche von Kloster Zinna ... eine christliche Kirche ... bauten – Die heutige Pfarrkirche Sankt Johannes, die auf eine bereits 1183 erwähnte und um 1413 zerstörte Vorgängerin zurückgeht, entstand um 1450 und wurde zu Beginn des 20. Jahrhunderts umgebaut. Das Zisterzienserkloster Zinna wurde 1170/71 gegründet.

Webstuhl vogtländischer Weber – Bereits die Zinnaer Mönche sollen mit der Tuchfabrikation begonnen haben. Die Textilindustrie (speziell auch Hutfabriken) blühte vor allem im 18. Jahrhundert auf, als Friedrich II. Spinner und Weber nach Preußen holte und sich in Luckenwalde eine »Geraer Colonie« ansiedelte.

363 *Stelle eines ... trefflichen Buches* – Fontane zitiert aus Berghaus, Band 1, S. 521.

Styliten – Säulenheilige. Fontane gebraucht das Wort im Sinne von stylos (Säule).

der »Lebende hat recht« – Von Fontane vielbenutztes Zitat aus Schillers Gedicht »An die Freunde« (1802).

Haushaltworte – Alltägliche, selbstverständliche Worte.

Emisch – Bekannte Tuch- und Hutfabrik in Luckenwalde, begründet von Carl Emisch.

Pariser – Teil einer großen, in Berlin beheimateten Tuchfabrik.

364 *Vläminger ... die ersten Kolonisten* – Fontane stützt sich auch hier auf Berghaus, der von der Ansiedlung flämischer Kolonisten in der zweiten Hälfte des 12. Jahrhundert berichtet.

Jüterboger Chronik – Berghaus nennt die »Urkundliche Chronik der alten Kreisstadt Jüterbogk und ihrer Umgebungen« (1851) von Carl Christian Heffter und die »Geschichte der Kreisstadt Jüterbogk und ihrer Umgebung« (1826–1831) von Johann Carl Brandt.

Geschichtschreiber des Flämings – Reinhold druckt in seiner »Chronik« die »Notizen über den Fläming« von dem Jüterboger Rektor Telle ab, die zuerst 1844 im »Wochenblatt des Jüterbog-Luckenwaldischen Kreises« veröffentlicht worden waren. Fontane zitiert, wie gewöhnlich, sehr frei. Aus Telles »Notizen« sind auch die Dialektverse in der Fußnote übernommen.

365 *Indigoküpe* – Kupferkessel zum Färben mit Indigo.

366 *Poëta laureatus* – (lat.) mit dem Lorbeerkranz gekrönter Dichter.

Comes Palatinus – (lat.) Pfalzgraf.

Seiler – Tobias Seiler war 1618–1620 Oberpfarrer in Luckenwalde. Er starb 1620 (nicht 1626).

Gerinus – Fontane zitiert dessen Verse nach Reinholds »Chronik«.

Poet in Luckenwalde – Wahrscheinlich meint Fontane Egbert Hanisch (Harnisch), über den er im dritten Kapitel des Abschnitts »Berlin 1840« seiner Autobiographie »Von Zwanzig bis Dreißig« berichtet.

367 *So blieb es wohl 150 Jahre* – Das heutige Luckenwalder Rathaus ist ein spätklassizistischer Putzbau von 1844.

Rom und Albalonga – Die römische Sage berichtet von der Rivalität der beiden antiken Städte, die von jeweils drei Brüdern aus dem Geschlecht der Horatier und der Curiatier ausgetragen wurde. Mit dem Sieg eines Horatiers wurde die Herrschaft Roms gesichert.

368 *Gas kam* – Fontane denkt wohl vor allem an die Beleuchtung der Straßen durch Gaslaternen, die seit 1814 (zuerst in London) in fast allen europäischen Städten eingeführt wurde.

Luch im Wald hätte rechts gestanden – Der Satz dürfte ein Zugeständnis an die konservative Position der »Neuen Preußischen (Kreuz-)Zeitung« sein, für die ihr Redakteur Fontane den Aufsatz schrieb.

Erzbischof Norbert und die Prämonstratenser in der Mark

Der Aufsatz gehört in den Umkreis von Fontanes Studien über die Tätigkeit der Mönchsorden in der Mark, die im wesentlichen 1863/64 entstanden, im »Wochenblatt der Johanniter-Ordens-Ballei Brandenburg« veröffentlicht und später in »Havelland« zusammengefaßt wurden (vgl. Band 3 dieser Ausgabe). Den unmittelbaren Anstoß zu seiner Darstellung erhielt Fontane durch Franz Winters Buch »Die Prämonstratenser des 12. Jahrhunderts«, das 1865 in Berlin erschien. In Hermann Frickes Fontane-Chronik ist für September 1865 die Arbeit an dem Text belegt, der sich eingestandenermaßen sehr eng an das Wintersche Werk hält. »Erzbischof Norbert und die Prämonstratenser in der Mark« erschien in zwei Folgen am 27. September (Nr. 39, S. 223–225) und am 4. Oktober 1865 (Nr. 40, S. 229–231) im »Wochenblatt der Johanniter-Ordens-Ballei Brandenburg«. Diesem einzigen zu Fontanes Lebzeiten erschienenen Abdruck folgt der Text der vorliegenden Ausgabe.

Als Fontane in den frühen achtziger Jahren den Stoff zu seinem Projekt »Geschichten aus Mark Brandenburg« disponierte, führte er den Aufsatz mehrfach an und notierte an einer Stelle: »Vielleicht bei ›Havelland‹ mal benutzen« (Band 7 dieser Ausgabe). Vgl. aber auch die Notiz: »Meinen Aufsatz im Johanniterblatt 1865 nur spärlich benutzen« (Band 7 dieser Ausgabe).

369 *Zisterzienserorden* – Vgl. Anm. zu S. 101.
Aufsätze, die »Kloster Lehnin« behandelten – Fontane bezieht sich auf seinen eigenen Essay über Kloster Lehnin, der zwischen dem 11. Mai und dem 8. Juni 1864 in fünf Folgen im »Johanniterblatt« abgedruckt und später in »Havelland« aufgenommen wurde. Vgl. Band 3 dieser Ausgabe.
Chorin – Vgl. »Havelland«, Kap. »Kloster Chorin«; Band 3 dieser Ausgabe.
Prämonstratenser – Der Orden wurde 1120 von Norbert in Prémontré (Frankreich) gegründet. Seine Klöster waren wichtige Stützpunkte der feudalen Ostexpansion.

370 *1080 ... geboren* – Um 1085.
Regel des heiligen Augustin – Die sogenannte »Augustinerregel«, 388/89 von Augustinus formuliert, bildete die Grundlage für die Satzungen zahlreicher kirchlicher Orden.

371 *Kaiser* – Lothar III., deutscher König und römischer Kaiser.

372 *Paulus ... Saulus* – Anspielung auf die Bekehrung des Juden Saulus zum Christen Paulus.

373 *Abälard* – Der durch seine Liebesaffäre mit Héloïse berühmte scholastische Philosoph und Theologe.
auf seiner zweiten Reise – Im Jahre 1128.

375 *Benediktiner* – Die ersten Benediktinerklöster entstanden Mitte des 6. Jahrhunderts nach dem Muster des Klosters Monte Cassino (bei Neapel), das der italienische Adlige Benedikt von Nursia (der heilige Benedikt) im Jahre 529 gegründet hatte. Die »Benediktregeln«, von Karl dem Großen in den Klöstern seines Reiches eingeführt, waren im 9. und 10. Jahrhundert für alle Klöster West- und Mitteleuropas verbindlich.

377 *Haupttempel von Rethra* – Vgl. »Havelland«, Kap. »Die Wenden in der Mark«, Abschnitt 4; Band 3 dieser Ausgabe.

381 *Gegenpapst* – Anaklet II., gegen den Innozenz II. 1130 zum Papst gewählt wurde. Als Anaklet 1138 starb, endete die Spaltung des Papsttums.
Sein Tod (1133) – Norbert starb 1134. Er wurde 1628 ins Kloster Strahov (Prag) überführt. In der Magdeburger Klosterkirche ist die Marmorplatte für Norbert erhalten.
kommen wir bei einer spätern Gelegenheit zurück – Diesen Plan hat Fontane nicht ausgeführt.

Märkische Kriegsobersten während des Dreißigjährigen Krieges

Der Aufsatz, eine teils verkürzte, teils erweiterte Version des Vortrags »Die Mark und märkische Kriegsobersten zur Zeit des Dreißigjährigen Kriegs« von 1862 (vgl. die Vorbemerkung dazu, S. 689 dieses Bandes), erschien am 22. und 29. Dezember 1872 in der »Vossischen Zeitung« (Sonntagsbeilagen Nr. 51 und 52). Fontane hatte am 20. Oktober an Chefredakteur Hermann Kletke geschrieben, er hoffe, bis November »auf dem märkischen und Kriegsgebiet noch etwas Druck- und Lesbares für die Vossin zu finden«, und am 18. November versichert, er werde »zwei andre Aufsätze, darunter ein märkischer«, sehr bald schicken.

382 *Gustav Adolf an der pommerschen Küste gelandet* – 4. Juli 1630. Vgl. Anm. zu S. 259.
Schlacht bei Sedan – Die Entscheidungsschlacht im Deutsch-Französischen Krieg am 1. September 1870; große Teile der französischen Armee kapitulierten, Napoleon III. wurde gefangengenommen und gestürzt.
383 *Metiersoldaten* – Berufssoldaten.
Barnim – Vgl. Anm. zu S. 53.
Zauche – Vgl. Anm. zu S. 97.
384 *Friedländer* – Vgl. Anm. zu S. 272.
im Lebusischen – Vgl. Anm. zu S. 273.
Mordnacht im Schlosse zu Eger – Vgl. Anm. zu S. 273.
385 *»Spät kommt Ihr ...«* – Vgl. Anm. zu S. 273.
Oranienburg, dem damaligen Bötzow – Vgl. Anm. zu S. 274.
einige harmlose Worte – Vgl. Anm. zu S. 274.
Tag von Nördlingen – Vgl. Anm. zu S. 274.
Schicksal Magdeburgs – Vgl. Anm. zu S. 274.
386 *Neustadt-Eberswalde* – Name von Eberswalde bis 1876.
Seine Bedeutung – Vgl. Anm. zu S. 275.
Schlacht bei Warschau – Vgl. Anm. zu S. 275.

387 *Sparrsches Erbbegräbnis* – Vgl. Anm. zu S. 276. Dort nennt Fontane den Vetter *Ernst* Georg von Sparr.
großes Postgebäude – Vgl. Anm. zu S. 276.
388 *letzte Regierungsjahre George Wilhelms* – Georg Wilhelm war 1619 bis 1640 Kurfürst von Brandenburg.
Mörner – Theodor von Mörner, »Märkische Kriegs-Obersten des siebzehnten Jahrhunderts«, Berlin 1861.
Kaiser – Ferdinand II.
Schwarzenbergsche Berichte – Adam Graf zu Schwarzenberg war der wichtigste Ratgeber des Kurprinzen und späteren Kurfürsten Georg Wilhelm.
389 *»Escalade von Driesen«* – Die brandenburgische Festung Driesen geriet 1630 durch Verrat in schwedische Hand. Escalade: Erstürmung mit Hilfe von Leitern.
in contumaciam – (lat.) in Abwesenheit.
391 *Kurfürst von Sachsen* – Johann Georg I.
content – zufrieden.
rekommandieren – empfehlen, anpreisen.
contentieren – zufrieden geben.
resolvieren – beschließen.
General en chef – Oberkommandierender General.
392 *Garnisonkirche ... weites Gewölbe* – Vgl. »Küstrin«; S. 141 ff. dieses Bandes.
394 *insinuieren* – sich beliebt machen.
396 *Desiderium* – Wunsch, Begehren.
savoir vivre – (franz.) Lebensart, Lebensklugheit.
Poltron – Maulheld, Feigling.
Rodomonteur – Prahlhans, Aufschneider.
»bon camerade« – (franz.) guter Kerl.
397 *les vertus de ses défauts* – (franz.) die Tugenden seiner Fehler.
Marwitzsche Memoiren – Vgl. Anm. zu S. 349.
fulminieren – wettern, fluchen.
398 *Procedere* – Verfahren, Vorgehensweise.
occasiones – Gelegenheiten, Anlässe.
399 *»Oranierin« Henriette Louise* – Kurfürst Friedrich Wilhelm war in erster Ehe 1646–1667 mit Luise Henriette verheiratet, einer Tochter des Prinzen Friedrich Heinrich von Oranien.
Blumenberg – Vgl. »Spreeland«, Kap. »Blumberg«; Band 4 dieser Ausgabe.
400 *Lützen* – Vgl. Anm. zu S. 275.
401 *Fehrbellin* – Vgl. Anm. zu S. 38.
402 *Halle des Friedersdorfer Schlosses* – Vgl. Anm. zu S. 278.
403 *Schlacht bei Wolfenbüttel* – Dabei siegten am 29. Juni 1641 schwedische über kaiserliche Truppen.

403 *Herrenhaus zu Jahnsfelde ... Jahnsfelder Kirche* – Vgl. »Das Oderland«, Kap. »Jahnsfelde«; Band 2 dieser Ausgabe.

406 *das Wort Piccolominis* – Vgl. Anm. zu S. 281.

407 *jener berühmten Aurora* – Vgl. Anm. zu S. 281.
»Atalante!« – Vgl. Anm. zu S. 281.
Philipp Christoph – Vgl. Anm. zu S. 281.

408 *zweite Schlacht bei Leipzig* – Vgl. Anm. zu S. 283.

410 *der drei Schlesischen ..., der seit 1864 geführten Kriege* – Die Kriege, die Preußen 1740–1742, 1744/45 und 1756 bis 1763 gegen Österreich um den Besitz Schlesiens führte sowie die Kriege gegen Dänemark (1864), Österreich (1866) und Frankreich (1870/71).

411 *eingeschüchterter Kurprinz* – Vgl. Anm. zu S. 31.
Französische Refugiés – Vgl. Anm. zu S. 182.
Zeughaus – Vgl. Anm. zu S. 286.

Zur Vaterschaft des Kindes von Fehrbellin

Fontanes Brief an Paul Lindau, den Redakteur der »Gegenwart. Wochenschrift für Literatur, Kunst und öffentliches Leben«, erschien am 2. Juni 1877, Band 11, Nr. 22, S. 355, Rubrik »Offene Briefe und Antworten«; gezeichnet: Th. F.; dieser Veröffentlichung folgt der Text der vorliegenden Ausgabe.

Fontane bezog sich auf Martin Greifs larmoyantes Schreiben vom 9. Mai 1877, das die »Gegenwart« am 19. Mai in Nr. 20, S. 322f., abgedruckt hatte und in dem der in München lebende Lyriker Quelle, Entstehungs- und Druckgeschichte seines Gedichts »Das Kind von Fehrbellin« beschrieb. Die Anregung sei von seinem Wiener Freund Ludwig Speidel ausgegangen, der ihn auf einen einschlägigen Aufsatz von B. Erdmannsdörfer in den »Preußischen Jahrbüchern« hingewiesen habe. Außer Fontanes korrigierendem Statement brachte die »Gegenwart« in der gleichen Nummer Briefe von Ernst Scherenberg, dem inzwischen ausgeschiedenen Redakteur des »Künstleralbums«, und von Ludwig Speidel. Scherenberg wies Greifs Vorwurf des Plagiats, das ein nicht genannter Düsseldorfer Maler und Dichter an ihm und seinem Gedicht begangen haben sollte, unter anderem mit dem Hinweis auf Fontanes »Wanderungen« zurück, wo die Geschichte längst erzählt worden sei. Scherenberg bemerkte im übrigen zu Recht, daß Martin Greif das Schicksal »des kleinen im ›Künstleralbum‹ nicht zur Aufnahme gelangten Gedichts ... mit einem tragischen Pathos« behandle, »welches zu der Geringfügigkeit der ganzen Sache in keinem Verhältnis« stehe.

413 *Herausgeber des »Düsseldorfer Künstleralbums«* – Das Album erschien 1851–1866 und wurde unter anderem von Wolfgang Müller von Königswinter herausgegeben. Eine Fortsetzung unter dem Titel »Deutsches Künstleralbum« kam dann bis 1877 heraus; die Jahrgänge 8–10 redigierte Ernst Scherenberg, ein Neffe von Fontanes Tunnel-Kollegen Christian Friedrich Scherenberg.

Hesekiel ... »Zwischen Sumpf und Sand« – Vgl. Fontanes Rezension dazu; Band 7 dieser Ausgabe.

erster Band meiner »Wanderungen ...« – Fontane hatte die Legende bereits in der ersten Auflage von »Grafschaft Ruppin« (1862 nur unter dem Titel »Wanderungen durch die Mark Brandenburg« veröffentlicht) am Schluß des später ausgeschiedenen Kapitels »Fehrbellin« erzählt (vgl. S. 44f. dieses Bandes). In die zweite Auflage von 1864 hatte er das (danach ebenfalls wieder entfernte) Kapitel »Fehrbellin in Sage, Kunst und Dichtung« aufgenomemn, in dem er auf Hesekiels Gedicht verwies und daraus zitierte (vgl. S. 50 dieses Bandes).

Vaterländische Reiterbilder aus drei Jahrhunderten

Der Düsseldorfer Maler Wilhelm Camphausen, der durch seine Militärzeit bei den Husaren eine künstlerische Vorliebe für Roß und Reiter ausbildete, stellte seit Ende der fünfziger Jahre prominente Feldherren und Staatsmänner der brandenburgisch-preußischen Geschichte in Reiterporträts dar. Diese waren damals überaus populär; einige befanden sich im königlichen Schloß zu Berlin. Der Berliner Verleger Rudolf Schuster, Chef der Lüderitzschen Kunsthandlung, wollte deshalb siebzehn der bekanntesten Bilder in einem großformatigen, repräsentativen Buch zusammenstellen und um die Biographien der Dargestellten ergänzen. Er beauftragte den Schriftsteller Emil Brachvogel, der jedoch während der Vorarbeiten am 27. November 1878 starb. Schuster wandte sich nun an Fontane, der die Arbeit ubernahm – allerdings völlig illusionslos, wie aus dem Brief an seinen Verleger Wilhelm Hertz vom 16. März 1879 hervorgeht: »Ich habe mich beschwatzen lassen, 17 preußische Prinzen- und Generalstexte für die Lüderitzsche Kunsthandlung (*Rudolf Schuster*) zu schreiben. Das Geld lockte mich ein wenig, trotzdem ich dieses traurige Artikel-Fabrizieren – eine Theater-Rezension ist ›hohe Kunst‹ daneben – ein für allemal abgeschworen habe. / Nun kommt mir aber die Sorge: ist R. Schuster auch ein sicherer Mann? oder heißt es nicht vielleicht auch in *diesem* Falle:

Vor Köckeritz und Itzenplitz,
Vor Quitzow, Kracht und *Lüderitz*
Behüt uns liebe Herregott!

Ich habe von R. Schuster persönlich einen guten Eindruck gehabt, aber ob seine Börse mit seiner Person gleich rangiert, ist am Ende die Frage. Auf meine Diskretion dürfen Sie rechnen.«

Emilie Fontane schrieb am 18. April 1879 an Clara Stockhausen, daß es sich bei dem Auftrag um »eine leichte Arbeit« handele, »die ihm [Fontane] seines Namens wegen übertragen« worden sei. Fontane dagegen, der sich wohl erst Ende Mai intensiv mit dem Manuskript befaßte, äußerte sich mehrfach recht drastisch über das vorhandene Material aus Brachvogels Nachlaß. Die »Generalsbiographien« seien »ein sehr mäßiges Vergnügen«, bemerkte er am 26. Mai gegenüber seiner Frau, und zwei Tage später bekannte er ihr: »Seit gestern sitz ich bei meine[n] Feldherrn; heute war Moltke dran, und Brachvogel hat mich wieder geradezu zur Verzweiflung gebracht. Es liegt *da*ran, daß das, was er sagen will, an und für sich nicht schlecht, mitunter sogar ganz gut ist. Es ist also zum einfachen Wegwerfen sozusagen zu schade, und doch ist es in der furchtbaren Wuschelform, die er der Sache gegeben hat, gar nicht zu brauchen. Einem andern Menschen aber seine schiefen und verwachsenen Gedanken orthopädisch geradezurücken ist eine wahre Hundearbeit.«

Offenbar hat Fontane stark in Brachvogels Entwurf eingegriffen (der sich, wenigstens bei den letzten Porträts, auf sein vierbändiges Werk »Die Männer der neuen Zeit. Eine Sammlung von Biographien unserer Fürsten, Staatsmänner und Helden«, Hannover 1873–1875, stützte). Zumindest gestand er seiner Frau am 9. Juni: »Mit meinen ›Feldherrn‹ werd ich morgen fertig; beim alten *Zieten* sind nicht zwei Zeilen unverändert stehengeblieben. O Stil des deutschen Doktors und Professors. Oder gar Brachvogels!«

Am 16. Juni lieferte Fontane das fertige Manuskript in der Lüderitzschen Kunsthandlung ab. Am 20. Juni besuchte der Verleger den Autor, und dieser schrieb an seine Frau: »Herr Rud. Schuster hat mir seine besondre Zufriedenheit ausgesprochen und mir die bedungenen 1200 Mark eingehändigt. Ich gebe die Zahl ihrer Stattlichkeit halber absichtlich in Mark.«

Im Dezember 1879 erschien bei Schuster (mit der Jahreszahl 1880) der Folio-Prachtband »Vaterländische Reiterbilder aus drei Jahrhunderten, von W. Camphausen. Text von Theodor Fontane. Illustrationen des Textes gezeichnet von L. Burger«. Dieser Veröffentlichung folgt der Text der vorliegenden Ausgabe.

Gelegentlich einer Anzeige des Werkes schrieb Fontane am

VATERLÄNDISCHE

REITERBILDER

AUS

DREI JAHRHUNDERTEN

VON

W. CAMPHAUSEN.

TEXT VON THEODOR FONTANE.

ILLUSTRATIONEN DES TEXTES GEZEICHNET VON L. BURGER.

BERLIN.
RUD. SCHUSTER.
1880.

Titelblatt zu »Vaterländische Reiterbilder«

15. Dezember an Wilhelm Hertz: »Mir blutet das Herz, wenn ich an meinen armen, reichen R. Schuster denke, der zwei Pracht-Exemplare à 50 Mark, ›National-Galerie‹ und ›Reiterbilder‹, an die Kreuz-Ztg. abgeliefert hat und für seine 100 Mark die *Titel* seiner zwei Werke abgedruckt findet. Also jede Zeile 20 Mark.« Indirekt erwähnt wird die Brotarbeit der »Vaterländischen Reiterbilder« noch einmal in einem Brief an Maximilian Harden vom 4. März 1894: »In fast allem, was ich seit 70 geschrieben, geht der ›Schwefelgelbe‹ [Bismarck] um, und wenn das Gespräch ihn auch nur flüchtig berührt, es ist immer von ihm die Rede wie von Karl oder Otto dem Großen. Ich habe auch mal eine kleine Biographie verbrochen, und in Versen habe ich Ungeheuerliches geleistet.«

415 *6. Februar* – Richtig: 16. Februar.
Leiche seines großen Oheims – Gustav Adolf war am 16. November 1632 in der Schlacht bei Lützen gefallen.
Kalkhun – Johann Friedrich Kalkhun.
Feldlager vor Breda – Friedrich Heinrich von Oranien eroberte die niederländische Stadt 1637.
416 *Kaiser* – Ferdinand III., seit 1637 römisch-deutscher Kaiser.
417 *Schlacht bei Warschau* – Vgl. Anm. zu S. 275.
Krieg gegen Frankreich und Schweden – Vgl. Anm. zu S. 27.
419 *Froben* – Vgl. Anm. zu S. 44.
Drittehalbtausend – Die Schweden verloren 2 100 Soldaten.
Henning – Die Schreibung des Namens Joachim Hennigs von Treffenfeld wechselt: Henning, Hennings, Hennigs.
Friedrich von Hessen-Homburg – Vgl. Anm. zu S. 39.
421 *Frieden zu St.-Germain-en-Laye* – 29. Juni 1679.
»Exoriare aliquis ...« – (lat.) Möge ein Rächer aus meinen Gebeinen erstehen.
Aufhebung des Ediktes von Nantes – Vgl. Anm. zu S. 156.
Kaiser – Leopold I., seit 1658 deutscher Kaiser.
29. April – Richtig: 9. Mai.
Beisetzung ... im alten Dome zu Berlin – Die Prachtsarkophage Friedrich Wilhelms und seiner zweiten Frau, Dorothea, stammen von Johann Michael Döbel, der sie wahrscheinlich nach einem Entwurf von Johann Arnold Nering schuf. Sie befinden sich in der Gruftkirche des (jetzigen) Berliner Doms. Vgl. die Anm. zu S. 423.
422 *Bötzow ... Oranienburg* – Die Umbenennung erfolgte 1652. Vgl. »Havelland«, Kap. »Schloß Oranienburg«; Band 3 dieser Ausgabe.
Standbild errichtet – Das lebensgroße Standbild aus Zinkguß

auf hohem Sockel, das auf dem Schloßvorplatz vor dem Parkeingang steht, stammt von Wilhelm Wolff (1858).

422 *»Jesus, meine Zuversicht«* – Der Dichter dieses evangelischen Begräbnisliedes (1644) ist unbekannt. Die Choralmelodie schrieb Johann Crüger (1646).

Urenkel – Friedrich II.

423 *»Refugiés«* – Vgl. Anm. zu S. 182.

Reiterstandbild auf der »Langen Brücke« – Das Reiterstandbild, an dem Schlüter seit 1696 gearbeitet und das Johann Jacobi 1700 gegossen hatte, war 1703 auf der Langen Brücke am Schloß aufgestellt worden. Seit 1952 steht es im Ehrenhof des Charlottenburger Schlosses, nachdem es 1950 aus dem Tegeler See geborgen worden war. Dort war das Denkmal mitsamt einem Prahm untergegangen, auf dem es während des zweiten Weltkrieges ausgelagert gewesen war.

Abbruch des alten Domes – Die mittelalterliche Dominikaner-Klosterkirche wurde 1747–1750 im Lustgarten nach Plänen von Georg Wenzeslaus von Knobelsdorff und Friedrich II. von Johann Boumann d. Ä. durch einen Neubau ersetzt. Diese Kirche veränderte Schinkel (1816–1821), und schließlich schuf Raschdorff 1893–1905 den heutigen Dom (der freilich bei der Wiederherstellung nach den Zerstörungen im zweiten Weltkrieg weitere Veränderungen erfuhr).

Frangen – Eingedeutscht nach dem französischen Wort »frange«: Franse.

424 *verwitwete Kaiserin* – Wilhelmine Amalie von Braunschweig war seit 1699 mit Joseph I. verheiratet, der 1711 starb.

Generalstaaten – Die Versammlung der Abgeordneten aus den sieben Provinzialständen in der damaligen Republik der Vereinigten Niederlande.

verwitwete Herzogin von Mecklenburg – Sophie Luise von Mecklenburg.

Fürst von Dessau – Leopold I. von Anhalt-Dessau.

»Europäische Fama« – »Die Europäische Fama, welche den gegenwärtigen Zustand der vornehmsten Höfe entdecket«: Zeitschrift, die 1702–1735 erschien.

Stücke – Kanonen.

Devoir – (franz.) Schuldigkeit, Pflicht.

neue Königin – Sophie Dorothea von Hannover, die Frau Friedrich Wilhelms I.

425 *Depensen* – Verschwendung.

Menage – sparsame Wirtschaftsführung.

»Flatterien« – Schmeicheleien.

Degout – Ekel, Widerwille.

425 *Kattes Enthauptung* – Vgl. Anm. zu S. 141 sowie »Das Oderland«, Kap. »Küstrin«; Band 2 dieser Ausgabe.
Rheincampagne – Im Polnischen Thronfolgekrieg führte Prinz Eugen 1734 die kaiserliche Armee gegen Frankreich.
426 *Hohenfriedberg* – Spätere Schreibung: Hohenfriedeberg.
427 *erste Teilung Polens* – Zwischen Preußen, Rußland und Österreich.
»Bayerischer Erbfolgekrieg« – Vgl. Anm. zu S. 346.
429 *Corpus juris Fridericiani* – Das Corpus iuris Fridericianum arbeitete der Justizminister Cocceji 1745–1751 aus; auf der Grundlage dieses Gesetzeswerkes entstand das »Allgemeine preußische Landrecht«, das aber erst 1794 in Kraft gesetzt wurde.
mit alleiniger Ausnahme Thomas Carlyles – Fontane bezieht sich auf Carlyles »History of Frederic IInd of Prussia, called Frederic the Great« (6 Bände, 1858–1866). Das Werk erschien 1858–1869 in deutscher Übersetzung.
Malmesbury – James Harris 1. Graf von Malmesbury war 1772–1776 englischer Gesandter in Berlin. Ausgaben seiner Tagebücher und Briefe erschienen 1844 und 1870.
430 *attent* – aufmerksam.
431 *Landeshut* – Vgl. Anm. zu S. 159.
»le seul à qui ...« – (franz.) der einzige, dem man sie anvertrauen könnte.
432 *zuwartend* – abwartend.
»Sa campagne ...« – (franz.) In seinem Feldzug von 1761 hat der Prinz wirklich vorzügliche Talente gezeigt.
433 *meist in Rheinsberg gelebt* – Vgl. »Die Grafschaft Ruppin«, Kap. »Rheinsberg«, Abschnitt 4; Band 1 dieser Ausgabe.
»Weiberwirtschaft« – Von zwei legalen Ehen abgesehen, war Friedrich Wilhelm II. mit der Hauptmätresse Wilhelmine Enke (Gräfin Lichtenau) liiert sowie mit Julie von Voß (Gräfin Ingenheim) und Gräfin Sopie Dönhoff »zur linken Hand« verheiratet.
französische Inschrift – Sie ist im »Rheinsberg«-Kapitel der »Grafschaft Ruppin« vollständig wiedergegeben. Die im vorliegenden Text zitierten Passagen lauten in deutscher Übersetzung: Durch seine Geburt geworfen in diesen Strudel eitlen Rauchs, / Den der Pöbel nennt / Ruhm und Größe, / Aber von dem der Weise die Nichtigkeit kennt; / Ausgesetzt allen Leiden der Menschheit; / Geplagt von den Leidenschaften der anderen, / Getrieben von den eigenen; / ... Dies ist der Abriß des Lebens von / Friedrich Heinrich Ludwig, / ... Habe ich auch nicht der beste der Menschen sein können, / So gehöre

ich doch nicht zur Zahl der Schlechten; / Lob oder Tadel / Berühren den nicht mehr, / Der in der Ewigkeit ruht; / Aber süße Hoffnung / Verschönt die letzten Augenblicke / Dessen, der seine Pflichten erfüllte; / Sie begleitet mich im Sterben. / Geboren den 18. Januar 1726, / Gestorben den 3. August 1802.

434 *»Rheinsberger Obelisk« ... Medailloninschriften* – Vgl. »Die Grafschaft Ruppin«, Kap. »Rheinsberg«, Abschnitt 5; Band 1 dieser Ausgabe.
Fabius ... der Marcellische Geist – Der römische Feldherr und Politiker Quintus Fabius Maximus Verrucosus erhielt wegen seiner vorsichtigen Kriegführung gegen Hannibal den Beinamen Cunctator (der Zögerer). Marcus Claudius Marcellus hatte sich dagegen in den Auseinandersetzungen mit Hannibal durch seine kühnen Aktionen den Ruf erworben, das »Schwert Roms« zu sein.

435 *3. Juni* – Richtig: 3. Juli.
oranische Prinzessin – Henriette von Oranien.

436 *Spanischer Erbfolgekrieg* – Kriegerische Auseinandersetzung (1701–1714) um das Erbe Karls II., des letzten spanischen Habsburgers. Gegen die hegemonialen Ansprüche Ludwigs XIV. von Frankreich wandten sich England und die Niederlande, die unter anderem mit Kaiser und Reich sowie mit Preußen verbündet waren.

437 *König* – Friedrich I. von Preußen.

439 *Orden Pour le mérite* – Vgl. Anm. zu S. 346.

440 *Standbild auf dem Wilhelmsplatz* – Das von Schadow geschaffene Denkmal Leopolds von Anhalt (1800) auf dem damaligen Wilhelmplatz in Berlin war ein Marmororiginal; es wurde 1862 ins Museum gebracht und durch eine Bronzekopie ersetzt.
18. Mai – Richtig: 24. Mai.
väterliches Gut Wustrau – Vgl. »Die Grafschaft Ruppin«, Kap. »Wustrau«; Band 1 dieser Ausgabe.

441 *Kassation* – Dienstenthebung.
Zietensches Husarenregiment – Vgl. Fontanes Aufsatz »Das Zietensche Husarenregiment von 1730 bis 1880«; S. 527ff. dieses Bandes.
»Zietenritt« – Vgl. die Darstellung in dem Aufsatz »Das Zietensche Husarenregiment von 1730 bis 1880«; S. 528ff. dieses Bandes.

442 *Schuppmützen* – Pelzmützen.

444 *»Gensdarmes»* – Das Regiment Gensdarmes war ein preußisches Kürassierregiment, das nach dem Vorbild der gleichna-

migen Haustruppe der französischen Könige geschaffen worden war; es galt als »vornehme« Elitetruppe. 1807 wurde es bei der Reorganisation des preußischen Heeres aufgelöst.

445 *Sohn ... aus dieser zweiten Ehe* – Friedrich Christian Ludwig Emil Graf von Zieten.

446 *26. Januar* – Richtig: 27. Januar.

neben der Kirche zu Wustrau begraben – Die Gräber Zietens und seiner zweiten Frau vor der Kirche sind erhalten.

Denkmal – Das Zieten-Denkmal in der 1781 erbauten, in jüngster Zeit restaurierten Kirche ist gut erhalten. Vgl. Fontanes Beschreibung im »Wustrau«-Kapitel des Bandes »Die Grafschaft Ruppin«; Band 1 dieser Ausgabe.

Auf dem Wilhelmsplatze ... sein Bildnis – Das von Schadow geschaffene Zieten-Denkmal (1794), ein Marmororiginal, wurde 1862 ins Museum gebracht und durch eine Bronzekopie ersetzt.

folgende Inschrift – Vgl. »Die Grafschaft Ruppin«, Kap. »Rheinsberg«, Abschnitt 5; Band 1 dieser Ausgabe.

450 *durch Emporschleudern seiner Tabakspfeife* – In der Erstausgabe der »Reiterbilder« folgt der Verweis: (siehe unser Bild).

Echec – Verlust, Nachteil.

451 *Tag von Jena* – Vgl. Anm. zu S. 314.

»que ce garçon ...« – (franz.) daß dieser Bursche als General geboren wurde.

Schwarzer Adlerorden – Höchster preußischer Orden. 1701 durch König Friedrich I. gestiftet; seit 1919 nicht mehr verliehen.

453 *Garde du Corps* – Vgl. Anm. zu S. 241.

Gensdarmes – Vgl. Anm. zu S. 444.

455 *7. November* – Richtig: 8. November.

In Berlin ... marmornes Denkmal – Das Seydlitz-Denkmal schuf Pierre Antoine Tassaert 1781. 1784 wurde es auf dem damaligen Wilhelmplatz aufgestellt, 1862 durch eine Erzkopie ersetzt. Das Original kam ins Museum.

456 *wie Blankenburg berichtet* – Blankenburg, »Charakter und Lebensgeschichte des Herrn v. Seydlitz«, Leipzig 1797.

Warnery – Er war Generalmajor; seine »Sämtlichen Schriften« erschienen 1785–1791 in Hannover.

Ohlau – Dort lebte und starb Seydlitz.

Canitz – Der preußische General Karl Wilhelm Ernst Freiherr von Canitz und Dallwitz veröffentlichte 1823/24 »Nachrichten und Beobachtungen über die Taten und Schicksale der Reiterei in den Feldzügen Friedrichs II. und in denen neuerer Zeit«.

457 *Obelisk nennt den Namen Seydlitz* – Vgl. »Die Grafschaft Ruppin«, Kap. »Rheinsberg«, Abschnitt 5; Band 1 dieser Ausgabe.
Fetteresse – Richtig: Inverugie.
Stuartische Partei – Die Stuarts bildeten seit 1371 die schottische und seit 1603 auch die englische Königsdynastie. 1714 erlosch die Dynastie, doch die Söhne Jakobs II., der 1688 abgesetzt worden war, unternahmen, von den »Jakobiten« unterstützt, zahlreiche (vergebliche) Versuche zur Rückgewinnung der Krone.
Schlacht bei Sherifmuir – Am 13. November 1715 zwischen dem englischen König Georg I. und schottischen Aufständischen.
bekanntes schottisches Volkslied – Es gehört zu den »Jakobitenliedern«, die Fontane übersetzte und (als Nr. 2) 1861 in seine »Balladen« aufnahm.
458 *Partei des Prätendenten* – Anhänger Jakob Eduards, des Sohns von Jakob II.
unter Maupertuis' Anleitung – Pierre Louis Moreau de Maupertuis wirkte als Physiker und Mathematiker an der Akademie der Wissenschaften in Paris.
460 *nach der Schilderung eines Augenzeugen* – Fontanes Quelle war Carl Friedrich Paulis »Leben großer Helden des gegenwärtigen Krieges«, das in 9 Teilen 1759–1764 in Halle erschien. Teil 4 ist Keith gewidmet.
461 *zeitgenössische Schilderung* – Ebenfalls Pauli (vgl. die vorige Anm.).
462 *Auf dem Wilhelmsplatze ... ein Standbild* – Das Keith-Denkmal schuf Pierre Antoine Tassaert 1786. Es wurde 1862 durch eine Erzkopie ersetzt.
463 *Spanischer Erbfolgekrieg* – Vgl. Anm. zu S. 436.
Ambassadeur intime – (franz.) Geheimbotschafter.
465 *in Bild und Lied so oft verherrlicht* – Vgl. die Fontane-Gedichte »Schwerin« (1847) und »Die Fahne Schwerins« (1857).
nach einer zeitgenössischen Schilderung – Auch hier folgt Fontane dem »Leben großer Helden« von Pauli (vgl. Anm. zu S. 460).
466 *Universität Frankfurt* – Frankfurt besaß 1506–1811 eine eigene Universität (Viadrina). Im September 1991 wurde sie als Europa-Universität neu gegründet.
467 *Alexis' »Cabanis«* – Der Roman, der die Zeit Friedrichs II. zum Hintergrund hat, erschien 1832.
Auf dem Wilhelmsplatze ... sein Denkmal – Das Marmor-

denkmal wurde 1862 durch ein Erzstandbild von August Kiß ersetzt.

468 *28. Oktober* – Richtig: 27. Oktober.

Schilda – Richtig: Schildau (bei Torgau).

sein Vater – von Neithardt. Fontanes Schreibung ist nicht korrekt.

Frieden geschlossen – Am 30. November 1782 kam es zum Pariser Vorfrieden, am 3. September 1783 zum endgültigen Frieden von Versailles, in dem die Unabhängigkeit der nordamerikanischen Kolonien von England anerkannt wurde.

à la suite – (franz.) im Gefolge, zur Verfügung.

Frieden von Basel – Der Baseler Friede vom 5. April 1795 zwischen Preußen und der französischen Republik zwang Preußen, seine linksrheinischen Besitzungen an Frankreich abzutreten. Preußen schied aus der antirevolutionären Koalition aus.

Saalfeld – Bei Saalfeld kam es am 10. Oktober 1806 zu einem Gefecht zwischen preußischen und französischen Truppen.

469 *Müffling, in seinen Memoiren* – Karl Freiherr von Müffling, »Aus meinem Leben«, Berlin 1851.

470 *polnische Insurrektion* – Im Gefolge der französischen Julirevolution begann 1830 in Warschau ein Aufstand gegen die zaristische Herrschaft, und der russische Generalgouverneur Konstantin Pawlowitsch mußte fliehen. Obwohl die polnischen Aufständischen bei den europäischen Liberalen Unterstützung fanden, waren sie den zaristischen Truppen im September 1831 endgültig unterlegen.

24. August – Richtig: 23. August.

Brandt in seinen Memoiren – »Aus dem Leben des Generals der Infanterie z. D. Dr. Heinrich von Brandt. Aus den Tagebüchern und Aufzeichnungen seines verstorbenen Vaters zusammengestellt von Heinrich von Brandt«, 3 Bände, Berlin 1868/69 und 1882. Die (sehr frei) zitierten Stellen stammen aus Band 2, Abschnitt 6.

éloquence anecdotique – (franz.) anekdotische Beredsamkeit.

471 *Fatiguen* – Anstrengungen.

472 *Cheville ouvrière* – (franz.) Hauptperson, wichtigste Figur.

473 *Husarenpiquet* – Feldwache, Vorposten von Husaren.

474 *So kam der Frieden* – 1763 zu Hubertusburg.

476 *Ratkau* – Richtig: Ratekau.

aufgehoben – gefangengesetzt.

477 *Arndt ... in seinem schönen Liede* – »Das Lied vom Feldmarschall« (1813). Fontane zitiert die Strophen 2, 6 und 8.
Ohnehosen – Ungenaue Übersetzung von »sans-culottes«, der Bezeichnung für die revolutionären Demokraten in den ersten Jahren der Französischen Revolution. Die Sansculotten pflegten (im Unterschied zu den Culotten, den Kniehosen der aristokratischen Mode) Pantalons (lange Hosen) zu tragen.
»Marschall Vorwärts« – Diese ehrenvolle Bezeichnung war zuerst von den russischen Verbündeten gebraucht worden.
»die ni uf der erde ...« – Blücher stand (worüber Fontane häufig spöttelte) mit Rechtschreibung und Grammatik auf dem Kriegsfuß.

478 *Echec* – Niederlage.

479 *Prinzregent* – Der spätere König Georg IV., der 1810 die Regentschaft für Georg III. übernahm, der an einer unheilbaren Geisteskrankheit litt.
Ballotage – Wahl durch Stimmkugeln.

480 *mondirung* – Montierung: Uniform.

481 *Treitschke* – Zitat aus Heinrich von Treitschkes »Deutscher Geschichte im neunzehnten Jahrhundert«, Band 1, Leipzig 1879, S. 449. Bis 1894 erschienen vier weitere Bände des Werkes.

482 *In Berlin ... eherne Statue* – Sie ist heute in den Grünanlagen zwischen Operncafé und Staatsoper an der Straße Unter den Linden aufgestellt.
Inschrift ... von Goethe – Die Verse erschienen zuerst mit Goethes Aufsatz »Fürst Blüchers Denkbild« 1818 in der Zeitschrift »Über Kunst und Altertum«.
Kronprinzliches Palais – Gegenüber vom Zeughaus in der Straße Unter den Linden. 1687 von Nering gebaut, 1856/57 durch Strack erheblich verändert, im zweiten Weltkrieg zerstört und 1969 an alter Stelle wieder errichtet, diente es in der Zeit der DDR als Gästehaus des Berliner Magistrats.

483 *zurückgeholte Viktoria* – Napoleon hatte die Schadowsche Quadriga mit der Siegesgöttin 1807 nach Paris bringen lassen.

486 *Indemnitätsgesetz* – Es wurde am 3. September 1866 vom preußischen Abgeordnetenhaus angenommen und billigte nachträglich die jahrelang für die Heeresreorganisation aufgewendeten Mittel, die der Landtag nicht bewilligt hatte.

488 *N'ayant pas pu mourir ...* – (franz.) Da ich nicht an der Spitze meiner Truppen sterben konnte, übergebe ich Eurer Majestät meinen Degen.
Volkshymne – Vgl. Anm. zu S. 295.

489 *Einzug in Berlin* – Vgl. die Beschreibung in Fontanes Buch »Der Krieg gegen Frankreich 1870–71« (Band 2).

490 *Nobiling* – Vgl. Fontanes Gedicht »Kaiser Wilhelms Helm« (1878).

Kaiser von Rußland – Alexander II.

493 *Rolle Blüchers bei Waterloo* – Vgl. Anm. zu S. 22.

494 *Ihr König* – Ludwig II. von Bayern.

Adler – Offenbar Fahnen mit dem französischen Wappenadler.

Mitrailleusen – Eine Art Vorläufer der Maschinengewehre, von der französischen Armee 1870/71 erstmals eingesetzt (und bald wieder aufgegeben).

495 *wie der alte Greiner von Württemberg* – Anspielung auf Justinus Kerners Gedicht »Der reichste Fürst« (1818): »Eberhard, der mit dem Barte, / Württembergs geliebter Herr, / Sprach: ›Mein Land hat kleine Städte, / Trägt nicht Berge silberschwer; / Doch *ein* Kleinod hält's verborgen: / Daß in Wäldern, noch so groß, / Ich mein Haupt kann kühnlich legen / Jedem Untertan in Schoß.«

496 *kommende Jahrzehnte* – Friedrich Wilhelm wurde 1888 als Friedrich III. deutscher Kaiser und König von Preußen, starb jedoch nach neunundneunzigtägiger Regierung.

499 *Adler* – Vgl. Anm. zu S. 494.

500 *Gut »Dreilinden« bei Zehlendorf* – Das baufällig gewordene Jagdhaus ist nach dem zweiten Weltkrieg abgerissen worden. Fontane war 1881/82 mehrfach Gast des Prinzen in Dreilinden. Vgl. den Teil »Dreilinden« in dem Band »Fünf Schlösser« und die Anmerkungen dazu; Band 5 dieser Ausgabe.

Cincinnatus – Lucius Quinctius Cincinnatus gilt nach einer sagenumwobenen altrömischen Überlieferung als Inbegriff eines einfachen Landedelmannes, der stets zur Verfügung steht, wenn der Staat ihn ruft. Cincinnatus soll 458 v. u. Z. vom Pfluge weg in das Amt des Diktators berufen worden sein.

502 *Feldzug in Syrien* – Am 24. Juni 1839 wurden die türkischen Truppen bei Nizip (Nisib) vom ägyptischen Heer unter Ibrahim Pascha vernichtend geschlagen.

503 *Pforte* – Hohe Pforte: Bis 1918 Bezeichnung für die türkische Regierung.

504 *Frieden von Villafranca* – Vgl. Anm. zu S. 24.

Schwarzer Adlerorden – Vgl. Anm. zu S. 451.

505 *am 16. Juni, dem Einzugstage* – Vgl. Anm. zu S. 489.

Kaiser von Rußland – Alexander II.

506 *im Walde von Sadowa* – Die Schlacht bei Königgrätz vom 3. Juli 1866 wird, vor allem in der englischen und französischen Historiographie, auch als Schlacht bei Sadowa bezeichnet (nach dem gleichnamigen tschechischen Dorf).
Bourbakische Armee – Der französische General Bourbaki, von preußischen Truppen hart bedrängt, sah sich Ende Januar 1871 gezwungen, mit 84000 Mann auf neutrales schweizerisches Gebiet überzutreten.

507 *Turnierung* – Umgehung (feindlicher Truppen).

508 *Schönhausen* – Vgl. den gleichnamigen Text; S. 188ff. dieses Bandes.
Kameralia – Volks- bzw. Staatswirtschaftslehre.
Auskultator – Vgl. Anm. zu S. 245.
Akademie Eldena – Eldena bei Greifswald war 1835–1876 Sitz einer Staats- und Landwirtschaftsakademie.
Unionsbestrebungen – Vgl. Anm. zu S. 133.

509 *in Olmütz vertretene … Politik* – Vgl. Anm. zu S. 133.
italienische Angelegenheit – Vgl. Anm. zu S. 231.

510 *König von Dänemark* – Friedrich VII. von Dänemark starb am 15. November 1863.
»Condomini« – Mitbesitzer.
Attentat Cohen-Blinds – Ferdinand Cohen-Blind, ein Stiefsohn des demokratischen Politikers und Schriftstellers Karl Blind, unternahm am 7. Mai 1866 ein erfolgloses Attentat auf Bismarck und tötete sich anschließend im Gefängnis.
»Indemnität« – Nachträgliche Bewilligung. Vgl. Anm. zu S. 486.

511 *Tuilerienhof* – Die Tuilerien waren das Schloß der französischen Könige in Paris (seit 1564 an der Stelle früherer Ziegeleien, tuileries, gebaut). Napoleon I. und spätere französische Herrscher, also auch Napoleon III., bewohnten die (vielfach veränderten) Anlagen, die im Mai 1871 niedergebrannt wurden.
spanische Thronkandidatur – Nach der Vertreibung der Königin Isabella (1868) hatte die spanische Regierung den frei gewordenen Thron dem Erbprinzen Leopold von Hohenzollern-Sigmaringen angeboten. Der Streit um diese Kandidatur wurde zum äußeren Anlaß für den Deutsch-Französischen Krieg von 1870/71.

513 *Stein* – Altes Massemaß, das, regional sehr verschieden, zwischen 5 und 15 Kilogramm schwankte.

518 *Avantageur* – Als Offiziersanwärter dienender Soldat.
Dienste des Don Carlos – Zwischen 1834 und 1840 führten die Karlisten, die Anhänger des Don Carlos, und die Christi-

nos, die die Partei der Regentin Maria Christina vertraten, einen blutigen Bürgerkrieg um den spanischen Thron.

519 *Feldzug gegen Marokko* – Spanien suchte 1859/60 seine Stützpunkte an der marokkanischen Küste gewaltsam zu erweitern.

520 *tirallierender Krieg* – Krieg, der nur aus kleinen, unbedeutenden Gefechten besteht.

521 *Sendlinger Bauernschlacht* – In der »Sendlinger Mordweihnacht« (25. Dezember 1705) endete der Aufstand des bayrischen Volkes gegen die Österreicher mit der Niedermetzelung der Oberländer Bauern.

522 *»Vier Jahre in Spanien«* – Erschien 1841 in Hannover. *»Reise- und Lagerbriefe ...«* – Erschienen in zwei Bänden 1863/64 in Hannover.

523 *9. Dezember* – Richtig: 12. September.

525 *Lieue* – Soviel wie: eine Wegstunde. *retablieren* – wiederherstellen, erholen.

Das Zietensche Husarenregiment von 1730 bis 1880

Der Aufsatz geht offenbar auf eine (nicht aufklärbare) Bitte von Hermann Kletke, dem Chefredakteur der »Vossischen Zeitung«, zurück, dem Fontane am 27. Februar 1880 schrieb: »Freue mich aufrichtig, Ihnen zu Diensten sein zu können, so furchtbar mir diese ›Zietenhusarenschaft‹ ist.« Und er bekannte: »Eigentlich wird mir schon weh ums Herz, sowie ich dies Wort bloß höre. Die ›Idolatrie‹, von der der Abg. Brüel neulich sprach, spukt bei uns an hundert Stellen, und einer der tollsten Spuke heißt ›Zietenhusaren‹. Zwei meiner Söhne sind zur Zeit Soldat, aber ich bekenne offen, daß mich die alleinseligmachende Militärhose nachgerade zur Verzweiflung bringt. Spartanertum! Bah, Maschinentum ist es. Und jeden Tag wird es toller. / Dennoch! Es lebe Zietenhusaren.« Ganz ähnlich ließ er sich (mit Bezug auf italienische Reisedarstellungen) am 3. März in einem unveröffentlichten Brief an Karl Eggers vernehmen: »Da erschienen vor drei, vier Jahren Maler-Briefe in der A. A. Ztng., die nachher als Buch erschienen sind. *So* muß man's machen; alles apart, frisch, neu. Wenn ich aber von Corso und Prinz Carneval höre, so wird mir so weh, als hörte ich hierzulande von ›Zietenhusaren‹. Man ist eben ›sick of it‹.«

Fontane schrieb die Regimentsgeschichte im März 1880 nieder und begleitete entsprechende Mitteilungen darüber auch weiterhin mit sarkastischen Äußerungen. Am 26. März bemerkte er in einem Brief an seine Frau, daß die wöchentliche Rütli-Sitzung ausfallen müsse, »da eine große Bachsche Musik in der Garnisonkirche ist. Ich werde mich derweilen mit ›Zieten-Husaren‹ beschäftigen; von einem echten Preußenstandpunkt aus ist das wichtiger als Passionsmusik. Der preußische Standpunkt ist einer der dummsten und langweiligsten in der Weltgeschichte. Das meiste daran wirkt pauvre und prosaisch, und zum Schluß: Dicketun ist mein Reichtum.«

Anfang April war der Aufsatz bereits weit gediehen; es handelte sich, wie die Fußnote zur Überschrift andeutet, um eine Kompilation aus der 1874 in Berlin erschienenen »Geschichte des Zietenschen Husaren-Regiments« von Armand Leon Freiherrn von Ardenne (dessen Ehegeschichte später in »Effi Briest« einging). Am 7. April berichtete Fontane seiner Frau über Arbeit und Arbeitsweise: »Gott sei Dank bin ich mit dem Zieten-Husaren-Aufsatz so gut wie fertig; ich habe das 670 Seiten dicke Buch des Lieut[e]nants v. Ardenne (Deines Tischnachbars bei Lessing), danach auch noch Droysen und W. Hahn [wohl dessen Buch über »Hans Joachim von Zieten«, 1850] durchlesen und mit einem immer dicker werdenden Kopf Notizen und Auszüge machen müssen. Nun sind Friedel und Martha beim Abschreiben der von mir notierten Stellen. Morgen mittag ist, denk ich, alles ins reine geschrieben und kann abgeschickt werden. Ich erzähle Dir das so ausführlich, weil man daran das lächerlich Miserable des literarischen Erwerbes studieren kann. Ich kaufe ein Buch, das wenigstens 4 Taler kostet, arbeite drei Tage lang und lese drei Tage lang bis nachts um 2, zwei Kinder schreiben viele, viele Seiten ab, und zum Schluß mache ich mich an eine Korrektur und Glattfeilung des Ganzen, und dafür erhalte ich 20 oder, wenn es hoch kommt, 24 Tlr. Wobei ich mein Wissen und mein Talent noch gar nicht rechne ...« Charlotte Jolles, die den Fontaneschen Text mit Ardennes Schrift verglichen hat, stellt fest: »Vieles ist wörtlich dem Ardenneschen Buch entnommen, einige Absätze sind von F. leicht verändert oder gekürzt wiedergegeben, andere stellen ein Resümee dar. Nur ein Absatz, ›Die Rettung des Königs bei Kunersdorf‹, ist ausführlicher bei Fontane und wahrscheinlich den anderen im Brief erwähnten Quellen entnommen.«

Am 10. April teilte Fontane seiner Frau mit, »daß der Zieten-Aufsatz abgeliefert« sei. Er wurde, ohne Nennung des Verfassers, in der »Vossischen Zeitung« vom 11. April 1880 (Nr. 101, Morgenausgabe, Erste Beilage [= I], 13. April 1880 (Nr. 103, Morgenausgabe, Zweite Beilage [= II] und 14. April 1880 (Nr. 104, Morgenausgabe, Erste Beilage [= III] veröffentlicht. Diesem einzigen Druck zu Fontanes Lebzeiten folgt der Text der vorliegenden Ausgabe.

527 *resolviren* – beschließen.
rekompensiren – belohnen.
konferiren – verleihen, übertragen.
528 *Der Zietenritt* – Vgl. die Darstellung in »Vaterländische Reiterbilder aus drei Jahrhunderten«, Kap. »Zieten«; S. 441 ff. dieses Bandes.
kantonieren – Quartier beziehen.
coûte que coûte – (franz.) um jeden Preis.
529 *Eskadron* – Kleinste taktische Kavallerieeinheit (150 Pferde).
530 *Sereschaner* – Seressaner: berittene österreichische Grenzschutztruppe.
531 *Arrièregarde* – Nachhut.
532 *degagieren* – befreien.
533 *Alter Dessauer* – Vgl. »Vaterländische Reiterbilder aus drei Jahrhunderten«, Kap. »Leopold von Dessau«; S. 435 ff. dieses Bandes.
534 *esprit de corps* – (franz.) Gemeinschafts- bzw. Zusammengehörigkeitsgefühl der Truppe.
536 *gemessen* – In der Textgrundlage: gewachsen.
539 *Rheincampagne* – Vgl. Anm. zu S. 137.
540 *der Bayerische Erbfolgekrieg* – Vgl. Anm. zu S. 346.
Expedition gegen Holland – Im September 1787 marschierten preußische Truppen unter dem Befehl von Herzog Ferdinand von Braunschweig in Holland ein, um den mit Friedrich Wilhelm II. von Preußen verwandten Erbstatthalter Wilhelm wieder an die Macht zu bringen, der im Jahr davor von den Generalstaaten abgesetzt worden war.
Feldzug in der Champagne – Preußen hatte 1792 im Bündnis mit Österreich am Interventionskrieg gegen das revolutionäre Frankreich teilgenommen, der die Wiederherstellung des französischen Königtums zum Ziel hatte.
Feldzug am Rhein – Vgl. Anm. zu S. 137.
541 *Tag von Jena* – Vgl. Anm. zu S. 314.
Ratkau – Richtig: Ratekau.
542 *Feldzug gegen Rußland* – Im Jahre 1812.
Truppen des General Yorck – Ludwig Yorck von Wartenburg befehligte das preußische Hilfscorps in Napoleons Großer Armee. Am 30. Dezember 1812 schloß Yorck mit dem russischen General Diebitsch die Konvention von Tauroggen ab, die das Hilfscorps für neutral erklärte; dadurch war der Weg für die russische Armee nach Ostpreußen frei. Yorcks Schritt wurde zum Signal für die allgemeine Volkserhebung gegen die französischen Okkupanten.
Borodino – Verlustreiche Schlacht an der Moskwa (7. Sep-

tember 1812), bei der Kutusow vergeblich die Große Armee Napoleons aufzuhalten versucht hatte; Moskau wurde am 14. September eingenommen.
544 *Echelon* – Staffel.
546 *Deroute* – Verwirrung, Unordnung.
547 *»Je ne me rends pas ...«* – (franz.) Ich ergebe mich nicht. Ich heiße Yorck.
548 *»Vos hussards ...«* – (franz.) Ihre Husaren haben mir zwei Regimenter zuschanden gemacht. Vor allem erinnere ich mich an einen Oberst an ihrer Spitze, fuchsteufelswild, der mit richtiger Wut über unsere Chasseure herfiel. Ich habe mir seinen Namen genau gemerkt, es war ein Herr von Sohr.
549 *Tirailleurkette* – Als Tirailleurs bezeichnete man seit dem Ende des 18. Jahrhunderts die in geöffneter Ordnung kämpfenden Schützen (im Gegensatz zur Lineartaktik).
550 *raillieren* – sich einen Spaß machen.
Enceinte – Außenwerke einer Festung.
Soutien – Beistand, Unterstützung.
551 *guide imperial* – (franz.) kaiserlicher Führer.
552 *Curé* – (franz.) Pfarrer.
554 *Avantageur* – Als Offiziersanwärter dienender Soldat.

Kolonie Zeuthensee

Fontane kannte den am Westufer der Dahme südlich des Zeuthener Sees gelegenen Ortsteil »Hankels Ablage« von zwei Aufenthalten im Mai 1884 und im Mai 1885; »Hankels Ablage« gehörte damals zur Gemeinde Miersdorf bei Königs Wusterhausen und kam erst 1957 zu Zeuthen. 1884 hatte Fontane dort an seinem Roman »Irrungen, Wirrungen« gearbeitet (der zum Teil in »Hankels Ablage« spielt; vgl. Kap. 12 und 13) und am 14. Mai an seine Frau geschrieben, daß er »Hankels Ablage« wegen ihrer Stille zu seiner »Rückzugs-Linie in Zuständen nervöser Pleite« erheben wolle. Bereits im Juli 1874, als er »an Bord der ›Sphinx‹ « den Zeuthener See durchfuhr, hatte er »Hankels Ablage« und die eigenartige Schönheit der Landschaft an der Wendischen Spree (der Dahme) registriert und in seinem Bericht erwähnt, der zuerst 1878 in der »Deutschen Rundschau« und dann 1882 in »Spreeland«, Kap. »An Bord der ›Sphinx‹ «, veröffentlicht wurde (vgl. Band 3 dieser Ausgabe).

Fontanes Wortmeldung zur Namensgebung des entstehenden Villenvororts erschien am 28. Mai 1885 in der »Vossischen Zeitung« (Nr. 241, Erste Beilage). Diesem einzigen Druck zu Fontanes Lebzeiten folgt der Text der vorliegenden Ausgabe.

557 *»Hankels Ablage«* – »Ablagen« nannte man die an Flüssen gelegenen Umschlagplätze für Holz und andere Materialien. »Hankels Ablage« verdankte ihren Namen der dort seit dem 18. Jahrhundert ansässigen Fischerfamilie Hankel. Ein auf Staatskosten erbautes Fischerhaus mit Schankwirtschaft wurde 1789 dem Amtsfischer Friedrich Hankel in Erbpacht gegeben. Dessen Nachfahren, besonders Fontanes Zeitgenosse August Hankel (1827–1906), erwarben noch umliegende Ländereien dazu und kamen wegen ihrer Tüchtigkeit zu beachtlichem Ansehen. Mit Eröffnung der Görlitzer Bahn (der Eisenbahnstrecke von Berlin nach Görlitz) auch für den Güterverkehr (1867) verlor die »Ablage« ihre wirtschaftliche Bedeutung und wurde allmählich aufgegeben. Seit den Gründerjahren verkaufte August Hankel nach und nach den größten Teil seines Grundbesitzes an wohlhabende Berliner, die sich hier ansiedelten. 1932 starb der letzte Fischer namens Hankel. Die Erben verkauften den Familiensitz Ende der siebziger Jahre an den Staat. Einige der alten Gebäude stehen noch. Das benachbarte »Etablissement Käppel«, in dem Fontane einst logierte, blieb nicht erhalten. An Stelle der alten »Villa Hankel« entstand ein modernes Wohnhaus. (Nach Informationen von Dr. Joachim Kleine, Zeuthen.)

partie honteuse – (franz.) Peinlichkeit, Anstößigkeit.

No-Temperance-Männer – Männer, die nichts von der Enthaltsamkeit (gegenüber dem Alkohol) halten. Vgl. Anm. zu S. 560.

Gilka – Seinerzeit bekannter Getreidekümmel der Berliner Firma Gilka.

Wirtshaus – Es war das ehemalige Fischerhaus, »ein niedriger Fachwerkbau mit Strohdach, verandaartigem Holzvorbau, einer Halle und kleinem Wassersteg« (Wolfgang E. Rost, »Örtlichkeit und Schauplatz in Fontanes Werken«, Berlin und Leipzig 1931, S. 132). Das Haus brannte Anfang der achtziger Jahre des 19. Jahrhunderts ab.

558 *Tollen-see … Tollense* – Das Flüßchen Tollense fließt bei Neubrandenburg in den Tollense-See.

Tympanum marchicum Th. F. – Theodor Fontane, das märkische Ohr.

Die Märker und die Berliner und wie sich das Berlinertum entwickelte

Der Plan zu diesem Aufsatz wird schon Ende 1888 erwähnt, als Fontane mit Otto Arendt in Verbindung stand, dem Redakteur des »Deutschen Wochenblatts« (»ein Blatt, in das ich hineingehöre, fast *das* Blatt«; 6. Dezember 1888). In einem Brief an Arendt vom 31. Dezember heißt es: »Mit dem Aufsatz ›Die Märker und die Berliner‹ geht's aber langsam. Ich bin viel krank (nervenherunter, arbeitsunfähig) und soll dabei Romane schreiben, mit denen ich, leider, auch stark in Rückstand, d. h. hinter meiner Zeitzusage zurück bin. Also, Pardon, wenn sich's hinausschiebt.«

Erst ein knappes Jahr später war die Arbeit abgeschlossen. Am 3. November 1889 schrieb der Autor an Richard Béringuier, den Sekretär der französischen Kolonie in Berlin: »Ich habe einen längeren Aufsatz geschrieben: *Die Märker und die Berliner und wie sich das Berlinertum entwickelte,* ein Aufsatz mit lauter Schlitterbahnen, wo man jeden Augenblick ausgleiten und sich auf seine 4 Buchstaben setzen kann. Absatz II behandelt die Frage nach dem Einfluß der ›Kolonie‹ speziell nach dieser Seite hin, und ich verneine diesen Einfluß; die meisten ›Kolonisten‹ sind noch jetzt unberlinischer als die andern Berliner. Aber dies beiläufig. Weshalb ich schreibe und Sie inkommodiere, das ist das: wie heißen (ohngefähr) die französ. Prediger dieses Jahrhunderts? Ich habe, aus dem Gedächtnis, niedergeschrieben: Palmié, Théremin, Saunier, Barthélemy, Cazalet, Doyé, Roland, Tournier, Fournier. Erstens: sind diese Namen richtig? zweitens: habe ich wichtige und charakteristische vergessen? In letztrem Falle nennt mir Ihre Güte vielleicht noch ein paar. Bei Théremin habe ich in Parenthese hinzugefügt (am Dom), was hoffentlich richtig ist. Als ›Kolonist‹ kann er doch, denke ich, gelten. / Und gleich noch eins. An andrer Stelle zähle ich Kolonie-Berühmtheiten auf, aus den vornehmeren Familien, und nenne: Erman, Fouqué, Gontard, Ancillon, Lecoq, Savigny. Ist das richtig? Und kann Ihre Güte vielleicht noch ein paar Namen, am liebsten aus der französischen Aristokratie (aber *bei uns* berühmt gewordene) hinzufügen?« Béringuier reagierte umgehend, denn Fontane antwortete bereits am 5. November: »Schönsten Dank. Ich fand in Ihren freundl. Zeilen alles, was ich brauchte, und konnte mir das Nachschlagen sparen, mit alleiniger Ausnahme eines nochmaligen Einblicks in Ihre ›Stammbäume‹. Savigny, von dem ich dachte, daß er mit den Lecoqs zusammen ins Land gekommen sei, hab ich gestrichen, und bin ich Ihnen noch besonders dankbar, mich vor diesem Blunder bewahrt zu haben. / Der Einfluß der ›Kolonisten‹ auf Berlin und die Berliner war groß, ich glaube nur nicht, daß der ›richtige Berliner‹, seiner geistigen Beschaffenheit nach, irgendwie ein Kolonie-Produkt ist, er ist in allem das Gegenteil davon. Habe ich darin unrecht, so werde ich Angriffen bez. Widerlegungen nicht entgehn.«

Der Essay »Die Märker und die Berliner und wie sich das Berlinertum entwickelte« erschien am 21. November 1889 im »Deutschen Wochenblatt« (2. Jg., Nr. 47, S. 560–564). Der Text der vorliegenden Ausgabe folgt diesem einzigen Druck zu Fontanes Lebzeiten. Josef Ettlinger nahm den Essay, leicht verändert, 1907 unter dem Titel »Die Märker und das Berlinertum. Ein kulturhistorisches Problem« in den Band »Aus dem Nachlaß von Theodor Fontane« auf.

Im Deutschen Literaturarchiv/Schiller-Nationalmuseum, Marbach, ist der folgende, undatierte Entwurf erhalten:

Die Märker und die Berliner

1. Die Märker sind so und so. Wenn man einen studieren will, so sehe man sich Wilhelm Gentz an. Ruhig, unscheinbar, nüchtern, aber klug, charaktervoll und zu jeder Kunstübung fähig, weil die Grundanlage tüchtig ist.

2. So die Märker. Und es gab eine Zeit, wo Märker und Berliner dasselbe waren, wo die Berliner nichts andres waren als Märker, die zufällig in Berlin wohnten; alles stammte gemeinschaftlich aus Friesland, (Nieder-)Rheinland, Westfalen und den Gegenden zwischen Weser und Elbe. Schwäbisches, Fränkisches, Thüringisches war nur eingesprenkelt, auch Slawisches wenig, denn was aus Pommern und Mecklenburg und Sachsen und Schlesien kam, waren selbst schon wieder Kolonisten. Man wird sagen dürfen, daß die Dinge so blieben bis zum Tode des Großen Kurfürsten. Die geistig-geistliche Richtung dieses großen Mannes ließ auch nichts andres aufkommen.

559 *Gould oder Vanderbilt* – Der »Eisenbahnkönig« Jay Gould und der Eisenbahn- und Dampfschiffahrtsunternehmer Cornelius Vanderbilt hatten durch ihre unternehmerischen Spekulationen große Vermögen erworben; ihre Namen waren zu ihrer Zeit Synonyme für ungeheuren Reichtum.

560 *Kaffe* – Vgl. Anm. zu S. 196.

»Weiße« – Schwach alkoholhaltiges Bier; beliebtes Berliner Getränk.

Baron von Seld – Albrecht Freiherr von Seld setzte sich in Reden und Schriften gegen den Alkoholkonsum ein, gründete Enthaltsamkeitsvereine und gab 1855–1857 die Zeitschrift

»Kreuzzug wider den Branntwein« heraus. Die Geschichte vom »Ei zum Frühstück« übernahm Fontane aus Selds Buch »Wunderliche Reisen. Bruchstücke aus dem Leben«, Halle 1864 (Kap. 115). Vgl. auch Fontanes Ballade »Die Geschichte vom kleinen Ei (Märkisches)« von 1897.

560 *sogenanntes märkisches »Schloß«* – »Man geht in der Mark etwas verschwenderisch mit diesem Namen um«, bemerkt Fontane im »Caputh«-Kapitel des Bandes »Havelland« (Band 3 dieser Ausgabe), und auch im Vorwort zu »Fünf Schlösser« äußert er sich zu diesem Thema (vgl. Band 5 dieser Ausgabe).

561 *Schärfe der damaligen konfessionellen ... Kontroverse* – Über die Auseinandersetzungen zwischen Lutheranern und Reformierten im 17. Jahrhundert schreibt Fontane in »Die Grafschaft Ruppin«, Kap. »Neuruppin«, Abschnitt »Andreas Fromm«; Band 1 dieser Ausgabe.

Da kamen 1685 die Refugiés ins Land – Zur Aufhebung des Edikts von Nantes vgl. Anm. zu S. 156.

562 *der jüngere Fouqué* – Friedrich de la Motte Fouqué, der Enkel von Heinrich August de la Motte Fouqué. Vgl. die Texte über sie; S. 172 ff. und S. 155 ff. dieses Bandes.

»Kolonisten« – Vgl. Anm. zu S. 156.

563 *philosophische Königin* – Sophie Charlotte, die Frau König Friedrichs I., verkehrte mit Leibniz und regte die Gründung der Preußischen Akademie der Wissenschaften in Berlin an.

das Kolbe-Wartenbergsche Haus – Johann Kasimir von Kolbe, Graf zu Wartenberg, war ein korrupter Minister König Friedrichs I.

Tabakskollegium – Bezeichnung für die »Abendgesellschaften«, die Friedrich Wilhelm I. mit höheren Offizieren und durchreisenden Persönlichkeiten in Berlin, Potsdam und Königs Wusterhausen abhielt und bei denen es sehr derb zuging.

564 *Falstaff* – Gestalt aus »Heinrich IV.« und den »Lustigen Weibern von Windsor«.

Polonius – Gestalt aus »Hamlet«.

Kent – Gestalt aus »König Lear«.

Fiat justitia ... – (lat.) Gerechtigkeit muß sein, und sollte die Welt darüber zugrunde gehen.

Katte ... zum Tode gebracht – Vgl. Anm. zu S. 141.

565 *Pontacnasen* – Vom übermäßigen Rotweingenuß gerötete Nasen. »Pontac« war im 18. Jahrhundert die übliche Bezeichnung für Bordeaux-Weine.

566 *»bon sens«* – (franz.) Mutterwitz, gesunder Menschenverstand.

566 *»practical jokes«* – (engl.) derbe Späße.
Reparti – Schlagfertige Antwort.
Hubertsburger Plünderung – Fontane erzählt diese Anekdote (allerdings nicht auf Hubertusburg, sondern auf Schloß Pförten in der Lausitz bezogen) auch in »Spreeland«, Kap. »Gröben und Siethen«, und schreibt sie dort dem Militärschriftsteller Karl Theophilus Guichard (genannt Quintus Icilius) zu. Vgl. Band 4 dieser Ausgabe.

567 *»Kanton«* – In Preußen Bezeichnung für die Bezirke, die jeweils für die Rekrutenaushebung für ein bestimmtes Regiment festgelegt waren.
Platz unter der Kanzel der Potsdamer Garnisonkirche – Vgl. »Potsdam. Garnisonkirche«; S. 194f. dieses Bandes.

568 *»Nathan«* – »Nathan der Weise« erschien 1779. Vgl. Anm. zu S. 203.
Korrespondenz zwischen Rahel Levin und ... von der Marwitz – Rahel Levin, später mit Karl August Varnhagen von Ense verheiratet, hatte 1809–1814, als Marwitz in den Befreiungskriegen fiel, einen umfangreichen Briefwechsel mit diesem geführt. Zu Marwitz vgl. »Das Oderland«, Kap. »Schloß Friedersdorf«; Band 2 dieser Ausgabe.

569 *»Leben Jesu«* – Das seinerzeit viel diskutierte Buch von David Friedrich Strauß erschien 1835.

570 *nach Jena* – Nach der preußischen Niederlage 1806 bei Jena und Auerstedt. Vgl. Anm. zu S. 314.
Aufruf vom Frühjahr 1813 – »An mein Volk«. Vgl. Anm. zu S. 321.
General von der Marwitz – Friedrich August Ludwig von der Marwitz. Vgl. »Das Oderland«, Kap. »Schloß Friedersdorf«; Band 2 dieser Ausgabe.
»Subskriptionsbälle« – Öffentliche Bälle, zu denen man die Eintrittskarten schriftlich bestellen mußte.
Versuch einer Opferung Isaaks – Mit dem Hinweis auf Abrahams Bereitschaft, seinen Sohn Isaak zu opfern (Altes Testament, 1. Mose, 22), spielt Fontane auf die Forderung Friedrich Wilhelms I. an, seinen Sohn Friedrich wegen dessen Fluchtversuch zum Tode zu verurteilen. Das Kriegsgericht lehnte diesen Antrag ab. Vgl. Anm. zu S. 141.

571 *Proklamierung der Menschenrechte* – In der Französischen Revolution von 1789.
»Willem, der vons Gerüste gefallen« – Seinerzeit viel belachter Gag aus Louis Angelys Volksstück »Das Fest der Handwerker« (1828). Ein Maurer fällt vom Gerüst, nimmt aber keinen Schaden, und die Festrede auf ihn beginnt mit den Wor-

ten: »Willem, du bist vons Jerüste jefallen. Det freut uns« – Pause –, »det du dir nischt dabei jetan hast!«

571 *Eckensteher Nante* – Volksfigur von Adolf Glaßbrenner.

Königsstädtisches Theater – 1824 am Berliner Alexanderplatz gegründet, war vor allem Spielstätte für Possen und Vaudevilles. Vgl. Anm. zu S. 242.

». . . darum keene Feindschaft nich« – Viel zitierter Satz aus dem »Fest der Handwerker«.

»Wiener in Berlin« – Posse von Karl von Holtei.

»Reise auf gemeinschaftliche Kosten« – Lustspiel von Louis Angely (1834).

des »richtigen Berliners« – Anspielung auf Hans Meyers Wörterbuch »Der richtige Berliner in Wörtern und Redensarten« (1878).

draußen bei Liesens – Das Liesensche Lokal im Norden Berlins, an der heutigen Liesenstraße (der Begräbnisstätte Fontanes).

Wollankscher Weinberg – Ausflugslokal im Norden Berlins, heute in der Gegend vom Volkspark am Weinbergsweg.

572 *quand même* – (franz.) trotz alledem.

Beckmann war ein Gott – Friedrich Beckmann war am Königstädtischen Theater engagiert, wo er vor allem in Berliner Lokalpossen jahrelang große Erfolge hatte.

als jugendlicher »Brennglas« – Glaßbrenner hatte unter dem Namen »Brennglas« zahlreiche satirische Schriften publiziert, darunter »Berlin wie es ist und – trinkt«.

Berliner Leben schildernde Stücke (David Kalisch voran) – Kalisch, der Begründer des satirischen Wochenblatts »Kladderadatsch«, schrieb unter anderem »Berlin wie es weint und lacht« und »Berlin bei Nacht«.

573 *nolens volens* – (lat.) wohl oder übel.

Mein Erstling: »Das Schlachtfeld von Großbeeren«

Der Aufsatz erschien zuerst am 1. Mai 1894 in der von Karl Emil Franzos herausgegebenen Zeitschrift »Deutsche Dichtung« (Band 16, Heft 3, S. 60–61) mit der Überschrift »Das Schlachtfeld von Großbeeren« innerhalb der 1891 begonnenen Serie »Die Geschichte des Erstlingswerks«. Im Herbst 1894 wurde er in dem von Franzos zusammengestellten und eingeleiteten Sammelband »Die Geschichte des Erstlingswerks. Biographische Aufsätze« (Berlin, Concordia Deutsche Verlags-Anstalt), S. 3–7, wiederabgedruckt. Dieser Quelle folgt der Text in der vorliegenden Ausgabe.

574 *Untertertianer* – Schüler der vierten Klasse in der neunstufigen höheren Schule.

durch Familienbeziehungen . . . befreundetes Dorf Löwenbruch – Nach den von Willy Lademann im »Teltower Kreiskalender«, 1932, S. 111, mitgeteilten »Fontane-Erinnerungen aus Löwenbruch« war die Familie mit einem Amtmann-Pächter namens Krüger befreundet.

Löwenbruch – Vgl. »Spreeland«, Kap. »Löwenbruch«; Band 4 dieser Ausgabe.

Teltowplateau-Dörfer – Das Teltowplateau, eine Landschaft südlich von Berlin, ist gegenüber dem Spreetal leicht erhöht.

Duberow-Wald – Über die Reiherjagden Friedrich Wilhelms I. in der »Duberow« berichtet Fontane in dem Kapitel »An Bord der ›Sphinx‹«, Abschnitt »Von Dolgenbrodt bis Teupitz«, im Band »Spreeland«; Band 4 dieser Ausgabe.

575 *Kreuzberg und Tempelhof, auch noch andere Dörfer* – Die heutigen Stadtteile von Berlin waren damals noch selbständige Ortschaften.

Kirche – Vgl. S. 123 dieses Bandes.

zwanzig Jahre früher – Am 23. August 1813 in der Schlacht von Großbeeren. Vgl. Anm. zu S. 123 sowie »Spreeland«, Kap. »Großbeeren«; Band 4 dieser Ausgabe.

Landwehr – Vgl. Anm. zu S. 231.

König von Schweden – Der französische Marschall Jean-Baptiste Bernadotte hatte 1810 mit Einwilligung Napoleons die Ernennung zum schwedischen Thronfolger angenommen, seitdem die Interessen Schwedens gegen Frankreich vertreten, sich mit dem Kaiser überworfen und im Frühjahr 1813 der antinapoleonischen Koalition angeschlossen. König von Schweden (Karl XIV. Johann) wurde er erst 1818.

Bülow – Vgl. Anm. zu S. 123.

Prinz von Hessen-Homburg – Friedrich V. Ludwig von Hessen-Homburg.

Ahnherr bei Fehrbellin – Prinz Friedrich von Hessen-Homburg.

576 *noch halb ein Kind* – Fontanes Mutter war 1797 geboren.

Berliner Pensionsöde – Während Fontane ab 1833 die Klödensche Gewerbeschule in Berlin besuchte, wohnte er bei »Onkel August«, einem Halbbruder seines Vaters, zunächst in der Burgstraße und ab 1835 in einer Mietskaserne in der Großen Hamburger Straße.

576 *»Nächtliche Heerschau«* – Seinerzeit sehr populäres Gedicht von Joseph Freiherrn von Zedlitz.
Wackernagel – In der Autobiographie »Von Zwanzig bis Dreißig« nennt ihn Fontane einen »ausgezeichneten Mann und Gelehrten von Ruf«.
»vidi W.« – (lat.) gesehen W[ackernagel].

INHALTSVERZEICHNIS

Nachlese:
Ausgeschiedenes, Vorbereitendes, Vorgesehenes

Zu Lebzeiten Fontanes gedruckte Texte

Entwürfe, Pläne und frühe Fassungen aus dem Nachlass

ARBEITEN UND ENTWÜRFE ZUM THEMATISCHEN UMFELD I

ZU LEBZEITEN FONTANES GEDRUCKTE TEXTE

ANHANG

AtV

Band 81

Adalbert Stifter
Der Hochwald

Erzählungen

257 Seiten
14,80 DM
ISBN 3-7466-0089-8

Das Bleibende an Stifters Erzählungen „Der Hochwald“, „Prokopus“, „Die Narrenburg“ ist der standhaft bewahrte Glaube an die Kraft des Humanismus und der Vernunft. „Ein ganzes Leben voll Gerechtigkeit, Bezwingung seiner selbst, … Bewunderung des Schönen, verbunden mit einem heiteren gelassenen Streben, halte ich für groß.“

Adalbert Stifter

AtV

Band 34

Walter Scott
Old Mortality

Historischer Roman

Aus dem Englischen
von Rudolf Schaller

Mit einer Nachbemerkung
von Friedrich Baadke

605 Seiten
19,80 DM
ISBN 3-7466-0037-5

Vergebens wirbt Henry Morton von Milnwood um die schöne Edith Bellenden. Die königstreue Familie des Mädchens verweigert ihre Zustimmung zur Heirat der beiden, weil der junge schottische Edelmann nicht zum Verräter an der Sache seines unterdrückten Vaterlandes werden will. Als 1679 der Aufstand der Covenanter ausbricht und Henry sich an die Spitze seiner um Unabhängigkeit und Glaubensfreiheit kämpfende Landsleute stellt, beginnt eine harte Probezeit für die Liebenden.

Walter Scott
Old Mortality

Historischer Roman

Aus dem Englischen
von Rudolf Schaller

[illegible]

[illegible]